كتب ورسائل

لابى الوليد مروان ابن جناح

القرطبى

# OPUSCULES ET TRAITÉS

# D'ABOU 'L-WALID MERWAN IBN DJANAH

## DE CORDOUE

TEXTE ARABE PUBLIÉ AVEC UNE TRADUCTION FRANÇAISE

PAR

JOSEPH DERENBOURG

MEMBRE DE L'INSTITUT

ET

HARTWIG DERENBOURG

PROFESSEUR À L'ÉCOLE SPÉCIALE DES LANGUES ORIENTALES



PARIS

IMPRIMÉ PAR AUTORISATION DU GOUVERNEMENT

À L'IMPRIMERIE NATIONALE

M DCCC LXXX

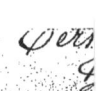

# كتب ورسائل
# لابى الوليد مروان ابن جناح
# القرطبى





# OPUSCULES ET TRAITÉS
# D'ABOU 'L-WALID MERWAN IBN DJANAH
## DE CORDOUE

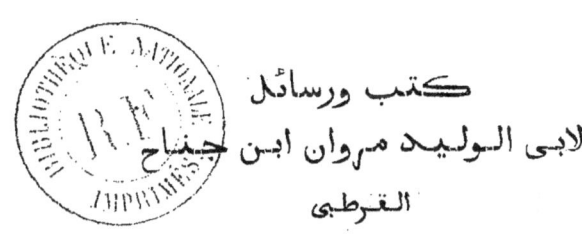

SE VEND

CHEZ JOSEPH BAER ET C^{IE}

18, RUE DE L'ANCIENNE-COMÉDIE

كتب ورسائل

# لابى الوليد مروان ابن جناح

القرطبى

# OPUSCULES ET TRAITÉS

# D'ABOU 'L-WALID MERWAN IBN DJANAH

## DE CORDOUE

TEXTE ARABE PUBLIÉ AVEC UNE TRADUCTION FRANÇAISE

PAR

**JOSEPH DERENBOURG**

MEMBRE DE L'INSTITUT

ET

**HARTWIG DERENBOURG**

PROFESSEUR À L'ÉCOLE SPÉCIALE DES LANGUES ORIENTALES

**PARIS**

IMPRIMÉ PAR AUTORISATION DU GOUVERNEMENT

À L'IMPRIMERIE NATIONALE

M DCCC LXXX

©

# INTRODUCTION.

La vie intellectuelle des Juifs en Andalousie sous la domination musulmane présente un spectacle aussi curieux qu'imposant. Peut-être à aucune époque de leur histoire, depuis qu'ils avaient perdu leur nationalité, les Juifs n'ont montré à la fois autant de vigueur et autant de souplesse. Cinquante années de liberté religieuse, d'existence calme et incontestée, suffirent pour qu'ils déployassent des aptitudes étonnantes dans les branches diverses qui occupaient alors l'activité humaine. On voit tout à coup surgir parmi eux des diplomates, des financiers, des négociants, en même temps que des savants, des philosophes, des grammairiens, des médecins, des poëtes. Quelques-uns d'entre eux, singulièrement doués, quittent leurs comptoirs pour administrer les revenus de l'État, et, après avoir dirigé et mené à bonne fin les transactions internationales de leur pays, cherchent dans l'étude et la poésie la récréation de leur vie laborieuse. Ils passent de la chancellerie au *bêt ham-midrasch* ou aux écoles, et, après avoir débattu en arabe et même en latin des affaires diplomatiques importantes, ils enseignent à de nombreux élèves les différentes disciplines de la théologie juive, exégèse biblique, explication du Talmud, philosophie religieuse. On sait le rang qu'occupa le médecin Ḥasdâï ben Isaac ben Ezra ibn Schaprouṭ le *Nâsî*[1], à la cour de Cordoue, comme ministre du khalife Abderame III et de ses successeurs; on connaît également les hautes fonctions politiques que remplit plus tard Samuel ibn Nagdéla, le *Nâgîd,* auprès de Habous et Bâdis, les rois de Grenade. L'un et l'autre ont pris la part la plus

[1] Voyez sur lui *Notice sur Abou-Iousouf Hasdaï ibn-Schaprout*, etc., par Philoxène Luzzatto, Paris, 1852. Par un passage de Pertz, *Monumenta Germaniæ antiquæ,* IV, 371, cité par Luzzatto, p. 16, nous apprenons qu'il savait discuter en latin les intérêts politiques de son pays. — Grætz, *Geschichte der Juden,* 2e éd., 1871, t. V, p. 322 et suiv.; p. 488 et suiv. — Rien, dans les documents, ne paraît indiquer que Ḥasdâï ait été grammairien ou savant hébraïsant (voy. Geiger, *Das Judenthum und seine Geschichte*, t. II, p. 94). Dans la première moitié du xe siècle, la science de la grammaire n'était pas encore cultivée en Espagne. — Le nom de *Schaprouṭ*, comme celui de *Labrâṭ*, et, en général, les noms de famille se terminant par un *ṭêṭ*, paraissent d'origine espagnole. *Schaprouṭ* est peut-être une variante de *Schapourt* et une forme quelque peu altérée de ספרוט ou ספורטש, *Saportas* ou *Sasportas*, nom qui a été longtemps et est encore porté par des familles espagnoles; l'orthographe en est restée la même parmi les Juifs (שפרוט ou ספרוט). *Labrâṭ* ou *Librâṭ* (*librado*) est presque la traduction de מרוט, bien que les deux Dounasch représentent certainement deux hommes différents. Mais le nom de דנש lui-même, traduit par אדונים, ne laisse pas le moindre doute sur son origine. Que l'un se dise Al-Ḳaïrawânî et que l'autre se dise Al-Bagdâdî, leurs noms montrent avec évidence que leurs ancêtres avaient vécu, avant l'invasion musulmane, dans le royaume des Visigoths, et qu'à la suite des persécutions si nombreuses dans la Péninsule chrétienne, les uns avaient émigré en Orient, et les autres en Afrique. De tout temps, les noms propres se sont transmis et propagés dans les familles juives, quand même, par suite des circonstances, elles étaient obligées de s'expatrier. Le nom de Dounasch se trouve une fois, pour le besoin du mètre, traduit par נגיד, dans la pièce de vers placée à la tête de la réponse d'Ibn Schèschèt (*Liber Responsorum*, p. 4, l. 19). Pinsker (*Liḳḳouṭé Ḳadmôniyôt*, Appendice, p. 161, l. ult.) a eu tort de voir, dans ce mot, l'indice de la haute position qu'occupait Dounasch, et d'appuyer par là la fausse interprétation du mot הנשיא, qui n'est qu'une mauvaise explication de النشأة. L'erreur se trouve déjà, du reste, dans *Juchasin* (éd. Philopowski, p. 229 b). — Geiger (*Jüd. Zeitschrift*, t. X, p. 83, 1872) se trompe également lorsque, dans la phrase אלבגדדי מצרם אלפסי הנשיא, il réunit le deuxième mot au troisième, et voit, dans celui-là, une répétition du quatrième; c'est la version hébraïque de l'arabe البغدادي أصلا الفاسي نشأة. — Voyez encore, plus loin, page IX, note 1.

vive et la plus active dans les grandes discussions grammaticales et linguistiques qu'ont agitées et soulevées leurs savants contemporains. Car, dans ces temps, on se passionnait pour une règle de grammaire, pour l'interprétation d'un verset de la Bible, pour la correction d'un vers qui venait d'être livré au public. Dans les réunions tenues chez un membre influent de la communauté, la discussion était animée et rude; souvent l'indignation qu'une prétendue erreur faisait éprouver aux principaux jouteurs dans ces luttes littéraires[1] menait à l'insulte et provoquait des haines qui n'étaient pas toujours sans danger pour la sûreté des savants, qui, vainqueurs ou vaincus, comptaient des personnages influents parmi leurs adversaires.

Les hébraïsants connaissent le sort du malheureux Menaḥêm ben Sarouḳ, de Tortose, depuis le moment où les faveurs de Ḥasdâï étaient allées trouver son antagoniste, Dounasch ben Labrâṭ. Appelé d'abord à Cordoue par le puissant ministre et comblé longtemps de ses largesses, l'auteur du *Maḥbérét* se vit tout à coup en butte à de terribles persécutions de la part de son ancien ami et protecteur, lorsque celui-ci se fut rangé du côté de l'heureux auteur des *Teschoubôt*, ou Réfutation du lexique de Menaḥêm. Nous possédons les lettres touchantes de Menaḥêm à Ḥasdâï, nous y lisons les humbles supplications du grammairien dépouillé et réduit à la plus affreuse misère; nous savons aussi l'accueil que lui fait enfin le propre frère du ministre; nous avons conservé également la continuation des débats entre Menaḥêm et Dounasch par les disciples des deux chefs d'école[2]; or, tous ces documents, qui nous font assister au spectacle d'une extrême vivacité dans l'attaque et dans la défense, ne portent pas la moindre trace

[1] Voyez, entre tant d'autres exemples, ci-dessous, page 343 et suiv.

[2] *Liber Responsorum*, par S. G. Stern. Vienne, 1870. — *Menahém ben Saruk*, etc., par Siegmund Gross. Breslau, 1872.

d'une faute grave commise par Menaḥêm et qui pourrait justifier jusqu'à un certain point les mauvais traitements dont il était la victime. Nous devons en conclure que Menaḥêm n'avait été puni que pour avoir persisté dans ses opinions relatives à l'exégèse et à la grammaire, après les réfutations de Dounasch, probablement approuvées par Ḥasdâï. Car, parmi les points en litige, on en rencontre à peine un seul qui touche à une croyance religieuse[1]! Ḥasdâï, du reste, n'était pas grammairien lui-même, et son acharnement n'a pas même l'excuse de l'amour-propre blessé[2].

Abou'l-Walîd avait, environ un demi-siècle plus tard, sous ce rapport, affaire à plus forte partie! Son adversaire, Samuel ibn Nagdéla, le Ḥâdjib des rois de Grenade, était lui-même un grammairien d'une certaine valeur. La lutte est donc engagée entre un simple savant et un puissant homme d'État. Heureusement le pouvoir de l'émir de Grenade ne s'étendait pas au loin et expirait presque aux portes de la ville. La discussion se borne donc à des pamphlets et à des brochures qu'on se lance mutuellement! La postérité a porté un jugement péremptoire dans ce débat : elle a conservé presque tous les écrits d'Abou'l-Walîd, et a laissé se perdre à peu près entièrement les productions grammaticales de son adversaire.

[1] Menaḥêm, p. 17 *a*; Dounasch, p. 7 *a*. Cf. Talmîdê Men. p. 31; Talm. Doun. p. 20. — L'explication rationnelle de *Deut.* VI, 8 (*Maḥb.* 91 *a*) n'a pas été relevée par Dounasch, et a paru si peu suspecte (voy. Grætz, V, 338), qu'on la retrouve chez R. Samuel b. Méïr sur *Exode*, XIII, 9. — Cependant, Geiger (*Das Judenthum*, etc. II, 94 et 182) a supposé que la disgrâce de Menaḥêm pouvait bien provenir de la découverte faite par Ḥasdâï que, par vanité, son secrétaire avait glissé, dans l'acrostiche de la pièce rythmée, en tête de la lettre de Ḥasdâï au roi des Chazars, son propre nom à la suite de celui de son maître et protecteur. (Cf. S. D. Luzzatto, *Kérém ḥéméd*, VIII, 86.) — Menaḥêm, du reste, a mis son nom jusque dans les exemples cités dans son lexique. Voy. p. 9, col. *a*, où les lignes 4 à 7 donnent les lettres מנחם après l'alphabet.

[2] Voy. p. II, note 1.

L'admirable notice que Munk a consacrée à la biographie d'Abou'l-Walîd et à l'analyse de son œuvre, ainsi qu'à l'étude des travaux de ses devanciers, a épuisé bien des questions qu'il serait téméraire de vouloir reprendre à nouveau après qu'un tel maître les a résolues. Mais, grâce à la publication qui a été faite depuis de la grammaire et du dictionnaire d'Abou'l-Walîd, grâce aussi à la connaissance que nous avons maintenant de ses Opuscules, nous sommes initiés à un grand nombre de détails nouveaux qui nous font pénétrer plus avant dans sa vie intime comme savant et comme auteur. D'un autre côté, l'achat des manuscrits du karaïte Firkowitsch par la Bibliothèque impériale de Saint-Pétersbourg, et l'extrême complaisance du savant bibliothécaire de cet établissement, M. A. Harkawy, nous ont mis en possession d'un certain nombre de fragments fort curieux qui contiennent des pièces importantes de la discussion engagée entre notre auteur et ses ardents adversaires, et que nous sommes heureux de pouvoir mettre sous les yeux du lecteur[2]. Nous avons aussi la bonne fortune de publier dans cette Introduction un fragment du seul opuscule d'Abou'l-Walîd qui n'ait pas encore été retrouvé, du *Kitâb at-Taschwîr*. C'est notre ami, M. Adolphe Neubauer, qui, dans un récent voyage à Saint-Pétersbourg, en a fait la découverte et qui nous a communiqué une copie de ce morceau, copie qu'il s'est empressé de faire à notre intention; il nous a fourni, en outre, un grand nombre de renseignements, puisés dans le riche dépôt des manuscrits hébreux d'Oxford, dont il termine en ce moment même le catalogue.

[1] *Notice sur Abou'l-Walîd Merwân Ibn-Djanâḥ*, etc., en quatre articles, insérée dans le *Journal asiatique*, 1850, t. I et II; et *Notes supplémentaires*, etc., *Journal asiatique*, 1851, t. I, p. 85 et suiv.

[2] Ces divers fragments ont été collationnés de nouveau par M. Harkawy sur les originaux.

## I.

Abou 'l-Walîd Merwân ibn Djanâḥ, nommé par les auteurs hébreux R. Yônâh et aussi R. Merinos[1], et R. Samuel Hallévi ibn Nagdéla, naquirent tous deux à Cordoue vers la fin du xe siècle[2]. Mais ils ne paraissent pas avoir fréquenté les mêmes maîtres. Tandis que Samuel restait dans sa ville natale, Ibn Djanâḥ paraît avoir passé une partie de sa jeunesse à Lucéna (Alisana), ville peu éloignée de Cordoue, et n'être revenu que beaucoup plus tard à Cordoue. D'après Edrisi[3], l'intérieur de la ville de Lucéna était exclusivement habité par des Juifs, et Moïse ben Ezra nomme pour cette époque R. Isaac ben Giḳaṭila et R. Isaac ben Saül « les deux coursiers rivaux de Lucéna, parmi lesquels Ibn Giḳaṭila cependant prend le premier rang à cause de sa supériorité en arabe[4]. » Il ajoute un peu plus loin : « A Lucéna vivaient dans ces temps le chef Abou 'l-Walîd ben Ḥasdâï, Abou Soleïmân ben Râschelâh et Abou Ibrahîm ben Baroun, et en outre, Ibn Abî Yaḳwâ, surnommé Almotanebbî (le faux prophète)[5]. » Or, les deux Isaac

[1] Les noms doubles que les Juifs portaient, depuis les princes Macchabées, sont souvent choisis de manière à ce que le nom profane rappelle, jusqu'à un certain point, le nom biblique. C'est ainsi que le nom de מרן, comme on écrit toujours pour مروان, représente celui de מר יונה ; et *Merinos* (מרינש), celui de מר יונה, يونس (Jonas) étant la forme adoptée en arabe.

[2] L'année de la naissance de Samuel est certainement 993. On connaît moins celle d'Ibn Djanâḥ. Mais M. Munk a démontré péremptoirement qu'elle devait tomber entre 985 et 990 (*Journal asiatique*, 1850, t. II, p. 40).

[3] *Géographie*, éd. Jaubert, t. II, p. 54. — Dozy et De Goëje, *Description de l'Afrique et de l'Espagne, par Edrisi*, Leyde, 1866, p. 252.

[4] ור' יצחק אבן גקטילה ור' יצחק בן שאול اللسانيون (l. الاليسانيون) فرسا رهان الّا أن אבן גקטילה كان منهما السابق لوفور حظّه من العربية. (Ebn Ezra, *Rhétorique* كتاب المحاضرة, ms. d'Oxford. Hunt. 599; Neubauer, 1794.)

[5] وباليسنه فى ذلك الوقت الرئيس ابو الوليد [ابن] حسداى وابو سليمن ابن راشله وابو ابرهيم ابن برون ودونهم ابن ابى يقوا الملقّب بالمتنبى. (*Ibid.*)

et Ben Ḥasdâï sont mentionnés par Ibn Djanâḥ, qui ne prodigue guère les noms propres dans ses ouvrages. Pour Isaac ben Saül, nous lisons dans le *Riḳmâh* ce qui suit[1] : « Cette opinion (que les noms de la forme *pé͑él* peuvent avoir à l'état construit *pe͑al*) a été suivie par le poëte, c'est-à-dire par Mar Isaac ben Mar Saül, que sa mémoire soit bénie, dans ce vers :

Le fond de mon cœur (*ḳerab libbî*) et mes reins regrettent douloureusement mes délices, mes doux amis.

« *Ḳerab* a été employé comme état construit de *ḳéréb* devant un nom véritable. Il m'est arrivé avec ce vers une chose singulière que je vais te faire connaître, parce que tout le monde récitait ce vers en lisant *segôr libbî,* leçon qui se trouvait dans la plupart des copies et dont je m'étais également servi d'après une autorité étrangère. Mais lorsque je récitai ce vers dans ma jeunesse devant l'auteur, il me corrigea et voulut que je disse *ḳerab.* Cependant, répliquai-je, toutes les copies que j'ai vues portent *segôr!* D'où est donc venue cette altération? — Il me raconta alors que cette pièce de vers, à l'éloge de Jacob (Guêw) et de ses fils, envoyée par lui de son pays (Lucéna) à Cordoue, était parvenue à celui qui était l'objet de l'éloge au moment où R. Iehouda ben Ḥanîgâ et R. Isaac ben Ḥalfôn, le poëte, se trouvaient chez lui. L'état construit *ḳerab* leur déplut; ils trouvèrent donc bon de le corriger en *segôr,* ce qui altère le sens, et le poëme a été copié à Cordoue avec ce changement et cette substitution. » — Plus loin, en citant un autre vers « du poëte, » sans doute du même Isaac ben Saül, et en parlant également d'une maladroite correction qu'on y avait tentée, Ibn Djanâḥ dit encore[2] « qu'il avait appris le poëme, dont cet hémistiche faisait partie, de l'auteur lui-

[1] Voy. *Riḳmâh,* p. 122. Ce passage est cité dans Munk (*Journal asiatique,* 1850, t. II, p. 42). Nous l'avons répété ici à cause de nos conclusions.

[2] P. 179, l. 15 et 20 (قرانا؟ عليه فى الحداثة).

même,» et «que dans sa jeunesse il l'avait récité devant lui.» Une autre fois, Ibn Djanâḥ reconnaît que, «jeune encore en étudiant devant Isaac,» il lui avait fait remarquer une faute de grammaire dans un vers[1]. Il propose aussi au sujet d'un autre vers une correction très-facile[2]. En donnant l'analyse grammaticale de *yaddou* (*Joël*, IV, 3), proposée par le même Isaac ben Saül, Ibn Djanâḥ la fait précéder des mots : «J'étais *présent* quand un des docteurs les plus versés dans la connaissance de la langue, etc.[3]» Enfin ailleurs, Ibn Djanâḥ nous raconte que, jeune encore, il avait interrogé le docteur sur le sens de *Ps.* CXLIII, 9. Il ajoute qu'Isaac ben Saül, après s'être consulté, n'ayant pu trouver le sens du verset, avait cessé de réciter le soir le psaume parmi ses prières additionnelles, comme il en avait eu l'habitude jusque-là[4].

Le nom d'Isaac ben Giḳaṭila se présente très-rarement sous la plume d'Ibn Djanâḥ. Cependant, à l'occasion de la racine de *tânîf* (*Ps.* XXVIII, 10), il le nomme expressément «mon maître[5].»

[1] *Loc. cit.* p. 102, l. 30-32. Cf. aussi p. 156, l. 39 et suiv., et plus loin, p. XVII, note, la critique de Moïse ben Ezra sur l'emploi de בנות, sans qu'il soit suivi de מן; puis, p. 158, l. 17-18, sur יכן pour יכין.

[2] *Ibid.* p. 177, l. 1-4; cf. p. 119, l. 20-24.

[3] Voy. plus loin, p. 333, l. 10; cf. *Kitâb al-ouṣoûl*, col. 276, l. 6-11, et *Riḳmâh*, p. 162, l. 18-23.

[4] Voy. *Kitâb al-ouṣoûl*, col. 136, l. 29-33; à compléter par col. 326, l. 25-29; cf. encore *ibid.* col. 521, l. 8, passage à corriger d'après *Miklôl Yôfî*, sur *Osée*, XI, 9; col. 581, l. 6. — Une explication originale d'Isaac est citée par R. Isaac Hallévi, dans son *Riḳmâh* (ms. hébr. de Paris, n° 1245). Il considère, dans le chap. XVII, שערום (*Deut.* XXXII, 17) comme un dénominatif de שעירים (*Lév.* XVII, 7), et traduit : «Vos ancêtres ne les ont pas servis et n'en ont pas fait des dieux.»

[5] Plus loin, p. 91, l. 8, le mot معلّما est bien précis. — Une opinion sur *ṣaḳoun* (*Is.* XXVI, 16), du même grammairien, se lit p. 104, l. 4-10, où il est appelé الشيخ (cf. Ḳamḥî, *Miklôl*, rac. צוק). — Une observation d'Isaac ben Giḳaṭila, sur la forme hybride de לְאַשָּׁרִין, qui commence comme un singulier et finit comme un pluriel, est consignée à la marge du *Kitâb al-ouṣoûl*, dans le manuscrit d'Oxford. Voy. col. 658, note 39.

Enfin, Abou 'l-Walîd ben Ḥasdâï paraît avoir été un ami plus âgé, avec lequel il discutait certaines questions grammaticales. Ainsi « avait-il eu de longues conversations [1] » au sujet du futur *yikkaḥ* avec Abou 'l-Walîd, qui prétendait qu'il fallait adopter pour cette forme une racine *nâkaḥ*. Ailleurs, il fait précéder son nom des titres : le chef éminent, le maître parfait [2].

Lucéna devait également offrir des forces notables pour l'enseignement talmudique. Dans une ville aussi importante il se rencontrait certainement d'anciens disciples de R. Moïse ben Ḥânôk, le fondateur de ces études dans l'Espagne musulmane au xe siècle, et si nous ne connaissons pas les noms des docteurs qui au commencement du xie siècle furent à la tête de cette communauté, on ne saurait douter que des savants comme R. Isaac ben Iehouda ibn Giat, originaire de Lucéna, et Isaac ben Jacob al-Fâsî, qui lui succéda, n'eussent eu des prédécesseurs considérables. Cependant, Ibn Djanâḥ, malgré les nombreuses citations qu'il fait de la Mischnâh et du Talmud, confesse lui-même qu'il ne peut pas prétendre à une grande autorité dans ces matières [3].

Nous supposons donc qu'Ibn Djanâḥ a dû passer plusieurs années de son adolescence loin de Cordoue, et que peut-être, lorsqu'il retourna dans sa ville natale, le maître principal de R. Samuel Hallévi, le célèbre Abou Zakariyâ Yaḥyâ, surnommé Ḥayyoudj [4], autrement Iehouda ben David, était déjà mort.

[1] Voy. *Rikmâh*, p. 86, l. 23-29. Cet Abou 'l-Walîd portait, comme notre grammairien, le nom de Yônâh, en hébreu. Voy. Ebn Ezra, *Moznaïm*, p. 32 *a*, l. 8.

[2] Voy. ci-dessous, p. 317, l. 8. Il est encore cité (*Kitâb al-ouṣoûl*, col. 464, l. 15) pour son opinion sur la dérivation du mot נגד.

[3] Voy. *Kitâb al-ouṣoûl*, col. 386, l. 3-4.

[4] Ibn Djanâḥ le nomme ابو زكريا حيوج رةً (voy. ci-dessous, p. 1, l. 8; p. 268, l. 2); Moïse ben Ezra, ابو زكريا بن داود الفاسى المنبوز بحيوج; puis, فكان

On n'a jamais cherché à déterminer l'époque exacte à laquelle vivait Ḥayyoudj. Les anciennes sources se taisent sur

اول المؤلّف ابو زكريا يحيى بن داود الفاسى ثم القرطبى كتابه فى جمل النحو العبرانى الملقّب باسمه حيّوج (voy. les passages chez Munk, *Notice*, etc., dans le *Journal asiatique*, 1850, t. II, p. 29); enfin, Parchon, ספר חיוג ר' יהודה ז"ל (*Lexicon*, p. xxii, l. 6). En comparant ces passages, nous voyons que nulle part le nom de حيّوج n'est précédé de l'article, ce qui exclut toute interprétation de ce mot par un qualificatif se rapportant à notre grammairien. Nous remarquons, en outre, que, chez Ibn Djanâḥ, ce nom occupe la place de يحيى; que, dans la Rhétorique de Moïse ben Ezra, on dit une fois, là où le nom de Yaḥyâ ne se lit pas, qu'Abou Zakariyâ «porte le sobriquet de Ḥayyoudj,» et une autre fois, à l'endroit où il est appelé Yaḥyâ, que «son œuvre est connue d'après son nom de Ḥayyoudj,» ce que confirme enfin Parḥôn, en citant, parmi les ouvrages postérieurs à celui de Menaḥêm, «le livre de Ḥayyoudj de R. Iehouda.» Ajoutons encore le titre donné par M. Nutt : ספר הניקוד שחבר ר' יהודה בר דוד חיוג נ"ע (*Two treatises*, etc., p. 120), et les mots de R. Mosé Haccôhen, dans la préface de ses Gloses : ר' יהודה ברבי דוד ממדינת פאס המכונה חיוג (*ibid.* p. 1). Nous en concluons que حيّوج est l'équivalent de يحيى, et nous pensons que nous avons ici affaire à l'un de ces noms hybrides comme il s'en forma facilement dans un pays comme l'Espagne de cette époque, où deux civilisations et deux langues distinctes vivaient, pendant des siècles, côte à côte, et se remplaçaient même quelquefois dans certaines villes. Nous considérons *Ḥayyoudj* comme un diminutif de *Yaḥyâ*, par l'aphérèse du *yâ* et l'addition de la désinence espagnole *ujjo*. Le *yôd* est ainsi retranché, dans *Ḥî'êl* (I *Rois*, xvi, 34), pour *Yeḥî'êl*; dans *Rouḥaïm*, qui est le diminutif de *Yerouḥâm*, le père du célèbre docteur karaïte Soleïmân. Pour la terminaison وج, nous pouvons citer le nom géographique de بطروج, en Andalousie, de بطر (Petrus), qui a formé le *nisbeh* du célèbre astronome Petragius = البطروجى. Peut-être aussi le nom de Yaḥyâ même a-t-il été adopté par «le père de la grammaire hébraïque,» d'après un nom hébreu חיים, transformé en חיוג, dans sa famille, qui devait avoir vécu autrefois dans l'Espagne chrétienne, s'il est vrai, comme l'assure le grossier Ben Schêschét, le disciple de Dounasch (*Liber Responsorum*, t. II, p. 32), que les ancêtres de Iehouda ben David avaient professé pendant quelque temps le christianisme. Forcés, pour sauver leur vie, à ce triste mensonge, ses ancêtres auraient pris la fuite et seraient allés à Fez, où, deux siècles plus tard, se rendit Maïmonide, pour jeter également le masque de l'Islam, que le fanatisme musulman lui avait imposé. Une lettre fort intéressante, adressée par R. Samuel le Nâgîd, probablement au Gâ'ôn R. Hâï, nous fait voir que les habitants du nord de l'Espagne étaient restés suspects de pencher vers le christianisme (Voy. *Zékér Nathan*,

ce point. Si cependant, comme nous le pensons avec MM. Pinsker, Geiger et Grætz[1], Ḥayyoudj est identique avec le Iehouda

Vienne, 1872, p. 134 *a*). Ces émigrants n'oubliaient jamais la mère patrie et revenaient dans la Péninsule dès que l'occasion s'en offrait. La manière de nommer un livre très-répandu, brièvement, par le nom de son auteur, est tout à fait dans les habitudes des anciens juifs, où l'on dit ספר ישעיה, pour ס׳ חזון יש׳, ou ס׳ נבואת יש׳, etc. — On sait qu'outre les trois ouvrages de Ḥayyoudj publiés par M. Dukes en 1844, et par M. Nutt en 1870, Ebn Ezra nomme encore, dans sa préface du *Moznaïm*, un quatrième livre, le ס׳ הרקחה «Livre de parfumerie». On ne connaît pas le contenu de cet ouvrage qui n'est cité nulle part ailleurs. Cependant, le même Ebn Ezra, dans son commentaire sur *Ps.* cii, 26-27, s'exprime ainsi : «R. Iehouda ben David, le premier grammairien, qui était dans le Magreb, dit que les généralités demeurent éternellement, tandis que les particularités passent. Il est donc vrai que cette «terre» est le continent; «l'ouvrage «de ses mains, le ciel,» le firmament; ciel et terre demeurent comme généralités et passent quant à leurs particularités. C'est là le sens des mots «ils périssent,» et du verset : «Le ciel sera anéanti comme la fumée et la terre dépérira comme un «vêtement (*Is.* li, 6).» Il s'agit des choses particulières, sortant du général, qui se transforment et périssent, tandis que les généralités, c'est-à-dire les limites, sont établies «d'une manière immuable» (cf. *Ps.* cxlviii, 6), et «la terre reste «toujours (*Eccl.* i, 4).» Ce passage, que nous n'avons rencontré dans aucun des ouvrages imprimés de Ḥayyoudj, serait-il emprunté à ce quatrième livre qui aurait traité de la philosophie théologique?

[1] *Likkouté Kadmôniyôt*, appendice, p. 165. — *Jüdische Zeitschrift*, t. II, p. 149; t. IX, p. 70. — *Geschichte der Juden*, t. V, p. 355. — D'après ce que nous avons dit dans la note précédente, l'argument de M. Gross (*Menahem ben Saruk*, p. 28-29) contre cette identité, tiré du christianisme professé par les ancêtres de Iehouda ben David, perd sa force. L'antagonisme entre les Juifs savants du Magreb et ceux de l'Espagne, dont parle M. Gross, repose sur un malentendu. Comment s'imaginer que le courtisan Dounasch, qui voulait avant tout gagner les bonnes grâces du puissant Ḥasdaï, ait commencé par ravaler les savants de l'Espagne, de la patrie de ce même Ḥasdaï? Lorsque les disciples de Menaḥêm, en s'adressant à Dounasch, disent : «Tu traites les hommes savants et intelligents de l'Espagne comme des ignorants et des insensés, etc.,» ils insinuent un fait inexact par l'exagération de l'attaque qu'ils prétendent avoir été dirigée contre leur maître, et propre à leur ramener Ḥasdaï, qui se considérait lui-même comme une des sommités scientifiques de la Péninsule. D'un autre côté, l'accord entre la Réponse des disciples de Menaḥêm et le *Kitâb et-tanḳîṭ* a été remarqué par M. Stern (*Liber Responsionum*, t. I, p. 53, note 9; p. 56, notes 7 et 9), bien que, dans sa préface (p. lxxv), il se refuse, sans raisons suffisantes, à reconnaître, dans le champion de Mena-

ben David, qui, réuni avec Isaac ben Giḳaṭila, le maître d'Ibn Djanâḥ, et avec Isaac ibn Ḳaprôn, prit la défense de Menaḥêm, et fut même le principal rédacteur de la Réponse des disciples de ce lexicographe, il doit avoir été contemporain de Ḥasdâï ibn Schaprouṭ dont la personne est l'objet de grands éloges dans la pièce rimée placée en tête de la Réponse. Ḥayyoudj expose déjà dans ce travail les mêmes règles sur la ponctuation auxquelles il a consacré son *Kitâb et-tanḳîṭ*. Il avait donc une grande maturité, et était pour le moins âgé de trente ans au moment de la mort de Ḥasdâï, qui eut lieu en 970. Si nous avons ainsi à remonter à l'année 940 pour l'époque de la naissance de Ḥayyoudj, nous ne serons pas loin de la vérité en acceptant environ l'année 1005 comme celle où R. Samuel Hallévi put commencer à suivre ses leçons. Quelque précoce que fût le futur Nâgîd, il n'aura guère profité de l'enseignement d'un tel maître avant l'âge de douze ans. Ḥayyoudj avait alors soixante-cinq ans, et nous avons plusieurs raisons qui nous font supposer qu'il mourut cinq ou six ans plus tard (vers 1010). Les événements dont nous parlerons tout à l'heure et qui ont eu pour conséquence de disperser la communauté de Cordoue, eurent lieu en 1012. On nous dit que Samuel s'enfuit à Malaga, tandis qu'Ibn Djanâḥ finit par se fixer à Saragosse; on aurait bien dit un mot sur le lieu de refuge qu'avait choisi Ḥayyoudj, s'il avait été témoin des tristes faits qui désolaient alors la capitale de l'Espagne musulmane. Mais, ce qui plus est, pouvons-nous nous

ḥêm, le même personnage que Ḥayyoudj. Celui-ci n'était probablement pas encore parvenu, à l'époque où il rédigeait la Réponse, à découvrir la loi de la trilitéralité pour l'hébreu et son système des lettres faibles et des lettres géminées; dans tous les cas, il ne devait pas les publier dans une œuvre collective destinée à défendre Menaḥêm contre Dounasch, qui ne connaissait pas mieux que son adversaire la nature des racines hébraïques.

imaginer qu'Ibn Djanâḥ, qui en 1012 était certainement déjà depuis quelques années de retour de Lucéna à Cordoue, puisqu'il parle de cette dernière ville comme d'un endroit où il a laissé nombre d'amis et où il a goûté la jouissance d'une vie calme et studieuse, pouvons-nous nous imaginer, disons-nous, qu'Ibn Djanâḥ n'eût pas cherché à se mettre en rapport avec un savant tel que Ḥayyoudj, si, à l'époque de son établissement dans sa ville natale, Ḥayyoudj n'avait pas déjà cessé de vivre? Or, parmi les nombreux passages où Ibn Djanâḥ parle avec respect et admiration des travaux de Ḥayyoudj, aucun ne fait entrevoir la moindre trace de rapports personnels entre les deux hommes qui, par leurs efforts successifs, ont jeté pour plusieurs siècles les bases solides de la grammaire hébraïque.

Les guerres civiles éclatèrent en Espagne, lorsqu'eut cessé le règne des fils d'Ibn Abî ʿÂmir et que les chefs berbères eurent pris le dessus. C'est en l'an 403 de l'hégire (1013) que la ville de Cordoue, ravagée par la peste et la famine, fut assiégée par le prince Soleïmân ben al-Ḥakam à la tête des troupes berbères, qui y entrèrent et y portèrent la dévastation et le carnage. Les historiens arabes racontent que pendant ce siége un grand nombre d'habitants de Cordoue quittèrent la ville et s'enfuirent dans diverses directions. Abraham ben David, le chroniqueur juif, nous dit également que les Juifs, qui devenaient d'ordinaire les premières victimes de ces hordes indisciplinées, se portèrent les uns à Saragosse, les autres à Tolède ou à Malaga[1].

Ibn Djanâḥ demeurait déjà à Saragosse, au moment où il termina son premier ouvrage, les Notes et additions aux ouvrages de Ḥayyoudj. «Mon attention, dit-il dans la préface de son *Moustalḥiḳ*, a été distraite de ce travail par l'exil qui m'é-

[1] Nous citons ici, presque littéralement, les paroles de M. Munk (*Journal asiatique*, 1850, t. II, p. 39 et suiv.; p. 203 et suiv.).

tait imposé et par les migrations continuelles auxquelles j'étais obligé[1]. » Il dit encore dans la conclusion de cet ouvrage : « Mes efforts ont été proportionnés à mes facultés, à mes ressources, à mon état actuel de préoccupation et d'abattement. Je puis, moi aussi, avoir laissé de côté mainte chose.... par suite de ce que je t'ai raconté de mes noirs soucis, de mes sombres préoccupations et de mes voyages continuels, pour la plupart forcés[2]. » Ce n'est donc qu'après bien des pérégrinations qu'il parvint à s'établir dans sa nouvelle résidence. Et dans un âge avancé, lorsqu'en composant sa grammaire il revient à parler des événements funestes qui l'ont éloigné de Cordoue, on croit encore entendre les accents du profond regret qu'éveille en lui le souvenir de la ville natale[3].

Saragosse était beaucoup moins considérable que Cordoue, et assez éloignée de cette dernière ville pour que le wâli de la ville Moundhir, autrefois l'humble vassal de l'Émir des croyants, pût maintenir son indépendance et se railler du souverain qui occupait momentanément le trône des Ommayyades[4]. Si l'on excepte les savants qui, à la suite des guerres civiles, s'étaient peut-être réfugiés en même temps qu'Ibn Djanâḥ dans ces contrées, on ne connaît aucun juif du x<sup></sup>e siècle qui ait tiré son origine de Saragosse. A Cordoue, surtout depuis Ḥasdâï et R. Ḥânôk, les lettres étaient florissantes, les études actives, les réunions, où les problèmes scientifiques étaient discutés avec ardeur et souvent sans aucune courtoisie, nombreuses et bien fréquentées[5]. Nous avons déjà rappelé les luttes violentes entre Menaḥêm et Dounasch, entre les partisans de l'un et de

[1] Voy. plus loin, p. 3.
[2] Voy. p. 233 et 234.
[3] Voy. *Riḳmâh*, p. 185, l. 10.
[4] Voy. Dozy, *Hist. des Musulmans d'Espagne*, III, 323 et suiv.
[5] Voy. Grätz, *Geschichte der Juden*, V, 345 et suiv.

l'autre, où une ambition malsaine a eu certes sa part; mais on ne peut nier qu'on sent jusque dans les débordements des injures qu'on se lance mutuellement, l'exubérance de la vie intellectuelle. A Saragosse, au contraire, la communauté paraît avoir été peu importante, il n'y avait ni docteurs érudits, ni exégètes ingénieux, ni sociétés vouées aux études bibliques et talmudiques. Dans cette partie de l'Espagne, Tortose, la patrie de Menaḥêm, et Tarragone, nommée par Edrisi la ville des Juifs [1], avaient, peut-être à cause de leur situation maritime, attiré les commerçants juifs, qui, par leur connaissance des deux langues, de l'arabe et du latin ou de la langue vulgaire, devenaient d'utiles intermédiaires entre les chrétiens et les musulmans. Mais l'histoire des lettres hébraïques ignore Tarragone, et Menaḥêm dut aller à Cordoue composer son lexique, soutenu par les faveurs de Ḥasdâï. A Tortose, lorsque son protecteur le délaisse, la populace saccage sa modeste maison [2].

Ibn Djanâḥ ne cesse pas de stigmatiser l'ignorance et l'inintelligence des gens que le sort lui a donnés pour compatriotes [3]. Yeḳoutî'êl ben Ḥassân, le protecteur de Salomon ben Gabirôl, avait été probablement parmi les immigrants. Il était peut-être à Cordoue lié avec Samuel Hallévi, disciple de Ḥayyoudj, et montrait peu de sympathie à notre grammairien qui ne le nomme pas. Il fait l'effet plutôt d'un aimable et bienveillant Mécène, d'un homme du monde, riche, généreux et influent, que d'un savant et d'un érudit qui se serait mêlé lui-même aux

[1] Voy. Edrisi, *Géographie*, éd. de MM. Dozy et De Goëje, p. 191 du texte, et p. 231 de la traduction. Il est curieux et instructif que Benjamin de Tudèle, qui voyageait dans la seconde moitié du XIIe siècle, commence par traverser, sans mot dire, Saragosse, Tortose et Tarragone, et que ce n'est qu'à Barcelone qu'il peut parler, pour la première fois, des docteurs qu'il y a rencontrés.

[2] Voy. la lettre de Menaḥêm, dans le *Liber Responsionum*.

[3] Voy. surtout plus loin, p. 313, l. 6.

questions scientifiques. Les éloges hyperboliques que lui décerne un jeune poëte de seize ans tel qu'Ibn Gabirôl qui n'a jamais connu la mesure, ni lorsqu'il loue, ni quand il blâme, et dont la sensibilité était irritée par la mort tragique de son ami, massacré par la populace, ne peuvent certes pas peser, dans la balance de notre jugement, contre le silence d'Ibn Djanâḥ et en général de tous les chroniqueurs et historiens qui ne le mentionnent nulle part[1].

Salomon ben Gabirôl lui-même fustige Saragosse, où, enfant encore, les événements l'avaient conduit, par une pièce de vers, où l'on lit :

A qui parlerai-je, en me réveillant? à qui conterai-je ma douleur?
S'il y avait un homme compatissant qui eût pitié de moi, me prît par la main,

[1] L'identité de Yeḳoutî'êl avec l'astronome Ḥassân, que soutient Geiger (*Zeitschrift der Deutschen morgenländischen Gesellschaft*, 1859, t. XIII, p. 514-516, et *Salomo ben Gabirol*, Leipzig, 1867, p. 38 et 118), ne paraît guère probable (Grätz, *Geschichte der Juden*, t. VI, p. 34). On se décidera difficilement à reconnaître, dans l'astronome dont les observations remontent à l'an 971, la même personne qui aurait accueilli aussi bien, en 1037, où, en ce cas, il n'était pas loin de quatre-vingt-dix ans, un tout jeune homme tel que notre poëte. Le vers d'Ibn Gabirôl (Dukes, *Schîrê Schelômôh*, Hanovre, 1858, p. 28, l. 1), où sont louées « la générosité, égale à la mer, la droiture et *la science dans la sainte loi* de Dieu » de Yeḳoutî'êl, serait faible, appliqué à un talmudiste qui avait été *dayyân* ou juge à Cordoue. Mais, fût-il plus fort, cet éloge ne prouverait rien dans la bouche d'un poëte qui, né en 1021, n'avait que dix-huit ans lorsque la chute du wâlî de Saragosse (1039) entraîna la mort de son protecteur. L'élégie (Dukes, *loc. cit.* p. 30-34) composée sur cet événement ne dépeint qu'un homme politique dont la haute situation servait de rempart à ses coreligionnaires. Si l'on compare les différents passages où il est question de Ḥassân ben Ḥassân, on est tenté de prendre Yeḳoutî'êl pour le fils du célèbre astronome qui, élevé par son père, pouvait avoir eu des notions assez étendues de l'astronomie pour que, grâce à sa grande fortune, il passât pour un savant dans la bouche de ses adulateurs. Dans le passage de Moïse ben Ezra cité par Geiger (*Zeitschrift der Deutschen morgenländischen Gesellschaft*, *loc. cit.*), l'éloge se rapporte surtout à Ibn Gabirôl, bien qu'il soit dit également qu'Ibn Ḥassân offrait facilement matière aux panégyriques du poëte.

Je verserais mon cœur dans son sein, je lui dirais une partie de mon chagrin !

Et peut-être, en parlant de ma douleur, calmerais-je un peu mon trouble ! . . . .

Est-ce peu de vivre au milieu d'un monde qui prend ma droite pour ma gauche ?

Je suis enterré, mais non dans la plaine; dans ma maison est mon cercueil ! . . . .

Ce monde, . . . . mais leurs ancêtres ne méritaient pas de servir de chiens à mes troupeaux.

Ils ne rougissent jamais, à moins de se farder la face avec du cramoisi.

Ils se considèrent comme des géants, ils m'apparaissent comme des sauterelles[1] . . . . .

[1] Voy. Munk, *Mélanges de philosophie juive et arabe*, Paris, 1859, p. 159. Le texte hébreu se lit chez Dukes (*loc. cit.* p. 1), et a pour titre *Plainte en quittant Saragosse.* Malgré la pureté de son langage, l'art merveilleux avec lequel il s'est approprié tous les secrets de la poésie biblique, et la profondeur de ses sentiments, Ibn Gabirôl n'a pas pu échapper à la critique de Moïse ben Ezra. Nous donnons le curieux passage suivant de la Rhétorique, où il est visé sans être nommé :

وكنْ على تحفظ فى باب الجمع والفرد الى ما ينتجه الاطّراد ويشهد به
الموجود فقد افرد كبار الشعراء סגורים وهو غلط وانما هو مثل מלוחים וכפורים
וסגורים ... وقد افرد قوم קנו من صاحبه מננו ولا ينفصلا قط وانما هى
من الاتباع كما فى العربية قبيح شقيح حسن بسن وغيرها وقد افرد
قوم גבות ונינים فقالوا גבותיו וגבת נניניו فقالوا גבותיו ..... وقد استساغ
الشعراء جمع الانوار مثل שמש וירח וכימה وغيرها قياسا على כוכבי השמים וכסיליהם
وليس غير כסיל واحد وكذلك فعلوا فى الاحجار والجواهر نحو לשם וכסף וזהב
بوجودهم את צרורות כספיהם وكله تحامل على اللغة غير جائز وان كان الشعر
موضع ضرورة واما عين الغلط الفاحش فعند من صرّف هذه الاسماء
تصريف الافعال שמיש מתוהמת כלה מיוספה فاقتطع هذا التصريف من שמש ויספה
وقال וכפש פנינה من אדמו עצם מפנינים الذى لم يوجد منه فرد وهو اراد نفسا
جوهرية وهذا تحكّم لا يثبت وكنْ ايضا على توقٍّ من تصريف المعانى الّا
على حقائقها فقد تختلف شروحها وقد تبدل بعضها ببعض مثل הטרם

Si nous ne devons pas attacher trop d'importance aux épanchements d'une âme aussi meurtrie, d'un esprit aussi chagrin

תדיר الذى هو بمعنى הלא תדיר כי הוגלית בכוחך مكان אשר הוגלית ואולי ייגעה אולי כעתה:
נוספי بمعنى לולא وكذلك اعتقده الشاعر فى قوله אולי דמועות בחרי כדמו مكان
לולא . ولفظة אולי تكون لمرجوّ ومخوف وكذلك شرحه عند العرب..... «Fais attention à ce que l'usage établit au sujet de l'emploi du singulier et du pluriel, et à ce qui est attesté par ce qui se trouve dans l'Écriture. Ainsi les grands poëtes ont formé un singulier de *sanwêrîm* (*Gen.* XIX, 11), ce qui est une erreur. Ce mot est comme *millou'îm*, *kippourîm*, etc..... On a employé *ḳâṭ*, détaché de *me'aṭ* qui doit l'accompagner et dont il ne peut jamais être séparé. Ces deux mots font un *itbâ'*, comme, en arabe, *ḳabîḥ schaḳîḥ*, *ḥasan basan*, etc. On s'est servi de *gabbôt* et de *bâbôt* seuls, bien que ces deux mots soient toujours suivis de *'ayin* (*Lév.* XIV, 9, et *Zac.* II, 13). Les poëtes se sont permis de mettre au pluriel les noms des luminaires célestes, tels que *schémesch*, *yârê'aḥ*, *kîmâh*, en traitant ces mots à l'instar de *kesîlîm* (*Isaïe*, XIII, 10), tandis que *kesîl* seul est ainsi employé. Ils ont fait de même pour les noms des pierres précieuses, comme *léschém*, *késéf*, *zâhâb*, en se fondant sur *kaspêhém* (*Gen.* XLII, 35). Tout cela, c'est forcer la langue d'une façon qui n'est pas permise, malgré les licences qu'on accorde à la poésie. Mais ce qui est essentiellement affreux, c'est le fait de celui qui a conjugué ces noms comme des verbes, et qui a dit *meschouhémét* et *meyouschefâh*, comme des dérivés de *schôham* et *yâschfêh*. Il a dit aussi «et une âme perlée, *penînîyâh*», formé d'un singulier de *penînîm* (*Lament.* IV, 7), qui n'existe pas. C'est là une finesse qui ne saurait être maintenue. — Sois également sur tes gardes, afin de n'employer les mots que dans leurs vrais sens. Certes, les explications varient, et les significations se remplacent souvent les unes les autres. Ainsi, *hăṭérém* (*Ex.* X, 7) a le sens de *hălô*, *kî* (*Nombres*, XIV, 13) remplace *ăschér*, *oulaï* (*Osée*, VIII, 7 et *Nomb.* XXII, 33) prend le sens de *loulê'*. Ainsi l'a cru le poëte lorsque, dans le poëme *Oulaï demâ'ôt*, etc., il emploie ce mot au lieu de *loulê*, et cependant *oulaï* se rapporte à un objet qu'on espère ou que l'on craint, et il en est de même en arabe, où il est rendu par *la'alla*.» (Cf. *Kitâb al-ouṣoûl*, col. 26, l. 15-17.) Toutes les erreurs reprochées à un poëte, dans ce passage, visent Ibn Gabirôl. Le singulier *sanwêr* se lit chez Dukes (*loc. cit.* p. 13, l. 4; cf. Sen. Sachs, *Vie de Salomon ben Gabirol*, en hébreu, p. 32); *ḳâṭ* se rencontre fréquemment et jusque dans la phrase mnémotechnique qu'Ibn Gabirôl a donnée pour les lettres radicales; *bâbâtî*, chez Dukes, p. 47, l. 16 (voy. note 3); *léschém* se lit, au pluriel et avec suffixe, chez Dukes, p. 48, l. 1 (cf. note 1, où l'on voit que Moïse ben Ezra était tombé dans la même erreur qu'il critique ici); le mot *penînîyâh* se trouve chez Dukes, p. 16, l. 16 (cf. note 4); le vers *oulaï*, etc. est le commencement du n° 11, chez Dukes, p. 20.

qu'Ibn Gabirôl, le jugement porté par Ibn Djanâḥ sur sa ville adoptive est loin d'être aussi indifférent. C'était un esprit froid et calme, et il était si peu poëte qu'il avoue lui-même qu'après avoir essayé quelques vers dans sa jeunesse, il avait répudié une muse qui l'avait toujours dédaigné[1]. Il parle bien quelque part

[1] Le passage en question se lit dans *Riḳmâh* (p. 185, l. 23 à p. 186, l. 8), et a été traduit par M. Munk (*Journ. as.*, 1850, t. II, p. 37). Nous possédons une observation malicieuse de Moïse ben Ezra, relative à un plagiat dont Ibn Djanâḥ se plaint dans ce passage. Après avoir soutenu que la poésie est un don de la nature qui ne peut être acquis par l'étude, Moïse continue : الا ترى ان فى اعلام الاسلام مثل ابن المقفع الخطيب وعبد الحميد الكاتب والاصمعى والجاحظ وغيرهم وهم عمد البلاغة واستادى الخطابة وما يقع بطبع احدهم نظم كلمتين وفى ملّتنا بالاندلس ابو الوليد ابن جناح وابو اسحق بن سقطار المنبوز بابن يشوش د״د وهما شيخا [اللغة] العبرانية بالطلاق لم يسمع لهما بيت منظوم على ان ابا الوليد منهما ذكر فى تاليفه الاكبر ان كانت له مقطعات شعر حُسد عليها ونُسبت الى ابن خلفون الشاعر ولو امسك عن هذا القول كان اليق بمكانه فمثله فى جلالة القدر ونباهة الذكر لا يستظهر بهذا الخطر الوتح من العلم. « Ne vois-tu pas que, chez les musulmans, les hommes distingués dans les sciences, tels que le prédicateur Ibn al-Moḳaffa', le secrétaire 'Abd al-Ḥamîd, Asma'î, Al-Djâḥiṭ et d'autres qui sont les piliers de l'éloquence et les maîtres de l'art oratoire, sont incapables de faire des vers; et, que chez nos coreligionnaires de l'Andalousie, Abou 'l-Walîd ibn Djanâḥ et Abou Isḥâḳ ben Soḳṭâr, surnommé Ibn Yâschousch, que leurs âmes soient au paradis, qui sont des maîtres consommés dans la langue hébraïque, sont hors d'état de nous faire entendre un seul vers bien rythmé! Il est vrai qu'Abou 'l-Walîd parle, dans son grand ouvrage, des quelques strophes qu'il avait composées, et que, par jalousie, on avait mises sur le compte du poëte Ibn Ḥalfôn; mais il aurait été plus convenable, pour un homme de son rang, de ne pas parler de cela. Un homme d'une valeur aussi considérable et d'une réputation aussi brillante ne cherche pas à paraître avec une branche aussi mince de savoir. » Pour les quatre célébrités de l'Islâm, voyez Ibn Khallikan, *Biograph.*, I, 431; II, 173; 123 et 405; pour Ibn Yâschousch, voyez Ebn Ezra dans sa préface du *Moznaïm*; M. Neubauer, *Notice sur la lexicographie hébraïque*, dans le *Journal asiatique*, 1862, t. II, p. 247, et tirage à part, p. 201; M. Steinschneider, *Zeitschrift der Deutschen morgenländischen Gesellschaft*, t. VIII, p. 551; t. IX, p. 838; Grætz, *Geschichte der Juden*, t. VI, p. 53, note 1. — M. Neubauer nous communique quelques fragments tirés

d'un habitant de Saragosse, Abou Soleimân ben Ṭaraḳâh, qu'il nomme son ami et dans la maison duquel eut lieu le

de la collection Firkowitsch, achetée par la Bibliothèque impériale de Saint-Pétersbourg, et que notre savant ami croit appartenir au كتاب التصاريف (ס' הצירופים) d'Ibn Yâschousch; nous n'hésitons pas à les publier ici, parce qu'ils se rapportent à Abou'l-Walîd et au Nâgîd. Les voici : وزعم الנגיד ז"ל ان لام الفعل فى עשה קנה בנה واصحابها انما هى ياء وشذّ فى ذلك من كل مؤلّف فقال ان اصل עשה עשי واصل בנה בני واصل קנה קני وكذلك سائرها واستدل على ذلك بوجدانه כמו רגלי כנחלים נטיו לזר חסיו בו ישליו אהלים ובקרך וצאנך ירביון מר יבכיון واصحابه التى جاءت بالياء ومن פדיון עליון כליון חריון ومن עץ עשה פריו واشباهها مما انقلبت فيها الهاء ياء التى هى لام الفعل من ياء فزعم ان اللام فيها انما هى يا وقال فى موضع هو مما غاب عن الخاصّ والعامّ وقال فى موضع اخر فما بالناس يعلمون بمثل ما علمناه قال المؤلف ان شهرة فساد هذا الراى يغنى (lisez تغنى) عن بيان فساده لكن لا بدّ لنا ان نذكر كلاما مختصرا يدل على فساده فنقول..... «Le Nâgîd a pensé que le troisième radical, dans les verbes *ʿâsâh*, *ḳânâh*, *bânâh*, etc., est *yôd*. Il se sépare en cela de tous les auteurs. Il soutient que la vraie racine de ces mots est *ʿâsaï*, *ḳânaï*, *bânaï*, etc., et il le prouve par des exemples, tels que *nâṭâyou* (*Ps.* LXXIII, 2, et *Nombres*, XXIV, 6), *ḥâsâyou* (*Deut.* XXXII, 37), *yischlâyou* (*Job*, XII, 6), *yirbeyoun* (*Deut.* VIII, 13), *yibkâyoun* (*Is.* XXXIII, 7), et d'autres passages où le *yôd* se rencontre; puis par des mots tels que *pidyôn*, *ʿélyôn*, *killâyôn* (*Is.* X, 22), *piryô* (*Lev.* XXVI, 4 et *passim*) et d'autres semblables, où le troisième radical *hê* n'a fait que remplacer le *yôd*, et où, selon l'avis du Nâgîd, le vrai troisième radical est un *yôd*. Il dit, à un endroit : «C'est ce qui a échappé aux savants et au vulgaire;» et ailleurs : «Personne n'a su ce que nous savons.» L'auteur (Ibn Yâschousch) dit : C'est là une opinion si évidemment fausse, qu'on pourrait se dispenser d'en expliquer la fausseté; cependant, nous dirons.....» R. Samuel est ici d'accord avec la grammaire moderne. — Un second fragment est le suivant : وقد استعملت رؤساء هذا الفنّ ادغام نون מן فى الياء الדגشية فقال بعضهم

וְלֹא [הָיְ]תָה פְּלֵיטָה לָאֲנִיָּה    לְפָנִים מִיְּדֵי קָרְחָה וְעֻמָּה

وقال غيره

וְיָבִין מִתְּבוּנָתוֹ לְבָבִי    וְיַרְאֵנִי בְּאַחַד מִיְּלָדָיו

والصواب מידי بلين الياء [ومילדיו بلين الياء ايضا] وزعم الנגיד وهو القائل احد هذين البيتين عند ذكره מישני אדמת עפר ان الفاء منه ساكن ونون מן محذوف منه. Dans ces deux vers, on a mis un *dâgêsch* dans le *yôd* de *miyyedé*

débat vif dramatisé par notre auteur dans le *Kitâb at-taswiya*[1]; il mentionne encore dans le même traité un Samuel al-Ḥazzân qui aurait pris part à ces discussions[2]; mais l'un et l'autre sont parfaitement inconnus.

et de *miyyelâdâw*, pour le besoin du mètre. Pour le passage *Daniel*, xii, 2, cité par le Nâgîd, il existe une différence entre Ben Ascher et Ben Naftali. — Le troisième fragment nous intéresse particulièrement : واما الנגיד فقال ان פשטה ועורה וחגורה اوامر الا انه لم يقصد ما قصدناه من التصريف الصحيح الذى به صح كونها اوامر بعد ما احشى فى ذلك اوراقا ومن اعجب العجيب انتصار בן בלעם لابى الوليد واستجهاله الנגיד فكان מחשיך עצה במלים בלי דעת. «Le Nâgîd affirme que *peschôṭâh*, etc., sont des impératifs; mais, bien qu'il ait rempli des feuilles entières à ce sujet, il n'est pas, comme nous, arrivé à la vraie analyse par laquelle il est prouvé que ce sont des impératifs. On doit s'étonner au plus haut degré que Ben Bal'âm se soit, dans cette question, rangé du côté d'Abou'l-Walîd, en traitant le Nâgîd d'ignorant. On peut lui appliquer le verset de *Job*, xxxviii, 2 : «Il obscurcit la pensée par des paroles sans intelligence.» Sur cette discussion entre le Nâgîd et Abou'l-Walîd, voyez plus loin, p. xliii. — Voici enfin un dernier fragment : وزعم الاستاذ ابو الوليد والנגיד واكثر الاشياخ ان שמרה כמו כי חסיד אני ممدود الشين موقّفها وهكذا الفيناه فى مصاحف يشار اليها بالتصحيح واما מסורת אכלה ואכלה..... «Pour *Schâmerâh* (*Psaumes*, lxxxvi, 2), le *schîn* a une voyelle longue pourvue d'un arrêt. Ainsi, nous l'avons trouvé dans des copies reconnues comme correctes. Mais la Massore, *Oklâh we'oklâh*.....» — Voy. encore *Kitâb al-ouṣoûl*, col. 154, note 62, où l'on cite Ibn Yâschousch, pour son opinion sur *wedîgoum*, qu'il prend pour un *hifil* à la place de *wehiddîgoum*. Cette citation, que le copiste a placée à la marge du ms. d'Oxford, a fait dire à M. Dukes (*Naḥal ḳedoumîm*, p. 11) qu'Abou'l-Walîd nommait Ibn Yâschousch dans son lexique. Il l'a peut-être eu en vue, lorsque ci-dessous, p. 263, l. 9, il parle d'«un homme qui mérite sa confiance pour l'intelligence des conjugaisons;» ou lorsque p. 86, l. 10, il cite «un contemporain dont la science lui inspire une grande confiance.» Il ne s'exprimerait pas ainsi s'il s'agissait de ses maîtres. — Ibn Yâschousch est mort, d'après Ibn Abî 'Oṣeibi'a, à Tolède, dans l'année 448 de l'hégire (1057), âgé de soixante-quinze ans. Il était donc contemporain d'Abou'l-Walîd et même probablement un peu plus âgé que lui. Mais les écrits polémiques d'Ibn Djanâḥ contre le Nâgîd étaient certes répandus depuis 1035 ou 1040.

[1] Voy. plus loin, au commencement du *Kitâb at-taswiya*, p. 344.

[2] Voy. p. 352. — On n'a jamais pu prendre au sérieux la pensée de voir, dans ce Samuel Ḥazzân, le Nâgîd qui aurait rempli les fonctions modestes de chantre de synagogue après s'être enfui de Cordoue (Geiger, *Jüdische Zeitschrift für Wissenschaft und Leben*, t. II, p. 150).

Du reste, les premiers adversaires qu'Ibn Djanâḥ rencontra à Saragosse n'étaient pas des admirateurs excessifs de Ḥayyoudj. Les critiques qu'on lui adressait et auxquelles il répond dans les deux traités qui suivirent le *Moustalḥiḳ*, portaient tout aussi bien sur son propre travail que sur les ouvrages de Ḥayyoudj. À Saragosse et dans ces contrées, il y avait sans doute encore des partisans acharnés du système des racines bilitères et unilitères, en vigueur parmi les grammairiens de l'ancienne école[1]. Ici se présente une question à laquelle il convient que nous nous arrêtions.

Lorsqu'on pense qu'à l'époque où David ben Abraham et Menaḥêm composèrent leurs dictionnaires, les grammairiens arabes étaient déjà depuis deux siècles en possession de notions très-exactes sur la trilitéralité des racines sémitiques, qu'ils avaient écrit sur le *ʿilm an-naḥw* et le *ʿilm allouga*, sur la grammaire et la lexicographie, des ouvrages nombreux et étendus, que les juifs habitant dans les pays musulmans lisaient et parlaient l'arabe comme leur langue maternelle, on peut s'étonner à juste titre qu'on ait tant tardé d'adapter et d'appliquer à l'hébreu ce système si simple et si rationnel. Il est impossible d'attribuer cette persévérance dans des idées surannées à un sentiment de répulsion que les juifs auraient éprouvé contre tout emprunt fait aux ennemis de leur religion en vue d'expliquer la langue sacrée. Rien n'est plus contraire à l'esprit des docteurs juifs que cette roideur inintelligente. Partout et en tout temps, les juifs se sont, avec une rare sou-

[1] Dans Ewald et Dukes, *Beiträge*, II, 170, les critiques de ces grammairiens sont confondues avec celles des partisans de Ḥayyoudj. Ce que nous avançons se reconnaît par la lecture du *Tanbîh* et du *Taḳrîb*. Voy. p. 250, 291, 311, contre les partisans des racines bilitères; p. 313, contre les gens de sa contrée «qui n'ont pas lu ou qui n'ont pas compris les traités de Ḥayyoudj.» Abôu 'l-Walîd désigne souvent par le mot قوم «gens», ci-dessous, 101, 2; 102, 11; 125, 2; 151, 9; 173, 1; 208, 8, etc., les adversaires qu'il dédaigne.

plesse et une merveilleuse facilité, mis au courant des idées au milieu desquelles le sort les avait jetés. Ils ont probablement imité les Syriens pour la ponctuation qu'ils introduisirent dans le texte même de la Bible; ils se sont approprié avec prestesse les philosophèmes des Grecs et se sont fait de bonne heure une exégèse qui fût d'accord avec les principes qui en découlaient [1]. C'étaient là des hardiesses autrement grandes que l'adoption d'une conception linguistique. Du reste, on comparait bien les mots hébraïques avec les mots araméens et arabes, et l'on expliquait telle racine rare en hébreu par les racines congénères des langues sœurs; Iehouda ben Ḳoreisch avait consacré à la nécessité de cette méthode comparative sa lettre aux habitants de Ḳaïrowân, Saʿadiâ la pratiquait constamment, et l'on invoquait l'autorité de son nom respecté ainsi que celle d'autres célèbres chefs de la captivité contre les hyperorthodoxes timorés qui avaient la conscience troublée par le prestige qu'on accordait ainsi à l'idiome du Coran, dont on ne craignait pas de citer des versets entiers [2]. Il faut donc chercher ailleurs la raison de ce fait singulier qu'on n'a pas encore expliqué.

Nous croyons la trouver dans l'intuition qu'on avait d'un idée juste en elle-même et qui a été viciée seulement par l'exagération à laquelle on s'est laissé entraîner dans l'application. Par un

[1] Les soins pris par les philosophes et les exégètes juifs, depuis l'école d'Alexandrie jusqu'à Sa'adiâ et ses successeurs, pour écarter toutes les expressions anthropopathiques de la Bible, n'ont pas d'autre origine.

[2] L'anecdote de la servante de Rabbi, dont le langage vulgaire, savoir l'araméen palestinien, servait à l'explication du mot biblique, est connue. Le *Risâlet* de R. Iehouda ben Ḳoreisch a été publié par MM. Bargès et B. Goldberg, à Paris, 1857. — Sur Sa'adiâ, voy. plus loin, p. 141; *Kitâb al-ouṣoûl*, col. 130, l. 8-22; cf. *ibid.* col. 234, l. 23 et suiv.; et Neubauer, *La lexicographie hébraïque*, p. 190, note 2 du tirage à part. Nous avons noté un passage du Coran chez Abou'l-Walid, ci-dessous, p. 357.

procédé purement empirique, on avait remarqué que des racines comme שוח, שחה et שחח, גוד et גדד, דוך et דכך, זכה et זכך, זול et זלל, חול, חלה et חלל, יצב et נצב, et tant d'autres, pouvaient se remplacer mutuellement, sans que le sens fût changé; et, le fût-il légèrement, on ne s'en apercevait pas moins de l'idée commune attachée aux deux radicaux communs à chaque groupe de ces racines [1]. Puis les lettres faibles qui venaient dans certains cas s'ajouter aux bilitères avaient un caractère arbitraire, par suite de l'orthographe parfois indécise du texte hébreu, qui permet constamment d'ajouter ou de supprimer la quiescente. La Massore, en fixant la *scriptio plena* ou *defectiva* d'un mot dans les différents versets, d'après l'autorité de copies considérées comme correctes et authentiques, rend, par ses indications mêmes, témoignage de l'incertitude qui régnait à cet égard et de la liberté qu'accorde le génie de la langue hébraïque.

La trilitéralité à laquelle les racines ont été finalement assujetties saute bien moins aux yeux en hébreu qu'en arabe. La troisième personne du singulier masculin du parfait ayant été de bonne heure considérée comme la forme la plus simple du verbe, on voyait, en arabe, grâce à la voyelle qui affecte le dernier radical, dans قال, صار, مدّ, ضمّ, la représentation complète des trois radicaux. En hébreu, il n'y avait que deux radicaux pour la même forme; dans שב, קם, צח, כל, etc. nulle indication d'un troisième radical [2]. Pour les racines ל״ה, on avait encore על, פן de עלה, פנה, etc. et les futurs apocopés où le *hê* était retranché. On rencontrait, en outre, en araméen et surtout dans l'araméen palestinien, des aphérèses nombreuses et la réduction du mot poussée jusqu'aux plus

[1] Voy. Renan, *Histoire des langues sémitiques*, p. 95 et suiv.

[2] La différence entre les deux langues subsiste, en partie du moins, lorsqu'on prend l'infinitif pour base de la racine.

extrêmes limites : l'*âléf* disparaît en tête des mots dans בא, כל, חד, פס, etc.

On peut soutenir qu'en Espagne la doctrine des racines bilitères et même unilitères n'avait nui beaucoup ni à l'exégèse, ni aux compositions hébraïques que l'on y tentait; le génie des langues sémitiques exerçait une trop forte influence. D'un autre côté, on peut également affirmer que Ḥayyoudj n'a pas pu détruire le germe de cette doctrine au point de bannir complétement le système des racines à deux lettres du domaine de la grammaire hébraïque; c'est qu'il avait en même temps la conscience de l'individualité de l'idiome national. Menaḥêm prend un soin extrême pour conserver aux éléments de ses racines une grande fixité, et pour les défendre contre les interprètes aventureux qui admettaient des permutations risquées des lettres afin d'expliquer certains mots difficiles. «Pour eux, dit-il, les vallées creuses deviennent des plaines, les routes dangereuses des chemins frayés, et on invente à force de se livrer à son imagination[1].» Il distingue très-bien entre les lettres qui *servent* à agrandir les mots et qui ont l'air de s'y *enraciner*[2], et les lettres véritablement *serviles*. Son style est presque toujours correct et ne franchit guère les limites du langage biblique. Quelquefois roide dans son lexique, parce que l'emploi de l'hébreu pour traiter les questions scientifiques est nouveau, il devient élégant et disert dans ses tou-

[1] *Maḥb.* 20 *b.* — Voy. aussi les observations de Menaḥêm contre Iehouda ben Ḳoreisch, p. 12 *a*, 23 *a*, 25 *b* et *passim.* — En distinguant les différents sens de chaque racine, qui sont d'autant plus nombreux que les lettres ajoutées peuvent varier dans ces bilitères, il fixe, pour chaque variété, une signification spéciale. Ainsi, en citant les exemples pour les quinze *divisions* (מחלקות) de la racine חל, il limite en même temps les formes dont chaque division est susceptible, et, si *ḥêl* veut dire «mur» ou «fossé», et *ḥălî* «anneau» ou «bijou», il n'est pas permis de confondre ces deux mots, et d'attribuer à *ḥêl* le sens de *ḥălî*, ni à *ḥălî* celui de *ḥêl.*

[2] Il se sert du mot הנכלכלים. — Voy. surtout *Maḥb.* p. 1 *b.*

chantes lettres à Ḥasdâï ibn Schaprouṭ[1]. Après Ḥayyoudj, Ibn Djanâḥ maintient encore comme bilitères les mots tels que גב, גג, דד, טל, טף, טס, סל, etc., qui se présentent bien avec *dâgêsch*, lorsqu'ils sont affectés d'un suffixe, mais ne paraissent jamais dans l'Écriture avec un dédoublement du second radical[2]; il appelle les racines géminées des *bilitères redoublés*[3]. Le Nâgîd, à son tour, tout dévoué qu'il est à son maître Ḥayyoudj, considère les racines au second radical faible comme des bilitères. Nous le savions déjà par le témoignage d'Ebn Ezra qui adopte cette opinion[4]; mais voici un passage du Nâgîd lui-même, tiré des Gloses de Schem-Ṭôb ben Iehouda Ebn Mayôr au commentaire d'Ebn Ezra sur *Gen.* I, 20[5]. A l'ob-

[1] On connaît les deux passages cités et blâmés par Ḥayyoudj dans l'Introduction de son Traité des lettres quiescentes (D. p. 1 et 2, N. 2). Ils sont de Menaḥêm qui emploie *ṣerôtô* (צרותו) dans le sens de «sa création», et *lâ'oud* (לעוד) dans celui de «se parer». Mais, quant au premier mot, comme l'observe déjà M. Stern, *Liber Responsorum*, p. XXXVII, l'édition du *Maḥb.* p. 21 *a*, l. 11, porte la forme correcte יצירתו. Pour le second mot, il ne faut pas oublier que quelques interprètes, entre autres Menaḥêm et Ḥayyoudj eux-mêmes, expliquent עודני (*Ps.* CXIX, 61) par «ils m'ont pillé», et rien n'empêche de lire *le'awwêd* et de traduire le vers critiqué de Menaḥêm : «De quel droit ces gens de rien s'emparent-ils des anneaux et des agrafes?»

[2] Voy. *Kitâb al-ouṣoûl*, col. 8, l. 19 et suiv.; 263, l. 5 et suiv.

[3] שניי כפול.

[4] *Ṣâḥôt*, éd. Lippmann, 47 *b*.

[5] Cod. Cambridge n° 52 du Cat. de M. Schiller-Szinessy; Cod. Oxford Pococke, 207 (Neub. 228). Nous devons la communication de ce passage, ainsi que des autres extraits de ces *Gloses*, à M. Neubauer. ינוסף ·פה ינוסף כפול כמו יכונן ׳פ״ה דינ
כי זה דעת ר׳ שמואל הנגיד ודעת זה החכם שמלת קם ושב ושם וחביריהם נקרא שתי אותיות
כפולות והוא שבהם בחלוף אינו שורש כי אם כח נעלם להרחיב המלה וזה הכח הנעלם אשר במלת
קם וחביריו ינקרו לא יסור לנעלם אבל לא בחבור אות ולא כמו שין שמר שאיננה בחבור חסרון
אות אבל כשהוא אשר בחלוף המלה שרש לא תסור לנעלם הוא ממנו כמו כי גוע אהרן ישועו
נזרונו רבים וכן דוה לא תסור הוא ממנו גם כן והיית כגן רוה אך אמנם המלה אשר סרה ממנה
הוא איננה משרש ואין בשרש אלא שתי אותיות בלבד יגל כן נקראו אלו שניים הכפלים והנונם
שאין בהם אות שורש כי אם שתים לבדם וזה הכח היושב בין הקוף והמם שיורה נגלה הקמץ הוא
נוסף בכח שמר בחר אלא שכח שמר יסור באמרך ישמרו וכח קם יעמוד באמרך יקומו וכן כל
דינתידיה ואלו השניים לא יתבן שימלאו יגל דרך בנין הכבד הדגוש כי אין להם אות שמלאני ביתנשתהו

servation d'Ebn-Ezra que « le *pê* de *yeʿôfêf* est redoublé comme le *noun* de *yekônên* (*Is.* LXII, 7) » Ebn Mayôr ajoute : « C'est l'opinion de R. Samuel han-Nâgîd, qui pense que *ḳâm*, *schâb*, *sâm*, etc. ont pour racines deux lettres sensibles, tandis que le *wâw* du milieu n'est pas un radical, mais une quiescente destinée à prolonger la prononciation. Cette quiescente per-

על כן שמו העברים תמורתו כפל אות אחרון כמו כונן שובב כונן במשפט כסאו ובמקום הזה יתוסף כי כל אלו השרש שלהם שתי אותיות לבדם ונקראים שניים נראים והם מהכבד הדגוש וכבר ידועת כי מזה הבנין לעולם ובנין הפעל דגושה ואלה השניים אין להם בנין שתדגש על כן כופלים אות האחרון תמורת אותו הדגש וזה הכפל שהוא באלה השניים יתערב בבעלי אותיות הכפל כמו רוממו י"י שיתכן לומר בו בשתי פנים לכן צריך אתה להזהר בהם מאוד ודע כי כונן שובב עודד יעודרים ובפעלים יש הפרש בין אלו ובין הכפולים כי מן סבב יאמר סובב ומהשניים יאמר מכונן בתוספת מם מכונכה מסובב כתיבות והפיעול מכונן על משקל מרומם על כל ברכה ותהלה. — Une autre observation singulière du Nâgîd se trouve dans ces *Gloses* au Commentaire d'Ebn Ezra sur *Gen.* XXXIII, 10 : פ"ה שאמר רב שמואל הנגיד בפרשת לך לך כי פי' אל נא מגזרת הואל והוא ז"ל אמר שם שהוא כמו לא « R. Samuel han-Nâgîd dit, dans la section *Lêk-lekâ* (*Gen.* XIII, 8), que *al nâ'* est de la même racine que *hô'êl* « consens donc » (cf. *Juges*, XIX, 6), tandis que Ebn Ezra y dit que *al* est égal à *lô*. » Évidemment le Nâgîd n'aime pas l'emploi de *al* comme adverbe de négation, lorsque ce mot n'est pas suivi d'un futur. Nous serions curieux de savoir comment il expliquait ce mot *Prov.* XXXI, 4, et ailleurs. La citation de la *pârâschâh* fait supposer un Commentaire du Nâgîd sur le Pentateuque. — Une troisième observation se lit à l'occasion du mot *schaddaï* (*Ex.* VI, 2) : וכמוהו כקול שדי פ"ה כי כתוב בראש יחזקאל כקול מים רבים כקול שדי והיוד תחת הכפל משרש שדד גם והיה שדי בצריך כך ופירש זה הנגיד כי מלת והיה שדי בצריך עניכה הזהב שיהיה תקיף כמו וכסף תועפות לך וקול שדי טעמו כקול תקיף וכן כשוד משדי יבא טעמו כשוד שיבוא מחסן ותקיף זהו פי' הנגיד ור' יונה המדקדק כתב כי אצלו מלת שדי תואר כי שם שדי גדול ונכבד « Il en est de même pour le mot *schaddaï* dans *Éz.* I, 24. — Commentaire : Au commencement d'Ézéchiel (I, 24), on lit : « Comme la voix d'eaux nombreuses » ; puis (v. 25) : « Comme la voix de Schaddaï », mot dans lequel le *yôd* remplace la lettre double de la racine *schâdad*; puis on lit (*Job*, XXII, 25) : « Ta matière précieuse sera *schaddaï* », c'est-à-dire, d'après le Nâgîd, « ton or sera puissant », comme on le voit par le second hémistiche du verset, où se trouve *késéf*, l'argent. « La voix de schaddaï » signifie donc la voix du puissant, et le verset : « Comme la destruction qui vient de schaddaï » (*Is.* XIII, 7) a le sens : comme la destruction qui vient de celui qui est fort et puissant. C'est là l'opinion du Nâgîd; mais le grammairien R. Yônâh (Abou'l-Walîd) écrit que *schaddaï* est, d'après lui, un qualificatif signifiant « grand et honoré ». (Voyez *Kitâb al-ouṣoûl*, col. 704, l. 31-32.)

manente dans *ḳâm*, etc., ne provient pas d'un *wâw* omis au milieu, mais elle est comme la quiescente du *schîn* dans *schâmar*, sans qu'il manque aucune lettre. Le *wâw* qui est vraiment radical au milieu du mot ne disparaît jamais; on dit *gâwa*ᶜ (*Nomb.* xx, 29), *yeschawweᶜou* (*Job*, xxxv, 9), *dâwéh* (*Lam.* v, 17), *râwch* (*Is.* LVIII, 11); mais les mots desquels le *wâw* disparaît n'ont pas cette lettre comme radicale; ils n'ont que deux lettres pour racine et s'appellent, pour cette raison, bilitères. La quiescente, établie entre le *ḳôf* qui a *ḳâmèṣ* et le *mêm* de *ḳâm*, ne se distingue de celle qui est placée dans *schâmar*, *bâḥar*, que par sa stabilité dans le premier, où le futur a *yâḳoûmou*, et sa disparition dans *schâmar*, où le futur est *yischmerou*. Ces bilitères ne peuvent pas former un paradigme «lourd» avec *dâgêsch*, puisqu'ils ne possèdent pas de lettre de milieu. Aussi les Hébreux ont-ils eu recours au redoublement du dernier radical, et disent-ils *kônên* (*Ps.* IX, 8), et ici *yeᶜôfêf*. Cette circonstance pourrait contribuer à faire confondre ces bilitères avec les racines géminées; il faut donc faire bien attention avant de se décider pour l'une ou l'autre racine. Il faut observer que *kônên*, *schôbêb*, *ᶜôdêd*, sont des parfaits; mais, au participe actif, il existe, entre ces bilitères et les géminées, cette différence que *sâbab* a *sôbêb*, tandis que des bilitères on dit *mekônên*, *mêkônenâh*, avec *mêm*, par exemple : *meschôbêb* (*Is.* LVIII, 12), et, au participe passif, *mekônan*, par exemple : *merômam* (*Néh.* IX, 5).»

Quoi qu'il en soit, quand on se trompait, on se trompait donc en pleine connaissance de cause. On était au courant du système arabe, mais on ne voulait pas s'y enchaîner. Il en était tout autrement dans les pays non musulmans, où nous voyons une avalanche de néologismes se précipiter sur l'hébreu à la suite de l'entêtement qu'on mit à ne voir que des racines bilitères dans tous les mots qui ne renfermaient pas trois lettres solides. M. Zunz a placé à la fin de son livre admirable sur la poésie synagogale des tables fort étendues de toutes ces nouvelles formations dont les Ḳalîr, les Yôsê ben Yôsê et tant d'autres faiseurs de chants liturgiques encombraient la langue sacrée [1]. Si l'ignorance croissante de l'idiome classique est un des facteurs les plus actifs dans la génération des nouvelles branches qui poussent et étouffent finalement l'ancien langage, l'hébreu de cette époque, s'il avait été parlé par une nation compacte, établie dans une contrée du globe, aurait certainement produit une langue néo-hébraïque qui aurait été par rapport à l'idiome de la Bible ce que sont les langues néo-latines par rapport à l'idiome de Cicéron [2]. Mais ces productions isolées d'hommes pieux, sans goût, qui, en outre, au lieu de s'abreuver aux sources pures des Écritures, allaient se désaltérer aux eaux troubles de l'agada et du

[1] *Die synagogale Poesie des Mittelalters*, Berlin, 1855, p. 367 et suiv.; surtout *Beilage* IX, p. 378 et suiv. — *Die Ritus des synagogalen Gottesdienstes*, Berlin, 1859, p. 235.

[2] Cette analogie qui se montre dans la décomposition de la langue suffirait à elle seule pour nous décider à placer ces *paiṭânîm* dans un pays latin. On a déjà observé que Ḳalîr ne mentionne jamais ni la race arabe, ni l'islâm. Depuis le IVe siècle, la rime remplaçait de plus en plus la prosodie dans les hymnes de l'Église. Pendant les guerres de l'exarchat de Ravenne et des Longobards, les souffrances qu'endurèrent les juifs de l'Italie méridionale nous expliquent la profonde tristesse que respirent les poésies religieuses du VIIe ou du VIIIe siècle, auquel appartenait Ḳalîr. — Voy. Grätz, *Monatschrift*, 1859, 361-370; Landshuth, 'Amoudâ 'Abôdâ, p. 28. Le principe, posé par M. Renan (*loc. cit.* p. 429), «Il n'y a pas de langues néo-sémitiques,» et expliqué, d'une manière si ingénieuse et si éloquente, dans le troisième paragraphe du premier chapitre du cinquième livre de son ouvrage, a été restreint, dans son application, par l'auteur même. Le néo-syriaque, par exemple, dont M. Nœldeke a construit la grammaire avec tant de science, ne manque que d'un courant de civilisation, de génie, capable de le féconder, pour devenir aussi distinct de l'ancien araméen qu'aucun idiome européen de la langue latine. La transformation y semble même assez avancée pour qu'il n'ait plus même à craindre l'influence destructive des érudits qui voudraient le ramener à la langue classique de la Peschîtô.

midrasch, écrits dans un mélange de mauvais hébreu, d'araméen et de mots vulgaires ramassés parmi les nations au milieu desquelles ils vivaient, ne créaient qu'une confusion de laquelle Ḥayyoudj pouvait dire avec raison « qu'elle renversait les fondements du langage, en détruisait les murs et en dévastait les limites[1]. »

Ḥayyoudj s'opposa avec succès à ces destructeurs; il établit des règles fixes pour distinguer les racines aux lettres faibles et aux lettres géminées, les énuméra dans l'ordre alphabétique en indiquant les formes et les divers sens de chaque racine[1], et fraya ainsi la voie à une exégèse plus précise et moins arbitraire. Il mérita le nom que la postérité lui a décerné, de père des grammairiens. Abou'l-Walîd, dans son *Kitâb al-Moustalḥiḳ*, n'a fait que le suivre, le corriger et le compléter. Il reconnut, sans hésiter, la haute valeur de son prédécesseur, tout ce qu'il lui avait fallu de sagacité et de persévérance pour répandre la lumière sur ces questions obscures, et attribua les erreurs échappées à Ḥayyoudj « à la faiblesse de notre nature et à l'imperfection de notre être. » Pas un mot de blâme sévère contre le maître, partout plutôt une réserve modeste alors même qu'il découvre les erreurs les plus manifestes. Il limite le champ de ses observations, et s'abstient toutes les fois qu'Abou Zakariyâ, par une allusion quelconque, a suppléé au silence qu'on aurait pu lui reprocher[2]. Aussi, lorsque la mal-

[1] D. 3, 1-4; N. 3, 14-18. Ce passage est cité par Ibn-Djanâḥ, ci-dessous, p. 271, 7.

[2] Toute l'introduction au *Moustalḥiḳ* prouve cette relation entre l'auteur et Ḥayyoudj. Voy. aussi ci-dessous, p. 274, l. 2-6, et *Kitâb al-ouṣoûl*, col. 524, l. 22, où Abou 'l-Walîd s'accuse d'inadvertance, parce que, dans le *Moustalḥiḳ*, p. 162, l. 4, il a signalé le *nifal* de מלט comme manquant, bien que cette forme soit mentionnée dans l'introduction de Ḥayyoudj à la 3e partie de son livre; ce passage N. 60, 4 manque D. 99, 9; et, eu égard aux copies différentes des Traités de Ḥayyoudj qui circulaient en Espagne, il se pourrait bien qu'Ibn Djanâḥ ne

veillance se fut attachée à découvrir de nouvelles omissions commises par Ḥayyoudj et restées inaperçues pour Ibn Djanâḥ, celui-ci répondit rudement à ses adversaires par son *Risâlat at-Tanbîh*, et leur montra qu'ils n'avaient pas même lu l'ouvrage qu'ils se permettaient de critiquer[1].

Le *Tanbîh* est adressé à un ami, probablement de Cordoue, qui était venu voir notre auteur à Saragosse et à qui celui-ci avait donné son *Moustalḥiḳ*. En retournant, cet ami a été dépouillé en route de son bagage où se trouvait également l'exemplaire du *Moustalḥiḳ*. Ibn Djanâḥ s'empresse d'en faire faire une autre copie qu'il lui envoie, accompagnée du *Traité de l'avertissement*. Sa réponse était si écrasante pour les critiques injustes de ses adversaires que personne ne voulut assumer la responsabilité de ces critiques.

Le *Risâlat et-Taḳrîb wat-Tashîl* « traité pour approcher et faciliter » avait, comme le titre l'indique, pour but de préparer les étudiants à l'intelligence des principes posés par Ḥayyoudj dans les introductions qui précèdent ses différents traités. Il se divise en quatre parties. La première partie, la plus importante, est consacrée aux questions qu'Abou 'l-Walîd ne traite plus tard qu'en passant, dans sa grammaire. Nous n'en indiquons ici que sommairement le contenu, nous réservant d'y revenir, lorsque nous aurons à exposer les principes de phonétique suivis par notre auteur. Après avoir expliqué certaines expressions employées par Ḥayyoudj, Ibn Djanâḥ donne une division des sept voyelles en voyelles principales et voyelles secondaires, et la valeur ainsi que la prononciation du *schewâ*[2]. Il cherche ensuite à déterminer le sens de la règle établie par

méritât pas le reproche qu'il se fait. Il se sert presque toujours pour Ḥayyoudj du mot وهم, qui désigne une erreur par étourderie, et non de غلط, qui indiquerait une faute par ignorance.

[1] Voy. plus loin, p. 249 et suiv.

[2] P. 274 et suiv.

Ḥayyoudj, que d'ordinaire trois voyelles ne peuvent se trouver de suite en hébreu sans qu'elles soient interrompues par une quiescente douce, un *dâgêsch* ou un *schewâ* quiescent[1]. Ibn Djanâḥ étudie le caractère du *hê* quiescent, en comparant cette lettre aux trois autres quiescentes, *âléf, wâw* et *yôd*[2]. Enfin, il établit la trilitéralité des verbes au deuxième radical faible[3]. Quelques observations sur des racines au premier radical *âléf* terminent cette partie[4]. — Dans les trois autres parties, l'auteur s'occupe successivement de racines au second radical faible, de racines au troisième radical faible et de racines géminées[5]. Quelques pages, placées à la fin, contiennent une distinction subtile entre le futur ayant le sens du parfait et le futur remplaçant le parfait[6].

Les écrits d'Abou'l-Walîd se répandirent rapidement en Espagne[7]; les copies, si nombreuses qu'elles fussent, ne suffisaient pas et on lui en demandait toujours de nouvelles[8]. Les disciples dévoués de Ḥayyoudj s'émurent. Les hommes de génie qui enrichissent la science par leurs découvertes ont toujours des sectaires trop zélés, qui, aveuglés par leur admiration inintelligente, voient dans la moindre observation, quelque respectueuse qu'elle soit, une atteinte portée à la réputation de leur maître; ils prétendent arrêter la science au point où celui-ci l'a conduite. A côté d'eux il se trouve heureusement d'autres savants, qui, s'inspirant des vérités nouvellement conquises, les appliquent, les modifient s'il en est besoin,

[1] P. 277 et suiv.
[2] P. 290 et suiv.
[3] P. 307 et suiv.
[4] P. 309.
[5] P. 301 à 338.
[6] P. 338 à 342.
[7] Voy. plus loin, p. 373.
[8] Voy. plus loin, p. 247.

et s'en servent pour faire faire de nouveaux progrès à la science dans la voie même frayée par leurs prédécesseurs. Ibn Djanâḥ ne nomme nulle part celui qui se mit à la tête des partisans à outrance de Ḥayyoudj. Mais Iehouda ben Bal'âm[1], Moïse ben Ezra[2], Salomon Parḥôn[3], et Iehouda ibn Tibbôn[4] sont moins discrets. L'adversaire qui lançait les Ḥayyoudjites en avant, tout en restant prudemment éloigné de la scène, était R. Samuel Hallévi, le tout-puissant ministre du roi de Grenade, dont nous avons déjà dit quelques mots au commencement de ce travail. En voyant l'acharnement de la polémique engagée des deux côtés, nous nous étions demandé involontairement si Ibn Djanâḥ n'eût pas subi le sort de Menaḥêm, dans le cas où l'Espagne arabe, au lieu d'être morcelée, avait été encore soumise à la même dynastie, et où le Ḥâdjib de Habous aurait pu mettre la main sur l'humble grammairien de Saragosse.

Ibn Djanâḥ nous raconte au début de son quatrième opuscule, dans le *Kitâb at-taswiya*, ou Livre du redressement, comme quoi il s'est rencontré dans la maison d'un ami, « avec un de ceux qui visitaient parfois le pays qu'il habitait[5]. » Cet étranger, venu à Saragosse, a bien l'air d'un émissaire envoyé par les ennemis de notre grammairien. Il commence par répandre des propos désobligeants sur son compte; dans une ville illettrée, tout jugement rapporté au nom d'un puissant

[1] Nous donnons plus loin des extraits de ses Commentaires sur le Pentateuque et autres parties de la Bible, p. XLIII et XLIV.

[2] On peut lire le jugement peu impartial que Moïse ben Ezra porte en ces discussions, Steinschneider, *Cat. Bibl. Bodl.*, col. 2459.

[3] *Lexique*, p. XXII.

[4] Voy. *Rikmâh*, p. II, l. 2-7. Ce passage a été cité et traduit par Munk, *Journal asiatique*, 1850, t. II, p. 39, note. — Voyez aussi le fragment d'Ibn Yâschousch, donné ci-dessus, p. XX, note, et les fragments d'Ibrahîm ben Baroun, donnés plus loin, p. XLVI, note.

[5] Voy. plus loin, p. 344.

personnage ne pouvait manquer d'exercer une grande influence. Il se glisse ensuite dans quelques maisons notables, entre autres celle de Samuel al-Ḥazzân, homme, du reste, tout à fait inconnu, où il expose une opinion contraire à Ibn Djanâḥ, et bien qu'il y ait été réfuté, il la répète dans la séance qui a lieu chez Abou Soleimân ben Tarakâh, qu'on ne connaît pas davantage[1]. Là il tergiverse: tantôt il avance une observation, tantôt il la retire et prétend qu'il ne se rappelle que confusément les critiques qu'a soulevées le *Moustalḥiḳ*. Cependant Abou'l-Walîd insiste et la lutte s'engage; dans l'argumentation il arrache à l'étranger des propositions dont il s'irrite et s'indigne, tant elles bravent le bon sens de l'honnête savant. Dans le *Kitâb at-taswiya*, l'auteur donne un procès-verbal authentique de la controverse tenue pendant cette séance, et il y ajoute les réponses qu'il a faites à d'autres observations, contenues dans une lettre que ses adversaires avaient rédigée, et sur lesquelles Ibn Djanâḥ avait voulu se recueillir avant de répliquer.

On peut s'étonner du vocabulaire de mots injurieux qu'Ibn Djanâḥ, dans son écrit, lance à la face des partisans excessifs de Ḥayyoudj. Mais il y a au fond de cette lutte plus qu'une simple discussion de grammaire et d'exégèse. Ibn Djanâḥ est révolté de ce qu'on l'accuse, lui l'admirateur le plus respectueux de Ḥayyoudj, d'un esprit de dénigrement et d'un parti pris de blâme contre le fondateur de l'analyse grammaticale. Il proteste contre l'injustice de cette accusation en termes aussi touchants qu'énergiques dans la préface de ce quatrième traité. « Les savants, ainsi s'exprime-t-il, se sont sans cesse consacrés à la discussion, et, doués d'intelligence, ils se sont toujours livrés à la controverse. . . sans esprit de dispute ni ardeur de contradiction. Ils pratiquaient, au contraire, la justice les uns envers les autres, ils se soumettaient à la vérité

[1] Voy. ci-dessus, p. XX et XXI.

et la soutenaient, sans que la joie du vainqueur fût plus vive que celle du vaincu; car leur unique ambition à tous était de découvrir et de connaître le vrai et le juste, en dissipant toutes les obscurités. C'est ainsi que chez eux les sciences grandissaient et que les intelligences s'épuraient. Notre devoir à nous .... est donc d'imiter ces hommes et de marcher sur leurs traces, de nous conformer à leur doctrine...[1]» On le voit, la vérité seule l'intéresse et l'échauffe, et sa sensibilité n'éclate que si la vérité est méconnue et trahie.

La guerre ne s'arrêta pas. Le dernier traité d'Ibn Djanâḥ paraît l'avoir enflammée davantage. Ici viennent se placer un certain nombre d'écrits anonymes, dont les titres mêmes étaient restés inconnus jusqu'à ces derniers temps. Ce sont les رسائل الرفاق «Traités des compagnons», composés par les amis de R. Samuel, ou plutôt par lui-même[2], contre les règles de grammaire d'Ibn Djanâḥ et contre un certain nombre de ses interprétations de passages bibliques. Celui-ci y répondit par son cinquième et dernier opuscule, le *Kitâb at-taschwîr* «*Livre de la remontrance*». Les traités du Nâgîd et la réplique d'Abou 'l-Walîd paraissaient complétement perdus, lorsque, comme

[1] Voy. plus loin, p. 343.

[2] Nous pensons, avec M. Grätz (*Geschichte d. Juden*, VI, p. 25), que ces écrits de polémique sont les vingt-deux *sefârîm*, dont parle Abraham ben Ezra dans son *Yesôd Môrâ*, cf. plus loin, p. XLIX. Le *Kitâb al-istignâ*, كتاب الاستغناء, nommé en hébreu ס' המגבר, était, également selon Ebn Ezra, le plus considérable et le plus important de tous les ouvrages de grammaire. Mais on sait à quel point les jugements d'Ebn Ezra sont sujets à caution; ce spirituel et savant vagabond loue ou blâme, exalte ou ravale le même personnage, selon le caprice du moment. On connaît sa versatilité à l'égard d'Abou 'l-Walid, qu'il élève une fois aux nues, et dont, une autre fois, il voudrait condamner les ouvrages au feu du bûcher (Cf. *Kérém ḥéméd*, IV, p. 136). — La traduction du titre, en hébreu, serait peut-être plutôt ס' המספקות «Livre de ce qui suffit à tout». Nous avons donné plus haut (p. XXVII, note) quelques morceaux qui paraissent tirés d'un commentaire sur le Pentateuque. Probablement le premier fragment d'Ibn Yâschousch (p. XX, note) lui est-il également emprunté. Voy. encore ci-dessous p. XL, note 1, et XLIII.

nous l'avons indiqué plus haut[1], une heureuse trouvaille nous a mis en possession du second chapitre du premier recueil des *Rasâïl* et d'un fragment du *Kitâb at-taschwîr* qui comprend la fin de la préface et le commencement de l'ouvrage. Nous publions ces deux pièces accompagnées d'une traduction française. En outre, grâce aux nombreuses citations qu'Abou 'l-Walîd fait de ce dernier opuscule, le plus important certainement de ceux qu'il avait écrits contre les détracteurs de son *Moustalḥiḳ,* soit dans sa grammaire, soit dans son dictionnaire, nous avons pu nous faire une idée exacte de la composition de ce livre et le reconstituer dans ses parties essentielles[2].

Le *Kitâb at-taschwîr* était divisé en quatre parties.

### PREMIÈRE PARTIE.

1° Des racines יכח et נכח. On verra plus loin ce paragraphe, en partie, dans le fragment A, que nous mettons sous les yeux du lecteur. Il est, en outre, cité dans le *Kitâb al-ouṣoûl,* col. 193, l. 23 (في المقالة الاولى من كتاب التشوير); col. 282, l. 20, et col. 462, l. 24 (في غير هذا الكتاب). La question de la construction du *nifal* avec את, traitée dans le *Moustalḥiḳ,* p. 6 et 7, y était reprise. Là se trouvait probablement aussi la discussion sur החלצו (*Kitâb al-ouṣoûl,* col. 230, l. 15) et sur כרק יטול

[1] P. v.

[2] Dans le *Kitâb al-ouṣoûl,* Ibn Djanâḥ dit (col. 140, l. 25-28; cf. col. 8, l. 5) que, partout où il dit qu'il a parlé d'un sujet, في غير هذا الكتاب «dans un autre livre», il faut entendre par là le *Kitâb at-taschwîr.* Une fois (*Kitâb al-ouṣoûl,* p. 148, l. 1), il explique ainsi les mots في غير هذا الموضع. Il en est certainement de même pour le *Riḳmâh,* où la version hébraïque porte, dans ce cas, בזולת הספר הזה. Voyez surtout p. 93, l. 11 et 17. «Dans ce livre, dit-il encore, j'ai raisonné et discuté les secrets du langage, au point que, sans l'avoir étudié, on peut à peine pénétrer le sens subtil et profond des deux ouvrages d'Abou Zakariyâ» (*Kitâb al-ouṣoûl,* col. 140, l. 22-25). Enfin, notre grammairien ne termine presque jamais ses citations du *Kitâb at-taschwîr* sans ajouter que cet ouvrage renfermait des vérités utiles et profondes.

FAC-SIMILE D'UN FRAGMENT DU KITÂB AT-TASCHWÎR

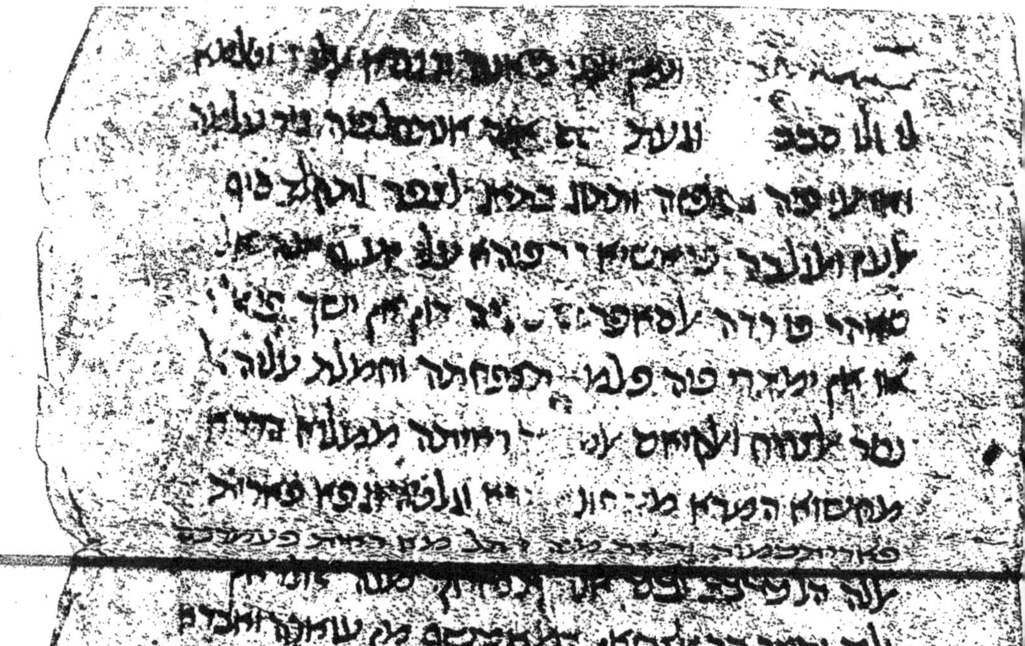

Heliog. Dujardin

Ms. de la Bibl. Imp. de St Pétersbourg

(*ibid.* col. 262, l. 28), dont il est question dans le *Kitâb at-taswiya*, p. 349. Voyez aussi *Riḳmâh*, p. 93, l. 17.

2° De חרה (*Job*, III, 3). C'est le sujet du fragment B, tiré des *Rasâïl*. La réponse d'Abou'l-Walîd est citée dans le *Kitâb al-ouṣoûl*, col. 181, l. 11. L'opinion du Nâgîd est bizarre, et sa dissertation sur les répétitions des mots, prolixe [1].

3° De ופחתו (*Is.* LX, 11). Notre auteur avait parlé de ce mot dans le *Kitâb at-taswiya*, p. 372, et il y revient dans le *Riḳmâh*, p. 51, l. 26-27.

DEUXIÈME PARTIE.

Elle contenait les paragraphes suivants :

1° De la formation et de la signification du *nifal*. Ibn Djanâḥ prouvait que le *nifal* ne dérive jamais d'une forme lourde, mais qu'il dérive toujours de la forme légère (*Kitâb al-ouṣoûl*, col. 313, l. 25-31 : في المقالة الثانية من كتاب التشوير ; cf. *Riḳmâh*, p. 93, l. 11-12); cette règle est appliquée à נחלץ (*Prov.* XI, 8) et à יחלצון (*Ps.* LX, 7; *Kitâb al-ouṣoûl*, col. 230, l. 6-9), peut-être à הנצבה (*Zac.* XI, 16; *Kitâb al-ouṣoûl*, col. 446, l. 16 et suiv.) et à הנחמים (*Is.* LVII, 5; *Kitâb al-ouṣoûl*, *ibid.* l. 31), où il aura été parlé incidemment de ויחמנה (*Gen.* XXX, 38; *Kitâb al-ouṣoûl*, col. 281, l. 24; cf. *Kitâb at-taswiya*, p. 354 et suiv.); à נעור (*Zac.* II, 17; *Kitâb al-ouṣoûl*, col. 442, l. 20), mot dont il est traité dans les autres opuscules, et sur lequel revient encore la troisième partie du *Kitâb at-taschwîr* [2]. Après avoir nié tout rapport entre le *nifal* et la forme lourde, Ibn Djanâḥ passait probablement au *hitpaël*, qui peut dériver de la forme légère

[1] Voy. ci-dessous, p. LXII, l. 3 et suiv., LXIX.

[2] Ibn Djanâḥ, avec son tact habituel, avait bien vu la nature du *nifal*, tandis que D. Ḳamḥî, par un déplorable goût pour les arrangements symétriques, appliqué aux formes grammaticales et aux points-voyelles, a fait reculer la science pendant plusieurs siècles. Voyez la critique très-sensée de Profiat Duran, *Ma'asé Éfôd*, Vienne, 1865, p. 52 et suiv.

et, plus souvent, de la forme lourde (*Kitâb al-ouṣoûl*, col. 344, l. 13-17; cf. ci-dessous, p. 18, l. 10, et *Riḳmâh*, p. 95, l. 12-15). Il traitait également des formes hybrides, où le *nifal* s'était enté sur d'autres formes, comme נגאלו (*Is.* LIX, 3), נולדו (I *Chron.* XX, 8; *Kitâb al-ouṣoûl*, col. 120, l. 3-20), ou du *nitpaël*, comme ונוסרו (*Éz.* XXIII, 48; cf. ci-dessous, p. 19). Bien que nous n'ayons pas rencontré de citation de ce dernier cas rapportée au *Kitâb at-taschwîr*, ce cas était certainement traité dans les *Rasâïl ar-rifâḳ*. Iehouda ben Balʿâm, dans son Commentaire[1] sur *Éz.* XXIII, 48, dit : ונוסרו כל הנשים انفعال خالف
اصحابه فى حركة الواو لانّ الوجه ان يكون مثل ונוקשו ונלכדו
ונועדו עברו יחדו وذهب ابو زكريا الى ان يتلطف لحركة واوه فى
وجه يخرجه به من الشذوذ فقال ان تاء الافتعال اندغمت فيه
لانّ נתפעל موجود فى لغتنا مثل ונכפר להם הדם ואשת נודינים
נשתוה وغلط فيه صاحب الرسائل الرفاق اذ تقوّل على ابى زكريا
اعتقاده انفعالا على الشذوذ وهو لم يفعل ذلك بل قال بفصيح
اللفظ لان النون فيه نون الانفعال وانما كان عنده الشاذّ تحرّك
واوه فقط لما لم يكن مثل اصحابه التى ذكرنا فاستسهل ان يقول
عنده ما لم يقل ليثبت لنفسه مدهبا على . . « *Weniwwasserou* est un *nifal* qui diffère de ses pareils par la voyelle qui affecte le *wâw*, qui devrait être semblable à celle de *wenôḳeschou* (*Is.* VIII, 15), *nôʿădou* (*Ps.* XLVIII, 5). Abou Zakariyâ a cherché un moyen ingénieux d'enlever à cette voyelle du *wâw* ce qu'elle a d'insolite, en disant : « Le *wâw* du *hitpaël* peut être inséré dans « cette lettre, puisqu'on trouve, dans notre langue, des *nitpaël*,

[1] Nous devons les extraits de Iehouda ben Balʿâm à l'extrême obligeance de notre ami, M. Neubauer. Le Commentaire sur les Prophètes et sur les Psaumes fait partie de la collection Firkowitsch, à Saint-Pétersbourg; le Commentaire sur le Pentateuque, ou plutôt sur les Nombres et sur le Deutéronome, se trouve à la Bodléienne.

« comme *wenikkappêr* (*Deut.* XXI, 8), *nischtâwâh* (*Prov.* XXVII, 15). » L'auteur des *Rasâïl ar-rifâḳ* a donc commis une erreur, lorsqu'il prétend contre Abou Zakariyâ que celui-ci prend *weniwwasserou* pour un *nifal* insolite; ce qu'il n'a pas fait, puisqu'il dit, de la manière la plus claire, que le *noun* de ce mot est le *noun* du *nifal*, et que seule la voyelle du *wâw* y est insolite, parce qu'elle ne ressemble pas à celle de ses semblables. Cet auteur a trouvé facile de rapporter au nom d'Abou Zakariyâ ce que celui-ci n'a pas dit, afin d'affirmer, pour sa propre personne, une opinion . . . . . » Ibn Djanâḥ avait adopté cette opinion de Ḥayyoudj, dans le sens que lui donne Iehouda ben Balʿâm, dans le *Moustalḥiḳ*, p. 19. — A ce même paragraphe appartient sans doute l'explication d'Abou 'l-Walîd mentionnée dans le Commentaire de Iehouda ben Balʿâm sur *Mich.* II, 4 : שדוד נשדנו قيل فيه ان اصله נשדו ממנו اى نُهبوا منّا فاختصرت اللفظة مثل ما اختصروا וילחמוני חנם בשלם הבשר وغيرها والنون فيه للانفعال واصله נשדו ממנו ووهم فيه صاحب رسائل الرفاق وقد بيّن ابو الوليد ذلك فى كتاب التشوير. « *Schâdôd neschaddounou* est, d'après ce qu'on a dit, pour *nâschaddou mimménnou*, c'est-à-dire « ils nous ont été violemment enlevés ». Le dernier mot a été abrégé (en *nou*), comme *wayyilâḥămounî* (*Ps.* CIX, 3, où *nî* est pour *ʿimmî* ou *bî*), *bischschelâm* (I *Rois*, XIX, 21, pour *bischschêl lâhém*) et d'autres exemples. Le *noun* indique le *nifal*, et il devrait y avoir *nâschaddou mimménnou*. L'auteur des *Rasâïl ar-rifâḳ* s'est trompé ici; mais Abou 'l-Walîd l'a expliqué dans le *Kitâb at-taschwîr*. » L'opinion donnée par Iehouda ben Balʿâm se lit, chez Ḥayyoudj, D. 174, 6-177, 4; N. 118, 14-21.

2° L'explication du passage *Jér.* XXIII, 33-40; *Kitâb al-ouṣoûl*, col. 456, l. 13 et suiv. Contre son habitude, Ibn Djanâḥ ne se contente pas de renvoyer « à la seconde partie du *Kitâb at-taschwîr*; » mais il répète son interprétation, parce qu'il a vu « un chef illustre s'égarer et manquer le but dans l'exégèse de ce texte. » Nous ne savons pas quel est ce رئيس جليل, dont il dit aussi (*Kitâb al-ouṣoûl*, col. 524, l. 15) qu'il a donné une fausse explication de והתעללו כי (*Jér.* XXXVIII, 19). On ne saurait dire davantage sur quel point de grammaire la discussion s'était engagée entre le Nâgîd et Ibn Djanâḥ, au sujet de ces versets.

3° Ce paragraphe traitait de la forme *pouʿal* à la place de *pâʿoul*. Abou Zakariyâ en avait compté quatre exemples, et Ibn Djanâḥ ajoutait un cinquième exemple, *hayyoullâd* (*Juges*, XIII, 8; *Moustalḥiḳ*, p. 15-16). Une première contradiction contre cette adjonction a été réfutée dans le *Kitâb at-taswiya*, p. 351 et 352. Mais Abraham ben Ezra (*Ṣâḥôt*, éd. Lippmann, p. 43[b]) nous a conservé l'opinion opposée du Nâgîd, qui fait de ce mot un parfait précédé d'un *hê* relatif, comme ההללה *hahoullâlâh* (*Éz.* XXVI, 17). « Le parfait, ajoute-t-il, remplace le futur, comme c'est l'habitude dans les prophéties[1]. » Ibn Djanâḥ admet le *hê* relatif, mais seulement devant les vrais parfaits (*Riḳmâh*, p. 43, l. 18-21), et dit avoir soutenu son analyse de ce mot dans la seconde partie du *Kitâb at-taschwîr*, par des arguments

[1] R. Tanḥoum, dans son Commentaire sur l'Ecclésiaste (ms. Pococke, 320), cite les deux opinions opposées d'Ibn Djanâḥ et du Nâgîd : وقال ابو زكريا يحيى المعروف بحيوج صاحب كتاب حروف اللين ان اربعة الفاظ فى المقدرة جاءت على زنة פועל ومعناها פעול והסנה איננו אוכל يريد אכול ואם תראה אותי לוקח يريد לקוח ורגל מועדת يريد מועדה כהם יוקשים معناه יוקשים وزاد ابن جناح عليها كلمة خامسة وهى מה נעשה לנער היולד قال انه يريد היולד واما ר' שמואל הנגיד فقال ان الها فى היולד بدل אשר مثل העיר ההוללה ההקדיש שמואל فهو فعل ماض بلفظ مستقبل. Dans les *Gloses* d'Ebn Mayor sur *Ex.* III, 2, on cite également cette opinion du Nâgîd (הוא פעל עובר במקום עתיד) et celle de R. Móschéh Giḳaṭila au sujet de *Prov.* XXV, 19, telle qu'elle est exposée par E. E. *Ṣâḥôt*, 43[b], et Commentaire sur *Ex.* III, 2.

solides et fort utiles pour la science des formations (التصاريف), *Kitâb al-ouṣoûl,* col. 356, l. 30 et suiv.; col. 148, l. 1, où il dit avoir expliqué גשמה (*Éz.* xxii, 24) en même temps que *hayyoullâd* (cf. D. Ḳamḥî, sur ce passage); *Kitâb al-ouṣoûl,* col. 283, l. 23-28; col. 183, l. 1-6, où il considère הותל (*Is.* xliv, 20) aussi comme un qualificatif.

4° Sur דלּ (*Ps.* cxli, 3); mais ce mot n'était expliqué qu'incidemment (*Kitâb al-ouṣoûl,* col. 740, l. 6-8: في اخر المقالة الثانية من كتاب التشوير), puisque l'article paraît avoir été consacré au *dâgêsch* du *ṣâdê,* dans le mot נצרה (*Ps.* cxli, 3; *Kitâb al-ouṣoûl,* col. 159, l. 14; col. 449, l. 28: في المقالة الثانية من كتاب التشوير); à celui de la même lettre, dans הצפינו (*Ex.* ii, 3; *Kitâb al-ouṣoûl,* col. 618, l. 16, et *Riḳmâh,* p. 144, l. 14); à celui qui affecte le *ḳof* de ליקהת (*Prov.* xxx, 17), de יקהת (*Gen.* xlix, 10; *Kitâb al-ouṣoûl,* col. 293, l. 20: في اخر المقالة الثانية من كتاب التشوير) et de ביקרותיך (*Ps.* xlv, 10; *Kitâb al-ouṣoûl,* col. 295, l. 18-20); et le *rêsch* de הרעימה (I *Sam.* i, 6) et de הראיתם (*ibid.* x, 24; II *Rois,* vi, 32; *Riḳmâh,* p. 144, l. 13 et suiv.). Iehouda ben Balʿâm, dans son Commentaire sur les Prophètes, se rapporte à ce paragraphe dans ce qui suit: בעבור הרעימה الاغاظة وهو مصدر والهاء ضمير المؤنّث وشدّة الراء تكون ليسهل الافصاح بها ومثله ולא יכלה עוד הצפינו وهو مصدر ومشدّد الصاد وغلط من جعله اسما وجنّسه برפידתו זהב وقد رُدّ قوله في كتاب التشوير. «*Harreʿîmâh* est un infinitif suivi d'un *hê,* pronom féminin; le *rêsch* a *dâgêsch* pour faciliter la prononciation. Il en est de même pour *haṣṣefînô* qui est un infinitif avec *dâgêsch* dans le *ṣâdê.* Celui qui a considéré ce mot comme un nom, en le considérant comme étant de la même espèce que *refîdâtô* (*Cant.* iii, 10), a commis une erreur et a été réfuté dans le *Kitâb at-taschwîr.*»

TROISIÈME PARTIE.

1° Des verbes qui expriment un ordre (الافعال المؤمرة), tels que *hâbâh* (*Kitâb al-ouṣoûl,* col. 278, l. 8-11; cf. *Kitâb at-taswiya,* p. 357 et suiv.). Peut-être y était-il question aussi de *has* (*Tanbîh,* p. 261 et suiv.).

2° Des formes passives : *a.* ʿ*ouzzab, loukkah,* etc. sont formés aussi bien de la forme légère que du *piël* (*Rikmâh,* p. 92, l. 21 et suiv. [בזולת הספר הזה, l. 23; בזולת הספר הזה והוא ספר החכלמה, l. 31]; cf. *Moustalḥik,* p. 33, l. 11 à p. 34, l. 11; *Tanbîh,* p. 260, l. 8 et suiv.); — *b. toukad* (*Lév.* VI, 2) et ses semblables étaient longuement traités dans la troisième partie du *Kitâb at-taschwîr,* «en opposition avec celui qui, ne comprenant pas le sens des paroles d'Abou Zakariyâ, voulait les rattacher à la forme légère» (*Kitâb al-ouṣoûl,* col. 293, l. 14-18; cf. *Moustalḥik,* p. 33, l. 10 à p. 37, l. 10). Sur יֻקח, וַיֻּגד, יֻתן, etc., voy. *Kitâb al-ouṣoûl,* col. 357, l. 7-22 (في المقالة الثالثة والرابعة من كتاب التشوير); sur ויּרד, voy. *Kitâb al-ouṣoûl,* col. 407, l. 20 à p. 408, l. 10; passage étendu, qu'il faut comparer avec *Moustalḥik,* p. 95, l. 10; p. 205, l. 1 et suiv.; sur יֻתן, etc., voy. *Kitâb al-ouṣoûl,* col. 467, l. 4-11; sur יֻתּץ, voy. *ibid.* col. 468, l. 11. Peut-être était-ce dans le même paragraphe qu'étaient expliqués תותר (*Gen.* XLIX, 4) et הותר (*Ps.* LXXIX, 11; *Kitâb al-ouṣoûl,* col. 300, l. 30 et suiv.); le premier passage est cité par Ḥayyoudj (D. 56, 26; N. 32, 19), qui y voit un passif du *hifil,* pour *toutar.* Voy. Ebn Ezra, sur ce verset, qui donne deux exégèses de ce mot, dont l'une lui maintiendrait le sens du *hifil,* et avait été probablement adoptée par le Nâgîd.

3° Ibn Djanâḥ traitait, dans cette partie, le mot עמד ʿ*ämôd* (*Juges,* IV, 20) qui, en sa qualité d'infinitif, reste invariable et ne subit aucun changement par le genre ou le nombre (*Kitâb al-ouṣoûl,* col. 304, l. 8-15; col. 532, l. 21-23; cf. *Rikmâh,* p. 88, l. 34-35). Iehouda ben Balʿâm, dans son Commentaire, dit : עמד פתח האחל ... وقوله ויכלת עמד مصدر مثله وقد غلط فيه صاحب رسائل الرفاق وردّ قوله فيه بوجوه كثيرة من الردّ يطول ذكرها . «ʿĂmôd (*Juges*, IV, 20) est, comme le même mot (*Ex.* XVIII, 23), un infinitif. L'auteur des *Rasâïl ar-rifâḳ* a commis à cet égard une erreur qui a été réfutée par beaucoup d'arguments, qu'il serait trop long de mentionner.» Ibn Djanâḥ y reprenait aussi les infinitifs avec *hé* à la fin, tels que פשטה, etc., qu'il avait déjà discutés dans le *Moustalḥiḳ* (p. 100, l. 5 et suiv.), le *Kitâb at-taswiya* (p. 376, l. 4 et suiv.). Le *Kitâb al-ouṣoûl* (col. 590, l. 31, à 591, l. 2) cite le passage suivant du *Riḳmâh* (p. 39, l. 6-12) : «Nous avons parlé longuement de ce point dans un autre livre, c'est-à-dire dans le *Kitâb at-taschwîr.*» Cet infinitif reste également invariable.

4° A la fin de cette partie (فى اخر المقالة الثالثة الخ), Abou'l-Walîd expliquait קשות הנסך (*Nombres*, IV, 7), כבלע את הקדש (*ibid.* IV, 20) et והמסכה צרה (*Is.* XXVIII, 20; *Kitâb al-ouṣoûl*, col. 96, l. 30, à 97, l. 10; col. 439, l. 27, à 440, l. 1). On voit sur quoi roulait la discussion, entre notre auteur et le Nâgîd, par le passage suivant de Iehouda ben Balʿâm, dans son Commentaire sur le *Pentateuque :* وقد تبيّن ان هذه الظروف والالات كلّها تحتاج اليها فى الشלחן وليست للجمال كقول صاحب كتاب التشوير وقال מר' שמואל הנגיד ז"ל אשר יסך בהן من معنى הסך נסך שכר ولم يوجد فى شيء من افعال الشלחן مزاج خمر البتّة وهو فعل ما لم يسمّ فاعله من بنية التثقيل فى معنى الاسناد كقول الاوّلين اذ (lisez اى) الستر مشتقّ من قولهم כי נסך עליכם ה' והמסכה הנסוכה الذى المعنى فيهما ستر وتغطية. «Il est évident que ces vases et ces ustensiles sont tous nécessaires pour la table, et ne sont pas là pour son embellissement, comme le dit l'auteur du *Kitâb at-taschwîr*. R. Samuel le Nâgîd dérive le sens de *youssak* (*Ex.* XXV, 29) du sens de *hassêk nésêk* (*Nombres*, XXVIII, 7). Mais on n'a jamais trouvé, pour la table, une pratique qui ait rapport à un mélange de vin. Ce mot est un passif d'une forme lourde, qui signifie *appuyer*, comme le disent les anciens, c'est-à-dire *couvrir*. Il dérive de *nâsak* (*Is.* XXIX, 10) et de *nesoukâh* (*ibid.* XXV, 7), qui signifient tous deux *couvrir, envelopper.* » Il y avait donc deux questions débattues dans ce passage : une question sur l'utilité des vases qui couvraient la table, et sur laquelle Iehouda ben Bal'âm se déclare contre Ibn Djanâḥ, et une autre sur la dérivation du mot *youssak*, que Iehouda ben Bal'âm décide en faveur de notre grammairien. On pourrait supposer, en voyant un passif de *hifil* faire le fond de la discussion, que ce paragraphe terminait le paragraphe précédent. Peut-être la citation de ותחולל (*Ps.* CX, 2), « à la fin de la troisième partie » (*Kitâb al-ouṣoûl*, col. 215, l. 24-27), se rapporte-t-elle à une exposition des formes *pôlêl*, sur lesquelles le Nâgîd paraît avoir eu des idées inexactes, d'après un passage que nous empruntons au Commentaire de Iehouda ben Bal'âm sur les *Psaumes* : בצל שדי יתלונן مضاعف من לון ילון وقد ذكر ابو زكريا تضاعفه فى باب افرده له ولامثاله فى صدر المقالة الثانية من كتابه وانما ذكرته لك على قربه ووضوحه لانّ من ادّعى الردّ على سابق الحلبة فى هذه الصناعة غلط فيه ووزّنه فى رسالته الرفاقية بִיתפועל على ان يكون اصله לנן ذو مثلين وهذا من الذى يتضاحك منه الولدان ولو جاز ذلك لجاز مثله فى كل ما جلبه الاسناد فى ذلك الباب مما وجده متضاعفا واصله معتلّ العين مثل לאויב יקומם ממתקוממים בימינך وعلى قول هذا الرجل سيثبت هنا اصل קמם ومثل נפשי ישובב ומתבוססת בדמיך وغيرها ولقد راى سوء ما دخل فيه ورجع عنه فى كتاب الحجة وكان ذكر معه פור התפוררה غير انه لم يزنه بوزن فابقى

.............................الشكّ فى النفوس ولو اعطى القوس باريها

فكان مصيبا. « *Yitlônân* (*Ps.* xci, 1) est redoublé de *lôn, yâloun.* Abou Zakariyâ a déjà parlé de ce redoublement dans un chapitre à part, relatif à ce mot et à ses semblables, en tête de la seconde partie de son livre (D. p. 67, l. 18; N. p. 40, l. 9). J'en fais l'observation, bien que ce soit hors de doute et évident, à cause de celui qui, en prétendant réfuter celui qui est le premier dans l'arène de cette science, a commis l'erreur, dans les *Rasâïl arrifâḳ,* de donner à ce mot, pour type, *yitpôêl,* comme si la racine était *lânan,* avec double *noun.* Des enfants riraient d'une telle dérivation. Si elle était admissible, elle le serait tout aussi bien pour tous les exemples cités par le maître dans ce chapitre, et considérés par lui comme des formes redoublées de racines au second radical faible, tels que *yeḳômêm* (*Mich.* ii, 8), *mimmitḳômemîm* (*Ps.* xvii, 7). Cet homme va donc ici établir une racine *ḳâmam,* et en faire autant pour des mots comme *yeschôbêb* (*Ps.* xxiii, 3), *mitbôsését* (*Éz.* xvi, 6), etc. Aussi a-t-il vu la mauvaise voie où il entrait, et en est-il revenu dans le *Kitâb al-ḥodjdja* « Livre de la démonstration »[1]. Il avait mentionné, en même temps que *yitlônân, pôr hitpôrerâh* (*Is.* xxiv, 19), sans en donner le type, et avait laissé ainsi le doute subsister dans les âmes. S'il avait donné l'arc à celui qui l'avait façonné, il aurait frappé juste[2]. »

QUATRIÈME PARTIE.

Elle n'est citée que dans le *Kitâb al-ouṣoûl* (col. 357, l. 13-14), à côté de la troisième partie, et devait revenir

[1] Nous n'avons rencontré nulle part ce titre d'un ouvrage du Nâgîd. En hébreu, ce serait ס׳ הנוכחת.

[2] L'extrait des *Gloses* d'Ebn Mayor que nous avons donné plus haut (p. xxvi, note 5) montre que Iehouda ben Bal'âm a jugé trop sévèrement le Nâgîd. L'analyse de *yitlônân* se rattache à l'opinion du Nâgîd sur la nature des verbes au second radical faible en général.

sur les passifs des formes lourdes, peut-être à la suite d'une réplique arrivée de Grenade. On sait, par un passage cité plus haut (p. XLII), et par Ebn Ezra (*Ṣâḥôt,* 68 [b]), que certains grammairiens n'acceptaient pas que les futurs qui y sont cités pussent appartenir à des passifs du *hifil,* lorsque cette forme ne se rencontrait pas. D. Ḳamḥî (*Miklôl,* éd. Fürth, 69 [a]) nous dit que c'était l'opinion du Nâgîd R. Samuel, et que ces passifs dérivaient de la forme légère. Le fragment suivant, tiré du *Kitâb al-mouwâzana,* d'Ibrahîm ben Baroun, se rapporte à cette discussion : وجرى بين الנגיד والحكيم ابى الوليد رحمهما الله فى المستقبل من الفعل الذى لم يسمّ فاعله كلام كثير حاز الנגיד قصب السبق فيه وهو مخلص فى التاليف الذى انتحله استادنا ابو الفهم فمن اراد الوقوف عليه فليلتمس من هناك. «Entre le Nâgîd et le savant Abou'l-Walîd, que Dieu leur soit miséricordieux, il y a eu bien des paroles sur le futur des passifs. Le Nâgîd y a obtenu la palme de la supériorité. On en trouve la quintessence dans l'ouvrage composé avec choix par Abou'l-Faham, et qui veut bien connaître ce sujet, peut l'y chercher [1].»

[1] Ce passage appartient à un chapitre ayant pour titre : القول على الخواصّ التى تلحق الفعل ورتبة تصرّف ابنيتها المذكورة. «Des particularités qui affectent le verbe, et de l'ordre dans la formation des paradigmes mentionnés.» — M. Neubauer nous a communiqué encore les deux passages suivants, copiés par lui sur les feuillets détachés de la collection Firkowitsch, à Saint-Pétersbourg, et qu'il suppose également appartenir au *Kitâb al-mouwâzana.* En parlant des verbes transitifs, Ibn-Baroun dit : الا عند العرب ضربا سابعا وهو الذى يتعدّى الى ثلثة مفعولين مثل اعلم وانبأ يقال اعلمت زيدًا عمرًا خيرَ الناس وليس له فى شىء من النصّ عندنا نظير البتّة الا ان ר' משה בן גקטילה رحمه الله ذكر ان الفعل عندنا قد يتعدّى الى ثلثة مفعولين وساق فيه مثالا הורה ה' את ישראל הדרך הישרה على ان يكون הישרה مفعولا ثالثا ووجدت الנגיד قد ذكر مثل ذلك بعينه وكلاهما صحبهما الوهم فى ذلك

Nous ne savons pas dans quelle partie du *Kitâb at-taschwîr* Ibn Djanâḥ avait parlé, de nouveau, de תאהבו (*Prov.* I, 22), والافتيات على اللغة فى ان يستنكس(؟) فيها ما لم يجد مستعملا فى شىء منها. «Chez les Arabes, il y a une septième espèce, où le verbe a trois régimes, comme *a'lama, anba'a*, puisqu'on dit : J'ai fait connaître à Zaid 'Amr, le meilleur des hommes. Nous n'avons absolument rien de pareil dans notre texte. Cependant R. Môschéh ben Giḳaṭila, que Dieu lui soit miséricordieux, allègue que, dans certains cas, nos verbes peuvent être suivis de trois régimes, et donne pour exemple : *Deus docuit Israelitas viam rectam*, où *rectam* serait le troisième régime. Je trouve que le Nâgîd, que Dieu lui soit miséricordieux, cite exactement le même exemple. Mais tous deux commettent en cela une méprise, et pèchent contre la langue en y introduisant ce qui ne s'y trouve jamais employé.» — Voici l'autre passage : ذكر اقسام المفعولين ... واما المفعول من اجله فكل من تقدّم فقد خبط فيه عشوا ورايت للנגיד رحمه الله عنه كلاما فى اقسام المفعولين قال فى اخره انه يبين منها ما لا يوجد فى كتب غيره ولا تهدّى اليه عبرانىٌّ قبله ولعمرى لقد ذكر فيها كلاما حسنًا وقال فى المفعول معه ..... واما فى هذا القسم فلم يقل فيه مانعا فانه قال ان المفعول من اجله اكثر ما يكون مصدرا والفعل من [اجله ؟] يدلّ عليه بتوسط اللام مثل כי העליתנו... להמיתנו ותתצב... לדעה وتابعه ר' יהודה בן בלעם رحمه الله على هذا المذهب وانتسخ كلام الנגיד فى المفعولين بعينه وعلى نصّه فى كتابه الذى سماه الارشاد ..... «Sur les régimes des verbes.... Sur le régime indiquant le motif, tous ceux qui ont précédé pataugeaient aveuglément. Le Nâgîd a parlé des divers régimes, en disant, à la fin, qu'il en a expliqué qui ne l'avaient été dans les livres d'aucun autre auteur, et où aucun hébraïsant n'avait vu clair. En effet, il a dit de fort bonnes choses à ce sujet. Quant au régime de la concomitance, ..... Mais, pour le régime indiquant le motif, rien ne l'empêche, en hébreu. Il dit que, pour ce régime, on se sert presque toujours de l'infinitif, en le déterminant par un *lâméd*, comme *lahămîténou* (*Nombres*, XVI, 13), *ledê'âh* (*Ex.* II, 4). Iehouda ben Bal'âm, dans son *Irschâd*, a suivi le Nâgîd dans cette matière, et l'a textuellement copié.» — Le régime de concomitance étant exprimé, en arabe, par la désinence, ne pouvait pas se retrouver en hébreu. Peut-être cette impossibilité était-elle exprimée dans les mots indéchiffrables qui se lisaient après معه. — L'*Irschâd* est le livre connu, dans la littérature hébraïque, sous le nom de הוריות הקורא. Ben Bal'âm y parlait sans doute de l'emploi des lettres serviles, comme l'a fait plus tard l'auteur du *Manuel du Lecteur* (édit. J. Derenbourg, *Journal asiatique*, 1870, t. II, p. 330; tirage à part, p. 22, l. 5-6).

qu'il avait expliqué (*Moustalḥiḳ*, p. 14; l. 9 et suiv.; *Kitâb at-taswiya*, p. 359 et suiv.). Il dit (*Kitâb al-ouṣoûl*, col. 23, l. 16) qu'il avait, dans son dernier opuscule, fourni des preuves évidentes que ce mot ne pouvait être qu'une forme lourde, à cause du *schewâ* qui affectait le préfixe. Nous ignorons également où Ibn-Djanâḥ avait parlé, de nouveau, des formes irrégulières *wetô'ärô* (*Is.* LII, 14) et *oupô'älô* (*Jér.* XXII, 13), qu'il avait mentionnées, *Moustalḥiḳ*, p. 119, l. 4-5. Car nous apprenons par Iehouda ben Bal'am que le Nâgîd l'avait combattu à ce sujet, dans les *Rasâïl ar-rifâḳ*, et certes notre grammairien n'avait pas manqué de lui répondre dans le *Kitâb at-taschwîr*. Il est probable qu'Ibn Djanâḥ avait réuni dans un endroit du *Kitâb at-taschwîr* les différents exemples de permutation entre les voyelles dont il avait parlé souvent dans le *Moustalḥiḳ*, et auxquels il consacre un court chapitre du *Riḳmâh*, p. 50-52, en disant à la fin «qu'il était superflu de traiter longuement ce sujet mentionné déjà dans le *Moustalḥiḳ et ailleurs* (וזולתו = وغيره).» A cet endroit, il s'était également occupé du mot המבדלות (*Jos.* XVI, 9), où le *ḥîréḳ* sous le *mêm* remplace le *schouréḳ* (*Kitâb al-ouṣoûl*, col. 84, l. 15-17; غيرها, l. 17). Le *Kitâb at-taschwîr* est encore cité sans indication de

— Après الارشاد, le fragment renferme encore quatre lignes en fort mauvais état. On voit seulement que Ibn Baroun compare ces infinitifs, précédés de *lâméd*, aux futurs précédés de كى chez les Arabes. — Les rapports entre Ibn Baroun et Abou 'l-Faham se voient dans le passage suivant de Moïse ben Ezra: والاستاد المشهور الموقف الكبير ابو الفهم بن التبان من المؤلّفين والشعراء والخطباء والحسيب ابو ابرهيم بن برون تلميذه..... «et le maître célèbre et l'interprète considérable Abou 'l-Faham, fils d'At-Tabbân, était auteur, poëte et prédicateur; puis le respectable Abou Ibrahîm ben Baroun, son disciple.....» Le premier est le Lévi ben At-Tabbân mentionné par Ebn Ezra dans son introduction du *Moznaïm*. Voyez, du reste, Steinschneider, *Catal. Bodl.* col. 1616. — Si le *Mouwâzana* était un dictionnaire (Neubauer, *Notice sur la lexicographie*, p. 204), il avait, comme première partie, une grammaire, ainsi que tous les lexiques anciens.

la partie du livre (*Kitâb al-ouṣoûl,* col. 452, l. 4). Ibn Djanâḥ y reprenait sans doute la question relative aux infinitifs des verbes ל״ה, qu'il avait traitée longuement dans le *Taḳrîb*, p. 304 et suiv. Nous avons déjà cité, plus haut, un passage d'Ibn Yâschousch, qui donne l'opinion du Nâgîd sur ces verbes. Celui-ci paraît avoir supposé partout un *yôd* comme dernier radical, tandis qu'Ibn Djanâḥ préfère le *wâw*. Le livre spécial que, d'après Ebn Ezra (*Moznaïm,* 29 v°), le Nâgîd avait consacré à cette question, était donc une des *Rasâïl ar-rifâḳ,* à laquelle Ibn Yâschousch empruntait sa citation.

Après avoir ainsi réuni tout ce que nous avons pu rencontrer sur cette discussion entre le Nâgîd et Abou'l-Walîd, nous donnons les deux fragments des écrits polémiques qui nous ont été conservés.

## A. Fragment du *Kitâb at-taschwîr.*

...[1] وعض على بنانه تجنّيا علىّ وظلما لى ولو سببت لاوجعت ثم
انه انتحل فيه غير علمه وادّعى فيه غير فوزه وتتوّج بتاج الظفر
وتقلّد سيف العزّ والغلبة فى اشياء ردّ فيها على زعم انه الظاهر فى ردّه
الظافر فى طعنه[2] دون ان يشكّ فى ذلك او ان يمارى فيه فلما
تصفّحته وجلت عليه النظر الصحيح والقياس الم[ليح] رايته مملوءا
هذرا محشوّا هجرا مشحونا ...غ[ثا] وغلطة وجفا فاريتكموه ورايت
منه مثل ما رايت فعمركم الله هل كذبتُ لكم انه تضاحك منه
الولدان ولم يسخر به الصبيان كما كشف من عواره وأبدا من
شواره أليس كما قال الشاعر

لن يبلغ الاعداء من جاهل ما يبلغ الجاهل من نفسه

[1] Les premières lignes de ce fragment sont en très-mauvais état; nous donnons un fac-simile de toute la première page. — [2] Peut-être سعيه «son effort».

افليست المروّة ترك مجاوبته لولا ما تعلمون من خلقه وغروبته وادّعائه عند الرعاع ما لا يحقه فاذ هذه صفته فتبيين خطئه واجب وكشف جهله لازم معما فى ذلك من الاجر كما يدّعى من ضده عن غلطه ان انصف او ضد غيره من العلماء ممن يخاف ان يضلّله فى البهتان   فانا اذا محتمل على هذا الرأى تبيين غلطه واظهار لغطه ببيان من القول مفصح واحتجاج من النظر موضح الا انى قد اهم ان اقول فيه لكثرته ما قالته الامة لسيدها حين درعه القىء فقال لها احضرى الطست فبانّها تحاول احضار الطست اذ غلبه السلاح ولما رات ذلك قالت يا سيداه الى اىّ المجريّين ابادر وذلك انى لست ادرى باىّ خطإ ابتدئ وعن اىّ خطإ اضرب لانى ان رمتُ ان افسق عليه جميع ما قاله فاخطأ فيه كثر الخطاب وطال الكتاب لكنّى ساردّ فى جميع ما ادّعى انى انا الغالط فيه وفى بعض ما غلط هو فيه من غير هذا اذ لا يمكننى الاشتغال بالردّ فى جميعه فان لنا اشغالا تمنع من ذلك لان خطاه فى رسالته هذه كثير بحسب كثرة كلامه كقول الحكيم ברב דברים לא יחדל פשע واما سبّه لى فانى غير مقارض له عليه صيانة مجىء لنفسى عنه وارتفاعا عن اتيان مثل ما اتاه ولان لنا احلاما تمنعنا واديانا تزجرنا وهذا حين ابدع برعده واشرع فى قمعه والله المستعان وهو المعين لى كما قال ولبه הן ה׳ אלהים יעזר לי מי הוא ירשיעני הן כלם כבגד יבלו וגו׳ وقال ايضا וישם פי כחרב חדה בצל ידו החביאני فان انصف واقرّ بالحق فاتبعه والحقّ احق بان يتبع فانه سيجعل مكان ذمّه لى مدحا وبدل لومه حمدا وان استمر على غيّه وتمادى على جهله لم نحفل بذلك واستبان لمن نظر فى كتابنا جهله وظهر محكه   ومما يحملنا على مناقضته مع ما ذكرناه من جهله ورداءة ظنه بنا الطمع فى التشبه بنا والحسد لنا على فهمنا وجميل ذكرنا عند الناس فان

الحسد لا يداوَى سحقه ولا يؤسى جرحه قال الحكيم ורקב עצמות קנאה وقال الحكيم العربى

كل العداوات قد ترجو افاقتها  الا عداوة من عاداك من حسد

لكنا نحن نقول ما قال الشاعر

من كان فى نفسه هنا يطبّبها  عندى فانّى له رهن باحضار
اقيم عوجته ان كان ذا عوج  كما يقوّم قدح النبعة البار

اوّل ما ناقضنا فيه فى هذه الرسالة الكريمة الاولى الواصلة الينا الان من جملة ما ابرق به من رسائل الرفاق هو ما فسرناه فى اول المستلحق هو אשר הוכיח ה׳ לבן ארוני  אתה הוכחת לעבדך  ואת כל ונוכחת من ان الجميع اعداد واحضار على ما هو اليق واوفق بالمعنى فطلب مناقضتنا بضروب من الكلام المختلط المشوط المتسق المضطرب وذلك انه اول شىء زعم ان تفسيرى فى هذه الكلمات اعداد واحضار بدعة لم يقل بها احد فانكره واستقبحه غاية الانكار والاستقباح وقال ما اقبح قول القائل هى المراة التى احضرها الله من غير ان ياتينا بدليل على قبحه باكثر من قوله ان الشيوخ قد فسّروا فى هذه الكلمات التوفيق وقد كنّا راينا نحن من تفسير بعض من حشده علينا فى هذه الكلمات ما رآه هو ولم نستحسنه لانه اشتقّه من נכח ה׳ وهذا عندنا غير جائز فى الاشتقاق لان النون فى נכח ה׳ هى اصليّة يدلّك على ذلك قولهم נכחו תחנו وايضا הלך נכחו والواوات فى هذه الالفاظ هى فاءات الافعال وهى منقلبة من ياءات وهى على زنة הוחיל  הן הוחלתי  ותרא כי נוחלה الا ان هذا الاصل غير متعدٍّ فقد بطل معنى التوفيق ببطلان استدلال المستدلّ عليه  ودون هذا فلعمرى ما ارى للقبح هنا مجالا لان قول الناس وفّق الله لك انما يريدون به يسّر الله لك وما يسّره الله فقد احضره فاىّ قبح فى قول القائل احضره فقد احضره الله

اذ كان فى معنى يسّره الله ولو لم يكن التوفيق يقرب من الاحضار كما ترون لما قبح قولنا احضره الله حتى يعرفنا هذا المحتكم بوجه القبح فيه اللهم الا ان كان ذهب الى ما قاله فى هذا الباب فانكر به علينا قولنا اعدّها واحضرها وهو قوله ان الاعداد والاحضار معنيان لانك تقول اعددت الشىء اذا ادّخرته فهو لما تستانف واحضرت الشىء لما قرب ودنا فهو لقوتك وهذا ضرب من الهذيان وذلك ان الشىء الحاضر هو ضدّ الغائب اذا اعددت الشىء فقد اوجبته بعد ان كان غائبا فهو اذا حاضر فقد جاز ان يقع الاحضار على الاعداد وكذلك يجوز الاعداد على الاحضار وذلك انك اذا احضرت شيئا فإما ان تحضره لزمان قريب واما ان تعدّه لزمان بعيد فهذا كله مما خفى على החבר ومع هذا فقد اضطرب فى مناقضته لى فقال بعد انكاره قولى اعداد واحضار ان هذا الشرح لا يسقط كل السقوط لكنه مستبشع فهذا منه حيرة واضطرب ايضا فى قوله ان الاعداد والاحضار معنيان فقال وان كان الشىء قد يسمّى باسم الشىء اذا كان مجاورا له فكان فى مسئلته قائما قاعدا منكرا مقرّا معا فضلّ من لا يثق بقوله ولا يدرى مواضع الطعن عليه ولا يعرف البرهان ولا يفهمه فهو يدخمس فى الامور وينسلّ من الاشياء ولا يرتبط بشىء ولا يلبث على شىء كما تكون ومما اراد ان يدفع به قولى فى הוכיח انه اعداد واحضار هو قوله ان الاعداد وجدناه يقال فى اللغة العبرانية على הכין יכין והיו נכנים ولم تجد ההוכחה تدخل فى شىء من هذا الفن فغلط اصلحكم الله فى هذا القول غلطتين احدهما فى اللفظ والاخر فى المعنى اما الذى فى اللفظ فهو قوله ان الاعداد يقال فى اللغة العبرانية على הכין יכין فقلب اللفظ واما كان يجب ان يقول ان الاعداد وجدناه يقال فيه فى اللغة العبرانية הכין יכין لان الاعداد لفظ عربى لا عبرانى فهذا مما خفى

عن الחבר واما الغلط الذى فى المعنى فانكاره كون لغة הוכיח اعدادا لان لغة הכין اعداد فيجب من هذا ان يعتقد ايضا ان لغة ועתדה בשדה לך ועתידותיהם שושתי ليست اعدادا لان لغة הכין اعداد وهذا مما خفى عن الחבר وبعد ان قلّد شيوخه وجعل قولهم فى הוכיח ה׳ انه توفيق حجّة علىّ فى ابطال قولى اعداد وزعم ان هذه الترجمة هى الصحيحة نافق عليهم وخالفهم ولم ياخذ بقولهم واختار فى تفسير אשר הוכיח ה׳ ادّبها الله من תוכחה فليس فى الاضطراب والتلوّن باكثر من هذا فيا ليت شعرى لم جوّز لنفسه اختيار التاديب مع فساد معناه فى هذا المكان عند كل ذى فهم ومع انه لا يطّرد له فى ונוכחת ولا يجوز لنا اختيار الاعداد والاحضار مع موافقته للمعنى ان ذى لطبيعة جارية ونحيزة مائلة

واخطأ ايضا فى اعتقاده ان استسقاء عبد ابرهيم للماء كان عليه لاختياره فقد جعل الاختيار اليه فلم يكن الامر كذلك بل عبد ابرهيم كان اعقل واشدّ توكلا على الله من ذلك فانه فوّض الى امر الله الاختيار كقوله ה׳ אלהי אדני אברהם הקרה נא לפני היום واما قوله הנה אנכי נצב الى اخر القول فانما جعله علامة لاجابة الله دعاءه وهذا قول רב סעדיה فيه وهو الصحيح فالחבר اذا غلط فى قياسه كما غلط ايضا فى قوله عن יונתן בן שאול عن قوله אם כה יאמרו ואם כה יאמרו انما اراد بذلك اختيار نجدتهم من جبنهم فان قولهم قال דמו עד הגיענו אליכם كان يكون دليلا على نجدتهم فلما قالوا עלו עלינו ועלינו دلّ ذلك على جبنهم وهذا خرق وحمق من قائله اذ لا يجوز ان يظنّ بيונתן انه يظن بאנשי המצבה الجبن عنه وعن فتاه ولكن......

... et il se serait mordu les doigts d'avoir été injuste et blessant à mon égard. Certes, si à mon tour je voulais lui chercher querelle, je le ferais souffrir[1]. De plus il s'est arrogé une science qu'il ne possède pas, et a prétendu à un succès qu'il n'a pas obtenu. S'imaginant avoir remporté la victoire dans sa réfutation, et avoir triomphé dans son attaque, au point d'écarter dorénavant les doutes et la discussion, il s'est accordé la couronne du triomphe, et il s'est ceint de l'épée de la puissance et de la conquête dans des choses où il a été repoussé lui-même. Lorsque j'eus étudié de plus près le livre et que je l'eus soumis à un examen sérieux et à un raisonnement attentif, je vis qu'il était rempli de vétilles, farci de bavardages, bourré d'erreurs et de fautes. Alors je vous ai fait voir et j'ai vu moi-même ce que j'ai vu dans ce livre. Eh bien! mes amis, puisse Dieu prolonger vos jours! vous ai-je menti, en vous disant qu'il a été la risée des enfants et que les jeunes gens ne se sont même pas moqués de la manière dont il a mis à nu sa honte et étalé son impudeur? N'est-ce pas le cas de lui appliquer le vers du poëte :

Jamais les ennemis n'auront à supporter de la part d'un ignorant ce que l'ignorant devra supporter de la part de lui-même.

La vraie dignité n'exigerait-elle pas de le laisser sans réplique, n'était ce que vous savez de ce caractère étrange, de la réputation imméritée qu'il brigue auprès des masses? Vis-à-vis d'un homme ainsi fait, il faut mettre en évidence son erreur, et c'est une obligation de dévoiler son ignorance. Il y a, en outre, la récompense à laquelle on peut prétendre pour l'avoir détourné de son erreur s'il a l'esprit juste, ou pour avoir préservé d'autres savants du danger de se laisser égarer par des mensonges.

Mû par ces considérations, je vais constater ses erreurs et rendre claires ses paroles inintelligibles, dans un exposé lucide et une argumentation convaincante. Je suis seulement embarrassé qu'il y en ait tant, que je sois obligé de dire comme la servante un jour à son maître. Étouffé par des vomissements, le maître lui avait demandé le vase; mais, tandis que la servante cherchait à le lui présenter, le maître fut pris par un fort dévoiement. «Ô maître! s'écria alors la servante, je ne sais plus pour lequel de ces deux flux je dois me dépêcher.» Moi aussi, je ne sais par quelle erreur commencer, et quelle erreur laisser de côté; car, si j'avais le dessein de lui faire un crime de tout ce qu'il a dit et où il s'est trompé, je parlerais beaucoup et j'écrirais longuement. Je le réfuterai donc partout où il a prétendu que moi j'étais dans le faux; parfois aussi dans les cas où il a commis des fautes en dehors de cela. Mais il me sera im-

[1] Ou bien : Si j'avais répandu des calomnies, j'en éprouverais du chagrin.

possible de répondre à tout; mes occupations m'en empêchent; car, dans son Traité, il y a autant de fautes que de mots. Le sage a déjà dit: «En faisant beaucoup de paroles, on n'évite pas le péché» (*Prov.* x, 19). Je ne lui rends pas ses calomnies, par respect pour ma personne, et parce que ma dignité m'interdit de le traiter comme il m'a traité; mon caractère s'y oppose et ma religion me le défend. Mais il est temps que je commence à lui lancer mes foudres et que je me dispose à lui porter mes coups. Dieu, dont j'ai imploré le secours, m'assistera. Son prophète a dit: «Oui, l'Éternel Dieu m'aidera; qui osera alors me traiter avec iniquité? Oui, tous, semblables à une étoffe, ils pourriront, etc.» (*Is.* L, 9). Il a dit encore: «Il a transformé ma bouche en une épée tranchante; à l'ombre de sa puissance, il m'a caché» (*ibid.* XLIX, 2). Si mon adversaire a l'esprit juste et qu'il reconnaisse la vérité, il la suivra; car elle mérite avant tout d'être suivie; et alors, il remplacera sa censure par une approbation, et changera son blâme en éloges. Mais s'il persévère dans son erreur, s'il persiste dans son ignorance, nous ne nous en occuperons plus, son ignorance ayant été constatée et son goût pour les disputes ne faisant plus doute pour tous ceux qui auront jeté un regard sur notre livre.

Outre ce que je viens de dire de son manque de savoir et de la mauvaise opinion qu'il a de moi, je me sens entraîné à le contredire par le désir qu'il a eu de paraître notre égal, et par l'envie qu'il porte à notre intelligence et à notre bonne réputation dans le monde. Car il n'y a pas de remède contre les atteintes de l'envie, rien n'en guérit les blessures. «La jalousie, dit le sage, est comme la carie des os» (*Prov.* XIV, 30). Le sage arabe dit:

> On peut espérer remettre toutes les inimitiés, excepté l'inimitié qui a sa source dans l'envie.

Mais nous, nous disons avec le poëte:

> Qui a l'âme endolorie l'apaisera chez moi, car je m'engage à l'accueillir.
> Est-il courbé, je le redresse, comme le tailleur de bois redresse, pour les flèches, la branche du nab'a.

Parmi toutes les *Lettres des Compagnons* dont mon adversaire m'a foudroyé, la première de ces nobles lettres qui me soit parvenue maintenant est celle dans laquelle il me contredit, au sujet de l'explication que j'ai donnée, au commencement du *Moustalḥiḳ*, pour *hôkîaḥ* (*Gen.* XXIV, 44), *hôkaḥtâ* (*ibid.* XXIV, 14) et *wenôkâḥat* (*ibid.* XX, 16). J'y avais dit que partout le sens le plus convenable et le plus exact est «préparer, mettre en présence»[1]. Il cherche à m'attaquer avec toutes sortes de phrases emmêlées et bien peignées, suivies et hésitantes. D'abord, il prétend que mon interprétation de ces passages par «préparer, mettre en présence», est une nouveauté que personne n'avait encore soutenue, qu'elle est impossible et inconvenante au plus haut degré. Voici ses propres paroles : «N'est-ce pas une abomination de traduire : «C'est là la femme que Dieu a mise en présence?» Mais il donne pour toute preuve qu'il y a là une abomination, l'opinion de ses maîtres, qu'il cite, et qui expliquent ce mot par «disposer, faire rencontrer». Nous avions vu, nous aussi, que quelques personnes, qu'il avait rassemblées contre nous, s'étaient déclarées pour son exégèse; mais nous n'avions pas pu l'approuver. Elle repose sur la dérivation de ces mots de *nôkaḥ* (*Juges*, XVIII, 6), ce qui, à notre avis, est inacceptable. Le *noun*, dans *nôkaḥ*, fait partie de la racine, comme on le reconnaît dans *nikḥô* (*Ex.* XIV, 2), *nekôḥô* (*Is.* LVII, 2); tandis que dans les mots qui font le sujet de cette discussion, c'est le *wâw*, remplaçant un *yôd*, qui est le premier radical, comme dans *hôḥîl*, *hôḥaltî* (*Job*, XXXII, 11), *nôḥălâh* (*Éz.* XIX, 5), avec la différence que cette dernière racine n'est pas transitive. L'argumentation sur laquelle le sens de «faire rencontrer» était appuyé étant fausse, ce sens l'est également[2].

Outre cela, je le dis en toute sincérité, je ne vois aucunement où est l'inconvenance du sens que j'ai donné. Car, lorsqu'on dit: que Dieu te fasse rencontrer, on entend par là : que Dieu te facilite telle chose, et ce que Dieu facilite à quelqu'un, il le met en sa présence. Où est alors l'abomination, lorsqu'on dit : «Dieu l'a mise en présence», si cette locution a le même sens que «Dieu lui a facilité»? Mais, quand même «faire rencontrer» et «mettre en présence» ne seraient pas deux locutions aussi rapprochées l'une de l'autre, comme vous le voyez, il faudrait encore que ce prétendu juge nous fît connaître où se trouve l'abomination dans notre phrase : «Dieu l'a mise en présence». Serait-ce peut-être parce qu'il dit, dans ce chapitre, où, pour réfuter notre explication

[1] Pour l'intelligence de la discussion entre Abou'l-Walîd et son contradicteur, il a fallu traduire ici الاحضار plus littéralement que nous ne l'avons fait, ci-dessous, p. 6, où nous l'avons rendu par «destiner».

[2] Menaḥêm lui-même place la racine *nâkaḥ* à part, bien qu'il ajoute «qu'il ne sait pas si le *noun* fait partie de la racine.» — Parmi les anciens, Sa'adiâ confond נכח avec יכח, *Gen.* XX, 16 (cf. ci-dessous, p. 6, note 1, et Ebn Ezra sur ce verset), et *Is.* I, 18, où il traduit ונוכחה par نتقابل.

de «préparer» et «mettre en présence», il s'exprime ainsi : «Préparer» et «mettre en présence» sont deux sens différents : le premier s'emploie pour une chose qu'on a mise en réserve, alors que l'on commence; le second s'applique à un objet qui est rapproché, que tu as sous la main, parce qu'il est en ton pouvoir?» Mais c'est là de l'ergotage; car une chose présente est le contraire d'une chose absente; et, lorsqu'on prépare une chose, on l'amène infailliblement après qu'elle était absente, et elle est alors présente. Ces deux expressions se couvrent donc tout à fait et peuvent être prises l'une pour l'autre, parce qu'en rendant une chose présente, on la rend présente pour un temps rapproché, ou bien on la prépare pour un temps éloigné. Tout cela a échappé au savant docteur!

Malgré cela, mon contradicteur a éprouvé une certaine hésitation; et, après m'avoir attaqué pour avoir donné le sens de «préparer» et «mettre en présence», il a ajouté : «Cette interprétation n'est pas tout à fait erronée, mais elle est choquante.» Il était donc ébranlé. Il a montré également de l'hésitation, lorsque, après avoir soutenu que «préparer» et «rendre présent» sont deux sens différents, il poursuit : «bien que deux appellations puissent être données l'une pour l'autre, lorsqu'elles sont voisines pour le sens.» C'est ainsi que, dans une même question, il se soulève et se calme, il nie et affirme à la fois. Dès lors s'égarent ceux qui n'ont pas confiance en sa parole, mais ne connaissent pas ses côtés vulnérables, et ne savent ni ne comprennent l'argumentation; tandis que lui, il s'esquive dans des phrases et se dérobe du milieu des choses, les laissant telles quelles, sans s'arrêter ni s'appliquer à aucune.

Il a encore voulu repousser mon opinion sur *hôkîaḥ*, en s'exprimant ainsi : «Nous trouvons que *al-iʿdâd* «préparer» se dit, en hébreu, pour *hêkîn, yâkîn, nekônîm* (*Ex.* XIX, 11); mais nous n'avons jamais rencontré dans ce sens le mot *hôkîaḥ*.» Eh bien, mes amis, puisse Dieu vous accorder le bonheur, en faisant cette assertion, il a commis deux erreurs : d'abord il s'est mal exprimé, puis le fond de sa pensée est faux. Pour l'expression, il dit : «*Al-iʿdâd* se dit, en hébreu, pour *hêkîn*;» en renversant les mots, il aurait dû dire : *Hêkîn* se trouve, en hébreu, pour *al-iʿdâd*, car *al-iʿdâd* est un mot arabe et non pas un mot hébreu. Ceci a échappé au docteur! Le fond de sa pensée est également faux; car si, de ce que *hêkîn* signifie «préparer», il résultait que *hôkîaḥ* n'a pas ce sens, il faudrait conclure, de même, que *weʿattedâh* (*Prov.* XXIV, 27) et *waʿătîdôtêhém* (*Is.* X, 13) ne signifient pas «préparer», parce que *hêkîn* signifie «préparer». Ceci a encore échappé au docteur!

Après avoir adopté l'opinion de ses maîtres, rendu *hôkîaḥ* par «faire rencontrer», et prétendu que c'était la traduction exacte, afin de s'en servir comme argument contre ma version, il s'est conduit avec duplicité envers ces mêmes maîtres, les a contredits, a rejeté leur opinion, et préféré traduire par «que Dieu a instruite», en donnant à *hôkîaḥ* le sens de *tôkâḥâh* «instruction». Certes, on ne saurait se montrer plus hésitant, plus changeant! Je serais bien curieux de savoir pourquoi il s'est permis de préférer le sens d'«instruire» qui, pour tout homme intelligent, est mauvais dans ce passage et inapplicable à *wenôkâḥat,* tandis qu'il ne me serait pas permis à moi d'adopter le sens de «préparer, mettre en présence», bien qu'il s'accorde avec tous les passages. C'est bien là le cours de la nature, le penchant du caractère!

Mon contradicteur s'est encore trompé en attribuant la demande d'eau faite par le serviteur d'Abraham, à son libre arbitre, comme s'il l'avait formulée de son propre choix. La chose ne s'est pas passée ainsi; le serviteur d'Abraham était plus intelligent et plus confiant en Dieu que cela. Il remit son libre arbitre entre les mains de Dieu, en disant: «Éternel, Dieu d'Abraham, fais que je rencontre aujourd'hui, etc.» (*Gen.* XXIV, 12). Ce qui suit: «Me voici debout, etc.» (*ibid.* 13) ne doit être que l'indice que Dieu a exaucé son vœu. C'est l'opinion de R. Sa'adiâ, et c'est la bonne[1]. Mais le docteur a mal raisonné, comme il l'a fait, en ce qu'il dit au sujet des paroles prononcées par Jonathan, fils de Saül. D'après lui, Jonathan, en disant: «S'ils me parlent ainsi, etc. (I *Sam.* XIV, 9), mais s'ils me parlent ainsi, etc.» (*ibid.* 10), a voulu éprouver seulement la vaillance ou la lâcheté des Philistins. Il ajoute: «Car, s'ils avaient dit: Restez tranquilles jusqu'à ce que nous arrivions auprès de vous (*ibid.* 9), cela aurait été une preuve de leur vaillance; mais en disant: Montez près de nous et nous monterons (*ibid.* 10), ils auraient dévoilé leur lâcheté.» C'est là une maladresse et une folie de la part de celui qui émet une telle opinion, puisqu'il n'est pas permis de penser que Jonathan ait supposé à

[1] En effet, Sa'adiâ lui-même traduit, dans l'histoire d'Éliézer, הקרה (*Gen.* XXIV, 12) par وفّق; הכחת (*ibid.* 14) par وفّقتها; הכיח (*ibid.* 44) par وفّقها. Peut-être s'est-il expliqué mieux encore dans son Commentaire que nous ne possédons pas. Car cette conduite d'Éliézer et de Jonathan a été traitée, par quelques docteurs, de pratique répréhensible défendue par *Lév.* XIX, 26. Voy. Traité de *Ḥôlîn,* 95 *b;* Maïmonide, *Hilkôt 'Abôdat élîlîm,* ch. XI, § 4; et la *Glose* de Abraham ben David, et surtout D. Ḳamḥî, dans son Commentaire sur I *Sam.* XIV, 9-10.

l'avant-garde (*ibid.* 12) des Philistins la lâcheté de le craindre, lui, accompagné de son écuyer. Mais.....

## B. Fragment des *Rasâïl ar-rifâḳ*.

الكلمة الثانية من الرسالة الاولى من رسائل الرفاق   الكلام على ما
احدثه ابو الوليد فى باب הרה قال הרה ادخل فى هذا المعنى يعنى
ابو زكريا הרה גבר مع ותהר ותלד בן وجعلهما نوعا واحدا ثم اخذ
فى اعظام هذا الذنب واكبار هذا الجرم فقال وما ادرى كيف جوّز
ذلك فيه على ان المشهور من معنى ותהר ותלד انه حبل فان كان הרה
גבר منه فكيف امكن يعرف ما فى بطن الحامل اذكرا كان
ام انثى حتى بشّر به الا تراه يقول יאבד יום אולד בו והלילה אמר
הרה גבר وهذه האמירה ليست לאיוב بل هى للمبشر كانه قال והלילה
אמר המבשר הרה גבר فحذف الفاعل وانما جاز حذفه لانه لا يخلو
كل فعل من فاعل ظاهرا كان او مضمرا ثم كثّر وتسوّق بالמסורת
وغير المסורת حتى قال وقول איוב והלילה אמר [הרה גבר] مشابه
لقول ירמיה ארור האיש אשר בשר את אבי לאמר ילד לך בן זכר فاقول
ان הרה גבר نوع اخر غير ותהר ותלד اعنى ان הרה גבר فى معنى
ילד كانه قال ילד גבר كما قال ירמיה ילד לך בן זכר والبرهان على ان הרה
גבר فى معنى ילד גבר قول الكتاب ברכת אביך גברו על ברכת הורי [كانه
قال יולדי] وايضا ותהר את מרים ואת שמי الذى لا يجوز ان يكون الا
فى معنى ותלד فهذا من ابى زكريا وهم   قال اخوان ابى الوليد قد
حزم فى هذا الفصل على ايهام ازلما جعل הרה גבר من ותרא כי
הרתה بقوله انه لو كان منها لما جاز ان يعرف ما كان الحمل   فنحن
نبيّن ههنا جهل ابى الوليد بمستعمل اللغة وضعف هذا الدليل
الذى تعلّق به حتى يميّز حقائق اللغات من مجازاتها ويفرق بين

ظواهر الكلم وبواطنها ويقف على ما تستعمله اللغات من استعداداتها ونقتصر على ما في هذا الفصل من الدليل على ذلك ليكون ابلغ في ابانة جهله وسوء تاويله فنقول له ان كنت انكرت معرفة ما في بطن هذه الانثى الذى عندنا استعارة في الكلام لا يقين منه ومجاز من اللغة لا حقيقة فيها واستفتاح للغرض الذى غرض اليه من ذم زمانه لا تعمد للعن يوم ولادته وسبّه على ما يقتضيه ظاهر لفظه فانكرْ ايضا قوله יאבד יום وقل كيف جاز ان يقول هذا واليوم لا يدركه لعانة فيبيده والليلة لا يلحقها دعاءه فيذهبها وحقّق ايضا في معنى יאבד יום فقل ان كان يوم الولادة بعينه وليلة البشرى بذاتها فان دعاه على وقت قد انصرف وزمان قد فات لمحال وان كان يريد موقع ذلك اليوم وتلك الليلة من كل عام وهو محقق كما تراه يقول אל תבא רננה בו فلم اسحق موقع ذلك اليوم وتلك الليلة ذلك وهل ادركتهما لعنته ام لا وايضا فليقل في قوله אל יחד בימי שנה במספר ירחים אל יבא هل نفر فيسقط اليوم من التاريخ ام لا وان كان سقط فكيف كان وجه سقوطه وايضا كيف جاز له ان يلعن اليوم والليلة وهما لم يصنعا شيئا وايضا فانه جعل العلة في لعنهما כי לא סגר דלתי בטני وكل واحد منهما لا يقدر على ذلك وايضا كيف عرف ان הבשורה كانت بالليل ولعلّها لم تكن الا بالنهار وبالعكس في הלידה الى خباط مفرط وصداع مقلق يتولّد عليه متى اعتقد في مثل هذه الفصول انها مقولة على وجه الحقيقة وان كان قد اخرجنا هذا البذر (؟) الذى اتى به الى ما لا يصلح كلّنا نقول انه كما جاز ان يكون هذا القول باسره من איוב على المجاز واتّساع اللغات ولم يراعِ شيئا من الحقيقة كذلك لم يراع علم ما في بطن الحامل فالقول في איוב كذلك القول في ירמיה لما تحقق هذا من تجافي الانبياء في لعنهم ما لم يستحق اللعن وهذا

واضح  فلندع الكلام فيه لبيانه ولنرجع الى قوله ان هذه האמירה
للמבשר لا לאיוב اذ بذلك تسلّم اعتلاله بعلم ما فى بطن الحامل
فيقال له اما انه لو قال והלילה בשר הרה גבר لكان لك ان تقول והלילה
בשר המבשר הרה גבר لانهم اذا حذفوا الفاعل ابقوا فى اكثر
كلامهم دليلا عليه من فعله اذ يقولون כאשר ישבר השובר والدليل
عليه ישבר الذى هو فعل للשובר وكذلك ויקבר אתו בניו تقول
ויקבר אתו הקובר  ויגד ליעקב تقول ויגד המגיד ליעקב  ויגידו לפני
שאול تقول ויגידו המגידים وكذلك ויגידו לדוד לאמר  ואתו ילדה
אחרי אבשלום · ואתו ילדה ילדתו وكذلك ויאמר הנה בניות ברמה  ואמר
להרגך ותחס עליך وعلى هذا الوجه كان يسوغ لك ان تقول והלילה
אמר הרה גבר فيكون فى الفعل دليل على فاعله واما اذا جعلت
الكلام للמבשר فلست على جعلك اياه له باقدر من غيرك ان يجعله
للמנחש او للקוסם او للانبياء ان شئت   واعلم بان حذف الفاعل
وغير الفاعل يقع كثيرا فى المקרא الا انّا لا نجدهم يحذفون فى
اكثر كلامهم حتى يكون فى الكلام دليل على ما حُذف ولا نقول
بالحذف حتى تدفع الى ذلك ضرورة نعنى بالضرورة الّا يوجد وجه
ينفسّر به ذلك دون الحذف فقد قيل ان الوجه فى قوله ותכל דוד
המלך  ותכל נפש דוד للضرورة ولما فيه من الدليل اعنى تاء التانيث
واما اذا وجدنا وجها من الشرح دون ان نقول ان الكلام محذوف
قطعنا به لان للحذف علة ولا نقول بها ما لم تدفع اليها ضرورة
واما مشابهته لقول איוב بما قاله ירמיה فان איוב لم يذمّ المבשר
انما ذمّ زمان البشורה على زعمك وירמיה ذمّ المבשר بعينه فليس بين
القولين مشابهة الا فى الذمّ فقط وهذا ممّا يسقط استدلالك هذا
واما نحن فانا لما علمنا ان للحذف علة لم نقل ان והלילה אמר
محذوف الفاعل اذ لا يمتنع ان يكون אמר راجعا الى איוב مكرّرا من

ויאמר المتقدم فلا تدفع الى القول بالحذف ضرورة ولا ينكر هذا التكرير منكر لان اعادة الالفاظ وترديدها عنها مستفيض مشهور لا يدفعه دافع فمن الاعادة ما يكون للافادة ومنه ما يجرى مجرى فصيح اللغة ومنه ما يكون للتبيين فاما ما يتكرر للافادة فمنه اعادة الجمل فى موضع التفسير مثل قوله וישב את אלף ומאה הכסף לאמו ثم قيل عند التفصيل معيدا וישב את הכסף לאמו ومثله וישחיתו בני ישראל בבנימן ثم اعاد ذلك مفصّلا والمتكرّر على طريق الفصيح فان منه ما يتكرّر بغير اللفظ مثل قوله יערף כמטר לקחי ثم قال תזל כטל אמרתי مخالف باللفظ والمعنى واحد כשעירים עלי דשא וכרביבים עלי עשב כי כל עוד נשמתי בי ורוח אלוה באפי שבחי ירושלם את ה׳ הללי אלהיך ציון هذه كلها اعادات فصيحة الا انها بلفظ مختلف وما يتكرّر عندهم من ذلك باللفظ بعينه فهو من فصيح الكلام فهو مثل قوله כי לא באו לעזרת ה׳ לעזרת ה׳ בגבורים זמרו אלהים זמרו זמרו למלכנו זמרו יספת לגוי ה׳ יספת לגוי נכבדת בן פרת יוסף בן פרת עלי עין وههنا اعادات فمنها ما يكون من واجبات اللغة مثل قوله איש איש על עבדתו עדר עדר לבדו משפחות משפחות לבד עשרון עשרון ومنها ما يكون للمبالغة הטוב טוב אתה والمعنى غير المعنى المتقدم רכבים על שלשים עירים ושלשים עירים להם ومنها ما يكون الثانى نعتا للاول من האדם האדם وعلى وجه اخر من النعت והנער נער وعلى وجوه اخر لا نعنى بذكرها لانها خروج عن ما نحن فيه فاما ما يتكرّر من اللفظ للتبيين ونعنى بالتبيين ان يبعد اللفظ فيعيد منه ما يتبيّن باعادته المراد به مثل قوله ויעלו את ארון ה׳ ואת אהל מועד ואת כל כלי הקדש אשר באהל ויעלו אתם הכהנים והלוים وايضا וילכו שלשת בני ישי הגדלים הלכו אחרי שאול ثم عاد ثالثة فقال שלשת בני ישי הגדלים הלכו אחרי שאול واكثر ما استعملت هذه الاعادة التى

للتبيين ففى لفظ الامירה فمن ذلك ותאמר האשה התקעית אל המלך
ותפל על אפיה ארצה ותשתחו ותאמר   ויאמר אלהים לישראל במראת
הלילה ויאמר יעקב יעקב   ויאמר מלך מצרים למילדות העבריות وبعده
ויאמר בילדכן את העבריות ومثله אמר אל הכהנים בני אהרן ואמרת
אלהם فعلى هذه الوجوه نقول ان قوله והלילה אמר بعد ان قدم
فقال ויען איוב ויאמר   واما قوله ولا تدخلنك داخلة فى انه ויקבר
אתו בגן עזא لا ויקברו فلم تدخلنا قط فى ذلك داخلة فلا تدخله
هو داخلة فى انه ויקבר אתו בקבורתו בגן עזא فانا وجدنا كل نسخة
اتتنا من مستلحقه مصحّحة بخطّه قد اسقط منه בקבורתו وليس فى
سقوط هذه اللفظة عن المستلحق من الطعن اكثر من الاحتذاء
بحذوه فى ابى زكريا فى تتبعه عليه ما يشبه هذا كما صنع به فى נושע
בה׳ بالפתח ונושע بالקמץ وعلى ان عندنا فى النسخة التى بخطّ يده נ״ע
אין המלך נושע ברב חיל קמץ لانه منفعل ישראל [נושע] בה׳ פתח لانه
انفعل   واما قوله ان הרה גבר فى معنى ילד גבר مثل ותהר את מרים
ואת שמי فهو من عجيب الشرح ولذلك ما نقول له أتقرّ بان امّ מרים
ושמי וישבח قد حبلت منهم كما انها ولدتهم فهو يقول نعم فيقال
له لم اجزتَ ان ينسبوا اليها بالولادة ولا ينسبون اليها بالحمل فان
قال لانى لم اجد البنين ينسبون الى امهاتهم الا بالولادة فقط قلنا
له انّا كما وجدناهم ينسبون اليها بالولادة كذلك ينسبون هم اليها
بالحبل فى قوله הובישה הורתם وقد نسبهم الى الاب والام جميعا
بالحبل فى قوله על ברכות הורי اما الام فهى הורה بالحقيقة فاما الاب
فبالمجاز كما سمّى الاب יולד على المجاز יולד חכם ישמח בו   שמע לאביך
זה ילדך واوكد من هذا ما جرى من نسب الابن الى الام فى قوله
ואל שרה תחוללכם ولا تشك بان תחוללכם من لغة הידעת עת לדת
יעלי סלע חלל אילות תשמר فلا تبعد بعد ان ينسبوا اليها

بالحبل فان ابى وتحكّم فى المناظرة ان يجعل הובישה הורתם وسائر ما ذكرناه من غير معنى ילד فنحن نسعفه فى تحكّمه ونرجع منه الى فنّ اخر من المناظرة فنقول له اليس المشهور من معنى וישכב ויישן תחת רתם אחד אני שכבתי ואישנה הקיצותי כי עתה שכבתי ואשקוט ישנתי אז ינוח לי והנה שאול שכב ישן במעגל كما معنى ותהר ותלד للحبل والولادة فاذا قال نعم قيل له فليكن اذا וישכב במקום ההוא فى معنى ויישן لانه قد قال بعده ויחלם והנה סלם والחלום لا يكون الا بعد النوم فيكون بمعنى וישכב ויישן كما كان ותהר את מרים بمعنى ותהר ותלד فان قال انه استغنى عن ذكر ויישן لان فى قوله ויחלם ما يستدلّ به على انه كانت مع الשכיבה שינה قلنا له كذلك نقول نحن فى ותהר את מרים بان فى ذكره מרים ושמי וישבח دليلا على انه كانت مع الהריון לידה اذ لا فرق بين المسئلتين ونزيد بعد فى قطعه على وضوح ما ذكرناه طلبا لتبيين ما فى مذهبه من السقوط وفى قياسه من الفساد فنقول له هبك ان العبرانيين لا ينسبون الى الהריון فهل يمتنع ان يكون ותרא כי הרתה حقيقة فى هذه اللغة ويكون ותהר את מרים مجازا فيها فان قال لنا مثّلوا لى مثلا يتبيّن به وجه المجاز الذى تقولونه فى هذه اللغة مثّلنا له بالمعلوم من حقيقة لفظ الשתייה لانه شرب كل مائعٍ سائلٍ بدليل قول الكتاب וכל משקה אשר ישתה كما ان الحقيقةً من لفظ הלידה انه الولادة وقد علمنا ان الدم على الحقيقة من جملة المشروبات بدليل قوله ואכלתם בשר ושתיתם דם ודם נשיאי הארץ תשתו ושתיתם דם לשכרון وقال اوائلنا عليهم السلام מים אין לי אלא מים ומנין היין והטל והשמן והדם והדבש של דבורים והחלב תלמוד לומר וכל משקה واتّسعوا فى غيرها من المشروبات بكلام ليس هذا موضع ذكره اذ لم نسق هذا القول الا لنبيّن ان الدم على الحقيقة من المشروبات بكلام الا

انه قد قيل على المجاز וכל דם לא תאכלו وقال فى موضع اخر ואכלת
לפני ה' אלהיך فاتت فى ذلك האכילה على المجاز فلم لم تضع لفظ ותהר
את מרים واصحابها فى هذا الموضع من المجاز فيسقط عن أزما
استلحق به عليه فى هذا الباب لان يكون مجازا فى ההריון الحقيقى كما
قيل فيه ايضا على المجاز הנה יחבל און והרה עמל וילד שקר ومن
الاستعارة الفصيحة قوله תהרו חשש תלדו קש وما احسن استعارة
اوائلنا اذ يقولون היום הרת עולם وما اعجب استعارة من قال ותהי לי
אמי קברי ורחמה הרת עולם وما اعجب استعارة اوائلنا اذ يقولون....[1]
اللهمّ الا ان يلزم نفسه ان يستلحق عليه الحقيقة اذا تخطأها
فقد كان وجب عليه ان يستلحق וכל דם לא תאכלו بدليل ما قلناه
وكذلك וידע אדם עוד את אשתו لان حقيقة هذه اللفظة المعرفة
ومجازها ههنا المواقعة وكذلك كان يجب عليه ان يستلحق ויבא
אליה ותהר לו لان حقيقتها الدخول ومجازها المجامعة فان قال بان
ותהר ותלד مع ותהר את מרים نوع من الحقيقة قلنا له فرّق بينهما
وبين האכילה والביאה والידיעה التى جلبناها واذا تتبع على أزمثل
هذا فما كان اولاه ان يتتبع من كتابه كل ما يشبه هذا فيستلحقه
عليه فمنه ادخاله מחציתה בבקר   חצי היריעה مع ויחץ את הילדים
ותחץ לארבע רוחות השמים لان من المعلوم ان لفظ חצי היריעה هو
النصف واما ויחץ فهو فى معنى ויחלק ومنه ادخاله יסב אתו
المشهور فى معنى الاستدارة مع והסב לב מלך אשור الذى معناه
التحويل والقلب لانه لم يردّه فى دائرة وكذلك نسبه الى كثير
من هذا مما يشبه مذهبه فى ותהר את מרים واما نحن فانا نفضل

[1] Le manuscrit a laissé ici une place vide. Mais il paraît que les six mots depuis وما n'étaient qu'une répétition des mots وما احسن الخ, et qu'il ne manque rien.

طريقة ابي زكريا ونضع ما ورد له من هذا وشبهه في موضعه من
المجاز او الحقيقة ولا نرضى لانفسنا خترا

*Traités des Compagnons.* — Premier traité. — Deuxième mot. Observations sur ce qu'Abou 'l-Walîd a exposé dans le paragraphe *Hârâh*.

Abou 'l-Walîd dit : «Abou Zakariyâ a mis ensemble, avec la même si«gnification, *hôrâh* (*Job*, III, 3) et *wattahar* (*Gen.* XXXVIII, 3)[1].» Puis, pour bien faire ressortir la grandeur de ce péché et la gravité de ce méfait, il poursuit : «Je ne comprends pas comment il a pu permettre «cela; car, comme on sait, *wattahar*, qui précède *wattêléd*, signifie elle «devint enceinte; si donc *hôrâh* avait le même sens, comment aurait-on «pu savoir, au point de l'annoncer, quel sexe avait l'enfant qui était en«core dans le sein de la femme enceinte? On voit que, dans le verset de «*Job*, le verbe *âmar* ne se rapporte pas à Job, mais à celui qui donnait «la nouvelle, comme s'il y avait *âmar hammebassêr;* seulement le sujet «a été omis, ce qui est possible, parce que tout verbe suppose un agent, «qu'il soit exprimé ou non[2].» Après avoir fait grand étalage de ce qui se trouve dans la Massôrâh et de ce qui ne s'y trouve pas, Abou 'l-Walîd reprend : «Job exprime la même pensée que *Jérémie*, XX, 15, et j'ajoute «que *hôrâh* a un sens différent de *wattahar*, et que le premier a le sens «de *youllad*. Job dit : «Un homme t'a été enfanté,» comme Jérémie : «Il «t'est né un enfant mâle.» Ce sens de *hôrâh* est confirmé par le mot «*hôray* (*Gen.* XLIX, 26), qui signifie : ceux qui m'ont enfanté. Enfin, «on trouve *wattahar* (I *Chr.* IV, 17), qui ne peut avoir d'autre sens que «celui de *wattêléd*. Abou Zakariyâ s'est donc trompé[3].» — Les frères[4] d'Abou 'l-Walîd disent que, dans ce paragraphe, l'erreur d'Abou Zakariyâ qui met *hôrâh* à côté de *hârâtâh* (*Gen.* XVI, 5) a été jugée avec maturité par Abou 'l-Walîd, lorsqu'il fait observer qu'il aurait été impossible de connaître la nature de la grossesse, si *hôrâh* avait le même sens que *hârâtâh*.

Nous allons à notre tour démontrer qu'Abou 'l-Walîd ignore l'usage

[1] Voy. ci-dessous, p. 128, l. 1.

[2] *Ibid.* l. 2-11.

[3] *Ibid.*, p. 129, l. 5-11.

[4] Ibn Djanâḥ désigne souvent, par ce nom, ses amis et ses disciples. — Nous ne pouvons pas savoir si cette opinion a été exprimée verbalement ou s'il existait un traité dans lequel les adhérents d'Abou 'l-Walîd venaient au secours de leur maître.

de la langue et que l'argument auquel il se cramponne est bien faible; il devrait bien distinguer le sens propre des mots de leur sens figuré, ne pas confondre le sens apparent des locutions avec leur sens caché, et reconnaître l'emploi qu'une langue peut faire des éléments dont elle dispose. Nous nous bornerons à tirer de ce paragraphe la démonstration qui doit rendre plus évidente son ignorance et sa mauvaise méthode d'interprétation. Nous lui dirons donc : Si tu objectes qu'on n'a pas pu reconnaître le sexe de l'enfant pendant qu'il était encore dans le sein de cette femme, pour nous, le verset n'est pas pris au propre et à la lettre, mais présente une expression métaphorique et figurée, destinée à frayer le chemin au but que s'est proposé Job, savoir de déplorer son sort sans avoir l'intention de maudire et d'exécrer le jour de sa naissance comme l'exigerait le sens apparent des mots. Autrement oppose-toi également aux mots : «Périsse le jour», en disant : comment Job a-t-il pu parler ainsi? le jour ne peut pas périr, atteint par la malédiction de Job, ni la nuit disparaître sous le coup de ses imprécations. Tu pourras encore serrer de plus près le sens des mots : «Périsse le jour», et dire : S'il s'agissait du jour même de la naissance et de la nuit même où elle fut annoncée, si Job formait un vœu contre un temps écoulé, contre une époque déjà passée, ce serait absurde. Ou bien, Job veut parler de l'anniversaire annuel de ce jour et de cette nuit, ce que semble confirmer le verset : «Qu'aucun cri d'allégresse ne retentisse en ce jour;» mais comment cet anniversaire a-t-il mérité sa malédiction, et l'a-t-elle atteint ou non? Job dit aussi : «Que cette nuit ne s'unisse pas aux jours de l'année, qu'elle n'entre pas dans la supputation des mois.» Ce jour a-t-il fui de manière à disparaître du calendrier, ou non, et, dans le premier cas, comment a-t-il disparu? Ensuite, comment Job s'est-il permis de maudire le jour et la nuit qui n'avaient rien fait? Comment a-t-il motivé sa malédiction par les mots : «Parce qu'ils n'ont point fermé les portes du ventre qui me portait», puisque ni le jour ni la nuit n'avaient ce pouvoir? Enfin, comment Job savait-il que la nouvelle avait été donnée pendant la nuit? peut-être était-ce pendant la journée. La question contraire peut se faire au sujet du jour pour la naissance. Tels sont l'embarras excessif et l'aberration inquiétante qui proviennent naturellement de l'opinion que de tels morceaux aient été dits dans le sens propre; et si ce bavard (?) nous a conduit à un résultat aussi fâcheux, nous dirons que de même que le discours de Job, dans sa totalité, peut être pris au figuré et hors de son sens littéral, sans qu'on tienne compte de la réalité, de même on ne s'est pas préoccupé de savoir ce que la femme enceinte portait dans son sein. Ce que nous venons de dire sur Job s'applique à Jérémie, puisqu'il est reconnu que les prophètes maudissent ce qui n'a jamais mérité la malédiction. Ceci est clair.

N'insistons pas sur ce point, à cause de son évidence, et revenons à l'opinion d'Abou 'l-Walîd que le verbe *âmar* ne se rapporte pas à Job, mais à celui qui annonce la nouvelle, puisque c'est armé d'une telle argumentation qu'il se demande comment on a pu connaître le sexe de l'enfant dans le sein de sa mère. Nous lui ferons l'observation suivante : Si Job s'était servi du verbe *bissêr* «il a annoncé», on aurait pu suppléer *hammebassêr;* car presque toujours, lorsqu'on supprime le nom d'agent, on l'indique en maintenant le verbe de la même racine. On supplée ainsi *haschschôbêr* dans *Jérémie,* XIX, 11, parce que *yischbôr* indique cet agent; *hakkôbêr,* dans *Deut.* XXXIV, 6, parce qu'il y a le verbe *wayyikbôr* ; *hammaggîd,* dans *Gen.* XLVIII, 2, parce qu'on y lit *wayyaggêd; hammaggîdîm,* dans I *Sam.* XVII, 31, et II *Sam.* II, 4, sous l'influence de *wayyaggîdou; yôladtô* dans I *Rois,* I, 6, à cause de *yâledâh;* de même l'agent est suppléé derrière *wayyô'mér* (I *Sam.* XIX, 22) et *we'âmar* (*ibid.* XXIV, 11)[1]. Il t'aurait été permis de procéder de la même manière pour *âmar* (*Job,* III, 3), et de suppléer un agent indiqué par le verbe; mais quant à intercaler «celui qui annonce la nouvelle», tu n'y as pas plus de droit qu'un autre n'aurait à y suppléer à volonté l'enchanteur ou le sorcier, ou les prophètes.

Il est à remarquer que l'ellipse de l'agent ou d'une autre partie du discours est fréquente dans l'Écriture; seulement, presque jamais nous ne la rencontrons qu'autant qu'il y a dans la proposition une indication du mot omis. Puis nous ne nous décidons pour l'ellipse que contraints par la nécessité, c'est-à-dire lorsque nous ne trouvons d'autre moyen d'interprétation que l'ellipse. Ainsi, pour *wattekal Dâwid* (II *Sam.* XIII, 39), nous suppléons *néfésch,* parce que nous y sommes forcés et que le genre féminin du verbe indique ce mot[2]. Mais nous nous décidons pour toute exégèse que nous découvrons et qui nous dispense d'avoir recours à

[1] C'est ce que Raschi appelle un מקרא קצר (*Gen.,* I, 1; XLVIII, 1 et 2, et *passim*).

[2] Ainsi déjà Jonathan. — Ibn Djanâḥ mentionne également cette ellipse dans le chapitre XXV du *Riḳmâh* (p. 150, l. 22) qui est consacré entièrement à l'ellipse, et présente une riche collection de mots et de lettres retranchées qu'une bonne exégèse ordonne de rétablir. La version hébraïque a même passé quelques exemples qu'on retrouve dans l'original arabe. Ainsi, p. 152, l. 11, il manque,

une ellipse; car l'ellipse est une imperfection qu'on ne doit admettre que quand on y est poussé par la nécessité. Du reste, la comparaison établie par Abou 'l-Walîd entre le discours de Job et celui de Jérémie, où celui-là ne maudirait pas celui qui annonce la nouvelle, mais le moment auquel la nouvelle a été donnée, tandis que celui-ci maudirait la personne elle-même qui apporte la nouvelle, n'existe que pour le fait de la malédiction, ce qui enlève toute force à l'argumentation tirée de cette analogie.

Pour nous, qui savons que l'ellipse est une imperfection, nous n'avons pas dit que dans le verset de Job il y eût l'agent retranché; car rien n'empêche que le verbe *âmar* se rapporte à Job, et soit une répétition du mot *wayyô'mar* qu'on lit dans le verset précédent. Aucune nécessité ne nous oblige donc à admettre une ellipse.

Une telle répétition ne peut rebuter personne, car la répétition des mots, soit dans le même sens ou avec des sens différents, est un usage répandu, connu, qu'on admet généralement. La répétition peut être utile, elle peut être un moyen oratoire, ou bien elle peut avoir pour but d'augmenter la clarté. 1° Elle est utile quand on répète la proposition générale au moment de l'expliquer. Exemples : le passage *Juges*, xvii, 3 et 4, où, au moment de raconter les événements en détail, on répète les mots : «Il rendit l'argent à sa mère»; et de même *ibid.* xx, 35, où l'auteur reprend

après ואמרון, le passage suivant : ורק היא יחידה אין לו ממנו בן או בת التقدير אין ממנה בן או בת فحذف אין وقال ממנו بالتذكير على المجاورة اى لما كان له (lisez לו) مذكرا ذكر ايضا ממנו على לו وحقه وواجبه ان يكون ממנה وسترى كثيرا من مثل هذه المجاورة فى باب ما قيل بلفظ ما والمراد به غيره وترجمة اللفظ ولم يكن له ابن او ابنة غيرها ترجمت אין ממנה غيرها فحذف אין على ما ترى من استعمالهم الحذف اتّكالا على فهم الناظر والسامع وقد حذفت هذه اللفظة ايضا من قوله והאלמנה אשר תהיה אלמנה מכהן יקחו التقدير אין מכהן יקחו اى من كان من الכהנים غير כהן גדול يتزوجها اى כהן הדיוט وبهذا ورد النقل عن الاباء عم وكذلك قال الמתרגם ايضا אלא כהניא יסבון وفسرت אין غير على ما هو مشهور فى كلام الاوائل رضى الله عنهم فى כוי יאכל וכוי יחוס אין ממני وان كان يحتمل ايضا אין ממני معنى اخر. Pour *Juges*, xi, 34, on peut voir la Massore sur *Lév.* viii, 8, où l'on a réuni six passages dans lesquels ממנו doit être interprété par ממנה. L'exégèse adoptée pour *Éz.* xliv, 22, se trouve Talmud *Ḳiddouschîn*, 78*b*, et a pour but d'accorder la législation d'Ézéchiel avec celle du Lévitique. L'autre sens de *Eccl.* ii, 25, se lit dans le *Kitâb al-ouṣoûl*, col. 426, l. 15-27. Voir du reste, ci-dessous, p. xciii-xciv.

les faits en arrivant aux détails. 2° La répétition oratoire se fait tantôt par des mots différents ayant le même sens, comme *Deut.* XXXII, 2; *Job*, XXVII, 3; *Psaumes*, CXLVII, 12, passages où l'on répète élégamment la même pensée en variant les mots; tantôt, ce qui est non moins élégant, par les mêmes mots, comme *Juges*, V, 23; *Psaumes*, XLVII, 7; *Isaïe*, XXVI, 15; *Gen.* XLIX, 22. La répétition du même mot est quelquefois une nécessité de la langue, comme *Nombres*, IV, 19; *Gen.* XXXII, 17; *Zacharie*, XII, 12; *Nomb.* XXVIII, 21; ou bien un moyen de renforcer le sens, comme le redoublement du mot *ṭôb*, dans *Juges*, XI, 25, comme aussi le mot *'ăyârîm*, écrit deux fois, *ibid.* X, 4, mais en deux sens différents. Un cas semblable est celui de *hâ'âdôm hâ'âdôm* (*Gen.* XXV, 30), deux mots dont le second est le qualificatif du premier; ou *wehanna'ar nâ'ar* (I *Sam.* I, 24), où la qualification est faite par un procédé différent. Nous citons ces cas à l'exclusion des autres cas, pour ne point sortir de notre sujet. 3° Quant à la répétition d'une expression dans un but de clarté, nous entendons par là qu'on répète d'une phrase éloignée ce qui peut en rendre le sens plus clair. On trouve des exemples I *Rois*, VIII, 4; I *Sam.* XVII, 13 et 14; dans ces derniers versets, les mots: «ils suivirent Saül» se lisent jusqu'à trois fois. Cette répétition dans un but de clarté se rencontre surtout pour *âmar* (voyez II *Sam.* XIV, 4; *Gen.* XLVI, 2; *Exode*, I, 15 et 16; *Lévit.* XXI, 1). Nous affirmons donc qu'il en est de même pour *âmar* (*Job*, III, 3), après le mot *wayyô'mar* du verset précédent.

Abou'l-Walîd dit encore dans ce paragraphe: «Il ne peut venir dans «l'idée de personne qu'il faille lire *wayyiḳberou* au lieu de *wayyiḳbôr*[1].» C'est là une idée qui n'est jamais entrée dans notre esprit et qui n'aurait jamais dû entrer dans le sien; car le texte porte *biḳbourâtô*, qui manque dans toutes les copies du *Moustalḥiḳ* parvenues avec la garantie de la signature de l'auteur[2]. Or il n'y a pas plus de raison d'attaquer Abou'l-Walîd pour le lapsus, qu'il a commis à cette occasion dans le *Moustalḥiḳ*, qu'il n'y en a de suivre son exemple dans la manière dont il s'en prend à Abou Zakariyâ pour un cas semblable, afin d'établir que *nôscha'* (*Is.* XLV, 17) avait *pataḥ*, et *nôschâ'* (*Psaumes*, XXXIII, 16) avait *ḳâmeṣ*[3]. Cependant, dans une copie autographe d'Abou Zakariyâ,

[1] Voy. p. 128, l. 12.

[2] Le mot se trouve dans le manuscrit arabe, ajouté probablement par une main postérieure; il manquait dans la copie sur laquelle a été faite la version hébraïque.

[3] Voy. ci-dessous, p. 56, note 1.

que nous avons entre les mains, on lit : *nôschâ*[c] (*Ps.* XXXIII, 16) a *ḳâmèṣ*, parce que c'est le participe du *nifal;* mais *nôscha*[c] (*Is.* XLV, 17) a *pataḥ*, parce que c'est le parfait du *nifal.*

L'opinion d'Abou'l-Walîd que *hôrâh* a le sens de *youllad,* de même que *wattahar* (I *Chron.* IV, 17), présente une étrange interprétation. Car nous lui demanderons d'abord s'il affirme que la mère de Miryâm, Schammaï et Yischbaḥ, avait été grosse de ses enfants, comme il affirme qu'elle les a mis au monde, et s'il répond oui, nous lui dirons : Pourquoi permets-tu plutôt qu'on rapporte la généalogie à la mère après l'enfantement qu'après la grossesse? S'il répond : parce que je n'ai pas trouvé d'exemple où ce rapport entre les mères et les fils soit exprimé autrement que par l'enfantement, nous lui citerons *Osée,* II, 7, où *hôrâtâm* «celle qui en était enceinte» établit bien cette relation à la suite de la grossesse, et *Genèse,* XLIX, 26, où *hôraï* désigne père et mère. En effet, la mère est la *hôrâh* «l'enceinte» au propre, tandis que pour le père ce mot n'est employé qu'au figuré, comme *yôlêd* (*Prov.* XXIII, 24) et *yelâdékâ* (*ibid.* 22). Ce qui confirme encore davantage l'usage d'établir la généalogie du fils d'après la mère, c'est l'emploi de *teḥôlélekém, Is.* LI, 2, et le sens de ce mot ne peut être mis en doute, si l'on compare *ḥôlêl* (*Job,* XXXIX, 1). Il n'y a donc rien qui empêche de fixer la généalogie d'après la mère à la suite de la grossesse.

Cependant, si Abou'l-Walîd nie encore et veut faire le fin pour discuter que *hârâh* dans *Osée,* II, 7, et dans les autres exemples que nous avons cités, puisse avoir un autre sens que celui de *yâlad,* nous allons le pourchasser dans ces prétentions et tourner la discussion d'un autre côté. Nous lui dirons : Le sens des verbes *schâkab* «se coucher» et *yâschan* «s'endormir» qui se suivent (I *Rois,* XIX, 5; *Psaumes,* III, 6; *Job,* III, 13; I *Sam.* XXVI, 7), n'est-il pas aussi connu que celui de *hârâh* et *yâlad,* qui signifient concevoir et enfanter? S'il répond oui, nous reprendrons : Eh bien, *wayyischkab* (*Gen.* XXVIII, 11) doit impliquer également le sens de *wayyîschan,* puisqu'il est dit après : «et il eut un songe ;» or l'on ne rêve qu'après s'être endormi. Donc, de même que le premier des deux verbes a suffi pour exprimer les deux sens, il doit en être de même pour *wattahar* à l'égard de *wattêléd.* S'il nous réplique que, dans le passage de la *Genèse,* le rêve qui est raconté était une indication suffisante que le coucher avait été suivi du sommeil, nous ferons observer à notre tour que, dans le verset des Chroniques, les noms des enfants, Miryâm, Schammaï et Yischbaḥ, montrent tout aussi bien que la grossesse a été suivie de l'enfantement, car il n'y a pas de différence entre les deux problèmes.

Nous irons encore plus loin pour décider Abou 'l-Walîd à reconnaître la justesse de ce que nous venons de dire, et nous chercherons à démontrer combien son opinion est défectueuse et sa déduction fautive. Supposons qu'en effet les Hébreux n'établissent pas la généalogie d'après la grossesse, qu'est-ce qui empêche que *hârâtâh* (*Gen.* XVI, 4) ne soit pris au propre, et que *wattahar* (1 *Chron.* IV, 17) ne soit pris au figuré? Si Abou 'l-Walîd nous demande un exemple qui ferait voir clairement cette espèce d'expression figurée que l'on adopte pour *hârâh*, nous lui présenterons le mot *schâtâh* qui, au propre, comme tout le monde le sait, signifie boire toute chose liquide, qui coule, comme l'indique *Lévit.* XI, 34, exactement comme *yâlad* veut dire au propre enfanter. Or nous savons que le sang fait proprement partie des objets potables, comme le démontrent les versets *Ézéch.* XXXIX, 17, 18, 19; puis la parole de nos anciens : Le mot *mayyim* n'indiquerait que l'eau, mais d'où conclure que la loi s'applique également au vin, à la rosée, à l'huile, au sang, au miel des abeilles, au lait? C'est pourquoi le texte ajoute : et toute boisson [1]. Les docteurs donnent encore sur d'autres matières qui peuvent être bues des développements qu'il ne convient pas de citer ici, où nous voulons seulement faire voir que le mot *dâm* «sang» est au propre considéré comme une chose potable. Cependant on applique au sang le verbe *âkal* «manger» *Lévit.* VII, 26. Ailleurs, *Deut.* XIV, 23, ce verbe est aussi employé au figuré. Pourquoi alors ne pas supposer que *wattahar*, dans le passage des Chroniques, est pris dans un sens figuré, ce qui ferait tomber toute la critique qu'Abou 'l-Walîd a dirigée contre Abou Zakariyâ dans ce paragraphe? Le mot *hârâh*, dans son sens réel, est aussi appliqué métaphoriquement à l'injustice (*Ps.* VII, 15); une métaphore éloquente, avec le verbe *hârâh*, se lit encore *Isaïe*, XXXIII, 11; enfin, un emploi fort beau du sens figuré de cette racine a été fait par nos anciens, lorsqu'ils disent : Aujourd'hui le monde a été conçu [2], et le verset *Jérémie*, XX, 17, n'est pas moins admirable. Mais, par Dieu, si Abou 'l-Walîd avait pris pour tâche d'ajouter à l'œuvre d'Abou Zakariyâ le sens figuré de chaque mot, toutes les fois que celui-ci l'avait omis [3], il aurait également dû ajouter le verbe *âkal*, appliqué au sang! Il

[1] *Sifrâ* sur *Schemînî*, VIII, 1; cf. *Mischnâh Makschîrîn*, VI, 4.

[2] Rituel de la fête de *Rôsch Haschschânâh*.

[3] Nous avons traduit comme s'il y avait المجاز اذا تخطاه.

aurait dû en faire autant pour *yâda*ᶜ, qui au propre signifie savoir, et qui au figuré est employé (*Gen.* IV, 25) dans le sens d'avoir commerce avec une femme; et aussi de même pour le verbe *bô'* (*Gen.* XXXVIII, 18) qui, au propre, signifie entrer, et qui au figuré est appliqué aux relations avec une femme. Si Abou 'l-Walîd nous répond que pour lui *wattahar* dans le livre des Chroniques, comparé à *wattahar wattêléd*, représente un sens propre nouveau, nous lui dirons d'établir la différence qui existe entre ces deux sens de *hârâh* et les deux sens de *âkal*, de *bô'* et de *yâda*ᶜ que nous avons cités. Une fois en train de censurer Abou Zakariyâ sous ce rapport, que ne l'a-t-il pas censuré sur tous les faits semblables pour faire ses additions? Ainsi, dans le paragraphe *ḥâṣâh*, Abou Zakariyâ mentionne *maḥăṣîtâh* (*Lévit.* VI, 13) et *ḥăṣî* (*Exode*, XXVI, 12) à côté de *wayyaḥaṣ* (*Gen.* XXXIII, 1) et *wattâḥâṣ* (*Dan.* XI, 4), et cependant, dans les premiers exemples, le sens est la moitié, et dans les autres *ḥâṣâh* a, comme *ḥillêḳ*, le sens de distribuer. Abou Zakariyâ a encore placé *yâsôb* (I *Rois*, VII, 23), qui signifie tourner, à côté de *wehêsêb* (*Ezra*, VI, 22), qui signifie changer, renverser, mais non faire tourner dans un cercle. C'est ainsi qu'Abou Zakariyâ s'est comporté à l'égard de bien des cas où il a suivi la même voie que pour *wattahar*. Pour nous, nous déclarons excellente la voie suivie par Abou Zakariyâ; nous plaçons les versets qui se sont présentés à son esprit ici et ailleurs à leur endroit, qu'ils soient au figuré ou au propre, et nous n'aimons pas être traités avec perfidie.

## II.

Abou 'l-Walîd approchait déjà de la vieillesse[1], lorsqu'il put enfin mettre la main au grand ouvrage que, depuis longtemps, il avait projeté[2]. C'est son *Kitâb at-Tanḳîḥ* ou «Livre de la Recherche minutieuse[3]», divisé en deux parties, dont la pre-

[1] Préface du *Riḳmâh*, dans l'édition hébraïque, p. XI, l. 27. Cf. le texte arabe, *Journ. asiat.*, 1850, II, p. 373, l. ult., et la traduction française de M. Munk, *ibid.*, p. 415.

[2] Plus loin, p. 358, 371 et 376. Peut-être fait-il déjà allusion à son projet de faire un lexique complet, p. 13, l. 10.

[3] Ibn Djanâḥ explique ainsi lui-même ce titre (*Journ. asiat.*, *ibid.*, p. 379, l. 17), en le donnant comme l'équivalent du mot דקדוק.

mière, le *Kitâb al-Louma'*, ou «Livre des parterres fleuris[1]», est un traité de grammaire hébraïque, et la seconde, le *Kitâb al-Ouṣoûl,* ou «Livre des racines», est un dictionnaire complet du langage biblique. Il laissait, dans ce travail, bien loin derrière lui tous les ouvrages qui avaient paru antérieurement sur la même matière. Sans parler de la supériorité de son dictionnaire sur les lexiques de Menaḥêm, de David ben Abraham[2] et d'autres auteurs dont des fragments nous ont été conservés, la grammaire n'avait jamais été étudiée d'une manière aussi large et indépendamment du dictionnaire[3]. Chez Ḥayyoudj lui-même, la grammaire sert seulement d'introduction aux Traités des verbes aux lettres faibles et des verbes aux racines géminées; Ibn Djanâḥ lui consacre le premier toute la place que mérite cette science.

L'analyse que nous avons donnée du *Kitâb at-taschwîr* a démontré que déjà, dans le dernier de ses opuscules, certes le plus important et le plus considérable, notre auteur avait discuté les questions de grammaire les plus compliquées qu'on soulevait à son époque[4]. En recueillant divers fragments de ses adversaires auxquels il répondait, nous avons pu reconnaître et apprécier sa supériorité, non-seulement sur ses contemporains, mais aussi sur un grand nombre des grammairiens qui lui ont succédé. C'est que toutes les facultés de sa rare intelligence, tous les efforts de son esprit fin et analytique sont concentrés à cette heure sur la connaissance exacte et raisonnée des textes sacrés, afin de les expliquer conformément

[1] *Loc. cit.* p. 381 : تشبيها لابوابه باللمع من الارض وهى مواضع يكون فيها انواع مختلفة من الزهر الخ.

[2] Pinsker, *Likkouṭê Ḳadmôniyôt*, p. 117 et suiv.; A. Neubauer, *Journ. asiat.* 1861, II, p. 465 et suiv.; tirage à part, p. 25 et suiv.

[3] Il en est ainsi encore chez Salomon Parḥôn, l'abréviateur d'Ibn Djanâḥ.

[4] L'auteur lui-même le dit dans la préface du *Riḳmâh*, XIII, l. 18-23.

aux règles d'une exégèse rigoureuse et rationnelle[1]. Ibn Djanâḥ est arrivé maintenant à cette maturité où, détaché des affaires de ce monde et indifférent aux misères dont il s'était tant plaint autrefois, il n'a d'autre souci que celui de ses chères études et ne conçoit d'autre crainte que celle de voir ses méditations troublées de nouveau par des attaques importunes et de haineuses insinuations[2].

La philosophie et la médecine étaient, dans l'Espagne arabe, le complément indispensable de toute carrière savante. Mais Abou 'l-Walîd ne paraît guère avoir pratiqué la médecine que comme gagne-pain. Le *Traité des médicaments simples*, ou *Kitâb at-Talkhîṣ*, qu'Ibn Abî ʿOṣeibiʿa cite de lui, était, comme le titre l'indique suffisamment, un simple manuel sans importance[3]. Pour les opinions philosophiques qu'on rapporte en son nom, elles semblent tirées de sa grammaire et de son lexique[4]. Quoi qu'il en soit, Ibn Djanâḥ est avant tout grammairien, exégète et lexicographe.

[1] Voir les divers passages de la préface citée.

[2] Ibn Djanâḥ parle de son éloignement de Cordoue sans amertume et comme d'un fait historique, *Riḳmâh*, p. 185. — Son mépris pour les grandeurs et les faveurs des grands se voit dans un passage curieux du *Kitâb al-ouṣoûl* (col. 93, l. 24), où il dit : «Cette explication du mot *tébél* (*Lév.* xx, 12), je la dois à la grâce et à la bonté divines, en même temps qu'au travail soutenu et à l'application constante que je mets jours et nuits à mes recherches et à mes études, au point que je dépense pour de l'huile le double de ce que d'autres dépensent pour du vin.» On pense involontairement à l'opulent chambellan du roi de Grenade, son adversaire.

[3] Voy. cependant *Journ. asiat.* 1850, II, 45, note 1. Ebn Ezra, *Moznaïm*, 18[a], l'appelle ר׳ יונה הרופא «R. Yônâh, le médecin»; l'explication donnée à cet endroit pour I *Rois*, IX, 6, se lit *Riḳmâh*, 169, 21, et 195, 25. — Quoi qu'il en soit, Ibn Djanâḥ ne parle de son Traité des médicaments nulle part dans ses ouvrages.

[4] M. Munk cite (*ibid.* note 2) le passage d'Ibn Abî ʿOṣeibiʿa, où il est dit qu'«Ibn Djanâḥ s'est occupé avec soin de l'art de la logique.» Notre auteur revient deux fois à parler du rapport intime qui existe entre les catégories de la qualité et de la quantité; il ajoute que les Hébreux, les Arabes et les Ioniens appliquent,

Dès le deuxième siècle de l'hégire, les musulmans cultivaient avec succès la grammaire de leur langue, et cette science, ainsi que l'art de bien dire, était tenue en grand honneur à la cour policée de Cordoue. L'esprit subtil des Arabes excellait dans ce genre d'études hautement apprécié comme un moyen d'interpréter le Coran et de comprendre les anciennes poésies. Abou 'l-Walîd prit les Arabes pour maîtres, et acquit une profonde connaissance de leur littérature et des grands ouvrages dans lesquels avaient été exposés minutieusement les principes de leur langue. Dans ses Opuscules comme dans son *Livre de Recherches*, il cite souvent les procédés de la langue arabe pour expliquer ceux de la langue

par extension et improprement, les mots ayant le sens de *grand* et de *fort* aussi à ce qui est considérable par le nombre (*Kitâb al-ouṣoûl*, col. 124, l. 15-17; col. 541, l. 31-col. 542, l. 4). Mais il ne cite pas, à ce sujet, un traité de logique qu'il aurait composé. Dans sa *Notice sur Saadiâ*, p. 85, note (dans la *Bible* de M. Cahen, en tête d'Isaïe; tirage à part, p. 13; cf. *Journ. asiat. ibid.* p. 46), Munk cite la glose marginale d'un manuscrit où Ibn Djanâḥ est nommé parmi ceux qui se sont déclarés contre l'éternité de la matière. Il le fait (*Riḳmâh*, p. 188, l. 2) sans renvoyer à un autre endroit où il se serait exprimé, à ce sujet, plus explicitement. La même pensée d'opposition contre la philosophie d'Aristote se trouve dans le passage du *Riḳmâh*, p. 160, l. 39-p. 161, l. 34, traduit, sur la version hébraïque, par Munk, *ibid.* p. 45 et suiv. Voici une partie du texte arabe inédit : انما منع به عن الاشتغال بالكتب المؤدية بزعم منتحليه الى علم المبادى والاصول المبحوث بها عن كنه خلقة العالم العلوى والعالم السفلى لانه شىء لا يوقف منه على حقيقة ولا يبلغ منه الغاية مع انه مفسد للدين مذهب لليقين متعب للنفس بلا عائدة ولا فائدة كما قال ולהג הרבה ..... فكان الاصوب عند الحكيم الاستسلام لله والانقياد لما امرت به الشريعة والارتباط بالدين كما قال بعده סוף דבר وترك ما لا تدرك حقيقته ومن ذهب فى הזהר الى الحض على استعمالها والعمل باكتسابها لا على النهى والمنع كما قلنا فهو غير مصيب من وجوه ...... Ibn Djanâḥ parle de l'immortalité de l'âme, *Ouṣoûl*, col. 108 et suivantes, où il commente *Ecclésiaste*, III, 18-21 d'une manière fort originale. Voy. ci-dessous, p. CXII et suiv.

hébraïque, imitant en cela le Gâôn Saʿadiâ qui, un siècle auparavant, avait déjà suivi la même méthode, et dont la réputation incontestée devait garantir notre auteur contre la susceptibilité ombrageuse des hyperorthodoxes qui auraient pu lui reprocher de telles comparaisons comme indignes de la langue sacrée[1]. Dans la version hébraïque du *Riḳmâh*, les passages des grammairiens arabes sont quelquefois supprimés ou abrégés, comme inutiles au lecteur juif dépourvu de la connaissance de l'arabe. Nous en donnons un exemple curieux, le seul où le célèbre Sîbawaihi soit expressément nommé. En parlant des lettres radicales omises, Ibn Djanâḥ continue : وقد يحذفون اكثر من هذا حتى انهم لقد يستجزون فى الكلمة بذكر اوّل شبهة منها حكى ذلك عنهم سيبويههم وانشد لبعضهم

بالخير خيرات وان شرّا فا    ولا اريد الشرّ الا ان تا

[واراد بقوله وان شرا فا] وان شرّا فشرا واستجزوا بالفا فقط واراد بقوله الا ان تا الا ان تريد واستجزوا بالتاء فقط «Les Arabes retranchent encore davantage, au point de se contenter de la première lettre d'un mot au lieu du mot entier. C'est ce que rapporte leur Sîbawaihi qui cite d'un Arabe le vers suivant : «Nous rendons pour le bien beaucoup de bien, mais pour le «mal, nous donnons le ... » Pour le dernier mot, *faschscharran* (le mal), il mettait le *fâ*. «Je ne veux pas le mal, à moins «que tu ne le ..... » Au lieu de *tourîda* (veuilles), il ne prononçait que le *tâ*[2] ». Toute la citation de Sîbawaihi manque dans l'édition du *Riḳmâh* (p. 157, l. 30)[3].

[1] Voyez ci-dessous, p. 140 et 141.

[2] Ce passage se lit dans le *Kitâb*, ms. ar. de la Bibl. nat., suppl. ar. n° 1155, fol. 311 r°. Au lieu de اريد, on y lit يريد, et pour تريد, on y lit تشاء.

[3] Il faut y lire סיבויהם. — Nous ajoutons ici encore quelques autres passages omis dans la version hébraïque :

P. 33, l. 37 et suiv., après לנכונם : وقد تستعمل العرب ايضا الباء فى هذا

Cependant, malgré les rapports intimes et nombreux qui existent entre l'arabe et l'hébreu, Ibn Djanâḥ pouvait plutôt

المعنى قال بعضهم وقد اسنّ وكان اهله يخشّونه بالذئب كما يخشّى به الصبيّ فقال بما لا اخشَى بالذئب اى هذا بدل مما كنت ولا اخشّى ذئب (lisez بالذئب) ورات امراةٌ منهم رجلا اعمى بقاد فقالت بما قد اراه بصيرا اى هذا بدل مما كنت اراه بصيرا وقال بعض شعرائهم يخاطب بعض المنازل وقد خلا من اهله

فلئن رايتك موحشا لبما اراك وانت آهلْ

اى هذا بدل من هذا وزاد العبرانيون الدال فى ובדמשק كما تزيد العرب ما فى هذه الالفاظ فلذلك ترجمناه وبما لزوم عريش وهذا الدال فى لفظ السريانى بمعنى אשר وهو معنى ما ايضا «Les Arabes emploient quelquefois le *bâ* dans ce sens. Un Arabe âgé que sa famille effrayait par le loup, comme on le fait pour les enfants, dit : «C'est pour ce qu'on (*bimâ*) ne m'ef-«frayait pas (autrefois) par le loup.» *Bimâ* donne à ces paroles le sens : Cela m'arrive maintenant en échange de ce que j'étais lorsque le loup ne m'inspirait aucune terreur. — Une femme, voyant un aveugle qu'on guidait, dit : «C'est «pour ce que (*bimâ*) je l'avais connu voyant bien.» *Bimâ* signifiait, dans la bouche de cette femme : C'est un échange de ce que je l'avais connu voyant bien. — Un poëte arabe, en s'adressant à une habitation délaissée, dit :

Certes, si je te vois déserte, c'est en échange de ce que je t'ai vue peuplée.

«C'est-à-dire l'un des deux états a remplacé l'autre. — Dans *oubidemeschéḳ* (*Amos*, III, 12), les Hébreux ont ajouté au *bêt* un *dâlét*, comme les Arabes ajoutent *mâ* dans ces mots, puisque le *dâlét* a, en syriaque, le sens de *ăschér*, qui, à son tour, a également celui du *mâ* arabe. C'est pourquoi nous traduisons le passage d'Amos : au lieu d'être attaché à son lit de repos.» — Sur le premier exemple donné par Ibn Djanâḥ, voy. Freytag, *Prov. ar.* II, p. 417. — Le passage *Amos*, III, 12, est également cité par Tanḥoum, *Commentaire sur Habakouk*, publié par Munk, p. 99-101. — Enfin, pour le sens qu'Ibn Djanâḥ attribue à *méschéḳ*, on peut voir *Ouṣoûl*, col. 396, l. 17-20.

P. 50, l. 32, après הנרג : وذلك انك تقول عجبت من ضرب زيد عمرا اذا كان زيد فاعلا ومن ضرب زيد عمرو اذا كان زيد مفعولا به وهو فى كلتى المسلمين (lisez المسألتين) مكفوف من اجل الاضافة. L'auteur veut dire que ضرب reste sans nounation, que Zeïd y soit annexé comme agent ou comme régime. (Voy. *Kitâb*, éd. H. Derenbourg, I, p. ٨٠.) — Une omission à la fin du cha-

mettre à profit la méthode que lui enseignaient ses maîtres, que les règles minutieuses qu'ils avaient établies. Quiconque est quelque peu au courant de la grammaire arabe sait quelle place importante y occupe la connaissance des cas ou des inflexions finales dont sont susceptibles les noms, les adjectifs, les pronoms et les verbes, en un mot, toutes les parties du discours sujettes à la déclinaison et à la conjugaison. Or, l'hébreu ne possède que des rudiments rares de désinences; à part quelques adverbes pourvus d'une sorte de mimation [1], et certaines formes du verbe qui ont, à côté du futur simple, un futur abrégé, rien n'y rappelle les cas et modes arabes, sur lesquels les grammairiens musulmans ont écrit tant de chapitres pleins de finesses et de subtiles distinctions. D'un autre côté, le système des points-voyelles et des accents, d'une extrême simplicité en arabe, est très-varié et fort compliqué en hébreu. Les Arabes, dont la langue était vivante, se sont contentés de marquer les trois voyelles principales, plutôt pour les besoins de leur grammaire que pour ceux de la prononciation, en se fiant, pour les nuances, aux transformations naturelles que l'organe fait subir à chaque son dans l'usage d'un idiome parlé. Par contre, les Juifs, dont la langue n'était plus qu'une langue savante, se sont efforcés à reproduire pour la vue, conformément à une tradition scrupuleusement conservée, l'immense gamme des sons avec lesquels leur langue était prononcée, et à inventer, en outre, l'interponction la plus étendue que l'on connaisse, destinée à indiquer dans le verset non-seulement les moindres coupes, mais aussi les liaisons

pitre XXVII du *Rikmâh*, se rapportant à l'*élif* final des formes telles que كتبوا, a été signalée dans le *Manuel du Lecteur*, p. 233 (*Journal asiatique*, 1870, t. II, p. 541). — Voy. encore ci-dessous, p. 383.

[1] *Rikmâh*, p. 25, l. 35. Cf. Munk, *Journal asiatique*, 1850, t. II, p. 229, note 1.

intimes des mots d'une proposition. Une notable partie de la grammaire hébraïque est consacrée à régler l'emploi de ces signes dont la plupart n'ont aucun équivalent dans la grammaire arabe.

La phonétique hébraïque se distingue en outre essentiellement de celle des Arabes. Ḥayyoudj avait déjà établi les quatre lois suivantes qui en déterminent le caractère particulier :

1° Toute lettre est mue par une des sept voyelles nommées *rois,* ou bien elle est en repos ou quiescente n'étant mue par aucune de ces voyelles. Une lettre pourvue d'un *schewâ,* au commencement d'un mot ou d'une syllabe, est toujours prononcée avec l'une des sept voyelles, déterminée soit par la voyelle qui affecte la lettre suivante, soit par la nature de la lettre elle-même.

2° Aucun mot ne peut commencer par une quiescente ni se terminer par une lettre vocalisée.

3° Deux lettres en repos ne peuvent se rencontrer de suite, ni au milieu, ni à la fin d'un mot. Au milieu, la seconde lettre, pourvue d'un *schewâ,* est traitée comme si elle était au commencement du mot; à la fin, elle se joint au mot suivant, à l'exception du cas où le mot, finissant par deux *schewâ,* est placé à la fin d'une proposition.

4° Trois lettres pourvues de voyelles ne peuvent se suivre dans un mot sans être interrompues par un repos, à moins que le mot ne renferme une gutturale ou une lettre géminée.

Ḥayyoudj dit expressément en tête des trois dernières lois qu'elles sont particulièrement suivies par « les Hébreux, » pour indiquer que la phonétique hébraïque se distingue par ces lois. Peut-être Ḥayyoudj ne l'a-t-il pas dit pour la première règle parce que, comme Abou'l-Walîd, il reconnaissait trois voyelles primitives, celles des Arabes, et quatre autres voyelles secondaires, et que, par conséquent, la notation plus précise des Hébreux ne constituait pas pour lui une différence réelle entre les deux phonétiques [1].

Abou'l-Walîd ne mentionne pas la deuxième loi dans ses

[1] Abou'l-Walîd donne comme voyelles principales *schourék*, *ḥirék* et *pataḥ* (ci-dessous, p. 275), en subordonnant *ḥôlém* et *ḳâméṣ* à *schourék*, *ségôl* à *pataḥ* et *ṣêrê* à *ḥirék*. Il considère, en effet, le *ḥôlém* comme une voyelle qui ne se distingue guère du *schourék* (voy. ci-dessous, p. 235 et *passim*), et comprend souvent les deux signes sous le nom commun du *ḍamma* arabe. Il indique des permutations entre le *ḥôlém* ou le *schourék* et *ḳâméṣ* (ci-dessous, p. 326; *Riḳmâh*, 50, 19, 24 et *passim*). Notre *ḳâméṣ ḥâṭouf* est encore identique avec le *schourék* dans le *poual* et le *hofal* (ci-dessous, p. 35), et le nom *ommân* (*Cant.* VII, 2) est placé par Ibn-Djanâḥ sous le paradigme *pouâl* (*Riḳmâh*, 62, 10 et 14; cf. ci-dessous, p. 351, note 1). En réunissant ces faits, on ne peut pas douter qu'Ibn Djanâḥ adoptait, en principe du moins, la prononciation des habitants de Tibériade, de l'Égypte et de l'Afrique, qui, selon Ebn Ezra, «savent seuls prononcer le *ḳâméṣ*, en fermant la bouche et sans l'ouvrir, comme pour le *pataḥ*» (*Ṣaḥôt*, 3*b*, l. 5-7). Il pouvait ainsi traiter de *ḳâméṣ gâdôl* certains *ḳâméṣ* qui, en effet, ne le sont pas (voy. ci-dessous, p. 197, note 1 et *passim*). Les rapports entre *ségôl* et *pataḥ*, puis entre *ṣêrê* et *ḥirék*, n'ont pas besoin d'être appuyés par des exemples. — Cette division des voyelles en trois groupes et les règles de la prononciation données pour le *schewâ* mobile réduisent à un minimum la différence entre deux formes correspondantes de l'hébreu et de l'arabe. Prenons, par exemple, *kâtiboun* et *kôtêb*; l'*a* long et le *ḥôlém* présentent au fond les deux prononciations dialectiques du *ḳâméṣ*, à un degré plus élevé qu'entre l'*a* non suivi d'une quiescente et le *ḳâméṣ* dans خَشِن et רעב (*râ'êb*). Le *ḥirék* a fait place au *ṣêrê*, parce qu'en hébreu le dernier radical ferme la syllabe. Si l'état construit דְּבַר et le pluriel דְּבָרִים se prononcent *dăbar* et *dăbârîm*, la différence entre ces formes et *dâbâr* n'est plus que graduelle, et la voyelle elle-même ne change pas. — La Massore ne mentionne jamais que deux noms de voyelles, le *ḳâméṣ* et le *pataḥ*, en les subdivisant en *ḳ. gâdôl* (ָ) et *ḳ. ḳâṭôn* (ֵ), et en *p. gâdôl* (ַ) et *p. ḳâṭôn* (ֶ); les quatre autres voyelles sont désignées par ִי, וֹ et וּ ou ֻ. On ne saurait supposer que les autres noms aient été ignorés, puisqu'ils se trouvent déjà chez Sa'adiâ (*Manuel du Lecteur*, p. 207; *Journal asiatique*, 1870, II, p. 515) et que Ḥayyoudj, qui donne les sept noms, soit dans ses Traités, soit dans la partie grammaticale du *Séfér hanniḳḳoud* (D. 202, 22, N. 131, 18), se conforme à l'usage des Massorètes quand il énumère les divers signes employés par les ponctuateurs. Mais cette nomenclature n'est possible qu'en prononçant le *ḳâméṣ* à bouche ouverte, comme les orientaux, et il est regrettable qu'Ibn-Djanâḥ ait greffé cette division sur celle qu'il établit lui-même. Ce mélange de deux systèmes opposés a créé mainte confusion dans sa grammaire.

Opuscules, mais il l'applique et la rappelle, comme une règle convenue, dans sa grammaire[1]. Ebn Ezra rapporte, au nom de R. Môschéh Hakkôhên, en l'approuvant, que ce grammairien avait raillé Ḥayyoudj « d'avoir posé pour l'hébreu une règle qui est la condition inévitable de tout langage. » Cependant Ḥayyoudj avait fort bien jugé. Il avait eu en vue le nombre considérable de mots arabes qui commencent par *weṣla* et qui, pour être prononcés, doivent s'appuyer sur la fin du mot qui les précède; rien de pareil ne se rencontre en hébreu. D'autre part, l'hébreu ne possède aucun mot finissant, comme جَمَعَ, par une voyelle qui n'est pas suivie par une quiescente exprimée ou sous-entendue, ou par une consonne en repos[2].

On comprend moins bien la troisième loi de Ḥayyoudj, qu'Ibn Djanâḥ modifie tacitement, en considérant les deux *schewâ* à la fin d'un mot comme quiescents, quelle que soit la place qu'occupe ce mot dans le verset[3].

Mais alors, c'est la loi contraire qui est vraie, c'est-à-dire que deux lettres en repos peuvent se rencontrer à la fin du mot en hébreu. Dans tous les cas, et Ḥayyoudj doit en convenir, une syllabe peut se terminer par une quiescente écrite ou sous-entendue, suivie d'une lettre en repos, c'est-à-dire pourvue d'un *schewâ* quiescent, par exemple אות (*ôt*), דבר (*dâ-*

[1] *Riḳmâh*, p. 141, l. 8-9, et p. 167, l. 19, où il faut lire יוחל pour יכח; le texte arabe porte : لانهما مبتدا بهما ولا يبتدا بساكن.

[2] Ḥayyoudj énonce cette loi dans l'introduction de son premier Traité (D. 4, 4; N. 4, 29) et dans son *Livre de la ponctuation* (D. 202, 24; N. 131, 19). La critique de R. Môschéh ne se trouve pas dans ses Gloses; elle est citée par Ebn Ezra (*Ṣâḥôt*, 6 *a*, 14).

[3] Ci-dessous, p. 275, l. 4 et 5, où, dans deux exemples, les deux *schewâ* ne sont pas en pause. Voir Ḥayyoudj, D. p. 6, l. 2 et suiv.; N. p. 5, l. 36 et suiv.; p. 132, l. 7 et suiv.; le passage D. p. 200, l. 8; N. p. 130, l. 8, paraît cependant supposer *âmart*, sans que le *schewâ* sous le *tâw* soit mobile.

*bâr*), ce qui, excepté à la fin des vers, serait impossible en arabe. Aussi trouvons-nous cette loi ainsi fixée par les disciples de Menaḥêm dans leur Réponse à Dounasch, et l'on a déjà vu que Ḥayyoudj en était probablement le principal rédacteur[1], et plus tard par R. Iehouda Hallévi, l'auteur du *Kouzarî*, qui considère l'indépendance complète du mot hébraïque, ne se rattachant par aucun lien ni au mot qui le précède, ni à celui qui le suit, comme un grand avantage de la langue sacrée, et comme la cause « que cent personnes peuvent réciter un verset comme un seul homme, s'arrêtant ou continuant leur lecture ensemble et au même moment[2]. »

[1] Voy. plus haut, p. XI, note 1, et la note suivante.

[2] Voy. *Journal asiatique*, 1865, II, p. 264 et suiv. — Voici, d'après le manuscrit d'Oxford, les passages du *Kouzarî* où R. Iehouda Hallévi expose son opinion sur les avantages de la phonétique hébraïque, II, § 73-78 :

٧٣ قال الخزرى بحقّ دفعت فضيلة مسمعيّة بجنب معنويّة لان النظم يلذّ المسمع والضبط المعانى لكنّى اراكم معشر اليهود ترومون فضيلة [النظم] وتحكون غيركم من الامم وتدخلون العبرانية فى اوزانها

٧٤ قال الحبر وهذا من تكلّفنا وخلافنا امّا كفى اطراحنا هذه الفضيلة المذكورة الّا انّا نفسد وضع لغتنا التى وضعت للالفة فنردها للشتات

٧٥ قال الخزرى فكيف ذلك

٧٦ قال الحبر الم تر مائة رجل يقرون המקרא كانّهم شخص واحد يقطعون فى آن واحد ويصلون قراءتهم كواحد

٧٧ قال الخزرى قد اعتبرت ذلك ولم ار مثله فى العجم ولا فى العرب ولا يمكن [ذلك] فى انشاد الشعر فاخبرنى كيف حصلت هذه الفضيلة فى هذه اللغة وكيف افسدها الوزن

٧٨ قال الحبر بان جُمع فيها بين ساكنَين ولا يجمع فيها بين ثلثة حركات الّا نحاملًا لجاء الكلامُ السكونَ واكسب هذه الفضيلة اعنى الالفة والنشاط على القراءة وسهل بذلك الحفظ وحصول المعانى فى النفس واوّل ما يفسد عروض الشعر امرُ هذين الساكنين فيطرح המלעיל והמלרע فيصير אכלה ואכלה سوا אמרו ואמרו سوا فى اللحن אמר ואמר وكذلك يصير שבתי

La quatrième loi est critiquée par Abou'l-Walîd dans le *Kitâb at-taḳrîb* (p. 280), où il cite des exemples de mots ne

וזכתי سوا على ما بينهما من البون من ماضٍ ومستقبل وقد كان لنا اتّساع
فى طريق الפיוט الذى لا يفسد اللغة اذا حرز لكن ادركنا فى القول
المنظوم ما ادرك اباءنا فى ما قيل عنهم ויתערבו בגוים וילמדו מעשיהם

§ 73. *Le Khazar :* Vous avez raison de repousser un avantage qui n'est que pour l'oreille à côté d'un autre qui influe sur le sens; le mètre flatte l'ouie, mais la ponctuation soutient le sens. Cependant je vous vois, vous autres juifs, rechercher le mérite du vers, en imitant les autres nations et en introduisant leur prosodie dans l'hébreu. — § 74. *Le Ḥâbâr :* C'est que nous nous chargeons d'une peine ingrate et contraire à notre génie en faisant l'abandon dudit avantage; nous allons encore plus loin et nous gâtons la nature de notre langue qui était faite pour l'union des fidèles et que nous réduisons à mettre le désordre parmi eux. — § 75. *Le Khazar :* Comment cela? — § 76. *Le Ḥâbâr :* N'as-tu pas remarqué que cent personnes peuvent réciter un verset, comme un seul homme, s'arrêtant ou continuant leur lecture ensemble et comme un seul homme? — § 77. *Le Khazar :* En effet, j'ai observé cela et je n'ai rien vu de pareil ni chez les Persans, ni chez les Arabes. C'est même impossible, lorsqu'on récite de la poésie. Mais explique-moi comment votre langue a obtenu cet avantage, et comment la prosodie le lui a fait perdre? — § 78. *Le Ḥâbâr :* C'est qu'on y réunit deux repos, mais on n'y réunit jamais trois voyelles, à moins qu'il n'y ait des circonstances particulières. Puis chaque mot finit par un repos. Ce sont ces lois qui ont fait gagner à notre récitation l'avantage de l'ensemble et de l'animation. La mémoire a été ainsi facilitée et l'intelligence du sens a plus aisément pénétré dans nos âmes. La première perte que le mètre nous ait fait subir est la loi de ces deux repos; ensuite, il a bouleversé l'accent tonique : plus de distinction entre *oklâh* et *âkelâh*, entre *omrô* et *âmerou* dans la lecture accentuée, entre *ômér* et *âmar*, et *schâbtî* devient l'égal de *weschabtî*, bien que ces deux mots diffèrent entre eux, l'un étant un parfait et l'autre un futur. Nous avions cependant assez de latitude en entrant dans la voie du *piouṭ*, qui ne gâte pas le langage tout en se servant de la rime; mais en allant jusqu'à la composition métrique, nous avons éprouvé le même sort que nos ancêtres, lorsque le Psalmiste dit d'eux : « Ils se mêlèrent aux nations et « ils apprirent à imiter leurs actions (*Ps.* CVI, 35). »

Ce texte arabe prouve que Pinsker (*Liḳḳ. Ḳadm.* p. 65, l. 16; cf. Stern, *Liber Respons.* I, p. 38, note) a eu tort de changer le texte du § 78. Quant aux exemples cités dans ce paragraphe, ils sont, dans le manuscrit d'Oxford, sans voyelles. Les deux premiers nous semblent représenter le cas où le *schewâ* mobile est confondu avec le *schewâ* quiescent, et les deux derniers, celui où l'on ne distingue pas entre *mille'êl* et *millera'*. Mettait-on un *ḳâmèṣ* sous le premier radical

renfermant ni gutturales, ni lettres géminées, et qui néanmoins présentent trois voyelles de suite. Cependant, dans le *Riḳmâh* (p. 98, l. 18), il reconnaît que, dans ces mots, l'une des trois voyelles n'est pas obligatoire, tandis qu'elle est forcément donnée à une lettre gutturale ou à la première des lettres géminées. En examinant, en général, le commentaire d'Ibn Djanâḥ sur les règles posées par Ḥayyoudj, on serait presque amené à se demander si notre auteur, tout en les adoptant, s'est bien rendu compte de toute la portée de ces lois; car cette quatrième loi est également caractéristique pour la phonétique hébraïque, où des formes comme قَتَلَة, اِفْتَتَحَ, طُرُقَة, etc. sont impossibles. Iehouda Hallévi cite également cette loi comme fondamentale pour la différence entre la formation des mots hébreux et celle des mots arabes.

En dehors de ces lois, Ḥayyoudj avait parlé de la double nature des six *muettes* בגדכפת en hébreu, phénomène inconnu des Arabes. Puis il s'étend longuement sur la quatrième quiescente *hê*, qui porte le nombre des quiescentes en hébreu à quatre, toutefois avec cette différence que le *hê* est une lettre douce qui ne sert jamais à la prolongation. Il paraît qu'on avait contesté cette assertion de Ḥayyoudj, et Abou'l-Walîd démontre, par de nombreuses citations, quelle était la vraie opinion du grammairien au sujet de cette lettre (Ci-dessous, p. 290 et suiv.).

de נצבי? J. Derenbourg (*Orientalia*, Amsterdam, 1846, II, p. 106 et suiv. et *Wissenschaftl. Zeitsch. für jüd. Theol.* V, p. 409) et Geiger (*ibid.* et *Kérém Ḥéméd*, IX, p. 64 et suiv.) se sont déclarés pour cette ponctuation; J. D. Luzzatto (*Riḳmâh*, p. 204 et suiv.) a émis des doutes à ce sujet, et l'on comprend, en effet, difficilement comment ce *ḳâméṣ* a pu disparaître aussi complétement de tous les manuscrits de la Bible. — La critique élevée par R. Iehouda Hallévi contre l'introduction des mètres arabes dans la poésie hébraïque se trouve déjà dans les *Réponses des disciples de Menaḥêm* à Dounasch (Stern, *l. c.* p. 21-29), et y est soutenue par les mêmes raisons.

C'est un grand mérite de Ḥayyoudj et d'Ibn Djanâḥ d'avoir ainsi reconnu et formulé les principes linguistiques de la langue sacrée. Cette indigence de voyelles, par rapport à l'arabe, doit remonter à l'époque la plus ancienne de la littérature hébraïque, puisqu'elle en explique seule, ce nous semble, un phénomène étonnant, savoir l'absence de tout mètre et de toute prosodie. En considérant la nature éminemment poétique des Hébreux, le génie inspiré de leurs prophètes et de leurs poëtes, les dispositions heureuses qu'ils paraissent avoir possédées pour le chant et la mélodie, dispositions attestées par le grand nombre d'instruments de musique qui sont mentionnés dans l'Écriture, on est en droit de se demander comment il se fait qu'un peuple si admirablement doué ait pu ignorer complétement la prosodie, tandis qu'un autre peuple de la même race, les Arabes, beaucoup moins poétique, et dont le chant s'inspire à des sources moins élevées et moins pures, possède une métrique complète et compliquée, des rythmes riches et variés qu'on a pu rapprocher des mètres grecs. Il n'y a que la pauvreté des voyelles et l'abondance des consonnes se heurtant rudement l'une contre l'autre qui, à une époque anté-historique, aient pu mettre les Israélites hors d'état d'ajouter le charme de la mesure aux qualités admirables de leur poésie. Cette rareté des voyelles, observée par Ḥayyoudj et Ibn Djanâḥ, doit être de beaucoup antérieure au temps où l'on commença à écrire en hébreu. Car, une fois la prosodie établie dans un idiome, elle devient le moyen le plus sûr d'en garantir le vocalisme contre toute usure, puisque chaque voyelle perdue briserait le moule dans lequel le vers est jeté; et il paraît certain que l'arabe a ainsi, grâce à la mesure de ses vers, résisté à travers les siècles aux atteintes que la vivacité de la parole parlée porte d'ordinaire au langage. Nous pensons de même que, si l'hébreu avait jamais possédé une vocalisation aussi riche que l'arabe, il s'y serait produit une prosodie qui, à son tour, lui aurait conservé son abondance de voyelles[1].

La grammaire de Ḥayyoudj, nous l'avons déjà dit, ne dépasse pas le mot et ses accidents; le principal objet en est l'établissement de la trilitéralité des racines, grâce aux traces qu'une lettre faible ou double peut avoir laissées dans les différentes formes des verbes. Le *Rikmâh* d'Ibn Djanâḥ a des visées plus élevées : il embrasse tout le domaine de la science grammaticale, aussi bien l'étude du mot en lui-même que celle des rapports entre les mots dans la proposition et entre les propositions dans le discours. M. Munk, dans sa *Notice*, a donné une analyse succincte, mais suffisante, des quarante-six chapitres de l'ouvrage d'Ibn Djanâḥ[2]. Nous nous contentons d'y renvoyer le lecteur. L'édition de la version hébraïque, quelque imparfaite qu'elle soit, qui a paru depuis, a rendu ce livre accessible aux hébraïsants[3]. Certaines parties de la grammaire y sont traitées avec une telle supériorité, que M. Munk a pu dire, entre autres, du chapitre VI (p. 12 à 44 de l'édition) «que les observations d'Ibn Djanâḥ sur les lettres serviles sont encore ce qu'on a écrit de mieux sur cette matière, et que

[1] On a vu, dans la note précédente, les efforts faits au x$^{e}$ siècle, afin de plier l'hébreu à la prosodie arabe. Les poëtes qui en avaient risqué les premiers essais changeaient le système de ponctuation, afin de se mettre d'accord avec la grammaire arabe. Ils remplaçaient *libbôt* (לבות) par *libbot*, *mé'ôz* (מעוז) par *mé'oz*, *schât* (שת) par *schat*; ils faisaient disparaître le *ḥâṭéf* dans les mots comme *bahănâḥâh* ou *wehâ'ĕlôhîm*; dans un vers cité (*Rep. d. discip.* p. 22), ils paraissent avoir obtenu un mètre *khafîf*, en ponctuant *'énaya* (עיני) et *limeyouda'aya* (למיודעי), exactement comme on peut donner en arabe, dans ce cas, un *fatḥa* au *yâ* du suffixe; dans un autre vers, pour obtenir un *hezedj*, ils lisaient *ăschér yâṣare sâfîm* (אשר יצר כפים). En voyant ce bouleversement de toute la phonétique hébraïque, on comprend les plaintes amères que ces procédés provoquaient (Stern, *ibid.*).

[2] *Journal asiatique*, 1850, II, p. ~~226-244~~.

[3] *Sefer Harikma*, publié par B. Goldberg, Francfort-sur-le-Mein, 1856, in-8°.

notre auteur, sous ce rapport, n'a été surpassé ni atteint par aucun des modernes[1]. » — Le chapitre XI (p. 55 à 74), qui traite des formes variées des noms, est également très-curieux, autant par l'abondance des exemples cités que par la simplification qu'il introduit dans cette grande variété de formes, en subordonnant des paradigmes différents en apparence à une forme principale, vocalisée différemment, selon la nature des lettres qui composent la racine[2]. — Le résumé général des règles de la conjugaison, que donne le chapitre XIV (p. 77 à 97), renferme, malgré sa concision, une théorie complète des transformations que subit le verbe hébreu; Ibn Djanâḥ y traite le *piël* et le *hifil* en même temps que le *pilpêl* et le rare *poël*, fixe l'emploi du *nifal* et du *hitpaël*[3], s'étend sur les formes que peut prendre le nom d'action ou *maṣdar*, en comparant souvent le verbe arabe et les théories des grammairiens qui s'en sont occupés. — Le chapitre XVII (p. 109-118) expose l'emploi des suffixes dans les verbes et les noms. Ibn Djanâḥ suit ici ses maîtres, les grammairiens arabes, en distinguant entre les propositions dans lesquelles l'agent exprimé précède la troisième personne des verbes (ארוני שאל), et celles où l'agent la suit (אמר המלך). Mais Profiat Duran nomme déjà cette distinction une subtilité inutile; et, en effet, il est rare qu'en hébreu le verbe, quand même il précède son sujet, ne s'accorde pas avec lui. En général, toute la théorie concernant l'*in-*

[1] *Journal asiatique, loc. cit.* p. 228. — On conçoit facilement de quelle importance pour l'exégèse doit être une étude approfondie des lettres serviles, lorsqu'on y comprend non-seulement les suffixes et préfixes, mais aussi toutes les particules, prépositions ou conjonctions, qui, n'ayant qu'une lettre, s'ajoutent aux mots.

[2] Ainsi, le paradigme *pé'él* comprend en même temps *ḳémaḥ*, *ḥéschéb*, *méṣaḥ*, *simlâh*, *salmâh*, *gîd*, *sîs*, *'îr* (pl. *'ăyârîm*), *békéh*, *pétî*, *nérd*, *ard* (nom propre, *Nomb.* XXVI, 40).

[3] Ces sujets avaient été traités dans le *Taschwir*. Voy. ci-dessus, p. XXXVII et suiv.; *Riḳmâh*, p. 97, l. 15 et suiv.

*choatif* (المبتدأ به, en hébreu המוחל בו) et l'*agent* (الفاعل, en hébreu הפועל) est, dans la grammaire de la langue sacrée, une vraie superfétation[1]. — On trouve, dans le chapitre XIX (p. 120-134), les changements que subissent les noms par suite de leur annexion à un suffixe ou à un autre nom. Les lois d'après lesquelles les voyelles restent immuables ou se transforment n'ont rien d'analogue en arabe, puisque dans cette langue l'*iḍâfa* n'affecte en rien le vocalisme du nom déterminé[2]. Cependant, Ibn Djanâḥ trouve encore moyen d'expliquer, à notre avis mal à propos, une anomalie en hébreu par une anomalie en arabe. Dans plusieurs passages, comme II *Rois*, III, 4; *Éz.* XXII, 18; XL, 38, et ailleurs, celui des deux noms qui devrait être à l'état construit a néanmoins conservé la terminaison *îm;* notre auteur pense que le *mêm* a été rétabli après coup, « comme les Arabes rétablissent le ة d'un nom féminin après l'avoir retranché sous l'influence d'une interjection[3]. » Une influence fâcheuse de la grammaire arabe se fait également sentir dans le chapitre XXII (p. 140-147) qui traite de l'*idgâm* ou de l'insertion des lettres. « Lorsque, dit Ibn Djanâḥ, aux deux extrémités de deux mots que l'accent ne sépare pas, se trouvent deux lettres semblables,

[1] Les termes techniques concernant ces catégories n'ont pas pénétré dans les grammaires écrites après Abou 'l-Walîd. — Voici un passage du *Riḳmâh* où ces termes abondent (15, 15-27): Le *lâméd* s'ajoute à l'inchoatif dans ולשרים (*Is.* XXXII, 1), להקשיב (I *Sam.* XV, 22); à l'énonciatif de l'inchoatif, dans לאבשלום (I *Chron.* III, 2), למכתך (*ib.* XXI, 12), לשברך (*Jér.* XXX, 12); à l'agent, à cause de sa ressemblance avec l'inchoatif, dans לכל דבר (*Deut.* XXIV, 5), למאורת et לאותות (*Gen.* I, 15). Ibn Djanâḥ traduit ce dernier verset : « Il paraîtra des luminaires au firmament pour éclairer la terre, et (par suite) il y aura des indices (journaliers), des saisons, etc. »

[2] Voy. cependant ci-dessus, p. LXXXI, note 1.

[3] *Riḳmâh*, 129, 10-12. Ibn Djanâḥ veut parler des formes comme يا أميمَ, يا طلحَ, où l'on peut rétablir le ة retranché, en conservant à cette lettre le *fatḥa*, يا أميمةَ, يا طلحةَ.

dont l'une termine le premier mot et l'autre commence le mot suivant, la seconde lettre peut s'assimiler à la première, puisque le premier mot doit finir par une quiescente, et le second mot aussi sûrement commencer par une lettre affectée d'une voyelle. On lit donc בן נון, comme s'il y avait בנון *binnoun;* ... ירוץ צדיק, comme un mot ירוצדיק; ואול לו, comme ואולו, etc.[1]... Il en est de même lorsque les deux lettres, sans être semblables, appartiennent au même organe; on lira donc ויתן לי comme ויתלי, אל נטלה comme אנטלה, יחפץ ונכו comme יחפונכו. Enfin, dans un même mot, on prononcera והעבטת comme והעבת.» Notre auteur ajoute : «J'ai dit que cette prononciation est possible, sans rien décider à ce sujet, parce que, jusqu'à ce jour, je n'ai point rencontré de lecteur capable dont la tradition m'inspire une confiance absolue.» Comme argument en faveur de ces cas d'insertion, il allègue la prescription des docteurs de séparer avec soin les deux lettres semblables pour la lecture obligatoire du *schema'*, et de ne pas confondre en un seul mot deux mots comme על לבבך, prescription qui semblerait impliquer l'habitude de ces assimilations. Nous pensons que ces absorptions des lettres sont tout à fait contraires au génie de la langue hébraïque, où, comme l'ont si bien dit Ḥayyoudj et Iehouda Hallévi, chaque mot, nous ajouterions volontiers chaque lettre, maintient autant que possible son indépendance et son existence propre[2]. Sans doute, dans la vivacité de la conversation, toute langue connaît de ces suppressions involontaires, où les consonnes s'entre-choquent et se détruisent; pour faciliter la prononciation, on *mange* une partie du mot, ce qui est le vrai sens du mot ادغام, fort bien rendu en hébreu par הבלעה. On comprend que les docteurs aient recommandé aux fidèles de se mettre en garde

[1] Voyez, entre autres, *Minḥat Schai*, sur ces passages.
[2] Ci-dessus, p. LXXXIII.

contre ce penchant naturel d'*avaler* les syllabes pour un texte récité deux ou trois fois par jour, et auquel on voulait néanmoins garantir une lecture exacte et solennelle. Une partie de ces suppressions et assimilations des lettres, dues, à l'origine, à la précipitation de la parole, finit par se fixer régulièrement dans les langues, et l'*idgâm* arabe n'est au fond qu'un compromis entre l'orthographe, qui a conservé intacts tous les éléments du mot, et la prononciation prise sur le fait et régularisée par des lois. L'hébreu ne connaît pas ces compromis; les lettres qui ne se lisent pas ne s'écrivent pas davantage; on élimine ce qu'on ne prononce pas, et *hingîsch*, devenu *higgîsch*, s'écrit הגיש; *mitdabbêr*, transformé en *middabbêr*, s'écrit מדבר, et ainsi de suite. Aussi concluons-nous que la lecture correcte de l'hébreu est celle qui, sans se laisser séduire par les dialectes ou idiomes congénères, respecte et maintient toutes les lettres du texte.

L'analyse exacte et scientifique des formes grammaticales a donné à l'exégèse d'Ibn Djanâḥ une sûreté qu'aucun de ses prédécesseurs n'a connue au même degré, et qui n'a été dépassée par aucun des interprètes juifs qui lui ont succédé. Il suffit, pour s'en convaincre, de consulter non-seulement les versions de Saʿadiâ, mais de comparer encore les commentaires d'Ebn Ezra et de David Ḳamḥî[1]. Toutes les parties du

[1] Nous donnons ici, au hasard, quelques exemples de l'exégèse originale d'Ibn Djanâḥ : Il traduit (*Ps.* XLIX, 14-15) : «Certes leur croyance (de vivre éternellement) est une sottise de leur part; mais en suivant (les animaux), ils iront à la mort comme eux; comme les brebis que conduit la mort, ils sont vaincus sans détour ni répit chaque matin, et leurs formes, la mort les use par une décision céleste (*Ouṣoûl*, col. 33, 5-19; cf. 687, 9-13; 564, 12-13; 732, 24-27).» — *Jér.* X, 17 : «Amène plus bas que la terre ton abaissement, toi qui es assise dans une forteresse (col. 61, 13-25).» — *Ps.* LXXXVIII, 17 : «Je suis faible et mourant; depuis ma jeunesse, j'ai supporté des terreurs à tout moment (col. 65, l. 9, en comparant أقّان; et 566, 1, en citant قَيْنة).» — *Ps.* LXXXIII, 14 : «Mon Dieu, place-les comme l'ordure devant un vent d'orage (135, 22).» Ce passage

*Kitâb al-Louma'* contiennent comme exemples un grand nombre de versets présentant des difficultés qui sont résolues avec tact et indépendance. Mais la partie la plus curieuse et la plus intéressante de l'ouvrage est formée par les chapitres XXV à XXXIV (p. 150-218), consacrés aux figures oratoires, ou formes exceptionnelles du langage, destinées à donner plus d'éclat, de vivacité ou d'énergie au discours, telles que l'ellipse, le pléonasme, la transposition, l'expression impropre, les mots irréguliers, etc. etc. «Il y a à peine un chapitre de l'Écriture, dit avec raison M. Kirchheim, dans l'introduction qu'il a placée

est intéressant parce que l'auteur y parle d'une fausse interprétation ancienne, qui expliquait גלגל par «roue» (voy. le *Targoum*), et il ajoute : «La preuve que cette erreur remonte bien haut, c'est que l'auteur de la version chrétienne a traduit ainsi et s'est trompé à cet endroit comme à bien d'autres passages.» En effet, Jérôme dit : *pone eas ut rotam.* La Vulgate est encore citée, col. 155, l. 15, à l'occasion du mot דומה (*Is.* XXI, 11), qu'Ibn Djanâḥ traduit : «la nation mourante», en rapportant la prophétie à Rome; il remarque : «Comme l'auteur de la version chrétienne connaissait ce mystère qui s'appliquait à ses coreligionnaires, il a laissé le mot *doumâh*, tel quel, sans traduction.» — *Joël*, I, 17 : «Ils sont desséchés, les grains répandus pour la semence sous la terre labourée (584, 27; cf. 146, 30, et 501, 8).» C'est une exégèse, remarque Ibn Djanâḥ, «que personne avant nous n'a aperçue, et que nous devons à l'assistance et à la grâce de Dieu.» C'est une légèreté d'Ebn Ezra, lorsqu'il attribue à notre auteur l'explication de «עבש» par le mot néo-hébraïque «עפש», explication que le *Kitâb al-ouṣoûl* abandonne pour celle de la comparaison avec عبس. — *Sam.* XIV, 16 : «Voici que le camp était secoué et brisé coup sur coup (comme s'il y avait וילך הלוך והלום; 175, 23-28; cf. 366, 31, et *Riḳmâh*, 188, 21).» — *Ps.* LXXIII, 10 : «C'est pourquoi le peuple de Dieu est de nouveau troublé, et il verse des larmes abondantes; c'est-à-dire l'aspect du bonheur et du calme qui règnent parmi les impies trouble la foi des justes (175, 33, à 176, 23; cf. *Riḳmâh*, 188, 22).» — *Ps.* LXII, 4 : «Jusques à quand déverserez-vous contre les hommes vos calomnies..., comme un mur violemment secoué? (181, 25, à 182, 21).» Abou'l-Walîd compare هتّ, et le proverbe cité, Freytag, *Prov.* I, 639; puis, pour le sens général du verset, *Is.* XXV, 4. — Beaucoup de ces interprétations ont passé dans les commentaires d'Ebn Ezra et de Ḳamḥî, sans qu'elles y soient accompagnées de la rigoureuse analyse de notre auteur; bien d'autres apparaissent comme des nouveautés dans les commentaires modernes.

en tête de cette partie du *Riḳmâh*, dont un passage ne reçoive une lumière inattendue des principes et des bases posés dans ces pages instructives [1]. » Les meilleures explications d'Ebn Ezra, dans ses commentaires, sont puisées à cette source, et Profiat Duran reconnaît fort bien « qu'il y a bien peu de nouveau dans les ouvrages de ce grammairien [2]. »

M. Munk a déjà accompagné les titres de ces chapitres de quelques exemples de leur riche contenu. Nous ne pouvons pas nous dispenser d'en donner un nombre plus considérable, pour mieux faire ressortir le rare mérite d'Ibn Djanâḥ :

1° *L'ellipse* (p. 150-168). — Après le verbe נשא, il faut suppléer קול, *Is.* XLII, 2, et *Job*, XXI, 11; עון, *Prov.* IX, 12; אימה, *Nâḥ.* I, 5. On a oublié le verbe מתהלך, I *Chron.* XVII, 5, qui est écrit II *Sam.* VII, 7 [3]; ראו ou ויירא, II *Chron.* X, 16, qui se lit I *Rois*, XII, 16; לכו, II *Chron.* X, 5, qu'on voit I *Rois*, XII, 5; אמר, *Is.* V, 9; ויוגד, *Jug.* V, 9; le nom נפש, II *Sam.* XIII, 39, et XXIV, 11. Il manque איש devant דמשק, *Gen.* XV, 2; devant המחנה, *Jug.* VII, 21; devant ועׄנתות, I *Rois*, II, 26 [4]; אבי devant אשתון, I *Chron.* IV, 12; אחי devant גלית, II *Sam.* XXI, 19, qui est écrit I *Chron.* XX, 5. Le passage difficile d'*Osée*, VIII, 6, est traduit conformément aux accents et en sous-entendant עצת : « Car (cette idole) provient (du conseil) d'Israël et de lui (le roi). » פעלה est pour שכר פ׳, *Lév.* XIX, 13 [5]. Souvent, il faut sous-entendre אם, *Ex.* IV, 23; *Jug.* VI, 13; *Ruth*, II, 9; II *Sam.* XIX, 8; *Is.* XXX, 20; *Eccl.* IX, 16. Dans ces deux derniers versets, il faut l'ajouter au *wâw* et traduire *bien que*. La préposi-

[1] *Riḳmâh*, p. 149, l. 12.

[2] *Ma'ăsê Efôd*, p. 44, l. 12-13.

[3] Ibn Djanâḥ nomme d'ordinaire les livres de *Samuel* et des *Rois* « la première recension » (הנסחה הראשונה), les *Chroniques* « la seconde recension » (הנ׳ השנית). Il complète et corrige ainsi les deux textes l'un par l'autre.

[4] Ce mot a *paschṭâ*, et est ainsi séparé de *lêk*, qui suit.

[5] *Riḳmâh*, 151, 25, où il faut lire : לא ילין שכר פ׳ ב׳ ש׳ וכאשר הוקש הסמוך וכו׳.

tion מן étant employée pour la comparaison, il faut souvent deviner, par le contexte, l'adjectif absent; ainsi *Mich.* VII, 4 : « le plus juste est *pire* qu'une haie d'épines. » Une ellipse plus forte est adoptée par l'auteur dans le verset *Deut.* XX, 19, où il supplée יעזב et traduit : « tu ne dois pas abattre l'arbre fruitier, comme l'habitant de la ville *abandonne* l'arbre, en subissant le siége de ta part. » Il suppose אם לא, *Prov.* XIV, 7, et traduit : « Éloigne-toi de l'ignorant; *autrement*, tu négliges les recommandations des sages[1]. » La négation exprimée dans le premier membre de la phrase doit être souvent suppléée dans le second[2]. Ibn Djanâḥ applique cette règle à *Deut.* XXXII, 31; XXXIII, 6; *Prov.* XXX, 3. Il ajoute même לא, où aucune négation ne se trouve, *Lév.* XXV, 33, d'accord avec la Vulgate[3]. La suppression d'une lettre rend quelquefois le mot méconnaissable, et il considère אי, *Job*, XXII, 30, comme l'équivalent de איש; חמה, *ibid.* XXIX, 6, = חמאה; עש, *ibid.* IX, 9, = עיש; כאר, *Amos*, VIII, 8, = כיאר; בת, *Lam.* II, 18, = בבת; הבו, *Osée*, IV, 18, = אהבו[4]. — Un grand nombre de lettres retranchées, mentionnées dans le chapitre des ellipses, appartiennent simplement à la grammaire, et nous ne citerons qu'une explication d'*Eccl.* XII, 12 (p. 161), et d'*Ezra*, I, 6 (*ibid.*)[5].

2° *Pléonasme* (p. 168-175). — Le même mot ou la même

[1] *Loc. cit.* 154, 26. Le texte arabe porte : تنحّ عن الجاهل والّا فقد جهلت اقوال الحكماء.

[2] *Ibid.* 155, 22. La version hébraïque a כפור et מכופר, à la place de نفى et منفّى !

[3] Cette correction hardie a été blâmée par Profiat Duran, *l. c.* p. 151, l. 24.

[4] Voy. *Ouṣoûl*, col. 23, 24-30.

[5] Nous avons donné quelques passages du ch. XXV qui manquent dans la version hébraïque, ci-dessus, p. LXVIII, note 2 et ailleurs. En voici encore un qui devrait être inséré, p. 159, l. 32 : وقد حذفوا الهاء منهم فى قولهم כה والاصل כהה ولم يحذفوا هاء כהה فيقولوا כה لكنهم اذا زادوا عليه الواو اسقطوا الهاء فقالوا כמה למו كما صنعوا فى סימו עלימו פנימו ויגלימו والاصل עליהמו פניהמו ועליהמו סימהמו

phrase sont répétés afin de donner plus de force au discours (تاكيدًا, לנחץ), comme *Jérémie*, x, 25, et ailleurs. Pour la même raison, on met le pluriel à la place du singulier, *Is.* xiii, 10[1]; *Amos*, iii, 15; *Ex.* xii, 42; *Lév.* xxiii, 28; *Éz.* xlvi, 7; *Ps.* cxlix, 2; *Job*, xxxv, 10. On ajoute le pronom séparé pour la personne exprimée déjà par un suffixe, non-seulement auprès du verbe, où ce suffixe indique le sujet, mais aussi derrière les infinitifs et les noms, où le suffixe marque le régime, II *Sam.* xix, 1; *Neh.* v, 2[2]. — Ibn Djanâḥ traite comme pléonasmes toute lettre et chaque mot superflus ou

ולפיכנו وما نشاحّ نحن احدا فى استعمال ذلك على الاصل فالهاءات لازمة لكل ما جانس هذا والدليل على ذلك قوله אכסים לריקים המה יספנו אותהם ונרת אתכן במרכותם ואת חלבהן

[1] Le texte hébraïque (168, 29) est fortement abrégé. Voici l'original arabe de ce passage : وهو المعروف بالسهيل وهو فى القطب الجنوبى وحواذيه فى القطب الشمالى כימה وهى الفرقدان وكذلك עש فى القطب الشمالى ولذلك قال עשה כסיל וכימה וחדרי תימן اعنى لكونها فى القطبين وقوم يجعلون כימה الثريا واما قوله וחדרי תימן فاراد به الميل الجنوبى وانما كثّر כסיל على سبيل التاكيد بان ضمّ اليه ما يواليه من الكواكب فسمّى الجميع כסילים «Le *kesîl* est l'étoile connue sous le nom de Canopus, qui se trouve au pôle austral, et en face de lui, au pôle boréal, le *kîmâh* ou *ferḳedân* ($\beta$ et $\gamma$ de la Petite Ourse). Le *'Âsch* (l'Ourse) est également au pôle boréal. C'est pourquoi Job (ix, 9) fait suivre les noms des trois constellations des mots «et les chambres du sud», parce qu'elles sont situées dans les deux pôles. D'autres prennent *kîmâh* pour les Pléiades, et expliquent les mots *ḥadrê têmân* par la circonstance que ces étoiles sont sur l'inclinaison australe. En mettant *kesîl* au pluriel, Isaïe a donné plus de force et d'ampleur à cette expression, en comprenant dans ce mot les astres qui l'avoisinent.» Voyez, sur ces constellations, M. A. Stern, dans le *Jüd. Zeitsch.* III, 258 et suiv.

[2] *Riḳmâh*, 169, 29 et suiv. «Quelques interprètes, égarés par v. 3 à 5, donnaient à רבים le sens de *ribbûtâ* (*Ps.* xliv, 13) et en faisaient l'énonciatif de אנחנו, qu'ils considéraient comme l'inchoatif; ils traduisaient : «Nous vendons à un prix élevé nos fils et nos filles, etc.» Mais ceci est impossible. Seulement quelques familles, tombées dans la plus profonde misère, et chargées d'un grand nombre d'enfants, disaient, dans leur pauvreté extrême : «Nous avons beaucoup d'enfants, allons en vendre une partie pour nous procurer de la nourriture.»

employés mal à propos. Il regarde le premier *yôd*, dans יְיֵדַע (*Ps.* CXXXVIII, 6), יְיֵטִיב (*Job*, XXIV, 21), יְיֵלִיל (*Is.* XVI, 7)[1], comme un redoublement du signe de la troisième personne; le *mêm*, dans מִמְּנִי, etc., comme un redoublement de la préposition מִן. Le *mêm* est également répété dans מֵימֵי et מִימֵי, de מַיִם, pluriel incomplet d'un singulier inusité מַי; car le *mêm* du pluriel disparaîtrait à l'état construit et avec le suffixe. La préposition *lâmèd* devant *bêt* (*Ex.* XX, 20), ou מִן (*ibid.* IX, 18), ne sert à rien. La négation לֹא n'a aucune raison d'être dans *Jér.* XLIX, 25, et *Job*, XIV, 16; il en est de même pour אוֹ, I *Sam.* XX, 10; pour אֶל, *ibid.* 13 et ailleurs; pour עַד, *Jos.* XVII, 14. La terminaison du pluriel pour les féminins *ôt* est suivie de suffixes qui contiennent le *yôd* appartenant au pluriel des masculins; exemples : בְּנוֹתֶיךָ, שְׁנוֹתֶיךָ, בְּנוֹתֶיהָ, etc. etc., à côté de מַכּוֹתֶךָ[2].

3° *Substitution d'un mot à un autre* (p. 177-191). — Elle comprend tous les genres de métonymies. עַם «peuple» (*Ex.* XXI, 8) et גּוֹי «nation» (*Gen.* XX, 4) remplacent אִישׁ «homme»[3]; מַיִם «eau» (I *Sam.* XXV, 11) est pour יַיִן «vin», parce que les

[1] Pour אֵילִיל (*Jér.* XLVIII, 31) et תְּיֵלִילוּ (*Is.* LXV, 14), Abou 'l-Walîd suppose deux formes soudées l'une à l'autre; ainsi *'ăyêlîl* signifierait : «je ferai qu'il pousse des gémissements». Voir *Riķmâh*, 170, l. 31-171, l. 3.

[2] *Riķmâh*, 175, l. 25. Le texte arabe ajoute : ولم يقل מכותיך على الاطّراد فربّ كلمة تاتى على الاصل وتفرق من الاطّراد وقد قالوا ולאחותיכם רחמה بزيادة الياء وليس بجمع لكن لما كان اخر الاسم واوا وتاء كما فى اواخر الجمع فحمل محمله «Et il n'a pas dit *makkôtékâ*, comme c'est l'usage. Souvent un mot reprend sa forme primitive, en abandonnant l'usage constant. D'autre part, on trouve *wela'ăḥôtékém* (*Osée*, II, 3), avec *yôd*, bien qu'il s'agisse d'un singulier, parce que la terminaison *ôt* se trouvant à la fin du mot, on l'a traité comme un pluriel.»

[3] Pour le second passage, Ebn Ezra appelle Ibn Djanâḥ «songe-creux» à cause de cette interprétation; au premier passage, il attribue cette exégèse à R. Sa'adiâ, qui traduit لبعض القوم.

deux mots signifient une boisson[1]; זהב «or» (*Zac.* IV, 12), pour שמן «huile», à cause de la pureté des deux objets; אשם «péché» (*Lév.* V, 7), pour קרבן «sacrifice»; פסח «pâque» (*Deut.* XVI, 2) et חג «fête» (*Ps.* CXVIII, 23), pour les victimes qu'on sacrifiait en ces jours; *ʿArôʿêr,* ville de la Moabitide, est employé, *Is.* XVII, 2, à la place des villes du pays de Damas[2]; le nom de Jacob (*Jér.* XXXIII, 26) est substitué à celui d'Aron, puisque le contexte démontre qu'à côté de la race royale de David, il doit être question des familles sacerdotales; Mîkal est nommée à la place de sa sœur Mêrab (II *Sam.* XXI, 8), et Absalon pour son frère Salomon (I *Rois,* II, 28)[3]. ויעור (*Is.* XLII, 19) remplace וחרש; אחתו (I *Chr.* VII, 15), אשתו; זרעו (*Nomb.* XXIV, 7), שרשו; נפש (*Amôs,* VI, 8, et *Ps.* XXIV, 4), שם; עצם (*Éz.* XXIV, 5), עץ; מגן (*Is.* XXI, 5), שלחן[4]; בצק (II *Sam.* XIII, 8), קמח; היוצר (*Zac.* XI, 13), האוצר; בית מלחמתי (II *Chr.* XXXV, 21), מקום מלחמתי[5]; על פני (*Nomb.* III, 4), בחיי[6]; חנם (*Prov.* XXIV, 28), שקר[7].

[1] Dans le *Midrasch Samuel*, R. Aïbè dit également que, dans l'histoire de David et Nâbâl, il faut toujours entendre *vin* à la place d'*eau*. — *Riḳmâh*, 177, 19, il faut lire יכדם pour יכרם. Le texte arabe porte : الماء لا يبخل به ولا يمن به «avec l'eau, on n'est ni avare ni généreux».

[2] Ainsi Sa'adiâ : وتترك قراها مثل יגרעוגר. Voy. *J. as.* 1850, II, p. 237, n. 1.

[3] Un poëte, sans doute Isaac ben Saül (voy. ci-dessus, p. VII), avait imité cette singulière substitution de noms en parlant de la chevelure d'Adôniyâh (ושער אדניה), au lieu de la chevelure d'Absalon. Un critique avait ajouté אחי «du frère d'Adôniyâh», ce qui détruisait le mètre. Ibn Djanâḥ, pour marquer l'absurdité de cette correction, dit : وهو انفر من عير شرير واوحش من فقر النعم, ce qui est, malgré la bizarrerie de la comparaison, bien rendu par la version hébraïque, 179, l. 21. Voyez *ibid.* note 3.

[4] Voy. *Ouṣoûl*, col. 394, l. 15-24, et col. 616, l. 27-30.

[5] Ibn Djanâḥ compare le دار الحرب des Arabes, *Riḳmâh*, 180, 14.

[6] *Ibid.* 181, 28. En arabe : كان ذلك على رجل فلان. Voy. *Journ. asiat.* 1850, II, 239, pour ce passage, et *Riḳmâh*, 182, 6-13.

[7] Cet exemple manque dans la version hébraïque, *Riḳmâh*, 182, 16 : אל תהי עד חנם ברעך بمعنى עד שקר (*Ex.* XX, 16) كما قالوا ורבו שנאי שקר (*Ps.* XXXVIII, 20) وايضا (II *Sam.* XXV, 21) אך לשקר שמרתי ومثله (*ibid.* LXIX, 5) שנאי חנם بمعنى איבי שקר (*Ps.* LXIX, 5).

— Parmi les verbes, שרף «brûler» prend le sens de fondre (*Ex.* XXXII, 20); טחן «moudre», celui de broyer; דמם «être silencieux», celui de s'arrêter (*Jos.* X, 13, et I *Sam.* XIV, 15); ראה «voir», celui de chercher (*ibid.* XVI, 17); ויעל signifie «il s'arrêta» (II *Sam.* XV, 24); וילך «il resta» (*Jug.* XVII, 10); ותאמר (II *Sam.* XIV, 4 *init.*) remplace ותבא «elle vint»[1]; דבר (*ibid.* 19), שמע «(le roi) a entendu»; ונקרב ... אל האלהים (*Ex.* XXII, 7), ונשבע ... באלהים. Ibn Djanâḥ fait entrer dans ce chapitre les cas où les actions des sens de l'homme sont confondues; où le général est mis pour le particulier ou le particulier pour le général, le tout pour la partie ou la partie pour le tout; où certains nombres, comme sept, dix, cent, mille, sont employés improprement pour désigner une grande quantité; où les deux genres sont intervertis, parce que, tout en écrivant un nom masculin, l'auteur a pensé à un féminin, et *vice versa;* où le pluriel et le singulier, le parfait et le futur se remplacent mutuellement. Il y traite également d'autres licences grammaticales, comme l'emploi irrégulier des formes et des modes, surtout de l'infinitif qui prend souvent la place d'un temps déterminé, ou la substitution d'une personne à une autre[2]. A la fin, sont résumés les anthropomorphismes,

[1] Ainsi les Septante, et Jonathan chez Ḳamḥî et Lagarde.

[2] Voici un exemple pour chacun des cas donnés dans le texte : ראה prend le sens d'entendre (*Jér.* II, 30); soleil et lune sont placés pour le ciel (*Eccl.* I, 9, et *Ps.* LXXII, 7); פרסה «ongle» pour bête à ongles (*Ex.* X, 26); pour les nombres, on peut comparer *Lév.* XXVI, 21; *Job*, XIX, 3; *Eccl.* VI, 3; *Ps.* XCI, 7; תחיבנו se rapporte à שלמת (*Ex.* XXII, 25), parce qu'on a pensé à בגד; תהיה a pour sujet המקום (*Jér.* LI, 62), comme s'il y avait המקום. Pour le pluriel qui remplace le singulier, nous citons un passage omis dans la version hébraïque, et qui devrait se trouver dans *Riḳmâh*, 187, l. 7, après le mot הנה : والوجه ومثله קלה בקשו כתבם המתיחשים ולא נמצאו נמצא على شبه ما يقع فى النسخة الثانية لان النهى انما وقع فى الكتاب على כתבם لا على המתיחשים وانما جمع الضمير لمجاورته الجمع وهو המתיחשים «Il en est de même de *nimṣâ'ou* (*Ezra*, II, 62) qui est pour *nimṣâ'*, leçon qui

les métaphores et les expressions figurées qui abondent dans l'Écriture.

4° *Des mots irréguliers* (p. 195-205). — Sous ce titre, l'auteur réunit beaucoup de noms et de verbes qui sont formés contre toute analogie. On a ainsi employé le pluriel des infinitifs בבנותיך (*Éz.* xvi, 31), בהזורותיכם (*ibid.* vi, 8); on a ajouté un suffixe à משתחויתם (*ibid.* viii, 16); on a mis *ḳâmêṣ* sous le *hê* de והרקח (*ibid.* xxiv, 10)[1], de הפנו (*Jér.* xlix, 8), de והשמו (*Job*, xxi, 5)[2], de והשכבה (*Éz.* xxxii, 19); on a également placé *ḳâmêṣ* sous le premier radical des impératifs משכו (*Éz.* xxxii, 20), עלזי (*Sephan.* iii, 14), קרחי (*Michée*, i, 16), חרבי (*Is.* xliv, 22), חרבו (*Jér.* ii, 12)[3]; et de même sous le second radical d'un certain nombre de troisièmes personnes du masculin singulier du parfait au *ḳal*, et de noms à l'état construit où l'on s'attendrait à un *pataḥ*[4]. Les mots suivants

se trouve dans la seconde copie (*Néh.* vii, 64). En effet, ce verbe se rapporte à *ketâbâm*, et a été seulement mis d'accord avec *hammityaḥăsîm*, parce qu'il se trouve placé à côté de ce mot.» ומצא (II *Sam.* xx, 6) est pour ימצא; חֹלֵם (*Gen.* xli, 1), pour חֹלֵם; שמוע (*Deut.* i, 16), pour שָׁמֹעַ; חזק (*Jér.* xxiii, 14), pour l'infinitif חזק; הכינ (*Deut.* xxx, 3), pour כתבינ; הפך (*Lév.* xiii, 3), pour כהפך; יקריב (*ibid.* vii, 25), pour יקרב; זרועם (*Is.* xxxiii, 2), pour זרועם; כבאי (*Éz.* xliii, 3), pour כבאי.

[1] *Riḳmâh*, 196, 15. Ibn Djanâḥ a trouvé ce mot ainsi écrit dans une copie faite en Palestine; mais il y avait *pataḥ* dans sa copie babylonienne. La leçon avec *ḳâmêṣ* ne se trouve pas dans nos manuscrits. Voy. *Minḥat Schaï*, ad l.

[2] *Minḥat Schaï*, ad l.

[3] *Riḳmâh*, 196, 37 à 197, 4. Ibn Djanâḥ prouvait à des adversaires, par deux massores, que ce mot est bien un impératif du *ḳal* (*ḥorbou*), et point du *piël* (*ḥârebou*).

[4] Cette voyelle a sa raison dans une prononciation emphatique ou prégnante. De là tous les *ḳâmêṣ* des troisièmes personnes du parfait employées comme noms propres, tels que *Nâtân*, *Schâfâṭ*, etc. (voy. J. Derenbourg, *Not. épigraph.* p. 110). Ainsi, dans טרף (*Osée*, vi, 1), on appuie sur la dernière syllabe pour faire ressortir les deux radicaux que ce mot a en commun avec וירפאנו, de même qu'on lit ensuite יך, pour יכ, afin d'établir un autre jeu de mots avec ויחבשנו. On pourrait induire de là que le *kâf* sans *dâgêsch* se prononçait, dans les contrées du Nord, à peu près comme le *ḥêt*.

résistent à toute analyse exacte : במֻצָּאכם (*Gen.* xxxii, 20), pour בְּמָֽצְאכם ; מובאך (II *Sam.* iii, 25), pour מבואך ; ותפוצותיכם (*Jér.* xxv, 34), pour והפיצותיכם[1] ; תרגלתי (*Osée*, xi, 3), pour הרגלתי[2]. Il y a d'autres mots qui ont été divisés en deux : בת־אשורים (*Éz.* xxvii, 6) doit être réuni en בתאשורים, pluriel de תאשור (*Is.* xli, 19); כל־עמת (*Eccl.* v, 15), en כלעמת ; בשל־אשר (*ibid.* viii, 17), en בשלאֲשר, signifiant «parce que», comme בשלמי «à cause de qui» (*Jon.* i, 8)[3]. Ibn Djanâḥ combat encore, dans ce chapitre, l'opinion de certains grammairiens, qui soutenaient qu'une quiescente ne pouvait jamais être supposée après une consonne pourvue de *pataḥ* ou *ségôl*, et prouve que ces deux voyelles, aussi bien que les cinq autres, font supposer des quiescentes[4]. — Dans un court chapitre qui suit, notre auteur distingue entre les formes irrégulières qui s'écartent de l'analogie, comme חִמליט (*Is.* xxxi, 5), mis à la place de

[1] *Riḳmâh*, 199, 19-28. Notre auteur traduit : «et je vous broyerai et vous tomberez comme des vases précieux». C'est l'explication à laquelle s'arrêtent Hitzig et Graf. Dans l'*Ouṣoûl*, col. 566, l. 25-27, Ibn Djanâḥ renvoie, pour ce verset, à ce qu'il a dit dans la grammaire. La glose du ms. R note 7 a néanmoins ومتبدريكم ! Les nombreuses gloses de ce ms. sont donc d'une main étrangère.

[2] D'autres formes, irrégulières en apparence, sont expliquées : Ainsi הֻדשנה (*houd-daschnâh*, *Is.* xxxiv, 6), après quelques hésitations, est considéré comme un *hotpâël*, et comme égal à *houtdaschnâh* ; pour l'assimilation du *tâw*, Ibn Djanâḥ compare *houkkabbês* (*Lév.* xiii, 55), et pour la suppression du *dâgêsch* dans le second radical, *hotpâḳedou* (*Nomb.* i, 18). Voy. *Riḳmâh*, 200, 32 à 201, 9. Ebn Ezra n'a pas accepté cette analyse, mais elle est approuvée par tous les exégètes modernes, bien entendu sans que notre auteur soit cité. Pour d'autres formes, Ibn Djanâḥ adopte une interversion des voyelles, par analogie avec l'interversion des consonnes dans כבש et כשב, שמלה et שלמה ; ainsi אֵסָעֲרֵם (*Zac.* vii, 14) est pour אֶסְעָרֵם (cf. cependant *Riḳmâh*, 201, 25, où il faut lire אחר, et *Ouṣoûl*, 427, 16) ; יְחֻנְךָ (*Is.* xxx, 19), pour יָחְנְךָ ; לַהֲפִרכם (*Lév.* xxvi, 15), pour לְהָפֵרכם ; בְּהָשַׁמָּה (*ibid.* xxvii, 43), pour בְּהַשַּׁמָּה.

[3] *Riḳmâh*, 200, 5, et suiv. Dans le texte, il faut lire : l. 7, בשלאשר en un mot ; l. 8, אשר pour ואשר ; l. 12, מי pour כי.

[4] *Riḳmâh*, 201, 35 à 202, 26. L'expression כמל על, qui se rencontre très-souvent dans ce passage, est la traduction de وقع على, et signifie «précéder».

הַמליט, et celles où l'usage établi est contraire à la règle et qui y rentrent exceptionnellement. Ainsi le futur du verbe נתן est d'ordinaire יִתֵּן, bien que les autres verbes au premier radical *noun* n'aient jamais *ṣêrê* pour le second radical; cependant on trouve נְתַן (*Jug.* xvi, 5).

5° *La transposition* (p. 207-212). — Elle a lieu pour les lettres d'un mot (métathèse) ou pour les membres d'une proposition (hypallage). Ibn Djanâḥ traite comme des métathèses les variétés que présentent les racines à lettres faibles, comme גור et יגר, טוב et יטב, ריב et ירב (*Ps.* xxxv, 1), ירד et רוד (*Juges*, xix, 11)[1], בזה et בוז, דכה et דוך, חצה et חיץ (*Éz.* xiii, 10)[2], פנה et פון (*Ps.* lxxxviii, 16). — Comme exemples d'un déplacement des mots dans une phrase, contrairement à ce qu'exigerait le sens, Abou 'l-Walîd cite des passages où la préposition nécessaire pour indiquer les rapports d'un nom avec le verbe est mise devant un autre nom qui en est le régime ou le sujet. Ainsi il traduit, *Ps.* civ, 6: «les montagnes s'élevèrent au-dessus des eaux» (cf. *ibid.* cxxxiv, 6); *ibid.* lxxx, 6: «tu les abreuves de larmes à pleine mesure», comme s'il y avait דמעות בשליש; *Job*, xvi, 15: «j'ai mis de la poussière sur ma tête», en expliquant par עפר על קרני[3]. La préposition est transposée, sans qu'il y ait un verbe exprimé, dans דמו בנפשו (*Lév.* xvii, 14), tandis qu'il devrait y avoir נפשו בדמו «son âme est dans son sang». Il y a également déplacement lorsque le verbe est rapporté à un sujet qui ne lui convient pas; ainsi שרץ «se mouvoir» est dit de l'eau, tandis qu'il ne peut se dire que de l'animal (*Gen.* i, 20, 21; *Ex.* vii, 28; *Ps.* cv, 30).

[1] *Riḳmâh*, 209, 17: «à moins que dans *râd* il n'y ait aphérèse du *yôd.*» Cf. *ibid.* 157, 35.

[2] Dans le sens de «division, séparation». Voy. cependant *Ouṣoûl*, 223, 25, où l'auteur considère חיץ = חַלֵּץ, dans le sens de حاجز.

[3] *Riḳmâh*, 210, 11-24; *Ouṣoûl*, 522, 17 et suiv.

6° *L'interversion* (p. 212-218). — Elle a lieu lorsque la suite naturelle des mots ou l'ordre logique des idées est renversé[1]. Ainsi, *Is.* XXVI, 11, le complément est placé entre le sujet et le verbe; *Ex.* XIV, 21, on dit : «il mit la mer à sec et les eaux se fendirent», et on intervertit l'ordre logique, en plaçant l'effet avant la cause; *Gen.* I, 7, les mots «il fut ainsi» devraient se trouver en tête du verset; *ibid.* XXII, 13, il faut traduire : «Abraham leva les yeux après cela et vit», comme si אחר se lisait après עיניו; I *Sam.* XIV, 35, le sens du second membre est : «cet autel fut le premier que Saül bâtit pour l'Éternel»; car un autre autel avait déjà été élevé à Mikmâsch pour retenir les Philistins (*ibid.* XIII, 9-11), tandis que ce dernier devait empêcher le peuple de manger les victimes avec le sang. — Il y a encore interversion lorsque, dans une suite de propositions, une proposition, au lieu de se rattacher à celle qui la précède immédiatement, doit être rapportée à une proposition éloignée. Ainsi «les trois choses» (*Ex.* XXI, 11) ne visent pas les objets mentionnés au verset 10, mais les cas exposés dans les versets 8 et 9, d'après lesquels le maître peut épouser l'esclave, ou la destiner à son fils, ou pourvoir à son affranchissement. Une parenthèse est adoptée par notre auteur, *ibid.* VI, 3-5; il l'explique de la manière suivante : En apparaissant aux patriarches, et en leur promettant de leur donner le pays de Canaan, «je ne me suis pas fait connaître à eux, en jurant par le Dieu puissant et par mon nom de Jéhova», comme je le fais à toi, à qui j'apparais face à face[2]. Tout le verset, *Deut.* V, 5, jusqu'à l'avant-dernier mot forme parenthèse, et לאמר

[1] Le premier exemple est tiré de *Ps.* CXXXVIII, 7, où Ibn Djanâḥ traduit אף par «aussi», comme si ce mot était placé avant על, contrairement aux versions anciennes et aux exégètes, qui le rendent par «nez» (Targ.), ou par «colère» (Septante, Syrien, Jérôme).

[2] *Rikmâh*, 34, 8-17, et 217, 5-10.

se lie au v. 4. *Ps.* XLV, 6, les mots «puissent les nations être la rançon», coupent la proposition, comme cela se fait en arabe[1]. Ce désordre se voit surtout pour les suffixes, qui se rapportent souvent à un nom éloigné: אותה (*Éz.* XII, 13) ne se rapporte pas à Babylone, mais à Jérusalem; ארצם (*Jér.* LI, 5) vise la terre de Babylone; ותטעם (*Ps.* XLIV, 2) veut dire «et tu les as établis», savoir les ancêtres, bien que le nom qui précède soit גוים «les nations»; וחזקהו (II *Sam.* XI, 25) doit être rendu «et encourage Joab». La même confusion règne pour les préfixes, où la personne indiquée par le pronom varie d'une proposition à l'autre et ne peut être reconnue que par le contexte. I *Sam.* XV, 27, la proposition «et Samuel s'en retourna pour s'en aller», est suivie par celle-ci: «et il saisit le pan de son manteau qui se déchira», où «il» désigne Saül qui cherchait à retenir Samuel[2]. Ibn Djanâḥ termine ce paragraphe par une réflexion au sujet du démonstratif זה, זאת, qui

[1] *Riḳmâh*, 216, 32-36, compare *Is.* XLIII, 4. — Ligne 35: «Comme disent les Arabes: Doucement! que tous ces gens soient une rançon pour toi.» Voici le texte arabe de ce passage: ومثله قوله חליך וגו' اذ هذا الكلام مرتبط بعينه لم يتمّ معناه الا باجتماعه والتئامه وهكذا اعترض فيه ונמים תחתיך وتفسيره فدتك الشعوب على معنى ואתן אדם תחתיך וגו' وهذا كما تقول العرب ايضا

مهلًا فداء لك الاقوامُ كلّهمُ

La citation forme un demi-vers arabe du mètre *basîṭ*, du poëte Nâbiga (H. Derenbourg, *Dîwân de Nâbiga*, p. 75, l. 6; Ahlwardt, *Sitta*, p. 8). Les mots «comme disent les Arabes» montrent qu'Ibn Djanâḥ n'a pas emprunté ce demi-vers au diwan, mais aux grammairiens arabes qui le citent tous. Voy. *Moufaṣṣal*, p. 65, l. 19, et le *Commentaire sur le Moufaṣṣal* d'Ibn Ya'ìsch, p. 532. Il en est probablement ainsi des autres vers cités par notre auteur.

[2] Ibn Djanâḥ ajoute très-judicieusement (*Riḳmâh*, 215, 28-32): «Si le pronom, comme d'aucuns le prétendent, se rapportait à Samuel, qui aurait agi comme Aḥîyâh agissait plus tard en face de Jeroboam (I *Rois*, XI, 30), on lirait ויקרעהו «et il le déchira», tandis que le *nifal* ויקרע indique que le manteau se déchira sans intention de la part de celui qui le saisit.» Les Septante, qui ajoutent le nom de Saül dans le texte, traduisent néanmoins par les mêmes mots que I *Rois*, XI, 30, comme s'il y avait ויקרעהו.

se rapporte tantôt à ce qui précède, tantôt à ce qui suit. Il explique, à cette occasion, le verset 12 du chapitre III de l'*Exode* d'une manière originale. Dieu dit à Moïse : « Ne crains pas de te trouver en présence du roi d'Égypte, *car je serai avec toi,* et te donnerai force et courage, et *ce qui doit te le prouver, c'est que je t'envoie,* » c'est-à-dire, puisque je t'ai confié cette mission, je te dois l'assistance nécessaire pour la remplir. Les mots « quand tu feras sortir ce peuple, etc. » forment une proposition détachée, et n'ont rien à faire avec le signe que Dieu donne au prophète; car, d'abord, Moïse n'a jamais douté que sa mission lui vînt de Dieu, puis, s'il avait conçu des doutes à cet égard, la preuve par un fait futur n'aurait pas suffi pour les dissiper[1].

Les onze derniers chapitres de la grammaire ont pour objet : l'interrogation et les particules interrogatives, en particulier la particule *hê,* susceptible de ponctuations diverses; les noms déterminés, tels que les noms propres et les noms communs affectés de l'article, et les noms indéterminés; le masculin et le féminin, la formation de ce dernier genre dans les noms, les pronoms et les verbes, l'emploi du masculin pour le féminin, et *vice versa,* et d'un même mot pour les deux genres, enfin l'application du genre féminin, lorsqu'on sous-entend une nation ou une certaine manière d'être; les particularités des noms de nombre et leur syntaxe.

[1] *Rikmâh,* 218, 6-21. — Par la première raison, Ibn Djanâḥ réfute l'opinion de Sa'adiâ, qui traduit : انا اكون معك وهذه آية لك انّى بعثت بك واذا الخ « je serai avec toi, ce qui est une preuve que je t'ai envoyé, et quand, etc. », et de R. Iehouda Hallévi (*Kouzari,* IV, 3), qui est d'accord avec Sa'adiâ, lorsqu'il dit: وقد كان تقدّم وجعل برهانه لمثل هذا بقوله כי אהיה עמך וזה לך האות الآية أنّي مرسلك انّي احضرك في كل مكان (dans la version hébraïque, il faut lire : האות והאות כי אנכי ש׳ הוא . . . . .). Par la seconde raison, notre auteur s'oppose à l'interprétation de tous les exégètes qui, depuis Ebn Ezra jusqu'à Knobel, cherchent la preuve ou le signe dans le second membre du verset.

On le voit, aucun phénomène de la langue n'échappe à l'attention d'Ibn Djanâḥ. Mais nous avons insisté volontiers sur les chapitres où notre grammairien couvre du nom de figures de rhétorique les hardiesses inconscientes d'une exégèse que les champions les plus téméraires de la critique moderne ne désavoueraient pas.

Nous ne devons pas passer sous silence un dernier trait particulier de la libre exégèse d'Ibn Djanâḥ. Nous voulons parler du peu d'attention qu'il paraît accorder aux accents lorsqu'ils gênent son interprétation. Nous ne citerons que deux exemples : *Isaïe*, I, 5, il traduit : «Plus vous êtes frappés et plus vous persistez dans la révolte»[1]. Ibn Djanâḥ reporte donc au second membre de phrase le mot עוד, que les accents rattachent au premier. — *Ibid.* 9, il traduit : «En peu de temps, nous aurions été comme Sodom, etc.[2]». Ici encore, כמעט est lié, contrairement à l'accentuation, avec les mots suivants.

Le bon sens, l'esprit d'analyse rigoureuse, la connaissance profonde de l'hébreu et des langues congénères qui règnent dans le *Louma'*, se retrouvent dans la seconde partie du *Kitâb at-Tanḳîḥ*, dans le *Kitâb al-Ouṣoûl*, ou Livre des Racines. Ici encore, les prédécesseurs lui apprennent bien peu de chose, les lexicographes de son pays, Menaḥêm et Dounasch, ne peuvent que bien rarement être mis à profit, les travaux des Karaïtes n'avaient guère pénétré en Espagne[3], Ḥayyoudj,

[1] *Ouṣoûl*, 525, 27. — Ebn Ezra suit d'abord la même opinion et, à quelques lignes de distance, il adopte une autre exégèse, sans avoir l'air de se douter de la contradiction dans laquelle il s'engage.

[2] *Riḳmâh*, 29, 24 : הייכו כמזן קריב כסדום. Ici, Ebn Ezra recommande, «comme un principe important, qu'il faut suivre la voie indiquée par les accents;» il a probablement l'intention de critiquer Ibn Djanâḥ. On citerait cependant bien des exemples où Ebn Ezra viole lui-même son principe.

[3] Neubauer, *Journal asiatique*, 1862, II, p. 230, *Notice sur la lexicographie hébraïque*, p. 184, note 4, cite la note marginale d'un manuscrit d'Oxford (Bodl. Cod. Hunt. 155) où Ibn Djanâḥ combat la fausse interprétation d'*Ézéch.* XVIII, 6,

cité à tout propos, ne s'était pas occupé des racines saines; et, bien qu'il divise les racines faibles et les racines géminées dont il s'occupe d'après leurs sens différents, il ne donne presque jamais l'explication du mot en arabe, et rarement il s'arrête à des passages difficiles de l'Écriture où ces racines se rencontrent. Le *Ḥâwî*, ou Recueil des racines de Hayyâ Gâôn, est resté inconnu à Ibn Djanâḥ; mais il cite les explications talmudiques de ce docteur et de Scherîrâ Gâôn, le père de Hayyâ, parce qu'il aime à mettre en lumière le sens des racines rares par l'usage qu'en ont fait souvent les docteurs dans la *Mischnâh* et dans les autres ouvrages rabbiniques[1]. Dans cette voie, il avait été précédé par Iehouda ben Ḳoreisch et Saʿadiâ Gâôn. Le premier lui avait appris, en outre, à se servir du

par ʿAnân et sa secte, et particulièrement par Ben Ziṭâ. Notre auteur connaissait peut-être ces passages par les écrits de polémique contre les Karaïtes, composés par Sa'adiâ.

[1] En réunissant tous les passages où Scherîrâ est cité, on voit qu'Ibn Djanâḥ n'avait entre les mains qu'un commentaire du Gâôn où étaient expliqués les mots difficiles du *Traité de Sabbat*. Voici ces passages : col. 57, l. 30; col. 96, l. 5-9 (*Sabbat*, 76 *b*); col. 129, l. 24-27 (*Sabbat*, 15 *b*); col. 152, l. 29-30 (m. *Bechôrôt*, VII, 1, probablement expliqué à l'occasion de *Sabbat*, 110 *b*, d'après la variante d'*Aruch*, s. v. תמרכא); col. 158, l. 30; col. 220, l. 30 (*Sabbat*, 105 *a*; cf. *Aruch*, אמר 3); col. 284, l. 31 (*Sabbat*, 110 *b*); col. 329, l. 32 (*Giṭṭîn*, 69 *b*, probablement à l'occasion de *Sabbat*, 74 *b*); col. 491, l. 9-11 (ورايت في شرح לקטא من תלמוד שבת לרבינו שרירא גאון ז"ל اجانة الماء; c'est *Sabbat*, 12 *a*); col. 517, l. 7 (*Sabbat*, 55 *b*); col. 541, l. 14-18 (ورايت לרב שרירא גאון في تفسير الفاظ שבת; *Sabbat*, 123 *b*); col. 557, l. 7 et suiv. (*ʿOukṣîn*, III, 2). Peut-être faut-il lire רב האי, dont le commentaire sur la sixième section de la *Mischnâh* est cité par Abou'l-Walîd. L'édition imprimée de ce Commentaire (Berlin, 1856) est certainement incomplète (cf. col. 164, l. 3-8, où רב שרירא paraît également devoir être remplacé par רב האי); col. 718, l. 10-12 (m. *Sabbat*, V, 1). — Il faut en excepter cependant deux endroits, où Scherîrâ donne le sens de deux mots qui se trouvent dans le chapitre VII du *Traité de Giṭṭîn* (col. 71, l. 5-7, et col. 168, l. 9). Mais, eu égard à toutes les autres citations, on est en droit de supposer que les deux mots, appartenant aux pages de *Giṭṭîn* qui s'occupent de médecine, ont été expliqués à l'occasion des pages analogues qui se lisent dans le *Traité de Sabbat*, fol. 109 *b* et suiv. (cf. R. Nissim, *Clavis talmudica*, éd. Goldenthal, Wien, 1847,

*targoum* ou de la version araméenne[1], et Sa'adiâ, sans parler de l'«Explication des soixante-dix mots»[2], lui fournit ses versions arabes d'un grand nombre de livres bibliques, versions qui reposent souvent sur une tradition authentique, puisée auprès des maîtres qu'il avait fréquentés et dont il avait suivi les leçons en Syrie et particulièrement à Jérusalem[3]. Mais si Abou'l-Walîd s'est approprié la méthode suivie par Iehouda et Sa'adiâ, s'il s'est autorisé de leur exemple pour se permettre l'interprétation du sacré par le profane, s'il respecte pieusement l'exégèse transmise par la bouche des anciens, il élargit

46 *a*, l. ult.). On peut conclure de là que Scherîrâ n'a pas écrit d'autre commentaire. — Quant aux citations de Hayyâ, elles semblent tirées en partie de ses commentaires de la section de *Ṭahărôt*. D'autres citations se rapportent également au *Traité de Sabbat*, comme col. 694, l. 16-20 (*Sabbat*, 87 *b*), et col. 699, l. 4 (*Sabbat*, 77 *b*). Il est parlé (col. 77, l. 22) de פירושים de R. Hayyâ, pour un mot tiré de m. *Bésâ*, II, 1 (cf. cependant *Kélim*, XIV, 3). — Ces Commentaires paraissent avoir été écrits dans un mélange d'hébreu et d'araméen avec de l'arabe, comme le *Miftéaḥ* ou *Clavis*, de R. Nissim.

[1] R. Iehouda ben Koreisch, *Epistola*, éd. Bargès et Goldberg, Paris, 1857.

[2] Ces soixante-dix mots ont été publiés en même temps par M. Dukes, *Zeitschrift für die Kunde des Morgenlandes*, V, 115-136, et J. Derenbourg, *Wissenschaftl. Zeitsch. für jüd. Theologie*, V, 317-324.

[3] Il est certain que Sa'adiâ a traduit et en partie commenté le Pentateuque, Isaïe, les Psaumes, les Proverbes et Job. Ce sont les seules versions de livres de l'Écriture dont les différentes bibliothèques de l'Europe possèdent des copies, et ce sont aussi les seules que nomme l'auteur du *Kitâb al-fihrist* (éd. Fluegel, p. ٢٣٠, l. 10; cf. de Sacy, *Chrest. arabe*, I, p. 357). Son séjour en Syrie est attesté par l'historien arabe Mas'oudi, qui était son contemporain et qui l'avait vu à Jérusalem (passage du *Tanbîh*, publié par S. de Sacy, *Notices et Extraits*, VIII, p. 167 et suiv.), et paraît confirmé par lui-même dans son *Commentaire sur le livre de Ieṣîrâh* (ms. de la Bodléienne, à la fin de l'introduction), et par le *Commentaire sur les Chroniques*, publié par M. Kirchheim (1874), p. 36, l. 4-5. Ce n'est qu'en Palestine que Sa'adiâ a pu encore trouver le texte hébreu, perdu depuis, du Livre des Jubilés et du *Middôt Ḥakâmîm* «Mesures ou règles des docteurs». Là aussi, il a pu voir l'original hébreu, également perdu depuis, du premier livre des Macchabées. (Voir le journal *Hakkarmel*, 1re année, Wilna, 1871, p. 64; cf. aussi *Jüdische Zeitsch.* X, 264.)

singulièrement le champ de la méthode comparative par une connaissance plus étendue et plus sûre des langues congénères.

M. Neubauer, dans sa Notice sur la lexicographie hébraïque, a donné un extrait de la préface qu'Ibn Djanâḥ a placée en tête de son dictionnaire, et l'a fait suivre d'un certain nombre d'exemples tirés de cet ouvrage[1]. Depuis, le savant bibliothécaire de la Bodléienne a publié le texte arabe tout entier du *Kitâb al-ouṣoûl*[2]. Aussi, serons-nous très-sobres pour les articles que nous faisons entrer dans cette introduction.

Les particules n'ayant qu'une lettre et qui s'attachent à la racine étaient traitées de main de maître dans le sixième chapitre de la grammaire; les particules qui forment un mot à part ont été réservées, par notre auteur, pour le dictionnaire. Quelques exemples montreront de nouveau à quel point l'exégèse d'Ibn Djanâḥ est originale, vraie souvent, ingénieuse toujours.

Voici l'article או[3]. «Cette particule signifie proprement une des deux choses (ou)..... Cependant, par extension, elle prend le sens de la conjonction *wâw*, *Lév.* IV, 23; XXVI, 41; — celui de *im* conditionnel, comme le premier des deux או, *Ex.* XXI, 31 et 36; II *Sam.* XVIII, 13, où la proposition qui répond à la condition commence par la conjonction *wâw*, sans que cette lettre, ce qui est fort rare, soit attachée, dans ce membre du verset, à un verbe au parfait[4]; — celui de *sinon*, *Mal.* II, 17, qu'il faut expliquer : «Si ce n'est pas, comment concilier cela (cette impunité du méchant) avec le Dieu de la justice équitable?» — celui du fractionnement d'un tout, sens

[1] *Journal asiatique*, 1862, II, p. 218 et suiv.; tirage à part, p. 172-201.

[2] *The book of hebrew roots*, Oxford, Clarendon press, 1873-1875.

[3] *Ouṣoûl*, col. 24, l. 14 et suiv.

[4] Voy. *Riḳmâh*, 22, 14; cf. Ewald, *Lehrbuch der hebräischen Sprache* (1870), p. 859.

dans lequel la particule doit être répétée, comme إِمَّا en arabe, *Lév.* v, 2 : «Si un homme touche à quelque chose d'impur, soit à tel objet, soit à tel autre objet»; et non pas «ou à tel objet», puisque «à quelque chose d'impur» est le sens général qu'on divise ensuite.»

Pour אז, il donne d'abord le sens de إِذًا «alors», devant le verbe au parfait et au futur; on ajoute *yôd*, אזי; on le fait précéder de *mêm*, et quelquefois de מן, et on a מאז et מן אז, dans le sens de مذ et منذ «depuis». Les versets *Ps.* xl, 7-8, signifient : «Tu ne nous avais pas demandé des sacrifices et tu ne m'avais pas déchiré les oreilles par une telle exigence, lorsque je montrai mon empressement d'accomplir tous les préceptes du culte que tu m'ordonnerais [1].» — *Juges*, v, 21-22, veut dire : «Dans le wâdî de Ḳischôn, je les écrasai, en les foulant avec violence, lorsque les chevaux avaient les sabots usés par la course vertigineuse de la fuite, et précipitaient les cavaliers à terre [2].» — אז a aussi le sens de قَدِمًا «autrefois, auparavant, jadis»; II *Sam.* ii, 27, est traduit ainsi : «Si tu n'avais pas parlé, le peuple n'aurait pas cessé de les poursuivre dès avant le matin [3].»

Nous résumons encore l'article כי. Cette particule est appliquée de plusieurs façons. Elle signifie, malgré cette circonstance ou malgré cette manière d'être, par exemple, *Ex.* xxxiv, 9 : «Puisse Dieu marcher parmi nous, *bien que* ce peuple soit opiniâtre;» l'opiniâtreté ne pouvait pas être une raison pour que Dieu accordât son pardon à Israël (cf. *ibid.* xxxii, 9); — *ibid.* xix, 5 : «Vous serez, parmi les peuples, ma propriété élue, *bien que* toute la terre m'appartienne;» — *Gen.* viii,

[1] *Ouṣoûl*, 29, 27 : «Lorsque, à la station de la montagne du Sinaï, le peuple d'Israël dit : Tout ce que Dieu dira, nous le ferons et nous l'écouterons.»

[2] Voir *Ouṣoûl*, 175, 23, et 18, 32.

[3] Comp. *Riḳmâh*, 155, 31.

21 : « Je ne maudirai plus la terre à cause de l'homme, *bien que* le penchant du cœur humain soit mauvais dès sa jeunesse ; » la méchanceté ne pouvait pas être la cause de la promesse divine de ne plus maudire la terre ; — *Jos.* XVII, 18 : « Tu extermineras le Cananéen, *bien qu'il* possède des chariots de fer, qu'il soit puissant ; » — *Gen.* IV, 24 : « *Bien que* Caïn subisse un châtiment sextuple, Lémék sera puni soixante-dix-sept fois ; » — *Dan.* IX, 9 : « Dieu est miséricordieux et pardonne, *bien que* nous nous soyons révoltés contre lui. » — כי a le sens de « par rapport à », II *Chron.* XXII, 6 : « Il guérit *par rapport aux* blessures (cf. II *Rois,* VIII, 29)[1] ; » — *Jér.* XI, 15 : « *Par rapport à* ta méchanceté d'autrefois, tu ressentiras les affres de la mort. » — כי signifie en outre « de même », *Osée,* XI, 10 : « Ainsi il rugit ; » — « lorsque », *Job,* VII, 13 : « *Lorsque* je disais : Mon lit me calmera et ma couche emportera ma plainte ; tu m'as brisé par des rêves terrifiants, tu m'as assailli avec des visions émouvantes. » — Il est mis pour le pronom relatif, *Nomb.* XIV, 13 : « Desquels tu les a tirés ; » — il devient adverbe de lieu, *Is.* XXX, 21 : « Que vous alliez à droite ou à gauche ; » — il signifie « parce que », *Gen.* III, 14 : « *Parce que* tu as fait ceci ; » — il est interrogatif, *Is.* XXIX, 16 : « L'œuvre dit-elle à son créateur ? » et dans ce cas, כי peut être précédé du *hê* interrogatif, et devenir הכי, de même que les Arabes disent أَفَلْ ; — il signifie « de même que », *Is.* LIV, 9 ; — « parce que », *Prov.* XVI, 26 : « L'âme du malheureux prépare son propre malheur, *parce que* son propre langage le charge[2] ; » — « puisqu'il en était ainsi » (إذا commençant une phrase incidente), I *Sam.* XXII, 22 : « J'ai su en ce jour, puisque Dô'êg l'Iduméen y était, qu'il ferait son rapport à Saül ; » — « certes » (إِنَّ), *ibid.* XXV,

[1] Sur מכים, voy. *Rikmâh*, 159, 35 ; 230, 9.

[2] *Ouṣoûl*, 44, 14-23. Il faut, l. 16 et 21, بما pour كما, et l. 23, adopter la leçon du manuscrit de Rouen.

25 : « *Certes,* tel est son nom, tel il est; » *Osée,* vi, 9 : « *Certes,*
ils commettent des actions abominables[1]; » *Ps.* xiv, 6 : « Que
vous méprisiez le conseil de l'humble, *certes* Dieu le protége; »
— « en vérité, sans doute », *Ex.* xxiii, 33 : « *Sans doute,* ceci
deviendrait un piége pour toi; » et avec *hê* (הכי), *Gen.* xxvii,
36 : « *Sans doute,* on lui a donné le nom de Jacob; » II *Sam.*
xxiii : « Il était *sans doute* honoré[2]; » — « afin que » (כי = كَيْ),
*Ps.* xvi, 8 : « *Afin que* je ne sois pas ébranlé de ma droite[3]; »
I *Rois,* viii, 35 : « *Afin que* tu les exauces; » — « si », *Ruth,* i,
12 : « *Si* je disais; » — « jusqu'à ce que, pour que » (حَتَّى),
*Ps.* cii, 5 : « *Jusqu'à ce que* j'aie oublié de prendre ma nourriture; » ce qui implique souvent un témoignage de dédain, *Ex.*
iii, 11 : « Qui suis-je, pour que j'aille? » — « pour cela » (لِذَلِكَ),
*Osée,* vii, 14 : « C'est *pourquoi* ils gémiront. » — La fin de
l'article est consacrée à la particule composée כי אם.

Nous aurons accompli notre tâche de faire connaître les
qualités rares d'Abou 'l-Walîd, lorsque nous aurons mis sous
les yeux des hébraïsants encore trois articles du Livre des Racines qui traitent, l'un d'un verbe complet, l'autre d'un verbe
incomplet ou à radicaux faibles, et le troisième d'une racine
géminée.

1° *Bârâ*[4]. — *Gen.* i, 1; *Is.* xli, 20; *Gen.* v, 2; *ibid.* vi, 7;
*Nomb.* xvi, 30; *Is.* xlii, 5; *ibid.* xliii, 1; *Ps.* li, 12; *Gen.* v, 1;
— *nifal* : *Ps.* cii, 19; *Éz.* xxi, 35; *Ex.* xxxiv, 10; *Ps.* civ, 30;
*Éz.* xxviii, 15; *Gen.* ii, 4; — ce mot est de la même famille
que l'arabe بَرَأ, qui signifie « il a créé ». Un autre sens, celui
de « choisir, élire », se trouve *Jos.* xvii, 15, 18; *Éz.* xxi, 24.

---

[1] Sur les autres parties du verset, voyez *Riḳmâh,* 153, 21; *Ouṣoûl,* 722, 12.

[2] Dans la citation (*Ouṣoûl,* 317, 15) il y a confusion entre v. 19 et v. 23;
puis, I *Chron.* xi, 25, on a mis כי pour כיי. Voir, sur ce *hê, Riḳmâh,* 43, 10-14.

[3] Voy. Ebn Ezra, *ad loc.*

[4] *Ouṣoûl,* 107, 27 à 111, 33. — Les exemples qui se trouvent en tête de
l'article donnent, comme toujours, différentes formes du verbe.

Abou Zakariyâ pense que *berou* (I *Sam.* XVII, 8) vient de cette racine, dont on a fait tomber l'*âléf* pour l'alléger[1]. Il aurait mieux valu dire que l'*âléf* de *bârâ* s'est changé en *hê*, et qu'on a eu ainsi *berou* sur le modèle de *ʿăsou*, *bĕnou*. A mon avis, il faut rattacher à cette racine et à ce deuxième sens *lebârâm* (*Eccl.* III, 18), *bârâm* étant primitivement *berâ'âm*, dont on a changé l'*âléf* en *hê*, de telle sorte qu'il a fini par ressembler à *râ'âm*, *ʿâsâm*; le *lâméd* a pris le sens de *ʿal*, comme cela a lieu I *Sam.* XXIII, 20; II *Sam.* XVIII, 11; *Prov.* IX, 14 (cf. le second hémistiche[2]). Le sens de la phrase est : « Parce que Dieu les a choisis et élus entre toutes les créatures. » Il faudrait, il est vrai, encore *ăschér* avant *ʿal*, comme *Deut.* XXXII, 51, mais ce mot est souvent retranché, comme nous l'avons fait observer dans le *Loumaʿ*, et *ʿal* est remplacé par *lâméd*[3]. Voici la pensée que le sage a voulu exprimer dans ce passage[4]: Après avoir décrit le soin extrême qu'il a donné à la sagesse, le grand prix qu'il y attache et le degré élevé qu'il y a atteint, Salomon s'étonne que, malgré le haut rang qu'il occupe, il puisse être soumis au même accident que l'ignorant, savoir à la mort. C'est là ce qu'il dit *Eccl.* II, 15-17. A peine a-t-il terminé sa déclaration, qu'il trouve détestable et affligeante cette parité de l'homme instruit et de l'homme ignorant devant la mort, que Salomon se met à s'étonner d'un autre point, plus blessant pour son âme, plus douloureux pour son cœur, et qui lui inspire un plus grand dégoût pour la vie, c'est l'égalité devant la mort entre l'homme et l'animal. « Je me suis laissé aller, dit-il, à l'étonnement au sujet de l'homme,

[1] N. 71, 3-7.

[2] Voyez *Riḳmâh*, 20, 1. — *Ouṣoûl*, 108, 12, il y a confusion entre v. 3 et v. 14.

[3] Cf. בהכין (II *Chr.* I, 4); *Riḳmâh*, 153, 37.

[4] Ibn Djanâḥ est quelque peu prolixe dans son interprétation; nous avons cherché à abréger autant que nous avons pu.

que Dieu a choisi et élu parmi les êtres vivants, destinés à mourir, et dont, après réflexion, on reconnaît que le sort est le même que celui des animaux (*ibid.* III, 18); » en effet, l'homme est un accident et l'animal est un accident, et un même accident les atteint tous les deux, puisque celui-ci meurt comme celui-là, et le même souffle est en eux sans que l'homme ait un avantage sur l'animal (v. 19); car tout vient de la poussière et tout y retourne..... Mais ce souffle est le souffle de la vie, qui est commun à l'homme et à l'animal privé de raison et qui périt lorsque meurent l'un et l'autre. L'âme raisonnable, au contraire, appartient à l'homme seul parmi les êtres voués à la mort, et elle continue son existence lorsque l'homme a disparu..... Les hommes instruits, poursuit Salomon, savent que l'âme raisonnable, légère, pure et d'une substance fine, monte et s'élève vers son élément, tandis que le souffle de la vie dans l'animal, lourd, épais et grossier, descend vers son élément et périt avec le corps (III, 21)..... » Cette explication est d'accord avec la raison, d'après les affirmations des philosophes habiles, et avec la tradition des prophètes; car cette pensée n'a jamais cessé d'être connue parmi les nôtres; elle était répandue et adoptée par tous. Car si Abigaïl dit à David (I *Sam.* XXV, 29): « Que l'âme de mon seigneur soit enveloppée dans le faisceau des vivants avec l'Éternel, ton Dieu! » elle a entendu parler de la vie éternelle, et aborder David par une pensée connue, consentie et acceptée. (Cf. *Eccl.* XII, 7.) — Le *hê* du mot *hâ'ôlâh* « qui monte » (III, 21) est l'article qui détermine et affirme; c'est pourquoi il a *ḳâmêṣ*, comme *Éz.* XX, 32; *Gen.* XXXIX, 17, et tel qu'est toujours vocalisé le *hê* de l'article, quand il précède un *'ayin*, excepté dans le mot *ha'iwerîm* (II *Sam.* V, 6)[1]. Si le verset devait exprimer un doute, le *hê*

[1] *Riḳmâh*, 101, l. 9-13.

aurait *patah*, d'après l'habitude constante du langage. Bien que le *hê* de *hayyôrédét* «qui descend» (*Eccl.* III, 21) aît *patah*, le *dâgêsch* dans le *yôd* est encore un indice que le *hê* est l'article, d'après ce qui arrive dans la plupart des cas, bien qu'il y ait quelques endroits où le *dâgêsch* se met également après le *hê* interrogatif (*Lév.* X, 19; *Nomb.* XIII, 19; *Job*, XXIII, 6)[1]. Nous avons traduit : «L'homme est un accident, etc.» en considérant *mikréh* comme étant à l'état absolu, parce que le *rêsch* a *ségôl*, et qu'à l'état construit, cette lettre exigerait *şêrê*... L'homme a été considéré comme un accident, bien que les individus soient des substances premières, parce qu'il se défait, se disjoint et s'en va. Puis, l'animal a été mis en rapport avec l'élément de la terre, bien qu'il soit composé des quatre éléments, parce que la terre en est l'élément le plus visible, le plus épais et le plus corporel, et parce que cet élément n'est pas séparé des autres éléments. Le chef de l'Académie (Sa'adiâ), le Fayyoumite, n'attribue pas le verset *Eccl.* IX, 2 : «C'est la même chose pour tous, le même sort est réservé au juste et au méchant,» à Salomon lui-même; mais il le considère comme l'opinion des ignorants qui prétendent qu'il n'y a pas de différence entre le pieux et l'impie, bien que cette différence soit grande, comme le dit le prophète Maléaki (III, 18)[2]. Cependant, dans ce verset aussi, il peut s'agir de la mort, sans que cela soit contraire à la foi. — Mais revenons à *lebârâm*. C'est le seul exemple, en hébreu, où le *lâméd* se place devant un parfait[3]. — *Oubârê* (*Éz.* XXIII, 47) signifie «tailler (برى), couper». — *Bârî* (*Jug.* III, 17), *berîîm* (I *Rois*, V,

[1] *Rikmâh*, 221, 28-32; cf. 144, 17-19.

[2] L'explication d'*Eccl.* III, 21, par Sa'adiâ, se lit *Emounôt* (éd. d'Amsterdam), 31 *d* à 32 *a*. Nous n'y avons pas trouvé son opinion sur *Eccl.* IX, 2, citée par notre auteur.

[3] Voyez p. CXII, ligne 5 et suiv.

3), *berî'âh* (*Éz.* xxxiv, 3), *berî'ôt* (*Gen.* xli, 5). Dans *biryâh* (*Éz.* xxxiv, 20), l'*âléf* a été retranché, ou bien le troisième radical *âléf* a été changé en *hê*, sans cependant prendre un *dâgêsch*, comme *ʿaniyyâh*[1]. — *Berî'âh* (*Hab.* i, 16) est le qualificatif de *ma'ăkâlô*; le *hê* est paragogique, comme dans d'autres mots cités dans le *Loumaʿ*[2]. — Le sens de *bârî'* se retrouve dans *lehabrî'ăkém* (I *Sam.* ii, 29), qui admet deux explications : on peut prendre le suffixe pour un complément direct, et traduire «pour vous engraisser», ou bien pour un complément d'annexion, le verbe étant intransitif, comme *hibrî'* dans le langage des docteurs[3], et traduire par «votre engraissement».

2° *ʿOut*[4]. — *ʿÂwetâh* (*Est.* i, 16); *leʿawwêt* (*Lam.* iii, 36). Cette racine a été mentionnée dans le Traité des Racines aux lettres douces[5], et complétée par nous dans le *Moustalḥiḳ*[6]. *ʿÂwetâh* peut avoir pour racine *ʿâwâh*, en comparant *ʿâsetâh* ou *ʿâwat*, comme *kortâh* (II *Sam.* iii, 12)[7]. — Abou Zakariyâ a fait entrer dans cette racine *lâʿout* (*Is.* l, 4); nous croyons devoir le dériver de la racine géminée *ʿâtat*, comme *lâbour* (*Eccl.* ix, 1), qui a la même origine que *bârour* (*Job*, xxxiii, 5). A mon avis, *ʿêt* (*Eccl.* viii, 5) signifie «droit, science», comme l'indique le mot *mischpâṭ* «jugement», qui l'accompagne. Le même sens se retrouve I *Chr.* xii, 32, où *lâʿittîm* signifie les traditions et le droit, comme on le voit par la suite, où il est

[1] *Riḳmâh*, 157, 16 : *Biryâh*, pour *berî'âh*, avec suppression du *yôd* de prolongation et changement de l'*âléf* en *yôd*. C'est la seconde des deux analyses, avec une légère différence pour expliquer l'absence du *dâgêsch*.

[2] *Riḳmâh*, 39, 20 et suiv. et surtout l. 41.

[3] Lévy, *Neuhebr. und chald. Wörterbuch*, I, 264, col. 2.

[4] *Ouṣoûl*, 513, 7 à 514, 17.

[5] D. 86, 15-17, où il faut lire בנבלוס התיו; N. 51, 32-36.

[6] Ci-dessous, p. 102.

[7] *Riḳmâh*, p. 85, l. 20.

dit : « pour savoir ce qu'on fait en Israël ». L'homme *ʿittî* (*Lév.* XVI, 21) est également un homme au courant des traditions, un jurisconsulte qui sait ce qu'on doit faire avec le bouc émissaire; *ʿittî* est donc un dérivé de *ʿêt.* — Partant de cette donnée, le verset *Is.* L, 4, serait à expliquer : « afin de donner l'intelligence des choses à celui qui est pauvre d'esprit, faible de connaissance, ignorant ». — En effet, si *ʿêt* était d'une racine au second radical faible, le pluriel *ʿittîm* n'aurait pas de *dâgêsch.* Il est vrai que la lettre quiescente douce pourrait être absorbée par le *dâgêsch,* dans le *tâw* de *ʿittîm* et *ʿittî,* comme cela a lieu pour *ṣîṣ,* au pluriel *ṣiṣṣîm* (I *Rois,* VI, 18); mais, pour ce dernier mot, l'origine d'une racine à la seconde lettre faible n'est pas douteuse, tandis que *ʿêt,* tout en pouvant être comme *kên* d'une racine au second radical faible, est en réalité comme *ḥêṣ, lêb,* etc. d'une racine géminée, puisqu'il a, comme ces derniers mots, *dâgêsch* au pluriel et lorsqu'il est suivi d'un suffixe. Comme il y a, en outre, pour *lâʿout* un modèle, *lâbour,* qui est d'une racine géminée, ce qui enlève toute force à une démonstration pour que *lâʿout* soit d'une racine au second radical faible, il n'y a plus aucune raison pour que nous ne reconnaissions pas dans le *dâgêsch* de *lâʿittîm* l'absorption d'une des deux lettres géminées. — *ʿIttîm* a encore ce sens, *Est.* I, 13, où il s'agit de légistes qui possèdent la tradition et les jugements, et *Dan.* XI, 6, qu'il faut traduire : « et il la fortifie par des avis justes et des conseils sages ». — Mon opinion sur *lâʿout* se confirme par l'arabe, où l'on dit غتّت فلانا بالقول « j'ai fait pour quelqu'un succéder une parole à l'autre », c'est-à-dire je lui ai dit une parole après l'autre, ou « je l'ai fait boire successivement ». Notre verset peut donc être traduit : « Afin de dire à l'ignorant un mot après l'autre », c'est-à-dire de lui faire comprendre et de lui enseigner une chose après l'autre; car on ne peut ni instruire, ni faire comprendre les choses d'un seul coup, mais il faut aller doucement et avec ordre[1].

3° *Sâlal*[2]. — *Wayyâsôllou* (*Job*, XIX, 12) emprunte son sens à *sillôn* «ronce» (*Éz.* XXVIII, 24), de la même manière dont j'ai expliqué *sôrêr* (*Lam.* III, 11)[3]. D'autres mettent ce mot en rapport avec *sôlelâh* (II *Sam.* XX, 15) et pensent qu'il s'agit de l'élévation d'une barrière à pointes de fer, comme des épines. — *Sôllou hammesillâh* (*Is.* LXII, 10) et *seloulâh* (*Jér.* XVIII, 15) sont mentionnés dans le Traité des racines géminées[4]. — A cette racine appartiennent encore *sôlelâh* (*Éz.* XXI, 27) et *sôlelôt* (*Jér.* XXXII, 24). — Nous avons encore ajouté, dans le *Moustalḥiḳ*[5], un autre sens, celui de *sôllou* (*Ps.* LXVIII, 5), auquel nous avons également rapporté *mistôlêl* (*Ex.* IX, 7), en leur assignant le sens de gloire et de fierté. — *Salselêhâ* (*Prov.* IV, 8) peut aussi signifier «exalte-la, glorifie-la», ainsi que *silsoul* (*Ḳiddouschîn*, 78[b]), dans le langage des docteurs. — Nous avons encore admis la possibilité que *mistôlêl* présente un troisième sens de la racine *sôlêl*, et soit synonyme de *mitḥazzêḳ*, de *maḥzîḳ* (*Ex.* IX, 2). Puis nous avons rattaché à ce sens *mesillôt* (II *Chr.* IX, 11) et *salselêhâ* (*Prov.* IV, 8), avec des explications qu'il est superflu de répéter, puisqu'on peut les chercher dans l'ouvrage cité. Nous donnons ce même sens à *mesillôt* (*Ps.* LXXXIV, 6), et traduisons le verset : «Heureux l'homme qui trouve un appui en toi, dont le cœur cherche en

[1] Le chaldéen traduit לנות par לאלפא, et Sa'adiâ par لألقّن ; ces deux versions s'accordent avec le sens donné par Ibn Djanâḥ. Voir aussi Dounasch, p. 79.

[2] *Ouṣoûl*, col. 483, 20 à 484, 15.

[3] Dans la citation de *Job*, il y a confusion entre XIX, 12 et XXX, 12, comme cela arrive souvent à Ibn Djanâḥ, citant de mémoire. D'après cette opinion, il faut traduire : «Ils couvrent de ronces ma route». Pour *sôrêr*, on peut voir ci-dessous, p. 94, l. 5, et *Ouṣoûl*, col. 477, 29.

[4] D. 166, 26; N. 114, 11.

[5] Ci-dessous, 205, 11 et suiv.

toi sa force et son bonheur certain.» — Dans le *Moustalḥiḳ*, nous avons traduit *mesillôt* (II *Chr.* IX, 11) par «supports». Il ne me paraît pas impossible maintenant qu'il faille entendre par ce mot les bois de la toiture, c'est-à-dire les poutres transversales; car les Arabes nomment ces pièces de bois *rawâfid*. Or nous avons dit, dans le *Moustalḥiḳ*, que le sens de *mesillôt* devait être «appui» (*rafd*) et «force»; seulement, nous l'y avons expliqué par «supports pour retenir», tandis que nous considérons comme possible qu'il s'agisse des poutres transversales, nommées *djawâ'iz*. Nous donnons le même sens au mot *mis'âd* (I *Rois*, X, 12).

III.

Il nous reste à faire connaître les sources qui ont servi à cette publication. On ne connaît qu'un seul manuscrit des quatre opuscules d'Abou'l-Walîd, celui de la Bodléienne à Oxford. Nous disposions d'abord d'une copie de ce manuscrit que M. Neubauer s'était faite pour son usage et qu'il nous a gracieusement abandonnée. Plus tard, pendant le cours de l'impression, les curateurs de la Bibliothèque nous ont confié, pendant un certain temps, le manuscrit lui-même[1].

Nous en empruntons la description au nouveau catalogue que prépare M. Neubauer. Le n° 1453 (Pococke 134, Uri 158) est écrit sur papier oriental en caractères hébreux palestiniens, au Caire, par Joseph ben Salomo; il fut terminé en 1316. Il contient d'abord les traités connus de Ḥayyoudj, puis les opuscules d'Ibn Djanâḥ dans l'ordre suivant: *a*, كتاب التقريب والتسهيل (fol. 117 v°); *b*, كتاب المستلحق (fol. 146 r°);

[1] De là viennent quelques-unes des additions et corrections qui se trouvent à la fin de ce volume. Un certain nombre de mots, que nous avions intercalés dans le texte par conjecture, se sont trouvés ensuite dans le manuscrit.

*c*, كتاب التنبيه (fol. 242 r°); *d*, كتاب التسوية (fol. 152 r°)[1]. Cet ordre est arbitraire et ne répond pas aux époques exactes dans lesquelles les travaux de notre grammairien se sont succédé. Nous avons adopté, dans notre édition, l'ordre que donne Abou'l-Walîd lui-même dans la préface de sa grammaire[2], et dont l'exactitude est en outre attestée par les citations que fait l'auteur dans tout nouveau travail des travaux qui l'ont précédé[3].

Le manuscrit, qui est fort bien conservé, a cependant souffert aux derniers feuillets, et certaines parties étaient devenues tout à fait illisibles. Nous avons pu heureusement les rétablir d'après un manuscrit du *Kitâb at-taswiya* qui s'est trouvé récemment dans la collection Firkowitsch, que nous avons déjà eu l'occasion de mentionner plusieurs fois. M. Harkawy nous a fourni une collation complète de ce traité[4].

Nous avons déjà dit que le n° 1453 de la Bodléienne renferme, au commencement, les traités de Ḥayyoudj. Un second exemplaire de ces mêmes traités se trouve en tête du n° 1452 (Pococke 99, Uri 459). L'original arabe de l'œuvre grammaticale de Ḥayyoudj est encore inédit[5], et on peut le regretter,

[1] Le copiste et les propriétaires successifs du manuscrit paraissent avoir appartenu à la communauté karaïte du Caire.

[2] *Riḳmâh*, XIII, 16-17.

[3] Ainsi le *Moustalḥiḳ* est cité dans le *Tanbîh*, p. 249, 250, 251, etc.; dans le *Kitâb at-Taḳrîb*, p. 331, l. 9; dans le *Taswiya*, p. 349, 350 et *passim*. — Le *Moustalḥiḳ* et le *Tanbîh* sont mentionnés dans le *Taswiya*, p. 377, et le *Taḳrîb*, dans le même traité, p. 368.

[4] Ce manuscrit contient également des fragments du رسالة التنبيه (voir ci-dessous, p. 247 et suiv.); nous l'avons cité sous l'initiale P; et le manuscrit de la Bodléienne sous la lettre O.

[5] Il faut cependant excepter le كتاب التنقيط, ou ס' הניקוד, que M. Nutt (voy. p. CXX, n. 2) a publié en arabe à la suite de la version hébraïque. En comparant l'original arabe avec la traduction, et en ayant égard à la souscription qui se lit à la fin de celle-ci, dans l'édition de Dukes et dans celle de Nutt, on est amené à penser: 1° que l'original de Ḥayyoudj se terminait aux mots דגשות הבית (N. 126, 33;

malgré la publication, faite en 1844, de la version hébraïque d'Abraham ebn Ezra, par M. Dukes[1], et plus tard, en 1870, de la version de Môschéh Hakkôhên ibn Giḳaṭila, par M. Nutt[2]. Ebn Ezra avait consciencieusement maintenu le texte de Ḥayyoudj[3], mais le manuscrit dont s'est servi M. Dukes pour son édition était incorrect et incomplet[4]. Môschéh Hakkôhên, de Cordoue, qui avait, comme autrefois Ibn Djanâḥ, émigré à Saragosse, passa une grande partie de sa vie à écrire des gloses sur les ouvrages de ses prédécesseurs[5]. Pour les Traités de Ḥayyoudj, il lui est arrivé tantôt de fondre ses observations avec le texte qu'il traduisait, tantôt de changer complétement ce texte et de substituer sa propre opinion à celle du maître de Cordoue[6]. Il s'en est suivi que les critiques d'Abou'l-Walîd

D. 191, 13, doit être corrigé, comme l'a remarqué M. Steinschneider, *Catal. Bibl. Bodl.* col. 1305); 2° que tout ce qui suit, dans les deux éditions, jusqu'à la fin du traité, sont des additions ou gloses de R. Môschéh Hakkôhên sur les différentes parties du Traité de Ḥayyoudj, gloses extraites probablement en partie d'autres ouvrages sur la ponctuation et l'accentuation, et qui, à cause de leur plus grande étendue, ont trouvé place à la suite de ce Traité; 3°, que de ce *Kitâb at-tanḳîṭ*, nous ne possédons que la traduction d'Ebn Ezra, qui traduisait également les gloses arabes de R. Môschéh Hakkôhên.

[1] *Grammatische Werke des R. Iehuda Chayyoug*, etc., par Léopold Dukes; il forme le troisième fascicule des *Beiträge*, etc., publiés par Ewald et Dukes. — Cette version est indiquée dans nos notes par la lettre D.

[2] *Two treatises on verbs containing feeble and double letters, by R. Iehuda Ḥayug*, etc., by John W. Nutt. — Cette version est indiquée par la lettre N.

[3] Voy. cependant note 6.

[4] Une lacune très-grande se trouve p. 110-111, où il manque, entre נכה et מכה, tout ce qui se lit dans N. depuis p. 70, l. 11, jusqu'à p. 78, l. 28.

[5] القرطبي ثم السرقسطي, Moïse ebn Ezra, cité par M. Steinschneider, *Catal. Bibl. Bodl.* col. 1819. — Les versions de R. Môschéh paraissent avoir été écrites comme gloses de celles de Sa'adiâ. On peut l'affirmer pour le livre de Job; voir ms. de la Bodléienne, Hunt. n° 511; Neubauer, n° 125.

[6] Voyez les notes, p. 14, 41, 42, 52, 55, 58, 67, 87, 98, 144, 201, 309, 313, 318, 330. — P. 55, 76 et 98, Ebn Ezra a les mêmes changements, ce qui paraît indiquer un texte de Ḥayyoudj différent de celui dont disposait Ibn Djanâḥ. — On usait, avant que l'imprimerie multipliât le nombre d'exemplaires

sont devenues souvent sans objet. Puis, sans parler des copies que Ḥayyoudj avait fait faire lui-même de ses ouvrages, et dans lesquelles l'auteur introduisait des corrections et des additions[1], nous avons pu voir déjà plus haut que les partisans à outrance de Ḥayyoudj, afin de mieux s'attaquer à Ibn Djanâḥ, avaient pratiqué, à leur tour, des changements arbitraires dans les nouvelles copies des Traités qu'ils mettaient en circulation[2]. Pour nous, l'original arabe nous a été d'une grande utilité; il nous a permis de rétablir le texte dans les nombreux passages de Ḥayyoudj cités dans les Opuscules et de justifier les observations qui y sont déposées.

de chaque ouvrage, d'une grande liberté envers les copies manuscrites des anciens auteurs. On y faisait les changements qu'on croyait nécessaires dans l'intérêt de la vérité, sans se laisser détourner par la pensée qu'on prêtait ainsi à autrui ses propres opinions. Les délicatesses de la critique moderne étaient inconnues aux hommes dont le seul soin était de ne pas conserver, dans leur petite bibliothèque, les erreurs qui auraient pu égarer un lecteur moins avisé qu'eux. Étaient-ils assez consciencieux pour placer leurs changements à la marge, d'autres copistes se chargeaient de les faire entrer dans le texte même et d'y effacer la leçon authentique. De là il arrive qu'on cherche souvent en vain, chez les anciens auteurs, les interprétations citées en leur nom. Voici deux exemples d'altération évidente qui se rencontrent dans la version du premier chapitre d'Isaïe par Sa'adiâ: Vers. 11, on s'attend à trouver pour מריאים, en arabe المسمّنين, puisque Ebn Ezra dit que le Gâôn explique ce mot par בריאים, en comparant m. *Sabbat*, XXIV, 3; mais l'édition de la version et le ms. de Paris portent tous les deux الجواميس, bien que la graisse du buffle fût interdite et impropre au sacrifice. Vers. 29, Sa'adiâ avait évidemment traduit אילים par كباش, puisque Dounasch l'avait critiqué pour cette version, qu'Ebn Ezra (*Sefat Yétér*, n° 46) cherchait à défendre; or l'édition et le ms. ont البطم.

[1] Voy. la note suivante, et p. 56, note 2. Cf. aussi p. 146, s. v. ירה. — Il y avait également des copies différentes du *Moustalḥiḳ*, et la copie que nous avons sous les yeux n'était pas la dernière. Voy. ci-dessous, p. 170, note 1, et p. 241, note 1. — La version hébraïque, au contraire, paraît avoir été faite sur une copie moins complète que la nôtre. Ainsi il manque, p. 16, depuis وقى (l. 8) jusqu'à לכל (l. 12); p. 59, l. 1-4; p. 74, l. 12 à p. 75, l. 5; p. 170, l. 4-6; p. 189, l. 2-7; p. 203, l. 4-6; p. 211, l. 10 à p. 212, l. 1.

[2] Ci-dessus, p. LXIII, 10-14; LXX, l. ult.

Nos Opuscules ont eu, comme les Traités de Ḥayyoudj, l'honneur d'être traduits en hébreu. Nous en sommes certains pour le *Moustalḥiḳ*, qui porte en hébreu le titre de ספר החשגה[1]. On trouve des traces d'une version du *Tanbîh*, en hébreu ס' הערה, du *Taḳrîb wat-tashîl*, en hébreu ס' הקירוב והישור, et du *Kitâb at-taswiya*, ס' השואה[2]. Nous ne saurions l'affirmer pour le cinquième écrit, le *Kitâb at-taschwîr*, dont le titre a été traduit par ס' החכלמה[3]. Nous nous sommes procuré une copie de la traduction du *Moustalḥiḳ*, qui se trouve parmi les manuscrits de la Casanata, à Rome, où elle est notée I, VI, 10. On lit, à la fin du Traité, les trois vers suivants :

זְכוּר לְךָ קוֹרֵא אֲשֶׁר[4] הֵשִׁיב לְךָ בִּשְׂפַת יְהוּדִים זֶה לְהוֹסִיף שִׂכְלְךָ
תֹּאמַר בְּקָרְאֲךָ כֵּן לְעוֹבְדֵיהּ שָׁלוֹם עוֹלָם וְשָׁלוֹם דּוֹר וָדוֹר יַנְחִילְךָ
הָאֵל אֲשֶׁר חָנַן[5] עֲשׂוֹת טוֹבָה כְּזֹאת יִרֶב חֲדוּת לִבְּךָ וְיָפֵק גִּילְךָ[6]

Souviens-toi, lecteur, de celui qui a traduit ce (livre) dans la langue des Juifs, afin d'augmenter ton intelligence.

[1] Plus correctement ס' המצאי. Voy. M. Steinschneider, *Catal. Bibl. Bodl.* col. 1419.

[2] Pour le *Tanbîh* et le *Taswiya*, on peut lire *Hist. littéraire de la France*, t. XXVII, p. 592. «Le manuscrit de Tolède, 99, 43, y est-il dit, commence par un feuillet transposé, où on lit: Moi, Salomon ben Joseph ben Ayyoub Hassefardi, j'ai traduit le *Kitâb et-tanbîh* et le *Kitâb et-taswiya* d'Ibn Djanâh à Béziers en l'année 5014 (1254).» — Buxtorf, *Biblioth. rabbinica* (éd. 1708), p. 180, parle d'une traduction hébraïque du *Taḳrîb*, par Jacob Romans de Constantinople. Voyez cependant M. Steinschneider, *l. c.*

[3] La traduction hébraïque du *Kitâb al-Ouṣoûl* renferme des titres différents: elle donne, pour le *Moustalḥiḳ*, le titre de ס' המוספת «livre du Supplément», et pour le *Taschwîr*, celui de ס' התוכחת «livre de la Remontrance»; *Ouṣoûl*, col. 23, note 6.

[4] Nous lisons ainsi au lieu de הכב que porte notre copie.

[5] Notre copie a חיך.

[6] Chaque hémistiche se compose de trois *moustaf'iloun*, ou bien, d'après la terminologie de la métrique hébraïque, יתד תנועות ויתד.

En le lisant, tu diras : « Oui, paix éternelle à ʿÔbadyâh ; » et de génération en génération, il t'accordera la paix.

Dieu, qui a daigné faire un tel bien, continuera à réjouir ton cœur, et te donnera la joie.

Le traducteur s'appelait donc ʿÔbadyâh. Il vivait avant la seconde moitié du xivᵉ siècle, puisque Profiat Duran, qui écrivait sa grammaire vers 1400, cite un passage du *Moustalḥiḳ*, d'après notre version, et paraît même croire que l'hébreu était l'original d'Ibn Djanâḥ[1]. Était-il identique avec ʿÔbadyâh ben David ben ʿÔbadyâh qui composa, vers 1325, un Commentaire sur le Traité de la fixation des néoménies[2] ? On ne saurait le dire. On serait disposé à le croire plus ancien, quand on regarde sa terminologie grammaticale, qui présente des particularités qu'on ne retrouve plus après Iehouda et Samuel ibn Tibbon, ni après les Ḳamḥî, père et fils, qui, dans le xiiiᵉ siècle, avaient créé et établi définitivement le langage scientifique de l'hébreu moderne[3]. Quoi qu'il en soit, la version de ʿÔbadyâh

[1] *Maʿăsê éfôd*, p. 50, et ci-dessous, p. 215, note 1. Il faut lire, dans le texte de Profiat, קבץ pour סבב, et מקורי pour מקום. — Le passage cité *ibid.* p. 52, comme tiré du ס׳ המאזנים, appartient au traité des racines aux lettres faibles de Ḥayyoudj, et y a été reproduit d'après la version de R. Môschéh ibn Giḳaṭila, dont la Glose a été confondue avec le texte de Ḥayyoudj. Voy. N. p. 22, l. 23-27. — Enfin Profiat nomme, p. 116, un grammairien, R. Mêïr ben David, son contemporain, comme auteur d'un ouvrage intitulé ס׳ תשובת המאזנים « Anticritique », et ayant pour objet de réfuter certaines opinions exposées par Ibn Djanâḥ dans le *Moustalḥiḳ*. Voy. Steinschneider, *ibid.* col. 1696.

[2] C'est le commentaire qui accompagne, dans nos éditions du grand code de Maïmonide, les הלכות קדוש החודש.

[3] Le mot الصفات (p. 13, l. 8 et 9 ; p. 14, l. 1 et *passim*) est traduit par הענינים ; الصفة (p. 26, l. 5), והענין שהוא המדה או הטעם ; وصفا (p. 51, l. 9), מדה טעם וענין ספור ; صفة (p. 64, l. 5), ענין, etc. *Middâh*, proprement mesure, signifie, dans le Targoum et la Mischnâh, attribut, qualité ; voy. Lévy, *Chald. Wörterbuch*, II, p. 9 ; ʿ*inyan* a déjà, dans l'*Ecclésiaste*, v, 13, le sens d'événement, accident, et signifie, dans le langage néo-hébraïque, tout ce qui constitue et spécialise une substance ou un objet, le מקרה (عرض), par rapport au עצם (جوهر). Le mot תואר

nous a été d'une grande utilité, et nous a souvent servi à fixer et à améliorer le texte arabe[1].

ou שם התואר, dont on se sert depuis Ebn Ezra, lui est inconnu. — Le mot أصل, dans le sens de «racine», est rendu par עקר; le terme usité de שרש ne se rencontre que dans les passages où il est ajouté au texte, par exemple pour طريق اللغة (p. 44, l. 5), la version a דרך הדקדוק לעקרים ושרשים. — L'infinitif, ou المصدر, est traduit par סבוב (p. 21, l. 9; p. 23, l. 6; p. 40, l. 1, etc.); d'autres fois (p. 12, l. 11) par הסבוב שהוא מקור הפעל ומוצאו, ou bien (p. 49, l. 6) והסבוב שהוא מקור הפעל, (p. 57, l. 7) בסבובי הפעלים ומקוריהם (p. 76, l. 3), סבוב ומקור. L'auteur ayant, comme on le voit, connu le mot מקור, si propre à traduire le مصدر des Arabes, on se rend difficilement compte du nouveau terme qu'il a inventé. Les formes comme *sibboûb* se rattachent d'ordinaire au *piël*, et on pourrait penser à II *Sam.* XIV, 20, où סבב signifie «remanier, changer». L'infinitif serait donc, selon 'Ôbadyâh, la forme qui est remaniée dans la conjugaison dont elle est la base. Cependant le sens ordinaire de ce mot, dans l'hébreu moderne, est «circuit», et de là סבוב העולם «tour du monde», titre du voyage entrepris au XIIe siècle par R. Petaḥiâ. L'infinitif aurait-il été nommé ainsi parce que, en sa qualité de fondement et base du mot, il fait le tour du verbe? Peut-être faut-il penser plutôt à סבה cause, l'infinitif étant la base, la cause du verbe. — Nous avons rencontré ailleurs, pour *maṣdar*, la traduction également difficile de פקודם (J. Derenbourg, *Manuel du lecteur*, p. 20, note 10). — جمع est rendu par רבוי ou קבוץ; نصّ قوله par כפירת דבריו; وحمله محمل (p. 62, l. 7) par ולהביאו מבא. — Souvent le traducteur amplifie le texte, p. e. p. 63, l. 8 : למה יענה ויתלונן אדם יעל עביכו שהוא מתחזק ברשעתו. ותומך יעל תעלומו והולך בדרכי עונותיו. ואוחז בכתיבי ודוכותיו. וכו'.

[1] Cf. p. 123 et 124, 141, 176, 207.

# كتب ورسائل
# لابى الوليد مروان ابن جناح
## القرطبى



### ١
### كتاب المستلحق

امّا بعد ايها الاخ الحبيب والحميم القريب اوضح الله لك المشكلات وكشف عنك الخفيات فانه لم تزل نفسى منذ عوامٍ كثيرة وسنين جمّة اذ نحن فى بيضتنا بعد تطالبنى باستلحاق ما اغفله الاستاذ الفاضل والرئيس الكامل ابو زكرياء حيّوج رَةَ ونضر وجهه من

# OPUSCULES ET TRAITÉS
# D'ABOU 'L-WALID MERWAN IBN-DJANAḤ
## DE CORDOUE.

### I.
### KITAB AL-MOUSTALḤIḲ.

Mon frère bien-aimé, mon ami intime, que Dieu veuille éclairer pour toi ce qui est obscur et te dévoiler ce qui est caché; depuis bien des années, nous étions encore dans notre pays, j'ai sans cesse été préoccupé de remplir les lacunes partout où le maître excellent, le chef parfait, Aboû Zakariyâ Ḥayyoûdj (que Dieu soit

استيفاء الافعال ذوات حروف اللين والافعال ذوات المثلين [لأنه
اشترط فى صدر هذين الكتابين][1] ان ياتىء بكلية هذه الافعال
وان يضمّ كل نوع منها الى جنسه وكلّ شخص الى نوعه فاهمل
كثيرا جدّا من الاجناس التى كان يلزمه الابانة عنها والتوقيف
على بعد غورها ودقّة معانيها واغفل من الانواع جملة وضيّع
من الاشخاص جمهورا ولست الحقه فى هذا ملاما ولا اعصبه به
مذمّة اذ القوّة البشرية ضعيفة واذ الكمال والتمام لله وحده
لا شريك له وكنت ايضا قد شككت عليه[2] مسائل كثيرة
من كتابيه فأردت ذكرها والتبيين لها لما فى ذلك من عظيم الفائدة
وجزيل المنفعة ولان هذين القبيلين اعنى حروف اللين وذوات

[1] Version hébraïque : כי הוא התנה בראש שני ספריו כלה. Dukes, 3, 11; Nutt, 3, 28. — [2] On attendroit فى.

miséricordieux pour lui et fasse briller son visage), a négligé de donner au complet les verbes aux lettres douces et les verbes géminés. [Car malgré la condition qu'il s'était imposée dans l'introduction de ses deux ouvrages] de citer la totalité de ces verbes, d'en rattacher chaque espèce à son genre, et chaque exemple à son espèce, Aboû Zakariyâ a passé bien des racines dont il aurait dû faire mention, et expliquer tant les formes obscures que les sens difficiles à saisir; puis il a laissé de côté bon nombre d'espèces et oublié une foule d'exemples. Je ne veux aucunement pour cela ni lui infliger un blâme, ni lui adresser un reproche; les forces humaines sont limitées, Dieu seul est parfait, accompli et sans égal. J'avais aussi conçu des doutes sur de nombreux points traités dans les deux ouvrages d'Aboû Zakariyâ, que je désirais exposer et éclaircir; car il y a grande utilité et gros profit à ces discussions, ces deux classes, savoir les racines aux lettres douces et les racines géminées étant ce qu'il y a de plus

المثلين من اغمض شى فى اللغة العبرانية واعوصه فضبطنى عن ذلك
الى وقتى هذا رياسة هذا الرجل فى هذا الفنّ وجلالة قدره فيه
واقتداره عليه فانه لم يتقدّمه الى التكلم فيه متقدم ولا سبقه
اليه سابق وان له علينا لحقيقا بما افادناه من هذه الصناعة وما
اوضحه لنا من مستغلقها وقرّبه منا من بعيدها ومما كسل همّتى عن
ذلك ايضا ما نحن عليه من الجلاء المقدر علينا والحلّ والترحال
الذى نحن بسبيله فلما الحت علىّ اعزّك الله فى ذلك والحّ علىّ فيه
معك جماعة من اخوانى ممن شانه البحث والطلب لم اجد بدّا
من اسعافكم والصيرورة الى مرغوبكم فاستلحق فى هذا الكتاب كلّ ما
بلغه وسعى وانتهت اليه مقدرتى من اجناس الافعال وانواعها
واشخاصها التى اضرب عنها آز وسمّيته بكتاب المستلحق وكذلك

obscur et de plus difficile dans la langue hébraïque. Mais j'ai été arrêté jusqu'à ce jour par l'importance de cet homme dans cette matière, par son éclatante valeur, par son autorité; personne avant lui n'avait traité ce sujet, et depuis personne ne l'a dépassé; nous avions envers lui des obligations réelles de nous avoir fait faire des progrès dans cette science, d'en avoir élucidé les parties obscures et de les avoir mises à notre portée. En outre, mon attention a été distraite de ce travail par l'exil qui m'était imposé, et par les migrations continuelles auxquelles j'étais obligé[1]. Mais tu insistais, puisse Dieu augmenter tes forces; et d'autres, une réunion d'amis habitués aux recherches et aux études, insistaient à leur tour; il fallait me décider à vous satisfaire et à vous accorder ce que vous désiriez. Je cherche donc, dans la mesure de mes forces et dans les limites de mes facultés, à compléter les racines des verbes, les espèces et les exemples qu'Aboû Zakariyâ a passés, dans ce livre que je nomme pour cela *Moustalḥiḳ* «qui

[1] Voyez l'Introduction.

اثبتّ فيه كل ما شككته عليه فى الكتابين المذكورين ولم اقصد
علم الله فى شى من ذلك الاخذ من الرجل والطعن عليه وكيف
ومن بحره غرفنا وبسنده اورينا فهو الذى لا يلحق شاؤه ولا يشقّ
غباره لكنّا اقتدينا فى ذلك بالفيلسوف حيث يقول رادّا على
افلاطون [1] اختصم الحقّ [افلاطون وكلاهما حبيبانا بل الحق]
اصدق لنا ولهذا الرجل الفاضل عذر جليل فانه تكلّف
عظيما وابتدع جسيما ولا اشكّ انه لولا تقصير الحياة به
لاستلحق هذه الافعال كلها ولحلّ جميع ما فى كتابيه من
الشكوك ونحن وان رددنا عليه فردّنا انما هو مما تعلّمناه منه
واستفدناه من كتابيه وانا لا أَتَبَرَّأُ اليك اصلحك الله من الخطأ ولا

[1] Vers. hébr. : ושניהם אהבינו אבל האמת יותר חביבנו ; il faut ajouter en tête : ריב לאמת עם אפלטון, d'après R. Serahia Hallévy (préface du *Hammâôr*), qui cite ce passage en entier.

cherche à compléter, » et où j'ai noté les points qui m'avaient paru douteux dans les deux traités mentionnés. Dieu sait que je n'ai aucune intention de prendre à parti cet homme ni de m'attaquer à lui : n'est-il pas comme la mer où nous puisons? N'est-ce pas lui qui fait jaillir la flamme qui nous éclaire? Peut-on l'atteindre à la course? Peut-on fendre sa poussière? Nous imitons seulement ce philosophe qui, en réfutant Platon, dit : « Il y a lutte entre la vérité et [Platon; tous deux me sont chers, mais la vérité] m'est plus chère. » Cet homme illustre a une excellente excuse; il a dû faire de grands efforts et travailler beaucoup à un sujet nouveau, et, sans aucun doute, s'il avait vécu assez longtemps, il aurait ajouté lui-même tous ces verbes et résolu tous les doutes que ses deux traités ont laissés subsister. Notre critique n'est que le résultat de l'instruction que nous avons reçue de lui, et des enseignements que nous avons tirés de ses deux ouvrages. Nous-même, nous ne prétendons pas être infaillible ni exempt d'erreurs,

ادّعى العصمة من الزلل فلن يعصمَ من فيه الطبيعة البشرية من
ذلك لا سيما فنفسى مشغولة بما تقدم ذكره مما نحن بسبيله من
الحال المضادّة لحال من قيل فيه שאנן מואב מנעוריו וג׳ . واضفت الى
جميع ما تضمّنته فى هذا الكتاب كل وجه وجدته جائزا زيادته على
الوجوه التى اتى بها آزى بعض كلامه لتكون الفائدة اعمّ والمنفعة
اتمّ اعلم ان من الافعال ما لم يذكرها ذكرا شافيا ولا احلّها محلّها
بل اشار اليها وطواها فى درج ذكره لغيرها وربما اشار الى بعضها فى
باب من ابواب الكلام الجملىّ ولم يذكرها فى الكلام المصنّف
كاشارته الى הוכיח فى باب الانفعال الجملىّ المقدّم ذكره فى المقالة
الاولى من كتاب حروف اللين على ذكر الافعال التى فاءاتها ياء فانه

---

car la nature humaine est sujette aux erreurs, surtout chez ceux qui, comme moi, ont l'âme préoccupée par l'exil, et dont la situation est en tout point contraire à celle qu'à décrite Jérémie, (XLVIII, 11), quand il dit : « Moab est tranquille depuis son enfance, il repose avec calme sur sa lie, il n'a point été versé d'un vase à l'autre, il n'est point allé dans l'exil[1]. »

En dehors de ce que j'ai d'ailleurs fait entrer dans cet ouvrage, j'ai rattaché toute explication qui m'a paru pouvoir être ajoutée aux explications qu'Aboû Zakariyâ avait données dans les divers paragraphes de son traité; j'ai cru me rendre ainsi plus utile et offrir au lecteur de plus grands avantages.

Il y a des verbes qu'Aboû Zakariyâ ne cite pas d'une manière satisfaisante, ni à l'endroit convenable; il y touche seulement en passant et les comprend dans des articles destinés à d'autres verbes, ou bien, il en parle dans un des chapitres consacrés aux observations générales, sans y revenir dans le corps de l'ouvrage. Ainsi, dans le chapitre général du *nifal*, qui, dans le premier livre du traité des lettres douces, précède le tableau des verbes au premier

[1] Le texte ne présente que le commencement du verset.

ذكر هناك[1] שם ישר נוכח עמו לכו נא ונוכחה ولم يذكر هذا الاصل
فى موضعه مع الافعال التى فاءاتها ياء المصنّفة على حروف المعجم فى
المقالة الاولى من كتاب حروف اللين على كثرتها فى المקרא وعلى ان
فيه نوع آخر غير هذا النوع وهو אותה הוכחת אשר הוכיח ה׳ ואת
כל ונוכחת الذى تفسير الجميع اعداد واحضار اما אותה הוכחת
فهى انها المراة التى اعددتها واحضرتها ליצחק واما ואת כל ונוכחת
فتفسيره والكلّ وأعدّت واحضرت اى انها اعدّت واحضرت جميع
ما امرها به من الكسوة وهو انفعال متعدّ الى כל مثل אֲשֶׁר נִשְׁבַּרְתִּי
את לבם הזונה وايضا החלצו מאתכם فان נשברתי واقع على לבם لا
يجوز فى المعنى غير ذلك الا تراه يقول וזכרו פליטיכם אותי בגוים

[1] D. 40, 12; N. 21, 25.

---

radical *yôd*, il cite *nôkaḥ* (*Job*, XXIII, 7), et *wenîwwâkeḥâh* (*Is.* I, 18); mais il ne mentionne pas cette racine à son endroit, là où, dans le premier livre de ce traité, il range les verbes au premier radical *yôd*, d'après l'ordre alphabétique. Cependant, ce mot se rencontre souvent dans l'Écriture et présente encore un second sens, ainsi *hôkaḥtâ* (*Gen.* XXIV, 14); *hôkî'aḥ* (*ibid.* 44); *wenôkâḥat* (*Gen.* XX, 16) ou *hôkî'aḥ*, signifie partout «préparer, destiner.» Dans le premier passage, *hôkaḥtâ* veut dire : «c'est la femme que tu as préparée et destinée pour Isaac;» le dernier signifie : «quant au tout, elle l'a préparé et disposé,» c'est-à-dire, elle a préparé et disposé tout ce qu'il lui avait ordonné en fait de vêtements : ce *nifal* est donc transitif[1]; il a pour régime *kôl*, comme *nischbartî* (*Ez.* VI, 9), *hêḥâlṣou* (*Nomb.* XXXI, 3), dont le premier a pour régime *libbâm*, comme on le voit par le contexte du verset, où le

[1] Sa'adia : وهوذا الكل حيالك «et tout cela est devant toi.» Les polyglottes portent, par erreur, حياءً لك. (Voy. E. Ezra *ad h. l.* et Sa'ad. *Exod.* XIV, 2.)

אשר נשבו שם אשר נשברתי את לבם הזונה אשר סר מאחרי ואת
עיניהם הזונות אחרי גילוליהם وقد جعل الكسر علّة للذكر واما
החלצו فهو واقع على אנשים والدليل على ذلك قوله מאתכם ومثل
هذا וישראל לא תנשיני فانّ الفعل واقع على الضمير وقد قال آز فى
כדק יטול انه انفعال فاذا كان كذلك فهو واقع على איים فلم الزم
نفسى استلحاق مثل هذه الافعال وانما أستلحق كلّ ما لم يشر
اليه اصلا واما ما ذكره فى غير موضعه وقال فيه واعلم ان حرف
كذا ليس من هذا الاصل ولم يبين من ايّ اصل هو فانه ربما
فعل ذلك فانى ارى ذكره ووضعه موضعه الواجب كونه فيه لئلا
تشكّ فى اصله واشتقاقه ولا التزم هذا فيما ذكره من الاسماء التى
لا افعال لها بل فى الافعال خاصّة وكذلك لم الزم نفسى استلحاق

---

cœur brisé est la cause du souvenir, et dont le dernier se rapporte à *ănâschîm*, ce qui est prouvé par le mot *mê'ittekém*. Un autre exemple est *timmâschênî* (*Is.* XLIV, 21) où le verbe est en rapport direct avec son suffixe. Aboû Zakariyâ lui-même prend *yiṭṭôl* (*id.* XL, 15) pour un *nifal*, et cependant il a pour complément *iyyîm*. Je ne me suis pas imposé l'obligation d'ajouter des verbes pareils; j'ajoute seulement ceux qu'Aboû Zakariyâ ne mentionne pas du tout.

L'auteur cite aussi certains verbes ailleurs qu'à leur place, en disant : «Tel ou tel mot n'est pas de cette racine,» mais sans indiquer de quelle autre racine il les dérive. Toutes les fois qu'il en est ainsi, j'ai cru devoir mentionner le verbe à l'endroit qui lui convient, afin de ne laisser aucun doute sur son origine ni sur sa dérivation.

Aboû Zakariyâ ne s'est pas attaché aux exemples qu'il a cités de noms dont il n'y a pas de verbes, mais tout spécialement aux verbes. De mon côté, je ne me soucie pas davantage de réparer

الاسماء المعتلّة والاسماء ذوات المثلين التى لم يذكرها مما لا
تصريف لها انما أستلحق مما لم يذكره اصلا مما وجدت له فعلا
وتصريفا اذ هذا كان مجراه فى كتابيه الّا انه نسى نفسه فى مواضع
كثيرة منها فادخل فيها اسماء لا افعال لها مثل טריה[1] ومסוה[2]
ومثل צחיח סלע[3] وغيرها وربما اشار فى كتاب حروف اللين الى اشياء
من ذوات المثلين إشارة لطيفة ثم لم يذكرها اصلا فى كتاب
ذوات المثلين فانا استلحق هذه الاشياء فى مواضعها اذ لم يذكرها
فى الوضع المخصوص بذكرها فيه ورتبت ابواب هذا الكتاب على
حسب ما وجدتّها مرتّبة عليه فى كتابيه اعنى انّى قدّمت ذكر
حروف اللين على ذوات المثلين وقدّمت من حروف اللين الافعال

[1] D. manque; N. 80, 7. — [2] D. 125, 14; N. 88, 14. — [3] D. 169, 15; N. 115, 15.

---

les omissions qu'il a faites de noms renfermant une lettre faible ou deux lettres semblables, tant qu'ils ne présentent pas des éléments de conjugaison; mais dès que la racine présente un verbe et une conjugaison, je complète ce que l'auteur a négligé, puisque telle est la méthode qu'il suit lui-même dans ses deux ouvrages. Il s'est oublié néanmoins dans de nombreux passages, où il fait figurer des noms dont il n'y a pas de verbe, par exemple *ṭeriyyâh* (*Is.* I, 6), *masweh* (*Ex.* XXXIV, 35), *ṣeḥî'aḥ* (*Ez.* XXIV, 7), etc.

Dans le traité des lettres douces, Aboû Zakariyâ touche parfois légèrement à certaines choses concernant les verbes géminés, sur lesquelles il ne revient pas du tout dans le traité qui est consacré à ces verbes. J'ajoute ces choses à leur place, puisque l'auteur les a négligées à l'endroit qui leur était naturellement assigné.

Je conserve dans ce livre l'ordre suivi dans les deux traités d'Aboû Zakariyâ. Je traite les racines aux lettres douces avant les racines géminées; pour les lettres douces, je commence par les

التى فاءاتها الف ثم الافعال التى فاءاتها ياء ثمّ الافعال التى عيناتها حرف لين ثم الافعال التى لاماتها حرف لين ولم استلحق من اجناس الافعال التى فاءاتها الف الا ما وجدت الاعتلالَ داخلا فى بعض انواعه واما الذى استلحقته من اجناس الافعال التى فاءاتها ياء فما كان معتلّا وما كان الاعتلالُ لازما له فى تصريفه وان كان لم يوجد فى الكتاب معتلّا وكذلك لم استلحق من اجناس وانواع الافعال التى عيناتها بعض احرف العلّة الّا ما وجدت اللين داخلا فيه واما ما جرى منها مجرى السالم فى ظهور عينه مثل שאף وשאג وשאב وما جانسها مما لم يدخله اللين اصلا فانى لا احفل به وان كان آز قد ذكر بعض ما جرى هذا المجرى ولم اذكر من الافعال التى لاماتها الف الّا ما وجدتّ الالف منقلبة

---

verbes qui ont pour premier radical *âléf*, je continue par ceux qui ont *yôd* pour premier radical, puis viennent ceux qui ont une lettre douce pour deuxième radical, et enfin, les verbes qui ont une lettre douce pour troisième radical. Pour les racines qui commencent par *âléf*, je n'en ajoute que lorsque, dans l'un des sens, elles présentent une irrégularité. Quant à celles dont le premier radical est *yôd*, je les ajoute, que les formes (trouvées) soient irrégulières, ou bien qu'elles doivent l'être dans la conjugaison, alors même qu'on ne les rencontre pas dans l'Écriture. Les racines et les sens des verbes au deuxième radical doux n'ont été ajoutés qu'autant qu'on y trouvait un adoucissement. Mais je ne me suis pas inquiété des verbes qui suivent la voie des verbes sains et présentent leur second radical sans le soumettre à aucun adoucissement, comme *schâ'af*, *schâ'ag*, *schâ'ab*, etc. bien qu'Aboû Zakariyâ en ait mentionné quelques-uns. Parmi les racines qui se terminent en *âléf*, je ne cite que celles dans lesquelles cette lettre se change particulièrement en *hé*. Je complète cependant les sens et

فيه هاء خاصّة واما انواع واشخاص الافعال التى فاءاتها الف وانواع
واشخاص الافعال التى فاءاتها ياء فانى مستلحقها معتلّة وجدتها او
غير معتلّة ثم اتلو جميع ذلك بالافعال ذوات المثلين مقتفيا فى
ذلك طريقة آز ومحتذيا على مثاله واعلم علّمك الله الفضائل وجنّبك
الرذائل انّى الفيت فى جملة الافعال اغفلها آز افعالا مشكلة يجوز
لقائل ما ان يقول فيها انها مضاعفة من افعال معتلّة العينات
ولآخر ان يقول ايضا فيها انها مضاعفة من افعال ذوات المثلين اذ
القياس مستصحب لكلّ واحد منهما على دعواه وربما جاز ان
يقال فى بعضها انه من المعتلّة اللام وفى بعضها انه من الافعال التى
فاءاتها ياء وجائز ايضا ان يقال فيها كلّها انها مبنية بنية مخصوصة
لها وانها ليست على احد هذه الوجوه التى ذكرنا فلما اشرفت

---

les formes des verbes qui ont *yôd* ou *âléf* comme premier radical, que ces lettres se trouvent faibles ou non. Je place à la fin les racines géminées, suivant en cela la méthode d'Aboû Zakariyâ et imitant son exemple.

Sache, que Dieu te fasse connaître les vertus et t'éloigne des vices, que parmi les verbes négligés par Aboû Zakariyâ, j'en ai rencontré qui sont difficiles à classer, qu'on peut prendre pour des racines au deuxième radical faible, qu'on a redoublées, ou bien, pour des redoublements de racines aux deux dernières lettres semblables; car l'analogie pourrait fournir des exemples à l'appui de l'une aussi bien que de l'autre de ces deux hypothèses. Quelques-uns de ces verbes permettraient même qu'on les considérât comme des dérivés de racines au troisième radical faible, ou de racines ayant *yôd* pour premier radical; et, en dernier lieu, on pourrait les regarder tous comme des formes particulières, qui ne rentrent dans aucune des catégories que nous venons de mentionner. Ayant fait cette remarque, j'ai cru devoir assigner à ces

على ذلك منها رأيت ان افرد لها بابا فى اخر هذا الكتاب اودعه
اياها ولم تسمح نفسى باثبات القضا فيها من اىّ الاجناس هى
فتركتها لاهل البحث والطلب حتى ينكشف امرها ويتّضح سرّها

وقبل ان ابتدئ باستلحاق شى من هذه الافعال ارى ان ابيّن لك
ما الجنس وما النوع وما الشخص التى ذهب اليها آز فى وضعه
وذهبنا نحن ايضا اليها فى كتابنا هذا وان كان آز قد سمّى بعض
الاقسام انواعا وامثّل لك فى ذلك مثالا تقف به على الغرض المقصود
اليه فى ذكرنا الجنس والنوع والشخص مثال ذلك דמה فاقول ان هذه
الكلمة التى تتهجّا دال ميم هاء هى بمنزلة الجنس وتحته اربعة انواع
احدها לא דמה אליו ביפיו والثانى ודמיתי אמך والثالث והיה כאשר
דמיתי والرابع לילה ויומם ואל תדמינה ולא תדמה אל דמי לך الّا
انّ النوع الاوّل ينقسم قسمين احدها الذى ذكرنا وهو الفعل

---

verbes un chapitre particulier à la fin de mon ouvrage, où je les ai réunis sans me laisser aller à aucune décision au sujet de la racine à laquelle ils appartiennent. Que les hommes d'étude cherchent à découvrir l'origine de ces verbes et à ôter le voile qui les cache encore.

Avant de commencer à compléter ce qui est relatif à ces verbes, je veux expliquer ce qu'Aboû Zakariyâ entend par les mots *genre* (racine), *espèce* (sens) et *individus* (exemple) qu'il emploie dans son travail et que nous avons adoptés aussi dans cet ouvrage, bien qu'Aboû Zakariyâ désigne quelquefois aussi les divisions par le nom d'espèce. Je prends un exemple qui fera comprendre le but que nous nous sommes proposé par l'emploi de ces trois mots : la racine *dâmâh* qui s'écrit *dâlét*, *mêm*, *hê*, c'est le genre; il renferme quatre espèces, représentées : 1° par *dâmâh* (*Ez.* XXXI, 8); 2° par *dâmîtî* (*Osée* IV, 5); 3° par *dimmîtî* (*Nomb.* XXXIII, 56), et 4° *tidméynâh* (*Jér.* XIV, 17), *tidméh* (*Lam.* III, 49), *dŏmî* (*Ps.* LXXXIII,

الخفيف اعنى לא דמה אליו والقسم الثانى هو الفعل الثقيل اعنى
מה אדמה לך والنوع الثانى ينقسم ايضا قسمين احدها الذى ذكرنا
وهو الفعل الخفيف اعنى ודמיתי אמך والقسم الثانى هو الفعل
الثقيل اعنى ואשר דמה לנו واما النوع الثالث هو כאשר דמיתי
نغير منقسم بل هو قسم واحد ثقيل لم يوجد منه خفيف على
ما تقدم من ذكرنا له وكذلك لم يوجد فى النوع الرابع الا قسم
واحد خفيف فهذا ما اردت تبيينه من امر الجنس والنوع المتكرّر
ذكرها فى كتابنا هذا واما الاشخاص التى تحت هذه الانواع فهو ما
تصرّف منها من الافعال المستقبلة والاسما والصفات والامر والفاعلين
والمفعولين والانفعال والافتعال والافعال التى لم يسمّ فاعلوها واقسام
الافعال الثقيلة جارية مجرى الاشخاص واما المصدر فهو عندى
بمنزلة الجنس الاعلى وهو اقدم من الفعل قدمة طبيعية اعنى الفعل

2). La première espèce a deux divisions; l'une la forme légère dans le passage cité, à savoir : *Ez.* xxxi, 8, et l'autre, la forme lourde, dans *ădammèh* (*Lam.* ii, 13); la deuxième espèce a aussi deux divisions, la forme légère déjà mentionnée, à savoir *Osée* iv, 5, et la forme lourde dans *dimmâh* (II *Sam.* xxi, 5); la troisième espèce ne se subdivise pas et n'a que la forme lourde, sans la forme légère, comme dans l'exemple cité; la quatrième, enfin, n'a qu'une forme légère. C'est là ce que j'ai voulu expliquer au sujet du genre et de l'espèce, mots si souvent répétés dans cet ouvrage. Les individus compris dans les espèces sont les formes qu'on obtient par la dérivation, telles que les futurs, les noms, les qualificatifs, l'impératif, les participes actif et passif, le *nifal*, le *hitpaël*, le passif; les divisions des formes lourdes sont également comprises parmi les individus. L'infinitif (*maṣdar*) a selon moi le rang du genre le plus élevé, et il est par sa nature plus ancien que les verbes; en d'autres termes, le verbe disparaîtrait si le *maṣ-*

يرتفع بارتفاع المصدر وليس يرتفع المصدر بارتفاع الفعل والفعل ماخوذ منه وصادر عنه اعنى المصدر اسم الفعل فانه لا يقال ضرب فعل ماضٍ الا وقد كان ضرب مصدر ولا يقال قتل فعل ماض الا وقد كان قتل مصدر وانما عبرت لك عن هذا المعنى بلفظ عربىّ ليكون أَسبقَ الى فهمك فامتثل ذلك فى اللفظ العبرانى تجده كذلك

فانا مستلحق الاجناس والانواع متقصٍّ لها على قدر الطاقة واما الاشخاص فانّى لا اتقصّى منها الا الانفعال والافتعال وما لم يسمّ فاعله لتصرفها تصرف الاصول واما الاسماء والصفات والامر فانى غير معنٍّ بها لكثرة اختلاف ابنيتها واذ يحتاج فى حصرها وذكر اختلاف ابنيتها الا مدّة اوسع من مدّة وقتنا هذا وعسى ان يكون ذلك منا فى غير هذا الوقت وكذلك لا اعنى بجميع الافعال المستقبلة لكثرتها ولاطّراد القياس فى اكثرها الّا انّى ربّما استلحقت بعض

---

*dar* disparaissait, mais le contraire n'aurait pas lieu, car le verbe dérive et relève (*ṣâdir*) du *maṣdar*, qui est le nom du verbe; on ne saurait dire *ḍaraba* au parfait, avant d'avoir auparavant l'infinitif *ḍarboun*, et *ḳatala* au parfait suppose l'infinitif *ḳatloun*. Je me sers d'un exemple tiré de l'arabe, parce que tu le saisiras plus promptement; mais tu pourras reconnaître le même fait en hébreu.

Je complète les genres et les espèces avec tous les soins possibles; mais, pour les individus, je ne cite complétement que le *nifal*, le *hitpaël* et les passifs, parce que leur conjugaison varie avec les racines. Je ne me suis pas préoccupé des noms, des qualificatifs ni des impératifs à cause de la grande diversité qu'offrent leurs formes; pour réunir et citer des types aussi différents, il aurait fallu plus de temps que nous n'en avons maintenant. Peut-être le ferons-nous à un autre moment. Je ne fais pas plus d'efforts pour les futurs, qui sont aussi nombreux et suivent presque toujours régulièrement l'analogie. En revanche, j'ai ajouté quelque-

الصفات أو بعض الاسماء وان كانت غير متصرّفة لا لانى التزمت ذكرها لكن استحسانا واختيارا منّى لذلك وربّما كان ذلك لضرورة تدعو اليه فلا يطالبنى مطالب بتقصّيها ولا يحسب علينا فى ذلك مناقضة منا للاصل الذى اصلناه فيما تقدّم من كلامنا وهذا حين ابتدائى بالقول على جميع ما تضمنت ذكره واسئل الله العصمة من الزلل والنجاة من الخطأ

القول فى الافعال التى فاءاتها الف

אהב[1] اغفل منه شخصا واحدا وهو الانفعال הנאהבים והנעימים وقال فى תְאֵהבו פתי[2] ان الاصل فيه תֶאְהבו פתי بسגל تحت التاء وشבא تحت

[1] D. 31, 9; N. 15, 4. — [2] D. 31, 14, où il faut corriger יחרדו pour יורדו. N. 15, 9 a une rédaction différente. Voyez l'Introduction.

fois des qualificatifs ou des noms, bien qu'ils ne se conjuguent pas, non pas que j'aie été obligé de les citer, mais pour mon plaisir et par mon libre choix; quelquefois même, par suite d'une circonstance qui m'y poussait. Seulement, qu'on ne me demande pas d'être complet sur ce point, et qu'on ne me reproche pas en cela une contradiction avec le principe que j'ai posé plus haut.

Mais il est temps que je commence à parler de tout ce que j'ai promis de mentionner dans cet ouvrage. Je prie Dieu de me préserver de l'erreur et de me délivrer du péché.

DES VERBES QUI ONT *ÂLÉF* POUR PREMIER RADICAL.

*Âhab.* Aboû Zakariyâ a passé une forme, savoir : le *nifal*, *hannè'ĕhâbîm* (II *Sam.* 1, 23). Il ajoute que *te'ĕhăbou* (*Prov.* 1, 22) est pour *té'hăbou*, avec *ségôl* sous le *tâw* et *schewâ* sous l'*âléf*,

الالف مثل יאשמו יחרדו وقوله فيه جائز وجائز ايضا عندى فيه ان يكون فعلا ثقيلا على زنة אל תאחרו אותי وان يكون الצרי فيه مكان الפתח واعتقاد هذا الوجه عندى اولى اذ انما فيه علّة واحدة وفي الوجه الاول علّتان.

אזר[1] اغفل منه شخصين احدهما الانفعال נאזר בגבורה والاخر الافتعال وهو עוז התאזר

אכל[2] اغفل منه قسم الفعل الثقيل وهو האכיל ויאכילני בטנך תאכל واغفل ايضا منه شخصا واحدا وهو الانفعال ונאכל גדיש ויאכל חצי בשרו ואם האכל יאכל على زنة כי הנתן ינתן ولولا الالف لظهر التشديد لاندغام نون الانفعال كظهوره في הנתן ינתן ولما ذكر في هذا الباب והסנה איננו אכל وقال فيه[3] انه פעול جاء على بنية פועל

[1] D. 32, 7; N. 15, 34. — [2] D. 33, 24; N. 17, 1. — [3] D. 34, 6 et suiv. N. 17, 10 et suiv.

---

comme *yé'schemou* (*Ps.* XXXIV, 23), *yéḥredou* (*Ez.* XXVI, 18). C'est possible. Cependant, à mon avis, il se pourrait aussi que ce mot fût une forme lourde, comme *te'aḥărou* (*Gen.* XXIV, 56), de manière que le *ṣêrê* remplaçât le *pâtaḥ*. Je regarde cette explication comme préférable; car elle ne suppose qu'une irrégularité au lieu de deux.

*Âzar.* Aboû Zakariyâ a passé deux formes, le *nifal* : *né'zâr* (*Ps.* LXV, 7), et le *hitpaël* : *hit'azzâr* (*ibid.* XCIII, 1).

*Âkal.* Aboû Zakariyâ a passé la division de la forme lourde : *Ez.* III, 2 et 3; puis le *nifal* (*Ex.* XXII, 5; *Nomb.* XII, 12; *Lév.* VII, 18). *Hé'âkôl yé'âkêl*, dans ce dernier passage, est la même forme que *hinnâtôn yinnâtên* (*Jér.* XXXII, 4), et n'était l'*âléf*, on y verrait le *dâgêsch* indiquer l'insertion du *noun* du *nifal*, comme dans *hinnâtôn yinnâtên*. Après avoir cité dans ce paragraphe *oukkâl* (*Ex.* III, 2) qu'il prend pour un *pâ'oul* ayant adopté le modèle de

قال[1] ومثله אם תראה אותי לֻקח מאתך واستدلّ على ذلك بالקמצות
ومثلها ايضا قال שן רועה ורגל מועדת כהם יוקשים בני האדם قال
هذه ايضا פעולים خرجت على مثال פועלים ولا اذكر له خامسا في
המקרא قال مروان بن جناح واضع هذا الكتاب قد وجدت انا
بعده لفظة خامسة وهي מה נעשה לנער היולד فانه פעול جاء على
بنية פועל وكان اصله ان يكون הילוד مثل הילוד החי وعسى ان
يوجد ايضا عند البحث غير هذه اللفظة الخامسة ولم اقصد
هاهنا تعجيز الرجل اذ الاحاطة لله وحده وقد وجدت لبعضهم
لفظة سادسة وهي עם ממשך ומורט وهي مكان מרוט وقد
استلحقت انا سابعة وهي אילכה שולל וערום وهي مكان שלול وانما
قصدت تحفظك هذه اللفظة وقد يقال ان מועדת صفة לרגל على

[1] D. 34, 16; N. 17, 20.

---

*pouʿâl*, Aboû Zakariyâ ajoute : « Il en est de même du mot *louḳḳâḥ* (II *Rois*, II, 10), où la forme est prouvée par le *ḳâmêṣ* du *ḳôf*; du mot *mouʿâdét* (*Prov.* XXV, 19), de *youḳâschîm* (*Ecc.* IX, 12), qui est un *peʿoulîm* se montrant sous le paradigme de *pouʿâlîm*; je ne connais pas de cinquième exemple dans la Bible. » Merwân ben Djanâḥ, l'auteur de cet ouvrage, dit : J'ai cependant trouvé un cinquième mot, savoir : *hayyoullâd* (*Juges*, XIII, 8) qui est un *pâʿoul* sous la forme de *pouʿâl*; car au fond, il faudrait *hayyâloud*, comme I *Rois*, III, 26. Peut-être, en cherchant bien, trouverait-on encore quelque autre exemple; mais je n'ai pas eu l'intention de mettre l'écrivain en défaut, puisqu'il appartient à Dieu seul de tout embrasser. En effet quelques-uns citent, comme sixième exemple, *oumôrâṭ* (*Is.* XVIII, 7) pour *mârouṭ*, et j'ai ajouté moi-même un septième exemple, *schôlâl* (*Micha* I, 8) à la place de *schâloul*. Mon seul but était de te faire retenir *hayyoullâd*. On a aussi soutenu que *mouʿâdét* (*Prov.* XXV, 19) est un qualificatif

زنة לב הותל وكذلك تجعل هذه الالفاظ المتقدّم ذكرها صفات
كلّها على زنة מעשה ידי אמן

אלף لم يذكره اصلا פן תאלף ארחתיו والثقيل אלף יאלף ואלף على
زنة שבר ישבר כי יאלף עונך פיך החרש ואאלפך חכמה باظهار الف
المتكلم وفاء الفعل على الاصل وقد أسقطوا من هذا القسم الثقيل فاءه
والقوا حركتها على ما قبله قالوا מלפינו מבהמות ארץ الاصل فيه
מאלפינו باظهار الالف فاسقطوه ونقلوا حركته الى الميم ليكون ذلك
دليلا على اصله والدليل على ان מלפינו من هذا المعنى قوله ומעוף
השמים יחכמנו وفي هذا الجنس نوع اخر غير الذي اتينا به وهو
האליף יאליף צאנינו מאליפות לשר האלף فان تعقب علينا متعقب
متعاقل ذكرنا لهذا الجنس فقال انك قد اشترطت في صدر هذا

---

de *régél*, d'après la forme de *houtal* (*Isaïe*, XLIV, 20); et tous ces mots qui viennent d'être cités pourraient être pris pour des qualificatifs de la forme *âmân* (*Cantique*, VII, 2).

*Âlaf.* Aboû Zakariyâ ne le cite pas. Il se trouve dans *Prov.* XXII, 25; et la forme lourde, d'après le paradigme de *schibbar*, *yeschabbêr*, se rencontre dans *Job*. XV, 5, et XXXIII, 33, où l'on a laissé subsister à la fois l'*âléf* de la première personne et celui du premier radical. Ailleurs (*ibid.* XXXV, 11) on a supprimé le premier radical et fait remonter la voyelle à la lettre précédente; car *malfênou*, dans ce passage, est pour *me'alfênou* avec *âléf*; on a supprimé l'*âléf* et l'on a reporté la voyelle au *mêm*, pour qu'elle indiquât la forme primitive. Le sens de *malfênou* est prouvé par la seconde partie du verset. — Cette racine présente un autre sens que celui dont nous nous sommes occupé, dans *ma'ălîfôt* (*Ps.* CXLIV, 13), qui est tiré du mot *âléf* « troupeau » (I *Sam.* XVII, 18). Si un adversaire infatué nous reprochait d'avoir cité cette racine, et nous disait : D'après les conditions que tu t'es imposées dans

الكتاب الّا تستلحق من اجناس الافعال التى فاءاتها الف الا ما وجدت الاعتلال داخلا فى بعض انواعه وهذا الجنس اعنى אלף لم يدخله اعتلال فى احد نوعيه وانما دخل النوع الاوّل منه حذف الفاء طرحنا وقلنا له ان الحذف علّة لا سيما انه انما سلكنا فى ذلك مسلك أزّ فى אזר

אמר [1] اغفل منه شخصين احدهما الانفعال وهو נאמר יאמר ליעקב والثانى الافتعال وهو התאמר على زنة התאזר יתאמרו כל פעלי און

אסף [2] اغفل منه قسم الفعل الثقيل وهو אסף ויאסף على زنة שבר ישבר מאסף לכל המחנות والافتعال منه התאסף בהתאסף ראשי עם واعلم ان اكثر ما ياتى الافتعال من الفعل الثقيل كما ان اكثر ما ياتى الانفعال من الفعل الخفيف الّا انهم قد جمعوا بين الانفعال والافتعال

[1] D. 34, 22; N. 17, 25. — [2] D. 35, 8; N. 17, 35.

---

l'introduction de cet ouvrage, tu ne devais rechercher, parmi les racines qui ont *âléf* pour premier radical, que celles qui présentent un affaiblissement dans une de leurs formes, tandis qu'*âlaf* ne présente d'affaiblissement ni dans l'un ni dans l'autre de ses deux sens, et que, dans le premier, on trouve seulement le premier radical retranché : nous répliquerions et nous dirions que le retranchement d'une lettre est un affaiblissement, et qu'après tout nous suivons en cela la voie d'Aboû Zakariyâ lui-même à la racine *Âzar*.

*Âmar.* Aboû Zakariyâ a passé deux formes, le *nifal* (*Nomb.* xxiii, 23) et le *hitpaël* (*Psaumes*, xciv, 4).

*Âsaf.* Aboû Zakariyâ a passé la division de la forme lourde, *Nomb.* x, 25, et le *hitpaël* (*Deut.* xxxiii, 5). — Remarque que, dans la plupart des cas, le *hitpaël* vient de la forme lourde et le *nifal* de la forme légère. Le *nifal* et le *hitpaël* se trouvent cependant réunis

فى كلمات قالوا ונוסרו כל הנשים ונכפר להם הדם ואשת מדינים נשתוה
قال آز[1] الوجه فى ונוסרו ונכפר ונתוסרו ונתכפר قال مروان فقد يمكن
من أجل اجتماع الانفعال والافتعال فى هذه الالفاظ ان يكون
الانفعال والافتعال مشتركين للفعل الخفيف والفعل الثقيل لان ונכפר
להם ثقيل فى اصله ويدلّ على ذلك الشدّة التى فى כפר יכפר ولانّ
נשתוה خفيف اذ لا شدّة فيه ويؤيّد هذا المذهب وجداننا
ויתילדו על משפחותם مخفّفا وكذلك התפקדו ויתפקדו בני בנימן الّا
انّ الانفعال لم يدخل فى الافعال الثقيلة دون الافتعال ولقائل ان
يقول فى تخفيف ما جاء من الافتعال مخفّفا انه شاذّ الاصل فيه
والوجه التشديد وربما قيل ايضا فى اجتماع الانفعال والافتعال فى
هذه الثلاث كلمات أعنى ונוסרו ונכפר ונשתוה انه شاذّ ايضا

[1] D. 40, 16-18; N. 21, 28-30.

---

dans certains mots, comme *weniwwasserou* (*Ez.* XXIII, 48), *wenikkappêr* (*Deut.* XXI, 8), *nischtâwâh* (*Prov.* XXVII, 15); et Aboû Zakariyâ dit que le premier de ces mots est pour *wenitwasserou*, et le deuxième pour *wenitkappêr*. Merwân dit : La réunion des deux formes dans ces exemples prouve que le *nifal* et le *hitpaël* peuvent se rencontrer dans une même forme légère ou lourde : *wenikkappêr* est à l'origine une forme lourde, comme l'indique le *dâgêsch* de *kippêr; nischtâwâh*, au contraire, est primitivement une forme légère, puisqu'il n'a pas de *dâgêsch*. Cette manière de voir serait confirmée par des exemples du *hitpaël Nomb.* I, 18; *ibid.* I, 47; *Juges*, XX, 15, dans lesquels le *dâgêsch* manque. Mais le *nifal* ne s'ajoute jamais à une forme lourde autre que le *hitpaël*. On pourrait du reste aussi soutenir que ces *hitpaël* sans *dâgêsch* sont des formes insolites qui, dans l'origine, devaient être pourvues du *dâgêsch*. De même il est permis de voir une forme insolite dans la réunion du *nifal* et du *hitpaël* dans les trois mots mentionnés ci-dessus.

واغفل منه ايضا شخصا واحدا لم يسمّ فاعله وهو ואסף שללכם
وقال في هذا الباب[1] אֶסְפָה לִי شاذ قال لان الوجه المعروف في ما كان
في الامر פעול وزيدت عليه الهاء التي يجيز العبرانيون زيادتها في
الامر ان يكون פעלה مثل שמור שמרה זכור זכרה אכול אכלה وفيما
كان في الامر פעל ان يكون بزيادة الها פִּעלה مثل שמע שמעה שלח
שלחה الا ان واحدة شذّ ايضا من هذه كما شذّ אספה من تلك
وهو קרב אתה ושמע קרבה אל נפשי גאלה هذا نصّ قوله فدلّ به
على انه لم يذكر لفظة شاذة عن الاطّراد على פעול פעלה غير אספה
לי وقد وجدت انا بعده لفظة اخرى مثلها في الشذوذ عن هذا
الاطّراد وهي נצור לשונך מרע נצרה על דל שפתי الاصل فيه ان تكون
على مثال שמרה اعني נצרה بקמצות النون فخرجت مخرج אספה לי
وقالوا ايضا נצרה כי היא חייך واما اشتداد الصاد منهما فكليهما يعتمد

[1] D. 35, 13-19; N. 18, 1-8.

---

— Aboû Zakariyâ a encore négligé dans cette racine une forme passive *Isaïe*, xxxiii, 4. — Dans le même paragraphe, il dit : « *Ésfâh* (*Nomb.* xi, 16) est une forme insolite, car le paradigme des impératifs *peʿôl*, augmentés du *hê* que les Hébreux peuvent ajouter à ce mode, devient *poʿlâh*; exemples : *schemôr*, *schomrâh*; *zekôr*, *zokrâh*; et celui des impératifs *peʿal*, augmentés du *hê*, devient *piʿlâh*; exemples : *schemaʿ*, *schimʿâh*; *schelaḥ*, *schilḥâh*. De même qu'*ésfâh* est une anomalie parmi les formes *peʿôl*, de même on trouve un impératif insolite de *peʿal*; c'est *ḳorbâh* (*Ps.* lxix, 19) de *ḳerab* (*Deut.* v, 24). » Aboû Zakariyâ ne s'est évidemment pas rappelé d'autre mot qui s'écarte de la forme régulière *peʿôl* qu'*ésfâh*. J'ai trouvé cependant après lui un autre mot qui s'écarte de la forme généralement employée : c'est *niṣṣerâh* (*Ps.* cxli, 3), de *neṣôr* (*ibid.* xxxiv, 14), qui devrait être *noṣrâh* comme *schomrâh* et qui est devenu une exception comme *ésfâh*; de même *niṣṣerâh*

اللسان عليه ويسهل الافصاح به فلا يشتبه بالسين* لا سيما لمجاورة الراء له فان اجتماع[1] الصاد مع الراء صعب على اللسان فاختاروا الشدّة فى الصاد ليعتمد اللسان عليه اعتمادا قويا فقد رايتهم يدخلون الشدّة فى بعض الاحرف التى تقرب مخارجها من مخارج غيرها خوفا من الاشتباه وحرصا على البيان قالوا ולא יכלה עוד הצפינו فشدّدوا الصاد منه اذ خاشوا ان يشتبه عند النطق به بالسين الذى هو قريب المخرج منه لا سيما مع خفّة الفاء وفعل ذلك طلبا للافصاح به وليس הצפינו معرفة كما يظنّ به قوم يجعلون الواو فيه زائدة ويقرونه ולא יכלה עוד הצפין بل هو مصدر لفعل ثقيل والواو منه ضمير المفعول ومثله نحو النعل بالنعل בעבר הרעימה فانهم لما ذهبوا فيه الى شدّة الاعتماد على الراء لثقله على

[1] Vers. hébr. : לפי שהצדי והסמך מוצאן אחת ובמבטא.

(*Prov.* IV, 13). Dans ces deux exemples, le *ṣâdê* est pourvu d'un *dâgêsch*, pour que la langue s'y arrête et le prononce facilement sans le confondre avec un *sîn*, ce que pourrait amener le voisinage du *rêsch*. Car la langue prononce difficilement *ṣâdê* avant *rêsch*, et l'on a préféré placer dans la première lettre un *dâgêsch*, pour que la langue y appuie fortement. On a ainsi introduit le *dâgêsch* dans certaines lettres dont la prononciation se rapproche de celle d'autres lettres pour éviter toute confusion et dans l'intérêt de la clarté. Tel est, dans *haṣṣefînô* (*Exode*, II, 3), le *ṣâdê*, qu'on a cherché à rendre plus distinct en y plaçant un *dâgêsch*, de peur que la prononciation ne le confondît avec le *sîn*, lettre qui se prononce presque de même, surtout que le *ṣâdê* est suivi d'un *pê* sans *dâgêsch*. Le *hê* de ce mot n'est pas un article, bien qu'on ait soutenu cette opinion, en considérant le *wâw* comme lettre explétive et en lisant *haṣṣefîn*; mais *haṣṣefînô* est l'infinitif de la forme lourde et le *wâw* un suffixe indiquant le régime. Un exemple tout à fait analogue est *harre'îmâh* (I *Sam.* I, 6) : ce

اللسان من اجل التكرير الذى فيه شدّدوه وهو ايضا مصدر لفعل ثقيل وقالوا ايضا ננוסה ונתקנוהו فشدّدوا القاف منه اذ خشوا فيه الاشتباه بالكاف ولا وجه لهذا التشديد فى القياس غير ما ذكرته لك من اعتمادهم عليه واحسب هذا الاعتماد لغة لقوم منهم دون قوم

אסר [1] اغفل منه شخصين احدهما الانفعال נאסר אחיכם אחד יאסר ואתם האסרו والاخر ما لم يسمّ فاعله אסרו יחדו فى الاتصال מקשה אסרו فى الانفصال

אצל [2] اغفل منه شخصا واحدا وهو الانفعال על כן נאצל.

אצר لم يذكره اصلا ואשר אצרו אבותיך والمستقبل יאצר بلين الالف وضم الياء بالحلم على زنة יאמר ואוצרה על אוצרות على زنة ואומרה

[1] D. 36, 13; N. 13, 34. — [2] D. 37, 25; N. 19, 25.

---

mot est aussi un infinitif de la forme lourde; l'on a donné un *dâgêsch* au *rêsch*, parce qu'on a cru ainsi appuyer fortement sur cette lettre qui, à cause de son ronflement, cause des difficultés à la langue. On a encore placé un *dâgêsch* dans le *ḳôf* du *ounetakkenouhou* (*Juges*, xx, 32) pour que le *ḳôf* ne soit pas confondu avec un *kâf*. On ne peut pas donner d'explication grammaticale de ces *dâgêschs*; ils fortifient la lettre, et, marqués par les uns, ils ne le sont point, je pense, par d'autres.

*Âsar*. Aboû Zakariyâ a passé deux formes : le *nifal* (*Gen.* XLII, 19 et 16) et un passif qui se présente deux fois dans *Isaïe*, XXII, 3, au milieu de la proposition et en pause.

*Âṣal.* Aboû Zakariyâ a passé le *nifal* (*Ez.* XLII, 6).

*Âṣar*. Racine complétement oubliée. Voyez cependant le parfait (II *Rois*, XX, 17), puis le futur *yô'ṣar*, avec *âléf* adouci et *ḥôlém* sur le *yôd*, d'après le paradigme *yô'mar*; enfin, *Néh.* XIII, 13, où *wâ'ôṣerâh* = *wâ'ômerâh*, primitivement *wâ'é'ṣerâh* = *wâ'éschmerâh*,

الالف للمتكلّم والواو منقلبة عن الالف الذى هو فاء الفعل وكان الاصل فيه ואאצרה على زنة ואשמרה والفاعل אוצר على زنة אומר والجمع האוצרים חמס ושוד والاسم אוצר والانفعال منه נאצר לא יאצר

ארב لم يذكره וארב לו ארבו לנו ארבים לעיר אל המארב والمستقبل יארב במסתר ויארבו على زنة ויחרדו وفى الوقف לדמם יארבו בחלם والامر וארב בשדה والمصدر ארוב على زنة שמור לכם בארבם وفى الاصل ثقيل ארב ארבתי على زنة קרב קרבתי יארב מארב וישימו לו בעלי שכם מארבים الاصل فى الراء التشديد واعلم ان ויארב בנחל من هذا الفعل الثقيل وكان اصله ויאארב على زنة ויגרש ויברך فاسقطوا الالف ونقلوا حركتها الى اليا للدلالة عليه وقد يجوز ان يقال فيه انه من قسم اخر ثقيل ايضا اعنى האריב وان كنّا لم نجده

---

maintient l'*âléf* de la première personne, tandis que l'*âléf* du premier radical est changé en *wâw;* puis le participe *ôṣêr* = *ômêr*, au pluriel *hâʾôṣerîm* (*Amos*, III, 10), puis le nom *ôṣâr;* enfin, le *nifal* *yéʾâṣêr* (*Isaïe*, XXII, 18).

*Ârab.* Racine omise. Cependant voyez *Deut.* XIX, 11; *Lam.* IV, 19; *Josué*, VIII, 4, 9; puis le futur *yéʾĕrôb* (*Ps.* X, 9), *wayyéʾérebou* (*Juges*, IX, 34), comme *wayyéḥéredou* (*Gen.* XLII, 28), et en pause : *yéʾĕrôbou* (*Prov.* I, 18) avec *ḥôlém;* l'impératif, *Juges*, IX, 32; l'infinitif *beʾorbâm* (*Osée*, VII, 6) de *ârôb* = *schâmôr*. Il y avait aussi dans l'origine une forme lourde, *êrêb*, *êrabtî* = *ḳêrêb*, *ḳêrabtî*, et aussi *yéʾârêb*, *meʾârêb*, d'où *meʾârebîm* (*Juges*, IX, 25), dont le *rêsch* devrait avoir un *dâgêsch*. — Sache que *wayyârêb* (I *Sam.* XV, 5) dérive de cette forme lourde : c'était à l'origine *wayyeʾârêb* sur le modèle de *wayyegârêsch* (*Gen.* III, 24), *wayyebârêk* (*Gen.* II, 3); seulement, une fois l'*âléf* tombé, on a, pour rappeler cette lettre, reporté sa voyelle au *yôd.* Mais *wayyârêb* pourrait aussi provenir d'une autre division de la forme lourde, de *héʾĕrîb*,

مستعملا ويكون المذهب فيه كالمذهب الذى ذكره آز فى ויאצל מן
הרוח [1] اعنى ان الاصل كان فيه ויארב بتحريك اليا بالפתח وتحريك
الالف بשבא وפתח على زنة ויאמן העם [2] فالانوا الالف وحركوا اليـاء
بالקמץ اذ لا يتقدم للحروف الليـنة غيـر القמצين واما كـون ויּרב
בנחל مثل ויּרב העם فقياس اخر

אתה كان واجبا عليه ان يثبت هذا الاصل هاهنا ايضا مع الافعال
المعتلّة الفاءات وان كان قد اثبته فى الافعال اللينة اللامات [3] وذلك
لانّ فاءها قد لان فى עדיך תאתה ولان ايضا وسقط من الخط فى ויתא
ראשי עם على ما صنع فى אפה فانه ذكره [4] فى جملة الافعال المعتلّة

[1] D. 37, l. ult.; N. 19, 26. — [2] Vers. hébr. יו׳ אכיש (1 *Sam.* xxvii, 12). — [3] D. 109, 14; N. 69, 16. — [4] D. 37, 22; N. 19, 22.

---

bien que nous n'en trouvions aucun exemple; *wayyâréb* serait alors comme *wayyâ'ṣél* (*Nomb.* xi, 25), qu'Aboû Zakariyâ a cité; c'est-à-dire que la forme primitive aurait dû être *wayya'ărêb* comme *wayya'ămên* (*Ex.* iv, 31); seulement, après avoir adouci l'*âléf*, il a fallu donner au *yôd* un *ḳâméṣ*, parce que les lettres douces ne peuvent être précédées que de cette voyelle. Quant à une assimilation de ce *wayyâréb* au *wayyâréb* qui se lit *Ex.* xvii, 2, ce serait un raisonnement différent[1].

*Âtâh.* Cette racine aurait dû être mentionnée également ici avec les verbes au premier radical faible, bien qu'Aboû Zakariyâ l'ait mentionnée parmi les verbes au troisième radical doux; car le premier radical se trouve adouci *Micha*, iv, 8, et adouci et retranché à la fois *Deut.* xxxiii, 21. Aboû Zakariyâ a lui-même agi ainsi pour *âfâh*, qu'il a noté parmi les verbes au premier ra-

[1] Vers. hébr. : ח״ם דעת ומכלל כמית. Voy. Kamḥi, sur I *Sam.* xv, 5; la version de Jonathan, qu'il rapporte et qui diffère de celle de nos éditions, paraît mettre côte à côte les deux opinions.

الفاءات لاعتلال فاءه وذكره ايضا فى[1] جملة الافعال المعتلّة اللامات للين لامه وكما صنع فى[2] אבה فانه ذكره فى الموضعين جميعا وكما صنع ايضا فى[3] יהל فانه ادخله فى ذوات اليا من حروف اللين من اجل فاءه وادخله فى ذوات المثلين من اجل مثليه وليس عليه فى هذا طعن باكثر من الغفلة والنسيان وانما ذكرت هذا لايقّظك وانبهك على البحث والانتقاد وقد اغفل ايضا من هذا الضرب غير אתה فاءله

### الافعال التى فاءاتها ياء

יאב لم يذكره כי למצותיך יאבתי والمستقبل على القياس ייאב على زنة ייבש ייִרש او יֵאוב على زنة יאותו לנו האנשים

[1] D. 109, 5; N. 69, 6. — [2] D. 31 et 107; N. 14 et 67. — [3] D. 47 et 160; N. 26 et 110.

---

dical faible, et qu'il a répété parmi les verbes au troisième radical faible, parce que sa dernière lettre est une douce; pour *âbâh*, qu'il a également cité aux deux endroits; pour *yâlal*, qu'on lit parmi les racines ayant *yôd* pour lettre douce, à cause du premier radical, et qu'on relit parmi les racines géminées, à cause des deux lettres semblables. Cette critique ne porte que sur une négligence et sur un oubli; et je n'en parle que pour te donner l'éveil et pour t'inviter à être minutieux dans tes recherches. Aboû Zakariyâ a commis, encore ailleurs qu'à la racine *âtâh*, ce genre de négligence.

### DES VERBES QUI ONT *YÔD* POUR PREMIER RADICAL.

*Yâ'ab*. Racine oubliée. Elle existe *Ps.* CXIX, 131. Le futur serait, d'après l'analogie *yî'ab*, comme *yîbasch*, *yîrasch*, ou bien, *yê'ôb* sur le modèle de *yê'ôtou* (*Gen.* XXXIV, 22).

יגב لم يذكره לכרמים וליגבים

יגע لم يذكره יגעתי בקראי לא יגעת בה[1] איגע אל תיגע להעשיר לא ייעף ולא ייגע ויגעו עמים الياء للاستقبال وهى موقّفة للدلالة على الياء اللينة التى بعدها التى هى فاء الفعل ירוצו ולא ייגעו فى الوقف والصفة עיף ויגע والاسم יגיע מצרים וכל יגיעך والثقيل الذى على زنة הפעיל بقلب الياء واوا لينة مضموما ما قبلها بالחלם على العادة הוגיע יוגיע على زنة הודיע יודיע הוגעתני בעונותיך ולא הוגעתיך בלבונה وثقيل اخر יגע ייגע אל תיגע שמה

ידע[1] اغفل منه القسم الثقيل الذى على وزن פעל وهو ידע ידעת השחר מקומו والافتعال בהתודע יוסף אליו אתודע بقلب الياء التى هى فاء الفعل واوا كما صنعوا فى והתודה

[1] Vers. hébr. cite à la place : כי יגעת בי. — [2] D. 43, 3; N. 24, 1.

---

*Yâgab*. Oublié. Voyez II *Rois*, xxv, 12.

*Yâgaᶜ*. Racine omise. Elle se trouve *Ps.* lxix, 4; *Josué*, xxiv, 13; *Job*, ix, 29; *Prov.* xxiii, 4; *Isaïe*, xl, 28; *Jér.* li, 58 (*weyigeᶜou*)[1], où le *yôd* est pour le futur, et a *métég*, pour rappeler le *yôd* adouci, qui représente le premier radical; enfin *Isaïe*, xl, 31, où *yîgâᶜou* est en pause. Le qualificatif se lit *Deut.* xxv, 18; le nom *Isaïe*, xlv, 14; *Deut.* xxviii, 33. A la forme lourde, quand elle est *hifîl*, le *yôd* est changé en *wâw* doux précédé d'un *ḥôlém*, comme c'est l'habitude dans les formes *hôdîᶜa*, *yôdîᶜa* (voir *Isaïe*, xliii, 23 et 24). L'autre forme lourde se rencontre *Josué*, vii, 3.

*Yâdaᶜ*. Aboû Zakariyâ a passé la division *piël* de la forme lourde (*Job*, xxxviii, 12) et le *hitpaël* (*Gen.* xlv, 1; *Nomb.* xii, 6). Dans ces deux exemples, le *yôd* du premier radical est changé en *wâw*, comme dans *wehitwaddâh* (*Lév.* v, 5).

[1] C'est bien le passage de Jérémie et non celui de Ḥabaḳouḳ (ii, 13) que l'auteur a en vue. Ce dernier s'écrit avec deux *yôd*. (Voyez Kamḥî et la massore marginale, *ad* Jérémie, *l. c.*)

יום لم يذكره כל אשר יזמו.

יחל قال[1] في וַיָּחֶל עוד ياء الغائب مندغمة في الياء التي هي فاء الفعل على ما فسرت גוער בים ויבשהו لانه ייחל فاذا زدنا واو العطف المفتوحة سكنت الياء الاولى واندغمت في الثانية وانما صار اللحن في الياء من اجل[2] עוד واما וַיִּיָּחֶל עוד فهو انفعال مثل ויכרת هذا جواب من سأل عن ויחל وויחל قال مروان هذا نصّ قول آز واحسن من هذا القول فيه اذ لم يكن بدّ من ان يجعل من هذا ان اقول ان ויחל עוד انفعال مثل וייחל עוד الا انّ ياء الاستقبال ساقطة منه كراهة لاجتماع ياءين شديدتين ومثله حذو النعل بالنعل וּנְבֹל כְּעָלֶה الاصل فيه عندي וננבל لانه من כנבל עלה فحذف منه النون

[1] D. 44, 7-14; N. 24, 29-35. — [2] La vers. hébr. ajoute תיבה קטנה. Voy. Ḥayyoudj.

*Yâzam.* Oublié. Voyez *Gen.* XI, 6.

*Yâḥal.* Aboû Zakariyâ dit : « Dans *wayyâḥél* (*Gen.* VIII, 10), le *yôd* de la troisième personne a été inséré dans le *yôd* du premier radical, d'après ce que j'ai expliqué pour *wayyabbeschêhou* (*Nah.* I, 4); il devrait y avoir *yeyâḥêl;* mais après que l'on a ajouté la conjonction *wâw* pourvu d'un *pataḥ*, le premier *yôd* devient quiescent, et est ensuite inséré dans le second. Ce *yôd* n'a l'accent qu'à cause de *'ôd.* Quant à *wayyiyyâḥél* (*Gen.* VIII, 12), c'est un *nifal* comme *wayyikkârét.* Voici une réponse pour celui qui adresserait une question au sujet de ces deux mots. » — Merwân dit : Puisqu'il faut absolument placer *wayyâḥél* dans cette racine, je préférerais le prendre pour un *nifal* aussi bien que *wayyiyyâḥél*; seulement le *yôd* du futur aurait été retranché dans celui-là, parce qu'on n'aime pas la rencontre de deux *yôd* pourvus de *dâgésch.* Un cas exactement semblable se trouve *Isaïe*, LXIV, 5, où *wannâbél*, de la même racine que *kinbôl* (*ibid.* XXXIV, 4), est pour *wannimmâbél*, et a perdu le premier *noun*, le *noun* du futur, à cause

الاولى الذى للاستقبال لاجتماع نونين شديدتين وبقى على الاصل
קמץ كما كان يجب ان يكون فى וננבל او يكونوا حذفوا النون الذى
هو فاء الفعل ونقلوا حركته على نون الاستقبال ليكون ذلك دالّا
على نون الاصل الساقطة ويجوز ان اقول بمثل هذا القول ايضا فى
ויחל עוד اعنى ان يكونوا حذفوا منه الياء الذى هو فاء الفعل
ونقلوا حركته الى ياء الاستقبال فان اعتلّ معتلّ بكون וננבל כעלה
ויחל עוד מלעיל اوقفناه على וינחם ה׳ וישאר אך נח ויננף אבנר ויצמד
ישראל ויאסף אל עמיו וילחם التى هى كلها מלעיל ومثلها كثير جدّا

יחם قال فى هذا الباب[1] הנחמים באלים הנפעלים بين النون والحاء فاء
الفعل وهذا قول غير مستحسن فيه عندى لان الانفعال مما فاؤه
ياء انما جاء فى اكثر كلامهم على قلب الياء واوا مضموما ما قبله

[1] D. 44, 4; N. 24, 25.

---

de la rencontre des deux *noun* pourvus de *dâgêsch;* le *ḳâmés* a été maintenu tel qu'il était primitivement dans *wanninnâbél.* Mais le *noun* retranché pourrait aussi être le premier radical, dont on aurait reporté la voyelle au préfixe pour rappeler la lettre tombée; on pourrait alors en dire autant de *wayyâḥél*, c'est-à-dire qu'on aurait retranché le *yôd* de la racine et qu'on en aurait fait remonter la voyelle au *yôd* du futur. Si, pour chercher une difficulté, on demandait pourquoi *wannâbél* et *wayyâḥél* ont l'accent à la pénultième, nous citerions *Gen.* VI, 6; VII, 23; II *Sam.* II, 17; *Nomb.* XXV, 3; *Gen.* XLIX, 33; *Exode*, XVII, 8, et un grand nombre d'autres exemples qui sont tous *mille*ʿ*él.*

*Yâḥam.* Aboû Zakariyâ dit dans ce paragraphe que *hannéḥâmîm* (*Isaïe*, LVII, 5) est un *nifal* et que le premier radical a été adouci entre le *noun* et le *ḥét.* Je n'approuve pas cette opinion, parce que des verbes au premier radical *yôd* ont, au *nifal*, pour la plupart le

بالחלם مثل נושע ונורא وجرى بعض كلامهم على ادغام الياء فيما بعده مثل נצב לריב ولم يات من انفعال هذا الضرب اعنى ما كان من الافعال فاءها ياء ما لانت فاءه بين نون الانفعال وبين عين الفعل على ما زعم آز فى הנחמים فلذلك اقول ان الوجه فيه ان كان من هذا الاصل ان تكون الياء التى هى فاء الفعل مندغمة فى الحاء على وزن הנצבים האלה الا انّ التشديد لا يظهر فى الحاء

ילד[1] اغفل منه شخصين احدهما ما لم يسمّ فاعله אשר ילד לו במצרים ילדו על ברכי יוסף والاخر الافتعال ויתילדו על משפחתם واجاز فى هذا الباب[2] كون מקוננת בארזים יושבת בלבנון שוכנת על מים רבים ויולדה בן مركّبة من بنيتين على الوجه الذى ذكره فيها واجاز ايضا[3] فى

[1] D. 46, 4; N. 25, 26. — [2] D. 46, 8 et suiv.; N. 25, 28 et suiv. — [3] D. 46, 21; N. 26, 2.

---

*yôd* changé en *wâw* précédé d'un *ḥôlém*, comme *nôschâ'*, *nôrâ'*; ou bien, dans un petit nombre, le *yôd* est inséré par un *dâgêsch* dans la lettre suivante, comme dans *niṣṣâb* (*Isaïe*, III, 13); mais il n'y a aucun exemple d'un *nifal* dans cette classe de verbes, savoir dans les verbes qui ont *yôd* pour premier radical, où cette lettre ait été adoucie entre le *noun* du *nifal* et le deuxième radical, comme le prétend Aboû Zakariyâ au sujet de *hannêḥâmîm*. Aussi je pense que, si ce mot est en effet de cette racine, il faut expliquer l'absence du premier radical par l'insertion du *yôd* dans le *ḥêt*, d'après le modèle de *niṣṣâbîm* (I *Rois*, V, 7); seulement le *dâgêsch* ne se fait pas sentir dans le *ḥêt*.

*Yâlad*. Aboû Zakariyâ a passé deux formes : le passif (*Gen.* XLVI, 27; L, 23), et le *hitpaël* (*Nomb.* I, 18). Aboû Zakariyâ traite dans ce paragraphe des mots *meḳounant* (*Jérém.* XXII, 23), *yôschabt* (*ibid.*), *schôkant* (*ibid.* LI, 13), *weyôladt* (*Gen.* XVI, 11) qu'il considère comme des composés de deux formes, qu'il explique ensuite;

שוכנת ויושבת ויולדת ان تكون افعالا ماضية مؤنّثة من ضرب
שופטתי למשופטי אתחנן ואת הנערים יודעתי وانا اجوّز فيها كلّها
مثل ما جوّزه هو في אל תוסף על דבריו اذ قال فيه[1] اسقطت حركة
السين من תוסף استخفافا وادراجا للكلام فكذلك اقول انا انهم
اسقطوا حركة النون الثانية من מקוננת وحركة نون שוכנת
وحركة الدال من ויולדת وحركة البا من יושבת استخفافا
وادراجا للكلام فهذا الوجه عندى اولى ما يعتقد فيه الا انهم
غيّروا حركة ما قبل هذه الاحرف الساكنة من הסגל الى הפתח اذ
كان ذلك اخفّ عليهم

יסד[2] اغفل من النوع الاول من نوعيه شخصا واحدا وهو ما لم يسمّ
فاعله והיכל ה׳ לא יסד وقال في هذا النوع[3] وقد جاء الاسم بواو لينة

[1] D. 48, 22; N. 27, 19. — [2] D. 48, 7; N. 27, 4. — [3] D. 48, 9; N. 27, 5.

---

ou bien, pour les trois derniers mots, comme des féminins du parfait de la forme *pô'ēl*; exemples : *limeschôfṭî* (*Job*, IX, 15), et *yôda'tî* (I *Sam.* XXI, 3). J'admettrais volontiers pour tous ces mots la possibilité qu'Aboû Zakariyâ lui-même a admise pour *tôsf* (*Prov.* XXX, 6), où il explique la suppression de la voyelle du *sâmék* par le désir de rendre la prononciation plus légère et plus coulante. Je dirai donc qu'on a supprimé les voyelles du second *noun* de *meḳounant*, du *noun* de *schôkant*, du *dâlét* de *yôladt* et du *bêt* de *yôschabt* pour alléger et faciliter la prononciation, et qu'il a paru encore plus aisé de mettre *pataḥ* sous les lettres qui précèdent à la place du *ségôl* qu'elles devraient avoir. Voici l'explication que je crois la plus acceptable.

*Yâsad.* Aboû Zakariyâ a passé, dans le premier des deux sens de cette racine, la forme passive (*Ezra*, III, 6). Puis il dit : « On trouve le nom avec un *wâw* doux (*Isaïe*, XXVIII, 16), où le premier

מוסד מוסד الاول للخفيف اسم والثانى المشدّد السين لانـدغـام فاء
الفعل فيها مفعول ثم قال والثقيل יסדת עז فربما توهم عليه وهم من
ظاهر لفظه ان מוסד المشدد عنده مفعول من الخفيف وهذا ما لا
يجوز فقد قال فى صدر كتابه فى حروف اللين[1] انه انما سمّى פעלתי
خفيفا لان الفاعل والمفعول منه بلا ميم وسمّى הפעיל ثقيلا لان
الفاعل والمفعول منه بميم وמוסד المشدد بميم فهو اذا ثقيل من بنية
הפעיל والقياس على تصريفه הוסד فى الماضى والمستقبل יוסד والمفعول
מוסד على زنة והצב גלתה העלתה יצב עם אלון מצב ومثله من السالم
מצל מאש מגש

יסך لم يذكر על בשר אדם לא ייסך على زنة לא ייעף ולא ייגע واعلم

[1] D. 14, 21-22; N. 12, 34-35.

---

*mousâd*, sans *dâgêsch*, est un nom, et le second, *moussâd*, avec *dâgêsch* dans le *sâmék* par suite de l'insertion du premier radical, est un participe passif.» Il ajoute : «La forme lourde se trouve *Psaumes*, VIII, 3.» Par ses paroles, on pourrait supposer qu'il a commis l'erreur de prendre *moussâd* avec *dâgêsch* pour un participe passif de la forme légère, ce qui est impossible; puisque Aboû Zakariyâ lui-même, dans l'introduction de son *Traité des lettres douces*, dit que la forme légère a été ainsi nommée parce que les participes, actif et passif, restent sans *mêm*, tandis que le *hifîl* est appelé forme lourde, parce que ses deux participes, actif et passif, prennent la lettre *mêm*. Or *moussâd* avec *dâgêsch* a un *mêm;* il est donc une forme lourde du paradigme *hifîl :* conjugué régulièrement, ce mot donnerait *houssad* au parfait, *youssad* au futur et *moussâd* au participe, tout comme *houṣṣab* (*Nah.* II, 8), *youṣṣab* et *mouṣṣâb* (*Juges*, IX, 6) forme semblable à *mouṣṣâl* (*Zak.* III, 2) et *mouggâsch* (*Mal.* I, 11), dont les racines ne renferment pas de lettre douce.

*Yâsak*. Omis. Il y a cependant *yîsâk* (*Exode*, XXX, 32), d'après le modèle de *yî'af* et *yîgâ'* (*Isaïe*, XL, 28). Sache, ô mon ami,

علمك الله الخير ان هذه اللفظة ممكن ان تكون لغة قائمة بنفسها اعنى اصلا قائما بنفسه وممكن ايضا ان تكون مقلوبة من וסוך לא סכתי اذ معناهما واحد وممكن ايضا ان يكون לא ייסך بمعنى יוסך اعنى ما لم يسمّ فاعله معتلّ العين على بنية الثقيل من וירחץ ויסך الذى هو معتلّ العين ثقيل ومثله ما لم يسمّ فاعله معتلّ العين ثقيل بالكسر مكان الضمّ ויישם בארון فان الوجه فيه ויושם بالضمّ ولو ابه آز الى לא ייסך لما ابعد ان يكون ויישם בארון مثل ויושם לפניו واقول ايضا כן משחת מאיש מראהו الذى هو مكسور الميم ما لم يسمّ فاعله والوجه فيه ان يكون מֻשחת بשרק مثل מֻשכב על מטתו او מָשחת بקמץ تحت الميم مثل וזבח משחת כי משחתם اذ لا يحتمل فى التأويل غير ذلك وليس כי משחתם בהם

[1] D. 97, 2; N. 57. 34.

---

que *yîsâk* peut présenter un mot ou une racine à part; ou bien, être une métathèse de *sôk* (*Daniel*, x, 3) puisque tous deux ont le même sens, ou bien, *yîsâk* serait le passif de la forme lourde d'un verbe au second radical doux, et aurait le sens de *yousak*, comme *wayyâsék* (II *Sam.* xii, 20), qui est aussi la forme lourde d'un verbe au second radical doux. Un autre exemple d'un passif de cette forme, qui présente un *i* à la place d'un *ou*, se rencontre *Gen.* l, 26, où *wayyîsém* est pour *wayyousâm*. Si Aboû Zakariyâ avait pensé à *yîsâk*, il n'aurait pas regardé comme inacceptable de comparer *wayyîsém* à *wayyousâm* (*Gen.* xxiv, 33). J'ajouterai que *mischḥat* (*Isaïe*, lii, 14) est aussi un passif, malgré le *ḥirék* du *mêm;* il devrait avoir *schourék*, comme *mouschkab* (II *Rois*, iv, 32), ou *ḳâmés* comme *moschḥat* (*Mal.* i, 14) et *moschḥâtâm* (*Lev.* xxii, 25), puisque toute autre explication est impossible. Dans ce dernier passage, *moschḥâtâm* diffère de *moschḥâtâm* (*Exode*, xl.

[مثل להיות להם משחתם لانّ כי משחתם בחם][1] לשון השחתה والميم
فيه زائدة كزيادتها في מקטר מגש ولהיות להם משחתם לשון משיחה
والميم فيه اصل ولقد احسن صاحب المסורת في التفرقة بينهما اذ
قال فيها תרין בתרי לישני وتفسير כן משחת מאיש מראהו لما منظره
مفسد عن مناظر الناس وغيّر عن صفاتهم

יסף[2] اغفل منه شخصا واحدا وهو الانفعال ונוסף עוד

יעד[3] اغفل من النوع الاول من نوعيه شخصا واحدا وهو ما لم يسمّ
فاعله على بنية الثقيل والقياس عليه הועד מועד מועדים לפני היכל
ה׳ على زِنة המוצאים واعلم[4] ان مثل هذه البنية لا يكون الا من
الفعل الثقيل الذى على وزن הפעיל اذ الفعل الذى لم يسمّ فاعله
لا يكون على اكثر الامر الا مضموم الاوّل من الخفيف كان او من

[1] Ajouté d'après la version hébraïque. — [2] D. 48, 15; N. 27, 13. — [3] D. 49, 12; N. 27, 35. — [4] Voyez *Riḳmâh*, 92, 21-35.

---

14); car, dans le premier, le *mêm* est lettre formative, comme dans *mouḳṭâr mouggâsch* (*Mal.* I, 11), et la racine est *schâḥat*, tandis que le second vient de *mâschaḥ*, où le *mêm* fait partie de la racine. Aussi, l'auteur du *Masôrâh* les a-t-il bien distingués par la note suivante : « Mot qui se présente deux fois, mais en deux sens différents. » Le verset d'Isaïe signifie : « Son aspect n'est plus celui d'un homme, et il en a perdu les attributs. »

*Yâsaf.* Aboû Zakariyâ a passé une forme : le *nifal* (*Prov.* XI, 24).

*Yâ'ad.* Aboû Zakariyâ a passé, dans le premier de ses deux sens, le passif de la forme lourde qui, d'après l'analogie, serait *hou'ad*, *mou'âd*, et dont on trouve *mou'âdîm* (*Jér.* XXIV, 1) sur le modèle de *hammouṣâ'îm* (*Ez.* XIV, 22). Apprends que ces formes n'appartiennent qu'au passif du *hifîl;* car les passifs, qu'ils dérivent de la forme légère ou de la forme lourde, n'ont presque tou-

الثقيل فان كان من الخفيف كان على زنة כי ארמון נטש המון עיר עזב
اللذين هما من נטש אביך [ועזב[1]] خفيفين وكذلك איפה לא שכבת
من שכב خفيف وايضا ולקח מהם קללה من לקח خفيف وايضا
ואחריך לא זונה من זנה خفيف وايضا ושפו עצמותיו לא ראו من ראה
خفيف وايضا אשר לא עבד בה من עבד خفيف وان كان من الثقيل
الذى على بنية פעל مشدّدة العين كان لفظه مساويا للّفظ المأخوذ
من الخفيف كما قال ואם בכלי נחשת בשלה الذى هو من בשל יבשל
יבשל הבשר ואשר בארץ من ואשרו אתכם والمستقبل من هذين
الصنفين ינטש יעזב ילקח יבשל على زنة לא ינגעו ביום שידבר בה قال
أز[2] المستقبل من לא זנה יזנה לא ראו יראה فيستوى الصنفان فى
الاستقبال كاستوائهما فى الماضى وان كان من الثقيل ايضا الذى على

[1] Ainsi dans la version hébraïque. — [2] Nous n'avons pas trouvé ce passage dans les traités de Ḥayyoudj. Ibn Djanâḥ, de son côté, loin de combattre l'opinion énoncée ici, que le *pou'al* sert également comme passif du *ḳal* et du *piël*, l'adopte franchement (*Riḳmâh*, 92, 21 et suiv.).

---

jours qu'un son foncé pour le premier radical. Ainsi, *nouṭṭâsch* et *ʿouzzâb* (*Isaïe*, XXXII, 14) viennent de la forme légère *nâṭasch* (I *Sam.* X, 2) [et *ʿâzab*]; *schoukkabt* (*Jér.* III, 2), de la forme légère *schâkab*; *weloukḳaḥ* (*ibid.* XXIX, 22), de *lâkaḥ*; *zounnâh* (*Ez.* XVI, 34), de *zânâh*; *rou'ou* (*Job*, XXXIII, 21), de *râ'âh*; *ʿoubbad* (*Deut.* XXI, 3), de *ʿâbad*. Le passif, dérivant du *piël*, ressemble tout à fait à celui qui dérive de la forme légère : *bouschschâlâh* (*Lév.* VI, 21) vient de *bischschêl* (voy. I *Sam.* II, 13); *we'ouschschar* (*Ps.* XLI, 3) de *we'ischscherou* (*Mal.* III, 12). Le futur, dans les deux cas, est *yenouṭṭasch*, *yeʿouzzab*, *yeloukḳaḥ*, *yebouschschal*, d'après le modèle de *yenouggâʿou* (*Ps.* LXXIII, 5) et *schéyyedoubbar* (*Cant.* VIII, 8). Aboû Zakariyâ dit de même, que le futur de *zounnâh* (*Ez.* XVI, 34) est *yezounnéh*, comme celui de *rou'ou* (*Job*, XXXIII, 21), *yérou'éh*; et les passifs des deux formes se ressemblent

بنية הפעיל قيل הופעל كما قيل הוצק חן והוכח במכאב على زنة הושלך
הכרת מנחה وان كان הכרת بقמץ مكان الשרק فان الקמץ والשרק
فى اكثر المواضع واحد وكما قالوا فيما لم يسمّ فاعله ايضا עליך
השלכתי מרחם بالקמץ وكذلك כן הנחלתי לי ירחי שוא بקמץ وايضا
שדדה נינוה بالקמץ مكان الשרק والمستقبل من هذا الصنف[1] بحذف
الهاء والقاء حركته على حرف الاستقبال ישלח יכרת יחרם כל רכושו
بنقل الضمة فى יחרם من الياء الى الحرف الحلقى على المعهود יוצק יוכח
ومثلهما אשר יסך בהם כן תתכו כתוכה اللذان هما من והסכו נסכים
התיכו עבדיך לפחת עליו אש להנתיך ومثلهما ايضا ויגד למלך מצרים
المأخوذ من והנה לא הגד לי החצי وهو القياس فى יקח נא وفى וכי יתן

[1] Ainsi dans le texte arabe, qui est troué à cet endroit.

---

au futur aussi bien qu'au parfait. Mais au passif du *hifʿîl*, on prend la forme *houfʿal* comme *houṣaḳ* (*Ps.* XLV, 3), *wehoukaḥ* (*Job*, XXXIII, 19), d'après le modèle de *houschlak*, *hokrat* (*Joël*, I, 9), où le *ḳâméṣ* remplace le *schouréḳ*, parce que, presque partout, ces deux voyelles sont identiques, comme également le passif *hoschlaktî* (*Ps.* XXII, 11) et aussi *honḥaltî* (*Job*, VII, 3) avec *ḳâméṣ*, et *schodedâh* (*Nah.* III, 7), où le *ḳâméṣ* tient lieu du *schouréḳ*. Au futur de cette forme, on retranche le *hê* et l'on rejette la voyelle sur les préfixes; exemples : *youschlak*, *yokrat*, *yâḥŏram*[1] (*Ezra*, X, 8), où, comme d'habitude, l'*o* du *yôd* a été reporté sur la lettre gutturale; *youṣaḳ*, *youkaḥ*; de même, *youssak* (*Ex.* XXV, 29), de *wehissikou* (*Jér.* XXXII, 29); *touttekou* (*Ez.* XXII, 22), de *hittîkou* (II *Rois*, XXII, 9), et de *lehantîk* (*Ez.* XXII, 20); puis *wayyouggad* (*Ex.* XIV, 5), de *houggad* (I *Rois*, X, 7), et, d'après cette analogie, *youḳḳaḥ* (*Gen.* XVIII, 4), *youttan* (*Lév.* XI, 38), etc. La forme pri-

[1] Telle est la fausse prononciation d'Ibn Djanâḥ (*Riḳmâh*, 101, 24 et suiv.), de Ḥayyoudj (D. 65, 13; N. 38, 32), et aujourd'hui encore des juifs de l'Orient.

טים وفى كل ما اشبههما والاصل فيهما יהשלך יהכרת יהצק יהוסך
ההתכו بتشديد السين من יהוסך والتاء من תהתכו لاندغام
النونين اللذان هما فاءاتهما فيهما وكذلك الاصل فى יקח יהלקח وفى
יתן יהנתן فحذف الهاءان ونقلت الضمة منهما الى الياءين واندغم
اللام فى القاف والنون فى التاء فاشتدّتا فالمفعول اذا من هذه البنية
اعنى من بنية הפעיל מצק מועד מוכח والجمع מצקים מועדים מוכחים
على زنة מכרת משלך משכב משלכים والاصل فيها מהצק מהועד מהוכח
מהשלכים على زنة מהקצעות الذى هو من הקציע יקציע מביה فحذفوا
منها الهاءات والقوا حركتها على الميمات فهذه اللفظة اعنى
מהקצעות تدلّك ان الاصل فى كل יְפעל وكلّ מֻפעל יהפעל מהפעל فان
قال قائل فما انكرت ان يكون الاصل فى יקח ויתן ילקח ינתן בשבא

---

mitive avait *yehouschlak*, *yehoukrat*, *yehouṣaḳ*, *yehoussak* avec *dâgêsch* dans le *sin*, *tehouttekou* avec *dâgêsch* dans le *tâw*, parce que ces derniers verbes ont pour premier radical un *noun* qui a été inséré; *youḳḳaḥ* est de même pour *yehoulḳaḥ*, et *youttan* pour *yehountan;* seulement le *hê* en a été retranché et la voyelle foncée du *hê* a été portée sur le *yôd;* de plus, le *lâméd* a été inséré par un *dâgêsch* dans le *ḳôf*, et le *noun*, par le même procédé, dans le *tâw*. Le participe passif de cette forme, c'est-à-dire du *hifîl*, est donc *mouṣâḳ*, *mouʿâd*, *moukâḥ*, au pluriel *mouṣâḳîm*, *mouʿâdîm*, *moukâḥîm*, comme *mokrât*, *mouschlâk* (II *Sam.* xx, 21), *mouschkâb* (II *Rois*, iv, 32), *mouschlâkîm* (*Jér.* xiv, 16), d'une forme primitive *mehouṣâḳ*, *mehouʿâd*, *mehoukâḥ*, *mehouschlâkim*, sur le modèle de *mehouḳeṣâʿôt* (*Ez.* xlvi, 22) qui dérive de *hiḳṣîʿa*, *yaḳṣîʿa* (*Lév.* xiv, 41); seulement le *hê* a été retranché et la voyelle en a été reportée sur le *noun*. L'exemple d'*Ez.* xlvi, 22, prouve que partout *youfʿal* et *moufʿâl* proviennent de *yehoufʿal* et *mehoufʿâl*. Mais qu'est-ce qui empêche, pourrait-on nous objecter, de considérer comme forme primitive de *youḳḳaḥ* et *youttan* plutôt *yelouḳḳaḥ* et

تحت الياء فحذفوا اللام والنون منهما والقوا حركتهما على اليائين قلنا له ان حمل الاقلّ كحمل الاكثر اقيس في اللغة وذلك انّا لما وجدنا ויגד למלך מצרים תתכו בתוכה צאנכם ובקרכם יצג وما كان على وزنها كلها مأخوذ من הפעיל قلنا ان יקח ויתן ماخوذتان من הפעיל ومما يؤكّد عندك ما قلته في יקח נא מעט מים وفي וכי יתן מים وفي كل ما اشبههما وجداننا והיה כצבי מדח مخالفا לואפלה מנדח وانما كان ذلك كذلك لاختلاف فعليهما وذلك ان מדח من והדיח עלינו את הרעה واما מנדח فهو لا محالة من נדח على زنة שבר ודבר فاحفظ عنى هذا الباب فاني انما قدمته لك عُدّة لعلم بانك ستحتاج اليه في مواضع من هذا الكتاب.

יעז لم يذكره את עם נועז على زنة נושע ويقال ان النون فاء الفعل

*yenouttan*, dans lesquels on aurait retranché le *lâmêd* et le *noun*, et rejeté la voyelle sur le *yôd?* Nous répondrions qu'en grammaire il faut juger les formes rares d'après les cas plus fréquents, et, après avoir cité tant d'exemples de cette forme qui appartiennent au *hifîl*, nous soutenons que ces deux mots appartiennent aussi au *hifîl*. Ce qui doit du reste donner plus de force à notre opinion au sujet de *youḳḳaḥ* et de *youttan*, c'est le mot *mouddâḥ* (*Isaïe*, XIII, 14), qui diffère du mot *mehouddâḥ* (*ibid.* VIII, 22), parce que les formes dont ils dérivent diffèrent; *mouddâḥ* vient de *wehiddî'aḥ* (II *Sam.* XV, 14), et *menouddâḥ* est évidemment de *niddaḥ*, d'après le paradigme de *schibbêr* et *dibbêr*. Retiens cette règle que j'ai expliquée en attendant; car je prévois que tu en auras besoin en différents passages de ce livre.

*Yâ'az*. Racine oubliée. Il y a *nô'âz* (*Isaïe*, XXXIII, 19), comme *nôschâ'* (*Ps.* XXXIII, 16). D'autres prétendent[1] que le *noun* de ce mot est premier radical et remplace un *lâmêd*, de manière que

[1] Sa'adia traduit : والقوم اللاغط. (Voy. Ibn Ezra, *ad h. l.*)

وهو بدل من لام לועז وان القמץ مكان الצרי ويقال ايضا انها لغة في معنى לועז على زنة אבד עצות وان كان אבד بפתח ونועז بקמץ والاقرب فيه ما ذكرته لك اوّلا لكونه קמץ

יעף[1] ذكر في هذا الجنس نوعا واحدا وهو ויעפו נערים واغفل نوعا اخر وهو כתועפות ראם ותועפות הרים في الاتصال على زنة תוצאות חיים وفي الانفصال וכסף תועפות לך على زنة למות תוצאות وانا اعتقد ان מועף ביעף من هذا الاصل وهذا المعنى وان מועף مفعول على زنة והיית מוצק משכב על מטתו وان ביעף اسم على زنة ואדם ביקר

יעץ[2] اغفل منه شخصا واحد وهو الافتعال ויתיעצו על צפוניך الاصل في العين التشديد وقال في هذا الباب[3] وقد جاء الامر على الشاذ

[1] D. 49, 19; N. 28, 2. — [2] D. 50, 1; N. 28, 3. — [3] D. 52, 2; N. 28, 4.

*nô'âz* serait pour *lô'ez*, bien qu'il y ait de plus *ḳâmêṣ* au lieu de *ṣêrê*. On a également dit que *nô'âz* est une variante, dans le sens de *lô'ez* et sur le modèle de *ôbad* (*Deut.* XXXII, 28), malgré le *pataḥ* qu'a celui-ci et le *ḳâmêṣ* qu'a celui-là. C'est par suite de cette ponctuation que je préfère l'opinion que j'ai émise la première.

*Yâ'af*. Aboû Zakariyâ n'a mentionné qu'un sens de cette racine, savoir : *Isaïe*, XL, 30, et il en a passé une autre : *tô'âfôt* (*Nomb.* XXIII, 22 ; *Ps.* XCV, 4) à l'état construit, comme *tôṣe'ôt* (*Prov.* IV, 23) et *tô'âfôt* (*Job*, XXII, 25), comme *tôṣâ'ôt* (*Ps.* LXVIII, 21), à l'état absolu. Je pense, que *mou'âf bi'âf* (*Dan.* IX, 21), appartiennent à cette racine et à ce sens; *mou'âf* est alors un participe passif, comme *mouṣâḳ*, *mouschkâb*, et *bi'âf* est un nom sur le modèle de *biḳâr* (*Ps.* XLIX, 13).

*Yâ'aṣ*. Aboû Zakariyâ a passé le *hitpaël* (*Ps.* LXXXIII, 4), où le deuxième radical devrait avoir un *dâgêsch*. Il dit dans cet article : « L'impératif présente la forme insolite *'ouṣou* (*Is.* VIII, 10), au

עצו עצה الوجه فيه עצו [او יעצו][1] قال مروان لا ادرى ما الذى معناه
ان يجعله من اصل اخر معتلّ العين مقلوب من יעץ ولم يجعله
شاذا وان كان ايضا محتملا عندى وجه اخر مستحسنا وهو بان اقول
ان فيه יעוצו على زنة זכורו עמודו فحذف منه فاءه وهو [الياء وجاء][2]
بالשרק مكان الחלם كما قيل ישפוטו הם לא תעבורי מזה תתם חלאתה
بשרק مكان الחלם وكذلك اقول فى גשו הנה ان الوجه فيه נגשו
فحذف منه النون وانما من جعل גשו הנה معتلّ العين وقرن به וגוש
עפר فهو عديم الحس لان גוש עפר نوع من الخشاش قياسا عليه
بقوله לבש בשרי רמה فעצו عندى على زنة גשו فاذا كان كذلك
فليس بشاذّ

[1] Ainsi vers. hébr. et le texte de Ḥayyoudj. — [2] Vers. hébr.

lieu de *ʿăṣou* ou *yaʿăṣou.* » Mais je ne sais ce qui a empêché Aboû Zakariyâ d'attribuer cet impératif à une autre racine qui aurait pour deuxième radical une lettre faible, par métathèse de *yâʿaṣ*, ce qui ferait disparaître l'anomalie. Il y aurait encore une autre manière acceptable de justifier cette forme, ce serait de dire que *ʿouṣou* est pour *yeʿouṣou*, d'après le modèle de *zekôrou* (*Néh.* IV, 8) et de *ʿămôdou* (*Naḥoum*, II, 9), que le premier radical, savoir le *yôd* a été retranché et le *ḥôlém* remplacé par un *schouréḳ*, comme cela a lieu dans *yischpouṭou* (*Ex.* XVIII, 26), *taʿăbourî* (*Ruth*, II, 8), *tittoum* (*Ez.* XXIV, 11). J'expliquerais de la même façon *gôschou* (*Jos.* III, 9) en le prenant pour *negôschou* avec le *noun* retranché. Le grammairien[1] qui a dérivé ce dernier mot d'une racine au deuxième radical faible, et qui l'a réuni avec *gousch* (*Job*, VII, 5) manque de sens ; car *gousch*, dans ce passage, désigne une espèce de reptile, comme l'indique l'autre membre de phrase. *ʿOuṣou* est donc formé comme *gôschou*, et ne présente aucune irrégularité.

[1] Menaḥem, *Maḥbéret*, p. 60 ; *Likkouṭé ḳadmôniôt*, p. 174.

יצב[1] قال فيه יצב גבלות עמים مصدر وانا اقول انه يجوز ايضا ان
يكون مستقبلا من הציב وان יציב ויצב واحد كما ان יפיל ויפל من
الافعال السالمة سواء وكذلك ישיב וישב וימית וימת من المعتلّة
العين واحد واغفل آز من هذا النوع شخصا واحدا وهو ما لم
يسم فاعله من الثقيل الذى على زنة הפעיל והצב גלתה העלתה

יצע لم يذكره اصلا والذى استعمل منه هو الثقيل بادغام الياء
التى هى فاء الفعل فى الصاد كما فعل فى הציב ושק ואפר יציע على زنة
יציב ואציעה שאול הנך وما لم يسمّ فاعله הצע على زنة והצב גלתה
העלתה والمستقبل منه תחתיך יצע רמה יצע לרבים وقد قيل ان יצע
فعل ماض والياء فاء الفعل وليست للاستقبال على زنة סגר כל בית

[1] D. 50, 14; N. 25, 16.

---

*Yâṣab.* Aboû Zakariyâ prend *yaṣṣêb* (*Deut.* xxxii, 8) pour un infinitif. Mais je pense que ce mot peut être le futur de *hiṣṣîb*, et que *yaṣṣîb* et *yaṣṣêb* ne font qu'un, comme, parmi les verbes sans lettres douces, *yappîl* et *yappêl;* comme *yâschîb* et *yâschèb*, *yâmît* et *yâmêt* parmi les verbes au deuxième radical faible. Aboû Zakariyâ a passé aussi un exemple, savoir : le passif du *hifîl* (*Nah.* ii, 8).

*Yâṣa*ᶜ. Oublié complétement. Cependant la forme lourde est usitée avec le premier radical inséré par un *dâgêsch* dans le *ṣâdê*, comme dans *hiṣṣîb*. Tels sont : *yaṣṣîᶜa* (*Is.* lviii, 5) sur le modèle de *yaṣṣîb* (*Jos.* vi, 26) et *aṣṣîᶜâh* (*Ps.* cxxxix, 8); puis le passif *houṣṣa*ᶜ, sur le paradigme de *wehouṣṣab* (*Nah.* ii, 8), au futur *youṣṣa*ᶜ (*Is.* xiv, 11; *Est.* iv, 3). On a pris ce dernier mot pour un parfait, et le *yôd*, non pas pour le préfixe du futur, mais pour le premier radical sur le modèle de *souggar* (*Is.* xxiv, 10)[1]. Les deux opinions sont également bonnes et admissibles. On rencontre aussi

[1] C'est l'opinion à laquelle Ibn Ezra s'est arrêté.

מבוא وكلا القولين جائز حسن والاسم יצועי עלה على زنة ענוי ומרודי אם זכרתיך על יצועי وقد يجوز ان يقال فى יצועי انه مفعول من فعل خفيف ومن هذا الاصل وهذا المعنى היציע התחתונה وكذلك منه ايضا כי קצר המצע بادغام فاء الفعل فى عينه على زنة מדע ומצב

יצק[1] ذكر فيه نوعا واحدا وهو ויצק עליה وقال[2] יצקו על העולה موقّف اليا قال مروان المشهور من عادته اذا قال فى شىء من هذه الافعال التى فاءاتها ياء انه موقف الياء انه يريد به انه فعل مستقبل وان ذلك الياء الموقف للاستقبال وان فاء الفعل لين بين الياء

[1] D. 51, 13; N. 29, 5. — [2] D. 51, 14; dans N. 29, 5, on a remplacé notre exemple par ויצקו לאנשים (II *Rois*, IV, 40), en ajoutant : « que le ויצקו de I *Rois*, XVIII, 34, ne devrait pas avoir *ga'ya*, parce qu'il est comme כמכהו (*Ex.* XI, 21). » L'observation d'Ibn-Djanâḥ n'aurait plus aucun fondement, et cependant la divergence est encore mentionnée par D. Kamḥi, *Lexique*, rad. יצק. Ce changement provient donc d'un nouvel éditeur, ou plutôt on a fondu dans le texte une glose de R. Mosé Hakkohen.

---

le nom *yeṣou'î* (*Gen.* XLIX, 4; cf. *Ps.* LXIII, 7) d'après *meroudî* (*Lam.* III, 19); cependant ce mot pourrait bien être le participe passif de la forme légère. Pour la racine et le sens, il faut encore citer ici *hayyâṣî'a* (I *Rois*, VI, 6) et *hammaṣṣâ'* (*Is.* XXVIII, 20), où le premier radical est inséré dans le deuxième, comme dans *maddâ'* et *maṣṣâb*.

*Yâṣaḳ*. Abou Zakariyâ n'y mentionne qu'un sens, celui de *weyâṣaḳ* (*Lév.* II, 1), puis il ajoute : « *Weyiṣeḳou* (I *Rois*, XVIII, 34) avec le *yôd* pourvu d'un arrêt (*métég*). » On connaît l'habitude de notre auteur; quand il dit d'un verbe au premier radical *yôd* que cette lettre a un arrêt, il entend par là que c'est un futur et que l'arrêt est placé sous le *yôd* pour faire reconnaître ce temps; le premier radical, son doux entre le préfixe et la lettre sui-

والحرف الذى يتلوه ولذلك وقف ذلك الياء كما قال فى ירדו[1] ישבו יצאו
ידעו وما جانسها أنها موقّفة الياءات وكذلك قال فى וייטבו דבריהם[2]
ויקצו מזעזעיך[3] وبالجملة لا يذكر التوقيف الا فى الزوائد التى
للاستقبال وهى الالف والنون والياء والتاء وذلك مشهور من قوله فى
المقالة الاولى من كتاب حروف اللين فى القول على الافعال التى فاءاتها
ياء وفى الافعال التى فاءاتها الف وقال[4] فى וייראו מגשת אליו ומן ירך
לבבכם ותיראו ייראו מה' الزوائد موقّفة ومن لم يوقّفها فقد جهل
الحقّ وموضع الصواب فهو عنده اذا اعنى ויצקו فعل مستقبل فان
اعتلّ علينا معتلّ بقوله الزوائد موقفة فقال لو انّ الياء فى ויצקו
عنده زائدة للاستقبال لقال ايضا الزائدة موقفة فقوله فيه موقف

[1] D. 54, 3; N. 30, 25. L'observation ne se trouve pas pour les trois autres racines. — [2] D. 45, 6; N. 25, 3. — [3] D. 52; 7; N. 29, 23. — [4] D. 53, 9; N. 30, 8. Depuis ومن jusqu'à الصواب manque chez ce dernier.

---

vante, est alors indiqué par cet arrêt, comme Aboû Zakariyâ le constate également pour *yèredou*, *yèschebou*, etc. Il en dit autant de *wayyîṭebou* (*Gen.* XXXIV, 18), *weyiḳeṣou* (*Hab.* II, 7), et ne parle en général de l'arrêt qu'à propos des lettres ajoutées pour le futur, l'*âléf*, le *noun*, le *yôd* et le *tâw*. C'est ce qui résulte de ses paroles dans la première section de son livre sur les lettres douces, dans un passage où il traite des verbes qui ont pour premier radical *yôd* et de ceux qui ont pour premier radical *âléf* : « Dans *wayyîre'ou* (*Ex.* XXXIV, 30), *wetîre'ou* (*Jér.* LI, 46), *yîre'ou* (*Ps.* XXXIII, 8), les lettres complémentaires doivent avoir un arrêt, et quiconque ne l'y met pas ignore ce qui est vrai et juste. » D'après Aboû Zakariyâ, *weyiṣeḳou* est donc un futur. On pourrait cependant arguer contre nous des mots : « Les lettres complémentaires doivent avoir un arrêt, » que si l'auteur, comme je le pense, avait voulu dire que le *yôd* de *weyiṣeḳou* était ajouté comme marque du futur, Aboû Zakariyâ se serait servi de l'expression : « Avec la lettre com-

الياء دليل على ان اليا عنده اصل لا زائدة قلنا له انما قال ان
الزوائد موقفة لان تلك الزوائد اجتمعت من ياءين وتاء ولم تمكنه
العبارة عن هذه الثلاثة احرف بلفظة واحدة غير قوله الزوائد
وقد قال[1] فى ויקצו מזועיך الياء فى ויקצו موقفة دالة على ان بعدها
ياء ساكنة هو فاء الفعل ولم يقل الزائدة كالذى اعترضنا به وقد
جعل هو[2] البرهان على ان וידעו الذى هو بצרי فعل مستقبل توقيف
الياء منه وقال ان وزنه ויפעלו وقال فى וידעו الذى هو بקמץ גדול
ان وزنه ופעלו فان كان ויצקו על העולה عنده فعلا مستقبلا فذلك
ما لا استحسنه اذ لا وجه للاستقبال فى هذا الموضع وانما هو امر
الا تراه يقول מלאו ארבעה כדים מים ויצקו על העולה ועל העצים ויאמר

[1] D. 52, 6; N. 29, 22. — [2] D. 38, 28 et suiv.; N. 20, 17 et suiv.

plémentaire pourvue d'un arrêt, » tandis que les mots « avec le *yôd*, etc. » prouvent qu'il a regardé cette lettre comme faisant partie de la racine et nullement comme lettre complémentaire. A cela nous répondons qu'Aboû Zakariyâ a employé (dans la règle générale) le terme « les lettres complémentaires, » parce que les exemples cités présentaient deux *yôd* et un *tâw* et qu'aucun autre terme n'aurait pu s'appliquer à la fois à ces trois lettres. (Dans le paragraphe *yâḳaṣ*) Aboû Zakariyâ dit que dans *weyiḳeṣou* (*Hab.* II, 7) le *yôd* a un arrêt destiné à indiquer le *yôd* quiescent du premier radical qui suit le préfixe, et il ne dit pas « la lettre complémentaire, » comme on nous l'oppose. Aboû Zakariyâ dit encore (à un autre endroit) : « La preuve que *wayyêdeʿou* (*Gen.* III, 7) avec *ṣêré* est un futur du modèle de *wayyifeʿalou* consiste dans l'arrêt dont le *yôd* est pourvu, tandis que *weyâdeʿou* avec *ḳâmèṣ* est de la forme *wefâʿalou.* » Donc *weyiṣeḳou* est pour Aboû Zakariyâ un futur, ce que je ne saurais approuver ; car, dans le passage, il n'y a pas place pour un futur, mais pour un impératif, comme on le voit

שנו וישנו ויאמר שלשו וישלשו فالجميع امر معطوف بعضه على بعض
فلا يكون برهان اقوى من هذا على ان ויצקו امر وان كان انما اراد
آز تعريفنا ان الياء موقف وهو يعتقد فيه الامر فذلك فصل كان
مستغنيا عن ذكره اذ ليس مجراه توقيفنا على حركات الالحان التى
لا علة لها من طريق اللغة الا ان تدعوه الى ذلك ضرورة بل انما
مجراه وقصده توقيفنا على تصاريف الفنّ الذى رماه وهو حروف
اللين وايضا ذوات المثلين وتبيين اعتلال ما اعتلّ من ذلك لازما
انه لم يأتنا فى توقيف الياء من ויצקו بوجه والدليل على انه لم
يعتقده امرا قوله بعد هذا[1] والامر جاء على الاصل וגם יצק בו מים
وعلى غير الاصل צק לעם فلو كان ויצקו عنده امرا لاستغنى به عن

[1] D. 51, 15; N. 29, 9.

---

par toute la teneur du verset : «Remplissez quatre cruches, etc.» C'est toute une suite d'impératifs, et il n'y a pas de preuve plus concluante pour faire de *weyiṣeḳou* également un impératif. Si en outre Aboû Zakariyâ, tout en étant de notre avis, avait voulu nous faire savoir que le *yôd* a un arrêt, c'est là un sujet qu'il se serait dispensé de traiter; car il n'est pas habitué à nous indiquer les mouvements des accents quand ils n'ont pas une raison grammaticale, à moins qu'une nécessité particulière ne l'y oblige. Sa méthode consiste plutôt à diriger notre attention sur les phénomènes provenant du point qu'il traite, c'est-à-dire des lettres douces et des racines géminées, et à faire comprendre les irrégularités qui en résultent, mais certes pas à nous faire remarquer que le *yôd* de *weyiṣeḳou* a un arrêt. Une autre preuve qu'Aboû Zakariyâ n'a pas songé à faire de ce mot un impératif, c'est qu'il dit ensuite : «L'impératif conserve toutes les lettres de la racine, comme dans *yeṣôḳ* (*Ez.* xxiv, 3), ou ne les conserve pas comme dans *ṣaḳ* (II *Rois*, iv, 41).» Certes, si Aboû Zakariyâ avait pris

ذكر וגם יצק בו מים وعن قوله ايضا انه على الاصل اذ لا فرق بين
יצק בו وبين ויצקו والدليل ايضا على انه عنده فعل مستقبل قوله
باثر ויצקו על העולה[1] وقد جاء المستقبل بادغام الياء فى الصاد כי
אצק מים بانه يعرفنا ان المستقبل منه اتى بادغام وبغير ادغام ومما
يحقق عليه هذا الاعتقاد فيه استعماله فى كلامه وقد فهذا عندى
وهم من الاستاذ وغفلة وانما اوهمه فيه توقيف الياء وتوقيف هذا
الياء فى ויצקו وان كان امرا كتوقيف ميم משכו وكتوقيف قاف קראו
צום من ותכתב בספרים اللذين هما امر ومثلهما שחדו בעדי فانه
موقف الشين وهو امر ومثل ذلك ومثل هذا التوقيف ليس من
طبيعة اللغة لكنه من استنباط اصحاب الالحان واما التوقيف الذى

[1] D. 51, 14; N. 29, 8.

---

*weyiṣeḳou* pour un impératif, il se serait passé de citer *yeṣôḳ*, et il n'aurait pas ajouté que ce mot conserve les lettres de la racine, puisqu'il n'y a pas de différence entre *yeṣôḳ* et *weyiṣeḳou*. Une dernière preuve enfin que notre auteur a pris *weyiṣeḳou* pour un futur, ce sont ses paroles, après qu'il a donné cet exemple : « On rencontre aussi le futur avec insertion du *yôd* dans le *ṣâdê*; exemple : *éṣṣôḳ* (*Is.* XLIV, 3); » ce qui veut dire que le futur se trouve avec et sans insertion, pensée qui est confirmée par l'emploi du mot « aussi. » Il y a donc, je crois, erreur et négligence de la part du maître, et c'est l'arrêt du *yôd* qui l'a trompé. Cependant cet arrêt sous le premier radical, même à l'impératif, se trouve pareillement sous le *mêm* de *mischekou* (*Ex.* XII, 21), sous le *ḳôf* de *ḳire'ou* dans le verset qui commence par *wattiktôb* (I *Rois*, XXI, 9), qui sont tous deux des impératifs, sous le *schîn* de l'impératif *schiḥădou* (*Job*, VI, 22), etc. etc. Ces arrêts ne proviennent pas de la nature du langage, mais ils sont des inventions de ceux qui ont placé les accents; les arrêts, au contraire, qui proviennent

هو من اصل اللغة وطبيعتها فمثل توقيف ياء וייראו ממערב את שם
ה' الذى هو دالّ على الساكن الذى بعده الذى هو فاء الفعل
ووزن יצק ויצקו اللذين هما امر שמר ושמרו ومما جاء الامر فيه
باثبات فاء الفعل من الأفعال التى فاءاتها ياء יראו את ה' قال آز الاصل
فيه יראו على زنة שמרו אמרו[1] قال مروان ومثل هذا ايضا ים ודרום
ירשה الهاء فيه زائدة على الامر ولو امرت الجميع منه لقلت ירשו
لا محالة على زنة שמרו אמרו وادخل آز فى هذا النوع[2] הוצק חן فى
حيز الفعل الخفيف اعنى مع ויצק עליה לא יצק עליו وقال فيه وزنه
השלך השכב ثم قال وفى الاصل فعل ثقيل הוציק יוציק מוצקת فالصواب
اذا انما كان ادخال הוצק فى حيز هذا القسم الثقيل اذ هو مقتطع
منه لان هذا المثل لا يكون الا للفعل الثقيل على ما اعلمتك فى باب

[1] D. 53, 16; N. 30, 14. — [2] D. 51, 17-19; N. 29, 10-12.

---

de la nature même du langage, tels que celui du *yôd* de *weyire'ou* (*Is.* LIX, 19), indiquent le premier radical quiescent qui suit cette lettre. — *Yeṣôḳ*, *yiṣeḳou*, tous deux des impératifs, ont la forme de *schemôr*, *schimerou*; le premier radical *yôd* est également conservé dans *yerou* (*Ps.* XXXIV, 10), qui, d'après Aboû Zakariyâ, est à la place de *yire'ou* sur le modèle de *schimerou*, *imerou*, et dans *yerâschâh* (*Deut.* XXXIII, 23), où le *hé* est ajouté à l'impératif, et qui, sans aucun doute, au pluriel aurait *yireschou* comme *schimerou* et *imerou*. Aboû Zakariyâ place, dans ce sens, *houṣaḳ* (*Ps.* XLV, 3) parmi les exemples de la forme légère comme *Lév.* II, 1; *Nomb.* V, 15, et dit que ce mot a la forme de *houschlak*, *houschkab*. Puis il poursuit : « Dans cette racine il y a aussi la forme lourde *hôṣîḳ*, *yôṣîḳ*, dont *môṣéḳét* (II *Rois*, IV, 5). » A la vérité, *houṣaḳ* aurait dû être rangé parmi les exemples de la forme lourde dont il dérive; car, comme je l'ai fait remarquer dans le paragraphe *yâ'ad*,

יעד وهذا ايضا وهم منه فان قال قائل ان הוצק חן من للخفيف والدليل على ذلك قول آز[1] وما لم يسمّ فاعله من الافعال التى فاءها ياء بردّ الياء التى هى فاء الفعل واوا لانضمام ما قبلها لانّ كلّ فعل لم يسمّ فاعله فاوّل احرفه مضموم ابدا قال ויוסף הורד מצרימה אך אל שאול תורד היא מוצאת המוצאים מודעת זאת فحكم بهذا القول حكما عامّا لجميع الافعال التى فاءاتها ياء ان ما لم يسمّ فاعله منها على هذه البنية خفيفا كان او ثقيلا فما يبعد اذًا ان يكون הוצק חן خفيفا قلنا له من دخول الهاء على هذه الافعال التى مثل بها از دليل على انها من بنية הפעיל وהפעיל ثقيل البنية وآز ايضا لم يذهب الى ان هذه البنية مشتركة للخفيف والثقيل كما ظننت

[1] D. 41, 14; N. 22, 22.

---

ce modèle n'appartient qu'à cette forme. C'est donc encore une erreur qu'Aboû Zakariyâ a commise. On pourrait, afin de nous prouver que *houṣaḳ* vient d'une forme légère, nous citer les paroles suivantes d'Aboû Zakariyâ, qui dit : « Les verbes au premier radical *yôd* changent au passif cette lettre en *wâw* précédé du son *ou;* car chaque passif a toujours sa première lettre pourvue du son *ou;* exemple : *hourad* (*Gen.* XXXIX, 1), *tourad* (*Is.* XIV, 15), *mouṣêt* (*Gen.* XXXVIII, 25), *hammouṣâ'îm* (*Ez.* XIV, 22), *mouda'at* (*Is.* XII, 5). » Comme cette règle est donnée d'une manière générale pour les passifs de tous les verbes au premier radical *yôd* qui sont ainsi formés, qu'ils soient de la forme légère ou lourde, rien ne s'opposerait à ce que *houṣaḳ* fût une forme légère. A cela nous répliquerons : le *hê*, dont les verbes cités par Aboû Zakariyâ sont pourvus, prouve qu'ils appartiennent au *hifîl*, qui est une forme lourde, et Aboû Zakariyâ lui-même ne prétend pas, comme on voudrait le faire croire, que ce paradigme puisse se rapporter également à la forme légère et à la forme lourde. Notre auteur

انت بل هي عنده للتثقيل خاصّة والدليل على ذلك ادخاله لها في
باب הפעיל الذى هو تثقيل والبرهان على انها بنية للتثقيل خاصة
ما ذكرته في باب יעד وايضا انهم اذا ارادوا ما لم يسمّ فاعله من
بنية التخفيف من الافعال التى فاءاتها ياء قالوه بلا هاء كما قالوا אשר
ילד לו במצרים ילדו על ברכי יוסף وهما ما لم يسمّ فاعله من ילד
الخفيف ومثل هذا ימים יצרו وهو ما لم يسمّ فاعله من יצר خفيف
فان قال قائل قد يمكن ان يكون אשר ילד לו ילדו על ברכי יוסף من
بنية التثقيل اعنى من ותקח המילדת قلنا له ان ذلك يستحيل من
قبل ان المילדת غير اليולדת وان فعل المילדת لا يتجاوز [عن] اليולדה
الى اليلוד والدليل على ان ילד وילדו لليולדת قول ותלד על ברכי
كما قيل ילדו על ברכי יוסף فقد بان بما ذكرنا ان ادخال اﺑﻦ הוצק חן

considère au contraire ce paradigme comme particulièrement affecté à la forme lourde, et ce qui le prouve, c'est qu'il assigne à *houṣaḳ* la forme lourde du *hifîl.* Nous avons donné la preuve de l'emploi spécial de ce passif à cette forme lourde dans le paragraphe *yâʿad.* Nous ajoutons ceci : Pour les passifs de la forme légère des verbes au premier radical *yôd*, on ne se sert pas du *hé;* ainsi *youllad* (*Gen.* XLVI, 27), *youlledou* (*ibid.* L, 23) sont les passifs de la forme légère *yâlad*, comme *youṣṣârou* (*Ps.* CXXXIX, 16) est le passif de la forme légère *yâṣar;* car il est impossible que *youllad* et *youlledou* soient passifs de la forme lourde *hammeyallédét* (*Gen.* XXXVIII, 28), puisque celle-ci (qui fait accoucher) doit être distinguée de la *yôlédét* (qui enfante). L'acte de la *meyallédét* ne va pas au delà de celle qui accouche, pour se porter à l'enfant; *youllad* et *youlledou* se rapportent au contraire (comme passifs) à la *yôlédét*[1]. Qu'on compare, pour en être convaincu, *wattêlêd ʿal birkai* (*Gen.* XXX, 3) avec l'expression *youlledou ʿal birkê Yôsêf* (*ibid.* L,

[1] En d'autres termes, le passif du *piél* se rapporterait à la femme qui a été accouchée, et non à l'enfant qui a été mis au monde.

في حيز الفعل الخفيف غفلة منه واغفل من هذا النوع قسما اخر
من الثقيل ادغم منه فاء الفعل في عينه وهو הציק יציק ויצקו את
ארון האלהים ויצקום לפני ה׳ مثل הציב דרך קשתו ויציבני وادخل
في جملة هذا النوع יצקים ביצקתו[1] وهو نوع اخر بلا شكّ لكن
النوعين متقاربان وتصريف هذا النوع יִצקם המלך יצקים ביצקתו
לבו יצוק כמו אבן ויצוק כפלח תחתית ووزنهما פעול والمصدر לצקת את
אדני على زنة לרדת وما لم يسم فاعله على بنية الثقيل الذى على
زنة הפעיל הוצק ויעש את הים מוצק على زنة משלך משכב

יצר اغفل منه شخصين احدهما ما لم يسمّ فاعله من بنية الخفيف
وهو ימים יצרו مثل ילדו על ברכי יוסף والاخر ما لم يسم فاعله
ايضا من بنية الثقيل وهو כל כלי יוצר עליך على زنة אך אל שאול

[1] D. 51, 17; N. 29, 10. La leçon de D. est mauvaise.

---

23). Il résulte de notre raisonnement qu'Aboû Zakariyâ a commis une négligence en plaçant *housak* parmi les exemples de la forme légère. — Aboû Zakariyâ a en outre, dans ce sens, passé une partie de la forme lourde, où le premier radical a été inséré dans le deuxième : *wayyaṣṣiḳou* (II *Sam.* xv, 24); *wayyaṣṣiḳoum* (*Jos.* vii, 23), d'après le paradigme de *wayyaṣṣîbênî* (*Lam.* iii, 13). Enfin, Aboû Zakariyâ a fait entrer dans ce sens le verset *yeṣouḳîm biṣouḳâtô* (I *Rois*, vii, 24), qui est sans doute d'un autre sens, bien que les deux sens se rapprochent[1]. Voici les différentes formes qu'on trouve de ce dernier sens : *yeṣâḳêm* (*ibid.* vii, 46); *yeṣouḳîm biṣouḳâtô*, *yâṣouḳ* et *weyâṣouḳ* (*Job*, xli, 16), de la forme *pâ'oul*; l'infinitif *lâṣéḳét* (*Ex.* xxxviii, 27) comme *lârédét*, et le passif du *hifil* : *mouṣâḳ* (I *Rois*, vii, 23), comme *mouschlâk*, *mouschkâb*.

*Yâṣar.* Aboû Zakariyâ a passé deux formes : le passif de la forme légère *youṣṣârou* (*Ps.* cxxxix, 16), comme *youlledou* (*Gen.* l, 23) et

[1] Voyez *Kitâb al-ouṣoul*, col. 292, 4-6.

תּוּרַד وقد قيل فى יוּצַר עָלַיִךְ انه من المعتلّ العين اعنى צוּרַת הַבַּיִת
יקד اغفل منه شخصا واحدا وهو ما لم يسمّ فاعله على بنية
الثقيل וְאֵשׁ הַמִּזְבֵּחַ תּוּקַד בּוֹ

ירט لم يذكره اصلا כִּי יָרַט הַדֶּרֶךְ לְנֶגְדִּי والمستقبل على القياس יירט
على زنة יירשׁ او ירט على زنة ירד واعلم ان וְעַל יְדֵי רְשָׁעִים יִרְטֵנִי من
هذا الاصل وهذا المعنى وقيل ان الوجه فى الياء التوقيف ليدلّ
ذلك على فاء الفعل فترك استخفافا ويجوز ان اقول ان الوجه فى
الراء من ירטני التشديد لاندغام الياء التى هى فاء الفعل فيه
كاندغام ياء יצר فى صاد וּבַמַּקֻּבוֹת יְצָּרֵהוּ الا ان الراء لا يستسهل
فيه التشديد ومثل ירטני عندى على هذا التلخيص الذى لخصته
فيه וְיִסְּרֵנִי מִלֶּכֶת בְּדֶרֶךְ הָעָם הַזֶּה לֵאמֹר فانه عندى فعل مستقبل من

---

le passif de la forme lourde *youṣar* (*Is.* LIV, 17), comme *tourad* (*ibid.* XIV, 15). *Youṣar* est regardé par d'autres comme dérivé d'un verbe au second radical faible, celui dont est tiré *ṣourat* (*Ez.* XLIII, 11).

*Yâḳad.* Aboû Zakariyâ a oublié le passif de la forme lourde *touḳad* (*Lév.* VI, 2).

*Yâraṭ.* Oublié complétement. Voyez *yâraṭ* (*Nomb.* XXII, 32). D'après l'analogie, le futur serait *yîraṭ*, comme *yîrasch* ou *yéréṭ*, comme *yéréd*. Le mot *yirṭênî* (*Job*, XVI, 11) doit être cité ici pour la racine et pour le sens. On dit que le *yôd* devrait y avoir un arrêt (*métég*) pour indiquer le premier radical (omis); mais qu'on l'a supprimé pour alléger le mot. On pourrait aussi supposer que le *yôd*, premier radical, aurait dû être inséré dans le *rêsch* du *yirṭênî* par un *dâgêsch*, comme on l'a fait pour le *yôd* de *yâṣar* dans le *ṣâdê* de *yiṣṣerêhou* (*Is.* XLIV, 12), mais que le *rêsch* n'a pas permis le *dâgêsch*. A mon avis, il faudrait appliquer la même interprétation à *weyisserênî* (*ibid.* VIII, 11) et le prendre pour un futur de

יסר ادغم منه فاء الفعل في عينه كما صنع في ובמקבות יצרהו وربما قيل في ויסרני انه فعل ماض ثقيل ويكون الצרי فيه مكان الפתח كما كان الפתח مكان الצרי في כי גוי אבד עצות وفي הבדל יבדילני وفي غيرها وجاء ירטני متعديا وان كان כי ירט הדרך غير متعدّ كما جاء נטה ללון غير متعدّ ונטה לו מחוץ למחנה متعديا

ירק ذكر منه نوعا واحدا وهو וירקה בפניו واغفل منه نوعا اخر وهو ונהפכו כל פנים לירקון على زنة שברון זכרון وهو اسم والصفة لأن ירק على زنة חכם ويجوز ان يكون اسما مثل ארוחת ירק وكذلك וארה כל ירוק ידרוש يحتمل ان يكون اسما على زنة שלום ويحتمل ايضا ان يكون وصفا لموصوف محذوف على زنة קרוב ורחוק كانه قال ואחר כל מקום ירוק ידרוש وقد استعمل فيه التضعيف قال ירקרקות على زنة

---

*yâsar*, dans lequel le premier radical aurait été inséré dans le deuxième, comme dans *yiṣṣerêhou*. On en fait ordinairement un parfait d'une forme lourde, où le *ṣêrê* remplace le *pataḥ*, comme ailleurs le *pâtaḥ* tient lieu du *ṣêrê;* exemples : *ôbad* (*Deut.* xxxii, 28), *yabdîlanî* (*Is.* lvi, 3), etc.[1] *Yirṭênî* est suivi d'un complément direct, tandis que *yâraṭ* (*Nomb.* xxii, 32) n'en a pas, de même que *nâṭâh* est sans régime (*Jér.* xiv, 8) et se trouve avec régime (*Ex.* xxxiii, 7).

*Yâraḳ.* Abou Zakariyâ ne mentionne qu'un sens, *weyârekâh* (*Deut.* xxv, 9), et en passe un autre, savoir le nom *leyêrâḳôn* (*Jér.* xxx, 6), comme *schibbârôn*, *zikkârôn;* l'adjectif *yârâḳ* (1 *Rois*, xxi, 2), comme *ḥâkâm*. Ce dernier peut être aussi un nom, comme dans *Prov.* xv, 17. *Yârôḳ* (*Job*, xxxix, 8) est un nom de la forme *schâlôm*, ou bien un qualificatif de la forme de *ḳârôb*, *râḥôḳ;* la chose qualifiée serait alors retranchée, et ce serait comme s'il avait dit : *mâḳôm yârôḳ*. On rencontre de cette racine

[1] Voir le *Kitâb al-ouṣoul*, col. 287, 22-31; Sa'adia : واذّ بني.

ארדמדמות وقال فى هذا الباب واما וכי ירוק הזב מכלמות ורק ·עד בלעי
רקי לא חשכו רוק فاصل اخر[1] ولم يبيّن من اى اصل هى فاعلم انهما
من ذوات المثلين وبرهان ذلك اشتداد القاف .

ישב ادخل فى هذا الباب והושבתם לבדכם فى حيز الفعل الخفيف[2]
وانما كان يجب ان يدخله فى حيز الثقيل والبرهان على ذلك يبين
عند من كان ذاكرا لما تقدم من قولنا فى باب יעד وفى باب יצק

ישח لم يذكره وتصريفه على القياس ישח فعل ماض على زنة ידע
والمستقبل ישח [ يحذف[3] ] فاء الفعل على زنة ידע יצא والامر שח على
زنة צק לעם החל רש ודע כי ישה לך الا ان רש קמץ من اجل الوقف
وللمؤنّث שחי ונעברה على زنة צאי דעי רדי وسبى والاسم וישחך בקרבך

[1] D. 54, 10. Chez N. 30, 32, les deux derniers mots sont remplacés par רקק וכו', ce qui rend l'observation de notre auteur superflue. Le changement est probablement du traducteur. — [2] D. 55, 5-6; N. 31, 16. — [3] Vers. hébr.: נחסרת.

---

aussi la forme redoublée *yeraḳraḳḳôt* (*Lév.* XIV, 37), comme *ădamdammôt* (*ib.*).— Aboû Zakariyâ ajoute dans ce paragraphe : « Mais *yârôḳ* (*Lev.* XV, 8), *wârôḳ* (*Is.* L, 6), *rouḳḳî* (*Job*, VII, 19), *rôḳ* (*ibid.* XXX, 10) viennent d'une autre racine ; » mais il n'explique pas de quelle racine. Le *dâgêsch* dans le *ḳôf* (de *rouḳḳî*) prouve que c'est d'une racine géminée.

*Yâschab.* Aboû Zakariyâ a cité dans ce paragraphe *wehouschabtém* (*Is.* V, 8) parmi les exemples de la forme légère, bien que ce mot appartienne à la forme lourde. Cela est prouvé d'une manière évidente pour quiconque se rappelle mes observations dans les paragraphes *yâʿad* et *yâṣaḳ*.

*Yâschaḥ.* Racine omise. Les transformations qu'elle subit d'après l'analogie sont *yâschaḥ*, au parfait, comme *yâdaʿ* ; *yêschaḥ*, au futur, comme *yêdaʿ*, *yêsê'* avec omission du premier radical ; à l'impératif, *schaḥ*, comme *ṣaḳ* (II *Rois*, IV, 41), *râsch* (*Deut.* II, 24), qui a un *ḳâmêṣ* à cause de la pause, et *wedaʿ* (*Job*, XI, 6) : au féminin, *scheḥî* (*Is.* LI, 23), sur le modèle de *ṣe'î*, *deʿî*, *redî*,

على زنة וישעך תתן לנו وتفسيرها وذلّك وانخفاضك فى ذاتك اى باد
عليك ظاهر فيك متمكن منك غير مفارق لك[1] وكذلك تفسير שחי
ונעברה تطأطئى وانخفضى لنا حتى نجوز عليك هذا هو اختيارى
فى שחי وفى וישחך وغيرى يختار فى שחי ان يكون من שחה مثل ראי
من ראה עשי من עשה ويختار فى וישחך ان يكون فعلا مستقبلا من
השחה ישחה على زنة הפנה יפנה يقول قالوا ישח بالحذف على زنة יפן
ויפן זנב אל זנב فلما اضافوه الى الضمير ابقوه على اللفظ المحذوف
غير المضاف فقالوا וישחך والوجه فيه וישחך بفتح الياء ويجعل مثله
וחטאתם מלפניך אל תמחי على مذهب من قال ان الياء فى תמחי
مبدّلة من لام الفعل وهو الهاء وذلك انه كان قبل دخول ياء תמחי

[1] Vers. hébr. : ולִיכָה סרה ממך.

---

*schehî*; le nom est *weyéschehăkâ* (*Micha*, vi, 14), comme *weyésche'ăkâ* (*Ps.* lxxxv, 8). Le sens du verset est : Ta misère, ton abaissement est dans ton être, c'est-à-dire se montre sur toi, se distingue en toi, s'empare de toi sans te lâcher; de même, le verset d'Isaïe veut dire : Eh bien, abaisse-toi et humilie-toi devant nous, pour que nous passions sur toi. C'est là l'opinion que j'adopte sur ces deux mots. Un autre grammairien[1] préfère dériver *scheḥî* de *schâḥâh*, comme *re'î* de *râ'âh*, *'asî* de *'âsâh*, et prendre *weyéschehăkâ* pour un futur du *hifîl*. Il poursuit : « On dit *yéschaḥ*, en retranchant le *hê*, comme *yéfén* (*Juges*, xv, 4), et en y ajoutant le suffixe on a conservé la forme apocopée, comme avant l'addition, et l'on a prononcé *weyéschehăkâ*, au lieu de *weyaschehăkâ* avec un *pataḥ* pour le *yôd*. » Puis il compare *témḥî* (*Jér.* xviii, 23), en suivant l'opinion que le *yôd* à la fin de ce mot remplace le *hê*, troisième radical, et comme c'était *témaḥ* avant qu'on y eût placé

[1] Nous ne savons quel est le grammairien dont Ibn Djanâḥ cite ici textuellement les paroles. Parmi les postérieurs, R. Joseph Ḳamḥi adopte cette opinion.

תמה فبقى بعد دخولها على ما كان عليه قبل ذلك ويقول ان תמחי
وال תמח חסדי ماخوذان من فعل ثقيل اعنى המחה ימחה תמח كما
قالوا הרבה ירבה תרב גדלתי הרפה ירפה אל תרף ידיך ويحتجّ فى ذلك
باعتوار الحركات بعضها بعضا وخاصة هاتين الحركتين اعنى סגל
وפתח גדול وانا اقول ان هذا القول وان كان غير بعيد من الصواب
فى القياس فانه لا يوافق المعنى فان كون וישחך اسما لا فعلا اصوب
وذلك بيّن عند من تذكر الפסוק فلذلك قلت ان שחי ונעברה
וישחך בקרבך من ישח واعلم ان תמחי عند آز خفيف ودليل ذلك
تمثيله له بתשי اذ يقول فى باب נשה[1] צור ילדך תשי ذهبت النون
وصار موضعها ساكن لين وعلى مثال תמחי فقوله فيه انه مثل תשי
دليل على انه خفيف مثله

[1] D. 125, 4; N. 88, 4.

---

le *yôd*, on a conservé la même forme après que le *yôd* a été ajouté; *témḥî* et *témaḥ* (*Néh.* XIII, 14) sont donc tous les deux de la forme lourde, comme *téréb* (*Ps.* LXXI, 21) et *téréf* (*Josué*, X, 6). Il allègue en dernier lieu les permutations qui ont lieu entre les voyelles et particulièrement entre le *ségôl* et le *pataḥ*. Selon moi, cette opinion ne s'éloigne pas de la vérité quant à l'analogie, mais elle ne s'accorde pas avec le sens; car il convient que *weyéschehăkâ* ne soit pas un verbe, mais un nom; et cela doit être évident pour quiconque se rappelle le verset. Je soutiens donc que *schehî* et *weyéschehăkâ* sont de la racine *yâschaḥ*. Aboû Zakariyâ regarde *témḥî* comme une forme légère, puisqu'il lui compare *téschî* (*Deut.* XXXII, 18). En effet, il dit dans le paragraphe *nâschâh*: « Dans *téschî* le *noun* est omis et remplacé par une quiescente douce, comme dans *témḥî*. » Cette comparaison avec *téschî* prouve qu'Aboû Zakariyâ prend l'un et l'autre pour des formes légères[1].

[1] Voy. *Riḳmâh*, 52, 17-19; 104, 2-4; 201, 32 et suiv.

ישט لم يذكره ولم ياتنا من هذا الاصل الّا بنية الثقيل الذى تقلب فيه الياء واوا لينة مضموما ما قبله بחלם הושיט יושיט לבד מאשר יושיט לו המלך ויושט המלך على زنة הוריד יוריד ויורד כנהרות מים

ישן ذكر آז ישנתי אז ינוח לי فاتى بالفعل الماضى ثم قال ויישן ויחלם למה תישן וישנו שנת עולם موقّف الياء[1] قال مروان قد ذكرت فى باب יצק مذهبه فى قوله موقّف الياء انه انما يريد ان الياء مزيدة للاستقبال وان بعدها ساكنا لينا هو فاء الفعل وان تلك الياء محرّكة اما بالצרי واما بالחרק ولا يقول فى مثل וידעו ויצאו المحركة الياء بקמץ גדול انها موقفة الياء فقوله هاهنا فى וישנו שנות עולם

[1] D. 55, 14; N. 31, 21. Dans les deux versions, les deux derniers mots ont disparu, et l'exemple וישנו וכו' est placé après celui de ישנתי; c'est une rectification où l'on a tenu compte des observations de notre auteur. L'original arabe de Ḥayyoudj est d'accord avec notre texte.

---

*Yâschaṭ.* Aboû Zakariyâ ne mentionne pas cette racine. Nous n'en possédons du reste que la forme lourde, forme dans laquelle le *yôd* se change en un *wâw* doux précédé d'un *ḥôlém* : *yôschîṭ* (*Es.* IV, 11) et *wayyôschéṭ* (*ibid.* V, 2), comme *wayyôréd* (*Ps.* LXXVIII, 16).

*Yâschên.* Aboû Zakariyâ donne comme exemple du parfait *yâschantî* (*Job*, III, 13); puis il dit : « *Wayyîschân* (*Gen.* XLI, 5), *tîschan* (*Ps.* XLIV, 24), et *weyâschenou* (*Jér.* LI, 39), dont le *yôd* est pourvu d'un arrêt. » D'après ce que nous avons exposé dans le paragraphe *yâṣaḳ*, on sait que l'auteur entend par ces mots : « dont le *yôd* est pourvu d'un arrêt, » que le *yôd* est le préfixe du futur suivi d'une quiescente douce qui est le premier radical; ce *yôd* est alors pourvu d'un *ṣêré* ou d'un *ḥiréḳ*; car il ne dirait pas d'une forme comme *weyâṣe'ou* ou *weyâde'ou*, où le *yôd* a un *ḳâméṣ*, que

انه موقف دليل على قرأته له مكسور الياء בחרק وهو קמץ גדול على
זנה וזכרו פליטיכם ومما يؤكد القضاء عليه بانه عنده مكسور الياء
المستقبل ادخاله له في حيز الفعل المستقبل اعنى مع ויישן למה
תישן ה' بعد ذكره الفعل الماضى

ישע وجدناه يقول في هذا الباب[1] אין המלך נושע ברב חיל פתח لانه
انفعال[2] ישראל נושע בה' קמץ لانه منفعل قال مروان الامر فيهما
بالضدّ فان נושע ברב חיל קמץ والמסורת عليه לית כותיה קמץ وان
נושע בה' פתח وذلك واضح في الמסורת اذ قيل فيه נושע ב' פתחין
אשריך ישראל מי כמוך עם נושע בה' ישראל נושע בה' هكذا وجدنا
هذين الحرفين في كل مصحف يوثق بصحّته وكذلك هما مقيّدان في

[1] D. 55, 23, N. 31, 32. — [2] Vers. hébr. : כפיגל יגבר, ce qui s'accorde avec les deux traductions D. et N. Mais voici le texte arabe de Ḥayyoudj : ה'כ'ב'מ' קמץ لانه منفعل ר'כ'ב' פתח لانه انفعال. Le texte a donc été corrigé.

---

cette lettre a un arrêt. Il résulte donc de ce qu'il dit que le *yôd* (*Jér.* LI, 39) a un arrêt, qu'Aboû Zakariyâ y a lu *weyischenou* avec *ḥirèḳ*. Mais c'est *weyâschenou* avec *ḳâmèṣ*, comme *wezâḳerou* (*Ez.* VI, 9). Notre opinion, d'après laquelle l'auteur aurait pourvu le *yôd* d'un *ḥirèḳ* comme préfixe du futur, est confirmée par la place qu'il a donnée à cet exemple à la suite des autres futurs (*Gen.* XLI, 5 et *Ps.* XLIV, 24), qu'il mentionne après le parfait.

*Yâscha'*. Aboû Zakariyâ dit dans ce paragraphe que *Ps.* XXXIII, 16, on lit *nôscha'*, avec *pataḥ*, parce que c'est le parfait du *nifal*, tandis que, *Is.* XLV, 17, il y a *nôschâ'* avec *ḳâmèṣ*, parce que c'est un participe du *nifal*. Mais c'est le contraire : le passage des *Psaumes* a un *ḳâmèṣ* et le *Masôrâh* annote : « seul exemple avec *ḳâmèṣ*; » et celui d'*Isaïe* a un *pataḥ* et le *Masôrâh* remarque encore clairement : « Il y a deux exemples de ce mot avec *pataḥ*, *Deut.* XXXIII, 29, et *Is.* XLV, 17. » Du reste, nous avons trouvé ces deux mots écrits de cette façon dans tous les exemplaires corrects de la

מסורת אכלה ואכלה وهو اصحّ كتابا عندنا فى المסורה وربما كان هذا الخطأ فى كتاب آز من قبل الناسخ

وقال فى المقالة الاولى من كتاب حروف اللين فى اخر الباب الذى تكلم فيه بكلام جملى على الافعال التى فاءاتها ياء[1] وقد تزاد التاء فى مصادر هذه الافعال عوضا من الياء الساقطة فيقال שבת רדת דעת يعنى ان هذه التاءات عوض من الياءات التى هى فاءات فى ירד ידע ישב قال مروان ويجوز عندى ان تكون هذه التاءات لغير عوض من النقصان بل ذلك تواطؤ منهم عليه واستحسان منهم له كما زادوها فى תוחלת ממשכה وفى מולדת בית وفى غيرها من الاسماء التى لا نقصان فيها فان قال قائل ان زيادة التاء فى תוחלת وفى מולדת وفى ما

[1] D. 39, 24; N. 21, 8.

---

Bible, et la leçon est ainsi fixée dans le *Masôrâh Oklâh we'oklâh*[1], qui, selon moi, est le plus exact que nous possédions. Peut-être cette erreur dans le livre d'Aboû Zakariyâ vient-elle du copiste.

Aboû Zakariyâ, dans la première section du *Traité des lettres douces*, à la fin du chapitre dans lequel il parle d'une manière générale des verbes qui ont *yôd* pour premier radical, dit ce qui suit : «Dans les infinitifs de ces verbes, on ajoute quelquefois un *tâw* en remplacement du *yôd* tombé; ainsi : *schébét*, *rédét*, *da'at*.» Il pense donc que les *tâw* remplacent les *yôd* qui sont premiers radicaux de *yârad*, *yâda'*, *yâschab*. Pour moi, ces *tâw* ne tiennent la place de rien qui manque, mais ils ont été simplement acceptés et agréés ainsi, de même qu'ils ont été ajoutés aux mots *tôḥélét* (*Prov.* XIII, 12), *môlédét* (*Lev.* XVIII, 9), etc. où rien n'a été retranché; et si l'on objectait que, dans ces deux noms et autres semblables, le premier radical étant une lettre douce, le *tâw* pourrait

[1] Voy. *Das Buch Ochla We'ochlah*, par Frensdorff (1864), n. 24.

اشبهها من الاسماء اللينة الفاءات عوض من ظهور فاءاتها اجبناه
יכלת ويבשת המים مصدران سالمان من اللين والنقصان اذ فاءاتهما
ظاهرات متحركات وقد زادوا فيهما التاء وايضا فان מחשבת ومערכת
على زنة מולדת وكذلك תפארת على زنة תוחלת وهى كلها بزيادة التاء
ومن هذا النمط הלדת את פרעה هو عندى مصدر لبنية الثقيل
الذى لم يسمّ فاعله وهو قبل زيادة التاء הלד على زنة כי הגד הגד
לעבדיך והחתל לא חתלת فهذا دليل على ان زيادتها فى רדת שבת ודעת
وما اشبهها لغير عوض واعلم ان יכלת ה׳ عند آز اسم[1] وكونه مصدرا
اصوب عندى والتاء فيه داخلة على יכול مثل היכול אוכל وكذلك
اقول فى יבשת המים ان التاء فيه داخلة على יבוש مثل יבוש תיבש
ومثلها פשטה וערה וחגרה על חלצים فقد علمت ان الهاء والتا

[1] D. 46, 2; N. 25, 25. Ce dernier porte הפוגל טב, correction du traducteur.

---

bien y remplacer cette lettre qui n'est pas apparente; nous citerions *yekôlét* (*Nomb.* xiv, 16) et *yebôschét* (*Gen.* viii, 7) qui sont deux infinitifs, dont aucune lettre n'est adoucie ni omise, puisque le premier radical y est apparent et vocalisé, et où cependant on a ajouté le *tâw*. Comparez encore *maḥäschébét* et *maʿärékét*, formé comme *môlédét* et *tif'érét*, formé comme *tôḥélét*, où partout le *tâw* a été ajouté. Dans cette voie, *houllédét* (*Gen.* xl, 20) est, selon moi, l'infinitif du passif de la forme lourde; c'était avant l'addition du *tâw*, *houlléd*, comme *houggêd* (*Jos.* ix, 24) et *hoḥtêl* (*Ez.* xvi, 4). Il en résulte que le *tâw* dans *rédét*, *schébét* et *daʿat*, etc. n'est pas destiné à suppléer quoi que ce soit. — Aboû Zakariyâ prend *yekôlét* pour un nom, mais je crois qu'il est plus juste de le considérer comme un infinitif; le *tâw* s'est ajouté à *yâkôl*, qu'on trouve *Nomb.* xxii, 38, de même que *yebôschét* (*Gen.* viii, 8) s'est formé, par l'addition du *tâw*, de *yâbôsch* (*Zach.* xi, 17). Il en est ainsi des mots *peschôṭâh*, *ʿôrâh* et *ḥăgôrâh* (*Is.* xxxii, 11); car, comme on le

جاريتان مجرى واحدا[1] وما يبعد ايضا ان تكون التاءات فى المصادر
التى ذكرها آنفا عوضا من الفاءات الناقصات كما زعم ويكون יכלת
ויבשת شاذين عن مجرى الباب فى ثبات فاءيهما فربما حذف شاذ
وجاءا على الاصل ويكون مجرى بابه على غير ذلك

وقال ايضا فى المقالة الاولى[2] والامر من הודיע הושיע واخواتهما הושע
ה׳ הודע את ירושלם بالفتح لمكان العين הושב את אביך הורד מצרימה[3]
והוצא את עמי وربما جاء الامر منه بالياء على الاصل היצא אתך הישר
לפני דרכך فذكر هذين الضربين ولم يذكر ضربا ثالثا من الامر
تساوى لفظه بلفظ الماضى قالوا אל נקמות הופיע هذا امر صحيح اذ
لا وجه للماضى فى المعنى الا تراه يقول بعده הנשא שופט הארץ השב

[1] Jusqu'à la fin du paragraphe manque dans la version hébraïque. — [2] N. 22, 18; D. 41, 11 est incomplet. — [3] Lis. יגדיך, comme vers. hébr.

---

sait, le *hé* et le *tâw* sont traités de la même façon. Cependant il ne serait pas impossible que le *tâw* de ces infinitifs cités par Aboû Zakariyâ fût mis à la place de leur premier radical retranché, comme il l'a prétendu; alors le maintien du premier radical dans *yekôlét* et *yebôschét* serait une exception. Peut-être aussi ces deux mots ont-ils conservé la formation primitive; tandis que l'omission du premier radical, bien qu'irrégulière, a été consacrée par l'usage.

Aboû Zakariyâ dit encore dans la première section : « L'impératif de *hôdî*ᶜ*a*, *hôschî*ᶜ*a*, etc., est *hôscha*ᶜ (*Jér.* XXXI, 7), *hôda*ᶜ (*Ez.* XVI, 2), avec *pâtaḥ* par l'influence du ᶜ*ayin*, *hôschêb* (*Gen.* XLVII, 6), *hôréd* (*Ex.* XXXIII, 5), *hôṣê'* (*ibid.* III, 10); quelquefois le *yôd* de la racine reste, comme dans *hayeṣê'* (*Gen.* VIII, 17), *hayeschar* (*Ps.* V, 9). » A ces deux formes de l'impératif, Aboû Zakariyâ aurait dû en ajouter une troisième, qui ressemble au parfait. Ainsi, *hôfî*ᶜ*a* (*Ps.* XCIV, 1) est évidemment un impératif, car le sens n'admet pas de parfait, puisque ce mot est suivi d'une série

נטול על גאים وهو على لفظ الماضى הופיע מהר פארן ومثله והוכיח
לנבון [יבין] דעת هذا ايضا امر محض الا تراه يقول לץ תכה ופתי
יערם והוכיח לנבון יבין דעת لا معنى للماضى هاهنا اصلا وهو ايضا
على لفظ الماضى והוכיח אברהם وما يمتنع عندى اطّراد هذا الضرب
الثالث فى جميع هذه الافعال ولست اقول ان هذا مما ذهب عن
آز فانى رايته قد اشار اليه فى باب ילד اذ قال[1] والامر من אשר הולידו
הולד او הוליד لكنّى انما نبهت على هذا لما لم يوف القسمة حقّها
عند تقسيمه للامر ولان قليلا من يأبه الى هذا القسم[2] من باب ילד
وقال فى صدر هذه المقالة[3] فى الالف التى بعد الواو من ההלכוא אתו
والالف التى بعد واو ולא אבוא שמוע انها زائدة وان الواو التى

[1] D. 47, 3; N. 26, 9. — [2] Vers. hébr. ajoute ההליכו. — [3] D. 13, 28-14, 6; N. 12, 6-13.

---

d'autres impératifs; cependant il présente la forme du parfait (cf. *Deut.* xxxiii, 2). De même, *hôkîaḥ* (*Prov.* xix, 25) est un simple impératif, comme le prouve le contexte qui ne permettrait pas ici de parfait; cependant, c'est encore la forme de ce temps (cf. *Gen.* xxi, 25). Rien ne me paraît interdire l'emploi constant de cette troisième espèce d'impératifs dans tous ces verbes. Je ne soutiens pas non plus que cette forme ait échappé à Aboû Zakariyâ, puisqu'il la remarque dans le paragraphe *yâlad*, où il dit que l'impératif du *hifîl* est *hôlêd* ou *hôlîd*. J'ai fait surtout cette observation, parce que dans son livre, la division des formes de l'impératif n'est pas complète, et que peu de personnes rappellent cette espèce par le paragraphe *yâlad*.

L'auteur remarque aussi au commencement de la première section, que l'*âléf* qui suit le *wâw* dans *hèhâlekou'* (*Jos.* x, 24) et *âbou'* (*Is.* xxviii, 12) était redondant, tandis que le *wâw* qui le

قبلها واو الجماعة وانكر كون الالف بدلا من واو الجماعة وكون
الواو زائدة واعتلّ فى ذلك بتوسّط الواو بين لام الفعل وبين
علامة الجمع لو كانت الالف بدلا من واو الجماعة وزعم انه لا واسطة
بينهما فى كل فعل للجمع ماضيا كان او مستقبلا وقد وجدناهم قالوا
חסדי ה׳ כי לא תמנו ففصلوا فيه بين لام الفعل وعلامة الجمع [بالنون][1]
اذ الوجه فيه ان يكون כי לא תמו والدليل على ذلك כי לא כלו רחמיו

قال مروان كان لازما له ادخال الافعال التى فاءاتها ياء ولاماتها حرف
لين فى هذه المقالة الاولى ايضا من اجل فاءاتها كما صنع فى الافعال
التى فاءاتها الف ولاماتها هاء وكما صنع ايضا فى יל״ל على ما تقدم من
ذكرنا له فلم يفعل

[1] Vers. hébr. בנן.

---

précède marquait le pluriel, et qu'il serait impossible que l'*âléf* remplaçât ici le *wâw* du pluriel et que le *wâw* fût redondant. Il argumente ainsi : Le *wâw* se trouverait placé entre le troisième radical et le signe du pluriel, si l'*âléf* remplaçait le *wâw*, et, telle est l'opinion d'Aboû Zakariyâ, jamais aucune lettre ne doit séparer la racine de la marque du pluriel dans aucun verbe, qu'il soit au parfait ou au futur. Nous trouvons cependant le mot *tâmenou* (*Lament.* III, 22), où le troisième radical est séparé du signe du pluriel, puisque la forme exacte serait *tammou*, comme on le reconnaît par le mot *kâlou*, qui suit dans le même verset[1].

D'après ce que nous avons déjà remarqué, Aboû Zakariyâ aurait dû placer dans cette première section les verbes au premier radical *yôd* qui ont à la fois une lettre douce pour troisième radical, comme il l'a fait pour les verbes au premier radical *âléf* qui ont *hê* pour troisième radical et aussi pour la racine *yâlal*.

[1] Ibn Djanâḥ ne combat que l'argumentation, de même qu'il prouve ailleurs que la comparaison des formes arabes, telles que كتبوا, نصروا (D. 14, 6; N. 12, 13) est fausse. (Voy. à la fin de ce volume un passage inédit du *Riḳmah*.)

## الافعال التى عيناتها حرف لين

און لم يذكره התאונן מה יתאונן אדם חי ויהי העם כמתאוננים תאנים
הלאת الوجه فيه תאונות على زنة תבונה لكنه جمع على التذكير كما
جمع שנה على שנים ומלה على מלים ופנה على פנים فى قولهم שער הפנה
שער הפנים وكما جمع אימה على עליו אמים وكما جمع ערמת חטים على
סלוה כמו ערמים وهكذى اقول فى מן המכים אשר יכוהו ארמים انه
جمع ומכה טריה وغيرى يقول فيه انه جمع מכה اسم على زنة מטה
وجعله مثل שנים ומלים عندى اولى اذ لم نجد מכה اسما واذ قد
وجدنا آحادا كثيرة مؤنثة تجمع على التذكير وانما قلت فى תאונים
ان الوجه فيه תאונות وان الوجه فى الواحدة منه ان يكون

---

DES VERBES QUI ONT UNE LETTRE DOUCE POUR DEUXIÈME RADICAL.

*Ôn.* Racine oubliée. Elle existe cependant, *Lament.* III, 39; *Nomb.* XI, 1. *Te'ounîm* (*Ez.* XXIV, 12) est pour *te'ounôt*, sur le modèle de *tebounâh*; seulement le pluriel a reçu la forme du masculin, comme *schânâh*, pluriel *schânîm*; *millâh*, pluriel *millîm*; *pinnâh* (*Jér.* XXXI, 38), pluriel *pinnîm* (*Zach.* XIV, 2); *êmâh*, pluriel *êmîm* (*Job*, XX, 25); *'ărêmat* (*Cant.* VII, 3), pluriel *'ărêmîm* (*Jér.* L, 26). Je prends de même *hammakkîm* (II *Rois*, IV, 15) pour le pluriel de *makkâh* (*Is.* I, 6). On a voulu en faire un pluriel de *makkéh*, comme *mațțéh*[1]. Mais je préfère traiter ce mot comme *schânîm* et *millîm*, puisque *makkéh*, comme nom, ne se rencontre jamais, tandis qu'on trouve un grand nombre de féminins singuliers qui forment leurs pluriels comme des masculins. J'ai dit que *te'ounîm* est pour *te'ounôt*, et qu'il fait supposer un singulier *te'ounâh*, comme *tebounâh*, parce que, parmi les noms dérivés des

[1] Jacob ben El'azar et R. Joseph Ḳamḥi ont adopté cette opinion (voy. D. Ḳamḥi, *Lexique*, rac. נכה), contre Ibn Djanâḥ. (Voy. aussi *Rikm.* 230, 9-10. Comp. ci-dessus, 53, 4.)

תאונה على زنة תבונה لان لم اجد اسما من الاسماء المعتلّة العين
ياتى على زنة תאון بل الهاء لازمة لهذه الاسماء التى اوائلها تاء وقد
ذهب قوم الى ان التا فى תאונים اصل وهذا لا وجه له اذ لم نجد
هذه اللغة فى الكتاب اصلا واخراج الشىء من الموجود الى غير
موجود ظلم لا سيما ان التفسير يعضد من يجعل תאונים من معنى
כמתאוננים وذلك ان تفسير מתאוננים متظلمين فانهم كانوا متظلمين
من حالهم غير راضين بها وتفسير מה יתאונן אדם חי גבר על חטאיו
لمَ يتظلم من حاله امروٌ باق على خطاياه متماد على فسقه كانهم
كانوا يجورون القضاء بما لحقهم من البلا فقال لهم النبى لم
تتظلمون وتجورون القضا وانتم مصرون على خطاياكم נחפשה דרכינו
ונחקרה ונשובה עד ה׳ وמה هاهنا فى معنى למה على حسب المعنى

---

racines au deuxième radical faible, il n'en existe pas d'après le modèle de *te'oun;* mais ceux qui commencent par un *tâw* finissent nécessairement par un *hé*. On a prétendu que le *tâw* de *te'ounîm* fait partie de la racine; il n'en est rien, puisque, dans la Bible, il n'y a nulle part de mot de ce genre, et c'est un tort de vouloir prendre une racine qui n'existe pas à la place d'une racine qui existe. Qui plus est, l'exégèse vient à l'appui de l'opinion qui donne à *te'ounîm* le sens contenu dans *mit'ônenîm*. Ce dernier (*Nomb.* XI, 1) veut dire : se plaignant, car le peuple se plaignait, était mécontent de son état. De même, le verset *Lament.* III, 39 a le sens : Pourquoi se plaint-il de son état, l'homme qui persiste dans ses péchés, qui persévère dans son impiété? Les Israélites avaient accusé comme injuste l'arrêt, cause des malheurs qui les frappaient; le prophète leur adresse alors ces paroles : Pourquoi vous plaignez-vous et accusez-vous d'injustice cet arrêt, puisque vous vous obstinez dans vos péchés? etc. etc. *Mâh*, dans ce passage, a le sens de *lâmâh*, comme le contexte l'indique; il en est ainsi de

ومثله ומה שדים כי אינק والبرهان على ان ומה שדים مكان למה
عطفه على מדוע קדמוני ברכים وتفسير תאונים הלאת قد اعيت ظلما
وفسقا كما قيل העוה נלאו فقد صحّ ان التاء في תאונים ليست اصلا
ومن هذا الاصل وهذا المعنى ותוחלת אונים الظلمة الفسقة وهو
صفة على زنة טובים والدليل على أنهم ظلمة فسقة لا اقوياء كما زعم
قوم قوله في اول الفسوق במות אדם רשע תאבד תקוה ثم قال ותוחלת
אונים אבדה والاسم אם און בידך فاذا اضافوه الى الضمائر او الكنايات
الانوا الواو فقالوا מחשבות אונך

אור ذكر[1] في هذا الاصل نوعين احدهما האירו ברקיו תבל والثانى
ולא תאירו מזבחי חנם واغفل نوعا ثالثا ضدّا للنوع الاول وهو ויאר את
הלילה ולילה אור בעדני ومن هذا قيل في المشنה אור ארבעה עשר[2]

[1] D. 70, 26; N. 42, 18. — [2] Voy. Iehouda ibn Ḳoreisch, 26, où se trouve également ארבעה sans *lâméd ;* toutes nos éditions portent לארבעה.

*mâh* (*Job*, III, 12) qui est pour *lâmâh*, comme le prouvent les mots : *maddou*ʿ*a*, etc. qui précèdent. Enfin *te'ounîm hèle'ât* signifie : «Elle est fatiguée d'injustice et d'impiété ;» voyez dans le même sens *Jér.* IX, 4. Il est donc évident que le *tâw* de *te'ounîm* n'est pas radical. A la même racine et au même sens appartient *ônîm* (*Prov.* XI, 7), qui veut dire, «les injustes, les impies ;» c'est un qualificatif sur le modèle de *ṭôbîm*. Le commencement du verset : «Si un homme méchant meurt, etc.,» prouve assez que le mot *ônîm* de la seconde moitié signifie les injustes, les impies, et non pas les forts, comme on l'a prétendu. Le nom est *âwén* (*Job*, XI, 14) ; avec suffixe, le *wâw* s'adoucit et l'on a *ônék* (*Jér.* IV, 14).

*Ôr.* Aboû Zakariyâ cite dans cette racine deux sens : *Ps.* XCVII, 4 et *Mal.* I, 10. Il en a passé un troisième, qui est l'opposé du premier : *Ex.* XIV, 20 et *Ps.* CXXXIX, 11. De là dans la *Mischnâh* : *Ôr arbâʿâh âsâr* (*Pesâḥîm*, *init.*)

בואה قال فى هذا الباب [1] لما رأيت التاء الاخرة التى فى תבואתה לראש
יוסף محركة بالקמץ على شرط كل تاء للمذكر ثم رايت التا الاخرة
التى فى ותבאת לקראתי ساكنة على شرط كل تاء للمونث اعتقدت
التا الاولى فى תבואתה استقبالا مذكرا والتا الاولى فى ותבאת استقبالا
مونثا قال مروان هما عندى جميعا استقبالان مونثان وتانيث תבואתה
للجماعة هى الاشيا المتقدم ذكرها وتلخيص ذلك ان الها فى תבואתה
داخلة على תבאת [2] كما من عادتهم ان يدخلوا تانيثا على تانيث فى
ישועתה לה׳ وفى נפלאתה אהבתך כי החבאתה وفى غيرها كثير جدا
وحركة التاء الاخرة فى תבאתה من اجل اجتماع الساكنين وقد
يمكن ان تكون الهـا فى תבאתה داخلة على תבאה كما قيل ותקרב
ותבואה فلما اجتمع فى الحرف هاءان ساكنان قلب الاول منهما تاء

[1] D. 72, 8; N. 42, 26-30. — [2] Version hébraïque : לתבאתה דבר, comme s'il y avait على ثبات !

---

*Bô'*. Voici ce que dit Aboû Zakariyâ dans ce paragraphe : «En voyant le dernier *tâw* de *tâbô'tâh* (*Deut.* xxxiii, 16), avec *ḳâmés*, comme chaque *tâw* qui marque le masculin, en voyant ensuite le dernier *tâw* de *wattâbôt* (I *Sam.* xxv, 34) sans voyelle à la façon de tout *tâw* qui indique le féminin, j'ai pensé que le premier *tâw* de *tâbô'tâh* était le signe du futur masculin, et que celui de *wattâbôt* était le signe du futur féminin.» Mon avis est que tous deux sont des futurs au féminin, et que ce genre, dans *tâbô'tâh*, sert à comprendre ensemble les choses qui viennent d'être mentionnées. Je m'explique : le *hê* de *tâbô'tâh* a été ajouté à *tâbô't*, comme on a l'habitude d'accumuler les signes du féminin dans *yeschou'âtâh* (*Jon.* ii, 10), le *nifle'atâh* (II *Sam.* i, 26), *héḥbe'âtâh* (*Jos.* vi, 17), etc.; on a donné une voyelle au *tâw* à la fin de *tâbô'tâh* pour éviter la rencontre de deux lettres sans motion. Le *hê* de ce mot peut aussi être une addition à *tâbô'âh* (voyez *Is.* v, 19); la rencontre de deux *hê* privés de voyelle a dû produire le change-

وحركوه بالקמץ على شرط كل حرف بعده هاء لينة ثم اسكنوا
الالف ليخفّ النطق به ·

בוך وقال فى المقالة الثالثة من كتاب حروف اللين فى باب בכה[1] واما
נבוכו עדרי בקר נבוכים הם והעיר שושן נבוכה תהיה מבוכתם فاصل
اخر فى معنى اخر ولم يبيّن من اى اصل هذه الاحرف ولا ذكرها
فى موضعها الخاصّ لها فاقول انها معتلّة العين وان النون فيها للانفعال
فوزن נבוכו נכונו ללצים שפטים ووزن נבוכים הם היו נכונים ووزن
נבוכה הממלכה נכונה وليس مذهبى فى استلحاق هذه الاحرف وما
جرى مجراها كمذهبى فى استلحاق ما لم يذكره ولا ذكرى لها ايضا
على انه وهم فيها لكن ليكون ذلك زيادة فى فائدة هذا الكتاب لانى

[1] D. 110, 22; N. 70, 9.

---

ment du premier en un *tâw* qu'on a pourvu d'un *ḳâmêṣ*, comme il doit en être pour toute lettre suivie d'un *hê* doux; l'*âléf* a été ensuite adouci pour faciliter la prononciation [1].

*Bouk.* Dans la troisième section de son *Traité des lettres douces*, à l'article *bâkâh*, Aboû Zakariyâ dit : « Quant à *nâbôkou* (*Joël*, I, 18), *neboukîm* (*Ex.* XIV, 3), *nâbôkâh* (*Esth.* III, 15), *meboukâtâm* (*Mic.* VII, 4), ils appartiennent à une autre racine et à un autre sens. » Mais il ne s'explique pas sur la racine de ces exemples et ne les mentionne pas à l'endroit qui leur convient. Ces mots ont le deuxième radical faible, et le *noun* est le signe du *nifal*. Ainsi *nâbôkou* est comme *nâkônou* (*Prov.* XIX, 29); *neboukîm*, comme *nekônim* (*Ex.* XIX, 15); *nâbôkâh*, comme *nâkônâh* (I *Rois*, II, 46). En critiquant Aboû Zakariyâ pour ces mots et autres semblables, je ne prétends pas l'attaquer comme je le fais pour les oublis, et en les mentionnant, je ne veux pas dire que l'auteur ait commis une erreur. Mon intention est d'augmenter l'utilité de

[1] Ces deux opinions sont résumées *Riḳm.* 42, 1, où il faut lire מבוכתם sans *hê*.

اضع الشىء الذى لم يضعه هو موضعه. فى موضعه الخاصّ له وايضا فعلى سبيل الاحتياط لك مخافة ان تشكّ فى اصل احداها فاردت ان اريحك من تعب الفكر

בוס ادخل فى هذا الباب[1] כפגר מובס فى حيز الخفيف اعنى مع תבוס נפת ואבוסנו ومובס من بنية الثقيل على وزن הפעיל والبرهان على ذلك زيادة الميم فيه والدليل على ان ذلك غفلة من أز قوله بعد هذا والثقيل בוסס בוססו מקדשך

גוד لم يذكره יגודנו והוא יגד עקב. ان كانا معتلين فوزنهما יצודנו יצוד وربما كانا من ذوات المثلين على ان يكون الوجه فى دال יגדנו التشديد على زنة יסבנו לא ידקנו فترك استخفافا وربما كان حرف اللين الذى

[1] D. 72, 10; N. 43, 20. Dans les deux versions, l'erreur a été réparée par les traducteurs.

---

mon ouvrage, en mettant à la place qui lui convient chaque chose qu'il n'y a pas mise; puis en le complétant, de peur que tu ne conserves quelque doute sur une racine. Car je désire épargner à ton esprit les fatigues de la réflexion.

*Bous. Moubâs* (*Is.* xiv, 19) est cité dans cet article comme un verbe d'une forme légère, c'est-à-dire avec *Prov.* xxvii, 7; *Is.* xiv, 25. Mais c'est la forme lourde du *hifîl*, comme on le reconnaît par le *mêm* qui est ajouté. Ce qui prouve qu'Aboû Zakariyâ s'est trompé, c'est qu'il dit ensuite : « Et la forme lourde est *bôsesou* (*Is.* lxiii, 18). »

*Goud.* Oublié. Cependant on trouve *yegoudénnou* et *yâgoud* (*Gen.* xlix, 19), dont la racine peut avoir un radical faible, et qui seraient alors comme *yeṣoudénnou* (*Ps.* cxl, 12) et *yâṣoud* (*Lev.* xvii, 13). Peut-être aussi la racine est-elle géminée; dans ce cas, *yegoudénnou* devrait avoir un *dâgêsch* dans le *dâlét*, comme *yesoubbénnou* (*Jér.* lii, 21), *yedouḳḳénnou* (*Is.* xxviii, 28), et on l'aurait supprimé pour alléger le mot. Il se peut aussi que la lettre douce, qui

هو عين فيهما بدلا من احد المثلين فقد كثر استعمالهم لحرف اللين بدلا من احد المثلين فى هذه الافعال المعتلة العينات وفى الافعال اللينة اللامات كما سيتضحّ ذلك فى مواضع من هذا الكتاب الا ان الحرف اللين فى مثل هذا الضرب من الافعال المعتلة العينات بدل من المثل الاول وهو فى الافعال اللينة اللامات بدل من المثل الثانى ومذهبهم فى جميع ذلك التخفيف

גור ذكر فيه[1] نوعين עם לבן גרתי والثانى לא תגורו מפני איש واغفل نوعا ثالثا وهو יגורהו בחרמו معناه مثل معنى ויאספהו במכמרתו ومن هذا الاصل وهذا المعنى الا انه مضاعف اللام על דגן ותירוש יתגוררו يقول انهم يجتمعون على طعام وشراب لمخالفتى وعصيانى ويقرب من هذا المعنى יגורו עלי עזים اى يجتمعون علىّ والاسم העדה

[1] D. 73, 14; N. 44, 12.

---

est le deuxième radical, remplace dans ces mots un des deux radicaux semblables. Comme il va être expliqué dans différents endroits de ce livre, l'emploi d'une lettre douce à la place de l'un des deux radicaux semblables est très-fréquent dans les verbes qui présentent une lettre douce pour deuxième ou troisième radical; seulement le deuxième radical faible remplace le premier des deux radicaux semblables, et le troisième radical faible le deuxième de ces deux radicaux. Le but en tout cela est l'allégement du mot.

*Gour*. Aboû Zakariyâ donne deux sens : *Gen.* xxxii, 5, et *Deut.* i, 17. Il en a négligé un troisième, *yegôrêhou* (*Hab.* i, 15), dont la signification est déterminée par le passage suivant du verset. Pour la racine et le sens, à part le redoublement du troisième radical, il faut ajouter *yitgôrârou* (*Osée*, vii, 14), qui veut dire : Ils se réunissent pour manger et boire afin de me contrarier et de m'exciter. Le même sens se trouve à peu près dans *yâgourou* (*Ps.* lix, 4) : Ils se réunissent contre moi. Le nom est me-

הזרע במגורה واما נהרסו ממגורות فان الميم الاولى داخلة على מגורות الذى هو جمع מגורה لانهم لما تكلموا باسم الواحدة منها بزيادة ميم وكانت هذه الميم لازمة لهذا الاسم عدّوها معدّ الحرف الاصلى فادخلوا عليها ميما اخرى زائدة كما يدخلونها على الاسماء التى لا زيادة فى اوائلها ثم شدّدوا الميم التى توهّموها اصلا فقالوا ממגורות بتشديد الميم الثانية كما شدّدوا الميم الاصلية فى ממרומים حين ادخلوا عليها الميم التى تزاد فى اوائل الاسماء وهذا كان مذهبهم فى تشديد التاء من הנה מתלאה فانهم توهّموها كالاصلية فاجروها مجراها

דאב لم يذكره עיני דאבה وقد اعلّوا عين هذا الفعل فى ומדיבת נפש وانا اظنّ ان من هذا الاصل ולאדיב את נפשך على ان تكون

---

*gourâh*; voyez *Hag.* II, 19. Dans *mammegourôt* (*Joël*, I, 17), le premier *mêm* a été ajouté à *megourôt*, pluriel de *megourâh;* car le *mêm* prononcé au singulier de ce nom s'y est attaché au point d'avoir été considéré comme lettre radicale; ensuite on y a ajouté un second *mêm*, comme on le fait pour les noms qui n'ont encore subi aucune addition au commencement, puis on a donné un *dâgêsch* au *mîm*, réputé radical. Ainsi s'est formé le mot *mammegourôt*, avec un *dâgêsch* dans le second *mêm*, comme on a placé un *dâgêsch* dans le *mêm* radical de *mimmerômîm* (*Job*, XXXI, 2), après l'adjonction du *mêm* qu'on ajoute au commencement des noms. On a agi de même pour le *tâw* de *matteldâ'âh* (*Mal.* I, 13), où le *tâw* est pourvu d'un *dâgêsch*, parce que, pris par erreur pour une lettre radicale, il a été traité comme tel.

*Dâ'ab.* Racine passée. Il existe cependant *dâ'ăbâh* (*Ps.* LXXXVIII, 10), et avec adoucissement du deuxième radical, *medîbôt* (*Lev.* XXVI, 16). Je pense rattacher à cette racine *wela'ădîb* (I *Sam.* II, 33) en regardant l'*âléf* comme une lettre redondante, ainsi que

الالف زائدة فيه كزيادتها فى אדוש ידושנו وفى והאזניחו נהרות وهو
اعنى ולאדיב את נפשך مستقبل[1] من הדיב على زنة השיב הביא وكان
الاصل فيه ולהדיב على زنة ולהשיב כספיהם ולהביא צדק עולמים
فحذف الهاء ونقلت حركته على اللام فصار ולדיב على زنة לביא
אותו ثم زادوا الالف كما زادوها فى אדוש ידושנו وفى והאזניחו נהרות
على ما قلت وفى אסף אסיפם على مذهب من جعل אסף من لغة
אסיפם الا ان القمص الذى كان يجب ان يكون فى لام ולדיב مثله فى
لام לביא אותו בבלה ذهب لوقوعه على حرف صلد[2] وهو الالف وربما
كان مقلوبا من عين דאבה اعنى ان الالف التى هى عين فى דאבה
صارت فاءا فى ולאדיב الا ان דאבה خفيف وולאדיב ثقيل واما ומדיבה
נפש فمعتل العين على زنة מאירות אותה

[1] Vers. hébr. פעל עתיד. C'est une inadvertance inconcevable d'Ibn Djanâḥ. (Voy. *Kitab al-ousoul*, 21, 9-20.) — [2] Vers. hébr. אות קשה «lettre dure», probablement qui ne produit pas de son.

---

dans *âdôsch* (*Is.* XXVIII, 28) et *wehé'ézenîḥou* (*ibid.* XIX, 6). *Wela'ădib* est donc un futur (?) du *hifil hêdîb*, comme *hêschîb*, *hêbî'*, pour *oulehădîb*, sur le modèle de *oulehâschîb* (*Gen.* XLII, 25) et de *oulehâbî'* (*Dan.* IX, 24), dont on a retranché le *hê* en faisant remonter la voyelle sur le *lâméd*, de manière à former *welâdîb*, comme *lâbî'* (*Jér.* XXXIX, 7). On a ajouté ensuite l'*âléf*, comme dans *âdôsch*, *wehé'ézenîḥou*, cités déjà, et dans *âsôf* (*Jér.* VIII, 13), en adoptant l'opinion d'après laquelle ce mot serait de la même racine que *ăsîfêm*, qui le suit. Seulement, le *ḳâmêṣ* que le *lâméd* de *lâdîb* devrait avoir tout aussi bien que celui de *lâbî'* a disparu, parce que cette voyelle précède une lettre sèche, savoir l'*âléf*. Ce mot pourrait aussi provenir d'une métathèse de *dâ'ab*, et alors l'*âléf*, deuxième radical dans *dâ'ăbâh*, serait devenu premier radical dans *wela'ădib*, et tandis que le premier mot est de la forme légère le second serait de la forme lourde. Quant à *medîbôt*, il vient d'une racine au deuxième radical faible, comme *me'îrôt* (*Is.* XXVII, 11).

דוח ادخل فى هذا الباب[1] דחו ולא יכלו קום: انكر فى المقالة الثالثة[2]
كونه من דחה فهذا دليل على انه انما كان يقرأه מלעיל وعلى انه
عنده فعل ماض على زنة מה טבו אהליך אורו עיני ورايناه نحن فى
مصحف شامى מלרע فان كان كذلك فهو مما لم يسم فاعله من דחה
كما ان ושפו עצמותיו לא ראו ما لم يسم فاعله من ראה ولولا مكان
الحا من דחו لظهر التشديد فيه والחלם فى דחו مثل الשרק فى غيره
وانما خولف به طريقة اصحابه لان الחלם فيه اخف من الשרק

דוך انكر فى باب דכה[3] كون דך נכלם או דכו במדכה من اصل דכה
ولم يبيّن من اىّ اصل هى فاقول انها معتلة العين وما يبعد عندى
ايضا ان يكون דך صفة محذوفة من דכה مثل גא מאד من גאה

[1] D. 74, 7; N. 44, 28. — [2] N. 72, 30. — [3] N. 73, 12.

---

*Dou'aḥ.* Aboû Zakariyâ cite dans cet article *dôḥou* (*Ps.* xxxvi, 13), et nie dans la troisième section que ce mot puisse venir de *dâḥâh*. Ceci prouve qu'il a lu ce mot avec l'accent sur la pénultième et qu'il l'a pris pour un parfait de la forme *ṭôbou* (*Nomb.* xxiv, 5), *ôrou* (I *Sam.* xiv, 29). Cependant, dans une bible écrite en Syrie, nous trouvons l'accent sur la dernière syllabe; d'après cette leçon, ce serait un passif de la racine *dâḥâh*, comme *rou'ou* (*Job*, xxxiii, 21) est le passif de *râ'âh*. Seulement le *ḥêt* de *dôḥou* empêche la présence du *dâgêsch*, le *ḥôlém* y remplace le *schouréḳ*, et le *ḥôlém* étant d'une prononciation plus facile que le *schouréḳ*, ce mot a pris une autre forme que les autres semblables.

*Douk.* Dans l'article *dâkâh*, Aboû Zakariyâ dit que *dak* (*Ps.* lxxiv, 21) et *dâkou bammedôkâh* (*Nomb.* xi, 8) ne peuvent pas être de cette racine. Mais il n'explique pas de quelle autre racine ces mots dérivent. Ils dérivent, je pense, d'une racine au second radical faible. Cependant il ne me paraît pas impossible que *dak* soit un qualificatif abrégé de *dakâh*, comme *gê* (*Is.* xvi, 6) de

واختلفت الحركة فى גאה מאד من اجل الالف وعسى ان تكون العلّة فى كون דך נכלם פתח هو هذه اعنى كونه غير معتل العين واما או דכו فلا مانع من جواز كونه معتلّ اللام وربما جاز فى במדכה ان يكون من דכה وذلك لانى وجدتهم قالوا אתי תלין משוגתי وكل ما وجدناه من هذا المعنى فى الكتاب فانما وجدناه على لغة שגה وان كان لم يمتنع ان يقول فى משוגתי انه اسم معتلّ العين وقولى فى משואה من להשביע שואה ומשואה كقولى فى משוגתי

דוש[1] اغفل منه شخصا واحدا لم يسم فاعله على بنية الثقيل יודש קצח

זול ذكر فيه[2] نوعا واحدا وهو הזלים זהב מכיס وانى لما وجدت معنى ואם תוציא יקר מזולל موافقا لمعنى כל מכבדיה הזילוה ارى ان اصلهما واحد على الامكان وانهما نوع ثان فى هذا الاصل وتلخيص

[1] D. 74, 25; N. 45, 6. — [2] D. 56, 6; N. 45. 29.

---

*gâ'âh*, seulement la voyelle varie dans ce dernier mot à cause de l'*âléf*. Il se pourrait alors que *dak* eût un *pataḥ*, précisément parce que la racine n'a pas un second radical faible. Quant au mot *dâkou*, rien n'empêche qu'il vienne d'une racine au troisième radical faible. *Medôkâh* dérive peut-être aussi de *dâkâh;* car nous trouvons *meschougâti* (*Job*, xix, 4), qui pourrait bien, il est vrai, provenir d'une racine au second radical faible, si tous les exemples de la Bible dans ce sens, ne se rattachaient pas à *schâgâh*. J'en dirai autant de *meschô'âh* (*Job*, xxxviii, 27).

*Dousch*. Aboû Zakariyâ a passé un exemple, savoir : le passif de la forme lourde (*Is.* xviii, 27).

*Zoul*. Aboû Zakariyâ mentionne un sens *Is.* xlvi, 6. Mais ayant trouvé que *zôlêl* (*Jér.* xv, 19) s'accorde pour la signification avec *hizzîlouhâ* (*Lam.* i, 8), je pense que la racine de ces deux mots pourrait aussi être la même, et qu'il y aurait un second sens à ajouter.

ذلك ان اقول ان اللام فى זוֹלֵל مضاعفة كما ان الميم فى ימין ה׳ רוממה
مضاعفة وكما ان الصاد فى משך ידו את לוצצים مضاعفة فاذا كان
كذلك فهو اذا معتلّ العين واما הזילוה فان الوجه فيه הֵזִילוּה على
زنة הביאוה המיתוה השיבוה فشددوا الزاى منه لغير علّة كما
شددوا السين فى הסיתוך ויכלו לך الذى لا يشكّ فى انه معتلّ العين
من ויסת את דוד وكان الاصل فيه הסיתוך بשבא وסגל تحت الهاء
وارى ان استسهالهم التشديد فى هذين الحرفين انما هو من قبل
انه كان جائزا عندهم اندغام الساكن اللين المزيد فى الافعال
غير الموصولة بضمائر المفعولين الذى بعد الهاء فى فاء الفعل وذلك
ان الفعل غير الموصول بضمير المفعول منهما הזיל وהסית بساكن
لين بعد الهاء من كلّ واحد منهما على زنة השיב המית وجائز
عندهم ان يقول הזיל وהסית بالتشديد لاندغام الساكنين فى
فاءى الفعلين كما قالوا למה הציתו עבדיך بالتشديد لاندغام الساكن

---

Je m'explique : le *lâméd* de *zôlêl* est redoublé, comme le *mêm* de *rômêmâh* (*Ps.* cxviii, 16), et le *ṣâdê* de *lôṣeṣîm* (*Osée*, vii, 5); *zôlêl* vient donc d'une racine au second radical faible. Quant à *hizzîlouhâ*, il est pour *hĕzîlouhâ* = *hĕbî'ouhâ*, *hĕmîtouhâ*, *hĕschîbouhâ*; le *zayin* a reçu un *dâgêsch* sans plus de raison que le *sâmék* de *hissîtoukâ* (*Jér.* xxxviii, 22) qui, sans aucun doute, est d'une racine au second radical faible, comme on le voit par *wayyâsét* (II *Sam.* xxiv, 1) et qui aurait dû être *hĕsîtoukâ*. Je suppose qu'on a accordé un *dâgêsch* à ces deux mots, parce qu'il est permis d'insérer dans le premier radical la lettre douce quiescente, ajoutée après le *hé*, tant que le verbe est sans suffixe de régime; car cette forme est *hêzîl*, *hêsît*, avec une douce quiescente après le *hé*, selon le modèle de *hêschîb*, *hêmît*; puis l'on dit *hizzîl*, *hissît* avec *dâgêsch*, en insérant la quiescente dans le premier radical. Ainsi on a *hiṣṣîtou*

المزيد بعد الهاء فى الصاد لانه معتلّ العين من אציתנה יחד وكما
قالوا מסית אתך فادغموا الساكن اللين الذى كان يجب ان يكون
بعد الميم فى السين لانه من ויסת את דוד وكذلك فعلوا فى הנני
מצית בך وكذلك فعلوا ايضا فى אליליו מעיניך ונלוזים במעגלותם
فلما جاز مثل هذا عنده اجروا הזילוה והסיתוך مجرى הזיל והסית
المشددين وقد قالوا ופטורי צצים فادغموا ياء ציץ فى صاد צצים
وقالوا היורה זקים فادغموا فى القاف ياء ובזיקות בערתם ولا يظنّ بى
ظانّ انى اعتقد انه كان فى הזילוה והסיתוך قبل التشديد ساكنان
لينان وهما المدغمان لكنى اقول انه لما كان جائزا عندهم تشديد
فاءات الافعال المفردة لاندغام السواكن المزيدة بعد الهاءات
فيها اجازوا ايضا تشديد فاءات الافعال الموصولة بالضمائر لا
لاندغام لحقها لكن تشبيها لها بالافعال المفردة وتجرية لتلك الافعال

---

(II *Sam.* xiv, 31) à côté de *ăṣîtênnâh* (*Is.* xxvii, 4), *massît* (*Jér.* xliii, 3) à côté de *wayyâsét*, *maṣṣît* (*Ez.* xxi, 3), *yallîzou* (*Prov.* iv, 21) à côté de *ounelôzîm* (*ibid.* ii, 15). Ceci accordé, on a traité *hizzîlouhâ* et *hissîtoukâ* comme *hizzîl* et *hissît*, avec *dâgêsch*. De *ṣîṣ* on a fait de même *ṣiṣṣîm* (I *Rois*, vi, 18 et *passim*), en insérant le *yôd* dans le *ṣâdê*, et de *oubezîḳôt* (*Is.* l, 11), *ziḳḳîm* (*Prov.* xxvi, 18), en insérant le *yôd* dans le *ḳôf*. Qu'on ne me prête pas en cela la pensée, que *hizzîlouhâ* et *hissîtoukâ*, avant d'avoir un *dâgêsch*, avaient des lettres quiescentes douces; je dis seulement qu'une fois qu'on pouvait donner un *dâgêsch* au premier radical du verbe sans suffixe, en y insérant la quiescente ajoutée après le *hé*, on se le permettait aussi pour le verbe avec suffixe, non point par l'effet d'une insertion, mais par analogie avec la forme simple, et en traitant le verbe auquel on ajoutait les pronoms de régime de la même façon qu'on l'avait traité auparavant. Il en est de

بعد صلتها بضمائر المفعولين على حالها قبل صلتها بها وعلى حسب
ما يفعلون فى الشدة التى للعوض فانهم اذا شددوا الفعل المفرد
تعويضا له بتلك الشدّة من حرف ذهب منه قد يُبقون تلك
الشدة بحسبها بعد ردّهم على الفعل الحرف الذاهب منه على ما
تجدهم يفعلونه كثيرا فى الافعال ذوات مثلين[1]

זור[2] اغفل من النوع الاول من نوعى هذا الجنس وهو ויזר את הגזה
شخصا واحدا لم يسم فاعله وهو לא זרו ולא חבשו والدليل على انه
ما لم يسمّ فاعله قوله بعده ולא חבשו ולא רככה ويمكن ان يكون
مثله לבלתי באו הכלים הנותרים בבית ה׳ اعنى ان يكون فعلا ماضيا
لم يسم فاعله فى معنى المستقبل كانه قال לבלתי יובאו فقد رايتهم
يستعملون الافعال الماضية مكان الافعال المستقبلة قال אדני זכרנו
יברך الوجه فيه יזכרנו وقالوا והיה כי מלאו ימיך الوجه فيه ימלאו
وقالوا והיה עמדו עליו דוגים والوجه فيه יעמדו وكذلك هو مكتوب

[1] Depuis وتجربة manque dans la vers. hébr. — [2] D. 76, 12; N. 46, 1.

même de certains *dâgêsch* qui servent de compensation; un verbe sans suffixe, ayant été pourvu d'un *dâgêsch* pour compenser une lettre retranchée, conserve souvent ce *dâgêsch*, quand même la lettre retranchée a été restituée. On trouve beaucoup d'exemples de ce procédé dans les verbes géminés.

*Zour.* Au premier des deux sens de cet article, représenté par *Juges*, vi, 38, Aboû Zakariyâ a négligé un exemple : *zôrou* (*Is.* i, 6), qui est un passif, comme on le reconnaît par les deux passifs qui suivent. Il se pourrait qu'il en fût de même de *bô'ou* (*Jér.* xxvii, 18), qui serait un parfait du passif, ayant le sens du futur *youbâ'ou*; cet emploi du parfait à la place du futur est fréquent, comme *zekârânou* (*Ps.* cxv, 12), pour *yizkerênou*; *mâle'ou* (I *Chr.* xvii, 11), pour *yimle'ou*; *ʿâmedou* (*Ez.* xlvii, 10), pour

الا ان القراة עמדו وقالوا שמעו עמים ירגזון والوجه ישמעו ومثل
ذلك كثير جدا وانما قلت هذا القول في בואו بالامكان من قبل
ان المصدر اليق بهذا المكان فجائز عندى ايضا كونه مصدرا كانه
قال לבלתי בא הכלים واما الواو فهو عندى على هذا الوجه ضمير
مقدّم للכלים ومثل לא זרו ما لم يسمّ فاعله معتلّ العين ולפני
גבעות חוללת الا تراه يقول الراשון אדם תולד ולפני גבעות חוללת
ومثله ايضا באין תהומות חוללתי وايضا לפני גבעות חוללתי فان قال
قائل ان לא זרו ليس هو ما لم يسمّ فاعله بل هو ماض مثل כי
ארו עיני وقد ذكره أ̃ز مع כי ארו עיני اذ يقول في بابه[1] وكذلك
اقول في בושו זרו וטובו الماضية قلنا له ان الذى اشار اليه أ̃ز ليس
هو לא זרו بل هو זרו רשעים على ما بيّنه في النوع الثاني من نوعى

[1] D. 70, 24; N. 42, 17.

---

*yaʿămdou*, qui est la leçon écrite, tandis qu'on lit *ʿâmedou; schâmeʿou* (*Ex.* xv, 14), pour *yischmeʿou*, etc. Je me suis cependant servi de l'expression : «il se pourrait» pour *bôʾou*, parce que l'infinitif conviendrait mieux dans ce passage; en effet, il serait permis de prendre *bôʾou* pour l'infinitif *bôʾ* et d'expliquer le *wâw* comme un pronom suffixe qui précède *hakkêlîm*[1]. Au passif *zôrou*, d'un verbe au second radical faible, on peut comparer *ḥôlâletâ* (*Job*, xv, 7), comme on le reconnaît par le premier membre du verset, et *ḥôlâletî* (*Prov.* viii, 24 et 25). Si l'on nous objectait que *zôrou* n'est pas un passif, mais un parfait, comme *ôrou* (I *Sam.* xiv, 29), en citant à l'appui les paroles même d'Aboû Zakariyâ dans l'article *ôr* : «J'en dirai autant de *bôschou*, *zôrou*, *ṭôbou*, qui sont des parfaits;» nous répondrions que le *zôrou* cité par Aboû Zakariyâ n'est pas celui d'*Is.* i, 6, mais celui de *Ps.* lviii, 4, qui se retrouve clairement marqué par l'auteur dans le second sens de *zôr*.

[1] Voy. *Riḳm.* 110, 19-22, où Ibn Djanâḥ ajoute que *bôʾou* est alors pour *bôʾâm*.

זור [1] ولا זרו واقع على פצע וחבורה ומכה טריה وتفسيره ما عصرت
هذه الجرح من مدّتها واغفل من النوع الثانى ايضا شخصا واحدا
لم يسمّ فاعله على بنية الثقيل وهو מוזר הייתי לאחי وجعل [2] נזרו
אחור انفعالا من هذا النوع الثانى وانا اجوّز ايضا فيه كون النون
منه اصلا اعنى ان يكون فعلا ماضيا مشتقّا من וינזר מאחרי وجاء
على بنية קטנתי מכל החסדים כי יגרתי יקשתי לך ומה יכלתי עשוה
להוציא את הכנים ולא יכלו

חול ذكر فى هذا الجنس [3] ثلاث انواع احدها מפניו יחילו עמים
والثانى על ראש רשעים יחול والثالث באין תהומות חוללתי واغفل
منه نوعين احدها חל יחול כי חלה לטוב والثقيل منه החיל יחיל
ויחילו עד בוש ويجوز ان يكون ויחל עוד שבעת ימים من هذا النوع
وجائز عندى ان يكون من هذا النوع דום לה׳ והתחולל לו كما ان

[1] D. 76, 18; N. 46, 5. — [2] D, 76, 18; N. 46, 5. — [3] D. 77, 8, 13, 15; N. 46, 15, 18, 20.

---

Le mot *zôrou*, dans *Isaïe*, se rapporte à *pêṣaᶜ*, etc., et signifie : on n'a pas pressé ces blessures de manière à en faire sortir le pus. Au second sens, Aboû Zakariyâ a passé le passif de la forme lourde (*Ps.* LXIX, 9). L'auteur donne *nâzôrou* (*Is.* I, 4) pour un *nifal* de ce second sens; mais le *noun* pourrait bien faire partie de la racine, et ce mot serait alors le parfait du même verbe que *weyinnâzêr* (*Ez.* XIV, 7). Il suivrait alors le modèle de *ḳâṭôntî* (*Gen.* XXXII, 11), *yâgôrtî* (*Deut.* IX, 19), *yâḳôschtî* (*Jér.* L, 24), *yâkôltî* (*Juges*, VIII, 3), *yâkôlou* (*Ex.* VIII, 14).

*Ḥoul.* Aboû Zakariyâ donne de cette racine trois sens, représentés par *Joël*, II, 6; *Jér.* XXIII, 19, et *Prov.* VIII, 24. Il en a passé deux autres : d'abord *ḥâlâh* (*Micha*, I, 12), avec la forme lourde *wayyâḥîlou* (*Juges*, III, 25) et peut-être *wayyâḥél* (*Gen.* VIII, 10). Je ferais volontiers entrer dans ce sens *wehithḥôlêl* (*Ps.* XXXVII, 7), de même que *wehitbônantâ* (*ibid.* 10) est en rapport

והתכוננה על מקומו מן הבין الا انّ آز جعله[1] من ذوات المثلين
وقريب من هذا المعنى על כן לא יחיל טובו יחילו דרכיו בכל עת والنوع
الثانى לחול במחלות وفيه ثقيل مضاعف اللام من המחללות אשר
גזלו واغفل من النوع الاول من الثلاث انواع التى ذكرها فى هذا
الاصل شخصا واحدا وهو الافتعال כל ימי רשע הוא מתחולל واغفل
ايضا من النوع الثالث وهو באין תהומות חוללתי قسم الفعل الخفيف
والدليل عليه מלפני אדון חולי ארץ وهو صفة والياء فيه زائدة
واغفل منه ايضا شخصا واحدا لم يسمّ فاعله على بنية الثقيل
وهو היוחל ארץ وقد يمكن ان يكون من النوع الاول اعنى من כי חלה
גם ילדה

חור[2] ذكر منه نوعا واحدا وهو חרו יושבי ארץ واغفل نوعا اخر
وهو חורהי אחור פניו יחורו חור כרפס ותכלת ويمكن أن يكون منه

[1] D. 157, 14; N. 109, 1. — [2] D. 77, 19; N. 46, 23.

---

avec *hêbîn*; mais Aboû Zakariyâ le compte parmi les verbes géminés. *Yâḥîl* (*Job*, xx, 21) et *yâḥîlou* (*Ps.* x, 5) approchent de ce sens. Le second sens oublié est celui de *lâḥoul hammeḥôlôt* (*Juges*, xxi, 21), et avec une forme lourde et le troisième radical redoublé, *hammeḥôlelôt* (*ibid.* 23). Dans le premier des trois sens qu'il cite, Aboû Zakariyâ a, en outre, oublié le *hitpaël mitḥôlêl* (*Job*, xv, 20). Il a passé dans le troisième sens, représenté par *ḥôlaltî* (*Prov.* viii, 24), une partie de la forme légère qu'on reconnaît dans *ḥoulî* (*Ps.* cxiv, 7), qui est un qualificatif suivi d'un *yôd* redondant[1]; puis le passif de la forme lourde, *hăyouḥal* (*Is.* lxvi, 8), qui pourrait bien entrer dans le premier sens, comme *ḥâlâh*, qu'on lit dans le même verset.

*Ḥour.* Aboû Zakariyâ ne donne qu'un sens, *Is.* xxiv, 6, et en passe un autre *yéḥĕwârou* (*ibid.* xxix, 22); *ḥour* (*Esth.* i, 6) et

[1] Ainsi Raschi : כמחוללת פרק ויוד יתירה. (Cf. aussi Ibn Ezra, *ad h. l.*)

ואורגים חורי وايضا בן חורים חוריה ואין שם على ان يراد بها بياض الناس ووجوههم وهذه اللغة مجانسة للسرياني فان תרגום לבן חור

חוש[1] ذكر فيه نوعا واحدا وهو וחש עתדות למו واغفل نوعا اخر وهو ومי יחוש חוץ ממני

חות لم يذكره החית יחית ושד בהמות יחיתן على زنة יביאן ישימן النون راجعة الى البהמות وتلخيص ذلك انه لما قال لملك בבל כי חמס לבנון יכסך وتفسيره ان ظلمك لاهل לבנון يعمّك ويغشاك قال على سبيل التمثيل ושד בהמות יחיתן يريد ان الحيوان المؤذى لا يزال يؤذى حتى يجتمع عليه ويقتل وهذا مثل ضربه لملك בבל لكثرة ظلمه وعدوانه يعنى انك لا تزال تظلم حتى يكون ظلمك سببا

[1] D. 77, 21; N. 46, 25.

---

peut-être aussi *ḥôrâï* (*Is.* xix, 9), *ḥôrîm* (*Eccl.* x, 17) et *ḥôreihâ* (*Is.* xxxiv, 12), en entendant par là les hommes blancs, les chefs. Ce sens est en rapport avec le syriaque, où *lâban* est traduit par *ḥiwâr*.

*Ḥousch*. Aboû Zakariyâ cite *weḥâsch* (*Deut.* xxxii, 35), mais il a passé un autre sens, celui de *yâḥousch* (*Eccl.* ii, 25).

*Ḥout*. Oublié. Cependant le *hifîl* de cette racine existe *Habac.* ii, 17, où *yeḥîtan* est comme *yebîᶜan*, *yesîman*[1], et le *noun* se rapporte à *behêmôt*. Voici l'explication du verset : Après avoir dit au roi de Babylone : Ton injustice envers les habitants du Libanon te couvrira et retombera sur toi; il poursuit, par comparaison : L'animal nuisible ne cesse de nuire jusqu'au moment où l'on se rassemble et où on l'abat. Le prophète applique cette image au roi de Babylone à cause de la violence de son injustice et de sa haine, et il lui dit : Tu ne cesseras pas d'être injuste, jusqu'à ce que ton injustice entraîne ta perte, comme les dommages que cause la bête

[1] Ibn Ezra, *ad h. l.*, compare aussi ces deux mots, qui ne se trouvent pas dans l'Écriture, et ne sont que de simples paradigmes.

لهلاكك كما ان كثرة أذى الحيوان المؤذى سبب لحتفه وهلاكه وهذا مطابق لقوله שד רשעים יגורם וסלף בגדים ישדם واعلم ان معنى יחיתן موافق لمعنى מחתה فيمكن ان يكون حرف اللين فى יחיתן بدلا من احد المثلين

כול[1] اغفل منه نوعا واحدا وهو הכיל יכיל على زنة השיב ישיב פן אכלך בדרך الوجه فيه אכילך على زنة אשיבך فحذف الياء استخفافا كما فعل فى וישב וימת وفى ותינק את בנה الذى اصله ותיניק لانه من והינקהו לי وفى ותיטב את ראשה الذى اصله ותיטיב لانه من הלוא דברי ייטיבו وكما صنع ايضا فى ויפל ה׳ אלהים الذى اصله ויפיל لانه من הפיל ومن هذا الاصل وهذا المعنى לחכיל למען ברק واغفل من النوع الذى ذكره فيه قسما واحدا مضاعفا وهو והוא כלכל ונלאיתי כלכל

[1] D. 78, 17; N. 47, 7.

féroce la conduisent à sa perte et à sa mort. La pensée est analogue à celle exprimée *Prov.* xxi, 7 et xi, 3. Le sens de *yeḥîtan* peut aussi être rapporté à celui de *meḥittâh;* en ce cas, la lettre douce serait à la place de l'un des deux radicaux semblables de *ḥâtat.*

*Koul.* Aboû Zakariyâ a négligé un sens, celui du *hifîl ăkêlkâ* (*Ex.* xxxiii, 3), qui devrait être *ăkîlkâ* = *ăschîbkâ*, et d'où l'on a retranché le *yôd*, pour rendre la forme plus légère; comme *wayyâschéb*, *wayyâmẹt*, *wattênéḳ* (I *Sam.* i, 23), pour *wattêniḳ*, de *wehêniḳihou* (*Ex.* ii, 9), *wattêṭéb* (II *Rois*, ix, 30) pour *wattêṭib*, de *yêṭîbou* (*Micha*, ii, 7); *wayyappêl* (*Gen.* ii, 21), pour *wayyappîl*, de *hippîl*. Le même sens et la même racine se retrouvent dans *lehâkîl* (*Ez.* xxi, 33). Dans le sens qu'il rapporte, Aboû Zakariyâ a passé la forme redoublée, *kilkêl* (II *Sam.* xix, 33), *kalkêl* (*Jér.* xx, 9).

כון[1] اغفل منه شخصا واحدا لم يسمّ فاعله והוכן בחסד מוכנים בבית

לון[2] اغفل من النوع الثانى من هذا الجنس شخصا واحدا وهو الانفعال וילנו على زنة ימוטו עליהם אם ינועו واحسب ان תלנות[3] من هذا الاصل واشتداد النون منه لاندغام عين الفعل فيه فان الاصل كان فيه ان يكون תלונות على زنة תבונות فادغموا الواو فى النون فاشتدّت لذلك وكذلك اقول فى אשר אתם מלינם انه من هذا الاصل وذلك انه لما كان جائزا ان يقال فى الواحد מלין بالتشديد لاندغام الساكن اللين الذى كان فيه مزيدا بعد الميم فى اللام كما قالوا מסית אותך فادغموا الساكن اللين المزيد بعد الميم فى السين قالوا فى الجمع מלינם بالتشديد اذ بنوه على الواحد الجائز التشديد فيه وربما يحك ماحك فقال ان מלינם من فعل غير معتلّ العين

[1] D. 78, 20; N. 47, 9. — [2] D. 79, 15; N. 47, 27. — [3] Deux fois seulement le *dâgêsch* est précédé du *wâw*, תלונת (*Ex.* xvi, 12) et תלונתם (*Nomb.* xvii, 25).

---

*Koun.* Aboû Zakariyâ néglige le passif du *hifil* (*Is.* xvi, 5; *Ez.* xl, 43).

*Loun.* Aboû Zakariyâ a négligé un exemple du second sens, le *nifal wayyillônou* (*Ex.* xv, 24), sur le modèle de *yimmôṭou* (*Ps.* cxl, 11), *yinnô‘ou* (*Nah.* iii, 12). Je pense que *telounnôt* est de cette racine, et que le *dâgêsch* du *noun* vient de l'insertion du deuxième radical dans cette lettre; *telounnôt* est donc pour *telounôt*, formé comme *tebounôt*, et le *wâw* a été inséré par un *dâgêsch* dans le *noun.* Je rattache aussi *mallînim* (*Ex.* xvi, 8) à cette racine; car, puisqu'on peut, au singulier, dire *mallîn* pour *mêlîn*, en insérant par un *dâgêsch* dans le *lâmêd* la douce quiescente qui s'ajoute après le *mêm*, comme on l'a fait pour *massît* (*Jér.* xliii, 3), on a dit de même au pluriel *mallînim*, avec *dâgêsch*, en le formant sur le singulier où le *dâgêsch* est permis. On peut discuter et dire que *mal-*

وكذلك ויּלֹנו فاعلم ان الاوجب بالاوجب ان يكونا من هذا الاصل
المعتلّ العين من اجل انّا لم نجد في هذا المعنى لا ילן ولا נלן
فيكون מלינם ووילנו من احدهما وايضا من اجل جواز كونهما معتلّى
العين في القياس على ما بيّنت

לוע لم يذكره اصلا ושתו ולעו ושמת סכין בלועך والثقيل הלע
ולע קדש مثل ירח מנחה אל ינע עצמותיו الا ان اللحن من ירע في اليا
بسبب קדש الذى هو מלעל ومن هذا النوع ואפרחיו יעלעו דם
العين الاول هو لام الفعل مضاعف مقدم ووزنه ילפעלו وكان الاصل
فيه ילועעו على زنة יכוננו וירוממו فثقل عليهم اجتماع العينين
فقدموا احدهما الّا انّ عين الفعل ذهب منه مع هذه البنية

לוץ[1] اغفل من النوع الاوّل من نوعى هذا الجنس وهو אם ללצים הוא

[1] D. 79, 19; N. 47, 34.

---

*lînim* et *wayyilônou* ne dérivent pas d'une racine au second radical faible; mais ce qui, à mon avis, rend cette origine absolument nécessaire, c'est que nulle part on ne rencontre ni une racine *yâlan*, ni une racine *nâlan*, dont ces deux mots pourraient venir, et qu'en outre l'analogie permet cette dérivation de *loun*, comme je viens de l'expliquer.

*Louʿa.* Racine oubliée. Voyez cependant : *welâʿou* (*Obad.* 16), *belôʿékâ* (*Prov.* XXIII, 2); forme lourde *yâlaʿ* (*ibid.* XX, 25), comme *yârah* (I *Sam.* XXVI, 19), *yânaʿ* (II *Rois*, XXIII, 18); seulement l'accent de *yâlaʿ* est sous le *yôd*, à cause du mot *ḳôdésch* qui est *milleʿél*. Il faut aussi rapporter ici *yeʿalʿou* (*Job*, XXXIX, 30); le premier *ʿayin* est le troisième radical redoublé qu'on a mis en tête; le paradigme est donc *yelafʿalou*. La vraie forme serait *yelôʿăʿou*, comme *yekônenou*, *yerômemou*, mais la réunion des deux *ʿayin* a semblé lourde, on en a mis un en tête, et le second radical a disparu dans cette formation.

*Louṣ.* Du premier des deux sens de cet article, représenté par

יריץ قسم الفعل الخفيف ולצת לבדך תשא اللهمّ الا ان يكون
استجزا عن ذكره بذكره الصفة المأخوذة منه

מוך لم يذكره ומך אחיך וכי ימוך אחיך انما الحقت هاتين اللفظتين
بالمعتلّة ولم اجعل וכי ימוך אחיך من ذوات المثلين اعنى من וימכו
בעונם مثل ירון ושמח من ירנו ولا جعلت ומך אחיך ايضا من
ذوات المثلين مثل ותם לריק لانى رأيت ומך אחיך קמץ على الشرط
اللازم للافعال المعتلّة العين لا سيما انه فى اتصال الكلام وادراجه واما
ما كان على هذا الوزن محذوفا من ذوات المثلين مثل ותם לריק فانه
פתח الّا عند الوقف والانفصال واما الافعال المعتلّة العينات التى على
زنة ומך אחיך فانها ابدا קמוצות متصلة ومفصلة الا القليل منها
فانى وجدت כי טח מראות עיניהם כי מי בז ליום קטנות פתחין

---

*Prov.* III, 34, Aboû Zakariyâ a négligé la partie de la forme légère, *welaṣtâ* (*ibid.* IX, 12). Ou bien, aurait-il cru pouvoir se passer de mentionner cette forme, parce qu'il cite le qualificatif (*lêṣ*) qui en est dérivé?

*Mouk.* Oublié. Nous trouvons cependant *oumâk* (*Lév.* XXV, 47) et *yâmouk* (*ibid.* 35). Je rattache ces deux mots aux verbes qui ont le second radical faible, et je ne place ni *yâmouk*, bien qu'il ressemble à *yâroun* (*Prov.* XXIX, 6) de *yârônnou* (*Is.* LXI, 7), à côté de *wayyâmôkkou* (*Ps.* CVI, 43); ni *oumâk*, bien qu'il soit comme *wetam* (*Lev.* XXVI, 20), parmi les verbes géminés; car *oumâk* a *ḳâmêṣ* même au milieu de la phrase, d'après la règle suivie pour les racines au second radical faible, tandis que pour la forme abrégée les racines géminées prennent toujours *pataḥ*, comme *wetam*, à moins que le mot ne soit en pause et à la fin d'une proposition. Les autres racines, c'est-à-dire celles qui sont sur le modèle de *oumâk*, sont toujours pourvues de *ḳâmêṣ*, en pause ou hors de pause, à de rares exceptions près, comme *ṭaḥ* (*Is.* XLIV, 18) et *baz*

وهما جميعا معتلّة العينين فلذلك قلت ان ומך אחיך معتل العين
وجائز ان يكون כי מי בז صفة محذوفة من בזה مثل גא מאד وعلى
ما جوّزنا فى דך נכלם ان يكون صفة محذوفة من דכה او يكون فعلا
ماضيا محذوفا من בזה على ما جوّزه آز فى כל ימי אדם אשר חי[1] الّا انّ
كونه من هذا الاصل اعنى معتلّ العين اولى عندى من قبل ان
المعتلّ العين اكثر شىء يتعدى باللام والمعتلّ اللام بغير لام الا
القليل وربما قيل فى ומך אחיך انه شذّ فى الاتصال عن باب ותם
לריק بالקמצות كشذوذ כי טח מראות כי מי בז عن بابهما بالפתחות
وربما جعل الساكن اللين الذى هو عين الفعل فى ומך אחיך وفى
וכי ימוך אחיך بدلا من احد مثلى וימכו בעונם

[1] N. 77, 5.

---

(*Zac.* IV, 10), qui ont un *pataḥ* tout en appartenant à cette classe de racines. Telle est la raison pour laquelle je regarde *oumâk* comme ayant le second radical faible. Le mot *baz* pourrait bien être un adjectif apocopé de *bâzâh*, comme *gê'* (*Is.* XVI, 6), semblable à *dak* (*Ps.* LXXIV, 21), que nous avons aussi cru pouvoir prendre pour un qualificatif apocopé de *dâkâh*[1]. Ou bien, *baz* serait un parfait raccourci de *bâzâh*, comme Aboû Zakariyâ l'a admis pour *ḥay* (*Gen.* V, 5). Ma première opinion me paraît cependant préférable, parce que le plus souvent *bouz* est construit avec *lâméd* et *bâzâh* sans *lâméd*. On a aussi soutenu que *oumâk*, ayant *ḳâmés* au milieu du discours, est une forme irrégulière à côté de *wetam*, comme *ṭaḥ* et *baz*, qui ont *pataḥ*, sont irréguliers par rapport à la classe de verbes à laquelle ils appartiennent. Peut-être aussi la douce quiescente qui est le second radical de *oumâk* et *yâmouk* doit-elle remplacer une des deux lettres semblables de *wayyâmôkkou*.

[1] Voyez ci-dessus, p. 71.

מול[1] اغفل منه شخصا واحدا وهو الافتعال ידרך חציו כמו יתמוללו
وقال في هذا الباب[2] والانفعال נמול המול ימול המולו לה' ثم قال بعد
هذا[3] واما וימלו כל זכר فليس من هذا الاصل بل من נמל وكذلك
המולו לה' ואם לא תשמעו אלינו להמול وليس يكون معناه انفعالا
اذا كانت من נמל هذا قوله ولم اختصر منه الا ما استغنى عن
ذكره مما لا يخل حذفه بالمعنى فيا ليت شعرى لم قطع على וימלו
כל זכר انه من נמל وهو قد اجاز ان يكون ימול انفعالا من معتل
العين وهل بين ימול ווימולו الا واو العطف وعلامة الجمع وهذان
مما لا يخرج به ما حذف من اصل الى اصل اخر كما ان ויכנו
מחשבתיך غير خارج عن לא יכן אדם ברשע في انه انفعال مثله
من فعل معتل العين ولست ازعم ان يكون וימלו من נמל كما قال

[1] D. 80, 7; N. 48, 8. — [2] D. 80, 8; N. 48, 9. — [3] D. 80, 12-19; N. 48, 12-18.

---

*Moul.* Aboû Zakariyâ a passé le *hitpaël* (*Ps.* LVIII, 8). Pour le *nifal* il cite *himmôl*, *yimmôl* (*Gen.* XVII, 10 et 13) et *himmôlou* (*Jér.* IV, 4); puis il continue ainsi : « *Wayyimmôlou* (*Gen.* XXXIV, 24) n'appartient pas à cette racine, mais à *nâmal;* il se pourrait qu'il en fût de même pour *himmôlou* (*Jér.* IV, 4) et pour *lehimmôl* (*Gen.* XXXIV, 17); seulement le sens ne serait plus celui du *nifal*, si ces mots dérivaient de *nâmal.* » Ce sont là ses paroles où je n'ai abrégé que ce qu'on pouvait laisser de côté, sans que l'omission mutilât le sens. Eh bien! je voudrais bien savoir pourquoi l'auteur décide que *wayyimmôlou* est de *nâmal*, tandis qu'il admet que *yimmôl* est le *nifal* de *moul.* Ces deux mots diffèrent-ils autrement, que par la conjonction *wâw* et le signe du pluriel qui se trouve au premier, deux éléments dont l'absence ne fait pas qu'un mot change de racine, pas plus que *weyikkônou* (*Prov.* XVI, 3), *nifal* d'un verbe au deuxième radical faible, s'éloigne de *yikkôn* (*ibid.* XII, 3). Je ne prétends pas dire que *wayyimmôlou* ne puisse venir de *nâmal*,

هو غير جائز لكنى اقول ان كونه من נמול جائز وكونه انفعالا من
ומל ה׳ אלהיך جائز ايضا فكان الواجب على آز ان يدخل וימולו فى
حيز الانفعال من هذا الاصل ثم يستثنى به كاستثنائه בהמול ימול
وغيرها وقال فى هذا الباب[1] ان وزن נמלים נפעולים ولم يأتنا بمثل
يكون شاهدا على قوله على غرابة هذه البنية فاقول ان مثله ונחתום
בטבעת המלך لانه عندى منفعل والبرهان على ذلك ان נכתב منفعل
لا انفعل لكونه קמוץ التا لانه لو كان ماضيا لكان التاء פתח على ما
قد بينه آز فى كتاب حروف اللين[2] فاذ ذلك كذلك فנחתום منفعل
ووزنه נפעול على زنة נמלים الذى هو منفعل فى قول آز وقد قال من
اثق بعلمه من اهل زماننا ان النون فى נמלים فاء الفعل وانه صفة

[1] D. 89, 14; N. 48, 14. — [2] D. 35, 80 et suiv.; N. 18, 11 et suiv.

---

et je suis d'accord avec Aboû Zakariyâ pour admettre également qu'il puisse être le *nifal* de *oumâl* (*Deut.* xxx, 6). Seulement Aboû Zakariyâ aurait dû d'abord placer *wayyimmôlou* parmi les *nifal* de cette racine, et ensuite faire ses réserves pour ce mot, comme il l'a fait pour *himmôl*, *yimmôl* et d'autres. Aboû Zakariyâ dit encore dans cet article que *nimmôlîm* (*Gen.* xxxiv, 22) est le participe du *nifal*, sans citer aucun exemple à l'appui, bien que cette forme soit étrange. Je comparerais volontiers *wenaḥtôm* (*Est.* viii, 8), qui est un participe du *nifal*, comme le prouve *niktâb* (qui le précède); le *tâw* de ce dernier ayant *ḳâmèṣ*, ce mot est un participe et non le parfait du *nifal*, qui, d'après ce qu'expose déjà Aboû Zakariyâ dans son *Traité des lettres douces*, serait *niktab* avec *pataḥ*. *Naḥtôm* est donc un participe du *nifal* de la forme *nifôl*[1], comme l'est *nimmôlîm* d'après Aboû Zakariyâ. — Un contemporain, dont la science m'inspire une grande confiance, veut que le *noun* de *nimmôlîm* soit le premier radical, et que le mot soit un qualifi-

[1] Voy. *Riḳmâh*, 93, 33-37, et *Kitâb al-ouṣoul*, col. 411, l. 12 et suivantes.

على زنة שכורים וגבורים وهذا لعمرى فيه قول مستحسن مفضل
واعلم ان آز جلب شاهدا على נמול אברהם נשאל ונשלוה ונחתם
ונמול אברהם هو انفعال ماض ونشאל ונשלח مصدران واما נחתב
فهو منفعل[1] كما اعلمتك

מוק لم يذكره המיק ימיק ימיקו וידברו

מוש[2] ادخل והמישני את העמודים مع לא ימיש עמוד הענן وكونه
نوعا اخر اولى عندى فانه لو كان והמישני אל[3] העמודים لكانا نوعا
واحدا كما زعم وكان يكون تفسيره وازلنى الى الاعمدة ولما كان את
העמודים بالتاء وحقيقة هذه اللفظة ان تقع اكثر شى على
المفعولين جاز ان يكون تفسير והמישני واجسنى الاعمدة وليس

[1] Le texte ajoute ماض (ms. ماضى), ce qui n'a pas de sens, et que la version hébraïque n'a pas. Voy. *Kitâb al-ouṣoul*, 256, où se lit encore une autre explication. — [2] D. 81, 1; N. n'a pas cet exemple; tout ce qu'on y lit depuis לך appartient au traducteur. — [3] Ainsi la vers. hébr.; le texte arabe porte את.

---

catif, comme *schikkôrîm*, *gibbôrîm*. C'est en effet une bonne, une excellente opinion. Aboû Zakariyâ cite à l'appui de *nimmôl* (*Gen.* XVII, 26) les mots *nisch'ôl* (I *Sam.* XX, 6), *wenischlô°aḥ* (*Est.* III, 13) et *wenaḥtôm* (*ibid.* VIII, 8)[1]; mais *nimmôl* est un parfait du *nifal*, tandis que, parmi les exemples, les deux premiers sont des infinitifs, et le troisième, comme nous venons de le dire, est un participe.

*Mouḳ.* Voyez le *hifil* (*Ps.* LXXIII, 8).

*Mousch.* Aboû Zakariyâ place *Juges*, XVI, 26, à côté d'*Ex.* XIII, 22. Je préfère prendre *wahămîschênî* dans un sens différent; car, Aboû Zakariyâ aurait raison, si ce verbe était construit avec *él*, et l'on traduirait : Laisse-moi aller vers les colonnes, tandis que le mot *ét*, qui précède *hâ°ammoudîm*, étant ordinairement placé

[1] Ibn Giḳaṭilla a, en effet, remplacé ces exemples par ונעתור (I *Chron.* V, 20). N. 48, 15.

كان يكون من جنس כי משש את כל כלי بل من هذا الجنس
المعتلّ العين الا انه فى معنى כי משש ومن نوع והמישני عندى
וימש חשך على مذهب ימששו חשך وفى هذا النوع خفيف נשה נא
ואמשך وربما كان حرف لين فى هذا النوع اعنى عين الفعل بدلا
من المثل الواحد فى משש

מות[1] اغفل منه شخصا واحدا لم يسم فاعله وهو והם המתו לא
יומת איש אתה מומת הממתים

נוא لم يذكره ואם הניא אביה אותה ולמה תניאון וידעתם את
תנואתי הן תנואות עלי ימצא

נוב[2] ذكر منه نوعا واحدا وهو חיל כי ינוב واغفل نوعا اخر وهو
ינוב חכמה ניב שפתים

נוד[3] ذكر فيه نوعا واحدا وهو נע ונד واغفل نوعا اخر وهو נדו

[1] D. 81, 3; N. 48, 26. — [2] D. 81, 11; N. 49, 1. — [3] D. 81, 15; N. 49, 3.

---

devant le complément direct, on devra traduire : Laisse-moi toucher les colonnes. Sans être de la même racine que *mischschaschtâ* (*Gen.* XXXI, 37), puisqu'il a le second radical faible, il en aurait la signification. Au même sens appartiennent encore *weyâmêsch* (*Ex.* X, 21), auquel il faut comparer *yemascheschou* (*Job*, XII, 25) et la forme légère *wa'ămouschkâ* (*Gen.* XXVII, 21). Peut-être aussi la lettre douce, c'est-à-dire le second radical, dans ce sens, remplace-t-elle une des deux lettres semblables de *mâschasch*.

*Mout.* Aboû Zakariyâ oublie le passif *houmtou* (II *Sam.* XXI, 9), puis : I *Sam.* XI, 13; XIX, 11; II *Rois*, XI, 2.

*Nou'.* Racine oubliée qui se trouve *Nomb.* XXX, 6; XXXII, 7; XIV, 34; *Job*, XXXIII, 10.

*Noub.* Aboû Zakariyâ donne un sens, *Ps.* LXII, 11, et en passe un autre, *Prov.* X, 31; *Is.* LVII, 19.

*Noud.* Un sens est donné, *Gen.* IV, 12; mais un second sens

לו כל סביביו ומי ינוד לך ואל תנד להם واعتقد ان אפרים מתנודד من هذا النوع

נון لم يذكره ינון שמו انفعال على زنة יכון ולניני ולנכדי ويجوز ان يكون منه יהיה מנון وقد ادخله آز في باب ינה

נוס ادخل في هذا الباب על סוס ננוס[1] وقد يمكن ان يكون عندى الى باب נסס اعنى ان يكون من معنى מתנוססות وهو الاشراق والاستعلا ومن ذلك قيل שאו נס وجاء ננוס بشرק وان كان من ذوات المثلين كما جاء ירון ושמח بشرק وهو من רננה وكما جاء ישוד צהרים بشرק وهو من שודד ולבור את כל זה بشرק وهو من ברור מללו هذا الوجه فيه احسن عندى لان معنى الهرب فاتر فيه جدا اذ لا وجه لقوله על כן תנוסון لقوم قد اختاروا الهرب برعمه

[1] D. 82, 8; N. 49, 16.

---

est négligé, *Jér.* XLVIII, 17; *Is.* LI, 29; *Jér.* XVI, 5; je pense que *mitnôdêd* (*ibid.* XXXI, 18) rentre aussi dans cette signification.

*Noun.* Racine oubliée. Cependant, il y a le *nifal yinnoun* (*Ps.* LXXII, 17) comme *yikkoun;* puis *oullenînî* (*Gen.* XXI, 23), et peut-être *mânôn* (*Prov.* XXIX, 21) qu'Aboû Zakariyâ a placé dans le paragraphe de *yânâh.*

*Nous.* Aboû Zakariyâ cite dans cette racine *Is.* XXX, 16. Mais *nânous* pourrait bien être de *nâsas* et dans le sens de *mitnôsesôt* (*Zac.* IX, 16), qui a la signification de «briller, chercher à s'élever,» d'où *nês* (*Jér.* IV, 6); tout en étant ainsi d'un verbe géminé, *nânous* a un *schoureḳ*, comme *yâroun* (*Prov.* XXIX, 6), de *renânâh; yâschoud* (*Ps.* XCI, 6), de *schôdêd* (*Jér.* XV, 8); *welâbour* (*Eccl.* IX, 1), de *bârour* (*Job*, XXXIII, 3). Cette explication me paraît meilleure, car le sens de fuir rendrait la phrase languissante, et il n'y aurait pas de raison pour dire : «Pourquoi fuirez-vous,» à des gens qui, d'après Aboû Zakariyâ, ne demanderaient pas

فقالوا על סוס ננוס فهذا المعنى الثانى اذًا فيه اقوى لازما لتلاؤم
الكلام اعنى ان על סוס ננוס ملائم لقوله ועל קל נרכב وكانه قال על
סוס נעלה על כן תנוסון لكن بين اللفظتين بين كبير فى الفصاحة
اعنى ان על סוס ננוס על כן תנוסון افصح من על סוס נעלה על כן
תנוסון وهذا القسم من اقسام البلاغة يسمّى الاشتقاق والتجنيس
وهو عند الخطباء والبلغاء مستحسن جدّا ومثل هذا الاشتقاق
בחשבון חשבו עליה רעה وايضا גם מדמן תדמי وايضا והכרתי את
כרתים وايضا בבית לעפרה עפר התפלשי وايضا ועקרון תעקר هذا
وفقك الله اعتقادى فيه والمعنى الاول جائز على ضعفه وقبحه الا
تراه قال כי כה אמר ה' קדוש ישראל בשובה ונחת תושעון בהשקט
ובבטחה תהיה גבורתכם ולא אביתם ותאמרו לא כי על סוס ננוס על כן
תנוסון ועל קל נרכב וג' الغرض فى هذا القول انهم كانوا يطلبون
المعالى والتكبّر بركوب الخيل والاستمداد باهل مصر فقال لهم النبى

---

mieux, et auraient déjà dit : «Fuyons à cheval.» Ce second sens, au contraire, est plein d'énergie et est surtout conforme au contexte; le premier membre «nous sauterons à cheval» se lie au second, «nous monterons sur des coursiers légers.» Le mot *nânous* pourrait donc être remplacé par *naʿâléh;* mais, sous le rapport de l'élégance du style, il y a une grande différence entre le choix des deux mots, et le premier, suivi de *tenousoum* vaut mieux. Cette figure s'appelle en rhétorique la *paronomasie* (*ischtiḳâḳ* et *tadjnîs*); elle est recherchée par les prédicateurs et les orateurs. On en trouve des exemples, *Jér.* XLVIII, 2; *ibid.*; *Ez.* XXV, 16; *Mic.* I, 10; *Seph.* II, 4. C'est là mon opinion, bien que le premier sens, en dépit de sa faiblesse et de sa laideur, ne soit pas impossible. Voici la pensée exprimée dans les versets 15 et 16 : Le peuple cherchait les grandeurs, il voulait s'enorgueillir en montant à cheval et chercher son point d'appui parmi les habitants de l'Égypte;

تواضعوا لله وكونوا هينين لينين ولا تثقوا بالخيل فان الله يعينكم ويَنصركم على أعدائكم كما تراه يقول אשור לא יושיענו על סוס לא נרכב ולא נאמר עוד فلما ابوا وقالوا על סוס ננוס ועל קל נרכב جعل قوله על כן תנוסון על כן יקלו רדפיכם انذارا بالعقوبة النازلة بهم ولو ان ננוס في معنى الهرب لما كان يكون الهرب عقوبة له لانهم قد كانوا اختاروه فهذا برهان على ان ננוס من معنى מתנוססות

נוף[1] ذكر فيه نوعا واحدا وهو ויניפהו תנופה واغفل نوعا آخَر وهو נפתי משכבי وكان الشيخ מ׳ יצחק בן גקטילה معلّمنا ז״ל يعتقد ان גשם נדבות תניף אלהים من נפתי משכבי وكان يفسّر فيهما التروية فهو اذا ثقيل منه

נוץ.[2] ذكر فيه نوعا واحدا وهو הנצו הרמונים واخرج عنه نوعا

[1] D. 82, 16; N. 49, 23. — [2] D. 82, 19; N. 49, 25.

---

alors le prophète leur dit : Soumettez-vous à Dieu, soyez humbles et doux; ne vous fiez pas aux chevaux, Dieu vous donnera aide et assistance contre vos ennemis (*Osée*, XIV, 4). Mais le peuple ne voulait pas; il s'écria : « Sautons à cheval, montons des coursiers légers; » et le prophète répliqua : « c'est pourquoi, etc., » en leur annonçant le châtiment qui devait les atteindre. Si *nânous* voulait dire « fuyons, » cette fuite, recherchée par le peuple, ne serait plus un châtiment; il faut donc rattacher ce mot à *mitnôsesôt*[1].

*Nouf.* Aboû Zakariyâ cite un sens, celui de *Lév.* VIII, 29, mais il néglige *nafti* (*Prov.* VII, 17). Mon maître, le scheikh Isaac ben Gaḳṭîlâh, reportait à ce dernier mot *tânîf* (*Ps.* LXVIII, 10), et les expliquait tous les deux dans le sens d'arroser. *Tânîf* serait alors la forme lourde de *nafti*.

[1] Cette explication trouva d'ardents adversaires, cités plus loin dans le *Risâlat et-tanbîh*. Voy. aussi *Kitâb al-ouṣoul*, 417, 8-9, où Ibn-Djanâḥ dit que sa démonstration « excitait la colère de ses envieux et réjouissait ses amis. » On voit encore des traces de la vivacité de ces critiques chez D. Ḳamḥi, *Lexique*, R. נס.

اخر مضاعفا وهو ונוצצים כעין الصاد فيه عندى مضاعفة
كتضاعفها فى את לוצצים الذى هو من אם ללצים הוא יליץ ومن
ועתה אל תתלוצצו المعتلّى العين وكتضاعف الميم فى ימין ה' רוממה
الذى هو من רם والبرهان على ان ונוצצים معتلّ العين قوله ופועלו
לניצוץ الذى هو פעלול على زنة ניחח لكن لم يأبه آز الى לניצוץ
ولذلك ما وهم فى ונוצצים فادخله فى ذوات المثلين واعلم ان
ונוצצים ולוצצים ורוממה وجميع ما كان على هذه البنية مضاعفا من
المعتلّة العين صفات لا فاعلين

נוק لم يذكره הניק יניק على הביא יביא ותקח האשה[1] הילד
ותניקהו على زنة ותביאהו ويمكن ان يكون مقلوبا من ינק

נוש لم يذكره חרפה שברה לבי ואנושה على زنة ואקומה

[1] Le ms. et la vers. hébr. insèrent תם.

---

*Nouṣ.* Aboû Zakariyâ place dans cette racine *Cant.* vi, 11, mais il en éloigne la forme redoublée *nôṣeṣîm* (*Ez.* i, 7). Cependant, à mon avis, le *ṣâdê* redoublé de ce mot est pareil à la même lettre redoublée dans *lôṣeṣîm* (*Osée*, vii, 5), de *yâliṣ* (*Prov.* iii, 34) et *titlôṣâṣou* (*Is.* xxviii, 22), et au *mêm* redoublé dans *rômêmâh* (*Ps.* cxviii, 16), de *râm*, qui sont tous deux des racines au second radical faible. Une preuve que *nôṣeṣîm* est de *nouṣ* est le mot *lenîṣôṣ* (*Is.* i, 31), qui est de la forme *fiʿlôl* comme *nîḥôaḥ*. Ne se rappelant pas *lenîṣôṣ*, Aboû Zakariyâ s'est trompé et a placé *nôṣeṣîm* parmi les racines géminées. Sache que *nôṣeṣîm*, *lôṣeṣîm*, *rômêmâh*, et les mots qui sont ainsi formés parmi les racines au second radical faible, sont des qualificatifs et non des participes.

*Nouḳ.* Oublié. Voyez cependant le *hifîl wattenîḳêhou* (*Ex.* ii, 9), comme *wattebîʾêhou*. Ce mot pourrait aussi être expliqué comme une métathèse de *yânaḳ*.

*Nousch.* Manque. Cependant *wâʾânouschâh* (*Ps.* lxix, 21), comme *weʾâḳoumâh* (II *Sam.* xvii, 1).

סוך [1] اغفل من النوع الاول من نوعيه قسم الفعل الثقيل הסיך
יסיך او יסך וירחץ ויסך ويمكن ان يكون منه על בשר אדם לא ייסך
على الوجه الذى ذكرته فيه فى باب יסך واغفل ايضا من هذا النوع
شخصا واحدا ارى ذكره لغربته وهو اسم تضاعف فيه اللام את
כרוב ממשח הסוכך اقول ان הסוכך مشتقّ من וסוך לא סכתי وهو
اسم الدهن وتفسير هذا اللفظ انت ملك مسح الدهن يعنى
الدهن الذى كان يمسح به الملوك والروسا فى اوّل توليتهم فكأنه
يقول له لست برئيس صغير بل انت ملك جليل ممسوح بالدهن
وانما سمّاه כרוב على سبيل التعظيم لشأنه كما قال ايضا فيه בתוך אבני
אש התהלכת يريد به الجواهر البسيطة والاشخاص العلوية
الروحانية لا محالة فכרוב عندى مضاف الى ממשח وממשח مضاف

[1] D. 84, 3; N. 50, 20.

---

*Souk*. Dans le premier des deux sens donnés, Aboû Zakariyâ a passé la forme lourde *wayyâsék* (II *Sam.* XII, 20), et peut-être *yîsâk* (*Ex.* XXX, 32) d'après ce que j'ai dit ci-dessus dans le paragraphe *yâsak*. — Il a encore négligé un autre mot de ce sens que je veux rapporter à cause de sa forme étrange : c'est un nom dans lequel on a redoublé le troisième radical, *hassôkêk* (*Ez.* XXVIII, 14), que je dérive de *sôk* (*Dan.* X, 3) et traduis par l'huile. Le sens de la phrase est : Tu es un roi de l'onction avec l'huile, c'est-à-dire avec l'huile dont on se sert pour oindre les rois et les chefs lors de leur installation; en d'autres mots : Tu n'es pas un chef insignifiant, mais un roi puissant, oint de l'huile. Il nomme ce roi *Keroub* pour le glorifier, et il continue de même : Tu marches au milieu des pierres de feu, ce qui veut dire, sans doute, parmi les substances simples, les êtres célestes et spirituels. *Keroub* est donc annexé à *mimschaḥ*[1], et celui-ci à *hassôkêk*,

[1] C'est un *maṣdar*, ou infinitif, d'après Ibn Djanâḥ, *Riḳmah*, 89, 18-23, dans le sens d'un participe passif, بمعنى مفعول, comme dirait un grammairien arabe.

ايضا الى הסוכך והסוכך هو الدهن الذى كان يدهن به على ما قد قلته وكان الاصل فيه סוך على زنة שוט فضاعفوا الكاف فيه كما ضاعفوا طاء שוט فى ולשוטט בצדיכם وكون ממשח פתח دليل على اضافته الى הסוכך

סור [1] اغفل من هذا الجنس نوعا واحدا وهو דרכי סורר הנני שך את דרכך בסירים סורר مشتقّ من סירים وهو فعل ماض مضاعف اللام على زنة כאשר כונן להשחית هذا اختيارى فيه واغفل من النوع الاول من النوعين الذين ذكرها فى هذا الجنس شخصا واحدا لم يسمّ فاعله הוסר התמיד מוסר מעיר

סות قال فى هذا الباب [2] واعلم ان تشديد التاء فى הסתה אתו خارج عن القياس وكان التخفيف فيه هو القياس הסה للمذكّر او הסית הסתה للمؤنث او הסיתה قال مروان قد رام بعض اهل زماننا

[1] D. 83, 19; N. 50, 10. — [2] D. 84, 8-10; N. 50, 25-27.

---

qui signifie l'huile pour oindre; *sokêk* est pour *sôk* avec un *kaf* redoublé, comme *schôṭêṭ* (*Jos.* XXIII, 13) de *schôṭ* avec un *ṭêt* redoublé. Le *pataḥ* de *mimschaḥ* prouve qu'il est en état d'annexion.

*Sour.* Aboû Zakariyâ a oublié un sens, celui de *sôrêr* (*Lam.* III, 11) et celui de *sîrîm* (*Osée*, II, 8), dont *sôrêr* dérive; car, j'aime à considérer *sôrêr* comme un parfait avec le troisième radical redoublé, comme *kônên* (*Is.* LI, 13). — Dans le premier des deux sens qu'il donne, Aboû Zakariyâ a omis le passif (*Dan.* XII, 11; *Isaïe*, XVII, 1).

*Sout.* Aboû Zakariyâ dit dans ce paragraphe : « Sache que le *dâgêsch* dans le *tâw* de *hêsattâh* (I *Rois*, XXI, 25) est contraire à la règle, car la forme régulière est *hêsat* ou *hêsît* pour le masculin, et *hêsatâh* [1] ou *hêsîtâh* pour le féminin sans *dâgêsch*. » Cependant un

[1] *Riḳmâh*, 41, 39, il faut ajouter après לזכר, les mots או הסתה. — Nous avons

ممن يوثق بعلمه ان يُجْعَلَ لهذا التشديد وجهُه فى القياس بأن
قال انّ הפעל بنية من بنى الافعال الثقيلة مثل הצר והפר وكذلك
הסת للمذكر وللمؤنث הסתה الّا انهم ادخلوا على הסתה علامة ثانية
للتأنيث فقلبوا العلامة الاولى التى هى هاءٌ تاءً فصار הסתתה بتاءين
ثم ادغموا التاء الاولى التى هى لام الفعل فى التاء الثانية التى كانت
العلامة الاولى للتأنيث فقالوا הסתה אותו بالتشديد قال ومثل
هذا כי החבאתה את המלאכים فان الماضى المذكر منه החבא والمونث
החבאה فلما ادخلوا تأنيثا على تأنيث على ما ذكرنا فى הסתה قلبوا
الهاء التى كانت علامة التأنيث فى החבאה تاءً فقالوا החבאתה
ومثلها عنده נפלאתה אהבתך לי فانّ الهاء فى هذا داخلة على تاء

---

de nos contemporains, dont le savoir mérite confiance, veut que ce *dâgêsch* soit reconnu comme ayant sa raison d'être. Il dit que *hifal* est une des formes lourdes du verbe[1]; exemples : *hêṣar*, *hêfar*; on peut donc supposer *hêsat* au masculin, et *hêsatâh* au féminin. Seulement on a ajouté un second signe du féminin, changé le premier, qui était *hê*, en *tâw*, ce qui donnait *hêsat-tâh* avec deux *tâw*, dont le premier, troisième radical, a été ensuite inséré dans le second, premier signe du féminin, et l'on a ainsi obtenu *hêsattâh* avec *dâgêsch*. Ce même grammairien poursuit : « Un exemple semblable est *héḥbe'atâh* (*Jos.* VI, 17)[2]; le parfait masculin est *héḥbâ'*, fém. *heḥbe'âh*, auquel on a ajouté, comme dans *hêsattâh*, une seconde marque du féminin; le *hê* de *heḥbe'âh* a été changé en *tâw*, et l'on a obtenu *heḥbe'atâh*. Un autre exemple est *nifle'atâh* (II *Sam.*

ponctué *hêsatâh*, bien qu'il eût été plus correct d'écrire *hêsétâh*, et d'admettre, selon Ibn Djanâḥ, un changement de l'*é* en *a*, à la suite du *dâgêsch* inséré dans le *tâw*. Mais notre auteur aurait alors indiqué cette transformation.

[1] Cette opinion, approuvée ici, révoquée en doute, plus loin, dans le traité *At-taḳrîb wat-tashîl*, vers la fin, est définitivement rejetée, *Riḳmâh*, 40, 36.

[2] Avec *pataḥ* sous l'*âléf*. (Voy. *Minḥat Schaï*, ad h. l.)

التأنيث التى هى تاء فى היא נפלאת בעינינו ولعمرى انه لوجه مستحسن عندى

עיט لم يذكره ויעט בהם هذا الحرف عندى معتلّ العين وبرهان ذلك קמצות الياء على شرط حرف الاستقبال فى كلّ فعل معتلّ العين مثل ויקם וישב ויעף דוד ויעד ה׳ الا بعض ما كان فاؤها حاء فانه ربما كان الزيادة فيه בפתח مثل ותחש על מרמה רגלי فان الحاء منه פתח وهو معتلّ العين وربما قرب معنى ויעט בהם من معنى עיט الذى هو اسم للطائر فيكون تفسيره نخ فى وجوههم وزجرهم وطردهم وليس مثل ויעט העם אל השלל فان هذا عندى معتلّ اللام من معنى שלמה אהיה כעטיה الذى يُصلحُ ان يفسَّر فيه مائلة ومنحرفة وبرهان ذلك انفتاح الياء منه على العادة الجارية فى مثل هذه الافعال اعنى ויעש ויען ותעד נזמה المأخوذة من עשה

---

1, 26), où le *hê* s'est ajouté au *tâw* féminin qu'on rencontre dans *niflât* (*Ps.* cxviii, 23). » Eh bien, cette explication me paraît bonne.

*ʿÎṭ*. Racine oubliée. Cependant *wayyâʿaṭ* (I *Sam.* xxv, 14) me paraît venir d'un verbe au second radical faible, car le *yôd* a un *ḳâméṣ*, comme, en général, les préfixes du futur dans ces verbes; exemples : *wayyâḳom*, *wayyâschob*, *wayyâʿaf* (II *Sam.* xxi, 15), *wayyâʿad* (II *Rois*, xvii, 13). Quelques verbes seulement, qui ont pour premier radical *ḥêt*, font exception et prennent pour les préfixes un *pataḥ*, comme *wattaḥasch* (*Job*, xxxi, 5), où le *tâw* a *pataḥ*, malgré le second radical faible. Le sens de *wayyâʿaṭ* se rapporte peut-être à celui de *ayiṭ*, qui désigne un oiseau; le verset signifie : Il se mit en colère contre eux, cria après eux et les chassa. Il n'en est pas de même de *wayyaʿaṭ* (I *Sam.* xiv, 32), qui est de *ʿâṭâh*, comme *keʿôṭeyâh* (*Cant.* 1, 7), qui peut signifier : penchée, baissée. On le reconnaît par le *pataḥ* qu'a le *yôd*, comme c'est l'habitude dans cette classe de verbes; exemples : *wayyaʿas*, *wayyaʿan*,

ענה ערה وعلى هذا اطرد الباب كله الا فى الوقف والانفصال فانه ياتى فيه קמץ

עיף[1] ذكر فى هذا الجنس ثلاث انواع احدها כי עיפה נפשי להרגים والثانى התעיף עיניך בו والثالث יעוף יומם وجوز[2] كون ארץ עפתה עשה שחר עיפה من معنى התעיף עיניך בו والأقرب عندى ان يكونا نوعين وذلك ان يكون עשה שחר עיפה ארץ עפתה نوعا واحدا ومعناه الظلام والدليل على ذلك قوله ויום לילה החשיך وايضا قوله כמו אפל ويكون معنى התעיף עיניך ضدّ معنى ארץ עפתה اعنى انه من معنى תעפה כבקר תהיה الذى تفسيره تلوح وتضىء فاذا كان كذلك فهو اذا نوع رابع وفى هذا النوع الرابع ثقيل مضاعف لام الفعل وهو עופף עופפתי בעופפי חרבי ومعناه تلميع وتبريق ومن هذا النوع عندى ועיניו כעפעפי שחר على ان عين

[1] D. 85, 18; N. 51, 14. — [2] D. 85, 22; N. 51, 18.

---

*watta*ʿ*ad* (*Os.* II, 15), qui dérive de ʿ*âsâh*, ʿ*ânâh*, ʿ*âdâh*. Tous ces verbes suivent cette règle, excepté en pause et à la fin du discours, où l'on met un *ḳâmêṣ*.

ʿ*Ouf.* Aboû Zakariyâ cite trois sens, représentés par *Jérémie*, IV, 31; *Prov.* XXIII, 5, et *Ps.* XCI, 5; il admet que ʿ*êfâtâh* (*Job*, X, 22); et ʿ*êfâh* (*Amos*, IV, 13) puissent se rattacher au second de ces trois sens. Il me paraît plus probable que ces deux mots ont une signification particulière et qu'ils désignent l'obscurité, comme on le reconnaît pour ʿ*êfâh* par la comparaison d'*Amos*, V, 8, et pour ʿ*êfâtâh* par les mots qui suivent dans le même verset; tandis que *hâtâ*ʿ*îf* (*Prov.* XXIII, 5) aurait le sens opposé, c'est-à-dire celui de *tâ*ʿ*oufâh* (*Job*, XI, 17), qui veut dire briller, éclairer. Il existe donc un quatrième sens, auquel il faut rattacher la forme lourde au troisième radical redoublé *be*ʿ*ôfefî* (*Ez.* XXXII, 10), qui signifie briller, étinceler; et de même *ke*ʿ*af*ʿ*appê* (*Job*, XLI, 10), où le

الفعل ذاهبة منه مع هذا التضعيف فان كان התעיף עיניך בו וארץ
עפתה نوعا واحدا كما زعم آز فكان معنى התעיף עיניך בו ان تلفه
وذهابه يكون على قدر طرفة عين واما תעופה כבקר תהיה בעופפ
חרבי כעפעפי שחר فنوع رابع اغفله آز فان كان התעיף עיניך בו من
هذا الرابع فتفسيره تلحظه ببصرك فيخفى

עור ادخل في هذا[1] כי נעור ממעון קדשו وقال فيه انه انفعال على
زنة נאור ונכון واجود من هذا القول فيه ان تكون النون فاء الفعل
ويكون فعلا ماضيا على زنة קטנתי ולא יכל יוסף יקשתי לך כאשר
שכלתי واختلفت حركة الفاء من נעור من اجل العين وبهذه
العلّة اعتلّ فيها آز على مذهبه واما تفسير اللفظة زأر وصاح فان

[1] D. 86, 10; N. 51, 27. Les mots على زنة נאור ונכון manquent dans les deux versions; mais ils se trouvaient dans le texte original de Ḥayyoudj. Voyez *Riḳmâh*, 64, 31; *Miklôl Yôfî*, ad h. l.

---

second radical s'est perdu à la suite du redoublement. Si *hătâʿîf* et *ʿêfâtâh*, comme le prétend Aboû Zakariyâ, avaient une même signification, il faudrait expliquer le verset *Prov.* XXIII, 5 : Sa perte et sa disparition ont lieu dans un clin d'œil. Mais *tâʿoufâh*, *beʿôfefî*, *keʿafʿappê* forment alors un quatrième sens, qu'Aboû Zakariyâ a passé. Si *hătâʿîf* est reporté à ce quatrième sens, le verset veut dire : Ne jette qu'un regard sur lui, et il disparaîtra.

*ʿOur*. Aboû Zakariyâ a placé dans cette racine le mot *neʿôr* (*Zac.* II, 17), qu'il prend pour un *nifal*, comme *nâʾôr* (*Ps.* LXXVI, 5) et *nâkôn*. Il vaut mieux considérer le *noun* comme premier radical, et le mot comme un parfait[1] de la forme *ḳâṭôntî* (*Gen.* XXXII, 11), *yâkôl* (*ibid.* XLV, 1), *yâḳôschtî* (*Jér.* L, 24) ; *schâkôltî* (*Gen.* XLIII, 14); la voyelle du premier radical a été changée sous l'influence du *ʿayin*, influence qu'Aboû Zakariyâ a dû aussi reconnaître pour

[1] Ḳamḥî, *Lexique*, R. נער, attribue faussement à notre auteur l'opinion que ce mot était un qualificatif (תאר).

هذه اللغة مستعملة فى زئير الاسد كما يقال יחדו ככפרים ישאגו
נערו כגורי אריות فلا شكّ فى ان נערו مثل ישאגו وقيل נערו كما قيل
ולא יכלו לעשת הפסח ومعنى כי נעור ממעון קדשו على هذا التلخيص
موافق لمعنى ה׳ ממרום ישאג وقد اتسع الاوائل رضى الله عنهم فى
هذه اللغة واستعملوها فى النهيق ايضا فقالوا חמור נוער[1] فهذا ما
اعتقده فى כי נעור من غير ان أخطئ أزّ فى الوجه الذى اجتلبه
هو فيه بل افضّل هذا الوجه الثانى الذى ذكرته انا واغفل من
النوع الذى اجتلبته فى هذا الجنس شخصا واحدا مضاعفا ذهب
منه عينه مع التضعيف وهو ערער תתערער اما ערער فهو مصدر
على زنة ונלאיתי כלכל واما תתערער فهو افتعال وهو الشخص الذى
قصدت ذكره واما تفسيره فكانه تضطرب اضطرابا وتهتزّ اهتزازا

[1] Babli *Berâkôt*, fol. 3 *a*.

---

justifier son opinion. La racine *nâʿar* signifie rugir, crier; elle s'emploie pour le rugissement du lion (*Jérémie*, LI, 38), où *nâʿărou* répond sans doute à *yische'âgou* pour le sens, et à *yâkelou* (*Nomb.* IX, 6) pour la forme. La pensée du verset de Zacharie est exactement celle qui est exprimée *Jérémie*, XXV, 30. Les anciens sont allés encore plus loin et ont employé cette racine pour le braiment de l'âne. Telle est mon opinion au sujet du mot *nâʿôr*, sans que je veuille accuser d'erreur Aboû Zakariyâ pour la place qu'il lui a assignée. Seulement, je crois que mon explication vaut mieux. — Aboû Zakariyâ a aussi passé dans ce même sens un exemple que j'y place, savoir la forme redoublée, qui, par suite de ce redoublement, a perdu son second radical, *ʿarʿêr titʿarʿar* (*Jér.* LI, 58). Le premier de ces mots est un infinitif, comme *kalkêl* (*ibid.* XX, 9), et l'autre, un *hitpaël*, est l'exemple que je voulais mentionner. Le sens est : Ils seront secoués et ébranlés, et le verset de Jérémie répond à celui d'Ézéchiel, XXVI,

الا تراه يقول חמות בבל הרחבה ערער תתערער فهو على معنى תרעשנה
חומותיך ومن هذا النوع عندى פנה אל תפלת הערער وهو ער
مضاعف اعنى ולבי ער وان خالفه فى الحركة وتفسيره المجتهد ليلا
وانما صار ולבי ער ועורר עליו יעורו ויעלו הגוים אם תעירו ואם תעוררו
تحت نوع واحد لان الجميع مشترك فى الحركة واغفل من هذا
الجنس نوعا اخر وهو פשטה וערה למען הביט על מעוריהם امّا
ערה فهو مصدر على زنة רעה התרעעה الذى هو مصدر תרועם
בשבט ברזל والهاء فيهما زائدة كزيادتها فى פשטה וחגרה اللذان
هما مصدران واما מעוריהם فهو عندى جمع מעור على زنة מקור מגור
מלון وامّا והראיתי גוים מערך فليس من هذا الجنس بل هو عندى
من جنس اخر معتل اللام اعنى את מקרה הערה واما كيف كان
قبل الاضافة فيجوز ان يقال انه كان מער على زنة בשמים ממעל
الذى هو من עלה وخير من هذا التوجيه فيه ان اقول ان מערך

10. — Il faut encore rapporter ici *hâᶜarᶜâr* (*Ps.* cii, 18), qui est le redoublement de *ᶜér* (*Cant.* v, 2), bien que la voyelle soit changée, et qui désigne l'homme qui consacre ses veilles à l'étude. Les mots *ᶜêr*, *ᶜôrêr* (*Isaïe*, x, 26); *yêᶜôrou* (*Joël*, iv, 12); *tâᶜîrou* et *teᶜôrerou* (*Cant.* ii, 7) appartiennent à un même sens, parce que tous renferment l'idée du mouvement. — Aboû Zakariyâ a négligé un autre sens, savoir celui de *weᶜôrâh* (*Is.* xxxii, 11), et de *meᶜôrêhém* (*Hab.* ii, 15); le premier mot est un infinitif sur le modèle de *rôᶜâh* (*Is.* xxiv, 19), infinitif de *terôᶜêm* (*Ps.* ii, 9), avec un *hé* ajouté comme dans *peschôṭâh* et *ḥăgôrâh* qui l'accompagnent; *meᶜôrêhém* est, selon moi, le pluriel de *mâᶜôr*, comme *mâḳôr*, *mâgôr*, *mâlôn*. *Maᶜărêk* (*Nah.* iii, 5) est d'une racine différente, d'une racine au dernier radical faible, de *hêᶜĕrâh* (*Lév.* xx, 18). Sans suffixe on disait peut-être *maᶜar*, comme *mimmaᶜal* (*Ex.* xx, 4, et *passim*), de *ᶜâlâh*; ou plutôt, ce qui vaut mieux, *maᶜărêh*, comme

كان قبل الاضافة מערה على زنة מעשה ומראה فلما وصلوه بالكناية قالوا מערך على زنة ומראך נאוה وغيرى يجعل الميم فى מערך والميم فى מעוריהם اصلا دون ان يستدعيهما الى اصل معروف ويزعم ان מעוריהם جمع מער على زنة שער واما انا فانما مذهبى ان اضيف حرفا مجهولا الى اصل معروف دون ان يمنع من ذلك القياس والسبار المستعمل فى تصريف اللغة كما صنعنا فى מעוריהם الذى اضفناه الى פשטה וערה وكما صنعنا ايضا فى מערך الذى اضفناه الى הערה بقياسين لغويين صحيحين فمعنى פשטה וערה על מעוריהם והראתי גוים מערך את מקרה הערה واحد عندى وهو الاراء والكشف الا ان פשטה וערה ועל מעוריהם معتلّا العين והערה ומערך معتلّا اللام ولو كان الميم فى מערך اصلا وكان قبل الاضافة מער على زنة שער لكان الجمع מערים ولكان מערים عند اضافته الى ضمير الجمع الغائب מעריהם

---

*ma'ăséh*, *mar'éh*, et en ajoutant le pronom *ma'ărêk*, comme *mar'êk* (*Cant.* II, 14). Un autre grammairien a pris le *mêm* de *me'ôrêhém* et celui de *ma'ărêk* pour une lettre radicale, sans rattacher ces mots à une racine connue : selon lui *me'ôrêhém* est le pluriel de *ma'ar* = *scha'ar*. Ma méthode, à moi, consiste à rapporter un mot inconnu à une racine connue aussi longtemps que l'analogie et l'induction appliquée aux formes grammaticales ne s'y opposent pas; nous avons ainsi reconnu le rapport entre *me'ôrêhém* et *'ôrâh*, et entre *ma'ărêk* et *hé'ĕrâh*, d'après une analogie grammaticale exacte. Les quatre mots ont la signification de mettre à nu, découvrir; seulement, les deux premiers viennent d'une racine au second radical faible, et les deux autres d'une racine au troisième radical faible. Du reste, si le *mêm* de *ma'ărêk* était une lettre radicale, et que ce mot, sans suffixe, fût *ma'ar*, comme *scha'ar*, le pluriel serait *me'ârîm*, et, avec le suffixe de la troisième personne

كما تقول שער שערים על כל שעריהם وقد اتى في النوع الذى ذكره
آز من هذا الجنس شخص واحد غريب تضاعف فيه فاء الفعل
وهو יעערו

עות[1] اغفل من النوع الاول من نوعى هذا الجنس شخصا واحدا
وهو الافتعال והתעותו אנשי החיל

פאר لم يذكره כי פארך فعل ثقيل والمستقبل יפאר ובית תפארתי
אפאר والمصدر לפאר את בית ה׳ والاسم ולצפירת תפארה לכבוד
ולתפארת والافتعال פן יתפאר על ישראל התפאר עלי وقد عرض اللين
في هذا الاصل قالوا כל פנים קבצו פארור على زنة פעלול الراء فيه
مضاعفة كتضاعفه في שערורת المشتقّ من כתאנים השערים والمذهب
في כל פנים קבצו פארור كالمذهب في וכוכבים אספו נגהם وقد ذهب
قوم الى انّ קבצו פארור مثل או בפרור وهذا من اقبح الاقوال وافضح

[1] D. 86, 15; N. 51, 33.

du pluriel, *maʿărêhém*, comme *scheʿârîm*, *schaʿărêhém* (*Ez.* xxi, 20). — Dans le sens qu'Aboû Zakariyâ mentionne dans cet article on rencontre une forme qui redouble son premier radical d'une manière étrange, savoir *yeʿôʿérou* (*Is.* xv, 5).

*ʿOut.* Dans le premier des deux sens, Aboû Zakariyâ a oublié le *hitpaël* (*Eccl.* xii, 3).

*Pâ'ar.* Oublié. Cependant on a la forme lourde *pe'ărâk* (*Is.* lv, 5); futur, *yefâ'êr*, *ăfâ'êr* (*ibid.* lx, 7); infinitif, *lefâ'êr* (*Ezra*, vii, 27); nom, *tif'ârâh* (*Is.* xxviii, 5) et *tif'ârét* (*Ex.* xxviii, 2); *hitpaël*, *yitpâ'êr* (*Juges*, vii, 2), *hitpâ'êr* (*Ex.* viii, 5). L'*âléf* s'est adouci dans *pâ'rour* (*Joël*, ii, 6) d'après le paradigme *pâʿloul*, avec redoublement du *rêsch*, comme dans *schaʿărourit* (*Jér.* xviii, 13), de la même racine que *haschschôʿârim* (*ibid.* xxix, 17); le sens de *Joël*, ii, 6, ressemble à celui de *Joël*, ii, 10. On a voulu comparer ce *pâ'rour* avec *bappârour* (I *Sam.* ii, 14); c'est une opinion absurde et

الامثال وفى الجنس نوع اخر לא תפאר אחריך מסעף פארה ותארכנה
פארתיו تفسير פארתיו اغصانه فكان معنى לא תפאר لا تلتقط
الباقى من الزيتون فى الاغصان بعد نغضه كما جاء فى الكرم וכרמך לא
תעולל اى لا تلتقط العוללות والدليل على انّ פארות اغصان قوله
בסעפתיו קננו כל עוף השמים ותחת פארתיו ילדו واما استعمال
اللغة לא תפאר بمعنى لا تلتقط ما بقى فى الפארות فهو من اوجز ما
استعمله العبرانيّون وافصحه ومثل هذا الاستعمال הראשון אכלו
מלך אשור וזה האחרון עצמו اى رض عظامه وكسرها وايضا לבבתני
אחתי כלה اى ازلت قلبى وذهنى وايضا ויזנב בך וזנבתם אותם اى
اضربوا فى ساقتهم

פוח[1] اغفل من النوع الاول من نوعيه وهو עד שיפוח היום قسم

[1] D. 87, *4*; N. 52, *4*.

---

une comparaison détestable[1]. — Un autre sens de la racine se trouve dans *tefâ'êr* (*Deut.* xxiv, 20), *pou'râh* (*Is.* x, 33), *pô'rôtâw* (*Ez.* xxxi, 5); ce dernier mot signifie : les branches, et *lô' tefâ'êr :* ne ramasse pas les olives qui sont restées sur les branches après la cueillette, de même que de la vigne il est dit *lô' te'ôlêl* (*Lév.* xix, 10), ne grappille pas. Le sens de *pô'rôt* est attesté par *Ez.* xxxi, 6, où ce mot répond à *se'appôtâw;* celui de *lô' tefâ'êr*, pour interdire de prendre ce qui est resté sur les *pô'rôt*, branches, repose sur un idiotisme de langage, qui est un des plus concis et des plus élégants que les Hébreux emploient. Ils disent de même *'iṣṣemô* (*Jér.* L, 17) pour casser, briser les os; *libbabtinî* (*Cant.* iv, 9), tu m'as enlevé mon cœur et mon intelligence; *wayyezannêb* (*Deut.* xxv, 18) et *wezinnabtém* (*Jos.* x, 19), pour attaquer l'arrière-garde.

*Pou'aḥ*. Dans le premier de ces deux sens, représenté par *Cant.*

[1] *Dounasch*, p. 35.

الفعل الثقيل والقياس عليه הפח יפיח אפיח עליך הפיחי גני יזלו בשמיו

צוק[1] ذكر فيه نوعا واحدا وهو והציקותי לאריאל واغفل نوعا اخر وهو ואבן יצוק נחושה יצוק עמדי على زنة יצור ישוב وكان الشيخ ר' יצחק בן גקטילה يعتقد في צקון לחש انه فعل ماض للجمع من هذا المستلحق وكان يزعم ان النون فيه زائدة كزيادتها في אשר לא ידעון وانا استحسن فيه جدا هذا القول

צית لم يذكره הצית יצית على زنة השיב ישיב אציתנה יחד على زنة אשיבנה ويمكن ان يكون למה הציתו עבדיך من هذا الاصل على الوجه الذى ذكرته في باب לון اعنى انّ الساكن اللين الواجب كونه بعد الهاء للتعويض من النقصان وهو المزيد في השיבו והביאו

[1] D. 89, 16; N. 53, 31.

---

II, 17, Aboû Zakariyâ a passé une partie de la forme lourde *Ez.* XXI, 36, et *Cant.* IV, 16.

*Ṣouḳ*. Aboû Zakariyâ donne un sens (*Isaïe*, XXIX, 2), et en néglige un autre, *yâṣouḳ* (*Job*, XXVIII, 2, et XXIX, 6), comme *yâṣour*, *yâschoub*. Le schaikh Isaaḳ ben Gaḳṭîlâh croit que *ṣâḳoun* (*Is.* XXVI, 16) est un pluriel du parfait de cette racine que nous complétons; le *noun* est ajouté comme dans *yâdeʿoun* (*Deut.* VIII, 16). J'approuve fort cette opinion[1].

*Ṣît*. Racine passée. Nous trouvons le *hifîl : ăṣîténnâh* (*Is.* XXVII, 4), comme *ăschîbénnâh*. Peut-être *hiṣṣîtou* (II *Sam.* XIV, 31) vient-il aussi de cette racine, comme nous l'avons expliqué dans l'article *Loun*, c'est-à-dire que la douce quiescente qui, après le *hê*, doit remplacer la lettre omise, et qui est ajoutée dans *hêschîbou*, *hébîʾou*, *hêḳîmou*, se trouve ici insérée par un *dâgêsch* dans le *ṣâdé*[2],

[1] Voy. *Riḳmâh*, 36, 3. Sa'adia traduit également : صبّوا نثاثا صبًّا. — [2] D'après

והקימו اندغم فى الصاد من הציתו فاشتدّ لذلك ويمكن ايضا ان يكون مقلوبا من צית اعنى ان عين אציתנה صار فاءً فى הציתו فيكون حينئذ הציתו على زنة הציבו ويجوز فى מצית בך אש هذان الوجهان الجائزان فى הציתו ويجوز ان يكون هذه الثلاث الفاظ اعنى אציתנה הציתו מצית افعالا سالمة من ותצת בסבכי היער באש יצתו على ان يكون الاصل فى אציתנה יחד التشديد فترك استخفافا ويمكن ان يكون הציתו מצית ותצת יצתו من الافعال التى فاؤها ياء ويكون אציתנה יחד مقلوبا منها وفاء الفعل من הציתו ומצית مندغم فى الصاد على مذهب הציבו ומציב وكذلك هو مندغم فى صاد ותצה יצתו على مذهب כי אצק מים ובמקבות יצרהו واما اشتداد تاء יצתו من اىّ اصل كان فهو للوقف

---

ou bien il y a métathèse de *ṣît* (*yâṣat*); la lettre qui, dans *ăṣîtén-nâh*, était second radical, est devenue premier dans *hiṣṣîtou*, qui s'est formé alors d'après *hiṣṣîbou* (de *yâṣab*). *Maṣṣît* (*Ez.* XXI, 3) admet les deux mêmes analyses que *hiṣṣîtou*. Ces trois mots, *ăṣîténnâh*, *hiṣṣîtou* et *maṣṣît* pourraient aussi, comme *wattiṣṣat* (*Is.* IX, 17) et *yiṣṣattou* (*ibid.* XXXIII, 12), dériver d'une racine sans lettre faible (*nâṣat*); le *dâgêsch*, qu'on devrait alors trouver dans le *ṣâdê* de *ăṣîtennâh*, aurait été supprimé pour alléger la forme. Tous ces mots ont peut-être aussi *yâṣat* pour racine : *ăṣîténnâh* proviendrait alors d'une métathèse de *yâṣat;* dans *hiṣṣîtou* et *maṣṣît*, le premier radical aurait été inséré dans le *ṣâdê*, comme dans *hiṣṣîbou*, *maṣṣîb*; on aurait procédé de même pour *wattiṣṣat* et *yiṣṣattou*, comme dans *éṣṣâḳ* (*Is.* XLIV, 3) *yiṣṣerêhou* (*ibid.* 12). Mais quelle que soit la racine de *yiṣṣattou*, le *dâgêsch* du *tâw* provient de la pause.

Ḥayyoudj (D. 59, 12; N. 34, 14), Ibn Djanâḥ (*Riḳmâh*, 78; 27) et les autres grammairiens anciens, l'*a* long dans des exemples comme *yâḳoum* (pour *yiḳwôm*), et l'*e* long dans *hêḳîm* (pour *hiḳyîmi*) renferment des quiescentes douces, *âléf* et *yôd*, destinés à compenser le second radical omis ou privé de sa voyelle.

קוא قال فى هذا الباب[1] כאשר קאה على زنة הנני אחריכם באה فان
كان اراد ان קאה ماض مؤنث فى معنى الاستقبال فلا وجه لتمثيله
بהנני אחריכם באה اذ באה صفة وانما كان يجب ان يقول انه مثل
בזה לך לענה لك الذى هو فعل ماض مؤنث وان كان اراد به انه
صفة مثل הנני אחריכם באה فذلك معنى ضعيف وايضا فلا بدّ فى
اقامة هذا اللفظ כאשר היא קאה

קוט ذكر فى صدر المقالة الثانية فى باب الانفعال منه[2] ונקטו בפניהם
مع נכונו ללצים שפטים وهذا دليل واضح على انه فى قرأته مخفّف
الطاء واما نحن فانما قرأناه مشدّدا وكذلك وجدناه مشدّدا فى
مصحفين صحيحين احدهما عراق والاخر شامى فان كان كذلك فهو

[1] D. 89, 21; N. 53, 17, qui n'a que le mot באה. — [2] D. 66, 4; N. 39, 11.

---

*Kou'*. Dans cette racine, Aboû Zakariyâ compare *ḳâ'âh* (*Lév.* XVIII, 28) à *bâ'âh* (I *Sam.* XXV, 19). S'il veut dire par là que *ḳâ'âh* est un féminin du parfait ayant le sens du futur[1], la comparaison est fausse, puisque *bâ'âh* est un qualificatif; il aurait dû comparer *bâzâh* (II *Rois*, XIX, 21), qui est bien un féminin du parfait[2]. Si, au contraire, son intention avait été de prendre *ḳâ'âh* pour un qualificatif, comme *bâ'âh*, il se serait arrêté à un sens peu acceptable, et *ḳâ'âh* devrait être précédé de *hî'*.

*Kouṭ*. Dans l'introduction de la dernière section, au chapitre du *nifal*, Aboû Zakariyâ place *wenâḳôṭṭou* (*Ez.* VI, 9) à côté de *nâkônou* (*Prov.* XIX, 29). Cela prouve d'une manière évidente qu'il avait lu ce mot sans *dâgêsch* dans le *ṭêṭ*. Nous le lisons avec *dâgêsch* et le trouvons ainsi dans deux bibles correctes, l'une de

[1] En effet, les Chananéens eux-mêmes n'étaient pas encore expulsés.

[2] On le voit par *lâ'ăgâh*, qui suit. *Bâzâh* est, en outre, le seul exemple certain de cette forme ayant l'accent sur l'ultième, et qui puisse servir de modèle à *ḳâ'âh*. L'auteur du *'Ên hakḳôrê'* rappelle en quelques mots les deux opinions de Ḥayyoudj et d'Ibn Djanâḥ. (Voy. aussi *Likkouté Ḳadmôn*, p. 70.)

من ذوات المثلين على زنة ונגלו כספר השמים وان كان مخفّفا فهو معتل
العين كما زعم يوءكّد عندى انه مشدّد وجودُنا נקטה נפשי فانى
اعتقده انفعالا من קטט على زنة ורחבה ונסבה من סבב وايضا ונבלה
שם שפתם من בלל واما ונקטתם فهو معتلّ العين على ما ذكره فيه
آز[1] ويمكن ان يكون الساكن اللين الذى هو فى ונקטתם عين بدلا
من احد مثلَيْن ונקטו ويمكن ايضا ان يكونا اصلين فى معنى واحد
اعنى ان معنى אקוט בדור ונקטתם ואתקוטטה אשר יקוט כסלו التى
هى معتلّة العين لمعنى ונקטו בפניהם נקטה נפשי اللذان هما من ذوات
المثلين واما ان كان ונקטו خفيفا كان נקטה נפשי من ذوات النون
ولعلّ بعض الناظرين فى كتابى هذا يستقبح منى تشكّكى فى ונקטו
هل هو خفيف او ثقيل فليعلم ان ذلك انما عرض لى فيه لجلالة آز

[1] D. 66, 15; N. 39, 23.

---

ʿIrâḳ et l'autre de Syrie. Il dérive, dans ce cas, d'une racine géminée, comme *wenâgôllou* (*Isaïe*, xxxiv, 4). Mais, sans *dâgêsch*, il viendrait de *ḳouṭ*, comme Aboû Zakariyâ le croit. A l'appui du *dâgêsch* vient *nâḳeṭâh* (*Job*, x, 1), que je considère comme un *nifal* de *ḳâṭaṭ*, de même que *wenâsebâh* (*Ez.* xli, 7) vient de *sâbab*, et *wenâbelâh* (*Gen.* xi, 7) de *bâlal*. — *Ounеḳôṭôtém* (*Ez.* xx, 43) dérive, selon Aboû Zakariyâ, de *ḳouṭ;* mais ici encore, la douce quiescente qui, dans *ouneḳôṭôtém*, est second radical, remplace peut-être une des deux lettres semblables de *wenâḳôṭṭou*. Il pourrait y avoir aussi deux racines dans le même sens : *âḳouṭ* (*Ps.* xcv, 10), *ouneḳôṭôtém*, *wâ'étḳôṭâṭâh* (*Ps.* cxix, 158), *yâḳôṭ* (*Job*, viii, 14), qui, dérivant de *ḳouṭ*, auraient le même sens que *wenâḳôṭṭou* et *nâḳeṭâh*, qui ont *ḳâṭaṭ* pour racine. Cependant, si le *ṭêṭ* de *wenâḳôṭṭou* était sans *dâgêsch*, alors *nâḳeṭâh* viendrait de *nâḳaṭ*. — Un lecteur me blâmera peut-être de ce que je mets en doute si, dans *Ez.* vi, 9, le *ṭêṭ* a un *dâgêsch* ou n'en a pas. Qu'il sache que ce

فى نفسى ولعلمى بموضعه فى العلم فلولا ذلك لقطعتُ فيه انه من
ذوات المثلين ومما يشكّكنى فيه وفى غيره ايضا فان الاقرار بالحق
اصوب عندى ان اكثر استفدناه من التصحيح انما هو من المصاحف
اذ أئمّة التلقين والتوقيف معدومون عندنا فى زماننا ذا وبلادنا هذا
קוץ [1] ذكر فى هذا الجنس ثلاثة انواع احدها וקץ עלין والثانى
קצתי בחיי والثالث לא הקיץ הנער واغفل نوعا رابعا وهو הקיץ אליך
فعل ماض הקיצונה صفة على زنة התיכונה החיצונה وتفسير בא הקץ
הקיץ אליך بلغ الحدّ الذى حدّه لك والغاية التى غيّاها لك فהקיץ
من معنى קץ ولست ازعم انه من لغته فان הקיץ معتلّ العين واما
קץ فهو من ذوات المثلين وبرهان ذلك اشتداد الصاد منه عند
صلته بالضمائر قال קצו קצי קצך وذلك لاندغام احد المثلين واما

[1] D. 91, 3; N. 54, 29.

doute vient du respect qu'Aboû Zakariyâ m'inspire et du rang que je lui connais dans la science; autrement, je me serais prononcé catégoriquement pour la racine *ḳâṭaṭ*. Ce qui me fait en outre hésiter ici et ailleurs, car avant tout je tiens à affirmer la vérité, c'est que les copies de la Bible sont notre principal moyen d'établir un texte correct, puisque les maîtres pour nous enseigner et nous instruire font défaut dans notre temps et dans ce pays.

*Ḳouṣ*. Aboû Zakariyâ mentionne trois sens : *Is.* xviii, 6; *Gen.* xxvii, 46; II *Rois*, iv, 31. Il en a passé un quatrième, le parfait *hêḳîṣ* (*Ez.* vii, 6), et le qualificatif *haḳḳîṣônâh* (*Ex.* xxvi, 4), d'après la forme de *hattîkônâh*, *haḥîṣônâh*. Le passage d'Ézéchiel veut dire: Il est arrivé le terme qu'il t'avait fixé, la limite qu'il t'avait déterminée; *hêḳîṣ* emprunte donc son sens à *ḳêṣ*, sans être à mon avis de la même racine, car celui-là est de *ḳouṣ* et celui-ci de *ḳâṣaṣ*, comme on le voit par le *dâgêsch* inséré dans le *ṣâdê* dès qu'on ajoute les suffixes : *ḳiṣṣô*, *ḳiṣṣî*, *ḳiṣṣêḳ*. Le mot *haḳḳîṣônâh*, que

הקיצונה وان كنّا قد قلنا فيه انه من هذا المعنى فتفسيره الطرفية الا تعلم ان الحدود والغايات أطراف للاشياء التى هى حدود وغايات لها .

קור[1] ادخل فى هذا الباب וקר וחם مع מקור מ׳ חיים فى معنى واحد وهما معنيان لان וקר וחם من معنى ולפני קרתו מי יעמד

קוש لم يذكره ולמוכיח בשער יקשון

רום قال فى هذا الباب[2] واعلم ان עתה ארומם مثل אתרומם والاصل فى الراء التشديد لاندغام التا فيه ثم قال[3] وهكذا اقول فى ירדף אויב נפשי انه יתרדף والاصل فى الراء التشديد ومثله האדרש אדרש الالف فى אדרש عندى للمخاطب وشدة الدال لاندغام التاء

[1] D. 91, 9-10; N. 54, 35-36. — [2] D. 92, 11; N. 55, 18. — [3] D. 92, 17; N. 55, 24.

---

nous avons rattaché au même sens, signifie ce qui est à l'extrémité, car le terme et la limite d'une chose, ce sont les extrémités qui en sont les limites.

*Ḳour*. Abou Zakariyâ a réuni *meḳôr* (*Gen.* VIII, 22) avec *meḳôr* (*Jér.* II, 13). Mais ce sont deux sens, et le premier se rattache à *ḳârâtô* (*Ps.* CXLVII, 17)[1].

*Ḳousch*. Oublié; cependant voyez *Is.* XXIX, 21.

*Roum*. Abou Zakariyâ dit dans ce paragraphe : « Sache que *érômâm* (*Is.* XXXIII, 10) est pour *étrômâm*, et le *rêsch* devrait avoir un *dâgêsch* à cause de l'insertion du *tâw*. » Il ajoute : « Il en est de même de *yiraddôf* (*Ps.* VII, 6), qui est pour *yitraddôf*, et où le *rêsch* devrait avoir un *dâgêsch*, et de *ha'iddârôsch iddârêsch* (*Ez.* XIV, 3), où, selon moi, l'*âlêf* indique la première personne, et où le *dâgêsch* du *dâlêt* provient de l'insertion du *tâw*. » Je n'approuve pas cette

[1] Voyez *Kit. al-ouṣoul*, rac. קרר. Ḥayyoudj n'a pas cette racine; Ibn Djanâḥ paraît ici la rattacher à קור, et ne la nomme pas plus loin parmi les racines oubliées.

فيه قال مروان هذا كلام لا ارتضيه وفساده بيّن لمن تعقّبه والذى
اعتقده فى الف האדרש انها مبدلة من هاء وان الاصل فيه ההדרש
فراوا ان ابدال الهاء بالف اخف على اللسان من اجتماع الهاءين
فهو على هذا الوجه مصدر انفعال لان الها الاولى للاستفهام فيبقى
הדרש مصدر على زنة כי הנתן ינתן ואם האכל יאכל האסף יאסף
ولولا مكان الالف فى האסף وفى האכל لكانا مشدّدين مثل הנתן
وقال فى هذا الباب ايضا[1] واعلم ان الاصل فى וירמו הכרובים ירומו
אותם הרמו מתוך העדה ויתרוממו יתרוממו התרוממו وانا اقول انه
قد يحسن جدا ان تكون هذه الاحرف من ذوات المثلين كما
سابيّن ذلك فى موضعه اعنى فى باب רמם وهنالك اذكر ايضا ما
عندى فى ארומם غير ما قاله ا ز

[1] D. 93, 1; N. 55, 35.

---

opinion, qui est évidemment fausse, si l'on veut bien l'examiner. Je pense que l'*âléf* de *ha'iddârôsch* remplace un *hê*, et que la forme primitive aurait été *hahiddârôsch;* mais il a paru plus facile de prononcer un *âléf* au lieu du *hê* que de réunir deux *hê* consécutifs. Ce mot est donc l'infinitif du *nifal*, précédé d'un *hê* interrogatif, et est formé comme *hinnâtôn* (*Jér.* XXXII, 4), *hê'âkôl* (*Lév.* VII, 18), *hê'âsôf* (II *Sam.* XVII, 11), et les deux derniers exemples, sans l'influence de l'*âléf*, auraient un *dâgêsch* comme *hinnâtôn*. — Aboû Zakariyâ dit encore dans le même paragraphe : « Sache que *wayyêrômmou* (*Ez.* X, 15), *yêrômmou* (*ibid.* 17), *hêrômmou* (*Nomb.* XVII, 10) sont pour *wayyitrômemou*, *yitrômemou* et *hitrômemou*. » Mais ces mots me paraissent fort bien appartenir à des racines géminées, comme je l'expliquerai dans le paragraphe *râmam*. J'y exposerai en même temps sur *êrômâm* mon opinion, qui diffère de celle d'Aboû Zakariyâ.

רוע[1] اغفل من النوع الثانى منه وهو יריע אף יצריח יתרועעו אף
ישירו شخصا واحدا لم يسمّ فاعله לא ירעע ويجوز ان اقول فى לא
ירעע انه مستقبل من فعل لامه مضاعف وفاعله محذوف على زنة
עד יכונן נפשי ישובב وكان حكم العين ان يكون פתח من اجل
العين الثانى الذى يليه فجاء קמץ من اجل الوقف وقال فى باب רעה
من الافعال المعتلّة اللام[2] واما איש רעים להתרועע למה תריעי רע
فليست من هذا الاصل ولم يبيّن من اى اصل هى فاقول انها معتلّة
العين واقول ايضا ان למה תריעי רע من معنى יריע אף יצריח ومثله
וישמע יהושע את קול העם ברעה فان الهاء فى ברעה ضمير راجع الى
העם وهو مكان الواو وليس למה תריעי רע من איש רעים להתרועע
كما ظنّ آز وانما اوهمه רע ولم يأبه الى ברעה ووزن רע ורעה من المعتلّة

[1] D. 93, 18; N. 56, 8. — [2] D. 138, 3; N. 95, 3.

---

*Rouʿa.* Dans le second sens, représenté par *Isaïe*, XLII, 13, et *Ps.* LXV, 14, Aboû Zakariyâ a oublié le passif *yerôʿâʿ* (*Is.* XVI, 10), qui peut être le futur d'un verbe, dont le troisième radical serait redoublé, et dont le sujet aurait été omis sur le modèle de *yekônên* (*Jes.* LXII, 7), *yeschôbêb* (*Ps.* XXIII, 3). Le *ʿayin* devrait avoir un *pataḥ*, à cause du second *ʿayin* qui le suit, mais il a *ḳâmêṣ* par suite de la pause. — Dans le paragraphe *râʿâh*, en traitant des verbes au troisième radical faible, Aboû Zakariyâ dit : « Quant à *rêʿîm lehitrôʿêʿa* (*Prov.* XVIII, 24), *târîʿî rêʿa* (*Mic.* IV, 9), ils ne sont pas de cette racine. » Mais il n'indique pas à quelle autre racine ces exemples se rattachent. Je pense que c'est à *rouʿa*, et j'ajouterais même que *târîʿî rêʿa* a la même signification que *yârîʿa* (*Is.* XLII, 13) et *bereʿôh* (*Ex.* XXXII, 17), où le *hê* est un pronom qui se rapporte au peuple et remplace le *wâw;* et non pas le sens de *rêʿîm lehitrôʿêʿa*, comme Aboû Zakariyâ le prétend. Le mot *rêʿa*

العين مثل ריח וריחו וזר וזרו ונר ונרו والبرهان على ان למה תריעי רע من معنى וירע העם יריע אף יצריח قوله بعده כי החזיקך חיל כיולדה

רוץ اغفل من النوع الثاني منه[1] وهو ותרץ את גלגלתו قسم الفعل الخفيف وهو לא יכהה ולא ירוץ اللهمّ الا ان كان استغنى عن ذكره بالانفعال المأخوذ منه وهو ונרץ הגלגל אל הבור

שאט لم يذكره בשאט בנפש وقد ألانوا هذه الالف فقالوا ותשמח בכל שאטך השאטים אתם واعلم ان השאטים ليس مثل במים רבים הביאוך השטים אתך لان השאטים אתם من כל תפשי משוט وهم الغدافون اذ משוט هو المغداف والשאטים هو مجانس

[1] D. 94, 9; N. 55, 23.

---

l'a induit en erreur et il ne s'est pas rappelé le passage de l'Exode; cependant le paradigme *rêʿa* et *rêʿô*, pour la racine au second radical faible, se retrouve dans *rêaḥ* et *rêḥô*, *zêr* et *zêrô*, *nêr* et *nêrô*. Une preuve que dans le passage de Micha cette racine a le même sens que dans *Jos.* VI, 20 et *Is.* XLII, 13 est la fin même du verset de Micha.

*Rouṣ*. Dans le second sens, pour lequel est cité *Juges*, IX, 53, Aboû Zakariyâ a oublié la forme légère, *Isaïe*, XLII, 4. Ou bien, aurait-il cru pouvoir laisser de côté cette forme, parce qu'il mentionne le *nifal* (*Eccl.* XII, 6) qui en dérive?

*Schâʾaṭ*. Oublié. La racine se trouve *Ez.* XXV, 15, et avec *âléf* adouci *ibid.* XXV, 6 et XXVIII, 26. Le mot *haschschâʾṭîm*, dans ce dernier passage, ne doit pas être comparé au même mot qu'on rencontre *ibid.* XXVII, 26. Celui-ci se rattache au mot *mâschôṭ* (*ibid.* XXVII, 29), aviron et signifie les rameurs; l'autre est homogène à un mot syriaque qui a le sens de insulter, mépriser. En effet, le

للسرياني ومعناه الازدراء والاحتقار وترجوم ויבז עשו ושאט עשו فكان تفسير השאטים אתם الزاريون عليهم

שאל لم يذكره שאול שאל האיש כי ישאלך בנך מחר אשאלה מכם שאלה ולא שאלתיהו بكسر الالف على زنة ילדתיהו אני היום ילדתיך השאלים מאתו הוא שאול والأمر שאל שאלו שלום ירושלם مفتوح الشين مثل טעמו וראו רחקו מעל ה׳ اللذان هما امر وهما مفتوحا الفاءين وانفتاح هذه الاحرف وما اشبهها انما صار لها من قبل الاحرف الحلقية التى بعدها والاصل فيها كلّها الكسر مثل שמרו שמעו אמרו والانفعال ולקץ ימים נשאלתי נשאל נשאל דוד والثقيل שאל على زنة דבר الا ان الالف لا يشدّ الا قليلا ונוע ינועו בניו ושאלו שאול ישאלו באבל واعلم ان قد يمكن ان يكون שאול هذا معدّدا للفعل الخفيف اذ لم يكن שאול ישאלו على زنة דבר ידברו وعلى

---

*targoum* de *wayyibéz* (*Gen.* xxv, 34) est *weschâ'ṭ*, et *haschschâ'ṭîm ôtâm* (*Ez.* xxviii, 27) veut dire : Ceux qui les insultent.

*Schâ'al.* Racine passée. En voici des exemples : *Gen.* xliii, 7; *Exode*, xiii, 14; *Juges*, viii, 24; *ibid.* xiii, 6, où *sche'iltîhou* a *ḥiréḳ* sous l'*âléf* et ressemble à *yelidtîhou* (*Nomb.* xi, 12), *yelidtîkâ* (*Ps.* ii, 7); I *Sam.* viii, 10; *ibid.* i, 28. L'impératif est *sche'al*, *scha'ălou* (*Ps.* cxxii, 6) avec *pataḥ* sous le *schîn*, de même que *ṭa'ămou* (*ibid.* xxxiv, 9), *raḥăḳou* (*Ez.* xi, 15), qui sont aussi deux impératifs, ont le premier radical pourvu de *pataḥ*. Le *pataḥ* qui affecte ces lettres et d'autres semblables provient des lettres gutturales qui les suivent; la forme primitive est partout avec *ḥiréḳ*, comme *schimrou*, *schim'ou*, *imrou*. Le *nifal* se rencontre *Néh.* xiii, 6; I *Sam.* xx, 28. La forme lourde est *weschi'élou* (*Ps.* cix, 10), comme *dibbêr*, à l'exception cependant du *dâgêsch*, que l'*âléf* ne prend que rarement, ou bien, *schâ'ôl yeschâ'ălou* (II *Sam.* xx, 18). Ce mot *schâ'ôl*, qui n'a ni la forme de *dabbêr* (*ibid.*), ni celle de *mâ'ên*

زنة אם מאן ימאן ويمكن ايضا ان يكون مصدرا للثقيل اعنى ונוע
ינוען בניו ושאלו على ان يكون الاصل فى الالف التشديد مثل יסר
יסרני יה الذى هو مصدر للثقيل الا انهم لم يستسهلوا فيه
التشديد ومثله ايضا مصدر لفعل ثقيل وعلى وزنه ومما كان الوجه
فيه التشديد فلم يشدّ ויברך ברוך אתכם لانه مصدر וה׳ ברך את
אברהם فافهم هذه النكتة العجيبة وعِها فانها من الاسرار الخفيّة
عن كثير من الفهماء والاسم שאלה אחת קטנה وقد اسقطوا هذه
الالف من الخطّ واللفظ معا والقوا حركتها على الشين قالوا ואלהי
ישראל יתן את שלתך وقد يمكن ان تكون هذه الحركة للشين دون
ان تكون منقولة عن الالف وذلك انهم قالوا מי יתן תבוא שאלתי
بسגל تحت الشين فالوجه على هذا القول فى שלתך שאלתך بسגל
تحت الشين وشבא وسגל تحت الالف فألانوا الالف وحرّكوا الشين

(*Ex.* xxii, 16), pourrait être attribué à la forme légère. Il peut aussi être un infinitif de la forme lourde, *weschi'êlou;* dans ce cas il devrait avoir un *dâgêsch* dans le deuxième radical, et serait comme *yassôr* (*Ps.* cxviii, 18), qui est aussi un infinitif de la forme lourde; mais l'*âléf* n'admet pas facilement de *dâgêsch.* Un exemple pareil d'un infinitif de la forme lourde, qui est ainsi vocalisé et qui est sans son *dâgêsch*, est *wayyebârék bârôk* (*Jos.* xxiv, 10), qui est l'infinitif de *bêrak* (*Gen.* xxiv, 1). Cherche à comprendre et à retenir cette rare particularité de la langue, car elle fait partie des mystères que bien des hommes intelligents ignorent. — Le nom est *sche'êlâh* (I *Rois*, ii, 20), et *schêlâtêk* (I *Sam.* i, 17), en supprimant l'*âléf* dans l'écriture et dans la prononciation à la fois, et en reportant la voyelle sur le *schîn;* ou bien, sans que cette voyelle soit reportée de l'*âléf* sur le *schîn*, puisqu'on trouve *sché'ělâtî* (*Job*, vi, 8). *Schêlâtêk* serait alors pour *sché'ělâtêk*, et après avoir adouci l'*âléf*, on aurait donné au *schîn* un

בקמץ קטן من اجل الساكن اللين الذى بين الشين واللام اعنى الالف اللينة اذ لم يتقدّم الحروف اللينة غير الـקמצין اما קמץ גדול وإما קטן وهو צרי وفى الاصل معنى اخر معناه قريب من هذا المعنى השאלתיהו לה׳ וישאלום ومن خفيف هذا المعنى הוא שאול לה׳ وأرى ان من هذا المعنى ايضا תחת השאלה אשר שאל اى انه انما باركه جزاء على[1] الهبة التى وهبها له يعنى ولده

שאר لم يذكره שאר הקטן فعل ماض والانفعال נשאר בשנים וישארו שני אנשים ואת הנשארים والاسم שאריה بتحريك الالف بצרי الا انهم ربما حذفوا هذه الالف والقوا حركتها على الشين قالوا וגם כל שרית ישראל לב אחד والثقيل אשר השאיר הברד

שוא لم يذكره בשוא גליו אם יעלה לשמים שיאו

[1] *Kit. al-ouṣoul*, col. 695 : عوضا عن.

---

*ṣêré*, à cause de la douce quiescente qui se trouve entre cette lettre et le *lâmêd*, savoir l'*âléf* adouci; ces lettres douces ne peuvent être précédées que par un grand *ḳâméṣ* ou un petit *ḳâméṣ*, c'est-à-dire un *ṣêré*. — Il existe de cette racine un autre sens qui se rapproche du premier : le *hifîl*, I *Sam.* I, 28; *Ex.* XII, 36, et la forme légère, I *Sam.* I, 28[1]. Je rattacherais volontiers à cette signification I *Sam.* II, 20, que j'expliquerais : Il le bénit pour le remercier du présent qu'il lui avait fait, c'est-à-dire du fils qu'il lui avait donné.

*Schâ'ar*. Racine passée. Voyez cependant le parfait I *Sam.* XVI, 11; le *nifal*, *Lev.* XXV, 52; *Nomb.* XI, 26; *Jér.* XXI, 7. Le nom est *sche'êrît;* et en supprimant l'*âléf*, et en rejetant la voyelle sur le *schîn*, *schérît* (I *Chr.* XII, 38). La forme lourde se trouve *Ex.* X, 12.

*Sou'*. Omis. Voyez *Ps.* LXXXIX, 10; *Job*, XX, 6.

[1] Ce sens est celui de وهب, donner. Voy. *Kit. al-ouṣoul*, col. 695.

שוח لم يذكره כי שחה אל מות ביתה هو عندى من معنى שוחה
ושיחה فكان تفسيره انها عمّقت بيتها وانفذته الى الهلاك والموت
وهذا على سبيل التمثيل ويجوز ان يكون من هذا النوع בשחותו
הוא יפול وتكون الواو والتاء زائدتين كزيادتهما فى אילותי לעזרתי
חושה وفى בגרות כמוהם وفى עדות ה׳ الا ان العين ذاهبة من בשחותו
كذهابها من ששון לבי ومن זדון לבך وقد يمكن ان يقال فى כי שחה
אל מות ביתה انه من ذوات المثلين اعنى תחתיו שחחו وان الاصل
فى الحاء التشديد على زنة בעבור האדמה חתה الا ان كونه من שוחה
اولى ومن جعل בשחותו הוא יפול من שחה שְׁחיתי على زنة כי אם ראות
עיניו فلم يبعد

שום انكر فى هذا الباب[1] ان يكون ויישם בארון مثل ויושם לפניו
לאכל وقد ذكرت فى باب יסך جواز ذلك عندى

[1] D. 97, 2; N. 57, 32.

---

*Schou'aḥ*. Passé. Cependant *schâḥâh* (*Prov.* II, 18) est, à mon avis, du sens de *schouḥâh* et *schîḥâh* (fosse), et le verset veut dire, au figuré : Cette femme a creusé sa maison et lui a donné une issue vers la ruine et la mort. On peut encore rattacher à cette racine *bischeḥoutô* (*Prov.* XXVIII, 10), où le *wâw* et le *tâw* sont ajoutés, comme dans *ĕyâloutî* (*Ps.* XXII, 20), *gèrout* (*Jér.* XLI, 17), *'édout* (*Ps.* XIX, 8); seulement, dans *scheḥout*, le second radical a disparu comme dans *sesôn* (*Ps.* CXIX, 111) et *zedôn* (*Jér.* XLIX, 16). Il se pourrait que *schâḥâh* fût d'une racine géminée, comme *Job*, IX, 13, et que le *ḥêt* dût avoir primitivement un *dâgêsch*, comme *ḥattâh* (*Jér.* XIV, 4); mais je préfère le rapporter à *schouḥâh*. Il n'est pas impossible de dériver *scheḥout* de la racine *schâḥâh*, et de le comparer à *re'out* (*Eccl.* V, 10).

*Soum*. Aboû Zakariyâ nie que *wayyîsém* (*Gen.* L, 26) puisse être pour *wayyousâm* (*ibid.* XXIV, 33). A mon avis, cela est admissible. Voyez le paragraphe *yâsak* (ci-dessus, p. 32).

שוע قال فى باب שעה من الافعال المعتلّة اللامات [1] واما ועיניו השע فليس من هذا الاصل وكذلك قال عن [2] השע ממני ואבליגה ولم يبيّن من اىّ اصل هو فأقول انهما معتلّا العين على زنة השב אל תערה وذكرهما أز على انهما فى معنيين وهما عندى فى معنى واحد وذلك ان تفسير ועיניו השע واطمس بصره وهو يجانس للسريانى فان תרגום וטח את הבית וישוע ית ביתא كانه قال ועיניו טוח كما قال כי טח מראות עיניהם وكذلك اقول ان تفسير השע ממני ואבליגה اغضض بصرك اى خفّ عنى

שור [3] ذكر فى هذا الاصل معنيين احدهما אשר שר לה׳ والثانى אשורנו ולא קרוב ותשרי למלך בשמן ثم قال [4] ومعنى ثالث ותשורה אין להביא قال مروان ما يبعد عندى كون ותשורה من المعنى الثانى

[1] D. 140, 12; N. 97, 13. — [2] D. 140, 14; N. 97, 14. — [3] D. 97, 13; N. 58, 10. — [4] D. 97, 21; N. 58, 15.

---

*Schouʿa.* Dans le paragraphe *schâʿâh* du chapitre des verbes au troisième radical faible, Aboû Zakariyâ dit : « *Hâschaʿ* (*Is.* VI, 10 et *Ps.* XXXIX, 14) n'est pas de cette racine; » mais il n'indique pas de quelle autre racine ce mot dérive. Je crois qu'il vient, dans les deux passages, de *schouʿa*, d'après la forme de *hâschab* (*Ez.* XXI, 34), et, bien qu'Aboû Zakariyâ les cite avec deux sens différents, je pense que tous deux ont la même signification. Le verset d'Isaïe veut dire : Et obscurcis sa vue; la racine est congénère à une racine syriaque, puisque *weṭâḥ* (*Lév.* XIV, 42) est traduit dans le *targoum* par *wischouʿa*, et c'est comme si le prophète avait dit *weʿênâw ṭouʿaḥ*, comme *Isaïe*, XLIV, 18. Le passage des Psaumes signifie : Abaisse ton regard; c'est-à-dire soulage-moi.

*Schour.* Aboû Zakariyâ cite pour le premier des deux sens qu'il indique *Ps.* VII, 1; pour le second *Nomb.* XXIV, 17, et *Is.* LVII, 9. Il ajoute : « Un troisième sens se trouve dans *outeschourâh* (I *Sam.*

اعنى אשורנו كانه اراد به حقّ الرؤية التى كان يراها لهم والنظر
الذى كان ينظره فى امرهم فان كان ותשורה معنى ثالثا كما زعم والمراد
به هدية فما يبعد ان يكون منه ותשרי למלך בשמן بمعنى هاديته
وتاحفته والتاء فيهما زائدة

שור لم يذكر فى النوع الثانى منه[1] وهو במשקל ובמשורה غير هذه
اللفظة اعنى [ובמשורה] وكان ذكره لما يدلّ على الفعل اولى اذ لا
يتضمن غير الافعال وانا أعتقد ان שורה فى قوله ושם חטה שורה
صفة لחטה من هذا الاصل وهذا المعنى على زنة טובה والدليل على
ذلك قوله ושערה נסמן וכסמת גבלתו فان هذه الالفاظ كلّها تدلّ
على التقدير[2]

[1] D. 97, 26; N. 58, 18. — [2] Vers. hébr. : הם שיעורים כמו שורה.

---

ix, 7). » Il ne me paraît cependant pas impossible que ce mot se rattache au second sens, savoir à *ăschourénnou*, et désigne le salaire dû au prophète pour sa « vision » et pour le conseil qu'il allait donner[1]. Si, au contraire, *teschourâh* a un sens particulier, comme le prétend Aboû Zakariyâ, et qu'il signifie cadeau; alors *wattâschourî* (*Is.* lvii, 9) peut aussi être traduit : Tu as fait un cadeau, un présent. Dans aucun des deux mots, le *tâw* ne fait partie de la racine[2].

*Sour*. Pour le second sens, Aboû Zakariyâ ne cite que *mesourâh* (*Lév.* xix, 35). Il aurait mieux fait de donner un exemple qui indiquât un verbe, puisqu'il ne s'attache dans ce livre qu'aux verbes. Je pense que *sôrâh* (*Isaïe*, xxviii, 25), égal à *ṭôbâh*, et qualificatif de *ḥiṭṭâh*, est de cette racine et de ce sens. Les mots qui suivent le prouvent, puisque tous renferment l'idée d'une mesure.

[1] Mot à mot : Et pour le « regard » qu'il allait jeter sur leur affaire. — [2] Ibn Djanâḥ complète sa critique *Kitâb al-ouṣoul*, col. 711, l. 25 et suiv.

תאם لم يذكره התאים יתאים שכלם מתאימות ויהיו תאמם هو
عندى اسم او صفة والدليل على ذلك تغييره عند الاضافة من
الחלם الى القמץ وانتقال القמץ الى الحرف الحلقى فى قوله תאמי צביה
على زنة אהלי אדום وان كانوا ربما خالفوا هذا النظام كما قالوا ותארו
מבני אדם ופעלו לא יתן לו بחלם وكان الوجه فيهما ان يكونا مثل
והגיתי בכל פעלך واما תאומים فهو صفة لا محالة على زنة קרובים
רחוקים ولما اضافوه قالوا תאמי צביה وقد دخل اللين هذا الاصل
قالوا והנה תומם בבטנה فيمكن ان يكونوا حذفوا الف תאומים
فقالوا תומים ويمكن ان يكونوا الانوا الف תאומים ونقلوا حركتها
الى التا للدلالة عليها قالوا תומים

وادخل آز فى صدر المقالة الثانية[1] فى ذكر المفعولين من الافعال

[1] D. 61, 23; N. 36, 6.

---

*Tâ'am.* Aboû Zakariyâ passe cette racine. Il y a cependant le *hifil*, *Cant.* IV, 2. Puis on rencontre la forme *tô'ămîm*, *Ex.* XXVI, 24, qui est un nom ou un qualificatif, comme on le reconnaît par le changement du *ḥôlém* en *ḳâmés* et la répétition de ce *ḳâmés* sous la lettre gutturale, lorsque le mot est en état d'annexion; ainsi on dit *tâ'ŏmê* (*Cant.* VII, 4), comme *âhŏlê*[1] (*Ps.* LXXXIII, 7). Cependant il y a aussi des exceptions à cette règle, et l'on dit *wetô'ărô* (*Is.* LII, 14), *oupô'ălô* (*Jér.* XXII, 13) avec *ḥôlém*, tandis que ces deux mots devraient suivre l'exemple de *pâ'ŏlékâ* (*Ps.* LXXVII, 13)[2]. Quant à *te'ômîm* (*Gen.* XXXVIII, 27), cette forme est sans doute un qualificatif, comme *ḳĕrôbîm*, *reḥôḳîm*. A l'état d'annexion, on a *tâ'ŏmê* (*Cant.* VII, 4). La racine a été adoucie dans *tômîm* (*Gen.* XXV, 24), où l'*âléf* a été retranché, ou bien, adouci; dans le dernier cas, sa voyelle est remonté sur le *tâw* pour indiquer l'*âléf*, et le mot est ainsi devenu *tômîm*.

[1] Sur cette prononciation voy. ci-dessus, p. 35, note 1. — [2] Voy. *Riḳm.* 126, 7-12.

المعتلّة العينات מדרכיו ישבע סוג שה חום فجعل סוג وחום مفعولين مثل סוגה בשושנים وסוג לב عندى اسم من اسماء الفاعلين مثل גלה וסורה וסורי בארץ יכתבו שכנה דומה واما חום فهو عندى صفة لשה على زنة טוב وان كان חום بשרק וטוב بחלם ومذهب ازّ في סורה وדומה[1] انها صفات وذلك جائز فيها وفي סוג לב ايضا والدليل على ان חום صفة كما قلت قوله כל שה נקד וטלוא וכל שה חום فكما ان נקד وטלוא صفتان كذلك חום صفة والجملة فلا وجه لكون חום مفعولا اصلا فاعلمه

## الافعال التى لاماتها حرف لين

אוה[2] اغفل من النوع الاول من نوعى هذا الجنس شخصا واحدا

[1] D. 62, 7 et suiv.; N. 36, 18-20, où l'exemple סורה manque. — [2] D. 108, 4; N. 68, 16.

Dans l'Introduction de la seconde section, Aboû Zakariyâ cite, parmi les participes passifs des verbes au second radical faible, les mots *soug* (*Prov.* XIV, 14) et *ḥoum* (*Gen.* XXX, 32) à côté de *sougâh* (*Cant.* VII, 3). Mais *soug* est, à mon avis, un participe actif, comme *wesourâh* (*Is.* XLIX, 21), *wesouraï* (*Jér.* XVII, 13), *doumâh* (*Ps.* XCIV, 17). Puis *ḥoum* est un qualificatif de *séh*, sur le modèle de *ṭôb*, bien que l'un ait un *schourék* et l'autre un *ḥôlém*. Aboû Zakariyâ regarde *sourâh* et *doumâh*, comme des qualificatifs; ce qui est possible pour ces mots aussi bien que pour *soug*. Mais *ḥoum* est certainement un qualificatif, comme le prouvent les mots *nâḳôd* et *ṭâlou'* qui précèdent et qui sont autant d'épithètes du mot *séh*. Dans aucun cas, il n'y a de raison pour que *ḥoum* soit un participe passif.

### DES VERBES QUI ONT UNE LETTRE DOUCE POUR TROISIÈME RADICAL.

*Âwâh*. Dans le premier des deux sens de cette racine, Aboû

وهو الافتعال התאוה תאוה את העם המתאוים ויתאוו תאוה במדבר
وقال فى باب תאה[1] وقيل انّ והתאויתם من هذا الاصل وذلك بعيد
جدا لانى لم اجد והפעליתם فى شى من المقرא وما اظنّه الا اصلا
اخر هذا قوله ولم يبين اى اصل هو ذاك فاقول انا فيه انه افتعال
من هذا الجنس اعنى אוה الا انه نوع ثالث منه ومن هذا النوع
الثالث عندى עד תאות גבעת עולם وتلخيص ذلك ان معنى
והתאויתם وتحدّون فكانه يقول ان بركات ابيك عظمت وجلت على
بركات اباءى الى ان بلغت ابعد غايات الجبال واقصى حدودها علوا
وارتفاعا وهذا على سبيل المثل على ما جوزته لغتهم كما جوزته ايضا
غير هذه اللغة فالواحد من והתאויתם התאוית على زنة כי התענית
התרפית ביום צרה

[1] D. 142, 10-13; N. 98, 4-8. Tous les deux ont en tête תוה au lieu de תאה.

Zakariyâ a passé le *hitpaël*, qui se trouve *Prov.* xxi, 26; *Nomb.* xi, 34; *Ps.* cvi, 14. — Dans l'art. *tâ'âh*, il s'exprime ainsi : « On dit que *wehit'awwîtém* (*Nomb.* xxxiv, 10) est de cette racine, mais cela est tout à fait invraisemblable, car je n'ai trouvé nulle part dans l'Écriture une forme *wehif'alîtém*. Il vient donc d'une autre racine. » Ce sont là ses paroles, mais il ne dit pas de quelle autre racine. Je crois que c'est le *hitpaël* de *âwâh*, dans un troisième sens, qu'on retrouve aussi dans *ta'äwat* (*Gen.* xlix, 26). Je m'explique : *wehit'awwîtém* signifie : Vous limiterez, et le passage de la Genèse veut dire : Les bénédictions de ton père dépassent en grandeur et en magnificence celles de mes ancêtres, au point d'atteindre les limites les plus éloignées et les points extrêmes des montagnes par leur hauteur et leur élévation. C'est un sens figuré que la langue hébraïque permet comme les autres langues. Le singulier aurait été *hit'awwîtâ*, comme *hit'annîtâ* (1 *Rois*, ii, 26), *hitrappîtâ* (*Prov.* xxiv, 10).

אנה[1] اغفل منه شخصا واحدا لم يسم فاعله وهو לא יאנה לצדיק כל און

אפה[2] اغفل منه شخصا واحدا وهو الانفعال נאפה יאפה לא תאפה חמץ תאפינה

בזה[3] اغفل منه شخصا واحدا وهو الانفعال נבזה בעיניו נמאס נבזים ושפלים واغفل منه ايضا قسم الفعل الثقيل وهو הבזה יבזה להבזות בעליהן على زنة הרבה ירבה להרבות

בטה لم يذكره בטיתי אבטה على زنة בניתי אבנה יש בוטה كُتب بهاء دلالة على انه خارج عن ذوات الالف وربما قيل فيه ايضا انه من ذوات الالف على زنة קורא وكُتب الهاء مكان الالف

נהה لم يذكره ולא יגהה מכם מזור ويمكن ان يكون من معناه ייטיב גהה

גרה[4] اغفل منه نوعا واحدا وهو גרה לא יגר اصل יגר יגרה وهو

[1] D. 108, 12; N. 68, 28. — [2] D. 109, 5; N. 69, 6. — [3] D. 110, 7; N. 69, 34. — [4] N. 72, 4.

---

*Ânâh.* Aboû Zakariyâ a passé le passif *ye'ounnéh* (*Prov.* XII, 21).

*Âfâh.* Il a passé le *nifal*, *Lév.* VI, 10; XXIII, 17.

*Bâzâh.* Il a passé le *nifal*, *Ps.* XV, 4; *Mal.* II, 9. Puis une partie de la forme lourde *lehabzôt* (*Esth.* I, 17), comme *leharbôt*.

*Bâṭâh.* Racine omise. Cependant *bôṭéh* (*Prov.* XII, 18) est écrit avec *hê*, ce qui prouve qu'il ne dérive pas d'un verbe avec *âléf*. Il se pourrait aussi qu'il dérivât d'un tel verbe, comme *ḳôrê'*, et que le *hê* fût écrit à la place d'un *âléf*.

*Gâhâh.* Passé. Voyez *yighéh* (*Osée*, V, 13), et peut-être aussi *gêhâh* (*Prov.* XVII, 22)[1].

*Gârâh.* Aboû Zakariyâ a passé un sens, celui de *gêrâh lô' yiggâr* (*Lév.* XI, 7); ce dernier mot est pour *yiggâréh;* c'est, par consé-

[1] Voy. *Kitâb al-ouṣoul*, col. 126.

انفعال على زنة יגל الذى اصله יגלה ووزن גרה כרה גדולה وقد تحتمل هتان اللفظتان ان تكونا من ذوات المثلين فيكون حينئذ גרה على زنة סבה ويكون الاصل فى الراء التشديد ويكون יגר على زنة יסר الا ان יגר קמץ من اجل الوقف

דגה لم يذكره וידגו לרב

דדה انكر[1] ان يكون אדדה כל שנותי من ذوات [المثلين[2]] ولم يبين من اىّ اصل هو فاقول انه معتلّ اللام والقياس عليه התדדה אתדדה فادغم التاء فى الدال فقالوا אדדה כל שנותי وهو افتعال ومثله אדדם עד בית אלהים اصله אתדדם والميم فيه ضمير المفعولين فان قال قائل ان الافتعال لا يتعدّى الى مفعول فكيف قلت ان الميم فى אדדם ضمير المفعولين قلنا له ان الافتعال قد يتعدّى (فان قال قائل) אחר

[1] D. 164, 24; N. 113, 2. — [2] Ajouté d'après la version hébraïque.

---

quent, un *nifal*, comme *yiggâl* pour *yiggâléh*, et *gêrâh* a la forme de *kêrâh* (II *Rois*, vi, 23). Ces deux mots peuvent aussi venir de *gârar* : *gêrâh* aurait alors la forme de *sibbâh*, mais sans *dâgêsch*, à cause du *rêsch*, et *yiggâr* celle de *yissar*, à l'exception du *ḳâméṣ* qu'a le premier par suite de la pause.

*Dâgâh*. Passé. Voyez pourtant *Gen.* xlviii, 16;

*Dâdâh*. Aboû Zakariyâ nie que *éddaddéh* (*Is.* xxxviii, 15) soit d'une racine géminée, mais sans indiquer une autre origine. Je pense qu'il vient bien de *dâdâh*, dont il est le *hitpaël*, pour *étdaddéh*; seulement le *tâw* a été inséré dans le *dâlét*[1]. Il en est de même du mot *éddaddêm* (*Ps.* xlii, 5), qui est primitivement *étdaddêm*, et le *mêm* y est suffixe pluriel du régime. A l'objection que le *hitpaël* ne se construit pas activement, et que le *mêm* de *éddad-*

[1] *Kitâb al-ouṣoul*, col. 153, l. 14; sens : الدفع والسوق. C'est aussi le sens de احدو dans la version de Sa'adiâ, donnée par Ewald, *Beiträge*, I, p. 34. (Voy. Schröter. *Kritik des Dunasch*, n° 15.)

התגלחו את נזרו ولا شكّ في ان נזרו مفعول به بوقوع الفعل وهو
התגלח عليه ومثله וכל בגד וכל כלי עור וכל מעשה עזים וכל כלי עץ
תתחטאו فهذه الاشياء كلها مفعول بها بوقوع الفعل وهو תתחטאו
عليها ومثل ذلك אחרי הכבס את הנגע فانه عندي مصدر افتعال
لم يسمّ فاعله وقوله את הנגע مفعول به بوقوع הכבס عليه ومثله
ايضا הכבס אתו والدليل على انهما افتعال اشتداد الكافين[1] فيهما
[واصلهما[2]] התכבס فادغمت التاء في الكاف فهذا كله افتعال متعدٍّ لا
قول للمعاند في شي منه اللهمّ الا ان يكون התגלחו את נזרו فربما
شغب بعض المعاندين فيه على وضوحه وظهوره[3] ومن الافتعال

[1] Vers. hébr. : הכבתק, ce qui vaut mieux. — [2] Vers. hébr. : ונקרס. — [3] Depuis لا قول jusqu'ici manque dans la version hébraïque.

---

*dêm* ne peut donc pas être un suffixe, je réponds, en citant comme *hitpaël* construit activement, *hitgalleḥô* (*Nomb.* vi, 19), où *nizrô* est évidemment le régime auquel se rapporte l'action exprimée par *hitgallaḥ;* puis *titḥaṭṭâ'ou* (*ibid.* xxxi, 20), où toutes les choses mentionnées dans le verset sont le régime de l'action indiquée par ce verbe; de même *houkkabbês* (*Lév.* xiii, 55) et le même mot (*ibid.* 56) sont, à mon avis, des infinitifs du passif du *hitpaël;* tous deux sont suivis de leurs régimes directs, et le *dâgêsch* du *kaf*[1] prouve que c'est du *hitpaël* pour *hotkabbês*, où l'on a inséré le *tâw* dans le *kaf.* Tous ces exemples présentent des cas, où le *hitpaël* est incontestablement un verbe actif[2]. Ou bien, pour *hitgalleḥô* surtout, quelque homme obstiné voudrait-il maintenir l'erreur, malgré l'évidence? On pourrait aussi citer comme *hitpaël*

[1] D'après la vers. hébr. : «Du *bêt.*» — [2] Voy. d'autres exemples *Riḳmâh*, 96, 8-10. — Dounasch (*Critique de Menaḥêm*, p. 27; *Kritik des Dunasch*, n° 15) suppose la racine *dôm*, avec redoublement du *dâlét.* Pour la forme, il cite également *éssâtêr*, et Dounasch pourrait bien être compris sous le mot قوم; voy. p. 103, note 1. — D. Ḳamḥî (*Miklôl*, 86, 6) persiste à considérer le *hitpaël* comme neutre sans admettre aucune exception.

المتعدّى ايضا ירדף אויב נפשי فان آز زعم[1] ان الاصل فيه יתרדף وقد قال قوم ممن لا يحسن التصريف ان אדדם على زنة אכבד אסתר فجعلوا الميم فيه اصلا فالخطأ يلزم هذا القول من قبل شدّة الدال الثانية وخفّة باء אכבד وتاء אסתר اللتان يواليانها فقد صحّ ان אדדם افتعال مثل אדדה وان الميم للمفعولين وאכבד وאסתר انفعال واعلم انه يجوز ان يكون التعدّى فى אדדם مساويا له فى בשלם הבשר اعنى انه يمكن ان يكون الغرض فيه אדדה להם كما ان الغرض فى בשלם בשל להם ووزن אדדה כל שנותי אדמה לעליון وربما كان متعدّيا

דחח[2] اغفل منه شخصا واحدا وهو الانفعال נדחה ידחה רשע على زنة ולא ימחה שמו والجمع ידחו ונפלו בה الوجه فيه ان يكون بقمץ

[1] D. 92, 18; N. 55, 24. — [2] N. 72, 28.

---

suivi d'un régime le mot *yiraddôf* (*Ps.* VII, 6) qu'Aboû Zakariyâ lui-même croit être pour *yitraddôf*. Des gens qui ignorent la conjugaison prétendent *qu'éddaddêm* a la forme d'*ékkâbêd* (*Lév.* x, 3), *éssâtêr* (*Gen.* IV, 14), en regardant le *mêm* comme radical. Mais l'erreur se reconnaît nécessairement par le *dâgêsch* du second *dâlét*, tandis que le *bêt* de *ékkâbêd* et le *tâw* de *éssâtêr*, qui lui sont assimilés, n'en ont pas. Il est donc clair que *éddaddêm* est un *hitpaël*, comme *éddaddéh* = *éddamméh* (*Is.* XIV, 14), et que le *mêm* indique le régime, tandis qu'*ékkâbêd* et *éssâtêr* sont au *nifal*. Ce régime peut être indirect comme celui de *bischschelâm* (I *Rois*, XIX, 21), c'est-à-dire que le *mêm* peut prendre le sens de *lâhém*, comme dans l'exemple cité, ou bien il peut exprimer un véritable régime direct.

*Dâḥâh.* Aboû Zakariyâ a passé le *nifal yiddâḥéh* (*Prov.* XIV, 32), comme *yimmâḥéh* (*Deut.* XXV, 6), au pluriel *yiddaḥou* (*Jér.* XXIII, 12), qui devrait avoir *kâméṣ* et être *millera*ᶜ, comme *yimmâḥou* (*Ps.*

נדול מלרע على زنة ימחו מספר חיים لكنه جاء פתח ומלעל على خلاف العادة والوجه المستعمل فان ذهب ذاهب الى ان يجعل ידחו مستقبلا من فعل فاؤه نون اعنى فى معنى נדחי ישראל יכנס لم يصلح فى المعنى بل الذى يصلح فيه هو ان يكون من לדחות פעמי דחה דחיתני לנפל

דמה[1] اغفل من النوع الاول منه شخصا واحدا وهو الافتعال אדמה לעליון والاصل فيه אתדמה ولو انه انفعال لكان الدال קמץ والميم خفيفا على زنة ואבנה גם אנכי ממנה واغفل من هذا الجنس نوعا رابعا وهو אלהים אל דמי לך ואל תתנו דמי לו ואל תדמינה ולא דומיה לי ويمكن ان يكون الحرف اللين الذى هو لام فى אל דמי לך بدلا من احد مثلى דמם

הגה[2] ذكر فيه نوعا واحدا وهو והגיתי בכל פעלך واغفل من هذا

[1] N. 73, 19. — [2] N. 73, 39.

---

LXIX, 29); mais il a *pataḥ* et l'accent à la pénultième, contrairement à l'habitude et à l'usage consacré. Quant à l'opinion qui voudrait prendre ce mot pour un futur de *nâdaḥ*, et lui attribuer la signification de *nidḥê* (*Ps.* CXLVII, 2), elle ne conviendrait pas pour le sens, qui doit être celui de *lidḥôt* (*ibid.* CXL, 5) et de *dâḥôh dehîtanî* (*ibid.* CXVIII, 13).

*Dâmâh.* Aboû Zakariyâ a passé, au premier sens, le *hitpaël éddamméh* (*Is.* XIV, 14), pour *étdamméh;* si c'était un *nifal*, le *dâlét* devrait avoir un *ḳâmés* et le *mêm* rester sans *dâgêsch*, comme *we'ibbânéh* (*Gen.* XXX, 3). — Aboû Zakariyâ a encore négligé un quatrième sens : *Ps.* LXXXIII, 2; *Is.* LXII, 7; *Jérémie*, XIV, 17; *Ps.* XXII, 3. Il se pourrait aussi que la lettre douce, troisième radical de *dŏmî*, eût été substituée à l'une des deux lettres semblables de *dâmam*.

*Hâgâh.* Aboû Zakariyâ rapporte un sens, celui de *Ps.* LXXVII,

النوع قسم الفعل الثقيل والقياس عليه ההגה יהגה على زنة הרבה
ירבה המצפצפים והמהגים على زنة מרבים העם واغفل من هذا الجنس
نوعا اخر وهو הגה יהגה הגו סיגים מכסף واعلم ان أز ادخل הגה
ברוחו הקשה مع והגיתי בכל פעלך ولست اراه الا من הגו סיגים
מכסף وانه لما ذكر في باب יגה כאשר הגה מן המסלה قال[1] وقيل ان
הגה ברוחו הקשה فعل خفيف من هذا المعنى ابدلت فيه الهاء
الاولى من الياء قال مروان هذا القول ممكن جائز في اللغات وربما كانت
لغتين في معنى واحد اعنى כאשר הוגה נוגי ממועד והגה ברוחו
הקשה הגו סיגים מכסף

היה[2] اغفل من النوع الاول من نوعيه شخصا واحدا وهو الانفعال
היום הזה נהיית לעם לא נהיתה ולא נראתה כזאת

[1] D. 114, 11; N. 80, 21. — [2] N. 74, 5.

---

13, et en néglige une partie de la forme lourde, qui devrait être *hahgéh*, *yahgéh*, sur le modèle de *harbéh*, *yarbéh*, et dont il existe *wehammahgîm* (*Is.* VIII, 19), comme *marbîm* (*Ex.* XXXVI, 5)[1]. — Aboû Zakariyâ a, de plus, passé un sens, savoir celui de *hâgô* (*Prov.* XXV, 4). Il a joint *hâgâh* (*Is.* XXVII, 8) à *wehâgîtî* (*Ps.* LXXVII, 13); mais je pense qu'il faut le rattacher à *hâgô* (*Prov.* XXV, 4). Il dit, d'un autre côté, dans le paragraphe *yâgâh*, après avoir cité *hôgâh* (II *Sam.* XX, 13) : «*Hâgâh* est regardé par quelques-uns comme la forme légère du même sens, où le premier *hé* a remplacé un *yôd.*» Un tel changement est parfaitement admissible : il peut y avoir deux racines différentes ayant un même sens, *hôgâh*, *nougê* (*Seph.* III, 18), et *hâgâh*, *hâgô*.

*Hâyâh.* Dans le premier des deux sens manque la forme du *nifal*, *Deut.* XXVII, 9; *Juges*, XIX, 30.

[1] Voy. *Riḳmâh*, 71, 17, 18.

הרה[1] ادخل فى هذا الباب הרה גבר مع ותהר ותלד בן وجعلهما
نوعا واحدا وما ادرى كيف جوز ذلك فيه على ان المشهور من
معنى ותהר ותלד انه حبل فان كان הרה גבר منه فكيف أمكنَ ان
يعرف ما كان فى بطن الحامل اذكرا كان ام انثيا حتى بشر به الا
تراه يقول יאבד יום אולד בו והלילה אמר הרה גבר وهذه الאמריה
ليست לאיוב بل هى للمبشر كانه قال והלילה אמר המבשר הרה גבר
فحذف الفاعل وانما جاز حذفه لانه لا يخلو كل فعل من فاعل
ظاهرا كان او مضمرا ومثله فى حذف الفاعل אם יחרוש בבקרים
التقدير אם יחרוש החורש בבקרים وايضا כאשר ישבר את כלי היוצר
التقدير فيه כאשר ישבר איש وايضا ויקבר אתו בקברתו בגן עזא
الفاعل محذوف والفعل ויקבר فارغ اذ ليس قبله شىء يعود اليه
منه ضمير ولا تدخلنّك داخلةٌ فى انه ויקבר لا ויקברו فانهما اثنان

[1] N. 75, 5-6.

*Hârâh.* Aboû Zakariyâ a mis ensemble, avec la même signification, *hôrâh* (*Job*, III, 3) et *wattahar* (*Gen.* XXXVIII, 3). Je ne comprends pas comment il a pu se permettre cela; car, comme on sait, *wattahar*, qui précède *wattêlêd*, signifie elle devint enceinte; si donc *hôrâh* avait le même sens, comment aurait-on pu savoir, au point de l'annoncer, quel sexe avait l'enfant, qui était encore dans le sein de la femme enceinte? On voit que, dans le verset de Job, le verbe *âmar* ne se rapporte pas à Job, mais à celui qui donnait la nouvelle, comme s'il y avait *âmar hammebassêr;* seulement le sujet a été omis, ce qui est possible, parce que tout verbe suppose nécessairement un agent, qu'il soit exprimé ou non. Ainsi *yaḥărôsch* (*Amos*, VI, 12) suppose *haḥôrêsch; yischbôr* (*Jér.* XIX, 11) fait sous-entendre *îsch; wayyiḳbôr* (II *Rois*, XXI, 26) n'a pas non plus d'agent, le verbe se trouvant seul sans que rien le précède, à quoi le pronom puisse se rapporter, et il ne peut venir à l'idée

فى المקרא احدهما هذا الذى نحن فى ذكره والثانى ויקבר אתו בגי
وقد حصرتهما المסרת اذ قالت فيه ויקבר אתו ב׳ וסי׳ בגי בגן עזא
وقال איוב והלילה אמר הרה גבר مشابه لقول ירמיה حيث يقول ארור
האיש אשר בשר ארת אבי לאמר ילד לך בן זכר فاقول ان הרה גבר فى
معنى ילד فكانه قال ילד גבר كما قال ירמיה ילד לך בן זכר والبرهان على
ذلك ان הרה גבר فى معنى ילד גבר قول الكتاب ברכת אביך גברו על
ברכת הורי كانه قال יולדי وايضا ותהר את מרים ואת שמי الذى لا
يجوز ان يكون الا فى معنى ותלד فهذا من اآزوهم

זכה[1] اغفل منه شخصا واحدا وهو افتعال רחצו הזכו يمكن ان
الوجه كان فيه התזכו فادغموا التاء فى الزاى ولذلك اشتدّت وانما

[1] N. 75, 8.

---

de personne qu'il faille lire *wayyiḳberou* au lieu de *wayyiḳbôr*, car il y a dans l'Écriture deux exemples de ce mot : celui dont nous nous occupons et un autre, *Deut.* xxxiv, 6[1], que le Massôrâh réunit en ces termes : « *Wayyiḳbôr ôtô* deux fois, *Deut.* xxxiv, 6, et II *Rois*, xxi, 26. » Je crois donc que Job exprime la même pensée que *Jérémie*, xx, 15, que *hôrâh* a le sens de *youllad*, et que l'un dit : « Un homme t'a été enfanté, » comme l'autre dit : « Il t'est né un enfant mâle ; » le sens de *hôrâh* est confirmé par le mot *hôray* (*Gen.* xlix, 26), qui signifie : Ceux qui m'ont enfanté. Enfin, on trouve *wattahar* (I *Chron.* iv, 17), qui ne peut avoir d'autre sens que celui de *wattêléd.* Aboû Zakariyâ s'est donc trompé.

*Zâkâh.* Aboû Zakariyâ a négligé un exemple, le *hitpaël hizzakkou* (*Is.* i, 16), qui remplace peut-être *hitzakkou*, et où alors le *zayin* aurait eu un *dâgêsch*, parce que le *tâw* y aurait été inséré. Je présente cette explication comme possible, sans la donner comme certaine, par condescendance pour l'opinion générale,

[1] D'après le *Kitâb al-ouṣoul*, 75, 21, l'agent dans ce verset est exprimé ; c'est Moïse, mentionné dans le verset 5, et qui s'est creusé sa tombe lui-même.

قلت هذا القول بالامكان من غير قطع مسامحة منى لمذهب الجماعة
فيه فان الذى اعتقده فيه وافضله وتميل نفسى اليه هو غير
هذا المذهب وهانا مقصّه عليك ومبيّنه لك فانصت واصغ الى
سياقة البرهان عليه اقول انه لما كان فاء الفعل منه زايا والزاى من
مخرج السين والصاد اذ هى ثلثتها حروف الصفير ويقرب منها فى
المخرج الشين وكان تاء الافتعال متأخرا عن السين والصاد والشين
اذا كانت فاءات الافعال كان لازما للزاى ايضا تأخّر تاء الافتعال
دونها ولان تاء الافتعال اذا جاءت بعد الزاى عاد الزاى الى لفظ
سين اذ لا استطاعة فى اللسان على الافصاح بزاى ساكنة بعدها
تاء كان واجبا ان يبدل من تاء الافتعال التى بعد الزاى دال
ليسهل الافصاح بالزاى كما صنعوا بتاء الافتعال التى بعد الصاد
فانهم ابدلوا منها طاء ليسهل الافصاح بالصاد فقالوا מה נצטדק
וילכו ויצטירו הצטידנו אותו ولو لم يبدلوها طاء لعاد الصاد سينا

---

bien que ma conviction, ma préférence et le penchant de mon âme lui soient contraires. Je vais ici exposer clairement ma pensée; écoute donc et suis attentivement la chaîne de mon argumentation. Comme le *zayin* se prononce par le même organe que le *sâmék* et le *ṣâdê*, ces trois lettres étant des sifflantes, et se rapprochant aussi du *schîn* pour l'émission, et que, d'autre part, le *tâw* du *hitpaël* se place après le *sâmék*, le *ṣâdê* et le *schîn*, quand ces lettres sont premiers radicaux, le *zayin* doit également précéder le *tâw* du *hitpaël;* puis, comme le *tâw* du *hitpaël*, après un *zayin*, lui donne le son d'un *sâmék*, la langue ne pouvant pas émettre un *zayin* quiescent suivi d'un *tâw*, il a fallu, après le *zayin*, changer ce *tâw* en *dâlét* pour faciliter la prononciation, comme on l'a changé, dans le même but, en *ṭêt* après *ṣâdê;* autrement *nisṭaddâḳ* (*Gen.* XLIV, 16), *wayyisṭayyârou* (*Jos.* IX, 4), *hisṭayyadnou* (*ibid.* 12), sonneraient comme *nistaddak*, *wayyistayyârou*, *histayyadnou*, le *ṣâdê*

فى اللفظ فكان يكون נסתדק ויסתירו הסתידנו אותו اذ لا استطاعة
باللسان على الافصاح بصاد ساكنة بعدها تاء فينتج لنا من هاتين
المقدّمتين التى احداها المقدّمة التى تقول ان تاء الافتعال متأخرة
عن الزاى والثانية المقدمة التى تقول أن تاء الافتعال اذا وقعت
بعد زاى عادت دالا ان حقيقة الافتعال من זכה הזדכו لانهم لما
أخّروا التاء فى بعد الزاى ولم يمكنهم النطق بالزاى قبل التاء
لانها كانت ترجع سينا فكانوا يقولون הסתכו رأوا ان يبدلوا التاء
دالا فصار הזדכו ولو ابدلوا من التاء فيه طاء كما صنعوا فى נצטדק
لعاد الزاى صادا فكان يكون הצטכו وانما كان تاء الافتعال احقّ
بالابدال من فاء الفعل لان تاء الافتعال غيرىّ فى الفعل وفاء الفعل
فيه اصلىّ ثم انهم لما ابدلوا من الدال زايا ثم ادغموا احدى
الزايين فى الاخرى فصار הזכו وابدال تاء الافتعال مع الزاى دالا

---

se transformant en *sâmék* à cause de la difficulté qu'éprouve la langue à faire sentir un *ṣâdê* quiescent, suivi d'un *tâw*[1]. De ces deux prémisses : 1° que le *tâw* du *hitpaël* doit se mettre après le *zayin*, et 2° que cette lettre doit, dès lors, se changer en *dâlét*, nous concluons que le véritable *hitpaël* de *zâkâh* est *hizzakkou*. Voici comment : le *tâw* placé après le *zayin* empêchant cette lettre d'être prononcée autrement qu'un *sâmék*, on aurait obtenu *histakkou;* il a donc paru bon de changer le *tâw* en *dâlét*, ce qui a produit *hizdakkou;* car si, en suivant l'exemple de *nisṭaddâḳ*, on avait substitué un *ṭét* au *tâw*, le *zayin* aurait pris le son d'un *ṣâdê*, et on aurait obtenu *hisṭakkou*. En outre, il convenait mieux de soumettre à un changement le *tâw* du *hitpaël*, lettre étrangère à la racine, que le premier radical qui y est primitif. Puis le *dâlét* lui-même a été changé en *zayin*, l'un des deux *zayin* a été inséré dans l'autre, et on est ainsi arrivé à *hizzakkou*. La permutation

[1] Ce raisonnement, à part son application à *hizzakkou*, se lit déjà, Talmîdê Menahêm, p. 37-40. — Pour la prononciation spéciale du *schîn*, voy. *Riḳmâh*, 6, 14, 15.

ومع الصاد طاء متّفق فى اللغة العبرانية واللغة السريانية واللغة
العربية اما فى العربية فالعرب يقولون فى الافتعال من سمع استمع
فهو مستمع وفى الافتعال من صبر اصطبر فهو مصطبر وفى الافتعال
من زجر ازدجر فهو مزدجر فشهور معروف لا يحتاج فى تبيينه الى
برهان لانها اللغة الظاهرة الاستعمال واما فى السريانية فكقولهم
נשמה יצטבע فان هذه الطاء مبدلة من تاء الافتعال لانه مشتقّ
من לך מצבעין وكقولهم مع الزاى הזדמנתון למימר קדמה فان هذه
الدال مبدلة من تاء الافتعال لانه مشتقّ من בה זמנה واما فى
العبرانية فكقولهم مع الصاد נצטדק على ما بيّنّا ولم نجد العبرانيين
استعملوا الافتعال فى ما فاؤه زاى فى شىء من المقرا الا فى הזכו كما
قلت وفى הזדמנתון وان كان הזדמנתון سريانيا فهو ايضا عبرانىّ كما
قد وجدناهم استعملوه فى لغتهم اذ قالوا ואתנה לו זמן وايضا

---

du *tâw* du *hitpaël* en *dâlét* après le *zayin*, et en *ṭêṭ* après le *ṣâdé*, est commune à l'hébreu, au syriaque et à l'arabe. En arabe, on dit bien de *samiʿa*, à la huitième forme, *istamaʿa* et *moustamiʿoun*, mais on dit de *ṣabara*, *iṣṭabara* et *mouṣṭabiroun*; de *zadjara*, *izdadjara* et *mouzdadjiroun*; ce procédé est généralement connu et n'a pas besoin de preuve, puisqu'il appartient au langage répandu et usité. Pour le syriaque, nous citons *yiṣṭabaʿ* (*Dan.* IV, 30) de la même racine que *meṣabeʿîn* (*ibid.* 22), et où le *ṭêṭ* remplace le *tâw* du *hitpaël*; *hizdammintoun* (*ibid.* II, 9), de la même racine que *zimnâ'* (*ibid.* III, 7, et *passim*), où le *dâlét* remplace le *tâw*. En hébreu, nous avons expliqué le mot *niṣṭaddâḳ*; mais, pour le *hitpaël* d'une racine qui a *zayin* pour premier radical, il n'y a dans l'Écriture aucun autre exemple, à part *hizzakkou* et *hizdammintoun*. Si ce dernier est syriaque, la racine n'en existe pas moins en hébreu, puisque nous rencontrons *zemân* (*Neh.* II, 6), *bizemannêhém* (*Esth.* IX, 31), et même le verbe *mezoummânîm* (*Ezra*, X, 14); le *hitpaël*

בזמניהם واستعملوا منه فعلا فقالوا לעתים מזמנים فالافتعال من זמן
عبرانيا كان او سريانيا واحد لا محالة اذ اللفظة فى اللغتين واحدة
وقد كثر الافتعال بالدال مع الزاى فى كلام الاوائل ז״ל كقولهم
נזדמן לו רוק[1] وايضا נזדקן הדין[2] وايضا מדבריהם נזדכה פלוני[3] وهذه
لغات عبرانية فصيحة ولو لم نجد الافتعال من لغة זמן وغيره مما
فاء فعله زاى مستعمل عند الاوائل لكفانا الاقتداء فيه باللغة
السريانية اذ هى تَوْأم اللغة العبرانية وشقيقتها واكثر اللغات
شبيهة بها يدلك على ذلك جريهما فى القמצות والפתחות فى اكثر
المواضع مجرى واحدا واتّفاقهما فى حركات א׳ח׳ה׳ע وفى نظام
الافتعال من تأخّر التاء فيهما من فاء كل فعل يكون شينا او سينا
او صادا وفى ابدالها فيهما مع الصاد طاء ومما يدلّك على ذلك
ايضا حمل العبرانيين اياها فى המסרה محلا واحدا الا تراهم قالوا

[1] Talmud de Babylone, *Berâkôt*, 24 b. — [2] *Sanhedrîn*, 42 a. — [3] *Ibid.* 30 a.

---

serait donc, sans aucun doute, le même en syriaque et en hébreu, la prononciation étant identique dans les deux langues. Le *hitpaël* avec *dâlét*, après le *zayin*, est fréquent dans le langage de nos anciens, p. e. *nizdammên*, *nizdaḳḳên*, *nizdakkéh*, tous ces mots sont du pur hébreu. Mais quand même nous n'aurions pas rencontré chez nos anciens le *hitpaël* de *zâman*, ni celui des autres racines qui ont *zayin* pour premier radical, il nous serait encore permis d'imiter en cela la langue syriaque, qui est une sœur jumelle de la langue hébraïque et qui lui ressemble pour la plupart de ses racines. Remarquez dans les deux langues l'emploi presque partout semblable du *ḳâméṣ* et du *pataḥ*, l'accord pour la vocalisation des lettres *âléf*, *ḥêt*, *hê*, *ʿayin*, enfin pour la disposition du *hitpaël*, où le *tâw* est placé après le *schîn*, le *sâmék* et le *ṣâdê*, lorsqu'ils sont premiers radicaux, puis changé en *ṭêṭ* après le *ṣâdê*. Observez aussi que les Hébreux mettent les deux idiomes sur le même pied

فيه גבר ג׳ עם גבר תמים די השכחת גבר איתי גבר فخلطوا العبرانىّ
بالسريانى لمطابقته له وقالوا فى لغة ברכים כל לישנא דגשין בר מן ב׳
רפין כרעו על ברכיהם הוא ברך על ברכוהי فعدوها لغة واحدة
بقولهم כל לישנא وقالوا ايضا כל דסמיך לחית ועין מה ומה בר מן ז׳
[ה׳] קמצין וב׳ מה פתחין וסימנן מה עמדי כי מה עבדך ואמרתם על
מה על ומה חשחן ויאמר לה מה עבדת הלין קמצין וב׳ פתחין מה
חטאתי כי מה חפצו فادخلوا السريانى مدخل العبرانى ومثل هذا
الاتفاق كثير جدا فى اللغتين فى اصناف متباينة فمن اجل هذا
الاتفاق وكثرة هذه المطابقة كان خواصّ العبرانيين لا يخلون من
معرفة اللغة السريانية كما ترى من كثرة مزجهم لهما فى דניאל ועזרא

---

dans le Massôrâh. Ils disent : « *Gebar* se trouve trois fois, *Ps.* XVIII, 26; *Dan.* II, 25, et V, 11; » ils mêlent ainsi l'hébreu avec le syriaque, à cause du rapport qui existe entre l'une et l'autre langue. A l'article *Birkayim*, ils remarquent : « Dans tous ses emplois, ce mot a un *dâgêsch* dans le *kaf*, excepté dans deux passages : *Juges*, VII, 6, et *Dan.* VI, 11. » Par leurs mots : « Dans tous ses emplois, » on voit bien qu'ils considéraient les deux langues comme n'en faisant qu'une. Ils observent encore : « Avant tout mot, commençant par *ḥêt* ou *ʿayin*, on dit *méh* et *ouméh*, à l'exception de sept exemples, dont cinq avec *ḳâmêṣ* et deux avec *pataḥ*; il y a *ḳâmêṣ* dans *Gen.* XXXI, 32; II *Rois*, VIII, 13; *Mal.* II, 14; *Ezra*, VI, 9, et *Dan.* IV, 32; les deux exemples avec *pataḥ* sont *Gen.* XXXI, 36, et *Job*, XXI, 21. » Ici encore le syriaque est cité à côté de l'hébreu. L'accord des deux idiomes est très-fréquent dans diverses classes de mots, et c'est par suite de cet accord et de ces rapports multiples que les Hébreux distingués tenaient à savoir le syriaque, comme on s'en aperçoit par la façon dont, dans Daniel et Ezra, ils le mêlent constamment avec l'hébreu, sans aucune nécessité,

لغير ضرورة بل استحسانا منهم وهذا الذى ذكرته لك فى הזכו
انهم ابدلوا من دال הזדכו زايا ثم ادغموا احدى الزايين فى
الاخرى فصار הזכו قول جائز مستعمل ايضا فى غير اللغة العبرانية
وقد ارى ان امثّل لك فى ذلك مثالا من اللغة المستعملة فى زماننا
هذا وهى اللغة العربية لا جعلَ[1] اللغة العربية حجة على اللغة العبرانية
لكن لانى اعلم ان كثيرا من العبرانيين لم يعتدوا سماع مثل
هذا القول ولا عرفوه وان من لم يَعْتَدْ سماع شىء ما ربما
نافره فى اول وهله واستبشعه واستفظعه فلذلك ما رايت ان ازيدك
وضوحا وبيانا فى ما ذكرته لك فى הזכו مما استعملته العرب فى لغتهم
فاقول ان العرب يقولون فى الافتعال من سَمِعَ آستمع فهو مستمع وفى
الافتعال من صبر اصطبر فهو مصطبر فيبدلون من تاء الافتعال مع
الصاد طاء كما صنع العبرانيون فى נצטדק ويقولون فى الافتعال من

[1] Peut-être faut-il : لا لاجعل.

et seulement parce que cela leur plaisait. — Ce que j'ai dit sur le changement du *dâlét* en *zayin* et sur l'insertion de l'un des deux *zayin* dans l'autre, au sujet du mot *hizzakkou*, est admis et appliqué aussi ailleurs qu'en hébreu. Je citerai, à cette occasion, des exemples pris de la langue usuelle, de l'arabe, non pas en vue d'emprunter à cet idiome un argument pour l'hébreu, mais parce que je sais que beaucoup d'Hébreux n'ont jamais entendu, ni ne connaissent une pareille opinion, et quiconque entend émettre une idée nouvelle, est porté à la rejeter au premier abord et à la déclarer fausse et absurde. Aussi ai-je voulu rendre mon opinion sur *hizzakkou* plus claire et plus évidente, en renvoyant aux pratiques des Arabes dans leur langage. J'ajoute : ils disent d'abord à la huitième forme de *samiʿa*, *istamaʿa* et *moustamiʿoun;* de *ṣabara*, *iṣṭabara* et *mouṣṭabiroun*, en changeant après le *ṣâd* le *tâ* en *ṭâ*, comme font les Hébreux pour *niṣṭaddâḳ;* puis de *zâna*, *izdâna* et

الزين ازدان فهو مزدان ومن الزجر ازدجر فهو مزدجر فيبدلون
من تاء الافتعال مع الزاى دالا كما صنع العبرانيون فى נזדמן وفى
הזדמנתון وفى נזדכה وفى נזדקן وفى جميع ما جرى فى كلامهم هذا
المجرى فاذا ذهبوا مذهبنا فى הזכו ابدلوا من تاء مستمع سينا ثم
أدغموا احدى السينين فى الاخرى فقالوا مسّمع بتشديد السين
وابدلوا من طاء مصطبر صادا وادغموا احدى الصادين فى الاخرى
فقالوا مصّبر بتشديد الصاد وابدلوا من دال مزدان ودال مزدجر
زايا من كلّ واحد منهما وادغموا احدى الزايين فى الاخرى فقالوا
مزّان ومزّجر بتشديد الزايين فاعتبر هذا المثال فانه يُقرِّبُ لك
قولى فى הזכו وربما كان مذهب السريانى فى הזדמנתון المكتوب لا
المقرو مذهب العبرانيين فى הזכו اعنى انهم ابدلوا من دال
הזדמנתון زايا وادغموا فجعلت هذه اللغة اعنى הזמנתון مقروءةً

---

*mouzdânoun*, et de *zadjara*, *izdadjara* et *mouzdadjiroun*, en changeant le *tâ* suivi du *zây* en *dâl*, encore comme les Hébreux pour *nizdammên*, *hizdammintoun*, *nizdakkéh*, *nizdakkên*, et pour tout ce qui est analogue. Mais lorsque les Arabes suivent notre procédé à nous pour former *hizzakkou*, ils changent encore le *tâ* de *moustami*ʿ*oun* en *sîn* et insèrent ensuite un des deux *sîn* dans l'autre; ils disent ainsi *moussami*ʿ*oun*, avec un *taschdîd* sur le *sîn;* ils font de même du *ṭâ* de *mouṣṭabiroun* un *ṣâd*, et, après avoir inséré l'un des deux *ṣâd* dans l'autre, ils forment *mouṣṣabiroun*, avec *taschdîd* sur le *ṣâd;* ils suivent le même procédé à l'égard du *dâl* de *mouzdânoun* et de *mouzdadjiroun*, qui deviennent *mouzzânoun* et *mouzzadjiroun*. Considère ces exemples, qui te feront paraître mon opinion plus acceptable. Peut-être le syriaque lui-même se modèle-t-il sur le *hizzakkou* hébreu, et *hizdammintoun* est-il la forme écrite et non la forme lue; en d'autres termes, on aura changé le *dâlét* en *zayin*, inséré cette lettre dans l'autre *zayin*, et on aura ainsi lu *hizzammintoun*, tout en conservant l'autre forme comme forme

واللغةُ الأُخرى مكتوبةٌ وما قلته لك من تأخّر تاء الافتعال عن فاء كل فعل يكون شينا او سينا او زايا او صادا فهو الاطّراد فى جميع اللغة العبرانية لم يشذّ عنه الا حرف واحد تقدم فيه تاء الافتعال على فاء فعله وموضع ذلك الفاء شين وذلك الحرف והתשוטטנה والعلّة فى ذلك كانت استثقالهم لاجتماع التاء مع الطاءين فى והשתוטטנה لو قالوه اذ الحرف اللين ليس بحاجز قوى وكذلك شذّ ايضا مما لم يكن فاء فعله احد هذه الاحرف الاربعة بل سائر الحروف حرف واحد تقدم فيه فاء فعله على تاء الافتعال ولحق بالافتعال الذى فاء فعله سين او شين او زاى او صاد وذلك الحرف هو ותתצב אחתו فان الساكن اللين الذى بين التاءين هو فاء الفعل وكان الوجه فيه ותתיצב كما قيل ויתיצב فتقدم الياء على تاء الافتعال ولان وكان ذلك اخفّ عليهم ان يذهبوا فى

---

écrite. — Cette règle que le *tâw* du *hitpaël* suit le premier radical, lorsque la racine commence par un *schîn*, un *sâmék*, un *zayin* ou un *ṣâdé*, est toujours suivie en hébreu, à l'exception d'un seul mot où le *tâw* précède le premier radical *schîn;* c'est *wehitschôṭaṭnâh* (*Jér.* XLIX, 3); le concours du *tâw* avec deux *ṭéṭ* aurait rendu ce mot trop dur à prononcer, si l'on avait dit *hischtôṭaṭnâh*, car la lettre douce ne forme pas une séparation assez solide. On trouve aussi une exception dans un *hitpaël*, où le premier radical, sans être une de ces quatre lettres, précède néanmoins le *tâw*, et se rattache, par conséquent, au *hitpaël* des verbes qui commencent par *sâmék*, *schîn*, *zayin* ou *ṣâdé;* ce mot est *wattêtaṣṣab* (*Ex.* II, 4), car la lettre douce qui se trouve entre les deux *tâw* est bien le premier radical, et le mot aurait dû être *wattityaṣṣêb*, comme on dit *wayyityaṣṣêb*, si l'on n'avait pas avancé et adouci le *yôd*. En effet, les Hébreux aiment à introduire dans la plupart de

حروف اللين مذهب التخفيف فى جلّ كلامهم ولم يجز على رأى
آز ان يكون הזכו انفعالا من ذوات المثلين اعنى من לא זכו בעיניו
لكونه מלרע ولم يكن מלעל مثل הברו נשאי כלי ה' فان آز لما ذكر فى
صدر كتاب ذوات المثلين الصنف من الانفعال لذوات المثلين
الذى على נבר قال[1] الامر من هذا الانفعال على القياس الصحيح הסב
הדם הבר والاصل הסבב הדמם הברר واذا اتّصلت بواو الجماعة او
بياء التأنيث قالوا הסבו הדמו بشدّتين وساكن المدّ הברו
بتخفيف الراء واصله التشديد הסבי הדמי بشدّتين وساكن
المدّ הברי والاصل הסבבו הדממו הבררו הסבבי הדממי הבררי فاقول
انه لو كان הזכו امرا من انفعال זכך لكان מלעל على زنة הדמו הברו

[1] D. 151, 23-27; N. 105, 9-14.

---

leurs mots un allégement des lettres douces. — D'après Aboû Zakariyâ lui-même, *hizzakkou* ne saurait être le *nifal* de *zâkak* et appartenir à la même racine que *zakkou* (*Job*, xv, 15), parce que *hizzakkou* a l'accent sur la dernière syllabe, au lieu de l'avoir sur l'avant-dernière, comme *hibbârou* (*Is.* LII, 11). Voici ce qu'Aboû Zakariyâ dit dans l'introduction de son traité des racines géminées, en parlant des *nifal* de cette classe, qui suivent la conjugaison de *nâbar* : « L'impératif du *nifal* est, d'après la règle exacte, *hissab*, *hiddam*, *hibbar*, pour *hissâbêb*, *hiddâmêm*, *hibbârêr*, suivis du *wâw*, qui marque le pluriel, ou du *yôd*, qui est le signe du féminin; ces mots deviennent : *hissabbou*, *hiddammou*, avec deux *dâgêsch* et une quiescente prolongée (par l'accent) *hibbârou*, où le second *dâgêsch* manque à cause du *rêsch;* puis *hissabbî*, *hiddammî*, également avec deux *dâgêsch* et une quiescente prolongée, et *hibbârî;* toutes ces formes sont pour *hissâbebou*, *hiddâmemou*, *hibbârerou*, *hissâbebî*, etc. » Donc, si *hizzakkou* était l'impératif du *nifal* de *zâkak*, il devrait être *mille'êl*, comme *hiddammou*, *hibbârou*, puisque

هكذا يجرى الامر من انفعال الافعال ذوات المثلين ومن انفعال الافعال السالمة اذا اتصل بواو الجماعة او بياء التأنيث اعنى מלעל مثل השמרו לכם המלטי والدليل على صحّة قول آز في ان حقيقة امر الجماعة من انفعال الافعال ذوات المثلين ان يكون بشدّتين وساكن المدّ ان كلّ فعل مستقبل وجدناه في المקרא من انفعال ذوات المثلين انما هو بشدّتين وساكن المدّ אם ימדו שמים וכל אנשי מלחמתה ידמו אל תדמו יקלו רדפיכם כלם יחמו هذا بشدة واحدة من اجل الحاء ومثله ולא יחתו וימסו אסוריו بشدّتين وساكن المدّ ימקו בעונם לא יסבו בלכתן וישחו כל בנות השיר بشدّة واحدة من اجل الحاء وكذلك لا يجوز ايضا ان يكون افتعالا منه اعنى من זכך فانه لو كان كذلك لظهر فيه المثلان من قبل ان الوجه في اللام الاولى التشديد فترك استخفافا وكذلك כהתחננו אלינו وجاء וכו

---

c'est la règle des *nifal* des verbes géminés et de ceux qui n'ont pas de lettres faibles, comme *hischschâmerou* (*Ex.* xix, 12), *himmâleṭi* (*Zach.* ii, 11), d'être *milleʿêl* à l'impératif, au pluriel du masculin et au féminin du singulier. La vérité de cette règle donnée par Aboû Zakariyâ est prouvée par tous les futurs du *nifal* des verbes géminés que nous rencontrons dans l'Écriture, qui ont aussi tous deux *dâgêsch* et une quiescente de prolongation; exemples : *Jér.* xxxi, 37; *ibid.* l, 30; *ibid.* li, 6; *Isaïe*, xxx, 16; *Osée*, vii, 7; *Jér.* xxiii, 4 (dans ces deux derniers, un *dâgêsch* seulement, à cause du *ḥêt*); *Juges*, xv, 14; *Lév.* xxvi, 39; *Ez.* i, 9; *Eccl.* xii, 4, où, par suite du *ḥêt*, il n'y a qu'un *dâgêsch*. — *Hizzakkou* ne peut pas être davantage le *hitpaël* de *zâkak*, parce que, dans ce cas, les deux lettres semblables seraient apparentes, la première d'entre elles étant même habituellement pourvue d'un *dâgêsch*, comme *Jér.* iv, 2, à moins qu'on ne l'ait supprimé pour

יתהללו بالتشديد على الاصل وفى ذوات المثلين ضرب اخر من
الافتعال المثلان ظاهران ايضا فيه وان لم يدخله التشديد وهو
והתאששו הוא יתבולל וכליותי אשתונן ויתגדדו אשתוללו אבירי לב
على هذا المنهاج يجرى الافتعال فى ذوات المثلين من ظهور كلا مثليه
فى كلا ضربيّه وكذلك لا يجوز ايضا فى הזכו ان يكون انفعالا من זכה
فانه لو كان لكان الكاف خفيفا والزاى קמץ مثل הגלו העלו הנקי فلم
يبق اذا وجه يجوز فيه غير كونه افتعالا من זכה على ما بيّنت الّا
ان الهاء الذى هو لام فى זכה مبدل عندى من الكاف الذى هو لام
فى זכך זכו נזיריה قد ذكرت اصلحك الله فى הזכו ما لم يأبه اليه
احد من العبرانيين قبلى وانا ارغب الى من رأى قولى فيه من
المتقين المتخشعين وذكرى لما استعملتّه العرب فى نحوه الّا ينكر
ذلك على فانى لم استشهد بلغة العرب على سبيل التثبيت لمذهبى

---

alléger le mot, comme dans *Gen.* XLII, 21. Il existe, il est vrai, pour cette classe de verbes, une forme sans *dâgêsch*, par exemple *Is.* XLVI, 8; *Os.* VII, 8; *Ps.* LXXIII, 21; I *Rois*, XVIII, 28; *Ps.* LXXVI, 6; mais, dans l'une comme dans l'autre formation, les deux lettres semblables doivent être apparentes. — Enfin *hizzakkou* ne peut pas être un *nif'al* de *zâkâh*, car alors le *kaf* n'aurait pas de *dâgêsch*, et le *zayin* serait pourvu d'un *ḳâmèṣ*, comme *higgâlou* (*Is.* XLIX, 9); *hê'âlou* (*Nombres*, XVI, 24); *hinnâḳî* (*ib.* V, 19). Il doit donc être absolument le *hitpaël* de *zâkâh*, comme je l'ai expliqué, à moins que le *hê*, troisième radical de *zâkâh*, ne remplace le *kaf* de *zâkak*, racine de *zakkou* (*Lam.* IV, 7). Mes observations sur *hizzakkou* n'ont été présentées par personne des Hébreux avant moi, et j'espère que les hommes modestes et humbles qui verront mon opinion et ma comparaison des procédés en usage dans la langue arabe ne me les reprocheront pas, car je n'ai point invoqué le témoignage de la langue arabe pour fixer ma manière de voir

فيه ولا لان اللغة العبرانية مضطرّة الى اللغة العربية بل لما ذكرته
لك من ان كثيرا من العبرانيين لم يعتادوا سماع مثل هذا
فخشيت ان يسبق الى قلوبهم انكاره فأريتهم ان مثل هذا רב
סעדיה ז"ל فى ספר יצירה فانه لما ذكر هناك ان اهل טבריה ينطقون
بالياء المشدّدة [جيما[1]] ذكر ايضا ان العرب قد تفعل ذلك واستشهد
ببعض كلامهم فيه

זרה[2] اغفل من النوع الاول من نوعيه شخصا وهو الانفعال נזרה יזרה
ויזרו בארצות

חיה ذكر فى هذا الجنس نوعا واحدا[3] وهو וחית אתה וביתך وقال
فيه[4] وقد جرى قولهم فى هذا الاصل باسقاط الهاء مع كثرة
الاستعمال فقالوا כל ימי אדם אשר חי וחי בהם واصلهما אשר חיה

[1] Ce mot a été ajouté d'après la vers. hébr. — [2] Le passage du Commentaire de R. Sa'adiâ est cité *Journ. asiat.* 1870, II, p. 515 et suiv. (*Manuel du lecteur*, p. 207 et suiv.) — [2] N. 75, 27. — [3] N. 77, 3. — [4] N. 77, 4-8.

---

d'après elle, ni parce que l'hébreu aurait besoin du secours de l'arabe, mais seulement, comme je l'ai déjà dit, par la raison que, la plupart des Hébreux n'ayant encore entendu rien de semblable, j'avais à craindre qu'ils ne fussent disposés de prime abord à rejeter mon opinion. Je leur montre, du reste, que R. Saʿadia, dans son commentaire sur le *Sêfér yeṣîrâh*, à l'endroit où il parle des habitants de Tibériade, qui prononcent *djîm* le *yôd* pourvu d'un *dâgêsch*, mentionne aussi le même usage chez les Arabes, et invoque le témoignage de ce qu'ils ont avancé à ce sujet.

*Zârâh.* Aboû Zakariyâ a passé, dans le premier des deux sens, le *nifal*, *Ez.* XXXVI, 19.

*Ḥâyâh.* Aboû Zakariyâ ne cite qu'un sens, *Jér.* XXXVIII, 17. Il ajoute : « On rencontre aussi cette racine sans *hê* à cause de son emploi fréquent; *ḥay* (*Gen.* V, 5), *wâḥay* (*Lév.* XVIII, 5), qui devraient être *ḥâyâh*, *wâḥâyâh*; puis *wâḥâyâh* (*Ex.* I, 16) pour *wâ-*

וחיה בהם وقالوا ואם בת היא וחיה الاصل וחיתה لكن لما قالوا في ماضى المذكّر باسقاط لام الفعل قالوا في ماضى المؤنث ايضا باسقاطه هذا نصّ قوله وما يبعد جوازه بعدا يوجب انكاره جملة لكنى اقول انه حسن جميل ان تكون هذه الاحرف من فعل ذى مثلين اعنى חיי اما אשר חי וחי בהם فمثل תם עונך רך לבבך اللذان هما من שנה תמימה ולא רככה واما וחיה فالاصل فيه التشديد مثل הבישה המשגב וחתה لكن ترك ذلك فيه استخفافا كما ترك في העזה פניה الذى هو من עזוז וגבור ועזוזו ונפלאתיו وكان الاصل فيه ان يكون مشدد الزاى على زنة והמשאת החלה وربما كان الهاء الذى هو لام الفعل في חיה بدلا من اليا التى هي لام في חיי واغفل من هذا الجنس نوعا اخر وهو האחיה מחלי זה וימרחו על השחין ויחי וישבו תחתם במחנה עד חיותם ويقرب ان يكون כי חיות הנה من هذا

---

*ḥâyetâh*, où l'on a négligé au féminin le troisième radical, comme on avait déjà eu l'habitude de le retrancher au masculin.» Ce sont là ses paroles, et cette opinion n'est pas tellement inadmissible qu'il faille la rejeter absolument. Mais je n'en trouve pas moins fort bien de rattacher ces mots à une racine géminée *ḥâyay*; les deux premiers exemples seraient alors, d'après la forme de *tam* (*Lament.* IV, 22), de *temîmâh* (*Lev.* XXV, 30), et celle de *rak* (II *Rois*, XXII, 19) de *roukkekâh* (*Is.* I, 6); dans *wâḥâyâh*, on a supprimé le *dâgêsch* que ce mot devait avoir à l'égal de *wâḥâttâh* (*Jér.* XLVIII, 1), pour l'alléger comme dans *hê'ēzâh* (*Prov.* VII, 13) de *'izzouz* (*Ps.* XXIV, 8) et de *wĕ'ĕzouzô* (*ibid.* LXXVIII, 4), qui devrait avoir un *dâgêsch* dans le *zayin*, comme *hêḥêllâh* (*Juges*, XX, 40). Il est vrai que le *hê*, qui est troisième radical de *ḥâyâh*, peut remplacer une des deux lettres semblables de *ḥâyay*. — Abou Zakariyâ a négligé dans ce paragraphe un autre sens, qui se rencontre II *Rois*, VIII, 8; *Is.* XXXVIII, 21; *Josué*, V, 8; peut-être aussi

النوع على مذهب الترجوم فيه وما اشك فى ان ויואב יחיה את שאר
העיר من هذا النوع ايضا وهو كناية عن التشييد والتحصين
والبرهان على ذلك قول الكتاب ותעל ארוכה למלאכה בידם وايضا כי
עלתה ארוכה לחמות ירושלם وايضا וירפא את מזבח ה׳ ההרוס

חנה[1] قال فى هذا الباب واما מה נחנת فبعيد من هذا الاصل
فاعلمه اذ لم يكن נחנת على زنة נלאית נבנית ولم يبيّن من اىّ اصل
هو قال مرون يمكن ان يكون من חנן ويكون الوجه فيه נחננת على
ما سابينه فى ما بعد وما يبعد عندى ايضا ان يكون من هذا
الاصل على القياس الذى اتيت به فى ילדת وفى ישבת وفى שכנת
اعنى ان اصله كان נחנת على زنة נאלית נבנית فاسقطوا حركة النون
استخفافا وادارجا للكلام وحركوا الحاء بالفتح فكان ذلك اخفّ

[1] D. 111, 4; N. 78, 30.

---

*Ex.* I, 19, d'après le *Targoum*. *Yeḥayyêh* (I *Chron.* XI, 8) a, sans aucun doute, le même sens, et signifie relever et fortifier une construction, comme le démontre l'emploi analogue que l'Écriture fait du mot *aroukâh* remède (II *Chr.* XXIV, 13, et *Néh.* IV, 1) et du verbe *wayyerappê'* il guérit (I *Rois*, XVIII, 30).

*Ḥânâh.* Aboû Zakariyâ dit : « *Nêḥant* (*Jér.* XXII, 23) ne peut pas être de cette racine, car il faudrait *niḥnêt*, comme *nil'êt* (*Is.* XLVII, 13), *nibnêt* (*Jér.* XXXI, 4). » Aboû Zakariyâ n'ajoute pas à quelle autre racine ce mot se rattache. Il pourrait bien, comme je l'expliquerai plus bas, venir de *ḥânan*, et être pour *néḥnant*. Mais rien ne s'oppose à ce que *nêḥant* soit bien réellement pour *néḥnêt*, type, *nil'êt* et *nibnêt*; seulement, à l'exemple de ce que j'ai dit précédemment (p. 30) sur *yôladt* (*Gen.* XVI, 11), *yôschabt* (*Jér.* XXII, 23), *schôkant* (*ibid.* LI, 13), le *noun* peut avoir perdu sa voyelle, pour alléger le mot, et le *ḥêt* avoir reçu un *pataḥ*, parce que cette

عليهم وربما كان هو من هذا الاصل في معنى נחננת من ذوات المثلين على ان تكون الهاء اللينة التي هي لام في اصل נחנת بدلا من نون חנן

חרה قال في هذا الباب והעצמות יחרו[1] انفعال ثم قال في باب חרר من ذوات المثلين[2] ويمكن ان يكون והעצמות יחרו انفعالا ويكون الاصل في الراء التشديد لمكان المثلين قال مروان فاذا كان كذلك فقد اغفل الانفعال الحقيقي الذي لا شك فيه انه من باب חרה وذلك الانفعال هو כל הנחרים בך ويمكن ان يكون الهاء الذي هو لام في חרה بدلا من الراء الذي هو لام في חרר

חתה ادخل تحت هذا الاصل نوعين[3] احدهما قال فيه חתה חתיתי היחתה איש כי גחלים אתה חתה על ראשו والنوع الثاني قال فيه החתה

[1] Cet exemple manque chez N. Dans D. 112, 20, on doit, d'accord avec le texte arabe de Ḥayyoudj, rétablir יחרו ככין כפיגל, et biffer les additions de l'éditeur; l. 22, il faut effacer ces mêmes trois mots qui y sont répétés. — [2] D. 159, 15; N. 109, 37. — [3] D. 113, 8-12; N. 79, 30 et suiv., est corrigé dans le sens d'Ibn Djanâḥ.

---

prononciation aura paru plus facile. Tout en étant de la racine *ḥânâh*, le mot peut avoir le sens de *niḥnant*, de *ḥânan*, et le *hé* tenir lieu du *noun*[1].

*Ḥârâh.* Aboû Zakariyâ prend ici *yêḥârou* (*Ez.* xxiv, 10) pour le *nifal* de cette racine; ensuite, dans le paragraphe *ḥârar*, il dit que ce mot pourrait être le *nifal* de cette racine et que le *rêsch* aurait alors dû avoir un *dâgêsch* à la place de deux lettres semblables. Mais il a passé le véritable *nifal*, qui est incontestablement de *ḥârâh*, *Is.* xli, 11. Le *hê* peut aussi, en ce cas, être à la place du *rêsch* de *ḥârar*.

*Ḥâtâh.* Aboû Zakariyâ cite deux sens de cette racine : l'un, à la forme légère, *Prov.* vi, 27, et xxv, 22; l'autre au *hifil*, *yaḥtekâ*

[1] Voy. Menaḥêm, p. 13ª; Dounasch, p. 64; Talmîdê Menaḥêm, p. 42; Talmîdê Dounasch, p. 37.

החתיתי יחתך ויסחך מאחל على مثال יפרך ישקך ومنه תחת גערה במבין
اصله תחתה خفيف هذا نصّ قوله واني لأطوّل التعجّب منه ولا
اعلم ما منعه من ان يجعل יחתך خفيفا مثل תחת وان يجعل انفتاح
الياء من اجل الحا مثله في היחתה איש الذى هو عنده خفيف
ومثله في יחפרו בעמק לא יחגרו ביזע למען יחסרו לחם ומים ومثله ויחץ
את הילדים الذى كان الوجه فيه بزعمه[1] ויחץ بكسر اليا وما يشكّ
احد انّا لو احتجنا ان نعدّى ויחץ الى المخاطب لما قلنا غير יחצך
على زنة יחתך فكما يجوز ان يقال من חצה יחצך كذلك اقول ان
יחתך من חתה תחת גערה במבין وكان الاصل في יחתך ان يكون
مكسور الياء على زنة הירצך או הישא פניך היקרך ومما يغبطك بهذا
الرأى على وضوح ما اجتلبناه برهانا عليه انّا لم نجد החתה فيمكن

[1] D. 112, 10; N. 79, 5.

---

(*Ps.* LII, 7), type *yafrekâ* (*Gen.* XXVIII, 3), *yaschḳekâ*. Il ajoute : « *Têḥat* (*Prov.* XVII, 10) pour *tiḥtéh* est la forme légère de ce dernier sens. » Je suis fort étonné et je comprends difficilement ce qui a pu empêcher Aboû Zakariyâ de prendre *yaḥtekâ*, tout aussi bien que *têḥat*, pour une forme légère, mais où le *yôd* a *pataḥ*, à cause du *ḥêt*, comme dans *hăyaḥtéh* (*Prov.* VI, 27), qu'il donne lui-même pour une forme légère, et comme *Job*, XXXIX, 21, *Ézéch.* XLIV, 18 et IV, 17, et *Gen.* XXXIII, 1, où le mot *wayyaḥaṣ*, d'après Aboû Zakariyâ, est pour *wayyiḥaṣ* avec *ḥiréḳ* sous le *yôd*. Certes, personne ne doute qu'ayant besoin de construire ce mot avec le suffixe de la seconde personne, on n'eût dit *yaḥṣekâ*, tout comme *yaḥtekâ*, et de même que celui-là viendrait de *ḥâṣâh*, nous soutiendrons que *yaḥtekâ* est une forme légère comme *têḥat* de *ḥâtâh*, bien que *yaḥtekâ* soit pour *yiḥtekâ*, type *hăyirṣekâ* (*Mal.* I, 8), *hăyiḳrekâ* (*Nomb.* XI, 23). Outre l'évidence qui résulte de notre argumentation, cette opinion se recommande en-

ان يكون יחתך منه ومما يجب ان تعرفه ان كلا النوعين اللذين
ذكرهما آنها نوع واحد لا فرق بينهما اذ معنى الجميع جرف وازالة

טמה لم يذكره נטמה נטמינו בעיניכם على زنة ונגלינו אליהם

ירה وجدنا فى هذا الباب فى نسخة واحدة من بين جميع النسخ
ذكر ונירם אבד חשבון [1] وقد قيل فيه قول مستحسن على انه من
هذا الاصل ثم قيل فى اخر ذلك القول ويمكن ان يكون ונירם من
ذوات المثلين وانّى اقول ان كونه من ذوات المثلين غير جائز اصلا
ولست احتاج فى ابطال هذا الدعوى الى برهان اذ ذلك بيّن عند
كل من شذا شيا من علم حروف اللين وعلم ذوات المثلين ولا اقول
ان هذا القول لآز اصلا بل هو لا محالة لبعض الناظرين فى كتابه
من لحقه على رأية نفسه فى طرة بعض النسخ فنسخه ورّاق جاهل من

[1] Cette citation manque dans le texte arabe et dans les versions de Ḥayyoudj.

---

core par l'absence complète du *hifîl* d'où *yaḥtekâ* pourrait dériver. Il est encore bon de remarquer que les deux sens mentionnés par Aboû Zakariyâ n'en font qu'un et ne présentent aucune différence, puisque tous deux sont : emporter, faire cesser.

*Ṭâmâh.* Passé. Voyez cependant le *nifal niṭmînou* (*Job*, XVIII, 3) = *weniglînou* (I *Sam.* XIV, 8).

*Yârâh.* Dans une des nombreuses copies du traité d'Aboû Zakariyâ, nous avons trouvé *wannîrâm* (*Nomb.* XXI, 30), cité dans ce paragraphe. On y émet l'opinion juste que *wannîrâm* est de cette racine, et l'on ajoute : « Cependant il pourrait dériver de *râmam.* » Je soutiens que cela est tout à fait impossible, et cette supposition n'a pas besoin d'être mise à néant par des preuves pour quiconque possède quelque connaissance des lettres douces et des verbes géminés. Aussi je pense que cette remarque n'est pas d'Aboû Zakariyâ, mais sans aucun doute de quelqu'un qui, en étudiant ce traité, a mis son propre avis, en note, à la marge

الطرة فى نفس هذا الكتاب الذى رايته فيه وهو يعدّه من قول الواضع ولقد اخبرنى ابن نومى انه راى بمصر فى نسخ من كتاب اللين اشيا فاسدة قد لحقت فيه على انها من نفس الواضع وانما كانت من املاء بعض اهل الاندلس ولقد عرفته نعم وارانى منها نُتَفا كان علقها لنفسه عند ما انكرها فهكذا عرض فى ונירם والدليل على صحة هذا القياس ان هذا القول لم يوجد فى غير هذه النسخة وايضا فان فقه آز فى ذوات المثلين مكذب لهذا الراى وفاضح لمنتحله وانما نبهت عليه فى كتابى هذا خوفا من ان تنسخ نسخ كثيرة من ذلك الكتاب فينتشر الخطأ عند الناس وينتسب الى الواضع

כפה ادخل نى هذا الباب אכף לאלהי מרום وجعله انفعالا محدوثا

d'un exemplaire; puis un copiste ignorant a fait entrer la note de la marge dans le corps du livre que j'avais sous les yeux, en la mettant sur le compte de l'auteur. Ibn Noûmî m'a raconté qu'en Égypte il avait vu du Traité des lettres douces des copies qui contenaient des choses fausses qu'on y avait ajoutées, en les attribuant à l'auteur, tandis qu'elles provenaient de quelque Andalousien. Je l'avais déjà bien reconnu. Il me fit voir des passages de cette nature recueillis pour son propre usage, lorsqu'il les avait jugés faux. C'était le cas pour *wannîrâm*, d'autant plus que cette remarque se trouve dans un seul exemplaire, et que les théories d'Aboû Zakariyâ sur les verbes géminés la démentent et couvrent de honte celui qui voudrait la lui attribuer. Je n'aurais pas fait cette observation dans mon livre, si je n'avais pas craint que l'on ne fît de nombreuses copies de cet exemplaire, et que l'erreur ne se répandît et ne fût imputée à l'auteur[1].

*Kâfâh.* Aboû Zakariyâ mentionne dans ce paragraphe *ikkaf* (*Mic.*

[1] *Bikm.* 23, 16 : Et lorsque nous tirions sur eux, ils étaient perdus.

منه وقال[1] ان اصله אכפה مثل תגל ערותך الذى اصله תגלה وانا اقول ان كونه من ذوات المثلين من لغة כפופים اجود وذلك لكونه פתח ولم يكن קמץ اذ الاطراد فى الانفعال من الافعال المعتلّة اللام ان يكون فاء الفعل منه קמץ كان ذلك الانفعال ناقصا او كان تامّا الا ترى ان תגל وתגלה קמוצין وكذلك תעש وתעשה לא יראה לך ותחץ לארבע فان شذ عن هذا الاطّراد شئ فانما يشذّ فى فعل عينه او لامه حاء كما وجدنا ידחו ונפלו בה פתח ووجدنا ايضا ימח שמם פתח واما الافعال من ذوات المثلين فالاطراد فيه بالפתח الا فى الوقف فانه يأتى קמץ فلهذا ما قلت ان كون אכף من ذوات المثلين اقيس وقد جعل آز فى كتاب ذوات المثلين[2] الفرق بين יסב וימק וימס واشبهها التى هى من ذوات المثلين وبين תגל ערותך ויקר אלהים

[1] D. 118; 12-14; N. 83, 14-16. — [2] N. 105, 8-9. Dans D. le passage est tronqué.

---

vi, 6), et dit que c'est un *nifal* abrégé de *ikkaféh*, comme *tiggâl* (*Is.* xlvii, 3) de *tiggâléh*. Je préfère le rattacher à *kâfaf*, de *kefoufîm* (*Ps.* cxlvi, 8), à cause du *pataḥ* au lieu du *ḳâméṣ*. C'est une règle généralement suivie dans le *nifal* des verbes au troisième radical faible, que le premier radical prend *ḳâméṣ*, que la forme soit apocopée ou complète; on voit cela aux mots *tiggâl*, *tê'âs* (*Esther*, v, 6 et *passim*), à côté de *tiggâléh* et de *tê'âséh*, puis *Exode*, xiii, 7; *Dan.* xi, 4. Les verbes qui ont *ḥêt* pour second ou troisième radical font seuls exception, comme *yiddaḥou* (*Jér.* xxiii, 12), *yimmaḥ* (*Ps.* cix, 13)[1]. Les racines géminées, au contraire, ont toujours *pataḥ*, excepté en pause, où il y a *ḳâméṣ*. Pour cette raison, mon opinion sur *ikkaf* est plus conforme à la règle. Abou Zakariyâ, dans son traité des verbes géminés, établit lui-même cette différence entre *yissab* de *sâbab*, *yimmaḳ* de *mâḳaḳ*, *yimmas* de *mâsas*, etc. et *tiggâl*, *wayyiḳḳâr* (*Nomb.* xxiii, 4), de *gâlâh*, *ḳârâh*,

[1] Voy. ci-dessus, p. 125, 126.

التى هى معتلة اللام كون יסב וימק פתח فى ادراج الكلام فقط وكون
תגל ויקר واشباههما קמץ فى اتصال الكلام وانفصاله فما ادرى كيف
عرضت له هذه الغفلة وما اظنه كان يعتقد אכף الا קמץ وقد قيل
فى אכף انه من لغة כף כפי بمعنى ما ذا احمل اليه فى كفى وربما جاز
ذلك على قبحه وجائز عندى ان تكون الهاء من כפה יכפה אף بدلا
من الفاء التى هى لام فى כפף נפשי

כרה[1] ذكر فيه نوعين احدهما אזנים כרית والثانى ויכרה להם כרה
גדולה واغفل نوعا ثالثا וגם מים תכרו מאתם ונתתי מכרם ורחק
מפנינים מכרה فاقول ان الاسم غير المضاف الى الضمير من هذا النوع
الثالث يمكن انه كان מכרה على زنة לאברהם למקנה فلما اضافوه الى
ضمير جمع الغائب والى ضمير الواحدة الغائبة قالوا מכרם מכרה

[1] D. 118, 15; N. 83, 17.

---

que les uns avaient *pataḥ* seulement au milieu de la proposition, tandis que les autres prennent *ḳâmêṣ*, aussi bien au milieu qu'à la fin de la proposition. Je ne sais donc pas ce qui a fait commettre cette erreur à Aboû Zakariyâ, à moins qu'il n'ait, comme je le suppose, lu *ikkâf* avec *ḳâmêṣ*. Quelques-uns ont mis *ikkaf* en rapport avec *kaf*, la main, et ont traduit : Que lui apporterai-je dans ma main. C'est possible, mais peu acceptable. Il se peut, du reste, que le *hê* de *kâfâh*, dans *yikpéh* (*Prov.* XXI, 14), tienne lieu d'un *pê*, troisième radical de *kâfaf* (*Ps.* LVII, 7).

*Kârâh.* Aboû Zakariyâ donne deux sens, l'un, *kârîtâ* (*Ps.* XL, 7), et l'autre, *wayyikréh... kêrâh* (II *Rois*, VI, 23). Mais il en a passé un troisième, *tikrou* (*Deut.* II, 6), *mikrâm* (*Nombr.* XX, 19) et *mikrâh* (*Prov.* XXXI, 10). Dans ce troisième sens, le nom, sans être annexé à un pronom, peut être *mikrâh*, type *miḳnâh* (*Gen.* XXIII, 18); annexé au suffixe de la troisième personne du masculin pluriel ou au suffixe de la troisième personne du féminin singulier,

واسقطوا علامة التانيث التى كانت فى الاسم قبل صلته بالضمير
فانهم كثيرا ما يسقطون علامة التانيث من الاسماء عند صلتها
باحدى الضمائر قالوا عند اضافة פחה الى ضمير الجمع الغائب
לחיות פחם وكان الوجه فيه ان يكون פחתם وقالوا عند صلة פנה
بضمير المؤنث אצל פנה والوجه פנתה وعند صلة מדה به ארכה
מארץ מדה والوجه فيه מדתה وقالوا عند صلة נצה به עלתה נצה
والوجه נצתה وقالوا ايضا عند صلة שוכת עצים بضمير الواحد
الغائب איש שוכה والوجه שוכתו ويجوز ان اقول فى מכרם انه كان
قبل الاضافة מכרה على زنة מקנה מבנה מדחה فلما اضافوه الى ضمير
الجمع حذفوا الهاء التى هى اللام منه كما حذفوه من רדה באף اذا
وصلوه بضمير الجمع فقالوا שם בנימן צעיר רדם ولما وصلوا ايضا
המעלה אתנו ואת אבתינו بهذا الضمير حذفوا الهاء منه فقالوا

---

le mot est devenu *mikrâm* et *mikrâh*, parce que, avant de le mettre en état d'annexion, on a supprimé du nom le signe du féminin, comme souvent dans ce cas[1]. Ainsi *péḥâh*, avec le suffixe de la troisième personne du pluriel, devient *péḥâm* (*Néh.* v, 14) pour *péḥâtâm; pinnâh*, avec le suffixe de la troisième personne du féminin, donne *pinnâh* (*Prov.* vii, 8) pour *pinnâtâh; middâh* devient *middâh* (*Job*, xi, 9) pour *middâtâh; niṣṣâh*, avec suffixe, *niṣṣâh* (*Gen.* xl, 10) pour *niṣṣâtâh; sôkat* (*Juges*, ix, 48), avec le suffixe de la troisième personne du masculin singulier, forme *sôkô* (*ibid.* 49) à la place de *sôkâtô*. Mais il se peut aussi que *mikrâm*, avant l'annexion, ait été *mikréh*, sur le modèle de *miḳnéh*, *mibnéh*, *midḥéh*; puis, en ajoutant le suffixe du pluriel, on aurait retranché le *hé*, troisième radical, comme *rôdéh* (*Is.* xiv, 6) devient, avec le suffixe du pluriel *rôdêm* (*Ps.* lxviii, 28); *hamma'ăléh* (*Jos.* xxiv, 17), de la même manière, par la suppression du *hé*, *hamma'ălêm* (*Is.* lxiii,

[1] *Riḳmâh*, 159, 33.

איה המעלם מים ولما وصلوا עושה بضمير الواحد الغائب حذفوا
الهاء فقالوا העשו יגש חרבו فوزن מכרם من المعتلّ اللام على هذا
الوجه وهو الذى اختاره ולא יטה לארץ מנלם المشتقّ من כנלתך
לבגד على ما سأبينه فى موضعه الاخص به واعلم ان ואכרה לי عندى
من هذا النوع المستلحق وتلخيص ذلك ان תכרו מאתם فى معنى
תקנו فكذلك اعتقد ان ואכרה לי فى معنى ואקנה לי لانّ لغة קנה
مستعمل فى الزواج ايضا كما قيل וגם את רות המואביה אשת מחלון
קניתי לי לאשה وتفسير الجميع اقتناء واكتساب واما شدّة الكاف فى
ואכרה לי فعلى غير القياس كما قالوا אם יקרך עון [1] وقوم يشاحّون فى كون
ורחק מפנינים מכרה من ונתתי מכרם תכרו מאתם ويقولون ان هذه
اللغة لا تستعمل فى غير ابتياع الماء ويجعلون الميم فيه اصلا واما
انا فلما علمت ان תכרו فى معنى תקנו جاز عندى وقوع هذه اللغة

[1] Vers. hébr. : בהדגיש הקוף בלי טעם.

---

11); *ʿôsêh*, avec le suffixe de la troisième personne singulier masculin, *hâʿôsô* (*Job*, XL, 19). *Mikrâm* serait alors formé sur le modèle de *minlâm* (*ibid.* XV, 29), qui dérive, comme je l'expliquerai à son endroit, de la même racine que *kannelôtekâ* (*Is.* XXXIII, 1), et c'est, à mon avis, l'analyse préférable. Je rattache à ce sens du verbe *kârâh*, *wâ'ékkerêhâ* (*Osée*, III, 2). Je m'explique : *tikrou* (*Deut.* II, 6) ayant le même sens que *tiḳnou* (vous achèterez), *wâ'ékkerêhâ* équivaut à *wâ'éḳnéhâ*, car *ḳânâh* qui a, en général, le sens de acheter, acquérir, s'emploie aussi dans le sens d'épouser (*Ruth*, IV, 10). Le *dâgêsch* du *kaf* est une irrégularité, comme dans *yiḳ-ḳerêk* (I *Sam.* XXVIII, 10). On a nié que *mikrâh* (*Prov.* XXXI, 10) pût avoir la même racine que *mikrâm* et *tikrou*, on a soutenu que *kârâh* ne se disait que de l'achat de l'eau, et l'on a regardé le *mêm* de *mikrâh* comme une lettre radicale. Mais je crois que, puisque *kârâh* a le même sens que *ḳânâh*, il s'applique à toute

على جميع الاشياء المقتناة بوقوع لغة קנה عليها حتى انهم قد قالوا في الولد קניתי איש وكذلك قالوا اولئك القوم في ואכרה לי وانه من لغة הכיר وهذا القول وان لم يكن مدافعا كلّ المدافعة فكونه من תכרו מאתם احبّ الىّ لقوله בחמשה עשר כסף ولانى لم اجد لغة הכיר مستعملة في الزواج واما اذا كان כרה في معنى קנה فهو عامّ لكلّ ما يقتنى من ماء وامرأة وولد وغير ذلك حتى ما ابعد ان قوله על מכרם בכסף צדיק انما هو اقتناء واكتساب قياسا بقوله ايضا في مثل هذا المعنى לקנות בכסף דלים واغفل من احد المذوعين الذين ذكرها وهو בור כרה شخصا واحدا وهو الانفعال נכרה עד יכרה לרשע שחת على زنة נגלה יגלה

לוז لم يذكره ולזות שפתים على زنة כי אם ראות עיניו وربما جاز ان يكون ולזות שפתים معتلّ العين من אל ילזו מעיניך ويكون

---

chose achetée, tout comme *ḳânâh* qui s'emploie même pour enfanter, *Gen.* IV, 1. Les mêmes personnes ont voulu faire dériver *wâ'ékkeréhâ* de *hikkîr;* bien que cette opinion ne soit pas complétement à rejeter, je n'en préfère pas moins le rapporter à *tikrou*, d'abord à cause des mots «pour quinze pièces d'argent» qui suivent; ensuite, parce que nous ne rencontrons nulle part *hikkîr* dans le sens d'épouser; enfin, par la raison que *kârâh*, comme équivalent de *ḳânâh*, se dit de tout ce qu'on achète, de tout ce qu'on acquiert, par exemple, eau, femme, enfant ou quoi que ce soit. Il ne me paraît donc pas impossible que *mikrâm* (*Amos*, II, 6) ait aussi la signification d'acheter et acquérir, et réponde à *liḳnôt*, que le même prophète emploie (*ibid.* VIII, 6) dans le même sens. — Aboû Zakariyâ a passé dans le premier sens qu'il mentionne, le *nifal*, *yikkâréh* (*Ps.* XCIV, 13), type *yiggâléh*.

*Lâzâh*. Racine omise. Cependant, on trouve *oulezout* (*Prov.* IV, 24) comme *re'out* (*Eccl.* V, 10). *Lezout* pourrait aussi venir d'une

دخول الواو والتاء فيه كدخولهما فى אילותי وفى עדות ה׳ נאמנה وفى
בגרות כמהם المعتلّة العينات الا ان عين الفعل على هذا الوجه
ذاهبة من ולזות שפתים كذهابها من ששון לבי ومن זדון לבך المعتلّى
العين وعلى ما ذكرت فى בשחותו הוא יפול

ללה لم يذكره واعلم ان הרה ללת قد خاض فيه الاوّلون وتحيّر
فى فكّه المتأخّرون فبعض جعله مركّبا من ילד وبعض لم يكن له
فيه منفذ وبواجب عرض فيه هذا الاعتلاج فانه من الالفاظ
العويصة الفكّ العسرة الانبلاغ ولقد اردت ترك التكلم فيه
لصعوبته لكن لما كنت قد تضمنت فى صدر كتابى هذا استلحاق
كل ما امكننى جمعه وحصره مما اغفل آز رايت ذكره واجتلاب كل
ما حضرنى فيه واول ما اقدّمه اليك انه ليس عندى فيه قول

---

racine *louz*, comme *Prov.* III, 21, et le *wâw*, ainsi que le *tâw*, auraient été ajoutés comme dans *ĕyâloutî* (*Ps.* XXII, 20), *ʿêdout* (*ibid.* XIX, 8), *begêrout* (*Jér.* XLI, 17), qui ont des racines au second radical faible; seulement, dans *lezout*, le second radical a disparu, comme dans *seśôn* (*Ps.* CXIX, 111), *zedôn* (*Obad.* 3), et, comme je l'ai déjà dit dans le paragraphe *schouaḥ* (p. 116), au sujet de *bischeḥoutô* (*Prov.* XXVIII, 10).

*Lâlâh.* Racine passée. Pour le mot *lâlat* (I *Sam.* IV, 19), les anciens interprètes ont pataugé, et les modernes ont cherché en vain une solution; les uns ont considéré *yâlad* comme un élément de ce mot, les autres n'ont trouvé aucune issue. Une telle lutte a dû nécessairement se produire, car *lâlat* est difficile à expliquer et malaisé à comprendre. Aussi aurais-je voulu ne pas en parler; mais ayant promis, dans l'introduction de cet ouvrage, d'ajouter tout ce qu'il me serait possible de réunir et de ramasser parmi les faits qu'Aboû Zakariyâ a omis, j'ai cru devoir mentionner aussi ce mot, rassembler tout ce qui s'est présenté à mon esprit. Cepen-

جازم ولا برهان قاطع على تعيين اصله غير انه اتجهت لى فيه
اوجه لا اقطع على اصله بعضها دون بعض وانا موقّفك على تلك
الاوجه بعد ان اتضمن لك الّا احيد فى احدها عما تحتمله اللغة
من القياس والسبار فاقول ان ללת لا يخلو من احد ثلاث اوجه اما
ان يكون معتل اللام واما ان يكون من ذوات المثلين واما ان يكون
اسما غير مشتقّ من فعل فان كان معتلّ اللام فهو يحتمل وجهين
اما ان يكون اصله ללה صفة لהרה على زنة דוה בלה وتكون التاء فيه
بدلا من الهاء كما قالوا ושכרת ולא מיין אם אתן שנת לעיני עשה רע
מאת فان هذا التاءات مبدلة من الهاءات ويكون انفتاح اللام
الاخرى من ללת من اجل نية الاضافة التى فيه كما عرض فى אם
אתן שנת לעיני وغيره الذى سقط منه القمץ لما توهمت فيه الاضافة

---

dant, je déclare de suite que je n'ai aucune opinion arrêtée et que je ne possède aucune preuve décisive pour en déterminer la racine. J'indique seulement différentes manières de voir, sans me prononcer plutôt pour une racine que pour une autre. J'exposerai donc ces explications, en m'engageant seulement à ne m'éloigner dans aucune explication de ce que permettent l'analyse et l'induction. Je dis donc que *lâlat* n'admet que les trois explications suivantes : il vient d'une racine au troisième radical faible, ou il vient d'une racine géminée, ou c'est un nom qui n'est pas dérivé d'un verbe. Dans le premier cas, il y a deux possibilités : Ou bien *lâlat*, qualificatif de *hârâh*, est pour *lâlâh*, comme *dâwâh*, *bâlâh*, avec le *hé* remplacé par un *tâw*, comme dans *ouschekourat* (*Is.* LI, 21), *schenat* (*Ps.* CXXXII, 4), *me'at* (*Eccl.* VIII, 12); car tous ces *tâw* tiennent lieu de *hé*. Le second *lâméd* a *pataḥ*, à cause de l'intention qu'on avait d'annexer ce mot, comme cela est arrivé pour *schenat* et autres qui ont perdu le *ḳâméṣ*, parce qu'on y avait

واما ان يكون فعلا ماضيا لمونث ويكون المذهب فيه مثله في והרצת את שבתתיה ועשת את התבואה اعني يكون الوجه فيه ללתה كما ان الوجه في ועשת והרצת ועשתה והרצתה وان كان من ذوات المثلين فهو اسم على زنة למס לבז وان كان غير مشتقّ من فعل فهو مثل לעד فهذا ما يمكنني فيه ان اقوله في ללת فاعلمه

נבה لم يذكره وجرى تصريفُ هذا الاصل على مذهب ذوات الالف الّا شخصا واحدا أُجرى مجرى ذوات الهاء وهو الافتعال והתנבית עמם على زنة התרפית ביום צרה ויכל מהתנבות على وزن התגלות

נוה[1] اغفل من هذا الاصل قسم الفعل الثقيل وهو זה אלי ואנוהו على زنة ואברכהו וארבהו

נלה لم يذكره ومن هذا الاصل כנלתך לבגד والقياس عليه הנלה

[1] D. 122, 18; N. 86, 14.

---

supposé une annexion. Ou bien, *lâlat* pourrait être le féminin d'un parfait et suivre, comme modèle, *wehirṣât* (*Lev.* xxvi, 34) et *we'âsât* (*ibid.* xxv, 21), de sorte que la forme primitive serait *lâletâh*, de même que, dans les exemples cités, elle est *wehirṣetâh*, *we'âsetâh*. Dans le second cas, *lâlat* serait un nom, comme *lâmas* (*Lament.* i, 1), *lâbaz*. Dans le troisième enfin, ce mot ressemblerait à *lâ'ad*. Voici tout ce que je puis dire de *lâlat*.

*Nâbâh*. Passé. Le verbe est conjugué comme les verbes ayant *âléf* pour dernier radical, à l'exception du *hitpaël*, I *Sam.* x, 6, type *hitrappîtâ* (*Prov.* xxiv, 10), et I *Sam.* x, 13, type *hitgallôt*, qui se conjuguent comme les racines au troisième radical *hê*.

*Nâwâh*. Abou Zakariyâ a passé le *hifil*, *Ex.* xv, 2, où *we'anwêhou* suit la forme de *we'arbêhou* (*Is.* li, 2).

*Nâlâh*. Passé. De cette racine dérive *kannelôtkâ* (*Is.* xxxiii, 1),

ינלה على زنة המרה ימרה את פיך والمصدر הנלות على زنة המרות למרות
עיני כבודו قال أز[1] פתח اللام في למרות يدل على انه فعل ثقيل واصله
להמרות فكذلك اقول انا ان الاصل في כנלתך כהנלתך على زنة
כהזנות בית אחאב כהפנתו שכמו כהעלות הים לגליו واما اشتداد
النون في כנלותך فعلى غير القياس وفعلهم ذلك فيه مساوٍ لفعلهم
في וכהמרותם תלן עיני الذى شددوا فيه الميم على غير قياس وكان
الوجه ان يكون مخففا مثل למרות עיני כבודו ومثل למרות עליון
בציה في حذف الهاء[2] לעביר את בית המלך الذى اصله להעביר
وايضا לביא אותו בבלה الذى اصله להביא وكثير مثلها فان قال قائل
ان حذف الهاء لا يستعمل الا مع اللام فليس المذهب اذًا في כנלותך
كالمذهب في למרות اوقفناه على בגלותו את יכניה בן יהויקים מלך יהודה
الذى لا يشك احد في ان الاصل فيه בהגלותו وعلى ובכשלו אל יגל

[1] D. 122, 5; N. 86, 5. — [2] On s'attend à وكذلك.

---

qui est un *hifîl* de la forme *yamrêh* (*Jos.* I, 18), ayant à l'infinitif *hanlôt*, type *hamrôt*, d'où *lamrôt* (*Is.* III, 8). Or, Abou Zakariyâ dit: «Le *pataḥ* du *lâméd* dans *lamrôt* prouve que c'est un *hifîl* pour *lehamrôt*;» de même, moi je dis que *kannelôtkâ* est pour *kehanlôtkâ*, dont le modèle se trouve dans *kehaznôt* (II *Chr.* XXI, 13), *kehafnôtô* (I *Sam.* X, 9), *keha*ʿ*ălôt* (*Ez.* XXVI, 3). De plus, le *dâgêsch* du *noun* est irrégulier, à l'égal du *dâgêsch* irrégulier dans le *mêm* de *oubehammerôtâm* (*Job*, XVII, 2), qui devrait rester sans *dâgêsch*, comme *lamrôt* (*Is.* III, 8, et *Ps.* LXXVIII, 17), où le *hê* est supprimé, aussi bien que II *Sam.* XIX, 19, *Jér.* XXXIX, 7, et ailleurs. Ces exemples, dira-t-on, ne présentent le retranchement du *hê* qu'après *lâméd*, de telle sorte qu'il n'y aurait point parité absolue entre *kannelôtkâ* et *lamrôt*. Mais nous ferons remarquer qu'on le rencontre après *bêt*, dans *baglôtô* (*Jér.* XXVII, 20), évidemment pour *behaglôtô*, ou-

לכך الذى الوجه فيه ובהכשלו واريناها ايضا ساقطة مع الكاف فى غير هذا النمط قالوا כיום. ההוא والوجه כהיום مثل כהיום הזה ومن هذا الاصل وهذا المعنى ולא יטה לארץ מנלם وهو على زنة ונתתי מכרם المشتقّ من וגם מים תכרו מאתם على ما تقدم من قولنا فيه وتلخيص كون מנלם من כנלותך هو على ما اصف اقول ان כנלותך לבגד יבגדו בך محمول على כהתימך שודד תושד فلا شكّ فى ان تفسير כנלתך يجانس لتفسير כהתימך وכהתימך مثل כהתם הפשעים وهو من ذوات المثلين واصله التشديد فاسقط استخفافا على ما زعم ا̃ز فكان تفسير ולא יטה לארץ מנלם ولا يتّصل فى العالم كمالهم وتمام امرهم اى انهم ينقطعون فلا تدوم دولتهم

נשה [1] قال فى هذا الباب וכי נשא (למעלה [2]) ממלכתו اصله ננשא

[1] Cette citation ne se lit ni dans l'original arabe, ni dans les deux versions. On remarque au contraire que כנלתך, dans ce verset, est une forme lourde. — [2] Ce mot manque dans la vers. hébraïque, et ne se lit pas dans ce passage de la Bible.

---

*bikkâschlô* (*Prov.* XXIV, 17), qui ne s'explique que par *oubehikkâschlô;* et nous trouvons le *hê* également omis après *kaf*, dans un cas tout différent, dans *kayyôm* pour *kehayyôm*. — A la même racine et au même sens appartient *minlâm* (*Job*, XV, 29), comme *mikrâm* (*Nomb.* XX, 19) de *tikrou* (*Deut.* II, 6), voyez *kârâh*. Voici comment je m'explique le rapport qui existe entre *minlâm* et *kannelôtkâ :* en comparant les deux membres du verset, *Isaïe*, XXXIII, 1, on ne doute pas que *kannelôtkâ* n'ait un sens analogue à celui de *kahătîmekâ* qui, comme *kehâtêm* (*Dan.* VIII, 23), vient de *tâmam*, avec suppression du *dâgêsch* pour alléger le mot, comme le croit Aboû Zakariyâ (r. *tâmam*). Le verset de Job est donc à traduire : Leur perfection et la réalisation de leurs projets ne sera pas atteinte dans le monde; en d'autres mots, ils seront exterminés et leur pouvoir ne durera pas.

*Nâsâh*. Aboû Zakariyâ dit : « *Nissê'* (II *Sam.* V, 12) est pour

الالف كتبت موضع الهاء وهذا القول انما يحسن ان يتأوّل في
اللفظ الذي وقع في דברי הימים الذي هو כי נשאת למעלה מלכותו
فان الوجه فيه ננשאת ولو ان נשא انفعال لحقته علامة التأنيث
اللازمة لـמלכותו وانما נשא فعل ماضٍ على زنة מלא אתם وفيه
ضمير عائد الى ה׳ المتقدم ذكره المنبه على هذا الوهم هو غيري
من اهل زماننا من يوثق بعلمه

נצה[1] وجدنا في هذا الباب في جميع النسخ نوعين الاول כי נצו גם
נעו والاخر אשר הצו על משה ووجدنا في نسخة واحدة فقط وهي
النسخة التي تقدّم ذكري لها نوعا ثالثا زائدا وهو ערי֞ך תצינה فان
كان آز هو الذي امر بالحاقه في كتابه بعد وضعه له او ان كان
غيره لحقه بعده فيحقّق ما لحق اذ هذا الجنس اعني נצה منقسم

[1] D. 123, 21; N. 87, 9.

---

*ninsê'*, et *âléf* a été écrit à la place de *hê.*» Cette explication peut s'appliquer au passage des Chroniques où il y a *nissê't* (I *Chr.* xiv, 2) pour *ninsê't;* mais si *nissê'* était un *nifal*, *mamlaktô*, qui est un féminin, exigerait à la fin du verbe la marque du féminin. Nous prenons donc *nissê'* pour un parfait de la forme *millê'* (*Ex.* xxxv, 35), et le pronom qu'il renferme se rapporte au mot Dieu, qui précède. Cette erreur a déjà été remarquée par un de mes contemporains, un homme d'une science solide.

*Nâṣâh.* Dans toutes les copies, nous avons trouvé pour cette racine deux sens indiqués, d'abord *Lam.* iv, 15, puis *Nomb.* xxvi, 9. Dans une seule, la même dont j'ai déjà parlé plus haut (racine *râmâh*), nous rencontrons encore un troisième sens, savoir *tiṣṣénâh* (*Jér.* iv, 7). Que ce soit Aboû Zakariyâ qui ait fait ajouter ce troisième sens à son livre après l'avoir publié, ou que ce soit l'addition d'un autre, en tout cas la division de l'article *nâṣâh* en ces

الى هذه الثلث انواع انقساما صحيحا فان תִּצֶּינָה على زنة ותשנה
עלינו الذى هو من נשה واستلحقت انا فى هذا النوع على ערוך
תִצינה شخصا واحدا وهو الانفعال גלים נצים النون فيه للانفعال
والنون الذى هو فاء الفعل مندغم فى الصاد الشديدة والياء فيه
علامة الجمع ولام الفعل ساقطة منه والوجه فيه ננצים على زنة
נשמרים واما נצתה כמדבר فيمكن ان يكون من هذا الاصل وهذا
المعنى ويكون اصله ננצתה على زنة ונבנתה העיר واعلم انى انما قلت
هذا القول فى נצתה على الامكان من غير قطع ولا صدع بذلك لانى
وجدت العبرانيين قد ابدلوا من هاء נצה تاء واجروه بجرى
الحروف غير المبدلة من غيرها فقالوا עריו נִצְּתָה من נצת على زنة
נשמרו من שמר النون الظاهرة فى נצתו للانفعال والنون الذى هو
فاء الفعل مندغم فى الصاد الذى هو عين الفعل والتاء لام الفعل

---

trois-sens est une division exacte, car *tiṣṣénâh* a pour type *wetis-sénâh* (*Jér.* IX, 17), de *nâsâh;* j'ajouterai même, dans ce sens, le *nifal niṣṣîm* (*Is.* XXXVII, 26), où le *noun* est le signe de cette forme, le *noun* du premier radical se trouvant inséré par un *dâgêsch* dans le *ṣâdê*, et où le *yôd* marque le pluriel, tandis que le troisième radical a disparu; *niṣṣîm* est donc pour *ninnâṣîm*, type, *nischmârîm*. *Niṣṣetâh* (*Jér.* IX, 11) dérive peut-être de la même racine dans le même sens, pour *ninṣetâh*, type *nibnetâh* (*ibid.* XXXI, 38). J'ai dit peut-être, sans décider ni trancher la question, parce que j'ai vu que les Hébreux mettent quelquefois à la place du *hê* de *nâṣâh* un *tâw*, et traitent cette dernière lettre comme si elle n'était pas seulement le produit d'une permutation; ainsi *niṣṣetouh* (*ibid.* II, 15) vient de *nâṣat*, type *nischmerou;* le *noun* visible est le signe du *nifal*, le *noun* du premier radical étant inséré dans le second radical *ṣâdê*, et le *tâw* qui tient lieu du *hê* est le troisième radical.

مبدل من الهاء فلذلك قلت في נִצְּתָה כמדבר انه من נצה بالامكان
اذ قد يمكن فيه ان يكون من עריו נצתה ويكون الوجه فيه ננצתה
على زنة נשמרה وليس هذان الحرفان اعنى עריו נצתה [ונצתה] כמדבר
من معنى הנני מצית בך אש ولا من لغته كما يظنّ قوم فيهما بل هما
من معنى עריך תצינה גלים נצים الذى هو من الخلا والوحشة
والدليل على ذلك قوله فيهما מבלי ישב מבלי עבר

נשה[1] ذكر في هذا الجنس نوعين احدهما נשיתי טובה والثاني לא נשיתי ולא נשו בי واغفل منه نوعا ثالثا انقلبت فيه الهاء التى هي لام فعله عن الالف وهي להשות גלים נצים في لغة من قراه بفتح الهاء وتشديد الشين والقياس השה ישה להשות على زنة הטה יטה

[1] D. 125, 3; N. 88, 3.

---

C'est pourquoi j'ai déclaré seulement que *niṣṣetâh* venait peut-être de *nâṣâh*, car il peut tout aussi bien dériver de la même racine que *nisṣetouh* et être pour *ninṣetâh*, type *nischmerâh*. Ni *niṣṣetâh*, ni *niṣṣetouh* ne sont en rapport avec *maṣṣît* (*Ez.* xxi, 3), qui, en dépit de l'opinion contraire[1], présente un autre sens et une autre racine, mais ils ont le sens de *tiṣṣénâh* et de *niṣṣîm* qui renferment l'idée d'être vide et désert. Le contexte le prouve, du reste, dans les deux passages, par les mots : sans habitant (*Jér.* ii, 15), et : sans passant (*ibid.* ix, 11).

*Nâschâh*. Aboû Zakariyâ fournit deux sens : l'un, *Lam.* iii, 17, et l'autre, *Jér.* xv, 10. Il en passe un troisième, où le *hê*, troisième radical, remplace *âléf*; c'est *lehaschschôt* (II *Rois*, xix, 25), si on lit ce mot avec *pataḥ* dans le *hê* et *dâgêsch* dans le *schîn*[2]. C'est alors un *hifîl*, forme de *lehaṭṭôt*, et dérivé de la même racine

[1] Cette opinion se trouve encore chez D. Kamḥî, nous ne savons d'après quel ancien lexicographe. — [2] On peut voir les différentes manières de lire ce mot chez Norzi, *Minḥat Schaï*, ad h. l. (Voy. ci-après, p. 171.)

להטות وهو مشتقّ من למשאות נצח الذى الوجه فيه למנשאות على زنة מחלמות فادغم النون الذى هو فاء الفعل فى الشين الذى هو عين الفعل كما فعلوا فى ומדוחים על המבוע والوجه فى להשות להנשות على زنة להברות את דוד لانهم الانوا الف الاصل وقلبوها هاء وكان الاصل فيه على السلامة والكمال להנשאות وقد تكلموا بهذا الاصل بلين الالف من غير ان يقلبوه قالوا השאת והשבר والوجه فيه اظهار الالف على زنة שאת הלא שאתו תבעת אתכם الا انهم الانوه كما الانوا الف שאת ايضا فقالوا משתו יגורו אילים

עוה[1] اغفل من النوع الثانى منه شخصا واحدا وهو الانفعال נעויתי שחותי עד מאד ונעוה לב

עטה[2] اغفل من النوع الاول من نوعيه قسم الفعل الثقيل اعنى העטה على زنة העלה העטית עליו בושה على زنة העלית מן שאול נפשי

[1] D. 126, 12, qui est d'accord avec l'original arabe. N. 89, 3, a confondu les deux sens en un seul. — [2] D. 126, 14; N. 89, 5.

---

que *lemaschschou'ôt* (*Ps.* LXXIV, 3) pour *lemanschou'ôt*, type *mahloumôt*; le *noun* est inséré par *dâgêsch* dans le *schîn*, second radical, comme cela s'est fait pour *maddouḥîm* (*Lam.* II, 14), *mabbou'a* (*Eccl.* XII, 6). *Lehaschschôt* est donc pour *lehanschôt*, comme *lehabrôt* (II *Sam.* III, 35) : l'*âléf* radical a été adouci et changé en *hê*, car la forme complète et parfaite serait *lehansche'ôt*. Dans cette racine, l'*âléf* s'adoucit quelquefois sans permutation, exemple : *haschschêt* (*Lament.* III, 47), qui devrait avoir un *âléf* prononcé, comme *se'êtô* (*Job*, XIII, 11); mais cette lettre a été adoucie, de même que dans *missêtô* (*ibid.* XLI, 17).

*'Âwâh.* Dans le second sens, il manque le *nifal*, *Ps.* XXXVIII, 7; *Prov.* XII, 8.

*'Âṭâh.* Dans le premier des deux sens, il manque le *hifil hé'eṭîtâ*

واغفل ايضا من هذا النوع شخصا واحدا لم يسمّ فاعله עטה יעטה
מעטה לטבח على زنة תוכחת מגלה

עלה [1] اغفل من النوع الاول من نوعَيْه ثلاث اشخاص ما لم يسمّ
فاعله من الثقيل وهو ואת הפר השני העלה والثاني الانفعال وهو
ונעלה הענן ובהעלתו העלו מסביב والثالث الافتعال والقياس عليه
התעלה יתעלה ואל יתעל בסרינו اصله יתעלה وهو محذوف على زنة
יתגל الذى اصله יתגלה

ענה [2] اغفل من النوع الاول شخصا واحدا وهو الانفعال אני ה׳ נענה
לו בי נעניתי לו בא فانهما عندى فى معنى וענית ואמרת والمستقبل
הרב דברים לא יענה وجعل [3] אענה אף אני חלקי כי אין מענה אלהים
قسما ثقيلا والاصوب عندى ان يكونا من الخفيف اذ لم نجد فى
هذا النوع ثقيلا وانما اوهم آز الفتح الذى فيهما وانفتاح الف אענה
אף אני חלקי كانفتاح الف ואחדלה מה מני יהלך الذى هو من חדל

[1] D. 126, 14; N. 89, 8. — [2] N. 89, 22. — [3] N. 89, 25.

---

(*Ps.* LXXXIX, 46), modèle *hé'ĕlîtâ* (*ibid.* XXX, 4); puis le passif *me'ouṭṭâh* (*Ez.* XXI, 20), modèle *megoullâh* (*Prov.* XXVII, 5).

*'Âlâh.* Dans le premier des deux sens, Aboû Zakariyâ a passé trois formes; le passif du *hifîl*, *Juges*, VI, 8; le *nifal*, *Nomb.* IX, 21, 22, et XVI, 24, et le *hitpaël yit'al* (*Jérémie*, LI, 3) pour *yit'alléh*, abrégé comme *yitgal* (*Gen.* IX, 21) pour *yitgalléh*.

*'Ânâh.* Aboû Zakariyâ a passé, dans le premier sens, le *nifal*, *Ez.* XIV, 7, et *ibid.* XIV, 4, qui emprunte son sens à *we'ânîtâ* (*Deut.* XXVI, 5); le futur est *yé'ânéh* (*Job*, XI, 2). — Aboû Zakariyâ fait de *a'ănéh* (*ibid.* XXXII, 17) et de *ma'ănéh* (*Micha*, III, 7) des *hifîl*. Il paraît plus juste de les prendre pour des formes légères, puisqu'on ne rencontre pas de forme lourde dans ce sens. Aboû Zakariyâ a été induit en erreur par le *pataḥ;* mais cette voyelle, qui affecte l'*âléf* de *a'ănéh*, se retrouve aussi dans *we'aḥdelâh* (*Job*, XVI,

خفيف وكانفتاح الف אעלה אכסה ארץ الذى هو من עלה خفيف
وذلك من اجل الحرف الحلقى واما כי אין מענה אלהים فهو اسم على
زنة מעשה מעטה תהלה واغفل ايضا من النوع الثالث منه [1] شخصين
احدهما ما لم يسم فاعله כי עניתי אשר לא תענה والثانى الافتعال
וכי התענית בכל אשר התענה אבי وقد يمكن ان يلحق بهذا الجنس
نوع رابع قريب من النوع الاول وهو עניו מאד [2] وهو صفة على زنة חכם
الواو فيه بدل من الهاء الذى هو لام الفعل كما قال ازّ فى כמטחוי
קשת وكما استعمل من שלה לא שלותי שֹלו הייתי وجمع עניו ענוים على
زنة חכמים ومثل עניו לשון שקר ישנא דכיו والواو فى דכיו بدل من
الف ואת דכא وقد يجوز ان يقال فى עניו ודכיו ان الساكنين
اللينين اللذان قبل الواوين منهما هما لاما الفعلين والواوين فيهما

[1] N. 89, 28. — [2] Ibn-Djanâḥ cite toujours le *ketib.*

---

6), forme légère de *ḥâdal;* dans *a<sup></sup>ʿăléh* (*Jér.* XLVI, 8), forme légère de *ʿâlâh*, et cela à cause de la lettre gutturale qui suit l'*âléf;* quant à *maʿănéh*, c'est un nom comme *maʿăséh* et *maʿăṭéh* (*Is.* LXI, 3). — Dans le troisième sens manquent deux formes, le passif *ʿounnétî* (*Ps.* CXIX, 71) et *teʿounnéh* (*Lev.* XXIII, 29), puis le *hitpaël*, I *Rois*, II, 26. — A cette racine on pourrait rattacher un quatrième sens qui se rapproche du premier; c'est le mot *ʿânâw* (*Nomb.* XII, 3), qualificatif de la forme *ḥâkâm*, et où le *wâw* remplace le troisième radical *hé*, comme Aboû Zakariyâ lui-même explique *kimṭaḥăwé* (*Gen.* XXI, 16), *schâlawtî* (*Job*, III, 25), *schâléw* (*ibid.* XVI, 12), de *schâlâh*. Le pluriel de *ʿânâw* est *ʿănâwîm*, type *ḥăkâmîm*. A *ʿÂnâw* peut être comparé *dakkâw* (*Prov.* XXVI, 28), où le *wâw* remplace l'*âléf* de *dakkâ'* (*Is.* LVII, 15). Il se peut que les douces quiescentes placées devant les *wâw* de *ʿânâw* et *dakkâw* représentent le troisième radical, et que les *wâw* y soient explétifs, comme le *wâw*

زائدتان كزيادة واو מקללוני وان هذه الواوات في ענוו وفي דכיו وفي מקללוני للمبالغة

ערה[1] اغفل من النوع الثاني منه شخصا واحدا وهو الافتعال השכרי ותתערי

פלה[2] اغفل منه شخصا واحدا وهو الانفعال ונפלינו אני ועמך على زنة ונגלינו

פתח[3] اغفل من النوع الاول منه شخصا واحدا الذى لم يسم فاعله והנביא כי יפתה

צדה[4] ادخل في هذا الباب נצדו עריהם مع ואשר לא צדה ومع צדה את נפשי ومع בצדיה تحت نوع واحد وهما عندى نوعان فان נצדו עריהם عندى مجانس للسرياني الذى يقول في ترجوم היתה תהו הות צדיא فالمعنى في נצדו עריהם كالمعنى في ונטה עליה קו תהו وقيل

[1] N. 90, 3. — [2] N. 90, 25. — [3] N. 91, 16. — [4] N. 91, 33-34.

---

de *meḳalleldwnî* (*Jér.* xv, 10); cette lettre, dans ces trois mots, ne servirait alors qu'à renforcer la forme[1].

*ʿÂrâh*. Dans le second sens manque le *hitpaël* (*Lament.* iv, 21).

*Pâlâh*. Le *nifal* manque; *weniflînou* (*Ex.* xxxiii, 16), type *wenigl̂înou* (I *Sam.* xiv, 8).

*Pâtâh*. Au premier sens, Aboû Zakariyâ a passé le passif *yefout-téh* (*Ez.* xiv, 9).

*Ṣâdâh*. Aboû Zakariyâ place *niṣdou* (*Zeph.* iii, 6) à côté de *ṣâdâh* (*Ex.* xxi, 13), *ṣôdéh* (I *Sam.* xxiv, 12) et *ṣediyyâh* (*Nomb.* xxxv, 20), comme s'ils avaient le même sens. Mais, à mon avis, ce sont deux sens; car *niṣdou* a une signification en rapport avec le syriaque, et *tôhou* (*Gen.* i, 2) est rendu dans le Targoum par *ṣâdyâ'*, le verset de Zephania répond donc à celui d'*Isaïe*, xxxiv, 11. En outre, *ma-*

[1] Voy. *Riḳmâh*, 24, 36-37.

ايضا في תרגום והשמתי אני את הארץ ושממו עליה ואצדי אנא ית ארעא ויצדון עלה فكان معنى נצדו עריהם נשמו עריהם ولا يجوز مثل هذه العبارة في צדה את נפשי לקחתה ואשר לא צדה בצדיה فان معنى هذه الالفاظ هو التوكئ والقصد والتعمّد ومما يحقّق عندك مذهبي في נצדו: قول נצדו עריהם מבלי איש מאין יושב كما قيل והארץ נשמה אחריהם מעבר ומשב فقد قام البرهان على ان معنى נצדו هو معنى נשמו

צמה لم يذكره واكثر ما جرى عليه تصريف هذا الاصل هو طريقة ذوات الالف الا انهم قالوا וצמית והלכת אל הכלים فاجروه مجرى ذوات الهاء على زنة ושתית

קנה لم يذكره وتصريف هذا الاصل جرى على طريق ذوات الالف الا قليلا منه اجروه مجرى ذوات الهاء قالوا בקנאתו לבני ישראל على زنة ביום צותו وكتبوه بالالف على المذهب الذى ذكره

---

*häschimmôtî* et *weschâmemou* (*Lev.* xxvi, 32) sont aussi traduits dans le Targoum par *we'éṣdé* et *wiṣâdoun; niṣdou* est donc égal à *nâschammou*. Cette signification ne peut s'appliquer aux trois autres exemples, qui présentent le sens : se proposer, projeter, avoir l'intention. Mon opinion est confirmée, d'une manière certaine, par une comparaison du verset de Zephania avec *Zach.* vii, 14.

*Ṣâmâh.* Passé. Toute la conjugaison de cette racine se fait comme celle des verbes se terminant par *âléf*. Cependant, on trouve *weṣâmît* (*Ruth*, ii, 9) comme *weschâtît*, qui a la forme d'un verbe ayant *hé* pour troisième radical.

*Ḳânâh.* Racine oubliée. Elle se conjugue comme les verbes finissant en *âléf*, excepté quelques exemples qui sont formés comme si le troisième radical était *hé*. — De ce nombre est *beḳannô'tô* (II *Sam.* xxi, 2), type *ṣawwôtô* (*Lev.* vii, 38), bien que l'*âléf* y soit écrit comme Abou Zakariyâ l'a signalé dans *ḥaṭô'tô* (*Ez.* xxxiii,

آز فى ביום חטאתו[1] وفى هذا النوع قسم اخر من الثقيل جرى ايضا
على الهاء والقياس عليه הקנה יקנה على زنة הרבה ירבה הקנאה
המקנה على زنة המרבה ولو انه من ذوات الالف لكان המקניא على
زنة משגיא לגוים ומפלא לעשות وقد قيل ان המקנה اسم على زنة
משקה وكونه فاعلا اليق بالمعنى وربما قيل فى המקנה انه من ذوات
الالف وان كان مكتوبا بهاء فقد قالوا מוצא רוח מאוצרותיו كما قيل
ותוצא הארץ وهو من ذوات الالف كما قيل תדשא הארץ وهو من
ذوات الالف كما قيل ותקרא אתם وهو من ذوات الالف وان كان
قد قيل فى ותקרא אתם انه من ذوات الهاء اعنى וקרהו אסון ولو
وجدنا مساغا الى القول فى תדשא הארץ انه من ذوات الهاء لقلناه
فان قال قائل فى מוצא רוח وفى ותוצא הארץ انه من ذوات الهاء

[1] D. 120, 18; N. 85, 2.

---

12). Ensuite le *hifîl* de ce sens, *hammaḳnéh* (*Ez.* VIII, 3), type *hammarbéh*, qui est aussi traité comme un verbe terminant en *hé*; car avec *âléf*, ce serait *hammaḳnî'*, comme *masgî'* (*Job*, XII, 23), *maflî'* (*Juges*, XIII, 19). D'autres prennent *hammaḳnéh* pour un nom de la forme de *maschḳéh*; mais il convient mieux pour le sens que ce soit un participe. On a aussi dit que *hammaḳnéh*, bien qu'écrit avec *hé*, provient d'une racine se terminant par *âléf*, de même qu'on trouve *môṣê'* (*Ps.* CXXXV, 7), *wattôṣê'* (*Gen.* I, 12), qui ont *âléf* pour troisième radical, puis *tadschê'* (*ibid.* 11), *wattaḳrê'* (*Jér.* XXXII, 23), dont les racines se terminent également en *âléf*[1]. D'un autre côté, on a mis *wattaḳré'* en rapport avec *weḳârâhou* (*Gen.* XLIV, 29)[2], qui finit en *hé*, et si nous avions trouvé moyen de rattacher de même *tadschê'* à une racine en *hé*, nous le dirions. Quant à *môṣê'* et *tôṣê'*, qu'on a aussi considérés comme ayant *hé* dans l'ori-

[1] Seulement le *ṣêré* remplace le *ségôl* sous l'influence de l'*âléf*. — [2] D. 132, 10, et N. 108, 21 de la traduction anglaise, citent par erreur *Gen.* XLIV, 29, à la place de XLII, 38.

واستشهد بقوله כשגגה שיצא فليعلم ان خيرا من هذا ان يقال انه من ذوات الالف وان الف יוצאה لانتْ ونقلت حركتُها الى الصاد وسقطت من اللفظ وهذه الالف الظاهرة هي مكان الهاء وجائز ان يكون عرض لـיוצא ما عرض لـמשרת את המלך الذى حذفت منه علامة التأنيث واسكن لام الفعل ونقلت حركته الى عينه وكذلك فعل ועשת את התבואה והרצת את שבתתיה

קצה[1] ذكر فيه نوعا واحدا وهو מקצה רגלים واغفل نوعا اخر وهو את העפר אשר הקצו والمصدر אחרי הקצות את הבית بكسر الهاء والوجه فيه الفتح على زنة הכאות לב צדיק وكثيرا ما يستعملون الكسر مكان الفتح لا سيّما فى المصادر قالوا גנון והציל פסות והמליט الوجه فيهما الفتح على زنة להשליך להרחיק وقالوا אפס כי נאץ נאצת بكسر نون נאץ والوجه فيه الـקמצות من اجل

[1] D. 131, 13; N. 92, 31.

---

gine, en invoquant le témoignage de *schéyôṣâ'* (*Eccl.* x, 5), il vaut certes mieux les ranger parmi les verbes en *âléf* et expliquer *yôṣâ'* par *yoṣe'âh*, où l'*âléf* de la racine, après s'être adouci, a rejeté sa voyelle sur le *ṣâdê*, puis a disparu, et où l'*âléf* visible est à la place du *hê*. Il se peut aussi qu'il soit arrivé à *yôṣâ'* ce qui est arrivé à *meschârat* (I *Rois*, I, 15); le signe du féminin a été supprimé et le troisième radical privé de sa voyelle, qu'on fait remonter vers le second. On en a fait ainsi pour *we'âsât* (*Lév.* xxv, 21), *wehirṣât* (*ibid.* xxvi, 34).

*Ḳâṣâh.* Abou Zakariyâ cite un sens (*Prov.* xxvi, 6) et en passe un autre, savoir *hiḳṣou* (*Lév.* xiv, 41) et l'infinitif *hiḳṣôt* (*ibid.* 43), avec *i* sous le *hê*, à la place du *pataḥ*, puisque c'est la forme de *hak'ôt* (*Ez.* xiii, 22). Cet emploi du *ḥiréḳ* pour *pataḥ* est fréquent, surtout à l'infinitif, exemples : *hiṣṣîl* et *himlîṭ* (*Is.* xxxi, 5), qui devraient avoir *pataḥ*, comme *haschlîk* et *harḥîḳ*; *ni'êṣ* (II *Sam.* xii,

الالف مثل אם מאן ימאן وقالوا עד השמידו אתך بالكسر والوجه الفتح

קרח قال فى هذا الباب[1] ويقال ان אם יקרך עון انفعال ولذلك اشتدّت القاف وذلك بعيد اذ لم يكن יקרך بקמצות القاف وما اظنّه من هذا الاصل قال مروان اما انا فلست ابعده من هذا الاصل بل لا اخرجه عنه وما ابعد كونه انفعالا واحسب سقوط القمצות من القاف استخفافا كسقوط ساكن المدّ من ויתמו ימי בכי אבל משה الذى هو عنده آز انفعال من ذوات المثلين وكان الوجه فيه ان يكون مثل יתמו חטאים قال فيه[2] اسقطوا شدة الميم وساكن المد استخفافا قال مروان فما يبعد ان يكونوا اسقطوا ايضا ساكن المد من אם יקרך עון استخفافا وان كان هذا الساكن

[1] D. 132, 5; N. 93, 3. — [2] D. 178, 5; N. 120, 6.

---

14) qui, à cause de l'*âléf*, devait avoir *ḳâmêṣ*, comme *mâ'ên* (*Ex.* xxii, 16); *hischmîdô* (*Deut.* xxviii, 48), où le *ḥîrêḳ* est pour *pataḥ*.

*Ḳârâh*. Aboû Zakariyâ dit dans cet article : « On prend *yiḳḳerêḳ* (I *Sam.* xxviii, 10) pour un *nifal*, et on explique ainsi le *dâgêsch* du *ḳôf*; cela me paraît étrange, puisque le *ḳôf* n'a pas de *ḳâmêṣ*. Je ne crois donc pas qu'il vienne de cette racine. » Pour moi, non-seulement je ne trouve pas cela étrange, qu'il vienne de cette racine, mais encore ce mot peut très-bien être un *nifal*, et si le *ḳâmêṣ* du *ḳôf* de *yiḳḳerêḳ* a disparu, on trouve également un exemple de la disparition de la voyelle de prolongation dans *wayyittemou* (*Deut.* xxxiv, 8), qui, d'après Aboû Zakariyâ lui-même, est le *nifal* d'un verbe géminé, et devrait être *yittammou*, comme *Ps.* civ, 35, car Aboû Zakariyâ dit : « Le *dâgêsch* du *mêm* et la voyelle de prolongation ont disparu pour alléger le mot. » Il ne me paraît donc pas improbable qu'on ait enlevé de même la voyelle de prolongation dans *yiḳḳerêḳ*, pour alléger le mot, bien

קמץ وذلك الساكن פתח كما اسقطوا ايضا واو المدّ من ידמו למו
עצתי وكان القياس فيه ידמו لانه من וידם אהרן على ما ذكر فيه آز[1]
وحسن عندى ايضا ان يكون יקרך مستقبلا من קרה وتكون
الشدة فيه على غير قياس كما قالوا من כרה ואכרה לי بتشديد
الكاف والوجه فيه التخفيف لانه من תכרו מאתם على ما تقدم من
قولى فى باب כרה

קשה[2] اغفل منه شخصا واحدا وهو נקשה ורעב يعنى صعب الحال
عقيدها

ראה[3] اغفل منه نوعا واحدا وهو הוי מוראה ונגאלה وهذا الحرف
هو ما لم يسم فاعله من الثقيل ولام الفعل ذاهبة منه اذ الهاء
للتأنيث وكان الاصل فيه ان يكون بשרק على وجه מגלה من המגלים

[1] D. 154, 23; N. 107, 11. — [2] D. 132, 16; N. 93, 13. — [3] D. 132, 22; N. 93, 13.

---

que ce soit ici un *ḳâméṣ*, et dans *yittemou* un *pataḥ*. On a de même supprimé le *ḥôlém* de prolongation dans *yiddemou* (*Job*, XXIX, 21) qui, d'après l'analogie de *wayyiddôm* (*Lev.* X, 39), serait *yiddômou*; Aboû Zakariyâ est ici également du même avis (art. *dâmam*). D'un autre côté, *yiḳḳeréḳ* peut être le futur du *ḳal*, avec un *dâgêsch* irrégulier, comme on l'a soutenu pour le *dâgêsch* du *kaf* dans *wâ'ékkeréh* (*Os.* III, 2), qui n'a aucune raison d'être, puisque ce mot vient de la même racine que *tikrou*. Voyez ce que nous avons dit ci-dessus à l'article *kârâh* (p. 151).

*Ḳâschâh.* Manque la forme *niḳschéh* (*Is.* VIII, 21), qui désigne un homme dans un état difficile et gêné.

*Râ'âh.* Aboû Zakariyâ a passé un sens, celui de *môre'âh* (*Seph.* III, 1), le passif du *hifîl*; le troisième radical y est retranché, car le *hé* est le signe du féminin. Il devrait y avoir un *schouréḳ*, comme dans *mougléh*, féminin *mouglâh*, dont *hammouglîm* (*Jér.* XL, 1).

בכלה لان الواحد المذكر منه على القياس מגלה والمؤنث מגלה واما והסיר את מראתו فهو اسم مأخوذ من صيغة الثقيل ايضا على زنة מקטר מגש الذى هو اسم مأخوذ من הקטיר وقد جاء الاسم ايضا منه بغير ميم ושמתיך כראי واغفل من النوع الذى ذكره شخصا واحدا وهو الافتعال למה תתראו לכה נתראה פנים ויתראו פנים وربما كان هذا الافتعال نوعا ثالثا منه[1]

רפה[2] اغفل من النوع الاول منه شخصا واحدا وهو الافتعال התרפית ביום צרה גם מתרפה במלאכתו واغفل من النوع الثالث منه مما لامه هاء[3] قسم الفعل الخفيف وهو וידיו תרפינה على زنة תכבינה

רצה[4] اغفل من النوع الاول منه قسم الفعل الثقيل وهو בניו ירצו דלים والافتعال ובמה יתרצה זה

[1] La version hébraïque n'a pas la fin de cet article, depuis واغفل. Le *Kitâb al-ouṣoul* (col. 656, l. 9-13), qui cite ce passage ajoute : وقلنا هناك وربما كان منه قوله וימיתהו במגדו כראתו אותו «Nous disions dans le *Moustalḥiḳ* que *kir'ôtô* (II *Rois*, xxiii, 29) a peut-être ce sens.» Cette addition manque dans nos exemplaires. Le troisième sens est : se disputer, entrer en discussion. — [2] D. 138, 6; N. 95, 5. — [3] D. 138, 13; N. 95, 11. — [4] D. 138, 19; N. 95, 17.

---

Quant à *moure'âtô* (*Lév.* i, 16), c'est également un nom dérivé de la forme lourde, comme *mouḳṭâr* (*Mal.* i, 11), nom qui vient de *hiḳṭîr*. Dans le même sens, on rencontre le nom sans *mêm*, *rô'î* (*Nah.* iii, 6). — Aboû Zakariyâ a aussi passé dans cette racine le *hitpaël*, *Gen.* xlii, 1 ; II *Rois*, xiv, 8 et 11 ; le *hitpaël* constitue peut-être un troisième sens de cette racine.

*Râfâh.* Dans le premier sens manque le *hitpaël*, *Prov.* xxiv, 10; xviii, 9. Dans le troisième, Aboû Zakariyâ a passé un *ḳal* au troisième radical *hê*, *tirpénâh* (*Job*, v, 18), type *tibkénâh* (*Job*, xxvii, 15).

*Râṣâh.* Au premier sens manque le *piël*, *Job*, xx, 10, et le *hitpaël*, I *Sam.* xxix, 4.

שאה[1] اغفل من هذا الاصل التنبيه على قسم الفعل الثقيل الذى
هو השאה والدالّ عليه المصدر المبنى بنية التثقيل وهو להשאות
גלים נצים فان مثل هذه الصيغة لا تكون الا لفعل ثقيل كما ان
הרבות مصدر להרבה והכאות مصدر להכאה واما לחשות فى لغة من
قرأ بفتح اللام واسكان الها فكانه على زنة לענות وخير من هذا ان
اقول فيه انهم الانوا الف להשאות فاجتمع اربع سواكن الشين
والالف والواو والتاء فاسقطوا الالف ونقلوا حركتها الى الشين
ليكون ذلك دليلا على سقوطها فثقل النطق به بذلك فاسكنوا
الهاء ونقلوا حركتها الى اللام اذ كان ذلك اخف عليهم واما
להשות فى لغة من قراه بفتح الهاء وتشديد الشين فليس من
هذا الاصل بل هو من فعل فاؤه نون وقد ذكرناه فى موضعه

[1] D. 139, 10; N. 95, 31.

---

*Schâ'âh.* Aboû Zakariyâ a oublié d'appeler, dans cette racine, l'attention sur *lehasch'ôt* (*Is.* xxxvii, 25), qui est évidemment l'infinitif du *hif'îl*, car une forme semblable ne peut appartenir qu'au *hif'îl*, de même que *harbôt* est l'infinitif de *hirbâh*, et *hak'ôt* (*Ez.* xiii, 22) de *hik'âh*. — Quant à *lahschôt* (II *Rois*, xix, 25), d'après ceux qui lisent ce mot avec *pataḥ* sous le *lâméd*, et avec *hê* quiescent, il a la forme de *la'ănôt*. Mieux vaut cependant supposer qu'après l'adoucissement de l'*âléf*, quatre lettres sans voyelles, *schîn*, *âléf*, *wâw* et *tâw*, s'étant rencontrées, l'*âléf* a été supprimé, et la voyelle de cette lettre, pour en conserver la trace, remontée au *schîn;* la prononciation de ce mot a encore paru difficile, et, pour l'alléger, on a rendu le *hê* quiescent, et l'on en a reporté la voyelle au *lâméd*. Mais si on lit *lehaschschôt* avec *pataḥ* sous le *hê* et *dâgêsch* dans le *schîn*, ce mot n'est plus de cette racine, mais de *nâschâh*. (Voyez plus haut cette racine, p. 160).

שגה[1] ادخل באהבתה תשגה תמיד فى النوع الاول من نوعيه وهو
ומה שגיתי وذلك عندى من اقبح ما يكون من التفسير وما يصلح
ان يكون الا نوعا اخر اذ שגיתי فى معنى الخطاء والسهو وهو فى
معنى אשר שגג وربما كان الهاء فى שגה بدلا من الجيم الاخرة من
שגג فيا ليت شعرى كيف يامر الحكيم بالخطاء وقد رام بعض من
تجمعنى به المذاكرة والبحث الانتصار لهذا الراى فقال انما امر
الحكيم ان يجعل الخطاء الذى يخطئه فى الاجنبية فيها ومعها وهذا
القول ايضا غير خارج عن الاول وجملة الامر فان هذا المعنى لا
يتادى اصلا ولا يصلح قوله فكون תשגה תמיד فى معنى اخر غير
שגיתי على ما يليق بالمعنى اولى واحسن فاما ان يكون ذلك المعنى

[1] D. 138, 1; N. 96, 8.

---

*Schâgâh.* Aboû Zakariyâ place *tischgéh* (*Prov.* v, 19) dans le premier de ses deux sens, à côté de *schâgîtî* (*Job*, vi, 24). C'est une interprétation qui me paraît on ne peut plus mauvaise, et *tischgéh* ne saurait avoir le sens de *schâgîtî*, car ce dernier signifie pêcher, négliger, comme *schâgag* (*Lév.* v, 18), avec lequel on peut, à la rigueur, confondre *schâgâh*, en considérant le *hé* comme remplaçant le second *gimél* de cette racine; mais je voudrais savoir comment le sage (Salomon) aurait recommandé le péché. Une des personnes avec lesquelles je me réunis pour me livrer avec elles à l'étude et aux recherches, a voulu défendre cette opinion et dire que le sage recommande de faire avec elle (la femme légitime) et pour elle ce qui serait péché avec une étrangère. Cette opinion ne s'écarte pas de la première, et en général, ce sens ne mène à rien et est inadmissible. Il est donc préférable d'expliquer *tischgéh* autrement que *schâgîtî* et de lui donner, ou la signification de s'amuser, se réjouir, ou bien celle de s'occuper. On a déjà

التذاذا وطربا واما ان يكون اشتغالا وقد فسر قوم في שגיון غناء
وطربا فما يبعد ان يكون תשגה תמיד منه واما ולמה תשגה فيحتمل
المعنيين جميعا الا ان كونه في معنى תשגה תמיד احسن

שחה لم يذكره واكثر ما استعمل من هذا الاصل الافتعال مع
تضعيف لام الفعل الا انهم لما ضاعفوه ولم يمكنهم الجمع بين
ساكنين قلبوا الاول منهما الذي هو لام الفعل الاصل واوا محركا
بالקמץ واجروه مجرى الحرف الذي من نفس الكلمة فقالوا השתחוה
الواو فيه منقلبة من الهاء التي هي لام من שחה كانقلابها في לא
שלותי من هاء שלה وفي חדוה من هاء חדה الذي هو ماضي תחדהו
בשמחה والهاء في השתחוה مضاعفة على مذهب אמלל ושאנן وربما
كان زيادة الهاء في השתחוה كزيادتها في שמים שפרה وفي ידשנה من

---

interprété *schigâyôn* (*Ps.* VII, 1) par chant, réjouissance. Il n'est donc pas impossible que *tischgéh* ait le même sens [1]. Quant à *tischgéh* (*Prov.* V, 20), il permet les deux sens; seulement il est préférable qu'il ait là aussi le sens qu'il a dans le verset précédent.

*Schâḥâh.* Racine passée. Elle est très-usitée au *hitpaël*, avec redoublement du troisième radical; seulement, la réunion des deux lettres sans voyelles étant impossible, on a changé la première, le troisième radical primitif, en un *wâw* pourvu d'un *ḳâméṣ*, et l'on a traité cette lettre comme si elle faisait partie du corps de mot. Ainsi, dans *hischtaḥăwâh* (*Ez.* XLVI, 2), le *wâw* provient d'une permutation avec le *hê* de *schâḥâh*, comme le *wâw* de *schâlawtî* (*Job*, III, 26) du *hê* de *schâlâh* et le *wâw* de *ḥédwâh* du *hê* de *ḥâdâh*, qui serait le parfait de *teḥaddêhou* (*Ps.* XXI, 7); le *hê* de *hischtaḥăwâh* serait donc l'effet d'un redoublement, comme *oumlal*, *scha'ănân*. Peut-être aussi le *hê* est-il explétif, comme dans *schifrâh*

[1] Voy. *Kitâb al-ouṣoul*, col. 703, note 88.

ידשנה סלה والمذهب كان زيادتهم اياها على اىّ الوجهين
البلوغ بالثلاثى ببنية الرباعى مثل יכרסמנה חזיר מיער דק מחספס
ויאמר ציבא השתחויתי الياء التى بعد الواو منقلبة من هاء
השתחוה אשתחוה אל היכל קדשך אשר ישתחוה שם וישתחו אפים
يحذفون اللام المضاعف على مذهب ויקן את חלקת השדה الا ان
الواو فى וישתחו אפים هى الهاء فى שחה والاصل على الكمال וישתחוה
وكان الوجه فيه بعد الحذف ان يكون بشבא تحت الحاء وبשבא
ايضا تحت الواو الا انهم راوا ان تحريك ما قبل الواو بالضم اخفّ
عليهم كما فعل ذلك فى שם יהוא الذى الوجه فيه יהוא بتحريك
الواو بסגל فحذف لام الفعل وبقى יהו على زنة אל ישט אל דרכיה לבך

(*Job*, xxvi, 13), ou *yedaschschenéh* (*Ps.* xx, 4)[1]. Quelle que soit, du reste, celle des deux explications à laquelle on voudra s'arrêter pour cette lettre ajoutée, on aura toujours fait d'un trilitère un quadrilitère, comme *yekarseménnâh* (*Ps.* lxxx, 14), et *meḥouspâs* (*Ex.* xvi, 14). Pour *hischtaḥăwêtî* (II *Sam.* xvi, 4), le *yôd* qui suit le *wâw* remplace le *hê* de *hischtaḥăwâh*, *éschtaḥăwéh* (*Ps.* v, 8), *yischtaḥăwéh* (II *Sam.* xv, 32). Dans *wayyischtaḥou* (*Gen.* xix, 1), le troisième radical redoublé est supprimé, selon la méthode qu'on suit dans *wayyiḳén* (*ibid.* xxxiii, 19); seulement, le *wâw* qui termine ce mot est en réalité le *hê* de *schâḥâh*. Complet, le mot serait *wayyischtaḥăwéh*, et abrégé, il aurait un *schebâ'* sous le *ḥêt* et un autre sous le *wâw*; pour faciliter la prononciation, on a mis le son *ou* devant le *wâw*, comme on a fait pour *yehou'* (*Eccl.* xi, 3), qui est pour *yihwé'* avec *ségôl* sous le *wâw*; seulement, le troisième radical ayant été supprimé, il est resté *yĕhw* = *yêṭ* (*Prov.* vii, 25), qui était difficile à prononcer, et a motivé le *schouréḳ* pour

[1] Pour ce mot, Ibn Djanâḥ a abandonné cette analyse, *Riḳmâh*, 81, 1-10.

فثقل ذلك عليهم فضموا الهاء بـשרק اذ الـשרק من الواو كما الـחרק
على الياء والפתח من الالف والجمع וישתחוו لو אפים اللام المضاعف
ساقط منه والاصل فيه וישתחויו ووزنه ויתפעללו الا ان تاء الافتعال
لم نجدها تتقدم الشين الذى هو فاء الفعل الا فى لفظة واحدة
وهى והתשוטטנה وللمؤنث ותשתחוין كامل ووزنه ותתפעללן والمصدر
להשתחות לך ארצה ناقص اللام والاسم בהשתחויתי على الكمال ومن
هذا الاصل وهذا المعنى דאגה בלב איש ישחנה وهو من השחה على
زنة אנחנה من אנחה وربما كان من هذا الاصل فيما يقرب من هذا
المعنى בשחותו הוא יפול على زنة כי אם ראות עיניו

שנה[1] اغفل من النوع الاول من نوعيه شخصا واحدا وهو الافتعال
קומי נא והשתנית

[1] D. 139, 13; N. 96, 34.

---

le *hé*, car le *schourék* est par rapport au *wâw* ce qu'est le *ḥirék* à l'égard du *yôd* et le *pataḥ* pour l'*âléf*. Au pluriel, on emploie *wayyischtaḥăwou* (*Gen.* XLII, 6), en laissant tomber le troisième radical redoublé; autrement ce serait *wayyischtaḥweyou*, type *wayyitpa‛lelou*, eu égard au *tâw* du *hitpaël*, qui ne précède le *schîn*, lorsqu'il est premier radical, qu'en un seul mot, savoir *wehitschôṭaṭnâh* (*Jér.* XLIX, 3). Le féminin *wattischtaḥăwénâ* (*Gen.* XXXIII, 6) est complet et a pour modèle *wattitpa‛lalnâ*. L'infinitif *lehischtaḥăwôt* (*ibid.* XXXVII, 10) n'a pas le troisième radical, et le nom *behischtaḥăwâyâtî* (II *Rois*, V, 18) est complet. — Pour la racine et le sens entre ici le *hifîl yaschḥénnâh* (*Prov.* XII, 25) comme *anḥénnâh* (*Job*, XXXI, 18). Peut-être faut-il reporter à cette racine aussi, et presque au même sens, *schaḥout*, sur la forme de *re'out*. (Voy. p. 116.)

*Schânâh.* Dans le premier des deux sens on a négligé le *hitpaël*, I *Rois*, XIV, 2.

שׁעה قال فى هذا الباب [1] وليس من هذا الاصل فى شى ואשׁעה בחקיך תמיד لانه على مثال ואקחה פת לחם נסעה ונלכה فاحسبه من נשׁע او من לשׁע وسقط الاندغام من الشين استخفافا كما سقط ذلك من אקחה נסעה استخفافا هذا نص قول أز وانا اقول فيه انه من هذا[2] بلا شك فى ذلك عندى اذ لم نجد فى العبرانى נשׁע ولا לשׁע فعلين واذ قد وجدنا الحركات يعتور بعضها بعضا فقد قالوا כי היום ה׳ נראה אליכם אשר עין בעין נראה אתה ה׳ والوجه فيهما ان يكونا נראה بסגל اذ لا يجوز فى المعنى غير ذلك لان נראה بـקמץ גדול انفعل ونראה بסגל منفعل وقوله כי היום ה׳ נראה אליכם كان قبل وقوع الفعل فهو اذا منفعل وقوله ايضا נראה אתה ה׳ منفعل ايضا اذ لا يجوز فى المعنى غير ذلك ألا إن مثل هذا اللفظ لا يكون الا لفعل قد وقع ومثل ذلك כד הקמח לא תכלה بקמץ גדול والوجه

[1] D. 140, 14-18; N. 97, 14-18. — [2] Ajoutez الاصل, d'après la vers. hébr.

---

*Schâ'âh.* Aboû Zakariyâ dit : « De cette racine n'est aucunement *we'ésch'âh* (*Ps.* CXIX, 117), qui ressemble à *we'éḳḥâh* (*Gen.* XVIII, 5), *nis'âh* (*ibid.* XXXIII, 12), et que je suppose dériver de *nâscha'* ou de *lâscha'*; le premier radical, pour alléger le mot, n'a pas été inséré dans le *schîn*, comme on a supprimé, pour la même raison, le *dâgêsch* dans *éḳḥâh* et *nis'âh.* » Voilà les paroles d'Aboû Zakariyâ. Quant à moi, je soutiens que *we'ésch'âh* est, sans aucun doute, de la racine *schâ'âh*, puisque nous ne rencontrons en hébreu, nulle part, ni *nâscha'*, ni *lâscha'* comme verbes. Mais nous voyons souvent un échange entre les voyelles : ainsi, *nir'âh* (*Lév.* IX, 4, et *Nomb.* XIV, 14) est pour *nir'éh*, car la forme du *ḳâméṣ* étant le parfait et celle du *ségôl* le participe du *nifal*, le contexte des deux versets n'admet que cette dernière forme, puisque, dans l'un et dans l'autre, il s'agit d'un fait qui ne s'est pas encore produit, et *nir'âh* ne peut certes s'appliquer qu'à une action accomplie. De

فيه ان يكون بסגל لانه من ذوات الهاء ولان الالف لم تستعمل
في هذا المعنى اصلا فكما دخل الקמץ في هذه الالفاظ التى ذكرتها
مكان الסגל ولا شك في ذلك عندى كذلك اقول انه دخل في
ואשעה בחקיך תמיד مكانه وكان الوجه فيه ان يكون ואשעה بـסגל
على زنة וארצה בו ومما دخلت فيه حركة مكان اخرى גנון והציל
פסוח והמליט على ما قد ذكرناه وايضا חישר לפני דרכך כפך מעלי
הרחק ומתניהם תמיד המעד والوجه فيها ثلاثتها ان تكون بـצרי
مثل השלך על ה׳ יהבך העמק שאלה החזק במוסר אל תרף הרחק
מעליה דרכך ومن هذا النحو ايضا כי גוי אבד עצות חי ה׳ אשר
הכינני ויושיבני הבדל יבדילני ה׳ כי ישבעני ממרורים كلها بـפתח
والوجه ان تكون بצרי واما معنى ואשעה בחקיך תמיד فيمكن ان
يكون من معنى النوع الثانى من اربعة الانواع التى ذكرها آنفا

---

même *tiklâh* (I *Rois*, XVII, 14) devrait être *tikléh*, parce que c'est un verbe qui se termine en *hé* et ne s'emploie jamais avec *âléf* dans ce sens. Donc, de même que, dans ces mots, le *ḳâmèṣ* a pu prendre la place du *ségôl*, ce qui ne me paraît pas douteux, il en a été ainsi pour *we'ésch'âh*, qui est pour *we'ésch'éh* avec *ségôl*, comme *we'érṣéh* (*Haggaï*, I, 8). Nous avons déjà cité des exemples où des voyelles se remplacent mutuellement, comme *hiṣîl* et *himlîṭ* (*Is.* XXXI, 5); en voici d'autres : *hayschar* (*Ps.* V, 9), *harḥaḳ* (*Job*, XIII, 21), *ham'ad* (*Ps.* LXIX, 24), où il devrait y avoir *ṣêrê*, comme dans *haschlêk* (*Ps.* LV, 23), *ha'ămêḳ* (*Is.* VII, 11), *haḥăzêḳ* (*Prov.* IV, 13), *harḥêḳ* (*ibid.* V, 8). Voyez encore, dans le même genre, *ôbad* (*Deut.* XXXII, 28), *hĕkînanî* (I *Rois*, II, 24), *wayyôschîbanî* (*ibid.*), *yabdîlanî* (*Is.* LVI, 3), *yasbi'anî* (*Job*, IX, 18), où partout le *pataḥ* remplace le *ṣêrê*. Le sens de *we'ésch'âh* peut être celui de l'*Exode*, V, 9, qui est cité pour la seconde des quatre significations men-

هذا الجنس [1] اعنى من ואל ישעו בדברי שקר ويمكن ايضا ان يكون نوعا خامسا منه

שפה [2] اغفل منه نوعا واحدا والقياس عليه נשפה فعل ماض ישפה על הר נשפה على زنة וויש נספה בלא משפט وهو عندى على معنى שפיים على مذهب על הר גבה עלי לך

תלה [3] اغفل منه شخصا واحدا وهو الانفعال נתלה שרים בידם נתלו

الافعال ذوات المثلين

ארר [4] اغفل منه شخصا واحدا وهو ما لم يسم فاعله على بنية الثقيل הואר ואשר תאר יואר وانكر فى هذا الباب ان يكون منه אתם נארים [5] وما يبعد عندى ان يكون الاصل فيه נארים بشבא

[1] D. 140, 7; N. 97, 10. — [2] D. 140, 18; N. 97, 19. — [3] D. 142, 15; N. 98, 11. — [4] D. 152, 7; N. 105, 28. — [5] D. 152, 11; N, 105, 33.

---

tionnées par Aboû Zakariyâ, ou bien il offre peut-être un cinquième sens [1].

*Schâfâh.* Aboû Zakariyâ a passé le *nifal nischpéh* (*Is.* XIII, 2), comme *nispéh* (*Prov.* XIII, 23). Il emprunte, à mon avis, son sens au mot *schefâyîm*, et le verset répond pour le sens à *Is.* XL, 9.

*Tâlâh.* Aboû Zakariyâ a passé le *nifal*, *Lament.* V, 12.

DES VERBES GÉMINÉS.

*Arar.* Aboû Zakariyâ a oublié le passif du *hifîl*, *Nomb.* XXII, 6. Il a, en outre, nié que *nĕ'ârîm* (*Mal.* III, 9) soit de cette racine. Cependant, je ne suis pas éloigné d'y voir dans l'origine la forme *ne'arrîm* avec *schebâ'* sous le *noun* et *dâgêsch* dans le *résch*, type

[1] C'est le sens de se réjouir, se délecter (الالتذاذ والسرور), qu'Ibn Djanâḥ, *Kitâb al-ouṣoul*, col. 736, 737, donne comme explication à notre passage. Il désigne, par inadvertance, ce sens comme le *quatrième*, et en ajoute un cinquième; ונשתעה (*Is.* XLI, 23), qu'il dit avoir passé dans le *Moustalḥiḳ*, et qu'il explique par l'araméen ומשתעי (*Gen.* XXXVII, 10), raconter, s'entretenir. Sa'adia en fait autant en traduisant ونتجادل. (Voy. Gesenius, *Comment.* ad. h. l.)

تحت النون وتشديد الراء على زنة נמקים الا انهم خفّفوا الراء وحرّكوا النون بצרי من اجل الالف

בזז[1] اغفل منه شخصا واحدا وهو ما لم يسم فاعله חרב אל אוצרתיה ובזזו

בלל[2] اغفل من النوع الاول من انواع هذا الجنس شخصا واحدا وهو الافتعال בעמים הוא יתבולל

גדד[3] ذكر فيه نوعا واحدا وهو יגודו על נפש צדיק واغفل من هذا النوع شخصا واحدا وهو الافتعال תתגדדי בת גדוד ובית וזנה יתגודדו واغفل من هذا الجنس نوعا اخر وهو ולא יתגדד ויתגדדו כמשפטם וקרעי בגדים ומתגדדים על כל ידים גדדות

גלל[4] اغفل من هذا النوع قسما واحدا ثقيلا والقياس عليه גולל גוללתי מגוללה בדמים والافتعال منه מתגלל בדם להתגלל עלינו الا انه اشار الى هذا القسم[5] في اول المقالة الثانية من كتاب حروف

[1] D. 152, 21; N. 106, 7. — [2] D. 153, 3; N. 106, 11. — [3] D. 153, 22; N. 106, 26. — [4] D. 154, 3; N. 106, 30. — [5] D. 69, 10; N. 41, 5.

---

*nemaḳḳîm* (*Ez.* XXXIII, 10); seulement, après avoir allégé le *rêsch*, on a donné un *ṣêré* au *noun* à cause de l'*âléf*.

*Bâzaz*. Il manque le passif, *Jér.* L, 37.

*Bâlal*. Dans le premier de ses sens, Aboû Zakariyâ a omis le *hitpaël*, *Osée*, VII, 8.

*Gâdad*. Aboû Zakariyâ donne le sens, *Ps.* XCIV, 21, et en passe le *hitpaël*, *Micha*, IV, 14; *Jér.* V, 7. Il omet un second sens du *hitpaël*, *Jér.* XVI, 6; I *Rois*, XVIII, 28; *Jér.* XLI, 5, et XLVIII, 37[1].

*Gâlal*. Aboû Zakariyâ a laissé de côté une partie de la forme lourde du modèle de *gôlél*, *Is.* IX, 4, et le *hitpaël* de cette même forme, II *Sam.* XX, 12; *Gen.* XLIII, 18. Il y a bien fait allusion au commencement du second livre de son traité des lettres douces,

[1] On peut s'étonner que ni ici ni dans le *Kit. al-ouṣoul*, Ibn Djanâḥ ne cite *Deut.* XIV, 1.

اللين وليس ذلك بموجب لتـرك استلحاقه هاهنا اذ انما كان ذكره
له عرضا وفى موضع غير مخصوص بذكره واغفل منه ايضا قسما
اخر مضاعفا وهو וגלגלתיך מן הסלעים والافتعال منه תחת שאה
התגלגלו فان هذا الضرب حذف منه لام الفعل ثم ضاعفوه من
فائه وعينه فان قال قائل ان התגלגלו ليس هو مضاعفا من גלל كما
زعمت بل هذه الصيغة له من اصله والدليل على ذلك ذهاب اللام
منه بزعمك وايضا فان آز لم يذكره ولا ذكر كل ما يشبهه مما
تعتقده انت مضاعفا من ذوات المثلين وكذلك וגלגלתיך قلنا له
انما ترك آز ذكره وذكر ما اشبهه مما هو على بنيته فليس ذلك
بغريب من فعله اذ قد اغفل اجناسا وانواعا واشخاصا كثيرة
استلحقناها نحن بعده ولعل آز ايضا قد ذهب على انها من غير
ذوات المثلين كما ذهبت انت اليه وليس يلزمنا اعتقاد هذا الرأى

---

mais ce n'était pas une raison suffisante pour ne pas les ajouter ici, puisqu'il ne les y avait mentionnés qu'accidentellement et hors de leur place. Aboû Zakariyâ a aussi négligé la forme redoublée *wegilgaltîkâ* (*Jér.* LI, 25), avec son *hitpaël hitgalgâlou* (*Job*, XXX, 14); car, dans cette forme, le troisième radical est retranché et les deux autres radicaux sont redoublés. On nous opposera peut-être que les deux mots ne sont pas, comme je le crois, redoublés de *gâlal*, mais une racine particulière, et l'on voudra apporter comme preuve, que d'après nous-même le troisième radical aurait disparu, et ensuite qu'Aboû Zakariyâ ne mentionne ni cet exemple, ni d'autres semblables que je considère comme des formes redoublées des racines géminées. Nous répondons : l'oubli d'Aboû Zakariyâ pour ce modèle et d'autres analogues n'a rien d'extraordinaire de sa part, puisqu'il a passé tant de racines, tant de sens et de formes que nous avons ajoutés après lui. Il se peut aussi qu'Aboû Zakariyâ lui-même ait pensé, comme notre contradicteur, que ces mots ne dérivent pas de racines géminées. Mais il n'en

اذ ليس يقوم عليه برهان واما ما رمت ان تجعله برهانا على انه
من غير ذوات المثلين بطعنك على قولنا ان اللام ذهبت منه مع
التضعيف فجوابنا عليه ان ذهاب اللام من هذه الافعال مع هذا
التضعيف ليس بشنع من قبل انه لما كان اللام من موضع العين فى
الافعال ذوات المثلين سهل عليهم حذف اللام منها فى أكثر الافعال
الماضية وفى هذا الضرب من التضعيف ويجوز ايضا عندى ان اقول
فى התגלגלו ان الاصل كان فيه התגללו بتشديد اللام الاولى على زنة
התהללו וברב עשרם יתהללו فلما اجتمع فى الحرف ثلاث لامات اعنى
اللام الشديدة المعدودة بلامين واللام الاخرى التى هى لام الفعل
ابدلوا من احداها جيما وانما ابدلوا منها جيما دون غيرها من
الحروف لان الجيم من اللفظة نفسها وكذلك اقول فى וגלגלתיך מן
הסלעים ان الوجه كان فيه וגללתיך على زنة שבע ביום הללתיך فصنعوا

---

résulte pas pour nous l'obligation d'accepter cette opinion, qu'il n'appuie d'aucune preuve. Si l'on voulait prendre, comme preuve en faveur de la critique qu'on a dirigée contre nous, notre assertion, que le troisième radical a disparu en même temps que le redoublement avait lieu, nous répliquerions que cette disparition du troisième radical dans ces verbes et ce redoublement n'ont rien d'étrange, parce que l'identité du troisième radical avec le second en a facilité la suppression dans la plus grande partie des formes du parfait, ainsi que dans ces formes redoublées. On peut aussi supposer que *hitgalgâlou* est pour *hitgallelou*, avec *dâgêsch* dans le premier *lâmêd*, type *yithallâlou* (*Ps.* XLIX, 7); que la réunion dans le mot des trois *lâmêd*, savoir, celui qui a *dâgêsch* et compte pour deux, et celui du troisième radical, a déterminé le changement de l'une de ces lettres en *gimêl*, et que, parmi les lettres, on a choisi de préférence le *gimêl*, parce qu'il faisait déjà partie du mot. De la même façon, *wegilgaltîkâ* aurait pour origine *wegillaltîkâ*, sur le modèle de *hillaltîkâ* (*Ps.* CXIX, 164), en suivant

به ما صنعوا بהתגלגלו وهذا القول الثانى جائز مستعمل فى مثل هذه الافعال من غير لغتنا وانا اختاره وافضله واعتقده ايضا فى كل ما تضاعف من الافعال ذوات المثلين مثل هذا التضاعف فعلى هذين القياسين اللذين قسمتهما فى התגלגלו ليس يخرج من ذوات المثلين وكذلك كل ما اشبهه والبرهان على صحة قياسى فيها موافقة الاشتقاق للمعانى

גרר[1] اغفل من النوع الثانى من هذا الجنس شخصا واحدا وهو من الافتعال من صيغة الثقيل סער מתגורר ويمكن ان يكون מתגורר نوعا ثالثا

דמם[2] اغفل من النوع الاول من نوعى هذا الجنس قسما واحدا ثقيلا على زنة פועל אם לא שויתי ודוממתי נפשי واحسن من هذا عندى ان اجعله نوعا ثالثا وقال فى صدر كتاب ذوات المثلين عند

[1] D. 154, 12; N. 107, 1. — [2] D. 154, 21; N. 107, 10.

---

le même procédé employé pour *hitgalgâlou*. Cette seconde explication est admissible, appliquée aux verbes de cette nature en dehors de l'hébreu[1], et me paraît meilleure et préférable; je le pense aussi pour tous les redoublements de cette espèce qui se relient aux verbes géminés. Du reste, d'après l'une et l'autre des deux analyses que j'ai données pour *hitgalgâlou*, ni lui, ni ses pareils ne se détachent de leurs racines géminées, et la vérité de notre raisonnement est prouvée par l'accord entre la dérivation et les sens.

*Gârar*. Dans le second sens de cette racine manque le *hitpâël* de la forme lourde, *Jér.*, xxx, 23. Peut-être présente-t-il un troisième sens[2].

*Dâmam*. Dans le premier de ses deux sens, Aboû Zakariyâ a passé une section de la forme lourde ayant le type *pôël* : *dômamtî* (*Ps.* cxxxi, 2). Je préfère donner à ce mot un troisième sens. —

[1] De Sacy, *Gr. ar.* I, § 479. — [2] Celui de séjourner. (Kamḥî, *Lexique*, s. v.)

ذكره للضرب من الانفعال الذى على مثال ונגלו כספר השמים וכן נגוזו
ועבר[1] واحسب גם מדמן תדמי من هذا الضرب من الانفعال هذا
هو الوجه والقياس الصحيح الا انهم قد قالوا ידמו כאבן بتخفيف
الميم وعدها معد اثنين واسقطوا واو المد وعوّلوا على شدة الدال
الدالة على الانفعال قال مروان الظاهر من لفظه ان גם מדמן תדמי
וידמו כאבן عنده فى معنى واحد فليسا عندى كذلك فان גם
מדמן תדמי عندى من ונדמו נאות השלום וכל אנשי מלחמתה ידמו
الا تراه يقول גם מדמן תדמי אחריך תלך חרב فاليق به اذا انما هو
ان يكون من כל אנשי מלחמתה ידמו غير ان תדמי من الضرب
الواحد من الانفعال וידמו من الضرب الثانى ويجوز ايضا عندى
ان يكون תדמי مستقبلا من الفعل الخفيف كما جاز عند آز ان يكون

[1] D. 149, 13-16, où le texte est incorrect; N. 103, 16-19.

---

Aboû Zakariyâ, dans l'introduction de son traité des verbes géminés, en mentionnant l'espèce du *nifal* qui a pour type *nâgôllou* (*Is.* XXXIV, 4), *nâgôzzou* (*Nah.* I, 12), s'exprime ainsi : «A cette espèce du *nifal* appartient, à mon avis, *tiddômmî* (*Jér.* XLVIII, 2); car c'est la forme régulière et exacte. Mais on trouve aussi *yiddemou* (*Ex.* XV, 16), où le *mêm* a perdu son *dâgêsch* et compte néanmoins pour deux *mêm*, et où le *wâw* de prolongation a disparu; on s'est fié sur le *dâgêsch* du *dâlét* qui indique le *nifal.*» Marwân dit : Il paraîtrait, d'après ces paroles, qu'Aboû Zakariyâ a pris *tiddômmî* et *yiddemou* dans le même sens : ce n'est pas mon avis. Le premier doit être placé à côté de *wenâdammou* (*Jér.* XXV, 37) et *yiddammou* (*ib.* L, 30), comme on le voit par les mots qui le suivent dans le verset. Le mieux est de le comparer à *yiddammou*, avec la différence que *tiddômmî* est de la première, et celui-ci de la seconde espèce du *nifal*. Selon moi, *tiddômmî* pourrait être aussi un futur de la forme légère, comme Aboû Zakariyâ l'a admis lui-même pour *yissôb* (I *Sam.* V, 8), qu'il considère comme le futur

נת יסב مستقبلا من الخفيف[1] واما شدة الدال فللتعويض وان كان
المثل الساقط من ידום راجعا فى תדמי بالادغام وسابيّن كيفية جواز
ذلك فى باب שמם

הלל[2] اغفل من النوع الاول من نوعَيّ هذا الجنس شخصا واحدا
وهو الافتعال יתהלל המתהלל המתהללים באלילים واغفل من النوع
الثانى[3] قسما واحدا ثقيلا הולל כי העשק יהולל חכם والافتعال منه
ויתהולל בידם الا انه اشار الى هذا القسم فى صدر المقالة الثانية
من كتاب حروف اللين وقال فى اخر هذا الباب[4] ومعنى ثالث תהל
[תהלותי כי יהל תהל אור לא יהלו אורם תהל[5]] תהלו כהלו נרו فاكثر
ما يظن به من ظاهر قوله ان هذه בהלו נרו من هذه البنية

[1] D. 166, 15; N. 113, 34. D. 166, 13, il faut lire נת pour נב, et supprimer l'addition de l'éditeur. — [2] D. 155, 15; N. 107, 29. — [3] D. 155, 15; N. 107, 29. — [4] D. 69, 8; N. 41, 3. — [5] Ainsi dans la version hébraïque, D. 155, 19 et N. 107, 32, et dans l'original arabe qui ajoute encore תהלו après תהל. Chez N. il manque l'infinitif כהלו, auquel se rapporte la critique d'Ibn Djanâḥ. Parmi les exemples donnés par Ḥayyoudj, nous avons cherché en vain יהל תהל et תהלו; ils se trouvaient peut-être dans quelque composition néohébraïque.

---

de la forme légère (rac. *sâbab*); le *dâgêsch* du *dâlét* serait alors par compensation, bien que l'une des deux lettres semblables qui a disparu dans *yiddôm* soit revenue dans *tiddômmî* par l'insertion. J'expliquerai comment cela est possible dans l'article *schâmam*.

*Hâlal.* Dans le premier des deux sens manque le *hitpaël*, *Jér.* IX, 23, *Ps.* XCVII, 7; dans le second, une partie de la forme lourde *hôlêl*, *yehôlêl* (*Eccl.* VII, 7) et le *hitpaël wayyithôlêl* (I *Sam.* XXI, 14). Cependant Abou Zakariyâ fait allusion à cette dernière section dans l'introduction du second livre de son traité des lettres douces. — A la fin de cet article, Aboû Zakariyâ donne comme troisième sens le *hifîl*, et cite *yâhêl* (*Job*, XXXI, 26), *tâhêl* (*ibid.* XLI, 10), *yâhêlou* (*Is.* XIII, 10) et enfin *behillô* (*Job*, XXIX, 3). Ce qui contribue particulièrement à faire supposer que l'auteur considère *behillô*

الثقيلة اذ ادخله فى جملتها ولم يفرق بينه وبين غيره من هذه الالفاظ التى اجتلبها فى هذا المعنى الثالث وليس الامر عندى فيه كذلك بل هو مصدر للخفيف على زنة וכפתחו עמדו כל העם בפגעו בו מקול נפלם יען בטחך במעשיך ولو انه من הלל لكان כהחלו بهاءين على زنة החלם לעשות الذى هو من بنية החל הנגף والواو فى בהלו ضمير الفاعل وנרו مفعوله فاعلمه

חדד[1] اغفل منه شخصا واحدا لم يسم فاعله على بنية الثقيل הוחדה חרב

חלל[2] ذكر فى هذا الجنس خمسة انواع واغفل نوعا سادسا قد كثر استعماله وهو כי חלל יהודה וחללו יפעתך אל תחלל את בתך ובחללו יצועי אביו אשה זונה וחללה على زنة אשה חכמה ويمكن ان يكون من هذا النوع ואתה חלל רשע واما אחלל מקדשי כי נחל

[1] D. 157, 1; N. 108, 27. — [2] D. 157, 9; N. 108, 34.

---

comme appartenant à cette forme lourde, c'est qu'il le place parmi les exemples en général, sans le distinguer des autres mots qu'il a réunis sous ce troisième sens. Mais, à mon avis, il n'en est pas ainsi : *behillô* est l'infinitif de la forme légère, d'après la forme de *oukefitḥô* (*Néh.* VIII, 5), *befigʿô* (*Nomb.* XXXV, 19), *niflâm* (*Jér.* XLIX, 21), *biṭḥêk* (*ibid.* XLVIII, 7); si *behillô* était un *hifîl*, il faudrait *behahillô* avec deux *hé*, comme *haḥillâm* (*Gen.* XI, 6), de *hêḥêl* (*Nomb.* XVII, 11). Le *wâw* de *behillô* est un suffixe qui se rapporte au sujet, et *nêrô* en est le complément.

*Ḥâdad.* Le passif du *hifîl* manque, *Ez.* XXI, 16.

*Ḥâlal.* Aboû Zakariyâ donne dans cette racine cinq sens, et en a oublié un sixième qui est d'un emploi fréquent *Mal.* II, 11; *Ez.* XXVIII, 7; *Lév.* XIX, 29; I *Chron.* V, 1; puis *ḥălâlâh* (*Lév.* XXI, 7), type, *ḥăkâmâh* (II *Sam.* XIV, 2), et peut-être *ḥâlâl* (*Ez.* XXI,

فاحسبه انفعالا من هذا النوع والاصل فيه נחלל واعلم ان آز لم
يذكر هذا الضرب من الانفعال فى ذوات المثلين اعنى ما كان
مكسور النون مثل נחל وانما ذكر فيها ضربين من الانفعال كلاهما
بقמצות النون احدهما[1] ما كان على مثال נשם נשמו אצרות والثانى[2]
ما يكون على مثال ונגלו כספר השמים وذكر ايضا[3] خروج ما كان على
مثال נשם الى مثال נמס בתוך מעי واما هذا الضرب المكسور النون
فاضرب عنه اصلا وما اظنه كان يعتقده انفعالا واما انا فما اسمح ان
اقول فى כי נחל غير انه انفعال من هذا النوع المستلحق لانتظامه
بقول ואל אדמת ישראל כי נשמה ومن هذا الضرب من الانفعال
عندى נחר גרוני واعتقده من ושכן חררים واصله נחרר ويمكن ان
يكون מה נחנת من هذا الضرب من الانفعال ويكون المعنى ما ذا

[1] D. 149, 20 et suiv.; N. 103, 25 et suiv. L'exemple cité ici ne s'y trouve pas. — [2] D. 148, 26 et suiv.; N. 102, 32 et suiv. — [3] D. 150, 10; N. 104, 1.

---

30). Je regarde *niḥâl* (*ibid.* xxv, 3), comme le *nifal* de ce sens, pour *niḥlâl*[1]. Aboû Zakariyâ, il est vrai, ne mentionne pas cette espèce de *nifal*, où le *noun* a *ḥirèḳ*, pour les racines géminées; car il n'en énumère que deux espèces, qui ont, l'une comme l'autre, *ḳâmèṣ* pour le *noun* : ce sont les formes *nâschammou* (*Joël*, I, 17) et *nâgôllou* (*Isaïe*, XXXIV, 4), et, comme exception à la première, *nâmês* (*Ps.* XXII, 15); mais il passe complétement toute espèce qui prendrait *ḥirèḳ* pour le *noun*, et, à ce que je présume, elle ne serait pas pour lui un *nifal*. Cependant, je ne saurais faire de *niḥâl* autre chose qu'un *nifal* de ce sens que nous avons ajouté, à cause de la façon dont il cadre ainsi avec les mots qui suivent dans le verset. Je pense que *niḥar* (*Ps.* LXIX, 4), pour *niḥrar*, est un *nifal* semblable, dans le même sens que *ḥărêrîm* (*Jér.* XVII, 6). Peut-être en est-il ainsi de même pour *nêḥant* (*Jér.* XXII, 23), égal *niḥ-*

[1] Ou plutôt *neḥlâl*; de même plus loin *neḥrar*, *neḥnant*, comme *neḥschab*.

خظيت واشفق عليك عند توجعك وهذه مبالغة اى انه لكثرة
اوصابها يكثر المشفقين عليها والاصل فى נחנת على هذا الضرب
נחננת ונחלו מקדשיהם اصله ונחללו ومثله ונחלת בך الاصل فيه
ונחללת والتفسير وتبتذلين وتهوّنين فى ذاتك وربما تأول بعض
المتعسفين فى כי נחל وفى ונחלו מקדשיהם انهما انفعال من فعل فاؤه
نون اعنى ונחל ה׳ את יהודה חלקו ومحك فى ذلك على ضعف معناه
فيهما وربما فعل كذلك فى נחר גרוני وقال ان النون فيه اصل واما
ונחלת בך فلا مدخل لاحد فيه عن كونه انفعالا من هذا النوع
السادس المستلحق فحملُ هذه الالفاظ المكسورة النونات كلها
والقولُ فيها كلها انها ضرب ثالث من الانفعال لذوات المثلين اولى
واقوى فى المعنى ويمكن ان يكون مثلها נחת הוא ويكون الاصل فيه

---

*nant* et le sens serait : Quel avait donc été ton bonheur, pour que la douleur que tu éprouves t'ait attiré tant de commisération! expression forte pour dire, que ces grandes souffrances avaient excité la pitié de bien des personnes. Ensuite *weniḥălou* (*Ez.* VII, 24) pour *weniḥlelou*, et *weniḥalt* (*ibid.* XXII, 16) pour *weniḥlalt*, signifiant : Tu seras méprisée et avilie dans ta personne. Un interprète en forçant les sens a expliqué *niḥâl* et *niḥălou*, comme des *nifal* de la racine *nâḥal* (*Zach.* II, 16), et s'y est obstiné malgré la faiblesse du sens qu'on obtient ainsi dans les deux passages, et il en a fait autant pour le *noun* de *niḥar*, qu'il a pris pour une lettre radicale. Mais, pour *weniḥalt*, personne n'a pu s'empêcher de reconnaître dans ce mot le *nifal* de ce sixième sens que nous avons ajouté à cette racine; il vaut donc mieux et il est préférable pour le sens de traiter de la même manière tous ces mots ayant le *noun* pourvu d'un *ḥiréḳ* et de voir dans ces exemples une troisième espèce du *nifal* pour les verbes géminés. On peut expliquer également ainsi *niḥat* (*Mal.* II, 5) pour *niḥtat*,

נחתה ويكون יחת אפרים אל תירא ואל תחת ולא יחתו مستقبلا منه
واما כי תחל לזנות فهو لا محالة من هذا النوع المستلحق وهو عندى
يحتمل وجهين فى القياس احدها ان يكون مستقبلا من فعل ثقيل
اعنى החל على زنة הסב وكان الوجه فى التاء القمצות على زنة תסב
ותגן ويؤيّد هذا الوجه وجودنا المصدر المبنىّ بنية الثقيل اعنى
بزيادة الهاء فى معناه بצרי ايضا تحت الهاء وذلك المصدر هو
לבלתי החל לעיני والثانى ان يكون انفعالا وكان الوجه فيه فتح الحاء
على زنة איך יחל יחת אפרים واعلم ان לבלתי החל وان كان مصدرا كما
قلت فهو على لفظ الماضى الثقيل من هذه الافعال اعنى הסב החל
הנגף وكان الوجه فيه קמצות الهاء مثل החל וכלה وان لم يكن فى
معناه لكن ذهبوا فيه مذهبهم فى גנון והציל פסוח והמליט اللذان
هما مصدران على بنية الماضى ومذهبهم ايضا כתה להדק الذى هو

---

dont *yêḥat* (*Is.* VII, 8), *têḥât* (*Deut.* I, 21) et *yêḥattou* (*Jér.* XXIII, 4) seraient le futur. — Le mot *têḥêl* (*Lév.* XXI, 9) est sans aucun doute aussi de ce sens ajouté, mais il comporte deux explications. Il peut être le futur de la forme lourde *hâḥêl*, type, *hâsêb*, de sorte que régulièrement il faudrait *tâḥêl* avec *ḳâmêṣ*, comme *tâsêb*, *tâgên*; cette explication s'appuierait sur l'emploi dans ce sens d'un infinitif de la forme lourde, avec un *hê* pourvu d'un *ṣêrê* : cet infinitif est *hêḥêl* (*Ez.* XX, 9). Ou bien *têḥêl* est un *nifal* pour *têḥal* avec *pataḥ* sous le *ḥêt*, comme *yêḥâl* (*Is.* XLVIII, 11), *yêḥat* (*ibid.* VII, 8). Il est bon de remarquer que *hêḥêl* (*Ez.* XX, 9), que nous venons de citer comme infinitif, a la forme d'un parfait de la forme lourde de ces mêmes verbes, comme *hêḥêl* (*Nomb.* XVII, 11), et devrait avoir *ḳâmêṣ*, comme *hâḥêl* (I *Sam.* III, 12), bien que ce dernier soit dans un autre sens. Mais on a suivi la voie des types *hiṣṣîl* et *himlîṭ* (*Is.* XXXI, 5), qui sont aussi des infinitifs ayant la forme de parfait; il en est encore ainsi de *lehêdaḳ* (II *Chr.* XXXIV,

مصدر على لفظ الماضى وكان الوجه فيه להדק مثل ושחקת ממנה
הדק وقالوا ايضا לא יטמא בעל בעמיו להחלו وهو من هذا النوع
المستلحق وكان اصله ان يكون להחלו بفتح الهاء وكسر الحاء كما قالوا
فى معنى اخر וזה החלם לעשות وقد يجوز ان يكون من بنية الانفعال
على زنة להשמדם עדי עד ويكون ايضا לבלתי החל مثله الا انه ناقص
وكان اصله החלל على زنة הכרת תכרת والذى لم يسم فاعله من
هذا النوع المستلحق [המחלל בגוים][1] واحد خمسة الانواع التى ذكرها
آز فى هذا الجنس هو[2] דום לה׳ והתחולל לו לי שמעו ויחלו وقد تقدم
قولنا فى והתחולל לו انه يجوز ان يكون معتل العين واما ויחלו فهو
عندى فعل ماض ثقيل والياء فاؤه وهو مثل ויחלו כמטר לי ויחלו
לקים דבר الا ان الحاء تحرك بצרי للوقف واحسب انه لم يوهم آز فيه الا

[1] Depuis وقالوا ايضا jusqu'ici manque dans la version hébraïque. L'exemple que nous avons ajouté manque dans notre texte. — [2] D. 157, 14; N. 109, 1.

---

7) qui, comme infinitif, devrait être *lehâdêḳ*, comme *Ex.* xxx, 36, mais qui a également la forme d'un parfait. — *Lehêḥallô* (*Lev.* xxi, 4), qui entre dans notre sens ajouté, devrait aussi être *lehaḥillô*, comme on trouve, dans un sens différent, *haḥillâm* (*Gen.* xi, 7)[1]. Cependant, il peut être un *nifal* selon le modèle de *léhisch-schâmdâm* (*Ps.* xcii, 8); il pourrait en être ainsi encore de *hêḥêl* (*Ez.* xx, 9), qui serait abrégé de *hêḥâlêl*, type *hikkârêt* (*Nomb.* xv, 31). Le passif de cette forme ajoutée est *hameḥoullâl* (*Ez.* xxxvi, 23). — Pour l'un des cinq sens rapportés par Aboû Zakariyâ dans cette racine, il cite *Ps.* xxxvii, 7, et *Job*, xxix, 21. Mais nous avons déjà dit ci-dessus (p. 77) que *wehithḥôlêl* peut dériver d'une racine *ḥoul*. Quant à *wayyiḥêllou*, ce mot est, à mon avis, le parfait d'une forme lourde de *yâḥal*, comme *weyiḥălou* (*Job*, xxix, 23, et *Ez.* xiii, 6), à la différence que le *ḥêt* a un *ṣêrê* en pause. Aboû Zakariyâ n'a été trompé que par le *dâgêsch* du *lâmêd*; mais

[1] Dans ce cas le suffixe aurait un sens réfléchi.

شدة اللام والشدة فيه عندى من اجل الوقف فكثيرا ما يشددون
فى الوقف والانفصال ما لا وجه للتشديد فيه كما فعلوا فى חדלו פרזון
בישראל חדלּו والثانى مشدّد اللام محرك الدال بِצֵרי للوقف وقالوا
בעזבוניך נתנו بالتشديد للوقف وكذلك מרטה לשונם בצמא נשתה
وغيرها كثير واغفل من النوع الثانى[1] من خمسة الانواع التى ذكرها
فى هذا الجنس شخصا واحدا لم يسم فاعله على بنية الثقيل אז הוחל
واغفل من النوع الخامس[2] قسما واحدا وهو الفعل الخفيف منه
ושרים כחוללים ويمكن ان يكون من هذا النوع המחוללות الا انه
ثقيل واما לחול במחולות وان كان جائزا فى القياس ان يكون من
ذوات المثلين مثل ולבור את כל זה فالاحسن عندى ان يكون معتل
العين من قبل ان מחולות اسم معتل العين ولو انه من ذوات

[1] D. 157, 11; N. 108, 36. — [2] D. 157, 12; N. 109, 2.

---

le *dâgesch* est l'effet de la pause, et on l'emploie fréquemment en pause dans des mots qui en sont ordinairement dépourvus. Exemples : *ḥâdelou. . . ḥâdéllou* (*Juges*, v, 7), où ce dernier a un *dâgêsch* dans le *lâméd* et un *ṣêré* sous le *dâlét*, à cause de la pause; *nâtânnou* (*Ez.* xxvii, 19), *môrâṭṭâh* (*ibid.* xxi, 15 et 16), *nâschâttâh* (*Is.* xli, 17) et bien d'autres mots ont *dâgêsch* en pause. — Dans le second des cinq sens mentionnés par Aboû Zakariyâ manque le passif de la forme lourde *houḥal* (*Gen.* iv, 26). — Dans le cinquième sens est oubliée la forme légère *keḥôlelîm* (*Ps.* lxxxvii, 7). Peut-être pourrait-on rattacher à ce sens *hammeḥôlelôt* (*Juges*, xxi, 23), qui en serait la forme lourde. Quant à *lâḥoul* (*Juges*, xxi, 21), bien que l'analogie permît de le dériver de *ḥâlal*, comme *welâbour* (*Eccl.* ix, 1), il vaut mieux le prendre comme dérivé de *ḥoul*, parce que *meḥôlôt* (qui l'accompagne) est de cette racine. Ce dernier ne peut pas être de *ḥâlal*, d'abord parce qu'il faudrait,

المثلين لكان מחלות على زنة מסבות كما قيل فى غير هذا المعنى וכמחלות
עפר وايضا فان מחולות جمع מחול فتغيير מחול عند الاضافة فى
قولهم במחול משחקים كتغيير מקור فى قولهم מקור מים חיים هذا
دليل على انه معتل العين ولو ان מחול مثل מעוז الذى هو من
ذوات المثلين لبقى عند الاضافة بحسبه كبقاء מעוז فى قولهم מעוז
פרעה עזי ומעזי ولחול عندى يجانس لכמחולות فهو اذا معتل العين
مثله ويحسن ايضا ان يكون من המחוללות معتل العين مضاعفا
وكذلك يجوز عندى ان يكون ושרים כחוללים معتل العين مضاعفا
على زنة לצצים وقد يجوز عندى ان يضاف الى النوع الاول من خمسة
الانواع التى ذكرها وهو לבי חלל בקרבי قسم ثقيل اعنى חלל مشدّد
اللام فان מחללי חרב عندى من هذا المعنى لا من معنى כי חלל
יהודה والوجه فى اللام الاولى منه التشديد

---

dans ce cas, dire *meḥillôt*, type, *mesibbôt*, comme on trouve ce mot dans un sens différent, *Is.* II, 19; ensuite, parce que *meḥôlôt* est le pluriel de *mâḥôl*, qui, à l'état construit, se change en *meḥôl* (*Jér.* XXXI, 4), comme *mâḳôr* en *meḳôr* (*ibid.* II, 13), ce qui prouve qu'il appartient à une racine au second radical faible. Si *mâḥôl* venait d'un verbe géminé, comme *mâʿôz*, il resterait invariable à l'état construit, comme celui-ci, *Is.* XXX, 3, *Jérémie*, XVI, 19. *Lâḥoul* étant, à mon avis, de la même racine que *meḥôlôt*, dérive donc de *ḥoul*. — Il est permis de faire venir aussi *hammeḥôlelôt* de *ḥoul* redoublé, et même *keḥôlelîm* pourrait en être, comme *lôseṣîm*. — Enfin, on pourrait ajouter au premier des cinq sens qu'Aboû Zakariyâ a donnés, et pour lequel il a cité *Ps.* CIX, 22, une forme lourde, savoir la racine *ḥoullal* avec *dâgêsch* dans le *lâméd*; car *meḥoulelê* (*Ez.* XXXII, 26) se rattache bien à ce sens et point à celui de *ḥillêl* (*Mal.* II, 11). Le premier *lâméd* de *meḥoulelê* devrait avoir un *dâgêsch*.

חנן[1] قال فى هذا الباب فى ذكر الثقيل منه חננני الاصل تشديد
النون الاولى فاسقط استخفافا قال مروان قد قال بعض اهل زماننا
فيه انه من فعل خفيف على زنة שמרני واستدل على ذلك بـקמצות
الحاء ومذهبه فى الגעיה التى تحت الحاء كالمذهب فى الـגעיה التى
تحت شين שמרה נפשי כי חסיד אני وتحت شين שמרני אל כי חסיתי
בך وما يبعد فيه هذا القياس الا ان للقياس بجة آز ان يقول ان
القמץ انما تولد فى الحاء من اجل تخفيف النون ومن اجل الـגעיה
فانهم لما خفّفوا النون ومدّوا الحاء تولد بين الحاء والنون ساكن
لين وهو القמץ كما عرض فى מהרסיך ומחריביך الذى تولد فيه بين
الهاء والراء ساكن لين وهو القמץ وذلك من اجل تخفيف الراء
والגעיה وكما عرض ايضا فى כי מאספיו יאכלהו الذى تولد فيه ساكن

[1] D. 158, 15; N. 109, 19. (Cf. Ḳamḥi, *Miklôl*, p. 147 *b*.)

---

*Ḥânan.* En mentionnant la forme lourde de cette racine, Aboû Zakariyâ dit : « *Ḥânenênî*[1] (*Ps.* IX, 14) devrait avoir un *dâgesch* dans le premier *noun*, mais on l'a supprimé pour alléger le mot. » Marwân dit : Mais un de nos contemporains le prend pour une forme légère, type *schâmerênî* (*ibid.* XVI, 1), et cherche à le prouver par le *ḳâmêṣ* du *ḥêt* et le *gaʿyâh* dont il est pourvu, exactement comme le *schîn* de *schâmerâh* (*ibid.* LXXXVI, 2) et celui de *schâmerênî* (*ibid.* XVI, 1). Cette analyse n'a rien d'improbable; cependant, on peut arguer en faveur d'Aboû Zakariyâ et soutenir que le *ḳâmêṣ* s'est produit sous le *ḥêt* à la suite de l'allégement du *noun* et par le *gaʿyâh*. Le *noun* ayant été privé de *dâgêsch* et le *ḥêt* prolongé, il est résulté entre le *ḥêt* et le *noun* une quiescente douce, représentée par le *ḳâmêṣ*, comme il est arrivé pour *mehârcsayik* (*Is.* XLIX, 17), où, entre le *hê* et le *rêsch*, s'est produite une quiescente douce, savoir le *ḳâmêṣ*, par suite de la suppression du *dâgêsch* dans le *rêsch* et du *gaʿyâh*, et encore pour *meʾâsefâw* (*ibid.*

[1] Ibn Djanâḥ suppose cette orthographe; mais à la vérité Ḥayyoudj lisait *pataḥ*.

لين وهو الקמץ الذى [بين] الالف والسين من اجل تخفيف
السين والגעיה على ما وجد فى المصحف الشامى فان اصله التشديد
لانه ثقيل وان كان هذا الشرط غير لازم لكل مخفّف وابعد فى باب
חנה كون מה נחנת منه وقد تقدم منى ذكر جواز ذلك عندى
ويمكن ايضا ان يكون من חנן على ان يكون اصله נחננת

חקק[1] اغفل من هذا الاصل شخصا واحدا وهو ما لم يسم فاعله
على صيغة الثقيل والقياس عليه הוחק יוחק מי יתן בספר ויחקו
الوجه فى ויחקו تشديد [القاف لكن حذفوه استخفافا كما خففوا
قاف[2]] בחוקו מוסדי ארץ כי חקק וחק בניך חקכם فان الوجه فيها كلها
التشديد ووزن חקק בעזך ישמח מלך الا انه مخفف ولو ان חקק

[1] D. 159, 6; N. 109, 31. — [2] Ajouté d'après la version hébraïque.

---

LXII, 9), où la quiescente douce qui est *ḳâmèṣ* s'est placée entre l'*âléf* et le *sâmék* par suite de l'allégement de cette dernière lettre et du *ga'yâh*. Telle est du moins la leçon de l'exemplaire de Syrie, et, en effet, le *sâmék* devrait avoir un *dâgêsch*, le mot étant à la forme lourde, bien que ce ne soit pas là une condition imposée à tout mot qui a perdu son *dâgêsch*[1]. — Aboû Zakariyâ, dans l'article *ḥânâh*, regarde comme improbable que *nèḥant* (*Jér.* XXII, 23) soit de cette racine; nous avons avancé ci-dessus (p. 143) que cela nous paraît admissible et que ce mot peut aussi venir de *ḥânan* et être pour *niḥnant*.

*Ḥâḳaḳ*. Aboû Zakariyâ a passé une forme, savoir le passif de la forme lourde, *weyouḥâḳou* (*Job*, XIX, 23), qui devrait avoir *dâgêsch*, et qu'on a allégé comme *beḥouḳô* (*Prov.* VIII, 29), *ḥoḳekâ* (*Lév.* X, 13), *ḥoḳekém* (*Ex.* V, 14), qui tous devraient avoir *dâgêsch*; car, à part cet allégement, *ḥoḳekâ* est du type de *be'ozzekâ* (*Ps.* XXI, 2). Cependant, ces mots ne peuvent pas appartenir à une racine au second radical faible, car alors *ḥoḳekâ* et *ḥoḳekém* au-

[1] Voyez S. Bær, *Liber Jesaiæ* (Lips. 1872), p. 81.

وחקכם معتلا العين لكانا بחלם مثل הודך והדרך שלח אורך ואמתך הן ביום צמכם فعلى هذا يطّرد اكثر المعتل العين ويمكن ان يكون ויחקו وבחקו معتلى العين على ان يكون الحرف اللين الذى هو العين فيهما بدلا من احد المثلين من חקק

חתת[1] اغفل منه قسما واحدا ثقيلا وهو וחתתני בחלומות

כלל[2] اغفل منه نوعا واحدا مضاعفا התפקדו וכלכלו عُدّوا وكملوا وهو ما لم يسم فاعله ومن هذا النوع ايضا عندى כל لانه يراد به العموم والدليل على ذلك اشتداد اللام منه عند اضافته الى الضمير ووزن כל והיה מקל ונותה الذى تفسيره فكان اقل فسقه واهونه ان فعلت كذا وكذا ووزن כל ايضا על ברזל

[1] D. 159, 18; N. 110, 4. — [2] D. 161, 1; N. 110, 34.

---

raient *ḥôlém*, comme *hôdekâ* (*Ps.* XLV, 4), *ôrekâ* (*ibid.* XLIII, 3), *ṣômekém* (*Is.* LVIII, 3), et la plus grande partie des mots qui ont le second radical faible. Cependant *weyouḥâḳou* et *beḥouḳô* pourraient dériver de *ḥouḳ*; seulement, la lettre douce qui forme le second radical tiendrait alors lieu de l'une des deux lettres semblables de *ḥâḳaḳ*.

*Ḥâtat.* Il manque une partie de la forme lourde, *Job*, VII, 14.

*Kâlal.* Aboû Zakariyâ a laissé de côté une espèce, la forme redoublée *hotpâḳedou wekolkelou* (I *Rois*, XX, 27), ce qui signifie : Ils ont été comptés et complétés; c'est un passif. Le mot *kôl* entre, selon moi, dans ce sens, puisqu'il indique la collectivité; on reconnaît cette origine par le *dâgêsch* qu'il prend aussitôt qu'il se joint à un suffixe. *Kôl* a la forme de *ḳôl* dans *Jér.* III, 9, verset qui signifie : L'acte le moins grave et le moins vil de son inconduite consiste d'agir comme suit; *kôl* peut aussi être comparé pour la forme à *ʿôl* (*Deut.* XXVIII, 48).

כתת قال في هذا الباب[1] וכתת נחש הנחשת אכתת מכתת وما لم يسم
فاعله بمثل واحد قائم مثلين وشدة الكاف تعويضا من النقصان
יכת שער قال مروان יכת שער ليس من بنية וכתת נחש הנחשת لانه
لو كان منه لكان יכתת على زنة תקלל חלקתם בארץ בן מאה שנה יקלל
ובכרמים לא ירנן لان الماضى الذى لم يسم فاعله من صيغة וכתת
נחש הנחשת انما هو וכתתו גוי בגוי على زنة ואספו אספה אסיר חרב
אל אוצרתיה ובזזו الا ان ובזזו ماخوذ من فعل خفيف فالمستقبل لا
محالة منه יכתת على زنة תקלל חלקתם كما قلت وانما יכת שער من
صيغة اخرى من الثقيل الذى بزيادة الهاء اعنى הכת على زنة הסב
وزنة יכת על כמון יסב ولو جاء على التمام لكان יכתת على زنة ישלך
وعلى زنة וידד כחזיון לילה الذى الوجه فيه וינדד على ما سابيّنه في
بابه الا ان الاصل فيهما יהוכתת יהושלך יהונדד على ما تقدم البرهان

[1] D. 161, 15-17; N. 111, 10-12.

---

*Kâtat.* Aboû Zakariyâ s'exprime ainsi : «La forme lourde est *wekittat* (II *Rois*, XVIII, 4) et le passif *youkkat* (*Is.* XXIV, 12), où une seule des deux lettres semblables est restée, et où le *dâgêsch* du *kaf* compense celle qui manque.» Mais *youkkat* n'est pas de la même forme que *kittat*, car alors on dirait *yekouttat*, comme *teḳoullal* (*Job*, XXIV, 18), *yeḳoullâl* (*Is.* LXV, 20), *yerounnân* (*ibid.* XVI, 10); car le passif de la forme *kittat* ne peut être au passé que *wekouttetou* (II *Chr.* XV, 6), comme *we'oussefou* (*Is.* XXIV, 22), *oubouzzâzou* (*Jér.* L, 37); ce dernier, il est vrai, dérive d'une forme légère. Le futur serait donc, sans doute, *yekouttat*, type *teḳoullal*, comme je viens de le dire. Aussi *youkkat*, qui, complet, serait *youktat*, type *youschlak*, est-il de l'autre forme lourde, du *hifîl hêkêt*, type *hêsêb*, et ressemble à *youssâb* (*Is.* XXVIII, 27) et à *youddad* (*Job*, XX, 8), qui est pour *youndad*, comme je l'expliquerai à la racine *nâdad* (p. 204). La forme primitive était *yehouktat*, *yehouschlak*, *ye-*

عليه فى باب יעד واعلم ان كذلك جعل آز על כמון יסב من صيغة
והסב לב מלך אשור עליהם. وقال ايضا فيه[1] وقد جعل تشديد
السين فى על כמון יסב عوضا من النقصان مثل יכת שער فهذا
ايضا دليل على ان יכת שער ليس من صيغة וכתת נחש הנחשת
كما انه ليس יסב من صيغة לבעבור סבב بل יכת من صيغة הכת كما
ان יסב من صيغة הסב وانما ادخل آز יכת שער مع וכתת נחש
הנחשת غفلة منه

מדד[2] اغفل من النوع الاول من نوعيه شخصا واحدا وهو الانفعال
אם ימדו שמים وكذلك اغفل من النوع الثانى ايضا[3] شخصا واحدا
وهو الانفعال אשר לא ימד

מכך اغفل منه شخصين احدهما الانفعال נמך ימך המקרה والاخر

[1] D, 166, 5; N. 113, 26. — [2] D. 162, 5; N. 111, 22. — [3] D. 163, 1, où il faut lire ימכן; N. 111, 25.

*houndad*, comme nous l'avons prouvé dans l'article *yâ'ad* (p. 36). Aboû Zakariyâ lui-même (rac. *sâbab*) place *youssâb* à côté de *hêsêb* (*Esra*, VI, 22) et ajoute que le *dâgêsch* du *sâmêk* est en compensation de la lettre qui manque, « comme dans *youkkat*. » Il est donc prouvé que, selon lui aussi, *youkkat* ne vient pas plus de *wekittat* que *youssâb* ne dérive de *sabbêb* (II *Sam.* XIV, 20), et que *youkkat* vient de *hêkêt*, comme *youssâb* de *hêsêb*. Le rapport qu'Aboû Zakariyâ a établi entre *youkkat* et *wekittat* est tout simplement le résultat d'une inadvertance.

*Mâdad.* Il manque, dans le premier des deux sens, le *nifal*, *Jér.* XXXI, 37, et dans le second, le *nifal* également, *Osée*, II, 1[1].

*Mâkak.* Aboû Zakariyâ a passé le *nifal yimmak* (*Eccl.* X, 18) et

[1] La différence entre les deux sens consiste en ce que le premier sens est : mesurer la superficie, et le second : mesurer la capacité. Ibn Djanâḥ (*Kit. al-ousoul*, col. 364, l. 7 dit avec raison que ces deux sens n'en font qu'un.

ما لم يسم فاعله على صيغة الثقيل המך ימך على زنة עַל כמון יסב
והמכו ככל יקפצון والوجه فيه تحريك الميم بالفتح وتشديد الكاف
لاندغام احد المثلين فيه على زنة כל ימי השמה وان كان بـקמץ
גדול فالקמץ والשרק فى اكثر المواضع واحد وكما قالوا שדדה נינוה
بקמץ ايضا مكان الשרק فتركوا تشديد الكاف استخفافا واسكنوا
الميم كما صنعوا فى ויתמו ימי בכי وان كان انفعالا الذى اسكنوا منه
التاء وخففوا الميم واعلم ان تشديد الميم من והמכו وتشديد
الشين من השמה انما كان فى الواحد منهما قبل صلته بالضمير
للتعويض اذ الواحد من והמכו[1] ان يكون המך وفى الواحد المذكر
من השמה השמם على زنة השלך فلما حذفوا المثل الواحد من كل

[1] Il manque ici الوجه فيه.

---

le passif de la forme lourde *wehoummekou* (*Job*, xxiv, 24), qui devrait avoir *pataḥ* sous le *mêm* et *dâgêsch* dans le *kaf*, à cause de l'insertion de l'une des deux lettres semblables, comme *hâschschammâh* (*Lév.* xxvi, 34). Ce dernier a, il est vrai, un grand *ḳâmêṣ*[1]; mais cette voyelle se confond presque partout avec le *schouréḳ*, comme *schâddedâh* (*Nah.* iii, 7), où le *ḳâmêṣ* tient aussi lieu d'un *schouréḳ*. En supprimant, dans *wehoummekou*, le *dâgêsch* du *kaf* et la voyelle du *mêm*, pour alléger le mot, on a agi comme dans *wayyittemou* (*Deut.* xxxiv, 8), qui, tout en étant un *nifal*, a perdu la voyelle du *tâw* et le *dâgêsch* du *mêm*. — Notez que le *dâgêsch* du *mêm* dans *wehoummekou*, et celui du *schîn* dans *hâschschammâh*, ne se placent au singulier de ces deux mots avant qu'aucun suffixe y ait été joint, que par compensation; car le singulier de l'un devait être *houmkak*, et celui de l'autre *houschmam*, type, *houschlak*, et, après avoir supprimé l'une des deux

[1] La vers. hébr. a supprimé le mot גדול. Nous avons déjà vu plus haut (p. 35, n. 1; 118, n. 1) la confusion que fait souvent Ibn Djanâḥ entre *â* et *o*. Voy. encore plus loin, p. 214, où le *ḳâmêṣ* est également suivi du *dâgêsch*.

واحد منهما جعلوا التشديد عوضا منه الا انهم لما وصلوا كل
واحد منهما بالضمير ابقوا الشدة بحسبها وان كان المثل الساقط
من השם راجعا في השמה بالادغام كما فعلوا في יכת שער الذى ابقوا
فيه شدة التعويض عند صلته بالضمير فقالوا יכתו وان كان الذى
كان ساقطا من יכת قد رجع مندغما في יכתו واعلم ايضا ان قولى في
ימק המקרה انه انفعال مستقبل من נמק انما هو على راى آز وعلى
القياس الذى سطره في الضرب من الانفعال الذى على زنة נשם נבר
ولما كنّا لم نجد من ימק ومن كثير مما هو على وزنه من ذوات المثلين
الانفعال الماضى جاز لى ان اقول فيه وفى جميع ما اشبهه مما لا
يستعمل فيه الانفعال الماضى انها افعال مستقبلة من افعال ماضية
خفاف ذوات مثلين مثل ידל כבוד יעקב איך יחם כלם יחמו ופן ירך
לבבכם فانه جائز لنا ان نقول فيها انها مستقبلة من דלל وחמם

---

lettres semblables, on a placé dans chacun de ces deux mots un *dâgêsch* comme compensation. Quand ensuite on a ajouté les suffixes, le *dâgêsch* est resté à sa place, bien que l'une des lettres géminées, tombée dans *hâschscham*, fût revenue dans *hâschschammâh* sous forme d'insertion, de même que le *dâgêsch* de compensation dans *youkkat* a été conservé après l'addition du suffixe dans *youkkattou* (*Jér.* XLVI, 5), quoique la lettre tombée fût rentrée dans le mot par l'insertion. — Notez encore qu'en disant que *yimmak* est un futur du *nifal*, j'ai suivi seulement l'avis d'Aboû Zakariyâ et la règle qu'il a établie pour l'espèce de *nifal* dont *nâscham*, *nâbar* sont le type. Mais n'ayant trouvé le parfait du *nifal* ni de *yimmak*, ni d'un grand nombre de racines géminées de ce type, il nous est permis, pour tous ces futurs de verbes dont le parfait du *nifal* n'est pas employé, de les considérer comme appartenant à des parfaits de la forme légère; ainsi nous pouvons prendre *yiddal* (*Is.* XVII, 4), *yêḥâm* (*Eccl.* IV, 11), *yêḥammou* (*Osée*, VII, 7),

ורכך وان الاصل فيها كلها ان تكون ידלל יחמם ירכך بـשבא تحت
فاءات الافعال على زنة אולי יחנן ה׳[1] צבאות وان الشدة فيها للتعويض
من المثل الواحد ويكون יפעל ויפעול مستعملين جميعا فى ذوات
المثلين كما استعملوا فى الافعال السالمة والمعتلة وكذلك اقول انه قد
يمكن ان يكون יתמו חטאים במדבר הזה יתמו مستقبلين ايضا من
תמם والحجة فى بقاء شدة التاء فى יתמו كالحجة فى بقاء الشدة فى كاف
יכתו ويكون ויתם הכסף יפעול ويكون יתמו חטאים יפעל فقد
يجتمعان فى بعض الافعال كما قيل ישך וישך וישבת וישבה ومثل אולי
יחנן ה׳ צבאות ותדד שנתי מעיני فانه فعل مستقبل من נדדה שנת

[1] Ici et plus bas manque dans la citation le mot אלהי. Cet oubli est d'autant plus surprenant que ה׳ אלהי צבאות est une manière de nommer Dieu, affectionnée particulièrement par ʿÂmôs.

---

*yérak* (*Jér.* LI, 46) pour les futurs de *dâlal*, *ḥâmam*, *râkak*, de sorte qu'ils seraient pour *yidlal*, *yiḥmam*, *yirkak*, avec *schebâ'* sous le premier radical, à l'instar de *yéḥĕnan* (*Amos*, v, 15), et le *dâgêsch* qui se trouve dans le premier radical compenserait l'une des deux lettres semblables. Pour ces verbes, comme pour les verbes sains et les verbes faibles, on emploie des futurs, *yifal* et *yifôl*[1]; *yittammou* (*Ps.* CIV, 35, et *Nomb.* XIV, 35) peut donc aussi être futur de la forme légère *tâmam*, et le même raisonnement qui sert à expliquer la conservation du *dâgêsch* dans le *kaf* de *youkkattou* s'applique au *dâgêsch* qu'on maintient dans le *tâw* de *yittammou;* ce dernier mot aurait le futur en *a*, de même que *wayyittôm* (*Gen.* XLVII, 15) présente le futur en *ô*. Ces deux formes se trouvent réunies dans certains verbes, comme on dit *yischschôk* (*Eccl.* X, 11) et *yischschâk* (*Prov.* XXIII, 32), *yischbôt* et *yischbat* (cf. *Gen.* II, 2 et *Lév.* XXVI, 34). — A *yéḥĕnan* ressemble *wattiddad* (*Gen.* XXXI, 40), futur de *nâdedâh* (*Esther*, VI, 1). Au futur du

[1] Voyez *Riḳmâh*, p. 84, l. 6 et suiv.

המלך ولو انه مستقبل انفعال لكان ותנד بظهور فاء الفعل على زنة
וימס לבב העם الذى هو مستقبل נמס والاصل فى ותדד שנתי ותנדד
بِשבא تحت النون على زنة יחנן وعلى ما قلنا انه كان الاصل فى ידלל
ויחם וירך ان تكون ידלל ויחמם וירכך بِשבא تحت الدال والحاء والراء
الا ان الشدة التى فى ותדד שנתי غير الشدة التى فى וידל כבוד
יעקב وذلك ان شدة ידל على هذا المذهب للتعويض كما قد قلت
وشدة ותדד لاندغام فاء الفعل فى الدال وقد يمكن ان يقال فى
ואקל בעיניה ותקל גברתה وفى ימר שכר انها مستقبلة ايضا من
الافعال الماضية الخفاف بغير تعويض ويكون אז איתם[1] فانه عندى من
תם וישר والياء فيه زائدة كالزيادة فى كل מלא فالوجه اذًا فيه אקלל
ותקלל ימרר שכר على زنة יחנן

[1] Ajoutez مثلها. La vers. hébr. porte כמוהם.

*nifal*, il faudrait dire *wattinnad*, en conservant le premier radical comme dans *wayimmas* (*Jos.* vii, 5), futur de *nâmès* (*Ps.* xxii, 15); mais *wattiddad* est pour *wattindad* avec *schebâ'* sous le *noun*, d'après le modèle de *yéḥĕnan*, et semblable au *schebâ'*, qui devrait être placé sous le premier radical de *yidlal*, *yiḥmam*, *yirkak*, s'ils n'avaient pas été changés en *yiddal*, *yêḥâm* et *yêrak*. Seulement, il y a une différence entre la signification du *dâgêsch* dans *wattiddad* et celle de ce signe dans *yiddal*; le *dâgêsch* dans celui-ci, comme nous l'avons dit, est par compensation; celui du *dâlét* dans *wattiddad* vient de l'insertion du premier radical dans cette lettre. — Il se peut également que *wâ'êḳal* (*Gen.* xvi, 5), *wattêḳal* (*ibid.* 4), *yêmar* (*Is.* xxiv, 9) soient aussi des futurs de parfaits de la forme légère, mais sans *dâgêsch* de compensation. J'expliquerai aussi *êtâm* (*Ps.* xix, 14), de la racine *tâm* (*Job*, i, 1), en considérant le *yôd* comme lettre explétive, tel qu'on le rencontre dans la *scriptura plena*. Les trois verbes cités seraient donc pour *éḳlal*, *tiḳlal* et *yimrar*, sur le modèle de *yéḥĕnan*.

מלל[1] اغفل منه نوعا واحدا وهو מולל ברגליו ويجوز ايضا فيه ان يكون شخصا من قسم خفيف في النوع الذي ذكره آز وقيل كذلك على سبيل الاستعارة

מרר[2] اغفل منه نوعا واحدا وهو תמרורים على زنة תחנונים وفي هذا النوع متضاعف على طريق الافتعال ויתמרמר אליו ويجوز ايضا ان اقول فيه مثل ما قلته في וגלגלתיך מן הסלעים ولم يأت آز في النوع الذي ذكره في هذا الجنس بالفعل الخفيف لكنه اتى بالاسم والصفة منه والماضي الخفيف منه מר على زنة חת מרדך כי מרה נפש כל העם كونه מלעל دليل على انه ماض ومثله ועצמי חרה والوجه في الراءين منهما التشديد مثل בעבור האדמה חתה واعلم انه طوى في درج النوع الذي ذكر منه وهو כי מרים הם نوعا اخر مباينا له وهو[3] כי תכתב עלי מרורות وتفسيره عندي عصيان وخلاف والدليل

[1] D. 163, 9; N. 111, 33. — [2] D. 163, 24; N. 112, 14. — [3] D. 164, 6; dans N. cet exemple a été supprimé, mais il se lit dans l'original arabe.

---

*Mâlal.* Il manque un sens, celui de *môlêl* (*Prov.* vi, 13). Peut-être aussi ce mot est-il la forme légère du sens mentionné par Aboû Zakariyâ, mais pris au figuré.

*Mârar.* Aboû Zakariyâ a passé le sens de *tamrourîm* (*Jér.* vi, 26), type *taḥnounîm*, dont on rencontre le *hitpaël* de la forme redoublée *wayyitmarmar* (*Dan.* viii, 7). On peut aussi dire pour ce mot ce qui a été dit sur *wegilgaltîkâ* (art. *gâlal*). — Dans le sens qu'il donne, Aboû Zakariyâ cite le nom et le qualificatif, mais il passe la forme légère dont le parfait est *mar*, comme *ḥat* (*Jér.* l, 2), *mârâh* (I *Sam.* xxx, 6), avec l'accent sur la pénultième, comme *ḥârâh* (*Job*, xxx, 30), ce qui prouve que ce mot est un parfait. Dans les deux verbes, le *rêsch* devrait avoir *dâgêsch*, comme *ḥattâh* (*Jér.* xiv, 4). — Aboû Zakariyâ a, en outre, confondu avec le sens de *mârîm* (*Ex.* xv, 23), celui de *merôrôt* (*Job*, xiii, 26), qui en

على ذلك قوله بعده ותורישני עונות נעורי ولا اعلم للمرارة فيه وجها
بيّنة ومنه عندى וממר ליולדתו يقول انه خلاف وعصيان لوالدته
اى ذو خلاف وكذلك اقول فى מרת רוח انه من هذا المعنى يعنى
انهما كانتا ذاتى خلاف لرايه الا ان آز جعل الجميع فى معنى כי
מרים הם ومن هذا المعنى عندى אל תמר בו اى لا تخالفه وهو فعل
ثقيل والشدة فيه للتعويض على زنة ויתם את הכסף ויסב אלהים את
העם والانفعال من هذا النوع عندى וריחו לא נמר اى لم يختلف
ولا تغير ولا تبدل على زنة נסב נקל وكان الوجه فى الميم ان يكون
פתח لانه انفعل لكنه جاء קמץ من اجل الوقف كما جاء וחם השמש
ונמס קמץ الميم للوقف والوجه ان يكون פתח ويمكن ان يكون ימר

---

diffère, et qui signifie, selon moi, se révolter, s'opposer, comme le montre le contexte, car il n'y a aucun moyen d'expliquer le verset par le sens d'amertume. Il en est de même du mot *mémér* (*Prov.* XVII, 25), où il est dit que (un fils sot) est une contrariété, une révolte pour sa mère, en d'autres termes, une cause de contrariété pour elle. J'expliquerai encore dans ce sens *mórat rou'aḥ* (*Gen.* XXVI, 35) en traduisant : Les deux femmes (d'Ésaü) étaient en opposition avec son avis (l'avis d'Isaac). Mais Abou Zakariyâ a réuni tous ces mots sous le sens de *mârîm*. Selon moi, *al tammêr bô* (*Ex.* XXIII, 21) doit aussi être traduit par : Ne t'oppose pas à lui; c'est une forme lourde comme *weyattêm* (II *Rois*, XXII, 4), *wayyassêb* (*Ex.* XIII, 18), et le *dâgêsch* est par compensation. À mon avis, le *nifal* du même sens se trouve *Jér.* XLVIII, 11, où *nâmâr* veut dire que (l'odeur) n'était ni changée, ni altérée, ni transformée, type *nâsab*, *nâḳal;* et si le *mêm* a ici, à la troisième personne du parfait, *ḳâmêṣ* à la place de *pataḥ*, c'est par suite de la pause, comme *wenâmâs* (*Ex.* XVI, 21), où le *mêm* a *ḳâmêṣ* au lieu de *pataḥ* en pause. — Le mot *yêmar* (*Is.* XXIV, 9) peut être

שכר לשתיו مستقبلا منه على ترك التشديد الا انه من النوع الذى ذكره آز واحسب الهاء فى אשר מרה את פי ה׳ بدلا من احد الراءين من מרר الذى هو فى هذا النوع اعنى אל תמרבו וממר ליולדתו ويجوز فى מרת רוח ان يكون من מרה את פי ה׳ قول כי המרו את רוחו على وزن ולדבר אל ה׳ תועה الا انه صار מלעל من اجل مجاورته לרוח [1]

נדד [2] اغفل من النوع الاول من نوعيه قسما واحدا وهو فعل ثقيل على زنة פועל שמש זרחה ונודד وقد ذهب قوم الى ان ונודד معتل العين مضاعف اللام وهذا القول قريب من الجواز لكنى وجدت جميع الافعال الماضية المتضاعفة اللام من المعتلة العين لا يكون تحت اللام منها الا צרי مثل כי בשש משה כאשר כונן להשחית

[1] Depuis ويجوز manque dans la vers. hébr. — [2] D. 164, 17; N. 112, 31.

---

le futur de ce *nifal*, avec suppression du *dâgêsch*, mais il appartient au sens indiqué par Aboû Zakariyâ. — Le *hé* de *mârâh* (1 *Rois*, xiii, 26) me paraît mis à la place de l'un des deux *rêsch* de *mârar*, et le sens être celui que nous avons donné pour *tammêr* et *mémér*. — *Mòrat* pourrait être de ce *mârâh* qui procède de *himrou* (*Ps.* cvi, 33), et avoir la forme de *tô'âh* (*Is.* xxxii, 6)[1], avec cette différence que l'accent de *môrat* a passé sur la pénultième, sous l'influence du voisinage du mot *rou'aḥ*.

*Nâdad.* Aboû Zakariyâ a passé dans le premier des deux sens la forme lourde de la forme *pô'al*, *wenôdad* (*Nah.* iii, 17). On a pensé que ce mot venait de *noud*, avec redoublement du troisième radical. Cette opinion me paraît presque admissible. Cependant, j'ai trouvé tous les parfaits des verbes au second radical faible, où le troisième était redoublé, avec ce troisième radical pourvu du *ṣêrê*; exemples : *bôschêsch* (*Ex.* xxxii, 1), *kônên* (*Is.* li, 13), *'ôrêr* (*ibid.* x, 26) et les formes lourdes des verbes géminés, qui

[1] *Môrat* est à l'état construit de cette forme.

ועורר ووجدت الثقيل من ذوات المثلين الذى على المثال بפתח مثل
ורומם תחת לשוני אשר עולל לי فلهذا مالت نفسى فى ונודד الى
انه من ذوات المثلين الا انى وجدت ועונן ונחש بצרי والظاهر فيه
انه من ذوات المثلين اذ المثلان موجودان فى كل ما استعمل منه
فربما كان معتل العين فان صحّ لنا انه من ذوات المثلين فليس
يخرج لهذا الحرف اعنى ונודד عن ذوات المثلين الى المعتلة العين
حتى نجد فى المعتلة العين مثل ונודד ولست اقطع بهذه الحجة
على ان ונודד لا يجوز فى القياس ان يكون معتل العين فان الצרי
والפתח قد يعتور بعضهما بعضا وانما اخترت فيه هذا الوجه
لاطّراد المعتل العين على الצרי وادخل فى هذا النوع[1] וידד כחזיון
לילה مع כי נדדו ממני اعنى فى حيز الفعل الخفيف ثم قال[2] والثقيل

[1] D. 164, 18; N. 112, 31. — [2] D. 164, 19; N. 112, 35.

---

avaient cette forme affectée de *pataḥ*, comme *werômam* (*Ps.* LXVI, 17), *'ôlal* (*Lam.* I, 12); cela m'a fait pencher à voir dans *wenôdad* un dérivé de *nâdad*. Cependant, j'ai rencontré avec *ṣêrê we'ônên* (II *Rois*, XXI, 6), qui paraît bien être de *'ânan*, car les deux lettres semblables se retrouvent dans tous les exemples de ce mot, bien qu'il puisse être néanmoins de *'oun*. Mais fût-il même prouvé que *'ônên* vient de *'ânan*, il n'en résulterait pas que *wenôdad* dût passer de la racine *nâdad* à la racine *noud;* pour cela, il faudrait trouver un verbe au deuxième radical faible (avec *pataḥ*), comme *wenôdad*. Je ne veux pas conclure de cette démonstration qu'une forme avec *pataḥ* soit impossible dans les racines au second radical faible, puisque le *ṣêrê* et le *pataḥ* se remplacent souvent l'un l'autre; seulement, j'ai préféré une telle manière de voir, parce que, dans les verbes au second radical faible, le *ṣêrê* est la règle généralement suivie. — Aboû Zakariyâ place *weyouddad* (*Job*, XX, 8) à côté de *nâdedou* (*Os.* VII, 13), c'est-à-dire dans la forme

הנר הנדותי ומתבל יגדהו وكان الصواب ان يدخل וידד כחזיון לילה
في حيز هذا البناء الثقيل اذ هو ماخوذ منه والقياس عليه הונדד
יונדד على زنة הושלך יושלך فادغموا النون من יונדד في الدال وقالوا
וידד ولو ارادوا ما لم يسم فاعله من بنية الخفيف او الثقيل الذي
على زنة פעל لقال ונדד على زنة ואסף שללכם ושפך דמם كما قيل חרב
על אוצרותיה ובוזו وايضا וכתתו גוי בגוי وقد يمكن ان يكون כקוץ
מנד من هذا الاصل على غير قياس וידד وذلك بان يكون الماضي
منه הונד بغير تشديد والمستقبل יונד بغير تشديد ايضا على زنة
[לחם יודק والمفعول من هذا النوع מנד على زنة][1] מוסב ويمكن ان
يكون כקוץ מנד معتل العين من אל תנדני

סלל[2] ذكر فيه نوعا واحدا وهو סלו סלו המסלה واغفل نوعا اخر

[1] Ajouté d'après la vers. hébr. — [2] D. 166, 26; N. 114, 11.

---

légère, et cite ensuite, comme exemple de la forme lourde, *Job*, XVIII, 18. Il aurait été plus juste de ranger *wayyouddad* dans cette dernière catégorie, dont ce mot est pris, puisque le type primitif est *houndad*, *youndad*, comme *houschlak*, *youschlak*; on a inséré le *noun* dans le *dâlét* et l'on a dit *wayyouddad*. Le passif de la forme légère ou du *piël* aurait été *wenouddad*, comme *we'oussaf* (*Is.* XXXIII, 4), *weschouppak* (*Zeph.* I, 17), *oubouzzazou* (*Jér.* L, 37) et *wekouttetou* (II *Chron.* XV, 6). — *Mounâd* (II *Sam.* XXIII, 6) pourrait être de cette racine, sans cependant suivre l'analogie de *weyouddad*, puisqu'il est d'un parfait *hounad* et d'un futur *younad* sans *dâgêsch*, comme *youdâk* (*Isaïe*, XXVIII, 28); le participe passif de ce sens, *mounad*, suivrait alors le type *mousab* (*Ez.* XLI, 7). Il peut enfin aussi être de *noud*, comme *tenidênî* (*Ps.* XXXVI, 12).

*Sâlal*. Aboû Zakariyâ ne mentionne qu'un sens, *Is.* LXII, 10, et en néglige un autre, celui de *sôllou* (*Ps.* LXVIII, 5), louer, glori-

وهو סלו לרכב בערבות ومعناه المدح والتمجيد والتكبير والافتعال
منه מסתולל בעמי متعظم بهم متكبر متمدح بحبسهم اى انه كان
يوهم قومه انه مقتدر على مخالفة البارى جل وعز فى اطلاقهم
ليعظم شانه بذلك عند قومه ووزنه מתפועל على زنة מתגולל בדם
الا ان تاء الافتعال لا تتقدم فاء الفعل اذا كان سينا ويحتمل מסתולל
وجها اخر ايضا جيدا وهو ان يكون نوعا ثالثا لـסלו סלו המסלה
ولסלו לרכב בערבות ويكون تفسيره متمسكا بقومى كانه قال מתחזק
בעמי לבלתי שלחם على ما قال כי אם מאן אתה לשלח ועודך מחזיק בם
كما قيل ואבנר היה מתחזק בבית שאול تفسيره متمسك بآل شاول
ومن هذا المعنى عندى ויעש המלך את עצי האלגומים מסלות לבית
ה׳ ולבית המלך يعنى دعائم ممسكة والدليل على صحة هذا التأويل

---

fier, exalter. Le *hitpaël mistôlêl* (*Ex.* IX, 17) a cette signification, s'enorgueillir à leur égard, s'exalter, tirer de la gloire pour soi de leur captivité, en d'autres mots : (Pharaon) faisait accroire à son peuple qu'il était assez puissant pour faire opposition à la volonté du Créateur de délivrer les Israélites, afin d'augmenter ainsi son autorité auprès de son peuple. Le type du mot est *mitpô‘êl*, comme *mitgôlêl* (II *Sam.* XX, 12); seulement, le *tâw* du *hitpaël* ne se place pas avant le *sâmék*, lorsque cette lettre est premier radical. Il y a une autre explication non moins bonne de *mistôlêl*, qui présenterait alors un troisième sens après celui d'*Isaïe*, LXII, 10, et celui de *Ps.* LXVIII, 5; il signifierait : Tu retiens mon peuple, comme si l'auteur avait employé *mitḥazzêḳ*, ainsi que dans *Ex.* IX, 2, et dans II *Sam.* III, 6, qui est à traduire : Abnêr retenait la famille de Saül. *Mistôlêl* se rattacherait ainsi à *mesillôt* (II *Chr.* IX, 11), qui signifie, selon moi, des supports pour retenir, explication dont la justesse est prouvée par le mot *mis‘âd*,

قوله في מלכים [1] ויעש המלך את עצי האלגמים מסעד לבית ה' فاذا
كان انما صنع من האלגמים شيا واحدا وجاءنا الوصف في ذلك
التي في موضعين متباينين بلغتين مختلفتين فلا محالة ان الغرض
فيهما واحد فاذ ذلك كذلك فمعنى מסעד هو معنى מסלות ومعنى
מסלות هو معنى מסעד وقد علم ان معنى מסעד رفد وقوة من قوله
סעדני ואושעה וסעדו לבכם ומציון יסעדך ה' יסעדנו על ערש דוי אם
אמרתי מטה רגלי חסדך ה' יסעדני فمعنى מסלות اذا رفد وقوة فهذا
اصلحك الله ابين ما يكون من البرهان على ان معنى מסתולל בעמי
متمسك وانا اختار فيه هذا التفسير وافضله واعلم ان אלגומים
ואלמגים واحد كما ان שמלה وשלמה واحد وكذلك כבש وכשב
فلا يموّهنّ عليك مموّه بان يجعل מסלות غير מסעד وقد يقال في

[1] Ainsi avec raison dans la vers. hébr. Le texte arabe porte דברי הימים.

---

employé dans le premier livre des Rois (x, 12). Comme on n'a fait du bois d'Algoumîm qu'une chose, et que cette chose est désignée en deux endroits différents par deux mots distincts, ces deux mots doivent, sans doute, se rapporter au même objet, et *misʿâd* et *mesillôt* avoir le même sens. Or, on sait que *misʿâd* signifie appui et force, comme on le reconnaît par les passages, *Ps.* cxix, 117; *Gen.* xviii, 5; *Ps.* xx, 3; *ibid.* xli, 4; *ibid.* xciv, 18; celui de *mesillôt* doit donc aussi être appui et force. C'est là la démonstration la plus évidente que *mistôlêl* signifie retenant, et je choisis de préférence cette interprétation. Quant à *algoumîm* et *almougîm* (employés l'un dans les Chroniques, et l'autre au récit des livres des Rois), ils désignent la même chose, comme *simlâh* et *salmâh*, *kébés* et *késéb*, et ne te laisse pas égarer à vouloir voir dans *misʿâd* et *mesillôt* deux objets différents[1]. — On a aussi rattaché

[1] L'explication par روافد ou خشب السقف «bois qui soutient le toit» est donnée aussi *Kit. al-ouṣoul*, col. 484, l. 10.

מסתולל انه من סלו המסלה وان المعنى فيه מסתולל על עמי اى متمشّ عليهم ودارس لهم وذلك ايضا جائز الا انى اميل فيه الى انه من מסלות לבית ה׳ ومن هذا النوع عندى الا انه مضاعف סלסלה ותרוממך اى تمسك بها والدليل على ذلك قوله بعده תכבדך כי תחבקנה ويجوز ان اقول ان الوجه كان فيه סללה بتشديد اللام الاولى فعوضوا من الشدة سينا على ما ذكرت فى התגלגלו

עדד لم يذكره والذى استعمل منه هو الثقيل خاصّة יתום ואלמנה יעודד מעודד ענוים ה׳ والافتعال منه ואנחנו קמנו ונתעודד

עזז[1] اغفل منه قسم الفعل الثقيل העז איש רשע בפניו على زنة החל הנגף והסב לב מלך אשור والمؤنّث העזה פניה والوجه فيه التشديد على زنة והמשאת החלה فترك استخفافا فكثيرا ما يخففون ذوات

[1] D. 167, 7; N. 114, 17.

---

*mistôlêl* au premier sens et attribué à *beʿammî* le sens de *ʿal ʿammî* en traduisant : Tu marches sur eux et tu les foules aux pieds. Cette opinion est aussi admissible, mais j'incline davantage à reporter *mistôlêl* à *mesillôt.* — A ce même sens, mais sous une forme redoublée, appartient, selon moi, *salselêhâ* (*Prov.* IV, 8), c'est-à-dire retiens-la (la sagesse), et le second membre du verset vient à l'appui de cette opinion. La forme du mot s'explique par *sallelêhâ* avec *dâgêsch* dans le premier *lâmêd*, où l'on a ensuite remplacé le *dâgêsch* par le *sâmêk*, comme nous l'avons dit pour *hitgalgelou* (p. 180).

ʿ*Âdad.* Oublié. On rencontre surtout la forme lourde, *Ps.* CXLVI, 9, et CXLVII, 7, et le *hitpaël*, *ibid.* XX, 9.

ʿ*Âzaz.* Aboû Zakariyâ a passé une section de la forme lourde *hêʿêz* (*Prov.* XXI, 29), type, *hêḥêl* (*Nomb.* XVII, 12) et *hêsêb* (*Ezra*, VI, 22); au féminin, *hêʿêzâh* (*Prov.* VII, 13), qui devrait avoir *dâgêsch* comme *hêḥêllâh* (*Juges*, XX, 40), mais qui a été allégé. Cette manière d'alléger les racines géminées est fréquente, comme

المثلين كما خففوا ונבוזה בחם עד אור הבקר وغيره مما قد ذكرناه ومما لم نذكره

עלל[1] اغفل من النوع الثالث منه وهو כאשר עוללת לי شخصا واحدا وهو الافتعال להתעולל עלילות واما את אשר התעללתי فهو افتعال لقسم اخر ثقيل ايضا اعنى עלל على زنة דבר

ענן[2] ذكر فيه نوعا واحدا وهو בעננִי ענן واغفل نوعا اخر وهو ועננים כפלשתים ובני עננה والثقيل ועונן ונחש ולא תעוננו ומעוננים לא יהיו לך وربما قيل فى هذا النوع انه معتل العين مضاعف وذلك من اجل الצרי على ما تقدم من ذكره له فى باب נדד

פלל ادخل فى هذا الباب ונפלל חלל مع ונתן בפלילים وهذا ما لا استحسنه لان تفسير פלילים حكام وقضاة ولا وجه للحكم فى هذا الموضع الا ان تفسير اللفظة ويستحكم الصرع والقتل فيها فتخرج

[1] D. 167, 15; N. 117, 20. — [2] D. 168, 7; N. 117, 30.

---

*wenâbôzâh* (I *Sam.* xiv, 36) et d'autres exemples cités ou non dans ce livre.

*ʿÂlal.* Dans le troisième sens, celui de *Lam.* i, 22, manque le *hitpaël*, *Ps.* cxli, 4. Quant à *hitʿallaltî* (*Ex.* x, 2), c'est un *hitpaël* d'une autre partie de la forme lourde, savoir de *ʿillêl*, type *dibbêr.*

*ʿÂnan.* Aboû Zakariyâ donne le sens de *Gen.* ix, 14, mais il passe celui de *ʿônenîm* (*Is.* ii, 6), *ʿônenâh* (*ibid.* lvii, 3) et la forme lourde *ʿônên* (II *Rois*, xxi, 6), *teʿônênou* (*Lév.* xix, 26), *meʿônenîm* (*Micha*, v, 11). On a aussi dit que les mots offrant ce sens étaient dérivés de *ʿoun* avec redoublement du troisième radical, à cause du *ṣêrê*. (Voyez l'article *nâdad*, p. 204).

*Pâlal.* Aboû Zakariyâ place dans cette racine *wenifial* (*Ez.* xxviii, 23) à côté de *biflîlîm* (*Ex.* xxi, 22), ce que je ne saurais approuver. Ce dernier mot a le sens de juges, arbitres, qui ne paraît pas applicable à *weniflal*, à moins de traduire : Le carnage et le

الصفة مخرج الاسم ويكون חלל على زنة שלל وكون ונפלל من נפל
اليق بالمعنى على مذهب ונפל חלל בתוככם וידעתם כי אני ה' وايضا
בנפל חלל במצרים وتلخيص جواز ذلك ان اقول ان اللام فيه
مضاعفة فعلوا ذلك فيه ليبلغ به بنية الافعال الرباعية مثل כרסם
وכלכל وכרבל وחספס ومثله من الافعال الثلاثية المضاعفة اللام אמלל
בשן שעררת עשתה מאד والبرهان على אמלל انه ثلاثي مضاعف
اللام قولهم מה אמלה לבתך والبرهان ايضا على ان שעררת ثلاثي
مضاعف اللام قولهم כתאנים השערים واغفل من هذا النوع اعنى
ונתן בפלילים شخصا واحدا وهو الافتعال מי יתפלל לו.

צחח[1] ذكر فيه نوعا واحدا وهو צחיח סלע واغفل نوعا اخر اوكد
منه צחו מחלב مثل שחו גבעות עולם ومنه כחם צח עלי אור צח ههنا

[1] D. 169, 15; N. 115, 15.

---

meurtre y deviendront les arbitres, de donner au qualificatif *ḥâlâl* la valeur d'un nom abstrait et de le considérer comme appartenant au type *schâlâl*. Mais il vaut mieux dériver *niflal* de *nâfal*, de sorte que notre verset réponde pour le sens à *Ez.* vi, 7, et xxx, 4. Je m'explique une telle dérivation par le redoublement du troisième radical, ce qui a lieu quand on veut donner à un trilitère la forme d'un quadrilitère, tel que *kirsêm*, *kilkêl*, *kirbêl* et *ḥispês*. C'est ainsi qu'on a redoublé le troisième radical dans *oumlal* (*Nah.* i, 4), *scha'ărourit* (*Jér.* xviii, 13), qui viennent évidemment des trilitères *ămoulâh* (*Ez.* xvi, 30), *haschschô'ârîm* (*Jér.* xxix, 17), par le redoublement du troisième radical. — Il manque encore chez Aboû Zakariyâ, dans le sens de *biflîlîm*, le *hitpaël yitpallêl* (I *Sam.* ii, 25).

*Ṣâḥaḥ*. Aboû Zakariyâ cite seulement un sens, celui de *ṣeḥî'aḥ* (*Ez.* xxiv, 7), et passe un autre sens mieux constaté *ṣaḥou* (*Lament.* iv, 7), type *schaḥou* (*Hab.* iii, 6), d'où dérive *ṣaḥ* (*Isaïe,*

هو الضحى وهو الشمس وسميت צח لخلوص بياضها وصفائها كما سميت חמה لفعلها ومن هذا النوع ايضا عندى לדבר צחות يعنى به اللفظ المحض الفصاحة لخالص البيان واعلم ان צחות يحتمل ان يكون جمعا مؤنّثا على زنة גנות وצרות ويحتمل ايضا ان يكون مصدرا على زنة השכח חנות שמות ושאף الا ترى ان שאף وهو مصدر معطوف على שמות ولولا مكان الحاء من צחות لكان مشدّدا

צלל[1] ذكر فى هذا الجنس نوعين احدهما צללי ערב والثانى צללו כעופרת واغفل نوعا ثالثا وهو לקול צללו כל שמעו תצלינה שתי אזניו على زنة ותחלינה والانفعال תצלנה שתי אזניו على زنة תמקנה בחריהן ومن هذا النوع והנה צליל وتفسيره صليل وهو الطنين ولقوم فى تفسير

[1] D. 169, 16 et 20; N. 115, 16 et 18.

---

xviii, 4), qui, comme l'arabe *aḍ-ḍiḥḥou*, désigne le soleil, ainsi nommé à cause de sa blancheur et de sa pure clarté, de même qu'il est nommé *ḥammâh*, à cause de l'action (calorique) qu'il exerce. Dans ce sens, il faut ranger aussi le mot *ṣaḥôt* (*Is.* xxxii, 4) qui signifie la parole exprimée avec une prononciation pure et une parfaite clarté. *Ṣaḥôt* peut être un pluriel féminin de la forme *gannôt*, *ṣârôt*, ou bien, c'est un infinitif comme *ḥannôt* (*Ps.* lxxvii, 10) et comme *schammôt* (*Ez.* xxxvi, 3), qui est un infinitif comme *schâ'ôf*, auquel il est lié par la copule; seulement, à cause du *ḥêt*, *ṣaḥôt* est resté sans *dâgêsch*.

*Ṣâlal.* Abou Zakariyâ donne deux sens de cette racine, *ṣilelê* (*Jér.* vi, 4) et *ṣâlălou* (*Ex.* xv, 10). Il en a passé un troisième, *ṣâlelou* (*Hab.* iii, 16), *teṣilléṇâh* (I *Sam.* iii, 11), comme *wattehillénâh* (*Gen.* xli, 54) et le *nifal tiṣṣalnâh* (II *Rois*, xxi, 12) comme *timmaḳnâh* (*Zach.* xiv, 12). De là le mot *ṣelîl* (*Juges*, vii, 13), qui, comme l'arabe *ṣalîloun*, signifie bourdonnement. On a produit bien des absurdités pour expliquer ce mot, mais le passage de

צלול هذيان كثير[1] والدليل على انه طنين قوله לקול צללו שפתי
وانى لاكثر التعجب من غفلة آ ز عن هذا النوع وعن غيره مما كثر
استعماله وذكره لצללי ערב وتقصيه لاكثر ما وجد منه على انه
لم يذكر منه فعلا وما كانت به ضرورة الى ذكر اسم لا فعل له اذ
لم يتضمن فى صدر كتابه غير جملة الافعال ذوات المثلين فما
كفى انه لم يتقصها الا انه اتى بما ليس من غرضه فى وضعه اعنى
الاسماء التى لا افعال لها ومع ذكره لهذه الاسماء التى لا افعال لها
وان كان ذلك غير لازم له كما ذكرنا فانه لم يتقصها ايضا وقد فعل
ايضا مثل هذا الفعل فى كتاب حروف اللين والذى أظنّه به انه
كان مشغول البال بعظيم ما ابتدعه وجليل ما اخترعه وان له فى
ذلك لمعذرة وقال عند ذكره للنوع الثانى اعنى צללו כעופרת وقيل

[1] Depuis ولقوم manque dans la vers. hébr. Voyez le *Kitâb at-taswiya*, à la fin.

---

Habakouk prouve que *ṣelîl* a bien ce sens. — Je suis fortement étonné qu'Aboû Zakariyâ ait laissé de côté ce sens, et d'autres sens d'un emploi fréquent, et mentionné *ṣilelê*, en faisant des efforts pour citer presque tout ce qu'on trouve de ce sens, sans toutefois en citer aucun verbe; il n'avait pas besoin de citer un nom qui n'a pas de verbe, puisqu'il ne promettait, dans l'introduction de ce traité, que l'ensemble des verbes géminés. Et cependant, non-seulement il ne les cite pas tous, mais, au contraire, il nous fournit ce qu'il ne s'était pas proposé en écrivant son ouvrage, à savoir, les noms qui n'ont point de verbes; puis, en mentionnant ces noms, sans y avoir été obligé, il ne les donne pas en entier non plus. Il a agi de même dans son Traité des lettres douces. Je présume qu'Aboû Zakariyâ était préoccupé par la nouveauté de son entreprise et par l'importance de son œuvre, et qu'il peut y trouver son excuse. — Dans le second sens, Aboû Zakariyâ ajoute:

ان منه כאשר צללו שערי ירושלם[1] قال مروان وانا اصلحك الله اختار فيه غير هذا وذلك انى اجعله من معنى צללי ערב وتلخيص ذلك انه قال لما اظلمت الابواب اى زالت الشمس عنها عشية وصارت فى الظل امرت باغلاقها

צרר[2] ذكر فيه نوعين احدهما צרור את המדינים والثانى לצרר לגלות ערותה واغفل نوعا ثالثا وهو מי צרר מים والفاعل צרר מים בעביו والمفعول צרורה בצרור החיים צררות בשמלתם والاسم אל צרור נקוב وفى هذا النوع ثقيل צורר צוררתי ומבקעים ומצררים

קבב[3] قال فى هذا الباب واما וקבנו לי فاصل اخر اعنى קבן قال مروان اما انا فلست اخرجه عن קבב وتلخيص ذلك ان اقول انهم يقولون اذا امروا الواحد من الافعال ذوات المثلين بعد اسقاط المثل الواحد وقبل صلته بالضمائر סב קב דם ومن عادة العبرانيين ان

[1] D. 119, 21; N. 115, 18. — [2] D. 169, 21; N. 115, 21. — [3] D. 170, 12; N. 115, 27.

---

«Quelques-uns placent ici le *ṣâlelou* de *Néh.* XIII, 19.» Marwân dit : Je préférerais lui attribuer le sens de *ṣilelé* et expliquer ainsi : Lorsque les portes jetèrent de l'ombre, c'est-à-dire le soir, quand le soleil baissa et que les portes furent dans l'ombre, j'ordonnai de les fermer.

*Ṣârar*. Aboû Zakariyâ donne deux sens, celui de *Nomb.* XXV, 17, et celui de *Lév.* XVIII, 18. Il en a négligé un troisième, *ṣârar* (*Prov.* XXX, 4); participe *ṣôrêr* (*Job*, XXVI, 8); participe passif *ṣerourâh* (I *Sam.* XXV, 29), *ṣerourôt* (*Ex.* XII, 34); nom *ṣerôr* (*Hag.* I, 6); enfin, la forme lourde *oumeṣôrârîm* (*Jos.* IX, 4).

*Ḳâbab*. Aboû Zakariyâ dit : «Mais *weḳobnô* (*Nomb.* XXIII, 13) a une autre racine, savoir *ḳâban.*» Marwân dit : Quant à moi, je ne le détache pas de *ḳâbab* et voici comment je l'explique. A l'impératif singulier des verbes géminés, on retranche une des deux lettres semblables, et, avant d'y ajouter un suffixe, on dit : *sôb*,

يدخلوا النون كثيرا فى اواخر الافعال والمصادر والصفات زيادة فلما
ادخلوا هذه النون على קב ثم وصلوه بضمير الغائب قالوا וקבנו
לי وكان الوجه فيه قبل دخول النون عليه קבו بקמץ גדול مثل
סלוה כמו ערמים גזי נזרך او קבו بשרק مثل ועל ספר חקה فلما
ادخلوا النون الزائدة ثقل النطق به عليهم مع شدة الباء
خفّفوها فكانها كانت عندهم عوضا من الشدة واما زيادتهم النون
على الافعال الماضية فكزيادتهم فى אשר לא ידעון אבתיך. יסר יסרני فان
اشتداد النون فى יסרני لاندغام نون زائدة فيها ومثله דנני אלהים
חסדי ה׳ כי לא תמנו والوجه فيه תמו بتشديد الميم فخففوه وزادوا
النون واما زيادة النون على الافعال المستقبلة فمشهور معروف لا
يحتاج به الى برهان اذ يقولون فى الجمع ישובון יבואון יקומון وفى

---

*ḳôb*, *dôm;* puis, c'est une habitude chez les Hébreux de placer souvent, à la fin des verbes, des infinitifs et des qualificatifs, un *noun* explétif. En ajoutant au mot *ḳôb* un tel *noun*, et ensuite le suffixe de la troisième personne, on a *weḳobnô;* sans le *noun*, on aurait eu *ḳâbbô* avec grand *ḳâmêṣ*, comme *sâllouhâ* (*Jér.* L, 26), *gâzzî* (*ibid.* VII, 29)[1], ou *ḳoubbô* avec *schouréḳ*, comme *ḥouḳḳâh* (*Is.* XXX, 8). Mais, avec le *noun* explétif, la prononciation du *dâgêsch* dans le *bêt* devenant difficile, on a allégé le mot, et c'est comme si le *noun* compensait ce *dâgêsch*. Voici des exemples du *noun* explétif: au parfait *yâdeʿoun* (*Deut.* VIII, 16), *yisserannî* (*Ps.* CXVIII, 18), où le *dâgêsch* dans le *noun* vient d'un *noun* explétif qui y a été inséré; *dânannî* (*Gen.* XXX, 6), qui est dans le même cas; *tamnou* pour *tammou* (*Lam.* III, 22), où le *noun* a été ajouté après que le *mêm* eut été privé du *dâgêsch* qu'il devait avoir. Au futur, ce *noun* est si répandu et si connu qu'il n'a pas besoin d'être démontré; ainsi, au pluriel, *yeschouboun*, *yebôʾoun*, *yeḳoumoun;* au singulier, *yekab-*

[1] Nous suivons toujours la prononciation de notre auteur.

الواحد זבח תודה יכבדנני תברכני נפשך اشتداد النون في תברכני
لاندغام النون الزائدة فيه واصله ان يكون תברכנני على زنة
יכבדנני وايضا כי משם אתקנך الوجه فيه אנתקך على زنة אשמרך
لانه من הנתקו מן העיר فادغموا النون التي هي فاء الفعل في التاء
التي هي عينه على عادتهم ثم زادوا النون الذي يجيزون
زيادتها على الافعال المستقبلة فقالوا אתקנך وايضا יצרנהו
כאישון עינו واما زيادتها على المصادر فمثل באבדן מולדתי מכה חרב
והרג ואבדן ومما ادخل عليه النون من المصادر ايضا לתתן שם את
ארון האלהים[1] الوجه فيه قبل زيادة النون לתנת على زنة לשבת לרדה
وعلى زنة לטעת לקחת وان اختلفت الحركات فلما زادوا النون ثقل
النطق به كذلك فحركوا اللام بשבא وادغموا النون التي هي لام
الفعل في التاء الثانية وهي التاء المزيدة على المصادر وابدلوا من
הסגל الذي تحت التاء التي هي عين الفعل חרק فقالوا לתתן שם

[1] Lisez ברית ה׳. Voy. ce passage cité d'après notre vers. hébr., *Ma'ăsé Êfôd*, p. 50.

---

*dânenî* (*Ps.* L, 23), *tebârăkannî* (*Gen.* XXVII, 19) qui, comme le premier exemple, devrait être *tebârăkânenî*, si le *noun* explétif n'avait pas été inséré par un *dâgêsch* dans l'autre *noun*; *éttekénekâ* (*Jér.* XXII, 24) pour *éntekékâ*, type *éschmerékâ* de la racine *nâtak*, *Juges*, XX, 31; le premier radical *noun* a été inséré, comme d'habitude, dans le second radical *tâw*, et un *noun* ajouté comme c'est permis au futur; puis *yiṣṣerénehou* (*Deut.* XXXII, 10). A l'infinitif: *be'âbdan* (*Est.* VIII, 6), *we'abdân* (*ib.* IX, 5). Le *noun* explétif dans l'infinitif se trouve aussi dans *letittén* (I *Rois*, VI, 19); sans ce *noun*, ce serait *lâténét* = *lâschébét*, *lârédét*, et, avec la voyelle changée, *lâṭa'at*, *lâkahat*; avec *noun*, la prononciation étant devenue difficile, le *lâméd* prend *schebâ'*, le *noun* troisième radical est inséré dans le second *tâw*, c'est-à-dire le *tâw* ajouté pour l'infinitif, et le *tâw* second radical change son *ségôl* en *hirék*, ce qui donne

فان قال قائل انهم لم يستعملوا לתנת بل انما استعملوا לתת قلنا له
ان לתת محذوف من לתנת لا محالة لكثرة استعمالهم له وبرهان
ذلك اشتداد التاء الثانية منه عند صلته بالضمائر فى قولهم אשר
לתתי לו ולתתך עליון לקול תתו وذلك لاندغام النون فيها وقد يجوز
ايضا ان يكون النون فى לתתן لام الفعل ويكون ايضا مصدرا على
مذهب תשבץ فتكون التاء الاولى فيه زائدة والثانية عين الفعل
وفاء الفعل مندغم فيه واما زيادة النون على الصفات فمثل زيادتها
ידי נשים רחמניות وقد يزيدون هذا النون على الحروف قالوا בית אל
ימצאנו ושם ידבר עמנו الوجه فيه עמו فزادوا النون وابدلوا الחלם
בשרק ليخرج مخرج الكلام المعهود ولم اجتلب هذه النونات كلها
اضطرارا وانما اجتلبتها استظهارا فايضا فلاريك اتساعهم فى زيادة
النون فلا تستوحشن من زيادتها فى الامر اعنى וקבנו وقد يحتمل

---

*letittén*. Il est vrai qu'on n'emploie pas *lâténét*, mais *lâtét;* mais ce dernier est sans contredit abrégé de *lâténét*, à cause de l'usage fréquent de ce mot, ce qui est attesté par le *dâgêsch* placé dans le second *tâw* à cause de l'insertion du *noun* dès qu'on ajoute un suffixe, II *Sam*. IV, 10; *Deut*. XXVI, 19; *Jér*. X, 13. Pourtant le *noun* de *letittên* pourrait être le troisième radical, le premier *tâw* serait alors explétif pour l'infinitif, comme dans *taschbêṣ* (*Ex*. XXVIII, 4), le second *tâw* serait deuxième radical et aurait *dâgêsch*, parce que le premier radical y serait inséré. Le *noun* est explétif dans les qualificatifs comme *raḥămâniyyôt* (*Lam*. IV, 10), et même dans les particules, *Osée*, XII, 5, où *ʿimmânou* est pour *ʿimmô*, car le *noun* a été ajouté et le *ḥôlém* changé en *schourêḳ* pour que le mot ait une forme habituelle. Je n'ai pas cité tous ces *noun* explétifs parce que j'y étais obligé, mais pour les faire connaître à fond et aussi pour en montrer l'emploi étendu, afin qu'on ne trouve pas étrange l'addition du *noun* à l'impératif *weḳobnô*. Ce mot admet

וקבנו وجها اخر وذلك ان اقول ان النون والواو فيه ضمير المفعول وكان الوجه فيه ان يكون וקבנו بتشديد الباء وتحريكها בצרי وتشديد النون وتحريكها בשרק مثل יסבנו לא ידקנו فخففوا الباء واسكنوه ثم خففوا النون لامتناع النطق به غير مخفف مع سكون الباء ثم ابدلوا الשרק בחלם وفعلهم فى אלהים יחנך בני قريب من هذا فان الوجه كان فيه على ما زعم ان יחנך بتشديد النون وקמצות الحاء فخففت النون وقامت مقام نونين واسكنت الحاء والقيت حركتها الى الياء

קטט لم يذكره ولم ياتنا منه غير الانفعال ووجدته على ضربين احدها ונקטו בפניהם على زنة ונגלו כספר השמים والثانى נקטה נפשי على زنة ונסבה למעלה ונבלה שם ונבקה רוח מצרים

---

encore une autre analyse : le *noun* et le *wâw* peuvent être le suffixe du régime, et la forme primitive de *weḳobnô* serait *weḳabbènnou*, avec *dâgèsch* et *ṣêrê* pour le *bêt*, et avec *dâgèsch* et *schouréḳ* pour le *noun*, comme *yesoubbènnou* (*Jér.* LII, 21), *yedouḳḳènnou* (*Is.* XXVIII, 28)[1]; le *bêt* ayant été privé de son *dâgèsch* et de sa voyelle, il fallait alléger aussi le *noun*, puisque, autrement, il n'aurait pas pu être prononcé après le *bêt* sans voyelle; ensuite, on a changé le *schouréḳ* en *ḥôlém*. On a suivi presque le même procédé à l'égard de *yâḥnekâ* (*Gen.* XLIII, 29), car, d'après Aboû Zakariyâ, le *noun* de ce mot devrait avoir *dâgèsch* et le *ḥêt* *ḳâmèṣ* *yeḥânnekâ*; mais le *noun* a été allégé et remplace les deux *noûn* (de *ḥânan*), le *ḥêt* a perdu sa voyelle, et cette voyelle s'est portée sur le *yôd*.

*Ḳâṭaṭ*. Manque. Nous n'en trouvons que le *nifal* sous deux formes : l'une, *Ez.* VI, 9, *wenâḳôṭṭou*, d'après *nâgôllou* (*Is.* XXXIV, 4), et l'autre, *nâḳeṭâh* (*Job*, X, 1), sur la forme de *wenâsebâh* (*Ez.* XLI, 7), *wenâbelâh* (*Gen.* XI, 7), *wenâbeḳâh* (*Is.* XIX, 3)[2].

[1] Ces deux mots ont *ségôl* dans nos éditions. — [2] Voy. ci-dessus, p. 106.

קלל[1] اغفل من النوع الاول منه وهو הן קלתי قسم الفعل الثقيل
הקל ארצה זבלון والمصدر منه להקל כל נכבדי ארץ واغفل من النوع
الثانى منه وهو קלים היו[2] قسما مضاعفا وهو קלקל בחצים والافتعال
منه וכל הגבעות התקלקלו ويجوز فى هذا القسم ما جاز فى התגלגלו
واغفل من النوع الثالث منه[3] وهو הברכה והקללה شخصا واحدا لم
يسم فاعله בן מאה שנה יקלל תקלל חלקתם בארץ واغفل من النوع
الرابع منه[4] وهو נחשת קלל قسما مضاعفا לא פנים קלקל ويجوز
ايضا فيه ما جاز فى התגלגלו

קסס لم يذكره יקוסס ויבש

קעע لم يذكره وانى لما وجدت פן תקע נפשי ממך ورايت آز قد
قال فى المقالة الاولى من كتاب حروف اللين فى باب יקע[5] لم ياتنا من

[1] D. 170, 15; N. 116, 18. — [2] N. 116, 21; D. donne comme exemple *Job*, xxiv, 18, qu'Ibn Djanâḥ lui-même paraît avoir eu sous les yeux, *Kitâb al-ouṣoul*, col. 635, l. 2. — [3] D. 171, 5; N. 116, 22. — [4] D. 171, 7; N. 116, 22. — [5] D. 52, 3; N. 29, 20.

---

*Ḳâlal.* Au premier sens, représenté par *Job*, xl, 4, manque une forme lourde, *hêḳal* (*Is.* viii, 23), infinitif *lehâḳêl* (*ibid.* xxiii, 9). Au second sens, celui de *Lam.* iv, 19, a été oubliée la forme redoublée *ḳilḳal* (*Ez.* xxi, 26), *hitpaël hitḳalḳâlou* (*Jér.* iv, 24), forme qu'on peut expliquer comme *hitgalgâlou* (voyez p. 180). Au troisième sens, pour lequel il cite *Deut.* xxx, 1, Aboû Zakariyâ a négligé le passif *yeḳoullâl* (*Is.* lxv, 20) et *teḳoullal* (*Job*, xxiv, 18). Enfin, dans le quatrième sens, pour lequel on donne *Ez.* i, 7, il existe une forme redoublée *ḳilḳal* (*Eccl.* x, 10), qu'on peut aussi analyser comme *hitgalgâlou*.

*Ḳâsas.* Manque. Il se trouve cependant *Ez.* xvii, 9.

*Ḳâ'a'.* Passé. Lorsque j'ai trouvé *têḳa'* (*Jér.* vi, 8), et vu qu'Aboû Zakariyâ, dans le premier livre de son Traité des lettres douces,

هذا الاصل الا الفعل الثقيل الذى تنقلب فيه اليا واوا لينة
והוקענום לה' ויקיעם בהר והוקע אותם לה' واضرب عن פן תקע
נפשי علمت علما يقينا انه عنده من غير יקע ثم انى لما قرأت ותקע
נפשי מעליה כאשר נקעה נפשי قلت عسى ان يكون פן תקע נפשי
ותקע נפשי مثل ותקל גברתה على مذهب من قال فى ותקל انه انفعال
وان كان[1] ותקע מלעל ويكون נקעה على زنة ונבקה רוח מצרים ונבלה
שם ונסכה فهذا اولى ما يعتقد فى هذه الاحرف وربما قيل انها من
ذوات النون وان النون فى נקעה فاء الفعل وهو ساقط من ותקע بلا
اندغام على سبيل الاستخفاف على ما اجاز أز فى תשי[2] ان يكون من
נשה وربما جعلا اصلين وذلك ان يكون ותקע נפשי من ذوات

[1] La vers. hébr. porte plus complétement : ואף על פי שותקל מלרע ותקע מלעל. Nous avons partout ajouté le *wâw* qui manquait dans l'arabe et dans la version. — [2] D. 125, 4; N. 88, 4.

---

article *yâḳaᶜ*, s'exprime ainsi : « Nous n'avons rencontré de cette racine que la forme lourde, où le *yôd* est changé en *wâw* quiescent, II *Sam.* xxi, 6 ; *ib.* xxi, 9, et *Nomb.* xxv, 4, » sans mentionner *têḳaᶜ*, j'ai reconnu avec certitude que, d'après notre auteur, ce dernier mot ne dérive pas de *yâḳaᶜ*. En lisant ensuite *Ez.* xxiii, 18, *wattêḳaᶜ*, et un peu plus loin *nâḳeᶜâh*, je me suis dit : Peut-être *têḳaᶜ* et *wattêḳaᶜ*, bien que ce dernier ait l'accent à la pénultième, ont-ils pour type *wattêḳal* (*Gen.* xvi, 4), selon l'opinion qui fait de *wattêḳal* un *nifal*, et *nâḳeᶜâh* a-t-il la forme de (l'espèce du *nifal*, représentée par) *Is.* xix, 3, *Gen.* xi, 7, et *Ez.* xli, 7. Et je pense que c'est là ce qui convient le mieux pour ces mots. On a dit que *nâḳeᶜâh* provient de *nâḳaᶜ* avec premier radical *noun*, et que, dans *wattêḳaᶜ*, cette lettre est tombée sans être insérée, par suite d'un allégement, comme Abou Zakariyâ l'admet pour *téschî* (*Deut.* xxxii, 18), qu'il dérive de *nâschâh*. On en a aussi voulu faire deux racines, de façon à ce que *wattêḳaᶜ* fût de *yâḳaᶜ*, type

اليا مثل ותרד עיני דמעה ويكون נקעה من ذوات النون وقيلا معا لاتفاق معناها وتقارب لفظهما

רדד[1] اغفل منه قسم الفعل الثقيل والقياس عليه הֵרֵד على زنة הסב او הֵרַד على زنة הקל والمستقبل ירד וירד על הכרובים ועל התמרות وتفسير וירד وبسط المعنى فيه انه بسط الذهب على النقوش كما قيل וצפה זהב מישר על המחקה وهذه اللغة موافقة للسرياني فان תרגום וירקעו ורדידו רקועי פחים רדידין טסין فكانه قال וירקע על הכרובים ועל התמרות את הזהב

רכך قال في هذا الباب[2] واما והבאתי מרך فما اظنه من هذا الاصل وانا وفقك الله اظنه صحّ منه واقول على الامكان ان الوجه فيه ان يكون מרך على زنة מכס الذي هو من תכסו על השה وعلى زنة וממר

[1] D. 172, 7; N. 117, 3. — [2] D. 172, 14; N. 117, 9.

---

*wattêrad* (*Jér.* xiii, 17), et *nâḳeʿâh* de *nâḳaʿ*; on les aurait employées à la fois (dans le même verset, *Ez.* xxiii, 18), parce que les sens s'accordent et que la prononciation des deux mots est presque la même.

*Râdad.* Aboû Zakariyâ a laissé de côté une partie de la forme lourde *hêrêd*, type *hêsêb* ou *hêrad*, type *hêḳal*, dont le futur est *wayyârêd* (I *Rois*, vi, 32), qui signifie : Il étendit. Le sens du verset est : Il étendit l'or sur les sculptures, comme il est dit verset 35, où l'on emploie *weṣippâh*. Cette racine s'accorde avec le syriaque, puisque *wayyeraḳḳeʿou* (*Ex.* xxxix, 3) est rendu dans le Targoum par *weradîdou*, et *riḳḳouʿê* (*Nomb.* xvii, 3) par *redîdîn*; *wayyâréd* est donc dans le sens de *wayyeraḳḳaʿ*.

*Râkak.* Aboû Zakariyâ dit : « Je ne pense pas que *môrék* (*Lév.* xxvi, 36) soit de cette racine. » Il en est assurément, selon moi. Ce mot peut être pour *mérék*[1], type *mékés* (*Nomb.* xxxi, 28), de *tâkôssou* (*Ex.* xii, 4), et *mémér* (*Prov.* xvii, 25), de *merôrôt* (*Job*, xiii,

[1] Voy. *Riḳmâh*, 39, 37.

ליולדתו الذى هو من כי תכתב עלי מררות الا ان الاصل فى מרך מרכך كما قال آز فى מכס[1] ان اصله מכסס وفى ממר[2] ان اصله ממרר وقد علمت انهم كثيرا ما يعوضون بالسواكن اللينة من نقصان الكلمات كما يعوضون بالتشديد على ما قد بيّنه آز فى كتابيه فاقول ان الساكن اللين الذى بين الميم والراء فى מרך يمكن ان يكون عوضا من الكاف الذاهبة منه اذ اصله ان يكون מרכך كما قلت وليس التعويض من النقصان شرطا لازما لكل ما نقص منه شى فكثيرا ما يتركون من التعويض فاعلمه

רמם[3] ذكر منه نوعا واحدا وهو ורמה תכסה עליהם واغفل نوعا اخر وهو וראה ראש כוכבים כי רמו والثقيل ורומם תחת לשוני على زنة אשר עולל לי والمستقبل יחד לא ירומם על כן לא תרומם وليست هذه الثلاثة احرف اعنى ורומם ירומם תרומם معتلة العين مضاعفة

[1] D. 161, 5; N. 111, 2. — [2] D. 164, 7; N. 112, 21. — [3] D. 172, 15; N. 117, 24.

26); seulement, *mérék* est primitivement *mirkak*, comme Aboû Zakariyâ dit de *mékés* que la forme primitive en est *miksas*, et de *mémér* qu'il est pour *mimrar*. On sait que, pour l'abréger, on compense souvent un mot tout aussi bien par des quiescentes douces que par des *dâgêsch*, comme Aboû Zakariyâ l'expose dans ses deux traités. Donc la quiescente douce qui se trouve entre le *mêm* et le *rêsch* de *môrék* peut y être en compensation du *kaf* tombé, puisque, d'après ce que nous venons de dire, *môrék* serait pour *mirkak*. Mais cette compensation de ce qui a été retranché n'est pas une condition obligatoire pour chaque mot qu'on a abrégé, et bien souvent on s'abstient de compenser. Sache-le.

*Râmam.* Aboû Zakariyâ cite bien un sens, celui de *Job*, XXI, 26, mais il en passe un autre, celui de *râmmou* (*Job*, XXII, 12); à la forme lourde, *rômam* (*Ps.* LXVI, 17), type *'ôlal* (*Lament.* I, 12), au futur, *yerômêm* (*Os.* XI, 7), *terômêm* (*Job*, XVII, 4). Ces trois

مثل ארוממך ה׳ כי דליתני וירוממוהו בקהל עם فان هذين متعديان
وتلك غير متعدّية ومما يدل على ذلك ايضا قولهم عند صلة هذا
الفعل بضمير الجمع רמו מעט فعل ماضٍ مشدد على زنة וימררהו
ורבו وقد ارى ان افسر لك هذه الالفاظ لترى انها غير متعدية
على ما قلت فاقول ان تفسير ורומם תחת לשוני فعظم وجل في لساني
اى اني عظمته بلساني وتفسير יחד לא ירומם فجميعا ما يعلو ولا
يرتفع يقول ועמי תלואים למשובתי ואל על יקראהו יחד לא ירומם ان
قومي منوطون بملاجّتي ومخالفتي فيدعوهم الانبياء الى العلو يعني
الى طاعة الله التي هي اعلى الدرجات فجميعا ما يعلو ولا يرتفع
ومثل ואל על الذي تفسيره علو יקרא אל השמים מעל وهذه
الاسماء المحذوفة من الافعال المعتلة اللام قد كثر استعمال العبرانيين

---

derniers mots ne dérivent pas de *roum* avec le troisième radical redoublé, comme *ărômimkâ* (*Ps.* xxx, 2), *wîrômemouhou* (*ibid.* cvii, 32); car ces deux mots sont transitifs, tandis que les trois précédents ne le sont pas. Une autre preuve, c'est l'existence du parfait *rômmou* (*Job*, xxiv, 24), type *wârôbbou* (*Gen.* xlix, 23), où, par suite de l'addition du suffixe pluriel, on a mis un *dâgêsch* dans le *mêm*. Je vais donner l'explication des trois versets où ces mots se trouvent, pour qu'on voie que, comme je l'ai dit, le verbe y est intransitif. Ainsi *Ps.* lxvi, 17, veut dire : Il est exalté et glorifié sous ma langue, c'est-à-dire je l'exalte avec ma langue. Le passage d'*Os.* xi, 7, signifie : Tous ensemble ils ne montent ni ne s'élèvent, et le verset tout entier doit être traduit : Mon peuple s'opiniâtre à lutter contre moi, à me contrarier; les prophètes l'appellent vers la hauteur, c'est-à-dire vers l'obéissance de Dieu, qui est le degré le plus élevé, mais tous ensemble ils ne montent ni ne s'élèvent. Nous avons rendu *ʿal* par hauteur, comme *mêʿâl* (*Ps.* l, 4), d'après l'usage fréquent que font les Hébreux des

لها مثل והתוית תו כי צו לצו צו לצו קו לקו קו לקו وتفسير רמו מעט ואיננו ارتفعوا قليلا ثم اضمحلوا وتلفوا ولم يوجدوا وهذا المعنى موافق لمعنى ראיתי רשע עריץ ומתערה כאזרח רענן ויעבר והנה איננו ואבקשהו ולא נמצא والانفعال من هذا النوع على القياس الذى سطره آز فى ذوات المثلين נרום ירום ירומו אותם וירמו הכרובים والامر הרם הרמו מתוך העדה הזאת هذا اعتقادى فى هذه الالفاظ قياسا منى عليها برأى آز فى ذوات المثلين فى باب الانفعال اذ يقول فيه[1] لما وجدت וכן נגוזו ועבר ונגלו כספר השמים הרים נזלו مشددة علمت انها انفعال من ذوات المثلين والواحد منها غير المتصل على القياس الصحيح נגז נגל נזל والمستقبل יגז יגל יזל بتشديد فاء الفعل لاندغام نون الانفعال فيه فان وصلتها شددت الاواخر

[1] D. 148, 26 et suiv.; N. 102, 32 et suiv.

noms abrégés de racines au troisième radical faible, comme *tâw* (*Ez.* IX, 4), *ṣaw* (*Is.* XXVIII, 10), *ḳaw* (*ibid.*). Le verset de *Job*, XXIV, 24, doit être traduit : Ils s'élèvent un peu, puis ils disparaissent et périssent, et on ne les trouve plus. La même pensée est exprimée *Ps.* XXXVII, 35 et 36. — Le *nifal* de ce sens, d'après la règle établie par Aboû Zakariyâ pour les racines géminées, est *nârôm*, *yêrôm;* ainsi *yêrômmou* (*Ez.* X, 17), *wayyêrômmou* (*ibid.* 15), impératif *hêrômmou* (*Nomb.* XVII, 10). Mon opinion au sujet de ces mots se fonde sur l'avis d'Aboû Zakariyâ, dans le chapitre du *nifal* des verbes géminés; il s'y exprime ainsi : « Ayant trouvé *nâgôzzou* (*Nah.* I, 12), *wenâgôllou* (*Is.* XXXIV, 4), *nâzôllou* (*ibid.* LXIV, 2) avec *dâgêsch*, j'ai su que ces mots étaient des *nifal* des verbes géminés, et que le singulier sans suffixe devait en être régulièrement *nâgôz*, *nâgôl*, *nâzôl*. Le futur est *yiggôz*, *yiggôl*, *yizzôl* avec *dâgêsch* dans le premier radical, à cause de l'insertion du *noun* qui marque le *nifal;* avec les suffixes, la lettre finale prend aussi *dâgêsch*,

لرجوع المثل الساقط عند الاتصال وتركت ما بعد الزوائد مشددة
كما كان تقول יגזו יגלו יזלו والامر הגז הגל הזל والمتصل הגזו הגלו הזלו
هذا نص قوله فقِسْ هداك الله على וירמו הכרובים ירומו אותם הרמו
מתוך بمثل قوله وحكمه في יגל יגלו הגלו تجدها انفعالا من ذوات
المثلين وقد ادخلها آز في المقالة الثانية من كتاب حروف اللين على
انها افتعال من فعل معتل العين اعنى רם ירום ولست اقول ان
قياسه فيه غير جائز لكنى اقول انا لما وجدنا רמם في معنى רם راينا
حمل هذه الالفاظ على רמם اذ لم يمنع من ذلك القياس واذ لم
يستعمل الادغام في اللامات المضاعفة من الافعال المعتلة العينات فان
قال قائل كيف انكرت ادغام اللام المضاعف من الافعال المعتلة
العينات وقد ادخل آز[1] גם מדמן תדמי في الافعال المعتلة العينات

[1] D. 74, 19 (incorrect); N. 45, 2.

---

parce que l'addition du suffixe fait reparaître la lettre semblable tombée, mais le *dâgêsch* qui suivait les préfixes n'en reste pas moins. On dit donc *yiggôzzou*, *yiggôllou*, *yizzôllou*. L'impératif est *higgôz*, *higgôl*, *hizzôl*, au pluriel *higgôzzou*, *higgôllou*, *hizzôllou*.» Voilà textuellement les paroles d'Aboû Zakariyâ. En appliquant, que Dieu te guide, à *wayyêrômmou*, *yêrômmou*, *hêrômmou*, le jugement qu'il porte sur les formes dérivées de *gâlal*, tu vois que ce sont des *nifal* de *râmam*. Cependant Aboû Zakariyâ, dans le second chapitre de son Traité des lettres douces, les prend pour des *hitpaël* de *roum*. Je ne veux pas soutenir que cela soit impossible, mais puisque la racine *râmam* se rencontre avec le sens de *roum*, nous avons cru devoir y ranger ces mots, d'abord parce que l'analogie ne le défend pas, ensuite parce qu'on n'emploie pas l'insertion par *dâgêsch* du troisième radical redoublé dans les verbes au second radical faible. Cependant, on pourrait nous opposer le mot *tiddômmî* (*Jér.* XLVIII, 2), qu'Aboû Zakariyâ place

כדמה בתוך הים وقال فيه ان اصله תתדממי תתפעללי قلنا له ان آز لم يقطع بهذا الراى فيه بل قاله على سبيل الامكان لا على القطع وذلك مسطور فى المقالة الثانية من كتاب حروف اللين عند ذكره لهذه اللفظة ومما يدل على ضعف هذا الرأى فيه عنده وان اعتقاده فيه غير هذا قوله فى باب الانفعال من كتاب ذوات المثلين عند ذكره للضرب من الانفعال الذى على وزن ונגלו כספר השמים واحسب גם מדמן תדמי من هذا الضرب من الانفعال هذا هو الوجه والقياس[1] فقوله فى هذا هو الوجه والقياس دليل على اعتقاده لهذا الراى فيه دون غيره وما اظنه مال اليه الا للعلة التى ذكرتها لك من ان مثل هذا التضعيف لا يدغم فان راجعنا

[1] D. 149, 13 ; N. 103, 16.

---

dans la racine *doum* à côté de *kedoummâh* (*Ez.* XXVII, 32), en ajoutant que la forme primitive serait *titdômemî*, type *titpô'lelî*. Nous répondons qu'Aboû Zakariyâ n'a pas donné cette opinion comme décisive, mais seulement comme possible, ainsi qu'il est écrit dans le second chapitre du Traité des lettres douces, à l'endroit où il mentionne ce mot. Mais ce qui prouve encore davantage que lui-même considérait cette opinion comme faible, et qu'il pensait à cet égard autrement, ce sont ses paroles dans le chapitre du *nifal* du Traité des verbes géminés; car, en donnant l'espèce du *nifal* qui a *nâgôllou* pour type, Aboû Zakariyâ ajoute : «Je pense que *tiddômmî* est de cette espèce, car c'est la vraie explication et la règle.» Ces derniers mots, «c'est la vraie explication et la règle,» montrent bien que c'est l'avis auquel il s'est arrêté, à l'exclusion de l'autre, et je pense que la raison déterminante pour lui a été celle que j'ai mentionnée, à savoir que les lettres ainsi redoublées ne s'insèrent pas. Si l'on revenait encore à la

فقال فانهم قد قالوا תקוננה אותה بالادغام وهو معتل العين
مضاعف اللام قلنا له انه لما اجتمع فى תקוננה ثلاث نونات احداها
لام الفعل الاصلية والثانية اللام المضاعفة والثالثة علامة التأنيث
ثقل اظهارها على اللسان فادغموا النون المضاعفة فى النون التى هى
علامة التأنيث وليس مثل הרמו ותדמי اللذان احدى لامَىْ كل
واحد منهما مندغمة فى الاخرى واعلم انه ليس يجوز أن يكون ירומו
אותם וירמו הכרובים הרמו מתוך העדה افتعالا من ורומם תחת לשוני
لان الافتعال من ذوات المثلين لا بد من اظهار المثلين فيه من
غير ادغام من اى ضربَيْه كان على ما تقدم من تبيينى لذلك فى
باب זכה واعلم انه حسن عندى جدا ان يكون עתה ארומם
انفعالا من هذا الاصل ويكون الاصل فى الراء التشديد وجاء
كاملا بظهور المثلين فيه

---

charge pour nous citer *teḳônênnâh* (*Ez.* xxxii, 16) comme exemple d'une insertion dans un verbe au deuxième radical faible et au troisième radical redoublé, nous répliquerions : dans ce dernier mot, il se trouvait trois *noun* réunis, le *noun* troisième radical, le *noun* du redoublement et un *noun* qui marque le féminin; il était donc difficile de les prononcer sans insérer le *noun* du redoublement dans celui qui désigne le féminin; il n'en est pas de même pour *hêrômmou* et *tiddômmî*, où l'une des deux lettres géminées est insérée dans l'autre. Notez que *yêrômmou*, *wayyêrômmou* et *hêrômmou* ne peuvent pas être non plus des *hitpaël* de *rômam*, car le *hitpaël* des racines géminées, n'importe à laquelle des deux espèces elles appartiennent, doit absolument montrer les deux radicaux semblables sans insertion. Voyez ci-dessus, à la racine *zâkâh* (p. 129). — A mon avis, *êrômâm* (*Is.* xxxiii, 10) est un *nifal* de cette racine, où le *rêsch* devrait avoir un *dâgêsch*, et où la racine restée complète présente les deux radicaux semblables.

רנן[1] اغفل منه شخصا واحدا وهو ما لم يسم فاعله רנן ובכרמים לא ירנן وادخل[2] מתרונן מיין في حيز الفعل الخفيف مع ותרן לשון אלם ברן יחד ثم قال والثقيل جاء على الاصل הרנינו לאלהים עוזנו ולב אלמנה ארנן وثقيل اخر ובאו ורננו وانا اقول ان מתרונן ثقيل ثالث والقياس عليه רונן ירונן والافتعال منه התרונן מתרונן מיין ولو انه من ורננו במרום ציון لكان מתרנן على زنة מתהלל واقول ايضا ان كون מתרונן מיין في غير معنى ותרן לשון אלם اولى

רקק[3] اغفل منه نوعا واحدا وهو וכי ירק הזב לא חשכו רק עד בלעי רקי الا انه نبه عليه في كتاب حروف اللين ولم يبين اصله[4] واشتداد قاف רקי يدل على انه من ذوات المثلين

[1] D. 172, 17; N. 117, 27. — [2] D. 172, 21; N. 117, 29. — [3] D. 173, 4; N. 118, 1. — [4] D. 54, 10-11; N. 30, 32-34. Voy. ci-dessus, p. 53, note 1.

---

*Rânan.* Il manque le passif *yerounnân* (*Is.* XVI, 10), et, d'un autre côté, *mitrônên* (*Ps.* LXXVIII, 65) est placé avec la forme légère *wetârôn* (*Is.* XXXV, 6), *beron* (*Job*, XXXVIII, 7). Aboû Zakariyâ ajoute : «La forme lourde (du *hifil*) régulière se trouve *Ps.* LXXXI, 2; *Job*, XXIX, 13, et l'autre (du *piël*) *Jér.* XXXI, 12.» Je pense que *mitrônên* est une troisième espèce de la forme lourde et présente le *hitpaël* de *rônên;* car, de *werinnenou* (*ibid.*), on dirait *mitrannên*, type *mithallêl* (*Prov.* XXV, 14). Je crois aussi qu'il est préférable de donner à *mitrônên* un autre sens qu'à *wetârôn*[1].

*Râḳaḳ.* Aboû Zakariyâ a passé un sens qui se trouve *Lév.* XV, 8; *Job*, XXX, 10, et VII, 19. Il a bien remarqué ces mots dans son Traité des lettres douces, mais il ne leur attribue pas de racine. Cependant, le *dâgêsch* dans le *ḳôf* de *rouḳḳî* prouve la racine *râḳaḳ*.

[1] *Mitrônên* n'est pas cité dans le *Kitâb al-ouṣoul;* mais on peut voir Ḳamḥî, *Lexique*, s. v.

שדד[1] اغفل منه شخصا واحدا وهو ما لم يسم فاعله שדד מואב כהתימך שודד תושד الاصل منه תושדד على زنة תושלך والشدة في الشين عوض من المثل الساقط الا ان תושד ليس من صيغة שדד מואב لانهم لو ارادوا المستقبل من שדד מואב لقالوا תשדד على زنة ביום שידבר בה תקלל חלקתם בארץ انما תושד من صيغة الثقيل الذى بزيادة الهاء اعنى הושד תושד الاصل فيه השדד תשדד على زنة השלך תשלך ومثله עד כמון יסב יכת שער

שחח[2] اغفل منه قسم الفعل الثقيل وهو השח השפיל واغفل منه ايضا شخصا واحدا وهو الافتعال من الثقيل على بنية פועל מה תשתוחחי נפשי

שמם قال في هذا الباب[3] ישמו ישרים על זאת שמו שמים על הר ציון ששמם לאמר שממה ويمكن ان يكون ישם וישרק منه وجعل

[1] D. 173, 12; N. 118, 9. — [2] D. 175, 6; N. 118, 22. — [3] D. 175, 19 et et suiv.; N. 118, 30 et suiv.

---

*Schâdad.* Aboû Zakariyâ a laissé de côté le passif *schouddad* (*Jér.* XLVIII, 15) et *touschschad* (*Is.* XXXIII, 1) pour *touschdad*, type *touschlak*, où le *dâgêsch* du *schîn* doit compenser l'une des lettres semblables qui est tombée. Bien entendu, *touschschad* n'est pas de la même forme que *schouddad*, car le futur de ce passif serait *teschouddad*, comme *schéyyedoubbar* (*Cant.* VIII, 8), *teḳoullal* (*Job*, XXIV, 18), mais du passif de la forme lourde, avec *hê* préfixe, *houschschad* pour *houschdad*, etc. type, *houschlak*, etc. comme *youssab* et *youkkat*.

*Schâḥaḥ.* Il manque une section de la forme lourde, *hêschaḥ* (*Is.* XXV, 12), et le *hitpaël* de la forme lourde du type *pôʿêl*, *tischtôḥăḥî* (*Ps.* XLII, 6).

*Schâmam.* Aboû Zakariyâ cite de cette racine *Job*, XVII, 9; *Jér.* II, 12; *Lam.* V, 18; *Ez.* XXXV, 12; puis il s'exprime ainsi : « *Yisch-*

تشديد الشين عوضا من النقصان فاما תשומם فتشديد الشين
فيه لانه תתשומם هذا نص قوله وكذلك قال عن תשומם فى المقالة
الثانية من كتاب حروف اللين فى باب רום[1] ان الاصل فيه תתשומם
قال مروان الاطّراد فى اللغة العبرانية فى كل فعل فاءه شين ان يكون
تاء الافتعال فيه متأخرة من الشين الا فى لفظة واحدة جاءت
نادرة فحفظت وحكيت وقد استثنى بها آز فى كتاب حروف اللين
وتلك اللفظة هى והתשוטטנה[2] فما ادرى كيف يقول آز ان الاصل فى
תשומם תתשומם ولذلك اشتدّ الشين وما اعدّ هذا الا وهما منه
وغفلة فلو كان عنده شاذا مثل והתשוטטנה لوجب عليه ان يبين
ذلك والدليل على انه ليس كما زعم ان الافتعال الصحيح قد جاءنا

[1] D. 92, 16; N. 55, 23. — [2] D. 51, 2; N. 28, 32.

---

*schôm* (*Jér.* XIX, 8) peut être de la même racine et le *dâgêsch* du *schîn* compenser la lettre qui manque; mais, dans *tischschômêm* (*Eccl.* VII, 16), le *dâgêsch* du *schîn* provient de ce que ce mot est pour *titschômêm*. » Dans le second livre de son Traité des lettres douces, article *roum*, il dit également que *tischschômêm* est pour *titschômêm*. Marwân dit : Cependant, d'après la règle généralement suivie en hébreu pour les verbes dont le premier radical est *schîn*, le *tâw* du *hitpaël* doit être placé après le *schîn*, à l'exception d'un seul mot qui, à cause de sa singularité, est retenu et cité, et qu'Aboû Zakariyâ lui-même donne comme exception dans son Traité des lettres douces, à savoir *wehitschôṭaṭnâh*; comment alors l'auteur a-t-il pu dire que la forme primitive de *tischschômêm* est *titschômêm*, et attribuer à cette cause le *dâgêsch* du *schîn*? C'est, à mon avis, une inadvertance et un oubli de sa part, car, s'il avait considéré ce mot comme irrégulier à l'instar de *wehitschôṭaṭnâh*, il aurait dû le dire clairement. Mais ce qui prouve qu'il n'y a rien d'exact dans ce que prétend Aboû Zakariyâ, c'est que nous avons

من שמם على حقه وواجبه بتقدم الشين على التاء قالوا בתוכי ישתומם לבי ואשתומם על המראה فاقول ان תשומם يحتمل عندى وجهين على القياس احداهما ان يكون الشدة للتعويض مثلها فى ישם וישרק وفى ואכת אתו טחון وفى מה אקב وفى ותתם השנה ההוא وفى ידוד ממך والوجه الثانى ان اقول فى תשומם مثل ما قلته فى הזכו اعنى ان الوجه كان فيه תשתומם على حقيقة الافتعال من تأخر التاء عن فاء الفعل اذا كان شينا فابدلوا من تاء الافتعال شينا ثم ادغموا احدى الشينين فى الاخرى فقالوا תשומם بتشديد الشين فان قال قائل كيف جوّزت كون الشدة فى תשומם عوضا وليس فى الكلمة نقصان يمكن ان تكون هذه الشدة عوضا منه وانما قال آز فى الشدة التى فى ישם انها للعوض من اجل نقصان[1] اللام منه

[1] D. 176, 1; N. 118, 32.

---

des exemples du *hitpaël* régulier de *schâmam*, où, d'après ce qui est juste et nécessaire, le *schîn* précède le *tâw* : *yischtômêm* (*Ps.* CXLIII, 4), *wâ'eschtômêm* (*Dan.* VIII, 27). Je pense que *tischschômêm* peut être expliqué régulièrement de deux manières : le *dâgêsch* peut être signe de compensation, comme dans *Jér.* XIX, 8; *Deut.* IX, 21; *Nomb.* XXIII, 8; *Gen.* XLVII, 18; *Nah.* III, 7; ou bien le mot, comme je l'ai dit pour *hizzakkou* (art. *zâkâh*), est pour *tischtômêm*, forme régulière du *hitpaël*, dans laquelle le *tâw* suit le premier radical parce que c'est un *schîn*; seulement, après avoir changé le *tâw* en *schîn*, on a inséré l'un des deux *schîn* dans l'autre, ce qui donne *tischschômêm* avec *dâgêsch* dans le *schîn*. On objectera : Comment peut-on admettre que le *dâgêsch* de *tischschômêm* soit signe de compensation, puisqu'il ne manque rien dans ce mot que le *dâgêsch* puisse compenser? Si Abou Zakariyâ a dit du *dâgêsch* de *yischschôm* qu'il sert à compenser, c'est que le troisième radical

وתשוממ تامّ لا نقصان فيه فالشدة فيه اذا لغير تعويض اجبته
انهم لما جعلوا الشدة في ישם وفي תשם عوضا من النقصان ثم
كمّلوا بنية תשם وقالوا תשוממ ابقوا الشدة التي كانت في תשם
عوضا بحسبها وان كانوا قد ردوا الى اللفظة ما كان نقص منها كما قال
آز انهم فعلوا في יכת שער الذي جعلوا فيه تشديد الكاف عوضا
عن المثل الساقط ثم لما وصلوه بواو الجماعة وردوا المثل الساقط
مندغما على العادة ابقوا الكاف على تشديدها وقالوا וכל פסיליה
יכתו[1] وكما فعلوا في ויסב אלהים את העם الذي جعلوا التشديد فيه
عوضا من النقصان ثم لما وصلوه بواو الجماعة وردوا المثل الساقط
مندغما ابقوا الشدة التي كانت في ויסב عوضا من المثل الساقط

[1] D. 161, 17-20; N. 111, 11-13.

---

manque; mais *tischschômêm* est complet, rien n'y manque, et le *dâgêsch* doit donc y être pour une autre raison. Je réponds : Une fois que le *dâgêsch* est placé dans *yischschôm* et *tischschôm* en compensation d'une lettre qui manque, on laisse ce signe à sa place après avoir complété la forme, comme dans *tischschômêm*, bien que la portion absente ait été restituée. Aboû Zakariyâ dit lui-même : «Dans *youkkat* (*Is.* xxvi, 12), on a mis dans le *kaf* le *dâgêsch* destiné à compenser celle des lettres semblables qui manque, *dâgêsch* qu'on a conservé dans *youkkattou* (*Mich.* i, 7), bien qu'après l'addition du *wâw* pour le pluriel on ait restitué la lettre tombée en l'insérant, comme c'est l'habitude.» — «On a encore fait de même pour *wayyassêb* (*Ex.* xiii, 18) : le *dâgêsch* doit y compenser la lettre absente; puis, après l'addition du *wâw* pour le pluriel et la restitution par l'insertion de l'une des lettres semblables tombée, on n'en a pas moins conservé le *dâgêsch*, qui, dans *wayyassêb*, n'était qu'un signe de compensation; et l'on a dit *wayyassêbou* (I

بحسبها فقالوا ויסבו את ארון ה'[1] وكفعلهم في كل ימי השמה فان
شدة الشين فيه بزعم آز عوض من النقصان الذى كان في השם
فلما وصلوه بعلامة التأنيث شددوا الميم منه لرجوع ذلك
النقصان مندغما وبقيت الشدة التى كانت تعويضا[2] هذا راى آز في
هذه الالفاظ وفي كل ما اشبهها فكذلك اقول انا ان الشدة في
תשוממ عوض من النقصان الذى كان ينقص من תשם فلما ردوا
ذلك النقصان في תשוממ بقيت الشدة بحسبها فان قال انا لم نجد
תשם كما وجدنا יכת שער وكما وجدنا ויסב אלהים את העם قلنا له
ان كنا لم نجد תשם بالفعل فقد وجدناه بالقوة بوجودنا ישם
ووجودنا אשם ואשאף لا سيما ان القياس يوجب كونه ويوجدناه
بوجودنا תשוממ كما وجد آز השם بالقياس لما وجد השמה مستعملا

[1] L. 165, 22-25; N. 113, 20-24. ה' est pour אלהי ישראל. — [2] D. 176, 4-6; N. 118, 35 et suiv.

---

*Sam.* v, 8).» Un exemple est encore fourni par *hoschschammâh* (*Lév.* XXVI, 34); «le *dâgêsch* du *schîn* compensait, d'après Aboû Zakariyâ, ce qui était omis dans *hoschscham;* puis, après avoir ajouté la marque du féminin, on a donné un *dâgêsch* au *mêm* pour rétablir par l'insertion la lettre qui manquait, mais le *dâgêsch* de compensation est également resté.» C'est l'avis d'Aboû Zakariyâ pour tous ces mots et pour tous ceux qui leur ressemblent. Je soutiens de même que le *dâgêsch* de *tischschômêm*, qui devait suppléer à la lettre qui manquait dans *tischschôm*, a été conservé tel qu'il était, malgré la restitution de cette lettre. Il est vrai que nous ne rencontrons pas le mot *tischschôm*, comme on trouve *youkkat* et *wayyassêb;* mais s'il ne se présente pas en fait, il n'existe pas moins en puissance, par *yischschôm* et *éschschôm* (*Is.* XLII, 14), surtout que le raisonnement nécessite une forme *tischchôm* et nous la fait découvrir dans *tischschômêm*, comme Aboû Zakariyâ lui-même a supposé *hoschscham*, après avoir trouvé *hosch-*

وقد يجوز عندى فى ישם وתשומם ايضا ان يكونا انفعالا قياسا عليهما بقول آز فى יגז وיגל وفى גם מדמן תדמי ويكون ישם ناقص اللام وתשומם كاملا كما ذكرت لك فى ארומם وكما ان תגל ערותך ناقص وתגלה ערותך كامل فان قال قائل ان الانفعال من שמם لم يأت على هذا الضرب اعنى على נשם فيكون المستقبل منه ישם תשומם بل انما اتى على الضرب الثانى اعنى ונשמו הכהנים נשמה כל הארץ على زنة ונדמו נאות השלום فالمستقبل اذا منه انما يجب ان يكون ישם او ישמם على زنة כל אנשי מלחמתה ידמו פן תדמו בעונת قلنا له انا وان كنا لم نجد الماضى من هذا الضرب من الانفعال فالمستقبل دالّ عليه كما ان وجداننا את כל אשר אני דבר אליך دال على الفعل الماضى الخفيف وان كنا لم نجده وكما ان وجداننا ايضا גם מדמן תדמי

---

*schammâh*. On peut aussi prendre *yischschôm* et *tischschômêm* pour des *nifal*, en leur appliquant ce qu'Abou Zakariyâ dit de *yiggôz*, *yiggôl* et de *tiddômmî;* seulement *yischschôm* serait le mot abrégé, et *tischschômêm* le mot complet, comme nous l'avons dit pour *êrômêm* (p. 226, fin) et comme *tiggâl* (*Is*. XLVII, 3), qui est abrégé, se trouve ainsi que *tiggâléh* (*Ez*. XVI, 36), qui est complet. On pourrait nous faire remarquer que le *nifal* de *schâmam* ne suit pas ce modèle, c'est-à-dire, n'est pas *nâschôm*, pour que le futur en soit *yischschôm*, *tischschômêm*, mais qu'il suit l'autre modèle *wenâschammou* (*Jér*. IV, 9), *nâschammâh* (*ibid*. XII, 11), selon la forme de *wenâdammou* (*ibid*. XXV, 37), et le futur devrait donc être *yischscham* ou *yischschâmêm*, comme *yiddammou* (*Jér*. L, 30), *tiddammou* (*ibid*. LI, 6). Nous répondons que, tout en ne trouvant pas le parfait de cette forme du *nifal*, il ne nous est pas moins démontré par le futur; ainsi *dôbêr* (*Ex*. VI, 29) suffit pour démontrer l'existence du parfait de la forme légère, bien qu'on n'en rencontre aucun exemple; puis *tiddômmî*, qu'Abou Zakariyâ prend pour un

وهو عند آز انفعال مستقبل موجب لجواز נדום في الماضى وان كنا لم نجده اذ لا يجوز ان يكون תדמי مستقبل ונדמו נאות השלום بل مستقبل נדום واغفل آز من هذا الاصل قسما ثقيلا على زنة פועל والقياس عليه שומם שוממתי ואשבה משומם وعسى ان يكون תשומם انفعالا من هذا القسم

שקק[1] اغفل من النوع الاول منه وهو בעיר ישקו شخصا واحدا متضاعفا وهو الافتعال ישתקשקון ברחבות وقولى فيه كقولى في התגלגלו وقد ابدلوا من المثل الواحد من ישקו حرفا لينا في שוקיו وفي שקים ولم يذكر ذلك آز

שרר[2] ذكر فيه نوعا واحدا وهو כי תשתרר עלינו גם השתרר واغفل نوعا اخر وهو וישר במגרה אם יתגדל המשור الشدة في המשור

[1] D. 176, 21; N. 119, 14. — [2] D. 177, 3; N. 119, 19.

---

futur du *nifal*, exigerait aussi la supposition d'une forme *niddôm* pour le parfait, bien que nous ne la rencontrions pas, car *tiddômmî* ne pourrait pas être le futur de *wenâdammou* (*Jér.* xxv, 37), mais bien le futur de *nâdôm*. — Aboû Zakariyâ a passé, dans cette racine, une forme lourde du type *pô'ël* qui, d'après l'analogie, serait *schômêm*, *schômamtî*, *meschômêm* (*Ezra*, ix, 3). Peut-être *tischschômêm* serait-il le *nifal* de cette forme.

*Schâḳaḳ*. Aboû Zakariyâ néglige dans le premier sens, représenté par *yâschôḳḳou* (*Joël*, ii, 9), le *hitpaël* d'une forme redoublée, *yischtaḳschekoun* (*Nah.* ii, 5), que j'explique comme *hitgalgalou*. Une des deux lettres semblables de *yâschôḳḳou* a été changée en lettre douce dans *schôḳâw* (*Cant.* v, 15) et *schôḳayim* (*Prov.* xxvi, 7). Aboû Zakariyâ ne mentionne pas ces exemples.

*Sârar*. Aboû Zakariyâ cite un sens, celui de *Nomb.* xvi, 13, et en passe un autre, celui de *wayyâsar* (I *Chr.* xx, 3) et de *hammassôr* (*Is.* x, 15); le dernier mot me paraît avoir un *dâgêsch* en

عندى عوض مما نقص منه واصله משרור على زنة מסלול ודרך وان
كان מסלול بِשרק وמשור بِחלם فكلاهما واحد ومثله عندى מבול
لانى اشتقه من בלתי בשמן רענן בלולה בשמן ومثله ايضا מעוז
פרעה المشتق من עזוז וגבור ولولا العين لظهر التشديد فيه
كظهوره فى המשור والاصل فيها كلها משרור מעזוז מבלול على زنة
מסלול ודרך המה רכליך במכללים والدليل على ان מעוז من ذوات
المثلين امتناعه من التغير عند الاضافة ولو انه من معتل العين كما
ظن فيه قوم لتغير عند الاضافة كتغير מעון فى قولهم מעון אריות
وتغير מקור فى قولهم מקור מים חיים وكتغير מצור فى قوله ואל
מצור ירושלם والبرهان الاكبر على ان מעוז من ذوات المثلين اشتداد
الزاى منه اذا وصلوه بالضمائر قالوا ערי מעוזו עזי ומעזי وازعم انهم
لو وصلوا מבול بالضمائر لشددوا منه اللام كتشديد زاى מעוז اذا

---

compensation de la lettre qui manque, et être pour *masrôr*, sur la forme de *masloul* (*Is.* xxxv, 8), qui est le même type, bien que celui-ci ait *schourék* et l'autre *ḥôlém*. Je range sous cette même forme *mabboul* (*Gen.* vi, 17), que je dérive de *ballôti* (*Ps.* xcii, 11), *beloulâh* (*Lév.* ii, 5, et vii, 17), puis *mâ'ôz* (*Is.* xxx, 3), que je dérive de *'izzouz* (*Ps.* xxiv, 8) et qui, sans le *'ayin*, aurait *dâgêsch* comme *hammassôr*. La forme primitive de tous ces mots est *masrôr, ma'zôz, mabloul*, comme *masloul* et *makloulîm* (*Ez.* xxvii, 24). On reconnaît que *mâ'ôz* vient de *âzaz*, parce qu'il reste immuable à l'état d'annexion; car s'il avait pour racine *'ouz*, comme on l'a prétendu, il changerait tout aussi bien que *mâ'ôn*, à l'état d'annexion *me'ôn* (*Nah.* ii, 12); *mâḳôr*, qui change en *meḳôr* (*Jér.* ii, 13); *mâṣôr*, qui devient *meṣôr* (*Ez.* iv, 7). Une preuve plus concluante encore pour l'origine de *mâ'ôz*, de *'âzaz*, est le *dâgêsch* que prend le *zayin*, lorsqu'on ajoute des suffixes, *Is.* xvii, 9; *Jér.* xvi, 19. A mon avis, le *lâméd* de *mabboul* prendrait aussi bien *dâgêsch*

وصلوه بها وهو الحكم فى משור لو استسهلوا تشديد الراء منه ولابقوا الشدة التى كانت فى باء מבול وشين משור للعوض كما فعل فى וכל פסיליה יכתו وفى ויסבו את ארון الذان بقيت فيهما الشدة التى كانت فى كل واحد منهما قبل صلته بالضمير للتعويض وقريب من هذا الوزن ايضا فى ذوات المثلين כמשק גבים فانه عندى من שקק والوجه فيه ان يكون כמשקו على زنة מכלל יפי وعلى زنة מהללק والشدة فيه عندى للتعويض من النقصان وكذلك ادخله آز فى باب שקק[1] ولما انكر قوم كونه من שקק مع انهم لم يأتونا فيه بوجه يلوح وزعموا انه لم يكن غرض آز فى ادخاله له فى هذا الباب الا [ان] يصل به الى ذكر שקק בו ارى ان افسره لك لاثبت عندك كونه من ذوات المثلين فاقول ان هذا القول مقول فى العدو

[1] D. 176, 21; N. 119, 14.

que le *zayin* de *mâʿôz*, si l'on y joignait des suffixes pronominaux, et l'on suivrait encore ce procédé pour *massôr*, si le *rêsch* admettait un *dâgêsch*. Le *dâgêsch* du *bêt* dans *mabboul* et celui du *sîn* dans *massôr*, qui ont pour but la compensation, subsisteraient, comme *youkkattou* (*Micha*, I, 7) et *wayyassêbbou* (I *Sam.* v, 8) conservent tous deux le *dâgêsch* qui, avant l'addition du suffixe, compensait la lettre absente. De ce type, appartenant aux racines géminées, se rapproche *kemaschschaḳ* (*Is.* XXXIII, 4), que je dérive de *schâḳaḳ*. Il devrait y avoir *kemischḳaḳ*, type *miklal* (*Ps.* L, 2), et *mahălâlô* (*Prov.* XXVII, 21); seulement, le *schîn* a un *dâgêsch* de compensation pour la lettre qui manque. Aussi Aboû Zakariyâ le cite-t-il dans la racine *schâḳaḳ*. Cependant, on a nié cette origine, sans nous donner aucune explication plausible : on prétend qu'Aboû Zakariyâ ne s'était pas proposé de rattacher *maschschaḳ* à cette racine, et qu'il ne l'avait cité qu'à cause de *schôḳêḳ* qui le suit. Pour cette raison, je veux expliquer le passage pour bien

المتقدم ذكره الذى قيل فيه הוי שודד ואתה לא שדוד فقال يخاطب
ذلك العدو ואסף שללכם אסף החסיל تفسيره ويجمع سلبكم جمع
الدمى يعنى كثرة ثم قال يخبر عنهم כמשק גבים שקק בו تفسيره
كدرس الجراد يدرسون فيه يعنى فى ذلك المكان وفائدتنا من قول
كدرس الجراد يدرسون هو علمنا بضعفهم وقلة منتهم الى الدفع
عن انفسهم وان كان שקק فاعلا فى اللفظ فهو فى المعنى مفعول او
منفعل ومثله ונפשו שוקקה الذى تفسيره باله مندرسة مترضضة
والدليل على صحة هذه العبارة فى שוקקה قوله והקיץ והנה עיף ונפשו
שוקקה وجعل שוקקה بازاء עיף وهذا الاصل فى تسميتهم الارض
الغل وهى التى لم يصبها مطر עיף ועיפה فقد استبان قولنا فى
כמשק גבים انه من ذوات المثلين عند كل من فيه خاصّة فهم واما

---

établir que *maschschaḳ* vient de *schâḳaḳ*. Il s'agit de l'ennemi qui a été mentionné auparavant, et auquel se rapporte le premier verset; (le prophète) s'adresse à cet ennemi et lui dit : Votre dépouille sera entassée comme s'entassent les petites sauterelles, c'est-à-dire en aussi grande quantité; puis il dit d'eux : Comme sont foulées les sauterelles, ils y seront foulés, c'est-à-dire dans cet endroit. Nous apprenons, par cette dernière phrase, la faiblesse de l'ennemi, qui n'a pas la force de se défendre. Le mot *schôḳêḳ* a bien la forme d'un participe actif, mais il a le sens d'un participe passif ou d'un participe d'un *nifal*, comme *schôḳêḳâh* (*Is.* xxix, 8), qui veut dire que son cœur est oppressé, brisé, et là le contexte prouve bien la vérité de la signification que nous donnons à ce mot, placé parallèlement à *'âyêf*, qui sert primitivement à dénommer la terre stérile qu'aucune pluie n'a atteinte. La dérivation de *maschschaḳ* de *schâḳaḳ*, que nous adoptons, doit être évidente pour tout homme le moins du monde intelligent. Quant au changement que fait l'orateur en passant de la seconde per-

انصراف المخاطب فى قوله ואסף שללכם عن المخاطبة الى الاخبار فى
قوله כמשק גבים שקק בו فان اهل البلاغة يسمون ما كان من هذا
النحو التفاتا وقد خرج بى الكلام الى غير ما كنت فيه معاندا
للون انكر كون המשור من ذوات المثلين على ما ساخبرك به فانا
عائد الى اكمال ما قد بقى على ذكره فى המשור وفى וישר במגרה فاقول
ان قولى ان الوجه فى המשור המשרור مجانس لقول ازّ فى ואכת אתו
טחון[1] ان الوجه فيه ואכתת واعلم ان الوجه فى וישר במגרה קמצות
السين على زنة ויסב فامتنع من ذلك لاجل الراء كامتناع וישר אל
מלאך وكامتناع ויסר אליה ויזר את הגזה ايضا منه وان كانا معتلى
العين بسبب الراء قد عرفك الله طريق الرشاد باعتقادى فى המשור
وفى המבול فاعلم ان غيرى يجعل המשור من מוסר ה׳ ويقول فيه هو

[1] D. 161, 13; N. 118, 8.

---

sonne employée dans la première moitié du verset, à la troisième personne employée dans la seconde moitié, c'est une figure de rhétorique appelée *iltifât*. Je me suis laissé entraîner loin de mon attaque obstinée contre ceux qui ont nié que *hammassôr* dérivât de *sârar*, comme je le rapporterai encore; je vais donc maintenant revenir et compléter ma pensée sur ce mot et sur *wayyâsar*. En disant que *hammassôr* est pour *hammasrôr*, je suis d'accord avec l'opinion qu'exprime Aboû Zakariyâ au sujet de *wâ'ékkôt* (*Deut.* IX, 21) pour *wâ'éktôt*. On devrait prononcer *wayyâsêr*, avec *ḳâméṣ* pour le *sîn*, type *wayyâsêb*[1]; mais le *rêsch* est un empêchement, comme il l'est pour *wayyâsar* (*Osée*, XII, 5), puis pour *wayyâsar* (*Juges*, IV, 18), *wayyâzar* (*ibid.* VI, 38), ces deux derniers des verbes au second radical faible. Telle est ma pensée, puisse Dieu t'indiquer le droit chemin, sur *hammaṣṣôr* et *hammabboul*. Un auteur a placé *hammassôr* à côté de *mousar* (*Deut.*

[1] Ibn Djanâḥ entend ici le petit *ḳâméṣ*, ou *ṣéré*.

السوط او نحوه مما يؤدب به ويجعل الشدة فى السين لاندغام فاء
الفعل فيه ويزنه بمכאוב ويجعل המכול من ונבלי שמים وانت تعلم
ان אם יתגדל המשור معطوف على היתפאר הגרזן فلا محالة انه من
الالات المجانسة له مع ملاءمة المعنى لهذا التفسير وتعلم ايضا ان
ונבלי שמים ازقاق وذلك كناية عن السحاب فـل: وفقك الله الى اى
المذهبين مال اليه فهمك

שתת لم يذكره שתו בשמים פיהם כצאן לשאול שתו الظاهر منه
من هاتين اللفظتين انهما من ذوات المثلين وربما كانت الشدة
فيهما لاندغام الساكن اللين الذى هو عين الفعل فى אשר סביב
שתו עלי

תלל[1] لما ذكر فى هذا الباب תל עולם על תלם על תלה על הר גבה

[1] D. 17, 9-11 ; N. 119, 26-27.

---

XI, 2) et l'a expliqué par un fouet ou quelque autre objet qui sert à corriger, en attribuant le *dâgêsch* du *sîn* à l'insertion du premier radical et en lui donnant pour type *makc'ôb*. Le même a dérivé *mabboul* de *niblê* (*Job*, XXXVIII, 37). Toutefois, le mot *massôr* étant parallèle au mot *garzén*, il s'agit sans doute d'un instrument analogue à la hache, et le contexte s'accorde avec cette interprétation. Quant à *niblê*, ce sont des outres, et le mot désigne, au figuré, les nuages. Adopte celle des deux opinions qui se recommande le plus à ton intelligence.

*Schâtat.* Manque. Cependant *schattou* (*Ps.* LXXIII, 9, et XLIX, 15) paraît être d'une racine géminée. Peut-être aussi le *dâgêsch* sert-il à l'insertion dans le *tâw* d'une quiescente douce, qui est second radical dans *schâtou* (*Ps.* III, 7).

*Tâlal.* Après avoir cité *têl* (*Deut.* XIII, 17), *tillâm* (*Jos.* XI, 13), *tillâh* (*Jér.* XXX, 18) et *tâloul* (*Ez.* XVII, 22), Aboû-Zakariyâ ajoute :

ותלול قال ولعل يكون من هذا المعنى ותוללינו שמחה بوجه من
الاوجه هذا نص قوله واما انا فاقسم بالله انى لا ادرى على اى وجه
يكون ותוללינו من هذا المعنى وما اظنه من هذا الاصل بتّة بل
هو عندى على الامكان والمقاربة من معنى יללתה واصله والتاء فيه
غير اصلية ومثله من ذوات الياء اسم למות תוצאות ومثله صفة
כשכיר כתושב واعتقد فى تفسيره واليلنا فرح لهم يقول سالونا
الغناء اذ اليلنا فرح لهم كما يعلم ان مصائب قوم مسرّات لاخرين
عدوهم

תמם[1] اغفل من النوع الثانى من هذا الجنس شخصا واحدا وهو
الافتعال עם גבר תמים תתמם الاصل فيه התתמם على زنة בקדוש
ישראל תתהלל אל תתהדר לפני מלך فادغموا تاء الافتعال فى التاء الذى

[1] D. 178, 7; N. 120, 11.

---

«Il se pourrait que *wetôlâlênou* (*Ps.* cxxxvii, 3) fût rattaché d'une manière quelconque au sens de ces mots.» Pour moi, je jure par Dieu que je ne sais de quelle manière *wetôlâlênou* pourrait avoir la signification de *têl*. Aussi, je ne pense pas du tout qu'il soit de cette racine; mais, à juger d'après ce qui est possible et probable, je pense qu'il est de la racine et du sens de *yilelâtâh* (*Is.* xv, 8); le *tâw* est une lettre accessoire, comme dans le nom *tôṣâ'ôt* (*Ps.* lxviii, 21) et l'adjectif *tôschâb* (*Lév.* xxv, 40), qui dérivent tous deux de racines au premier radical *yôd*. Je traduis : Notre gémissement est une joie pour eux. Le Psalmiste dit : Ils nous demandent des chants, alors que nos gémissements sont une joie pour eux, comme on sait que les malheurs d'une nation font plaisir à d'autres, qui sont leurs ennemis.

*Tâmam.* Il manque, dans le second sens de ce chapitre, une forme, à savoir le *hitpaël tittammâm* (*Ps.* xviii, 26) avec *dâgêsch* dans le second *tâw* pour *tittammâm* avec deux *tâw* consécutifs, comme *tithallâl* (*Is.* xli, 16), *tithaddar* (*Prov.* xxv, 6); seulement,

هو فاء الفعل ولذلك اشتدّ ولم يذكر فى هذا النوع فعلا انّما
اجتلب فيه الاسماء والصفات ولم يكن غرضه فى تأليفه الا الافعال
وقد وجدت منه فعلا ثقيلا والقياس عليه התם على زنة הסב او
התם على زنة הקל والمستقبل יתם بتشديد التاء للتعويض فى תתם
דרכיך على زنة ויסב אלהים את העם

باب الافعال المشكلة

וטאטאתיה במטאטא השמד اقرب الاقوال فيه عندى من غير قطع
انه فعل مبنى على هذه البنية وقد قيل فيه انه من لغة טיט وما
يبعد فى القياس

וכלכלתי אתך ולכלכל את שיבתך يجوز ان يكون مضاعفا من فعل

---

le *tâw* du *hitpaël* a été inséré dans le *tâw* qui est premier radical; de là le *dâgêsch*. Aboû Zakariyâ ne cite dans ce sens aucun verbe et ne réunit que des noms et des qualificatifs, bien qu'il ne se soit proposé dans cet ouvrage que de s'occuper des verbes. J'ai trouvé une forme lourde qui serait, au parfait, *hêtêm*, type *hêsêb* ou *hêtam*, type *hêḳal*, au futur *tattêm* (*Job*, XXII, 3), avec *dâgêsch* dans le *tâw* par compensation d'après le modèle de *wayyassêb* (*Ex.* XIII, 18).

DES VERBES D'UNE ORIGINE OBSCURE.

*Weṭi'ṭê'tîhâ* (*Is.* XIV, 23). Il me paraît le plus probable, sans que je veuille rien décider, que ce mot est un verbe indépendant. Cependant, on l'a rapproché de *ṭîṭ*, ce qui n'est pas impossible d'après l'analogie[1].

*Wekilkaltî* (*Gen.* XLV, 11), *oulekalkêl* (*Ruth*, IV, 15). Ils peuvent être le redoublement d'une racine au second radical faible, sur

[1] Voy. *Kitâb al-ouṣoul*, col. 270, où Ibn Djanâḥ prétend avoir dit ici, au contraire, que cette dérivation est impossible.

معتل العين على بنية מטלטלך ويجوز ان يكون مضاعفا من فعل ذى مثلين على مذهب סלסלה ותרוממך ويمكن ان يكون هذه الصيغة من اصله

כרכר מפזז ומכרכר

כמתלהלה הירה זקים وقد يجوز ان يقال فيه كل ما قيل فى וכלכלת אתך والاقرب انه من ותלה ארץ מצרים

ויתמהמה כי לולא התמהמהנו والمصدر ולא יכלו להתמהמה

וסכסכתי מצרים ואת איביו יסכסך

המצפצפים והמהגים אמרתך תצפצף

צעצעים يحتمل من الاوجه كل ما احتمله כמתלהלה ويحتمل ايضا ان يكون من فعل فاؤه ياء اعنى יצע לרבים ושק ואפר יציע היציע התחתנה مثل צאצאים فانه عندى من יצא

---

le type *metaltélekâ* (*Is.* XXII, 17), ou bien aussi le redoublement d'un verbe géminé, comme *salseléhâ* (*Prov.* IV, 8). Peut-être aussi dérivent-ils d'une racine à part.

*Karkar*. Voy. II *Sam.* VI, 16.

*Kemitlahlêha* (*Prov.* XXVI, 18). A ce mot on peut appliquer tout ce que j'ai dit au sujet de *wekilkaltî*. Probablement il est en rapport avec *wattélah* (*Gen.* XLVII, 13).

*Wayyitmahmah* (*Gen.* XIX, 16). Parfait, *ibid.* XLIII, 10; infinitif, *Ex.* XII, 39.

*Wesiksaktî* (*Is.* XIX, 2), *yesaksêk* (*ibid.* IX, 10).

*Hammeṣafṣefîm* (*Is.* VIII, 19), *teṣafṣêf* (*ibid.* XXIX, 4).

*Ṣaʿăṣouʿîm* (II *Chr.* III, 10). On peut lui appliquer toutes les explications de *kemitlahlêha*. Peut-être aussi ce mot a-t-il *yôd* pour premier radical; voyez *Est.* IV, 3; *Is.* LVIII, 5; I *Rois*, VI, 6, comme *ṣeʾĕṣâʾîm* (*Is.* XXII, 24), qui, à mon avis, dérive de *yâṣâʾ*.

וקרקר כל בני שת מקרקר קר

ושעשע יונק תורתך שעשעי ישעשעו נפשי وما لم يسم فاعله ועל

ברכים תשעשעו والافتعال בחקתיך אשתעשע يحتمل كل ما احتمله

כמתלהלה

שגשג ביום נטעך תשגשגי

תעתע והייתי בעיניו כמתעתע والافتعال ומתעתעים בנביאיו الاصل

فيه ומתתעתעים فادغموا تاء الافتعال في فاء الفعل ويجوز في هذا

الاصل كل ما جاز في כמתלהלה

قال مروان هذا جمع الله لك الخيرات واسعدك بالصالحات ما

جمعته واستلحقته لك مما وجدته متفرقا في المקרא فكملت به

الفنون الذين اجرى[1] اليهما آز وكان ذلك بعد اجتهاد مني فيه على

قدر الطاقة ومبلغ الامكان وحسب الحال التي انا فيها من شغل

[1] Le texte est corrompu. Nous proposons et traduisons الفَنَّيْنِ الذانِ.

---

*Weḳarḳar* (*Nomb.* XXIV, 17); *meḳarḳar* (*Is.* XXII, 5).

*Weschi'ăscha'* (*Is.* XI, 8). Voy. aussi *Ps.* CXIX, 77, et XCIV, 19; on trouve le passif, *Is.* LXVI, 12, et le *hitpaël*, *Ps.* CXIX, 16. Pour la racine, on peut admettre tout ce qui est permis pour *kemitlahlêha*.

*Sigsêg*. Voy. *Is.* XVII, 11.

*Ti'ta'* se trouve *Gen.* XXVII, 12; *hitpaël*, II *Chr.* XXXVI, 16, où le *tâw* du *hitpaël* est inséré dans le premier radical. Pour cette racine sont encore admissibles toutes les explications qu'on peut donner pour *kemitlahlêha*.

Marwân dit : Voici, que Dieu te comble de bonheur et de félicité, ce que j'ai recueilli et ajouté de ce que j'ai trouvé épars dans l'Écriture, et comment j'ai complété les deux catégories de racines étudiées par Aboû Zakariyâ. Mes efforts ont été proportionnés à mes facultés, à mes ressources, à mon état actuel de préoccupation et d'abattement. Je puis, moi aussi, avoir laissé de côté mainte

البال واضطراب الاحوال وعسى ان نكون قد ضيّعنا نحن ايضا بعض
ما اردنا استلحاقه لا بقصد منا لذلك لكن لما وصفته لك من طوارق
الغموم ومتكاثف الهموم وترادف الاسفار التى انا مجبر على اكثرها
فان وجدت انواعا او اشخاصا لم استلحقها ففتش عنها فى صدور
مقالات كتابى آز فانك تجده قد اشار هناك الى اكثرها ولذلك
ما استغنيت عن استلحاقها واما الاجناس فارجو [ان] لن تجد منها
غير ما استلحقته على الشريطة التى اشترطت بها فى صدر هذا
الكتاب وانى لارجو ايضا الا تجد من الانواع غير ما اودعته كتابى
هذا واما الاشخاص فربما وجدت منها قليلا فانها تفوت الذى يروم
حصرها كثرة واشتباها وعلم الله انى لم آلك نصحا واجتهادا ولقد
كررت המקרא كله اجمع فى جمعى لهذه الالفاظ ثمانى مرات وكفى

chose que j'aurais désiré ajouter, non pas à dessein de ma part, mais par suite de ce que je t'ai raconté de mes noirs soucis, de mes sombres préoccupations et de mes voyages continuels, pour la plupart forcés. Cependant, si tu rencontres des sens ou des exemples que je n'aie pas ajoutés, cherche-les dans les introductions des deux traités d'Aboû Zakariyâ. Tu trouveras alors qu'il y a touché à la plupart de ces mots, et j'ai cru dès lors superflu de les ajouter. Pour les racines, j'espère bien que tu n'en rencontreras pas en dehors de celles que j'ai ajoutées, bien entendu, en suivant la condition que j'ai posée dans la préface de cet ouvrage. J'ose espérer que, pour les sens aussi, tu n'en découvriras pas d'autres que ceux que j'ai cités. Tu pourras bien trouver de rares exemples qui, à cause de leur grand nombre et de leur ressemblance mutuelle, échappent à celui qui désire les embrasser tous. Dieu sait que ni la bonne volonté, ni l'effort sérieux pour toi ne m'ont fait défaut. Pour rassembler ces mots, j'ai relu avec soin huit fois l'Écriture entière; ceci prouve assez de soin et d'ardeur.

بذلك عناية واجتهادا فجملة ما ضمنته كتابى هذا اما الاجناس
التى لم يذكرها أز ولا اشار اليها اصلا فنيف على الخمسين ولو لم
استلحق فى كتابى هذا غيرها لقد كانت فى ذلك فائدة عظيمة واما
الانواع فنحو خمسين نوعا واما الاشخاص واقسام الافعال فنيف على
مائة واما الوجوه الجائزة الزائدة على الوجوه التى اجازها أز فنحو
عشرين واما المسائل التى شككتها عليه فنحو اربعين مسئلة سوى
فوائد كثيرة خارجة عما عددته لك ولولا حرصى على اتيان
مرغوبك ورغبتى فى ايثار محبوبك لكان لى فى بعض الاعراض
الملمة بى ما كان يمنعنى من تمامه ويشغلنى عن اتمامه ففرغ
لقرأته نفسك واشحذ لفهمه ذهنك فانه ستشرف منه على معان
شريفة واسرار لطيفة تزيدك الايام بها حرصا عليه واغتباطا

---

Aussi mon livre renferme-t-il dans son ensemble cinquante et quelques racines qu'Aboû Zakariyâ n'a ni mentionnées ni même effleurées. Si je m'étais borné à faire entrer ces racines dans mon ouvrage, j'aurais déjà fait une œuvre très-utile. Mais il y a encore environ cinquante sens et plus de cent exemples et sections de verbes; puis, une vingtaine d'explications admissibles que j'ai ajoutées à celles qu'Aboû Zakariyâ a déclarées possibles; enfin, une quarantaine de questions que j'ai soulevées contre lui, sans compter d'autres développements utiles qui n'entrent pas dans ce compte. Si je n'avais pas désiré t'accorder l'objet de tes vœux, et si je n'avais pas eu à cœur de me préoccuper surtout de ce que tu aimes, les accidents qui me frappent auraient pu m'empêcher de terminer ce travail et me détourner de le rendre aussi complet. Maintenant, adonne-toi à la lecture de ce livre et applique ton esprit à l'étudier, car, grâce à lui, tu t'élèveras jusqu'à la solution de questions importantes et l'éclaircissement de mystères délicats, ce qui, de jour en jour, doit augmenter ton envie de le

به واسئل الله ان يعيغك بتوفيقه وان يمدك بتشديده ان شاء الله

تم

كتاب المستلحق بعون الله

---

connaître et ta joie de le posséder. Je prie Dieu qu'il veuille t'aider par son assistance et prolonger tes jours par sa toute-puissance.

٢

# رسالة التنبيه

كتبها ابو الوليد مروان بن جناح الى بعض اخوانه

انه لما وردنى كتابك ايها الاديب[1] والسيد الشريف اورد الله عليك المسرّات ووفقك للصلاحات وكشف لك كل الخفيات تسئلنى فى بعثة كتاب المستلحق اليك اذ زعمت انه سلب منك فى جملة ما استُلِبتَه فى طريقك وان نظم جماعات من اخواننا من اهل الادب حرسهم الله منتطلعة اليه وما اشك ان ذلك انما كان منهم لحسن وصفك اياه لهم وجميل ثناءك عليه عندهم لم اتاخر عن الامر بنسخه والبعثة به اليك مسارعا فى مرغوبك ومبادرا الى مطلوبك

[1] Peut-être manque-t-il ici العريف.

---

## II.

### RISÂLAT AT-TANBIH (TRAITÉ DE L'AVERTISSEMENT) ADRESSÉ PAR ABOÛ 'L-WALÎD MARWÂN BEN DJANÂḤ À UN DE SES AMIS.

Mon seigneur noble et instruit, puisse Dieu t'accorder toutes les joies, te donner tous les bonheurs et te révéler tous les secrets! J'ai reçu la lettre dans laquelle tu me demandes de t'envoyer le *Moustalḥiḳ*, qui, à ce que tu crois, t'a été enlevé en route avec bien d'autres choses dont tu as été dépouillé. Tu ajoutes qu'une série de sociétés, nos amis parmi les hommes de lettres, puisse Dieu les conserver! attendent ce livre, et je ne doute point que c'est par suite de l'éloge que tu leur en as fait et du bien que tu leur en as dit. J'ai donc immédiatement donné l'ordre de faire une copie et de te l'envoyer, empressé de satisfaire à ton désir et

وحريصا على تمحّن سارّك ومنقادا الى انفاذ امرك رعايةً منى لما اجراه الله بيننا من المحبّة المحضة والمقة الخالصة والنسب الادبى الذى هو اقرب الانساب واوكد الاسباب كما قال الشاعر

ان نختلفْ نسَبا يؤّلِفْ بيننا ادبٌ أقَمناه مقام الوالدِ

وانه ابقاك الله عصمةً لاهل الادب وعضدًا لذوى الفهم قد كان بعدك انباء وهينمة لو كنت حاضرها لم تكثر الخطب وذلك ان شرذمة من الناس جهالا ونفرا من الرعاع بالغ بهم الجهل مع الحسد منهم لى على ما قُيّض لى من هذا التاليف الجليل قدره الرفيع خطره الفوا كتابا لفظه غير رشيق ومعناه غير انيق استلحقوا فيه افعالا اغفلتها انا بزعمهم وأَجب استلحاقها عندهم

---

d'accomplir ton vœu, plein de zèle pour te contenter et pour exécuter tes commandements. J'ai eu égard à la sincère amitié, à l'affection pure et aux rapports littéraires que Dieu a fait naître entre nous; ces rapports rapprochent plus les hommes que toute autre parenté et les attachent entre eux par les liens les plus solides. Ainsi dit le poëte :

Si nous différons de race, les lettres nous réunissent et remplacent pour nous le père.

Que Dieu te conserve comme un soutien pour les hommes instruits et un appui pour la société intelligente. A peine étais-tu parti qu'on entendit des murmures et des chuchotements auxquels, présent, tu n'aurais attaché aucune importance. C'est qu'une tourbe ignorante et une masse de gens vils, ignares et pleins d'envie du rang élevé et de la haute réputation que mon ouvrage m'a valus, ont composé un livre dont le style manque de précision et dont le fond est sans valeur. Ils ont cherché à ajouter des verbes que, d'après leur avis, j'aurais négligés, et que, selon eux, j'aurais dû ajouter aux verbes donnés dans les deux ouvrages d'Aboû Za-

على ما ثبت فى كتابىّ ازّ وفى كتاب المستلحق وكانوا كثيرى الفكر به
والتعظيم لشانه والتجبيل لحاله كانّى ممن يقعقع عليه بالحصى وممن
يفزع بالعصى فلا يريبّك ما فازوا ولا ظفروا وكان ما استلحقوه مما فاؤه
الف مثل כי אכף עליו פיהו واל תאטר עלי [באר] פיה وما جانسهما
اذ لم يفهموا قولى فى صدر كتاب المستلحق[1] انى لا استلحق من
اجناس الافعال التى فاءاتها الف الا ما وجدت الاعتلال داخلا فى
بعض انواعه وهاتان اللفظتان وما جانسهما فما لم يعتل فاؤه اصلا
واما [ما] استلحقوه من الافعال التى فاؤها ياء فمثل בהתיחשם
מתיהדים ولم يابهوا الى قولى فى صدر ذلك الكتاب[2] انى لا استلحق
من الافعال التى فاءاتها ياء الا ما كان معتلا وما كان الاعتلال لازما

[1] P. 9, l. 2. — [2] *Ibid.* l. 4.

---

kariyâ et dans le *Moustalḥiḳ*. Ils ont conçu une haute idée de leur travail, en exaltent la valeur et le tiennent en grand honneur, comme si j'étais un homme qu'on abat avec des cailloux ou qu'on terrifie avec un bâton. Que cela ne te trouble point, ils n'ont obtenu ni succès, ni victoire.

Ils ont ajouté aux verbes qui ont pour premier radical *âléf* *âkaf* (*Prov.* XVI, 26), *té'ṭar* (*Psaum.* LXIX, 16) et des exemples analogues. Ils n'ont pas compris ce que j'ai dit dans l'introduction du *Moustalḥiḳ* : « Parmi les racines qui commencent par *âléf*, je n'ajoute que celles qui, dans l'un des sens, présentent une irrégularité. » Or ni ces deux mots, ni leurs pareils, n'offrent aucune irrégularité au premier radical.

Pour les verbes au premier radical *yôd*, ils ajoutent *behityaḥsâm* (I *Chron.* V, 7), *mityahădîm* (*Est.* VIII, 17), sans faire attention à ce que j'ai dit dans la même préface : « Quant aux racines dont le premier radical est *yôd*, je ne les ajoute que si les formes sont irrégulières, ou bien doivent l'être dans la conjugaison, alors même qu'on

له فى تصريفه وان كان لم يوجد فى المקרא معتلا وبنية هاتين
اللفظتين غير لازمة لهذه العلة واما ما استلحقوه من الافعال التى
عيناتها احد احرف العلة فمثل מאן وגוע ولم يدروا معنى قولى
فى صدر ذلك الكتاب[1] انّى لا استلحق من اجناس وانواع الافعال
التى عيناتها بعض احرف العلة الا ما وجدت اللين داخلا فيه
واما ما جرى منها مجرى السالم فى ظهور عينه مثل שאף وשאג
وשאב فانى لا احفل به وجعلوا يتتبعون جميع الافعال التى لاماتها
الف اذ لم يفهموا معنى قولى فى صدر ذلك الكتاب حيث قلت[2] ولم
اذكر من الافعال التى لاماتها الف الا ما وجدت الالف منقلبة فيه
هاء خاصّة فهذا ما نحوا اليه فى الاجناس والانواع واما الاشخاص

[1] P. 9, l. 6. — [2] *Ibid.* l. 10.

---

ne les rencontre pas dans l'Écriture.» Eh bien, les deux mots cités n'entraînent point d'irrégularité.

Ils ajoutent aux verbes dont le second radical est une des lettres faibles *mê'ên* (*Ex.* VII, 14 et *passim*), *gâwa'* (*Nomb.* XX, 29), sans comprendre mes paroles en tête du *Moustalḥiḳ* : «Les racines et les sens des verbes au deuxième radical faible n'ont été ajoutés qu'autant qu'on y trouvait un adoucissement; mais je ne me suis pas inquiété des verbes qui suivent la voie des verbes sains et présentent leur second radical sans le soumettre à aucun adoucissement, comme *schâ'af*, *schâ'ag*, *schâ'ab*.»

Ils ont recherché tous les verbes qui ont *âléf* pour troisième radical, parce qu'ils n'ont pas saisi le sens de mes paroles dans la même introduction, où je dis : «Parmi les racines qui se terminent en *âléf*, je ne cite que celles dans lesquelles cette lettre a la propriété de se changer en *hê*.»

Voilà la route que ces gens ont suivie pour les racines et les sens. Pour les exemples, ils se sont mis à la piste de tous les noms

فانهم استقروا منها جميع الاسماء المعتلّة والاسماء ذوات المثلين مما
لا افعال لها ولا تصريف اذ نبا فهمهم عن قولى فى صدر هذا
الكتاب[1] انى لم الزم نفسى استلحاق الاسماء المعتلّة والاسماء ذوات
المثلين التى لم يذكرها ازّ مما لا تصريف لها انما استلحق مما لم
يذكره اصلا ما وجدت له فعلا وتصريفا اذ هذا كان مجراه فى
كتابَيْه الا انه نسى نفسه فى مواضع كثيرة منهما فادخل فيهما
اسماء لا افعال لها مثل טריה ומסוה וצחיח סלע وقلت ايضا فى
غير هذا الموضع من صدر ذلك الكتاب[2] واما الاسماء والصفات
والامر فانى غير معن بها لكثرة اختلاف ابنيتها واذ يحتاج فى
حصرها وذكر اختلاف ابنيتها الى مدة اوسع من مدة وقتنا هذا
وعسى ان يكون ذلك منا فى غير هذا الوقت وكذلك لا اعنى بجميع

[1] P. 7, l. 11 et suiv. — [2] P. 13, l. 8 et suiv.

faibles et des noms se rattachant à des racines géminées dont il n'existe ni verbe ni forme conjuguée. Ils n'ont pas voulu faire attention à ce que j'ai dit dans ma préface : «De mon côté, je ne me soucie pas de réparer les omissions qu'Aboû Zakariyâ a faites de noms renfermant une lettre faible ou deux lettres semblables, tant qu'ils ne présentent pas des éléments de conjugaison; mais, dès que la racine présente un verbe et une conjugaison, je complète ce que l'auteur a négligé, puisque telle est la méthode qu'il suit lui-même dans ses deux ouvrages. Il s'est oublié néanmoins dans de nombreux passages où il fait figurer des noms dont il n'y a pas de verbe, par exemple *ṭeriyyâh*, *maswéh*, *ṣeḥîaḥ*.» Plus loin : «Je ne me suis pas préoccupé des noms, des qualificatifs ni des impératifs, à cause de la grande diversité qu'offrent leurs formes; pour réunir et citer des types aussi différents, il aurait fallu plus de temps que nous n'en avons maintenant. Peut-être le ferons-nous à un autre moment. Je ne fais pas plus d'efforts

الافعال المستقبلة لكثرتها ولاطّراد القياس فى اكثرها الا انى ربما
استلحقت بعض الصفات او بعض الاسماء وان كانت غير متصرفة لا
لانى التزمت ذكرها لكن استحسانا واختيارا منى لذلك وربما كان ذلك
لضرورة تدعو اليه فلا يطالبنى مطالب بتقصيها ولا يحسب علينا فى
ذلك مناقضة منا للاصل الذى اصلناه فيا بؤس لقوم يقراون هذا
ولا يفهمونه على وضوحه وبيانه لكنهم كما قال الكتاب את מי יורה דעה
ואת מי יבין שמועה גמולי מחלב עתיקי משדים واستقروا ايضا من
الاشخاص التى لم اذكرها انا ما قد اشار عليه اَزَ فى صدور
مقالات كتابيه مثل עוד יקנו בתים الذى هو انفعال من קנה وما
جانس هذا ولو فهموا كتاب المستلحق لعلموا انى قد نبهت على

---

pour les futurs qui sont aussi nombreux et suivent presque toujours régulièrement l'analogie. En revanche, j'ai ajouté quelquefois des qualificatifs et des noms, bien qu'ils ne se conjuguent pas, non pas que j'aie été obligé de les citer, mais pour mon plaisir et par mon libre choix, quelquefois même par suite d'une circonstance qui m'y obligeait. Seulement, qu'on ne me demande pas d'être complet sur ce point et qu'on ne me reproche pas en cela une contradiction avec le principe que j'ai posé plus haut.» Malheur aux gens qui lisent des passages aussi clairs et aussi nets sans les comprendre! C'est d'eux qu'il est dit : A qui peut-on enseigner la science, à qui peut-on faire la leçon? Est-ce à des enfants à peine sevrés, qu'on vient d'ôter de la mamelle? (*Isaïe*, xxviii, 9).

Ils ont aussi recherché parmi les exemples que j'ai passés sous silence ceux auxquels Aboû Zakariyâ a fait allusion dans les chapitres placés en tête de ses deux ouvrages. Tel est le mot *yiḳḳânou* (*Jérémie*, xxxii, 15), *nifal* de *ḳânâh*, etc. L'intelligence du *Moustalḥiḳ* aurait appris à ce monde que j'ai dirigé l'attention sur de

مثل هذه الاشخاص اذ قلت فى اخر ذلك الكتاب اعنى كتاب المستلحق[1] فان وجدت انواعا او اشخاصا لم استلحقها ففتش عنها فى صدور مقالات كتابى آز فانك تجده قد اشار هناك الى اكثرها ولذلك ما استغنيت انا عن استلحاقها واقول انهم لو وجدوا اشخاصا لم يشر اليها آز ولا استلحقتها انا ايضا لما لحقنى فى ذلك ذمّ اذا قد اعتذرت من هذا فى اخر هذا الكتاب حيث قلت[2] واما الاشخاص فربما وجدتَ منها قليلا فانها تفوت الذى يروم حصرها كثرة واشتباها لكنهم لم يفهموا كتابى آز فضلا عن ان يفهموا كتاب المستلحق الذى رتبة قراته بعد قراة ذينك الكتابين ولو انهم اذا استغوهم الشياطين واستولى عليهم البهتان يتفهمون ما قيل فى كتاب حروف اللين وكتاب ذوات المثلين ثم كذلك يمدّون

[1] P. 244, l. 4 et suiv. — [2] *Ibid.* l. 9 et suiv.

---

pareils exemples, en disant à la fin de ce livre : «Si tu rencontres des sens ou des exemples que je n'aie pas ajoutés, cherche-les dans les introductions des deux traités d'Aboû Zakariyâ. Tu trouveras alors qu'il y a touché à la plupart de ces mots, et j'ai cru dès lors superflu de les ajouter.» Je poursuis : Quand même ils découvriraient quelques exemples auxquels Aboû Zakariyâ n'avait pas fait allusion et que je n'aurais pas ajoutés non plus, je ne devrais encourir aucun blâme, puisque je m'en suis excusé à la fin de mon livre, en disant : «Tu pourras bien trouver quelquefois des exemples qui, à cause de leur grand nombre et de leur ressemblance mutuelle, échappent à celui qui désire les embrasser tous.» Mais ces gens n'ont rien compris aux deux traités d'Aboû Zakariyâ et bien moins encore au *Moustalḥiḳ*, dont la lecture doit, dans l'ordre, succéder à celle des deux premiers ouvrages; car, si ces hommes trompés par les démons et dominés par le mensonge, avaient eu l'intelligence de ce qui est dit dans le Livre des lettres douces et dans le Livre des racines géminées, s'ils avaient ensuite

ايديهم الى كتاب المستلحق ويتفهمون نعما عساهم كانوا سيسلمون من التعنيف ويتخلصون من التربيخ لكنهم ممن قيل فيه

يتعاطى كل شىء    وهو لا يحسن شيّا
فهو لا يزداد علما    انما يزداد غيّا

وقد اشار آز الى עוד יקנו בתים فى صدر المقالة الثالثة من كتاب حروف اللين حيث قال[1] والانفعال נבנה נקנה والمستقبل יבנה יקנה وقد كنت التزمت فى صدر كتاب المستلحق[2] الّا اذكر كلمة اشار اليها آز ومما اعجبك به ايها الاديب الحليم انهم ارادوا الانتصار لآز فى بعض ما شككته عليه فانهتك بذلك ستر عوارهم وانتشر مطوى اسرارهم وصاروا هزاة وسخرية اذ لم يفهموا قوله

[1] D. 99, 9; N. 60, 4. — [2] Ci-dessus, p. 5, l. 6 et suiv.

---

tendu la main après le *Moustalḥiḳ* pour s'en approprier le contenu, ils se seraient peut-être guéris de cette manie de maltraiter et de porter le trouble partout. On peut leur appliquer ce qui a été dit de quelqu'un :

Il touche à tout et ne fait rien de bon; il ne croît pas en savoir, il ne croît qu'en erreur.

Eh bien, Aboû Zakariyâ a fait allusion à la forme *yiḳḳânou* dans la préface du troisième chapitre de son Livre des lettres douces, où il dit : «Le *nifal* est *nibnâh*, *niḳnâh*, au futur *yibbânéh*, *yiḳḳânéh;*» et dans la préface du *Moustalḥiḳ*, je me suis engagé à ne pas mentionner les mots auxquels Aboû Zakariyâ avait touché.

Je vais t'étonner, toi l'homme instruit et sensé, par les passages où ces gens sont venus en aide à Aboû Zakariyâ contre certaines difficultés que j'ai soulevées contre lui. C'est là que s'est déchiré le voile de leurs vices, que s'est dissous le tissu odieux de leurs machinations, et qu'ils se sont rendus ridicules et risibles, puisqu'ils n'ont pas compris les paroles d'Aboû Zakariyâ.

وان لسان المرء ما لم تكن له     خصاه على عوراته لدليل

وذلك ان آز قال فى المقالة الثانية من كتاب حروف اللين فى باب רום[1] واعلم ان עתה ארומם مثل אתרומם الاصل فى الراء التشديد لاندغام التاء فيها ثم قال وهكذا اقول فى ירדף אויב נפשי انه יתרדף والاصل فى الراء التشديد ومثله האדרש אדרש الالف فى אדרש عندى للمخاطب وشدة الدال لاندغام التاء فيه وقلت انا فى كتاب المستلحق ان الف האדרש مبدلة من هاء وكان اصله ההדרש على زنة כי הנתן ינתן فزعم الرعاع ان آز لم يعن الا الف אדרש لا الف האדרש فما خفى انه لم يوجد فى كل نسخة من كتاب حروف اللين الا الف האדרש بزيادة الهاء الا انهم جعلوا אדרש افتعالا وهو انفعال وهل يمكن ان يشك

[1] Voy. ci-dessus, p. 109, 110.

---

Lorsque l'homme n'a plus ses testicules (qu'il est châtré), c'est son langage qui atteste l'état de ses parties honteuses.

Aboû Zakariyâ, dans le second chapitre de son Traité des lettres douces, au paragraphe *roum*, dit : « Sache que *êrômâm* (*Is.* xxxiii, 10) est pour *étrômâm*, et le *résch* devrait avoir un *dâgêsch* à cause de l'insertion du *tâw*. » Il ajoute : « Il en est de même pour *yiraddôf* (*Ps.* vii, 6), qui est pour *yitraddôf*, et où le *résch* devrait avoir un *dâgêsch*, et de *ha'iddârôsch iddârêsch* (*Ez.* xiv, 3), où, selon moi, l'*âléf* indique la première personne, et où le *dâgêsch* du *dâlét* provient de l'insertion du *tâw*. » A cela j'ai fait observer dans le *Moustalhik*, « que l'*âléf* de *ha'iddârôsch* remplace un *hé*, et que la forme primitive aurait été *hahiddârôsch*, formé comme *hinnâtôn* (*Jérémie*, xxxii, 4). » Ces pauvres gens ont prétendu qu'Aboû Zakariyâ a entendu parler de l'*âléf* de *iddârêsch* et non pas de celui de *ha'iddârôsch*. Cependant, on n'ignore pas que toutes les copies du Traité des lettres douces portent *ha'iddârôsch*, avec l'addition du *hé*. Ils font ainsi d'*iddârôsch* un *hitpaël* à la place d'un *nifal*. Mais, dans

احد فى ان الف אדרש لو انه افتعال للمخاطب حتى كان يحتاج آز
ان يقول فيها هو عندى للمخاطب وذلك ان الانسان لا ينحو فى
لفظه هذا النحو الا فى لفظ يمكن ان يشك فيه غيره والف אדרש لا
شك عند احد انها للمخاطب قيل فيه انه انفعال او قيل فيه انه
افتعال وانما نحا آز فى كلامه فى الف האדרש هذا النحو من الكلام
لان بنيته غريبة فى الافتعال لو كان افتعالا كما ظن واعجب من هذا
انهم ردّوا على آز قوله[1] فى פקו פליליה انه معتل العين مثل יחזקום
ולוא יפיק ופיק ברכים وقالوا فيه انه معتل اللام واحتجوا فى ذلك
بكون الطعم تحت القاف وانما توهموا ذلك لانهم لم يدروا ان כי
שמו אתי בבור אשר תרו אתה ונביאיה טחו להם תפל נעו ולא שכר

[1] D. 87, 16-18; N. 52, 13-14.

---

ce cas, personne au monde aurait-il pu douter que l'*âléf* de *iddârôsch* fût la marque de la première personne, pour qu'Aboû Zakariyâ eût eu besoin de déclarer : «Selon moi, l'*âléf* indique la première personne.» Une observation semblable ne se fait que pour un mot pour lequel le doute est possible; il ne l'est pas pour l'*âléf* de *iddârôsch*, qu'on prenne cette forme pour un *nifal* ou pour un *hitpaël.* Aboû Zakariyâ n'a donc eu en vue que *ha'iddârôsch* qui, s'il est un *hitpaël*, comme Aboû Zakariyâ le croit, présenterait, en effet, une forme étrange.

Je suis surpris davantage encore de les voir combattre l'opinion d'Aboû Zakariyâ au sujet de *pâḳou* (*Is.* xxviii, 7), qu'il considère comme un verbe au second radical faible, de même que *yâfîḳ* (*Jérémie*, x, 4), *oufîḳ* (*Nah.* ii, 11). Ils prennent *pâḳou* pour un verbe au troisième radical faible, en s'appuyant sur l'accent qui se trouve sous le *ḳôf.* Cette erreur provient de ce qu'ils ignorent que *sâmou* (*Gen.* xl, 15), *târou* (*Nomb.* xiii, 32), *ṭâḥou* (*Ez.* xxii, 28), *nâʿou* (*Isaïe*, xxix, 9), *nâmou* (*Ps.* lxxvi, 6), *râmou* (*ibid.*

נמו שנתם ולא רמו עיני كلها وغيرها من جنسها كثير מלרע وهي
معتلة العينات وان כאשר קאה את הגוי בזה לך فعلان ماضيان
مؤنثان معتلا العين وهما מלרע[1] ومن عجيب ما اتوا به لما راوا
اعتلالي في اخراج על סוס ננוס عن נוס ננוס بقولي[2] لو ان معناه
الهرب لما كان الهرب عقوبة لهم في قول الله על כן תנוסון اذ قد
اختاروه وبنوا عليه قولهم انما صار الهرب عقوبة لهم لانهم
هربوا رجلي وقالوا تصلفا ان ذلك معنى قول الله لهم על כן תנוסון
فان كان هذا حقّا فما اشك ان القلاب اصاب خيل القوم كلها ولما
لم يفهموا ما اجتلبته من المقدمات المنطقية والنتائج العقلية
والدلائل الحسّية برهانا على ان الاصل في הזכו הזדכו[3] قالوا جازمين

[1] Ci-dessus, p. 106. — [2] P. 91, un peu changé. — [3] P. 130 et suiv.

cxxxi, 1), et d'autres mots semblables, ont également l'accent sur la dernière syllabe, bien qu'ils dérivent de racines au second radical faible, et que *ḳâ'âh* (*Lév.* xviii, 28), *bâzâh* (II *Rois*, xix, 21), tous deux féminins du parfait et dérivés de racines au second radical faible, ont aussi l'accent sur la dernière syllabe.

Voici encore une opinion étonnante qu'ils ont émise : j'ai détaché de *nôs nânous* (II *Sam.* xviii, 3) la forme *nânous* (*Is.* xxx, 16), en disant : « Si ce dernier voulait dire : Fuyons, Dieu, en répondant à ceux qui choisissaient la fuite : C'est pourquoi vous fuirez, ne leur infligerait pas de punition. » En voyant cette argumentation, nos adversaires ont soutenu que le châtiment de la fuite consistait en ce qu'ils devaient se sauver à pied; c'est là, ajoutent-ils en voulant être spirituels, le sens de la parole de Dieu : C'est pourquoi vous fuirez. Si cela était vrai, certes, une maladie mortelle devrait avoir atteint tous les chevaux de ce monde. Ils n'ont rien compris non plus aux prémisses logiques, aux conclusions rationnelles ni aux preuves matérielles que j'ai données dans mon argumentation pour prouver que *hizzakkou* (*Is.* i, 16)

متحكّمين انه لا يجوز فيه غير התזכו وان كنّا نعذرهم على جهلهم
وقلّة معرفتهم لولا انهم استعملوا القحة والتصلّف فى هذا وفى
الغائهم ايضا قولى[1] فى כי נעור ממעון קדשו انه من נערו כגורי אריות
الذى هو بمعنى שאגו وتعلّقوا باخذ طرف منه حيث قلت وقد
اتّسع الاوائل فى هذه اللغة واستعملوها ايضا فى النهيق فقالوا
חמור נוער فشنع علىّ الرعاع هذا القول وقالوا كيف يجوز ان يستعمل
النهيق فى البارى عزّ وجلّ فقال لهم بعض التلاميذ وكيف يجوز
عليه الزئير اذ قيل ה׳ ממרום ישאג لا سيما اذ حقيقة هذه اللغة
اعنى הנעירה هى الزئير كما قال יחדו ככפרים ישאגו נערו כגורי אריות
وانما الاوائل اتسعوا فيها واستعملوها فى النهيق الا ان كنتم لا
تفهمون ما معنى الاتّساع فى اللغات وكذلك لا تفهمونه وبلغت

[1] P. 98.

---

est pour *hizdakkou*. Aussi disent-ils tout court et avec l'autorité de juges, que la forme primitive ne peut être que *hitzakkou*. Nous excuserions leur ignorance et leur peu de savoir s'ils ne faisaient pas les insolents et ne visaient pas à l'esprit.

Ils ont encore traité d'erreur mon opinion que *nécór* (*Zach.* II, 17) est de la même racine que *nâcărou* (*Jérémie*, LI, 38), qui a le sens de *schâ'ăgou*. Ces misérables se sont attaqués à un point, à l'endroit où je dis : « Les anciens sont allés encore plus loin et ont employé cette racine pour le braiment de l'âne (*Berâkôt*, fol. 3 *a*). » Les sots ont trouvé mes paroles honteuses. Comment, ont-ils dit, serait-il permis d'attribuer le braiment au Créateur? Mais, leur a répondu un de mes disciples, comment attribuer à Dieu le rugissement, comme dans *Jérémie*, XXV, 30, puisque c'est là le sens primitif et propre de *nâcărou* (*ibid.* LI, 38)? Les anciens ne l'ont appliqué au braiment que par extension; seulement, vous n'aviez pas compris le sens du mot « extension » appliqué aux racines, et ainsi vous ne le comprendrez pas davantage.

حكمتهم ان قالوا فى נשתה גבורתם انه من נשה على زنة עשתה ولم
يدروا انه على زنة עברה من ונשתו מים לשונם בצמא נשתה وبلغ
تقصيهم فيما استلحقوه ان استلحقوا נשים فى باب נשה وבנים فى
باب בנה الى اوابد عظيمة يسأم اللسان عن ذكرها وتضيق الصحف
عن حملها وزعموا فى هزيانهم ان כי ישל זיתך انفعال من שלל على زنة
יסב من סבב وهذا من اقبح ما يكون فى التفسير وانما المعنى فى
الפסוק انهم يعدمون الزيت لانتثار الثمرة وانتفاضها وسقوطها
قبل ادراكها اى قبل اوان اتخاذ الزيت منها وهو قوله זיתים יהיו
לך בכל גבולך ושמן לא תסוך כי ישל זיתך וישל هو فعل مستقبل
من ונשל הברזל מן העץ الذى هو غير متعدّ وتفسيره فانتفض

---

Leur suprême science s'est montrée en dérivant *nâschetâh* (*Jér.* LI, 30) de *nâschâh*, type *'asetâh*, sans se douter que le type est *'âberâh*, comme on le voit par *wenischschetou* (*Is.* XIX, 5) et *nâschât-tâh* (*ibid.* XLI, 17). Dans leur désir d'ajouter toujours, ils ont rattaché *nâschîm* à *nâschâh* et *bânîm* à *bânâh* : ce sont là de malheureuses extravagances que la langue se dégoûte de mentionner et que les pages se refusent à tolérer.

Dans leur folie, ils ont prétendu que *yischschal* (*Deut.* XXVIII, 40) est un *nifal* de *schâlal*, d'après le type *yissab*, de *sâbab*. C'est l'explication la plus absurde, car le sens du verset est que le peuple sera privé d'olives, parce que les fruits se disperseront, se détacheront et tomberont avant d'être mûrs, en d'autres termes, avant l'époque de la cueillette. Ce sont les paroles de l'Écriture : Tu auras des oliviers sur tout ton territoire, mais tu ne t'oindras pas avec leur huile, parce que tes olives se disperseront. *Yischschal* est le futur de *wenâschal* (*ibid.* XIX, 5), passage dans lequel le verbe est intransitif et qui signifie : Et le fer s'est détaché et est tombé du bois. *Yischschal* dérive donc de *nâschal*, comme *wayyiddar* (*Gen.*

وسقط الحديد من العود ووزن ישל من נשל مثل וידר יעקב من נדר
وما اشك انهم لما راوا ונשל גוים רבים מפניך متعديا بعُدَ عندهم
كون כי ישל الذى غير متعد منه ولم يابهوا الى ונשל הברזל מן העץ
الذى هو غير متعد فلما راوا قولى[1] فى باب יעד ان ما لم يسم فاعله
الماخوذ من فعل خفيف مساوٍ للماخوذ من الفعل الثقيل على زنة
פעל ومثله فى ذلك من الخفيف כי ארמון נטש המון עיר עזב اللذان
هما من נטש وעזב خفيفين ومثله من الثقيل ואם בכלי נחשת בשלה
וְאשר בארץ اللذان من כבשל הבשר ومن מאשרים ודים الثقيلين
طلبوا مناقضتى فى בשלה جهلا منهم وقالوا انه ماخوذ من فعل
خفيف واستدلّوا على ذلك بوجدانهم כי בשל קציר וּבשל מבשל
את הזרע בשלה التى هى خفيفة ولم يدروا ان هذه الالفاظ المستشهد

[1] P. 33-34.

XXVIII, 20) de *nâdar*. Sans aucun doute, c'est *wenâschal* (*Deut.* VII, 1), qui est transitif, qui les a éloignés de rattacher à la même racine l'intransitif *yischschal;* mais ils n'avaient pas remarqué *wenâschal* (*ibid.* XIX, 5), qui est également intransitif.

Au paragraphe *yâʿad*, je dis : «Le passif dérivé de la forme légère ressemble à celui qui se rattache à la forme lourde du *piël.* Ainsi *nouṭṭâsch* et *ʿouzzâb* (*Is.* XXXII, 14) viennent de la forme légère *nâṭasch* et *ʿâzab*, tandis que *bouschschâlâh* (*Lév.* VI, 21) et *we'ouschschar* (*Ps.* XLI, 3) viennent de *kebaschschêl* (I *Sam.* II, 13) et de *me'aschscherîm* (*Mal.* III, 15), qui sont tous deux des formes lourdes.» En voyant cela, quelques-uns de ces ignorants ont cherché à me contredire pour *bouschschâlâh*, qu'ils dérivent d'une forme légère, en citant à l'appui *bâschal* (*Joel*, IV, 13), *oubâschêl* (*Ex.* XII, 9), *beschêlâh* (*Nomb.* VI, 19), qui sont des formes légères[1]. Mais ils n'ont pas su que les exemples qu'ils citent comme preuves et

[1] Les deux derniers exemples ne sont pas des verbes.

بها والمستدل منها غير متعدية [و]ان الهاء فى בשלה مفعول بها فان
كان בשלה من פעלה غير متعد كما زعموا ونحن نراه متعديا الى الهاء
فهو اذا متعد وغير متعد معا وهذا خلف لا يمكن واستلحق
الجهال הס כל בשר לאמר הסו وحكموا على انهما من ذوات المثلين من
شدة سين הסו وجعلوه امرا للجميع من הסס ولم يدر المساكين
انه لو كان امرا للجميع من הסס لكان הסו على زنة סבו ציון الذى
من סבב ודמו الذى هو من דמם ولو كان امرا من فعل معتل العين
لكان הוסו غير مشدد على زنة שובו קומו او הסו مثل באו ولو كان
امرا من فعل معتل الفاء لكان הסו غير مشدد ايضا مثل רדו او
שבו او הסו ممدود الهاء غير مشدد السين مثل הבו לה׳ בני

---

comme arguments sont intransitifs, tandis que *bouschschâlâh* est la troisième personne du féminin du passif. Si ce mot dérivait d'un *pâʿălâh* intransitif, comme ils le prétendent, tout en étant à la troisième personne du féminin du passif, il serait à la fois transitif et intransitif, ce qui serait une contradiction impossible[1].

Ces ignorants ont encore ajouté *has* (*Zach.* II, 17) et *hassou* (*Néh.* VIII, 11), et conclu contre moi, par le *dâgêsch* placé dans le *sâmék* du dernier mot, que l'un et l'autre ont une racine géminée; ils ont donc considéré *hassou* comme un impératif pluriel de *hâsas*. Ces pauvres esprits ne savent pas que *hâsas* ferait, dans ce cas, *hôssou*, comme *sôbbou* (*Ps.* XLVIII, 13) de *sâbab* et *dômmou* (I *Sam.* XIV, 9) de *dâmam*. Comme impératif d'un verbe au second radical faible, ce serait *housou* sans *dâgêsch*, type *schoubou*, *ḳoumou*, ou *hôsou*, type *bôʾou;* comme impératif d'un verbe au premier radical faible, ce serait *hăsou*, également sans *dâgêsch*, type *redou*, *schebou*, ou *hâsou*, avec *a* long sous le *hê* et sans *dâgêsch*,

[1] Le texte est apparemment incorrect. Mais l'argument d'Ibn Djanâḥ est juste et revient à cette simple vérité, qu'un verbe intransitif ne peut pas former un passif.

אלים الذى هو من יהב فانهم لما استثقلوا تحريك هذه الهاء بשבא
وפתח بنوه على الواحد الذى هو הב مثل דע وكذلك فعلوا فى
الواحد الذى هو مؤنث قالوا הבי המטפחת אשר עליך ولو كان הסו
امرا من فعل معتل اللام لكان على زنة עשו בנו ولو كان ايضا امرا
من فعل سالم لكان مخففا على زنة תנו גשו فلما كان הסו خارجا عن
قياس جميع الافعال ساغ لى ان اقول ان הס كلمة غير متصرفة ولا
مشتقة من فعل وانما اتصل بها ضمير الجمع فى قولهم הסו باتصاله
بالافعال لانها كلمة موضوعة موضع الفعل وجارية مجراه ودالّة عليه
بما فيها من الزجر وذلك ان معنى הסו اسكتوا وكفوا والمعنى
الذى يريدون العبرانيون بقول הס هو المعنى الذى تريده العرب
بقولهم صهٌ اى اسكت واكفف واما اشتداد السين فى הסו فيمكن

---

dans le *sâmék*, type *hâbou* (*Ps.* XXIX, 1), de la racine *yâhab*. Car, trouvant la ponctuation avec *schebâ'* et *pataḥ* d'une prononciation trop difficile, on a formé *hâbou* d'après le singulier *hab*, type *da'*, de même qu'on a fait pour le féminin singulier *hâbî* (*Ruth*, III, 15). Comme impératif d'un verbe au troisième radical faible, on obtiendrait *hăsou*, d'après les types *'ăsou*, *benou*. Enfin, comme impératif d'une racine saine (avec *noun* pour premier radical), ce mot serait sans *dâgêsch* et suivrait le type *tenou*, *geschou*. Puisque *hassou* ne suit l'analogie d'aucun verbe, il m'est permis de soutenir que *has* est un mot indéclinable qui ne dérive pas d'un verbe, et que, dans *hassou*, on a ajouté le pronom du pluriel, comme on le joint aux verbes, parce que *hassou*, tenant lieu d'un verbe, est traité comme tel, et renferme la notion d'exciter. Car *hassou* signifie : Taisez-vous et abstenez-vous. En effet, les Hébreux expriment par le mot *has* le même sens, pour lequel les Arabes emploient *ṣah*, qui veut dire : Tais-toi et abstiens-toi. Le *dâgêsch* dans le *sâmék* de *hassou* peut bien provenir de ce que la phrase présente

ان يكون من اجل الانفصال وانقطاع الكلام فان الזקף موضع
الانفصال في كثير من المواضع فكثيرا ما يشددون في الوقف على ما
ذكرت في كتاب المستلحق[1] واما ויהס כלב فمعناه عندي قال הס وترجمة
اللفظة وصهصه כלב بالقوم اي قال لهم صهْ فما اعجب هذا الاتفاق
في اللغة العبرانية واللغة العربية فان العرب تعتقد في صه انه لفظة
غير متصرفة ولا مشتقة من فعل ويقولون صهصهت بمعنى قلت
صه كما قال العبرانيون הס ثم قالوا ויהס على ان הס لفظة غير
متصرفة ولا مشتقة من الفعل فهذا هو الصحيح عندي في הס הסו ויהס
כלב وقد تخيّل من اثق بفهمه من اهل القياس في تصاريف اللغة في
كون ויהס فعلا مستقبلا خفيفا على زنة ויעש ויען وقال في הס انه
من ثقيل هذا الاصل وانه على زنة צו وقال في הסו انه امر للجمع

[1] Ci-dessus, p. 190.

---

une séparation, une coupe à ce mot; le *zâkéf* est un accent qui, en bien des endroits, indique une séparation, et en pause on ajoute souvent un *dâgêsch*, comme je l'ai dit dans le *Moustalḥiḳ*. Quant à *wayyahas* (*Nomb.* XIII, 30), il signifie à mon avis : Il dit *has;* en arabe, on le traduit par *ṣahṣaha*, savoir : Il dit au peuple *ṣah* (silence)! C'est un accord admirable entre l'hébreu et l'arabe, car les Arabes pensent que *ṣah* est un mot indéclinable qui ne dérive d'aucun verbe, et ils emploient *ṣahṣahtou* dans le sens de j'ai dit *ṣah*, de même que les Hébreux se servent de *has*, puis de *wayyahas*, bien que *has* soit indéclinable et ne dérive d'aucun verbe. Telle est, à mon avis, la vérité sur *has*, *hassou* et *wayyahas*. Cependant un homme qui mérite ma confiance pour l'intelligence des conjugaisons a eu l'idée ingénieuse que *wayyahas* est le futur de la forme légère (d'un verbe *hâsah*), d'après le type de *wayyaʿas*, *wayyaʿan*, et que *has* vient de la forme lourde de la même racine, comme *ṣaw;* alors *hassou* serait le pluriel de l'impératif, qui devrait, il est vrai, avoir son accent sur l'ultième, mais qui l'a sur la pénultième,

وكان الوجه فيه ان يكون מלרע فجاء מלעל من اجل الوقف كما جاء
כלו בעשן כלו מלעל من اجل انه فى סוף פסוק وهذا ايضا وجه من
وجوه القياس وان كنّا انما وجدنا بعض الافعال الماضية ياتى מלרע
ומלעל مثل כלו בעשן כלו שתו בשמים פיהם כצאן לשאול שתו وغيرها
ولم نجد ذلك فى مثل هذا الضرب من الامر الا فى مثل ערו ערו
وذلك من اجل امتناع التشديد وكذلك ארה לי וקבה לי فانه على
حال ربما كان جائزا واما كونهم[1] اعنى הס הסו ויהס من ذوات
المثلين كما قال فاضحو انفسهم فغير جائز اذ لم يكن הסו على زنة
סבו وانكر الاغبياء كون ויּרב בנחל من ארב[2] لما لم يروا الالف ثابتة
فى الخط كثبات الف ויאצל الذى هو من אצל ولم يكن معهم من ذكاء

[1] Peut-être faut-il lire كونها. — [2] P. 23.

---

à cause de la pause, comme *kâlou* (*Ps.* XXXVII, 20) prend son accent sur la pénultième sous l'influence du *sôf-pâsouḳ*. Cette explication aussi est régulière, bien que nous rencontrions seulement quelques verbes ayant au parfait l'accent sur l'ultième ou la pénultième, tels que *kâlou*, *schattou* (*ibid.* LXXIII, 9, et XLIX, 15), etc. et que nous ne trouvions rien de semblable pour l'impératif, excepté dans des mots comme *ʿârou* (*ibid.* CXXXVII, 7), où le *milleʿêl* s'explique par l'impossibilité d'y mettre le *dâgêsch*, et puis dans *ârâh* (*Nomb.* XXII, 6) et *ḳâbâh* (*ibid.* 11)[1]. L'explication peut donc être admise; mais l'opinion de ceux qui se couvrent de honte en soutenant que *has*, *hassou* et *wayyahas* appartiennent à une racine géminée, est inadmissible, parce que *hassou* n'a pas la forme de *sôbbou*.

Les mêmes sots nient que *wayyâréb* (I *Sam.* XV, 5) dérive de *ârab*, parce qu'ils ne voient pas dans ce mot l'*âléf* écrit, comme il l'est dans *wayyâ'ṣél* (*Nomb.* XI, 25), de la racine *âṣal*. Ils n'ont

[1] Sur la forme étrange de ces deux mots, voy. Olshausen, *Lehrbuch*, p. 495. Pour l'accentuation, ils sont mal choisis, puisque, liés par *maḳḳêf* à *lî*, ils n'ont pas d'accent, mais ont régulièrement *métég* sous la pénultième.

الحسّ ما يستدلون به على حذف الالف من اللفظ ولم يشعروا ايضا ان ולא יהל שם ערבי من אהל وهو بغير الف وانكر علىّ الغدام ان جعلت [1] ערער התערער متضاعفا من فعل معتل العين اعنى יעורו ויעלו הגוים אם תעירו ואם תעוררו وقلت فيه ان تهتز اهتزازا وتضطرب اضطرابا على معنى תרעשנה חומותיך فقالوا بل هو من ערו ערו والغدامة التى حملتهم على انكار هذا القول هو قلة شعورهم ان الافعال المعتلة العين كثيرا ما تتضاعف مثل هذا التضاعف مثل מטלטלך טלטלה גבר ותתחלחל המלכה וחלחלה בכל מתנים לחרחר ריב ויפרפרני ויפצפצני מזעזעיך وانما ساغ لآز ان يقول فى هذه الافعال انها متضاعفة من افعال معتلة العين مع وجوده الاشتقاق لكثرة

[1] P. 99-100.

---

donc pas les sens assez fins pour s'apercevoir que la prononciation fait connaître l'omission de l'*âléf*; ils n'ont pas remarqué non plus que *yahêl* (*Is.* XIII, 20), de *âhal*, est également sans *âléf*.

Ces gens inintelligents me reprochent d'avoir pris *ʿarʿêr titʿarʿar* (*Jérémie*, LI, 58) pour la forme redoublée d'un verbe au second radical faible, c'est-à-dire de la même racine que *yêʿôrou* (*Joel*, IV, 12), *tâʿîrou* et *teʿôrerou* (*Cant.* II, 7). Je dis à cette occasion : « Le verset de Jérémie : (Les murs) seront secoués et ébranlés, répond à *Éz.* XXVI, 10. » Ils rattachent *ʿarʿêr titʿarʿar* à *ʿârou* (*Ps.* CXXXVII, 7), poussés à me contredire par la sottise qui ne leur a pas permis de reconnaître le grand nombre de verbes au second radical faible qui adoptent un tel redoublement, tels que *meṭalṭélkâ ṭalṭêlâh* (*Is.* XXII, 17), *wattitḥalḥal* (*Est.* IV, 4), *weḥalḥâlâh* (*Nah.* II, 11), *leḥarḥar* (*Prov.* XXVI, 21), *wayefarperênî* (*Job*, XVI, 12), *wayefaṣpeṣênî* (*ibid.*), *mezaʿzeʿékâ* (*Hab.* II, 7). Aboû Zakariyâ a pu reconnaître ces verbes comme des formes redoublées de racines au second radical faible, car, en même temps qu'il leur trouvait ainsi une dérivation, il reconnaissait l'emploi fréquent d'un semblable redou-

استعمال هذا التضعيف فى المعتلة العين واما المعتلة اللام فقليلا
ما استعمل فيها مثل هذا التضعيف وقد ذكرت ما وجدت منها
فى المقرא فى كتاب المستلحق مع جملة الافعال المشكلة مثل
כמתלהלה בחקתיך אשתעשע כמתעתע وفى ذلك نظر كبير ولو وجدت
مساغا الى القطع بانها من المعتلة العين لكان اولى لكثرة استعمالهم
فيها التضعيف هذا يا سيدى ما نمى لى من اعتراضهم علىّ رايت
اعلامك به وتوقيفك عليه لتتعجب من جهلهم وقلة فطنتهم وايضا
فلتكون هذه الرسالة لمن عساه ولم[1] تتأد اليه من الاحداث اول
وهله فصول صدر كتاب المستلحق تنبها على جهل هاولاء الرعاع
وانقاذا لهم من غمرة غفلتهم واعلمك ان هاولاء السخفاء لقبوا

[1] Il faut lire لم.

blement pour ce genre de verbes, tandis qu'un tel redoublement est fort rare pour les verbes au troisième radical faible. J'ai mentionné tout ce que j'en ai rencontré dans l'Écriture à la fin du *Moustalḥiḳ*, où je les ai réunis avec les verbes d'une origine obscure, tels que *kemitlahlêha* (*Prov.* XXVI, 18), *éschta'äschâ'* (*Ps.* CXIX, 16), *kimta'te'a* (*Gen.* XXVII, 12). Il y avait pour ces mots un grave sujet de réflexion, car s'il m'avait été possible de les rattacher décidément à des racines au second radical faible, je l'aurais fait volontiers, à cause de l'emploi fréquent du redoublement pour les verbes de ce genre.

Voici, mon seigneur, ce qui m'est parvenu au sujet de la guerre que ces gens me font. J'ai voulu t'en instruire et t'en informer, pour que tu voies avec surprise leur ignorance et leur peu de pénétration. Ce traité servira, en outre, aux jeunes gens qui, au moment où une fausse opinion pourrait commencer à se former dans leur esprit, n'auraient pas encore reçu les chapitres de l'Introduction de mon *Moustalḥiḳ*; il éveillera leur attention sur la stupidité de ces misérables et leur profonde négligence. Je te fais

كتابهم بكتاب الاستيفاء وعزّوه الى بعض الاغار خوفا منهم ان نسبوه الى انفسهم ان يتّسع الردّ عليهم فيه وتكثر السخرية منهم عليه ولعلمهم ايضا انّي لا محالة سابقهم

سبق الجواد اذا استولى على الامد[1]

فلما بلغهم علم الناس بانفسهم الهاذون[2] الهامرون لا غيرهم وتضاحك كل من فيه حشاشة على ما بدا من جهلهم ستروه كما تستر الهرة جعرها[3] وجحدوه غير ان الناس لقبوا لهم ذلك الكتاب بكتاب الاستخفاء فهذا مبلغ علم عالمنا ومنتهى فهم اديبنا דור טהור בעיניו ומצאתו לא רחץ اعاذنا الله واياك من الاراء المضلة والاهوية المردئة بمنّه ورحمته

[1] *Dîwân de Nâbiga*, I, 26. — [2] Lisez plutôt : بانهم الهادرون. — [3] Le ms. porte au-dessus de ce mot un équivalent hébreu : צפרן «griffe.»

---

savoir que ces sots ont surnommé leur ouvrage «Livre du complément (*al-istîfâ*),» en l'attribuant à quelque imbécile, de peur que, s'ils en assumaient la responsabilité, ils ne fissent tomber sur eux la réfutation et qu'ils ne se rendissent ridicules. Ils savent bien aussi qu'en m'emparant de cette affaire, certes je les dépasse

Comme prend la tête le cheval de race, lorsqu'il touche au but de la carrière.

Or, en apprenant qu'on les connaissait, ces radoteurs, ces bavards insipides, eux et pas d'autres, et en voyant tous ceux qui avaient encore un souffle de vie éclater de rire sur l'ignorance qu'ils avaient montrée, ils ont caché ce livre, comme la chatte cache ses excréments, et ils ont renié l'ouvrage, que le monde intitule pour eux «Livre de la cachotterie (*al-istikhfâ*).» Voici quelle est chez nous la plus haute science d'un savant, l'intelligence extrême d'un lettré : C'est une génération, pure à ses yeux, et qui ne s'est pas lavée de ses souillures (*Prov.* XXX, 12). Puisse Dieu, par sa grâce et sa miséricorde, nous préserver, ainsi que toi, des opinions qui égarent et des passions qui avilissent!

## ٣

# رسالة التقريب والتسهيل

لما بَعُد وصَعُب على المبتدين من كتابَيْ ابى زكرياء حيّوج رحمه الله ممّا قرّبه وسهّله ابو الوليد مروان بن جناح القرطبيّ رحمه الله بمدينة سرقسطة

وهب الله لك يا أيّها الحليم الكريم افضل منازل الفهم ومنحك أرفع مراتب العلم ووفّقك لما يرضيه واستعملك فيما يَحْظى لديه سألتنى ابقاك الله تأليف كتاب فى تقريب ما يُخْشَى أن يَبعد مأخذه على المبتدى وتسهيلِ ما عسى ان يصعبَ فهمُه على الشادى من كتابَيْ ابى زكريا حيّوج رحمه الله أعنى كتابَ حروف اللين

---

## III.

### RISÂLAT AT-TAḲRÎB WAT-TASHÎL.

Traité à l'usage des commençants, où est mis à leur portée ce qui était éloigné, et rendu facile pour eux ce qui était difficile dans les deux livres d'Aboû Zakariyâ Ḥayyoudj, par Aboû 'l-Walîd Marwân ben Djanâḥ, de Cordoue. Ce traité a été composé dans la ville de Sarragosse.

Puisse Dieu te faire parvenir, ô doux et noble ami, aux degrés les plus éminents de la connaissance, t'assigner le rang le plus élevé de la science, te faire atteindre ce qu'il agrée et te faire servir à ce qui est en honneur auprès de lui. Tu m'as demandé d'écrire un livre pour mettre à la portée du commençant ce que, peut-être, il serait incapable de saisir, et pour faciliter à l'étudiant l'intelligence des passages qu'il pourrait trouver difficiles dans les deux ouvrages d'Aboû Zakariyâ Ḥayyoûdj, son Traité des lettres

وكتاب ذوات المثلين فبدرت مُسارعا اليه غير ناكل عنه رغبة منّى فيما يسرّك وحرصا على اتيان ما يقع بموافقتك واسأل الله إلهامى فى ذلك وفى غيره الى طريق الرشاد وتوفيقى الى سبيل السداد بمنّه

انّ أبا زكرياء قدّم فى كتاب حروف اللين العلّة التى دعتْه الى وضعه فقال[1] أنّها جهل الناس بتصاريف الافعال المعتلّة وغلطهم فى اصولها مثلُ قولهم انّ اصلَ קם יקום قاف ميم فقط ولا يعتدّون بالساكن الليّن المتوسّط بينهما الذى كُتِبَ أَلِفًا فى וקאם שאון בעמיך وهو عين الفعل وأنّ اصل שתה שתיתי شين تاء فقط ولا يحتسبون بالهاء التى هى لام الفعل فى שתה المنقلبة ياءً فى שתיתי

[1] D. 2; N. 3. La citation n'est pas littérale; elle le devient p. 270, l. 4. Les mss. arabes de Ḥayyoudj portent, l. 7, اجاز.

---

douces et son Traité des racines géminées. Je me suis mis à la besogne avec empressement et sans hésiter, tant je désire ce qui t'est agréable, tant j'ai à cœur de t'accorder ce qui est à ta convenance ! Je prie Dieu, dans sa grâce, de me diriger par son inspiration, ici et ailleurs, vers le chemin droit, et de me conduire, par son assistance, dans la voie de la vérité.

Aboû Zakariyâ a fait connaître en tête de son Traité des lettres douces le motif qui l'a engagé à le publier. Il dit : « Ce qui m'y a décidé, c'est que les hommes ignorent les règles de la conjugaison des verbes faibles et se trompent au sujet de leurs racines. D'après eux, la racine de *ḳâm*, *yâḳoum* serait *ḳôf*, *mêm* seulement, et ils ne tiennent pas compte de la lettre faible quiescente intermédiaire, pour laquelle on a même écrit un *âléf* dans *weḳâ'm* (*Osée*, x, 14), et qui est le deuxième radical du verbe. De même la racine de *schâtâh* serait *schîn*, *tâw* seulement, et ils n'ont pas égard au *hê*, qui est le troisième radical dans *schâtâh* et qui se change en *yôd* dans *schâtîtî*. La racine de *wattôféhou* (I *Sam.* xxviii,

وأنّ الاصل فى ותופהו מצות فاء فقط وان الاصل فى הוביש باء شين فقط ولا يعلمون أن واو ותופהו منقلبةٌ عن الف אפה وانّ واو הוביש منقلبة عن ياء יבש فجهلهم بهذا وغيره من هذه الافعال وما جانسها دعاه الى تأليف كتاب حروف اللين قال ابو زكرياء فاذا قال ان اصل ותופהו מצות لا شيءَ غير الفاء واصل הוביש لا شيء غير בש واصل יקום קם فقط واصل ידוש דש فقط وكذلك שתה ישתה שת فقط فقد يجاز ان يقال من אפה ותפהו باسقاط الواو وان يقال من הוביש בשתי יבוש او בשיתי יבשה وان يقال من קם יקום יקם יקמתי יוקים او קמה קמיתי יקמה ومن דש ידוש ידש ידשתי יודיש او דשה דשיתי ידשה وان يقال من שתה ישתה שת שתי ישות او ישת יושית كيف ما اراد المريد قال المفسّر انّما لزم ذلك على اصل هاولاء القوم لانّ هذه الأحرف التى هى فاءات او عينات او لامات هى عندهم

---

24) serait un *pé* seulement, et celle de *hôbîsch*, *bêt*, *schîn*, et ils ne voient pas que le *wâw*, dans *wattôféhou*, remplace l'*âléf* de *âfâh*, et le *wâw* de *hôbîsch*, le *yôd* de *yâbêsch*.» L'ignorance sur ce point et sur ce qui touche cette catégorie de verbes, et ce qui s'y rattache, a donc provoqué la composition du Traité des lettres douces.

Aboû Zakariyâ poursuit : «Et lorsque l'on soutient que la racine de *wattôféhou* ne consiste que dans le *pê*, celle de *hôbîsch* dans *bâsch*, celle de *yâḳoum* dans *ḳâm*, celle de *yâdousch* dans *dâsch*, et de même celle de *schâtâh* dans *schât*, on est alors autorisé à former arbitrairement de *âfâh wattiféhou*, en laissant tomber le *wâw*, de *hôbîsch baschtî* ou *bâschîtî*, de *ḳâm yâḳamtî* ou *ḳâmîtî*, de *dâsch yâdaschtî* ou *dâschîtî*, enfin de *schâtâh schât* ou *yâschat*.»

Commentaire. — L'idée que ces hommes se font de la racine légitime seule cette conclusion, parce qu'à leurs yeux ces lettres qui sont premiers, deuxièmes ou troisièmes radicaux, ne sont que

زوائدُ غيرُ اصليّة فلهم على قياسهم ان يضعوها حيث شاءوا اذ لا اصل لها عندهم فى الكلمات التى هى فيها وامّا اذا وُضِعَ كلّ شىء منها موضعه ورُدَّ الى اصله وسُلِكَ به مسلكَ القياس فان كلّ حرف منها يلزم قانونه وليس يخرج عن طريقه المعروف له اعنى انه لا يقال من קם יקום יקם ولا קמה ولا من הוביש בשתי יבוש ولا בשיתי יבשה ولا من שתה ישתה שת ישות ولا ישת ישתי יושיה

قال ابو زكريا[1] فتنهدم حينئذ أبنيةُ اللغة وتنخرب حدودُها وتنهدّ اسوارها لانّ الفعل الذى فاؤه حرف لين يرجع فعلا عينُه او لامه حرف ليّن والفعل الذى عينه حرف ليّن يرجع فعلا فاؤه او لامه حرف ليّن وكذلك الفعل الذى لامه حرف ليّن يرجع فعلا

[1] D. 3, 1-4; N. 3, 14-18.

---

des lettres complémentaires n'appartenant pas à la racine : aussi peuvent-ils, d'après la règle de leur grammaire, les placer où ils veulent, puisqu'ils ne les regardent pas comme radicales dans les mots où elles se trouvent. Mais, si chaque élément est rétabli à sa place, ramené à son origine et remis dans la voie de l'analogie, alors chaque lettre sera astreinte à sa loi particulière et ne quittera plus sa route habituelle; c'est-à-dire on ne formera plus de *ḳâm* ni *yâḳam* ni *ḳâmâh*, de *hôbîsch* ni *baschtî* ni *bâschîtî*, de *schâtâh* ni *schât* ni *yâschat*.

Aboû Zakariyâ. — S'il en était ainsi, les fondements du langage seraient renversés, ses limites dévastées, ses murs détruits, car alors le verbe dont le premier radical est une lettre faible deviendrait un verbe dont le deuxième ou le troisième radical serait une lettre faible; une confusion analogue se produirait dans les verbes dont le deuxième ou le troisième radical est une lettre faible.

فاءه او عينه حرف لين قال المفسّر اراد بقوله لان الفعل الذى فاءه حرف لين ما يلزم عن قول من قال ان اصل הוביש الذى فاءه حرف لين وهو الواو المنقلبة عن יבש בש فقط ان يقال منه בשתי יבוש فيرجع الفاء عينا او בשיתי فيرجع الفاء لاما واراد بقوله ان الفعل الذى عينه حرف لين يرجع فعلا فاءه او لامه حرف لين ما يلزم ايضا عن قول من قال ان اصل יקום קם فقط יקם יקמתי او קמה קמיתי واراد بقوله وكذلك الفعل الذى لامه حرف لين يرجع فعلا فاءه او عينه حرف لين ما يلزم عن قول من قال ان اصل שתה ישתה الذى لامه حرف لين שת فقط ان يقال منه שת שתי ישות فيرجع اللام عينا او ישת ישתי יושית فيرجع اللام فاء

قال آز[1] وما حضرنى فى حكاية ذلك ووصفه شى من اللفظ الجيّد الفصيح ونظام الكلام المتقن سوى ما ارجو الّا يخلّ بالمعنى ولا يذهب بالغرض المقصود اليه فقط فانما املى ومرادى ان يُفْهَم عنى

[1] D. 3, 13-16; N. 3, 30-33.

---

Commentaire. — Par les mots : Le verbe dont le premier radical est une lettre faible, etc. il entend la conclusion résultant de l'opinion que la racine de *hôbîsch*, dont le premier radical est une lettre faible, un *wâw* mis à la place du *yôd* de *yâbêsch*, est tout simplement *bâsch*, conclusion qui permettrait de dire *baschti*, dont le deuxième radical serait une lettre faible au lieu du premier, ou *bâschîtî*, où le troisième radical deviendrait à son tour une lettre faible. Une conclusion analogue pourrait être tirée dans les deux autres cas.

Aboû Zakariyâ. — Je n'ai eu l'intention, dans cet exposé, ni d'employer des expressions belles et éloquentes, ni d'écrire des phrases bien agencées; j'espère seulement n'avoir pas trahi ma pensée, ni manqué le but que je me suis proposé. Ce que je désire et ambitionne, c'est qu'on me comprenne et qu'on saisisse ma pen-

ويلقن معناى بايّ لفظ أُمكننى وايّ نسق انتسق لى قال الم الذى
بعثنى على التكلّم على هذا الفصل على قرب مأخذه وقلّة بعد غوره
ما رأيت ممّا داخل أكثرَ النسخ فيه من تصحيف لفظة منه يفسد المعنى
بذلك ورأيت كثيرا ممّن قد نسخ كتاب حروف اللين وصحّفها وتلك
اللفظة هى الجيّد الفصيح فهم يقولون الغير الفصيح فيفسدون المعنى
وانما هذا القول اعتذار من آز من تركه فصيحَ القول ومنتقَى الكلام
اذ لم يكن غرضه غير الإبانة عن مذهبه بايّ لفظة امكنه وما فى
قوله وما حضرنى نافية كانه قال ولم يحضرنى ما تضمنت تأليفه شى
من اللفظ الجيّد الفصيح ونظام الكلام المتقن لكن الذى حضرنى
من الكلام وعلى انه ليس بالصفة الفاضلة ارجو الا يخلّ بالمعنى وان
ابلغ به مرادى من تبيين ما اريد تبيينه ولذلك ما قال بعد هذا

---

sée, quelles que soient les paroles dont j'aie pu faire usage, quel que soit le style dans lequel j'aie écrit.

Commentaire. — J'ai été entraîné à parler de ce paragraphe, bien que le sens en soit facile à saisir et à pénétrer, parce que j'ai vu s'y glisser, dans la plupart des copies, un mot mal orthographié et en altérant complétement la portée, et cette même faute se retrouve dans presque toutes les copies du Traité des lettres faibles que j'ai eu l'occasion de voir. Au lieu du mot *aldjayyid*, ils transcrivent *algair*[1], ce qui fait contre-sens. L'auteur a simplement voulu s'excuser de renoncer au beau langage et au style choisi, car son but est uniquement d'expliquer clairement son opinion, quelles que soient les paroles dont il ait pu faire usage. Le mot *mâ* qui se trouve en tête est négatif. Le sens est : Dans l'ouvrage que j'ai conçu, je n'ai eu l'intention, ni d'employer des expressions belles et éloquentes, ni d'écrire des phrases bien agencées, et j'espère que mon langage, bien que dépourvu de qualités

[1] En caractères hébreux, אלגיד et אלגיר se confondent facilement. Cependant les mss. portent quelquefois pour le dernier אלגייר.

ولعلّ الناظر فى الكتاب يوسعنى عذرا فى ذلك او فى غيره من خلل يطّلع عليه. وهذا من ازّ ز آة حسن ادب فليس وراء فصاحته نهايةٌ ولا بعد حسن نظامه غايةٌ ولا جناح عليه فيما اطلع فى كتابه من خلل فالخليقة البشرية ضعيفة ونحيزتها مكسّرة عن الكمال بل له الفضل العظيم فيما اخترع والشكر الجميل على حسن السبق الى ما ابتدع فهو ولى الاحسان الينا وربّ المعروف عندنا

قال آز[1] ان الحرف المتحرك ما نُطق فيه بإحدى سبع[2] حركات المسمّات عند اهل المشرق שבעה מלכים وبيّنها حركة حركة ثم قال[3] والساكن ما لا ينطق فيه باحدى هذه السبع الحركات وامسك

قال الم المبتدى محتاج ان يعرف ان الحرف الساكن هو الموقوف

[1] D. 3, 27; N. 4, 24. — [2] Ms. ar. de Ḥayyoudj : السبع ! هده. — [3] D. 3, 30; N. 4, 26.

---

supérieures, ne trahira pas ma pensée et m'aidera à l'exposer avec clarté selon mon désir. Aussi Aboû Zakariyâ ajoute-t-il : « Et peut-être celui qui étudie mon livre m'accordera-t-il ma grâce sur ce point ou sur toute erreur qu'il remarquera. » C'est d'un homme bien élevé; car on ne saurait guère avoir langage plus pur, ni phrases mieux agencées! On ne peut donc lui faire un crime des erreurs qu'on peut rencontrer dans son livre, car l'être humain est faible, et sa nature incapable de perfection. Il faut au contraire le combler d'éloges pour ce qu'il a créé, et lui être grandement reconnaissant d'avoir si bien devancé tous les autres. C'est lui qui est notre bienfaiteur et nous rend ses obligés.

Aboû Zakariyâ. — Une lettre *mue* est une lettre prononcée avec l'une des sept voyelles que les hommes de l'Est appellent *les sept rois*. Après les avoir énumérées, il poursuit : Une lettre *en repos* est une lettre prononcée sans aucune de ces sept voyelles. Puis l'auteur s'arrête court.

Commentaire. — Le commençant doit savoir que la lettre *en repos* est celle qui est pourvue du *schebâ'* pur, c'est-à-dire le *schebâ'*,

بالשבא المحض اعنى الשבא غير الممال الى حركة من الحركات ومثل
هذا الשבא لا يكون مبتداء به لكنه يقع فى وسط الكلام وفى اخره
مثل الשבא الذى تحت راء וירכב وتحت شين וישכב وتحت باء
ויבכה ومثل الשבאين اللذان تحت باء وكاف וישא את קולו ויבך
وتحت راء ودال וירד מיעקב وتحت شين وقاف וישק את צאן לבן واما
الשבא المبتدا به فمحرّك على ما قد بينه افاضل הסופרים وتقيلهم
فيه آز فى صدر هذه المقالة الاولى من كتاب حروف اللين واصل
هذه السبع حركات ثلاث منها وهى الשרק والחרק والפתח وذلك
تلقاء ثلاث الحركات الطبيعية الموجودة فى العالم وهى الحركة من
الوسط والحركة الى الوسط والحركة حول الوسط امّا الحركة من الوسط
فحركة النار المرتفعة من الارض بطبعها نحو الفلك وهذه حركة
الשרק فى الكلام لان الآلة الفاعلة له ترفعه الى العلوّ واما الحركة

---

dont le son n'est incliné vers celui d'aucune voyelle. Un tel *schebâ'* ne se trouve jamais au commencement d'un mot, mais toujours au milieu ou à la fin, comme le *schebâ'* sous le *rêsch* de *wayyirkab*, etc. ou les deux *schebâ'* sous le *bêt* et le *kaf* de *wayyêbk* (*Gen.* XXIX, 11), sous le *rêsch* et le *dâlét* de *weyêrd* (*Nombres*, XXIV, 19), sous le *schîn* et le *ḳôf* de *wayyaschḳ* (*Gen.* XXIX, 10). Mais le *schebâ'* placé au commencement du mot est *mû*, comme l'ont expliqué les grammairiens les plus éminents et le plus autorisé parmi eux[1], Aboû Zakariyâ, en tête du premier chapitre du Traité des lettres douces.

Parmi les sept voyelles, il y en a trois primitives, le *schourèḳ*, le *ḥirèḳ* et le *pataḥ*. Celles-ci répondent aux trois mouvements naturels qui existent dans le monde : celui qui part du centre, celui qui y aboutit et celui qui tourne autour. Le mouvement qui part du centre est celui du feu s'élevant, par sa nature, de la terre dans la direction du ciel : c'est là le mouvement du *schourèḳ* dans

[1] Le ms. a : ותקּילהם פיה אבו ז׳. Faudra-t-il transcrire وتقبّلهم et traduire Et A. Z. leur ressemble sous ce rapport?

التى هى الى الوسط فهى حركة الحجر يُرمى به فى الهوا فيرتفع
قسرا بغير طبعه حتى اذا بلغ النهاية التى تناهت اليها القوة
الدافعة له هوى سفلا بطبعه وهذه هى حركة החרק فى الكلام لان
الآلة الفاعلة له تدفعه الى السفل واما الحركة التى حول الوسط
فهى كحركة الفلك المستدير حول الارض وهذه هى حركة الפתח
فى الكلام لان الآلة الفاعلة له تذهب به الى استدارة فهذه الثلاث
حركات هى امهات واصول جميع الحركات والباقية بنات وفروع لها
اعنى ان החלם والקמץ متفرّعان من الשרק اذ الضمّ لها ثلثها
كالجنس وهى انواعه الا ان بعضها فوق بعض وذلك ان الשרק فوق
החלם والחלם فوق الקמץ والסגול الذى هو פתח קטן متفرع من פתח
גדול اذ حركته فى النطق به ممالة الى الפתח ويستبين ذلك فى

le langage, car l'organe qui le produit élève le son vers le haut. Le mouvement qui aboutit au centre est celui de la pierre lancée en l'air, et qui, contrairement à sa nature, s'élève par suite d'un effort violent; puis, lorsqu'elle est arrivée au point extrême où expire la force motrice, elle tombe en bas conformément à sa nature. Tel est le mouvement du *ḥirék* dans le langage, car l'organe qui le produit pousse le son vers le bas. Le mouvement autour du centre ressemble au mouvement du ciel, qui tourne autour de la terre. Le *pataḥ* a ce mouvement dans le langage, car l'organe qui le produit lui imprime un mouvement de rotation. Ces trois voyelles sont les mères de toutes les voyelles et sont seules primitives; les autres en sont les filles et en dérivent. En d'autres termes, le *ḥôlém* et le *ḳâméṣ* dérivent tous deux du *schouréḳ*, puisque le *ḍamma* est par rapport à eux trois comme le genre par rapport aux espèces; seulement, il y a une gradation : le *schouréḳ* est au-dessus du *ḥôlém*, et celui-ci au-dessus du *ḳâméṣ*. Le *ségôl* ou *pataḥ ḳâṭôn* dérive du *pataḥ gâdôl*, puisque le *ségôl*, dans la prononcia-

קולכֶם אליכֶם עליכֶם وما جرى هذا المجرى واما الצרי فمتفرع من الחרק وذلك ان مخرجه متوسّط بين مخرج الפתח ومخرج الחרק وكان عندى اقرب الى الחרק لانى رايتهم كثيرا يستعملون الצרי مكان الחרק ويجرونه مجراه فى الافعال المستقبلة المحذوفة مثل ותכה מכעס עיני ותלה ארץ מצרים ותלך ותתע ואפן ונפן وغيرها وان قيل ان الצרי متفرع من الחרק والפתח جميعا لتوسطه بينهما كان ذلك حسنا فاعلمه

قال آز[1] ومما يجب ان تعرفه وتقف عليه انّ العبرانيين لا يجمعون بين ثلاثة احرف محرّكة فى الكلمة السالمة من א"ה"ח"ע ومن التقاء المثلين قال المر يقول آز انه لا تجتمع ثلاث حركات متوالية فى كلمة سالمة من א"ה"ח"ע ومن التقا المثلين لكنها تجتمع فى كلمة غير سالمة

[1] D. 6, 8-10; N. 6, 5-7.

---

tion, incline vers le *pataḥ*, comme on le reconnaît dans *ḳôlkém*, *ălékém*, *ʿălékém* et autres mots du même genre. Quant au *ṣêrê*, il dérive du *ḥiréḳ*, car son émission est intermédiaire entre celle du *pataḥ* et celle du *ḥiréḳ*; selon moi, elle se rapproche davantage de celle du *ḥiréḳ*, car, dans bien des cas, le *ṣêrê* est employé à la place du *ḥiréḳ*, et comme lui dans les verbes au futur apocopé, comme dans *wattĕkah* (*Job*, XVII, 7), *wattĕlah* (*Gen.* XLVII, 13), *wattĕtaʿ* (*ibid.* XXI, 14), etc. Si l'on veut soutenir que le *ṣêrê* dérive à la fois du *ḥiréḳ* et du *pataḥ*, entre lesquels il tient le milieu, ce n'est pas impossible, et cela mérite réflexion.

Aboû Zakariyâ. — Il faut savoir et retenir que les Hébreux n'ont jamais trois lettres de suite vocalisées dans un mot qui ne renferme ni gutturale ni lettre géminée.

Commentaire. — Aboû Zakariyâ veut dire qu'il ne peut y avoir trois voyelles de suite dans un mot qui ne renferme ni gutturale ni lettre géminée, mais qu'on peut en trouver trois réunies dans tout

من ذلك وانى لما تفقدت هاؤلاء الحركات فى الكلمات غير السالمة من
א"ה"ח"ע ومن التقا المثلين الفوت جلّها بل كلّها الا ما لا يؤبَهُ اليه
يتوسطها שבא ופתח גדול او שבא ופתח קטן او שבא مبتدا به واما
أن تتوالى فى كلمة من هذين القبيلين ثلاث حركات او اكثر دون
ان يتوسطها شىء مما ذكرنا فلا ومثل ذلك فى الكلمات غير السالمة
من א"ה"ח"ע ואעמד עליו ואמתתהו ففى ואעמד ثلاث حركات متوالية
احداها שבא ופתח קטן تحت العين وفى ואמתתהו ثلاث حركات
ايضا متوالية فان الواو محرّكة بפתח لعلّة ضرورية خفية عن كلّ
من تقدمنى ممن انتهى الينا وضعه اخرجها لى البحث
واوجدنيها الطلب والمثابرة على مطالبتى لنفسى عما اشكل علىّ
وساوقفك عليها فى آخر هذه الرسالة رأيت تأخير ذكرها لئلّا
ينقطع بنا نظام الكلام واذ ذكرُ هذه العلة فى هذا الموضع عرضٌ

[1] Ms. الفت.

---

autre mot. En recherchant les mots renfermant une gutturale ou une lettre géminée, dans lesquels trois voyelles se suivent, j'ai trouvé que la plupart d'entre eux, tous même si ma mémoire ne me trompe pas, contiennent *schebâ'* et *pataḥ*, *schebâ'* et *ségôl* ou *schebâ'* initial. Il n'y a pas d'exception à cette règle. Exemples de mots renfermant une gutturale : *wâ'e'ĕmôd ʿâlâw wa'ămôtetêhou* (II *Sam.* I, 10). Dans *wâ'eʿĕmôd*, trois voyelles se suivent, dont l'une est le *schebâ'* et *ségôl* sous le *ʿayin;* il en est de même pour *wa'ămôtetêhou*, où le *wâw* a *pataḥ*, l'*âléf schebâ'* et *pataḥ* et le *mêm ḥôlém*. — Le *pataḥ* du *wâw* est dû à une cause inconnue à tous ceux de nos devanciers dont les ouvrages nous sont parvenus. Je l'ai découverte à force de recherches, d'études et d'efforts persévérants pour m'expliquer ce qui m'était resté obscur. Je te ferai connaître cette cause à la fin de mon traité; j'aurais craint, autrement, de rompre la suite de mon exposition, puisqu'ici il n'en a été question qu'incidem-

لكنه لست اخليه منه حرصا منّى الى افادتك والالف بعد الواو
بْשבא ופתח والميم محرّكة بْחלם ومثله וישלחנו ה׳ לשחתה فقد
توالت فى לשחתה اربع حركات احداها שבא ופתח تحت الحاء وقد
علمت ان الשבא المبتدا به محرّك فاللام اذًا محرّك من לשחתה
מהללאל توالت فيه ثلاث حركات احداها שבא ופתח وهذا فى
الكلام العبرانىّ اكثر من ان يحصى واما مثال ذلك فى الكلمات
غير السالمة من ذوات المثلين فمثل יסכהו צאלים צללו توالت فى
צללו ثلاث حركات احداها שבא ופתח ومثله גללי מללי יללת
הרעים קללת יותם ימששו בצהרים توالت فيه اربع حركات منها
שבא مبتدا به محرّك بالפתח تحت اليا وשבא ופתח تحت الشين
בסעפתיו קננו فيه ثلاث حركات احداها שבא ופתח فالى اجتماع
مثل هذه الحركات فى مثل هذه الحروف اشار آز فى قوله[1] ان العبرانيين

[1] D. 5, 11; N. 5, 15.

---

ment, et cependant je suis trop désireux de t'être utile pour ne pas y revenir. — Autres exemples : *leschaḥătâh* (*Gen.* XIX, 13) renferme quatre voyelles consécutives, dont un *schebâ'* et *pataḥ* sous le *ḥêt*, et le *schebâ'* initial qui, on le sait, est *mû*, de sorte que le *lâméd* emprunte sa voyelle au *schîn* qui le suit; dans *mahălal'êl* (*Gen.* v, 12) une des trois voyelles consécutives est encore *schebâ'* et *pataḥ*. De tels cas sont trop fréquents en hébreu pour qu'on puisse les énumérer. Exemples de mots renfermant une lettre géminée : *ṣilălô* (*Job*, XL, 22), avec trois voyelles de suite, dont l'une est *schebâ'* et *pataḥ*; *gilălay* (*Néh.* XII, 36); *milălay* (*ibid.*); *yilălat* (*Zach.* XI, 3); *ḳilălat* (*Jug.* IX, 57); *yemaschăschou* (*Job*, v, 14), où se suivent quatre voyelles, dont *schebâ'* initial, mû par un *pataḥ*, sous le *yôd*, *schebâ'* et *pataḥ* sous le *schîn*; *ḳinănou* (*Ézéchiel*, XXXI, 6), avec trois voyelles, dont l'une est *schebâ'* et *pataḥ*. Telle est la pensée

لا يجمعون بين ثلاثة احرف متحرّكة فى الكلمة السالمة من א"ה"ח"ע
ومن التقاء المثلين وفى قوة كلامه انهم يجمعون بينها فى الكلمة
الغير السالمة من א"ה"ח"ע ومن التقاء المثلين كما تراها مجتمعة فى
الكلمات التى مثّلت بها واما ما احسب انه وهم به بلا شكّ فهو
انكاره اجتماع ثلاث حركات فى كلمة سالمة من א"ה"ח"ע ومن التقاء
المثلين وقد وجدت كلمات كثيرة سالمة من א"ה"ח"ע ومن التقاء
المثلين اجتمعت فيها ثلاث حركات واربع ايضا منها قوله ואני
קרבת אלהים לי טוב فيه ثلاث حركات احداها שבא وפתח تحت
الراء ومنها כתמרות עשן توالت فيه اربع حركات [احداها] שבא
وפתח تحت الميم وايضا מחסה לשפנים توالت فيه ثلاث حركات
احداها שבא وפתח تحت الشين ולשכני מאד توالت به اربع

d'Aboû Zakariyâ dans les paroles que nous avons expliquées et où se trouve implicitement exprimée l'idée que les Hébreux admettent trois voyelles consécutives dans les mots qui renferment une gutturale ou une lettre géminée, comme les exemples cités en fournissent la preuve [1].

Le point où, à mon avis, il s'est trompé sans aucun doute, c'est lorsqu'il nie que trois voyelles puissent être réunies dans un mot ne renfermant ni gutturale ni lettre géminée. Or, j'ai trouvé de nombreux mots de ce genre, où trois et même quatre voyelles se suivent. Exemples : *ḳirăbat* (*Ps.* LXXIII, 28), avec trois voyelles, dont l'une est *schebâ'* et *pataḥ* sous le *rêsch*; *ketimărôt* (*Cantique*, III, 6) [2], avec quatre voyelles, dont *schebâ'* et *pataḥ* sous le *mêm*; *laschschăfannîm* (*Ps.* CIV, 18), où l'une des trois voyelles est *schebâ'* et *pataḥ* sous le *schîn*; *welischăkênay* (*Ps.* XXXI, 12), avec quatre voyelles, dont un *schebâ'* initial sous le *wâw*, mû par un *pataḥ* et un

[1] Voy. *Riḳmâh*, p. 98. — [2] Cet exemple est mal choisi, car, comme la massore l'atteste, il faut un *yôd* après le *tâw* (cf. *Minḥat Schai* sur *Joël*, III, 3). Partout où dans ce mot le *yôd* manque, le *mêm* a *dâgêsch*.

حركات منها שבא مبتدأ به محرّك بالפתח تحت الواو[1] وשבא وפתח
تحت الشين וקרב לבו فيه ثلاث حركات متوالية احداها שבא
وפתח تحت القاف נדרו ושלמו توالت فيه ثلاث حركات احداها
שבא وפתח تحت الدال ולציון יאמר توالت فيه ثلاث حركات
احداها שבא وפתח تحت اللام רטפש בשרו توالت فيه ثلاث
حركات احداها שבא وפתח تحت الطاء ותבקשי ולא תמצאי التا
محركة بשבא وפתח וסגר דלתך السين محرّك وهذا ايضا فى الكلام
العبرانىّ كثير فما ادرى كيف ذهب هذا عن آز وهو مما فاتنا
تشكيكه عليه فى المستلحق واعلم انه ليس لاحد ان يعاند فيقول
ان توقيف ما قبل المتحرك بשבא وפתח فى كلّ واحدة من هذه
الكلمات وما جانسها موجب لحركة ذلك الحرف المتحرك فحسبه
ان الحركات تتوالى فيه كان توقيف ما قبل الحرف المتحرك موجبا
لتحركه او لا وآز لم يستثن من هذا التوقيف ولا سيّما انّا قد

[1] D. 5, 11-12; N. 5, 17-18.

---

*schebâ'* et *pataḥ* sous le *schîn*; *ouḳărâb* (*ibid.* LV, 22); *nidărou* (*ibid.* LXXVI, 12); *oulăṣiyyôn* (*Ps.* LXXXVII, 5); *rouṭăfasch* (*Job*, XXXIII, 25); *outăbouḳschî* (*Éz.* XXVI, 21); *ousăgôr* (*Is.* XXVI, 10). Beaucoup d'autres exemples encore se trouvent dans la langue hébraïque, et je ne sais pas comment ils ont pu échapper à Aboû Zakariyâ; moi aussi, j'ai omis d'exprimer à ce sujet mes doutes contre lui dans le *Moustalḥiḳ*. On ne saurait objecter et dire que l'arrêt[1] précédant la consonne affectée du *schebâ'* et du *pataḥ* dans chacun de ces mots et autres semblables produit cette vocalisation. Mais qu'importe si cet effet est produit, oui ou non, par l'arrêt; ce qu'il suffit de remarquer, c'est que les voyelles se suivent et qu'Aboû Zakariyâ n'a statué aucune exception résultant de l'arrêt. Ce qui plus est, nous

[1] وقّف «placer un *waḳf*» ou un *métég*.

وجدنا كلمات موقّفة بغير تحريك ما بعد الحرف الموقّف مثل יראת
ה' שנאת רע ومثل משכו וקחו לכם קראו צום وغيرها ولا فرق بين
משכו وبين נדרו ושלמו ولا سيما ايضا ان هذا التوقيف نفسه موجود
ايضا قبل الحرف المتحرك فى الكلمات غير السالمة من [אהח"ע ومن]
التقا المثلين فحكمه فى السالمة كحكمه فى غير السالمة فحجّة المعاند لنا
داحضة وليس للمعاند ايضا ان يقول ان بعد هذه الحروف الموقفة
اعنى نون נדרו ושלמו وميم משכו وواو וקרב לבו ولام ולשכני מאד
وما اشبهه سواكن لينة للمدّ اذ لا تدخل حروف المدّ بعد
فاءات الافعال فى الامر ولا بعد واو العطف ولام الاضافة ولم آتِ
بهذا وانا اظنّ انى قد اتيت بشى خفىّ ومعنى لطيف لضعف هذا
الدعوى وضعف منتحلها لكن لان بعض من لم يشدّ فى هذا العلم
اعترض علىّ بهذا رايت إلحاقه هنا ويلزم القائل لهذه الدعوى ان

avons rencontré des mots où la présence de l'arrêt n'empêche pas que la consonne suivante soit dépourvue de voyelle; par exemple, *yir'at* (*Prov.* VIII, 13), *mischkou* (*Exode*, XII, 21), *ḳir'ou* (I *Rois*, XXI, 9), etc. Cependant il n'y a pas de différence entre *mischkou* et *nidărou*. En outre, cet arrêt lui-même se rencontre tout aussi bien avant la consonne vocalisée dans les mots qui ont une gutturale ou deux lettres géminées, et y suit donc la même règle que dans les autres mots. Ainsi tombe l'objection. On ne peut pas non plus soutenir qu'après ces consonnes pourvues de l'arrêt, savoir le *noun* de *nidărou*, le *mêm* de *mischkou*, le *wâw* de *oûḳărab*, le *lâm* de *welischăkênay*, etc. il faille sous-entendre des quiescentes de prolongation, puisque nulle part les lettres de prolongation ne sont placées après le premier radical de l'impératif, ni après le *wâw* copule, ni après le *lâméd* préposition. En donnant ces explications, je n'ai cru révéler rien de caché ni dire rien d'ingénieux, vu la faiblesse de l'objection et de son auteur; mais j'ai voulu en parler ici, parce que j'ai été contredit par des

يعتقد ايضا ان بعد الحروف الموقوفة فى الكلمات غير السالمة من
א"ה"ח"ע وذوات المثلين سواكن ايضا واعلم جنبك الله الردى
وارشدك الى سبيل الهدى ان قوما ممن يدّعى المشاركة فى اللغة
وعلى انهم لم يابهوا الى اجتماع ثلاث حركات فى الكلمات السالمة من
א"ה"ח"ע ومن التفا المثلين فى مثل الكلمات التى مثلت بها يزعمون
ان قد تجتمع ثلاث حركات فى مثل חכמים דברים שללים ولا يشعرون
بالساكن الدالّ عليه القמץ الذى قبله اذ لا يرونه ثابتا فى الخطّ
ولو شاهدوا قراة بعض فصحاء اهل المشرق الصحاح الغرائز السالمى
النحائز لوجدوه بينا فى اللفظ وان لم يكن ظاهرا فى الخطّ وكذلك
زعموا ان تجتمع ثلاث حركات ايضا فى مثل שכנים חברים ولم يابهوا

---

personnes peu versées dans cette science. Du reste, pour être conséquent, il faudrait que notre adversaire supposât également des lettres quiescentes après les consonnes pourvues d'arrêt dans les mots renfermant une gutturale ou une lettre géminée [1].

Sache, ô mon ami [2], que des gens parmi ceux qui prétendent posséder la science du langage ne se sont pas aperçus des trois voyelles consécutives dans les mots ne renfermant ni gutturale ni géminée que j'ai cités comme exemples, et s'imaginent néanmoins qu'il y a trois voyelles de suite dans des mots tels que *ḥăkâmîm*, *debârîm*, *schelâlîm.* Mais ils oublient la quiescente indiquée par le *ḳâmeṣ*, parce qu'ils ne la voient pas fixée par l'écriture. Certes, s'ils avaient jamais assisté à la récitation faite par un lecteur habile de l'Orient, doué par la nature d'une voix juste et pleine, ils auraient distingué la quiescente dans la prononciation, quand bien même elle n'est pas apparente dans l'écriture. De même, ils ont cru que trois voyelles se suivent dans des mots comme *sche-*

[1] Cependant la vraie explication du passage de Ḥayyoudj est donnée par R. Mosé Hakkôhên dans ses additions, N. 6, 7-14. — [2] Littéralement : Que Dieu fasse éviter le mal et te dirige dans la bonne voie!

الى الساكن الدالّ عليه الصّرى الذى قبله المسمّى קמץ קטן وقد قال ازّ رّة فى كتابه فى التنقيط[1] ان קמץ גדול وקמץ קטן لا يقعان ابدا الا على ساكن لين ظاهرا كان فى الخطّ او غير ظاهر وزعموا انها تجتمع ايضا فى יבשת وקשבת وדלקת وما جانسها فكان غلطهم فى هذا مركبا من وجهين احدها انهم لا يعتدّون بالشدّة ويقولون انها لغير اندغام ساكن اذ ليس يوجد قالوا بالقياس حرف مندغم فى كل واحد من هذه الاحرف المشدّدة اذ יבש חציר הקשבתי ואשמע ודלקו בהם ואכלום غير مشددة ولعمرى لو انهم علموا طريقة اصحاب اللغات فى اقتطاعهم الامثلة المختلفة واتّخاذهم الابنية المتباينة اتّساعا منهم فى ذلك لعلموا انهم ضاعفوا باء יבשת وادغموا احدى البائين فى الاخرى وكذلك فعلوا فى شين קשבת

[1] D. 179, 6; N. 133, 2.

---

*kênîm*, *ḥăbêrîm*, sans tenir compte de la quiescente indiquée par le *ṣêrê*. Or Aboû Zakariyâ lui-même, dans son livre sur la ponctuation, dit : Le *ḳâmêṣ gâdôl* et le *ḳâmêṣ ḳâṭôn* (*ṣêrê*) précèdent toujours une quiescente douce, qu'elle soit apparente dans l'écriture ou non. Nos contradicteurs prétendent aussi que trois voyelles se rencontrent dans *yabbéschét*, *ḳaschschébét*, *dalléḳét*, etc. Ils commettent en cela une double erreur. Leur première erreur consiste en ce qu'ils ne tiennent pas compte du *dâgêsch* et disent qu'il ne provient pas de l'insertion d'une consonne sans voyelle, puisqu'on ne trouve, ajoutent-ils, aucun exemple analogue d'une lettre insérée dans ces mots pourvus du *dâgêsch*, car *yâbêsch* (*Isaïe*, xv, 6), *hiḳschabtî* (*Jér.* viii, 6), *wedâleḳou* (*Obad.* 18) sont sans *dâgêsch*. Par ma vie, s'ils connaissaient à fond la méthode des lexicographes, quand ils découpent les divers exemples et établissent les différents paradigmes, ils sauraient que les lexicographes ont redoublé le *bêt* de *yabbéschét* et inséré l'un des deux *bêt* dans l'autre, et qu'ils ont fait de même pour le *schîn* de *ḳaschschébét*,

ولام דלקת وباء דבר وשבר وאבד وزای אזן وقاف וחקר وתקן وما ماثلها
وربما كان علة ذلك فى بعضها التأكيد وفى بعضها التواطئ عليه
وانى لاعجب من زعمهم انه ليس فى هذه الاحرف المشددة وفيما
اشبهها سواكن مندغمة من انه لم يتكلم فى شىء منها بمثلين
ظاهرين ومن انهم ليس يجدون بقياسهم حرفا مندغما فى احد
هذه الاحرف وهل بين קשבת وיבשת وדלקת [وصاد] وراء צרעת وצרבת
وباء وراء ברקת بازا السواكن المندغمة فى קשבת وיבשת وדלקת ان كان
ليس קשבת من التقطيع على مثال תנשמת اعنى انهما مركبان من
ثلاثة اجزاء يسميها اصحاب النسب مقاطع وتسميها العرب اسبابا

---

le *lâm* de *dallékét*, les *bêt* de *dibbêr*, *schibbêr* et *'ibbêd*, le *zayin* de *izzên* (*Eccl.* XII, 9), le *ḳôf* de *ḥikḳêr* (*ib.*) et de *tikḳên* (*ib.*), etc. Souvent ces *dâgêsch* sont l'effet, soit d'un renforcement, soit d'une simple convention. Comment ont-ils conclu que, dans ces mots avec *dâgêsch* et autres semblables, il n'y a pas de quiescente insérée, de ce que, dans aucune forme, les deux lettres semblables ne sont écrites séparément, et de ce que toute la conjugaison ne présente de lettre insérée dans aucun de ces mots?

Y a-t-il donc une différence entre *ḳaschschébét*, *yabbéschét*, *dallékét*, et le *ṣâdê* et le *résch* dans *ṣâraʿat* et *ṣârébét*, ainsi que le *bêt* et le *résch* dans *bârékét*, eu égard aux quiescentes insérées dans les trois premiers exemples? Certes, si *ḳaschschébét*, pour sa division en syllabes, n'était pas conforme à l'exemple de *tinschémét*, c'est-à-dire si l'un et l'autre n'étaient pas composés de trois parties, que les *aṣḥâb an-nasb*[1] nomment des *coupes* et que les Arabes

[1] Nous n'avons trouvé nulle part ce terme. D'après un passage, tiré de la *Rhétorique* de Mosé ben Ezra, il serait l'équivalent de اليونانيون. Voici ce passage :
واما متى كان تعلّق اهل الجالية الى القريض والرجز ومراعاة الاوزان
والقوافى والاسباب والاوتاد وهى عند اليونانيين المقاطع والارجل الخ
«Mais lorsque pendant la captivité on s'appliquait à composer des pièces de vers

فيا هذا فليس واجبا ان يكون بازاء النون الساكن فى תנשמת
ساكن مندغم فى شين קשבת وازيدك فى ذلك بيانا بان اقول انهم
كما زادوا السواكن اللينة بعد فاءات الافعال الخفيفة فى مثل שמר
وאבד وשבר زادوا ايضا سواكن غير لينة بعد فاءات هذا الضرب
من الافعال الثقيلة שמר وשבר وאבד وادغموها واقول ايضا ان الاصل
فى צרעת وצרבת وברקת التشديد على مثال קשבת وיבשת وדלקת
فلامتناع الراء من التشديد حدثت فيها سواكن لينة وهى
عوض من السواكن الغير لينة التى كان واجبا ان تكون مندغمة
فى الراءات كما حدثت ايضا بعد احرف المعرفة اذا وقعت على
א"ה"ח"ע سواكن لينة عوضا من السواكن غير اللينة مندغمة

appellent des *cordes*[1], alors il ne faudrait pas, en face du *noun* sans voyelle de *tinschémét*, une quiescente insérée dans le *schîn* de *ḳaschschébét*. Je m'explique plus clairement : d'abord, de même qu'on ajoute des quiescentes douces après les premiers radicaux des verbes dans leur forme legère, comme *schâmar*, *âbad*, *schâbar*, de même on ajoute, en les insérant, des quiescentes qui ne sont pas douces, après les premiers radicaux de ces mêmes verbes dans leur forme lourde, comme *schimmêr*, *schibbêr*, *ibbêd*. Ensuite la forme primitive de *ṣâraʿat*, *ṣârébét*, *bâréḳét* exigerait un *dâgêsch*, d'après l'exemple de *ḳaschschébét*, etc.; mais, comme le *rêsch* n'admet pas le *dâgêsch*, des quiescentes douces ont remplacé les quiescentes non douces qui devaient être insérées dans les *rêsch*. La même chose arrive pour les lettres déterminantes, lorsqu'elles précèdent des gutturales : les quiescentes douces sont substituées aux quiescentes non douces, qui seraient insérées dans les lettres

«et à y observer la mesure, la rime, les *cordes* et les *pieux*, ces derniers nommés par les Ioniens *coupes* (τομαί) et pieds, etc.» Voyez aussi Schiaparelli, *Vocabulista in arabico* (Firenze, 1871), p. 580, l. 4.

[1] S. de Sacy, *Gr. ar.* II, 619.

فيما بعدها من الحروف اذا كانت غير א"ה"ח"ע فقد قام البرهان
وثبت عند كل ذى فهم ان كل حرف مشدد مقامه مقام حرفين
فان اصرّ القوم على مذهبهم فالمستغاث الى الله من جهلهم ومما
يتأكد به عندك ما قلته لك من ان كل حرف مشدد مقامه
مقام حرفين هو قرأتهم كل שבא تكون فى حرف مشدد بالتحريك
مثل דברו נא גדלו לה׳ אתי وغيرها على عادتهم فى تحريكهم ثانى كل
שבאין يلتقيان تجد ذلك مسطورا فى كتاب المصوّتات وغيره فقد
شهد ان فى باء דברו حرفا ساكنا ولذلك ما فتح كما يفتحون الשבא
الذى تحت تا יתנו وتحت دال ידבנו لكن الذى لا يشكّ احد ان
فى كل واحد منهما حرفا ساكنا مندغما هو فاء الفعل فان قال قائل
وكيف تقول ان كل حرف مشدد مقامه مقام حرفين الاول منهما

---

suivantes, si elles n'étaient pas des gutturales. C'est un fait constant et démontré pour les hommes intelligents, que toute lettre avec *dâgêsch* est à la place de deux lettres. Si nos adversaires persistent dans leur opinion, il n'y a de recours qu'en Dieu contre leur ignorance. La thèse que je viens de poser, que toute lettre avec *dâgêsch* est à la place de deux lettres, est confirmée par la lecture avec une motion de tout *schebâ'* placé sous une lettre ayant *dâgêsch*, comme *dabbărou* (*Genèse*, L, 4), *gaddălou* (*Psaumes*, XXXIV, 4), etc., de même qu'on a l'habitude de prononcer avec une motion le second de deux *schebâ'* qui se rencontrent, comme cela est noté dans le Livre des sons et dans d'autres ouvrages. Aussi est-il attesté que le *bêt* de *dabbărou* renferme une lettre sans voyelle qui, pour cette raison, est affectée d'un *pataḥ* à côté du *schebâ'*, comme le *tâw* de *yittănou* (*Exode*, XXX, 13, et *passim*) et le *dâlét* de *yiddăbénnou* (*ibid.* XXV, 2), où personne ne met en doute qu'il y ait une quiescente insérée, représentant le premier radical du verbe. On dira peut-être : Si toute lettre avec *dâgêsch* est à la place de deux lettres dont la première est sans voyelle, comment

ساكن ونحن نجدهم يبتدءون بحرف مشدد فى مثل قولهم בראשית
ברא אלהים גדלו לה׳ אתי דור לדור وغيرها وقد قال آز ان العبرانيين
لا يبتدءون بساكن قلنا له ان مثل هذا التشديد لا يعدّ الا
خفيفا ولذلك لا يُعتقد ان فيه ساكنا مندغما واما التشديد
الحقيقى فمثل الذى فى ידבר ישבר وغيرها وقد بين ذلك آز فى صدر
المقالة الاولى من كتاب حروف اللين اذ قال فى ב״ג״ד״כ״פ״ת[1] انه ينطق
فى العبرانى" على ضربين اولهما خفيف وهو ב״ג״ד والثانى ثقيل ב״ג״ד
وقسم الضرب الثقيل على قسمين اولهما خفيف مثل בראשית ברא
אלהים תחת גערה במבין ירבה ישגה ומלאו בתיך والثانى ثقيل محض
مثل ידבר ישבר כי עשרת הבתים والدليل على ان احد الضرب
الثقيل خفيف وقوع القمץ الى جنبه فى ומלאו בתיך واعلم ان פתח

[1] D. 8, 22 et suiv.; N. 8, 27 et suiv.

---

expliquer que des mots commencent par une lettre ayant *dâgêsch*, comme *berê'schît* (*Gen.* I, 1); *gad* de *lou* (*Psaumes*, XXXIV, 4); *dôr* (*ibid.* CXLV, 4), etc. puisque Aboû Zakariyâ soutient que les Hébreux ne commencent aucun mot par une lettre sans voyelle? Nous répondrons que de tels *dâgêsch* sont seulement regardés comme des *dâgêsch* légers; aussi ne croit-on pas qu'ils renferment une lettre sans voyelle insérée; le véritable *dâgêsch* est celui de *yedabbêr*, *yeschabbêr*, etc. C'est ce qu'Aboû Zakariyâ a éclairci en tête de la première section de son Livre sur les lettres douces, où il est dit : Les lettres *bêt*, *gimêl*, *dâlêt*, *kaf*, *pê*, *tâw* admettent en hébreu deux prononciations : l'une légère (*bh*, *gh*, *dh*, etc.); l'autre lourde (*b*, *g*, *d*). Cette dernière, à son tour, peut être de deux espèces : espèce légère dans *berê'schît*, *têḥât* (*Prov.* XVII, 10), *yirbéh*, *yischgéh*, *bâtêkâ* (*Exode*, X, 9); espèce complétement lourde dans *yedabbêr*, *yeschabbêr*, *habbattîm* (*Éz.* XLV, 14). La preuve que le *dâgêsch* lourd dans *bâtêkâ* est de l'espèce légère est fournie par le

גדול قد يقع كثيرا على ساكن لين قبل بعض احرف א״ה״ח״ע
التى بعد حروف المعرفة كما يقع عليه ايضا فى غير هذا الضرب مثل
שער ונחל وغيرها على ما قد بينه آز فى كتابه فى التنقيط[1] والى هذا
المعنى وغيره ايضا اشار آز فى صدر المقالة الاولى من كتاب حروف
اللين فى الباب الذى ترجمته ابتداء حروف اللين والمدّ اذ قال عن
حروف اللين[2] انها تلين حتى تخفى فلا يكون لها فى اللفظ ولا
حسّ وانما يؤدّيها الى السمع تحريك ما قبلها بالضم او بالفتح او
باحد الشבעה מלכים فاعلمه والوجه الثانى من غلطهم فى יבשה هو
قلّة شعورهم بالساكن اللين الذى بين الباء والشين ولعمرى انهم
لمعذورون فى ذلك فان من غلط فى الظاهر للعيان احرى بالغلط فيما

[1] D. 181, 19; N. v, 6. — [2] D. 7, 1; N. 6, 29.

---

*ḳâmés* qui le précède. Sache que le *pataḥ* précède souvent une quiescente douce devant les gutturales qui suivent les lettres de la détermination, comme aussi dans d'autres exemples tels que *scha'ar*, *naḥal*, etc. ainsi qu'Aboû Zakariyâ l'a expliqué dans son Livre sur la ponctuation.

Telle est également l'opinion qu'Aboû Zakariyâ a voulu exprimer, entre autres, dans l'introduction à la première section de son Livre sur les lettres faibles, puisqu'il dit dans le chapitre intitulé : Origine des lettres douces et des lettres de prolongation : «Les lettres douces s'adoucissent quelquefois au point de disparaître, sans rester le moins du monde sensibles dans l'expression, excepté par le son de la voyelle précédente, *ḍamma*, *fatḥa*, ou une quelconque des sept voyelles.»

La seconde erreur de nos adversaires, c'est qu'ils ne se sont pas aperçus de la quiescente douce qui est entre le *bêt* et le *schîn* de *yabbéschét*. Par ma vie, cette fois ils sont excusables, car, lorsqu'on s'est trompé pour ce qui saute aux yeux, on a d'autant plus

هو اخفى والقوم لم يشعروا بالساكن اللين الذى فى דברים وما
اشبهه وبالذى فى חברים وما اشبهه والدالّ عليهما الקמץ والצרי وكذلك
لم يشعروا بالساكن المندغم فى با יבשת وما اشبهه فلومهم فى ان
يخفى عليهم الساكن الذى بين با יבשת وشينها ظلم لهم اذ
الواجب كان ان يكون تحت البا צרי من اجل الساكن اللين
الذى بعده فجا بסגל على الشذوذ فيه وفى بابه اجمع كما شذّ ארץ
واكثر بابه فى كون الفا منه بסגל مكان צרי ويבשת فى التقطيع بعد
حذف الجزء الاول الذى هو יב على زنة ארץ قد بين أزَ شذوذ
ארץ وبابه فى كتابه فى التنقيط[1] واعلمه

قال أزَ[2] حروف اللين والمدّ ثلث وهى א"ו"י قال المر قد طعن على أزَ

[1] D. 183; N. v, 7. — [2] D. 6, 12; N. 6, 16.

---

le droit de se tromper pour ce qui est moins visible. Ces gens n'ont pas remarqué la quiescente douce de *debârîm*, *ḥabêrîm* et autres semblables, bien qu'elle soit indiquée par le *ḳâméṣ* et le *ṣêrê*; ils n'ont pas non plus reconnu la lettre quiescente insérée dans le *bêt* de *yabbéschét*. Donc, leur reprocher de n'avoir pas vu la quiescente qui est entre le *bêt* et le *schîn* de *yabbéschét*, ce serait leur faire injustice. En effet, il faudrait sous le *bêt* un *ṣêrê* à cause de la quiescente douce qui suit; le *ségôl* du *bêt* est une irrégularité qui se trouve dans ce mot et dans tous ceux de même forme, comme dans *éréṣ* et la plupart des mots semblables, le premier radical a reçu un *ségôl* à la place d'un *ṣêrê*. Pour la prosodie, si l'on retranche d'abord la syllabe initiale *yab*, ce qui reste de *yabbéschét* a la même mesure que *éréṣ*. Aboû Zakariyâ a mentionné l'irrégularité des mots tels que *éréṣ* et autres analogues dans son Livre sur la ponctuation.

Aboû Zakariyâ. — Les lettres douces et de prolongation sont au nombre de trois : *âléf*, *wâw*, *yôd*.

فى هذا القول ونسب اليه ان الهاء ليست عنده من حروف اللين
لاقتصاره على ذكر الالف واليا والواو دون ال[هاء] وانه انما اقتصر فى
هذا الموضع على هذه الثلثة احرف دون ان يذكر معها الهها لان
هذه الثلثة مشتركة فى اللين والمدّ جميعا واما الهاء فانه للّين لا
للمدّ فلذلك لم يذكره معها فان قال قائل ان الها قد تكون للمدّ
لانها تزاد فى اخر الافعال والاسماء كان مبطلا لان حروف المدّ لا
تقال الا على الحروف المزيدة فى وسط الكلام لا فى اواخره وقد مثل
فى ذلك آز بكلمات فى صدر هذه المقالة الاولى[1] مثل واو גבור وשכור
ويا פליט وשריד و[مثل ال[2]سواكن التى فى שמר وאמר وדבר وחכם
ولم يقل ان هاء אלכה לי מרדה מצריטה للمدّ

قال آز[3] واعلم ان الهاء كثيرا ما تكتب فى موضع حرف لين وبخاصّة

[1] D. 7, 5 et suiv.; N. 6, 34; 7, 1-2. — [2] Ajouté d'après l'original arabe de Ḥayyoudj. — [3] D. 7, 7 et suiv.; N. 7, 14 et suiv.

---

Commentaire. — On a reproché cette phrase à Aboû Zakariyâ, en lui attribuant l'opinion que le *hé* n'est pas une des lettres douces, puisqu'il s'est borné à mentionner l'*âléf*, le *yôd* et le *wâw*. Cependant, il s'est borné dans le passage cité à ces trois lettres parce qu'elles participent de la douceur et de la prolongation, tandis que le *hé*, tout en étant une lettre douce, ne sert jamais à la prolongation; aussi ne l'a-t-il pas mentionné. Si on objecte que le *hé* est employé quelquefois pour la prolongation, parce qu'il est ajouté à la fin des verbes et des noms, c'est une fausse objection, car on n'appelle lettre de prolongation que les lettres ajoutées au milieu et non à la fin des mots. Aussi Aboû Zakariyâ, dans l'introduction à cette première section, a-t-il donné comme exemples le *wâw* de *gibbôr*, *schikkôr*, le *yôd* de *pâlîṭ* et *sârîd*, et les quiescentes renfermées dans *schâmar*, *âmar*, etc. sans dire que le *hé* de *êlekâh* (*Jér.* v, 5), *mêredâh* (*Gen.* XLVI, 3) serve à la prolongation.

Aboû Zakariyâ. — On écrit souvent un *hé* à la place d'une

فى اواخر الكلام والاسماء اما كتابتها فى موضع الالف اللينة فى اواخر الكلام والاسماء فقد كثر ذلك جدا حتى ليس لاحد ان يقول انها الف لينة فى الاصل الا ولآخر ان يقول انها هاء لينة فى الاصل

قال الم̄ر قد طعن ايضا على آز فى هذا القول ويلزم منه ومن قوله فى غير هذا الموضع والها اللينة هى الالف اللينة اذا كان ما قبلها محركا بالקמץ ان الها ليست عنده من حروف اللين وانها فى בנה وעשה وفى بابها بدل من الف فى مذهب آز وانها عنده مثل الف קרא وברא ولعمرى ان ذلك غير لازم له ولا منتسب اليه بل هو منتف عنه عند من انصفه وتدبر كلامه وانا مبيّن لك ذلك واصغ الىّ واعرنى سمعك ولا تضجر من الاسهاب فى ذلك فقد كثر التشغيب فى ذلك والخسر[1] الداخل من ذلك عظيم واما قوله واعلم ان الها

[1] Le ms. porte ולכסר.

---

lettre douce, particulièrement à la fin des mots et des noms. Les cas où le *hê* est écrit pour l'*âléf* doux, à la fin des mots et des noms, sont tellement fréquents que, où l'un s'imagine que l'*âléf* doux est radical, l'autre prétend que le *hê* doux fait partie de la racine.

Commentaire. — Ici encore on a critiqué Aboû Zakariyâ, et on a conclu de ce passage et d'un autre où il dit : « Le *hê* doux est au fond un *âléf* doux, lorsqu'il est précédé d'un *ḳâmèṣ*, » qu'Aboû Zakariyâ ne regarde pas le *hê* comme une lettre douce, et qu'à ses yeux, dans *bânâh*, *'âsâh*, etc. le *hê* remplace un *âléf*, comme celui de *ḳârâ'* et *bârâ'*. Par ma vie, bien loin que cette conclusion découle de ses paroles et doive lui être attribuée, elle doit être repoussée par quiconque lui fait justice et réfléchit sur son langage. Je vais te l'expliquer; écoute-moi et prête une oreille attentive, et ne te plains pas si je m'étends sur ce sujet, car on est souvent induit en erreur, et grand est le dommage qui en résulte.

كثيرا ما تكتب فى موضع حرف لين وبخاصّة فى اواخر الكلام والاسماء فانه لم يرد بذلك ان يقول ان الها التى فى בנה ועשה וראה وفى بابها اجمع كتبت مكان الف وانها عنده مثل الف קרא וברא ומלא وبابها وكيف يريد ذلك وهو يقول انه ليس لاحد ان يقول انها الف لينة فى الاصل الا ولاخر ان يقول انها ها لينة فى الاصل فقد اعطى فى هذا القول للها اللينَ فى بعض المواضع فهى اذًا عنده من حروف اللين لكنه اراد بقوله ان الها كثيرا ما تكتب فى موضع حرف لين وبخاصة فى اواخر الكلام والاسماء ما بينه فى الباب الذى ترجمته باب من א״ה״ו״י فى الخط اذ قال هنالك[1] ان الهاء تكتب فى موضع واو النسبة فى مثل כלה אהלה המונה בתוכה והזהירה وتكتب ايضا فى موضع واو الجماعة مثل כאין שפכה אשרי לאמר שממה ערים לא נושבה נצתה فعرّفنا ان الها تكتب مكان

[1] D. 13, 8; N. 11, 22.

Par les mots : On écrit souvent un *hé*, etc. Aboû Zakariyâ n'a certes pas voulu dire que le *hé* de *bânâh*, *ʿâsâh*, etc. est écrit à la place d'un *âléf*, comme l'*âléf* de *ḳârâ'*, *bârâ'*, etc. Car aurait-il ajouté : Où l'un s'imagine que l'*âléf* doux est radical, etc. et reconnu par là que, dans certains exemples, le *hé* est une lettre douce, et qu'il fait donc partie des lettres douces? Au contraire, par les mots : On écrit souvent un *hé*, etc. Aboû Zakariyâ a fait entendre ce qu'il a exposé dans le chapitre intitulé : Des lettres *éhéwî* exprimées, où il dit : «Le *hé* remplace le *wâw* du suffixe dans *koullôh* (II *Sam.* II, 9), *âhŏlôh* (*Gen.* IX, 21), *hămônôh* (*Éz.* XXXI, 18), *betôkôh* (*ib.* XLVIII, 21), *wehizhîrôh* (II *Rois*, VI, 10), et aussi le *wâw* du pluriel dans *schouppekouh* (*Ps.* LXXIII, 2), *schamêmouh* (*Éz.* XXXV, 12), *nôschâbouh* (*Jér.* XXII, 6), *niṣṣătouh* (*ibid.* II, 15).» Aboû Zakariyâ nous apprend ainsi que le *hé* peut être mis au lieu du

الواو التى هى حرف لين وقال ايضا فى هذا الباب [1] وقد تكتب الها
فى موضع الواو فى בנה בניתי ראה ראיתי שתה השתה כי עשה יעשה
לו כנפים فاعلمنا ان الها كتبت هنا ايضا مكان واو لينة هى لام
الفعل وانما صار لام الفعل هنا واوا لانضمام ما قبله وساعود على
هذا بشرح واسع بعد اكمالى ما شرعنا فيه من هذه المسئلة فهذا
ما اراد آز بقوله واعلم ان الها كثيرا ما تكتب فى موضع حرف لين
وبخاصة فى اواخر الكلام والاسماء واما قوله اما كتابتها فى موضع
الالف اللينة فى اواخر الكلام والاسماء فقد كثر ذلك جدا حتى
ليس لاحد ان يقول انها الف لينة فى الاصل الا ولاخر ان يقول
انها ها لينة فى الاصل فذهب فى ذلك الى كتابتهم אנא ה׳ بالف
وبهاء وكتابتهم ירושא בת צדוק بالف وبهاء على ما ذكره آز فى باب
من א״ה״ו״י فى الخط [2] ومثل هذا ايضا عندى وان لم يكتب بالف מָה

[1] D. 13, 7; N. 11, 20. — [2] D. 12, 2; N. 10, 33.

---

*wâw*, qui est une lettre douce. Notre auteur ajoute dans le même chapitre : «Le *hé* est quelquefois substitué au *wâw* dans *bânôh* (1 *Rois*, VIII, 13), *râ'ôh* (*Ex.* III, 7), *schâtôh* (*Jér.* XLIX, 12), *ʿâsôh* (*Prov.* XXIII, 5).» Nous apprenons donc qu'ici encore le *hé* est mis à la place d'un *wâw* doux, qui est le troisième radical du verbe, et ce troisième radical n'est un *wâw* qu'à cause du *ḥôlem* qui le précède. J'y reviendrai plus longuement après avoir traité la question que j'ai abordée. C'est donc là le sens de la phrase : «On écrit souvent un *hé*,» etc. Quant à l'autre phrase : «Les cas où le *hé* est écrit pour l'*âléf* doux,» etc. elle se rapporte à la double orthographe de *ânâ'* (*Ps.* CXVIII, 25), *yerouschâ'* (II *Rois*, XV, 33), avec *âléf* ou *hé*, comme Aboû Zakariyâ le rappelle dans le chapitre des lettres *éhéwî* exprimées. Je considère de même, bien qu'ils ne soient jamais écrits avec *âléf*, *mâh* et autres mots

الذى בְּקמץ גדול وغيره مما لا دليل لنا على ان الها فيه اصلية او
كتبت مكان الف لينة اذ اللفظ الالف فالى هذا والى مثله ما لا
يوقف على اشتقاقه ذهب فى قوله حتى ليس لاحد ان يقول انها
الف لينة فى الاصل الخ واما ما يعرف اشتقاقه ويوقف على تصريفه
من الافعال فغير جائز ان يقول بعض فيه انه من ذوات الهاء ويقول
بعض انه من ذوات الالف ويستويان فى الدعوى لان تصريف ذوات
الالف مخالف لتصريف ذوات الهاء وذلك ان المستقبل من בנה
وبابه יבנה יקנה יראה بסגל تحت عين الفعل والمستقبل من מצא
وبابه ימצא יקרא بקמץ גדול تحت عين الفعل وايضا فان פעלתי من
בנה وبابه بقلب الها ياء لينة على مثال בניתי עשיתי קניתי وפעלתי
من מצא وبابه بابقاء لام الفعل على حسبه دون قلب وذلك على
مثال מצאתי وקראתי فهذا ما تستدلّ به على انه ليس لاحد ان

semblables qui ont un *ḳâmêṣ gâdôl*, sans que rien indique que le *hê* y soit radical ou remplace un *âléf* doux, puisqu'on prononce un *âléf*. C'est à de tels exemples et à d'autres dont on ignore l'étymologie qu'Aboû Zakariyâ se réfère, en disant : «Où l'un s'imagine,» etc. Car, pour les verbes dont on connaît l'étymologie et la conjugaison, il est impossible que les uns les rangent parmi les racines avec *hê* et les autres parmi les racines avec *âléf*, et que les uns et les autres veuillent avoir raison, puisque ces deux espèces de racines diffèrent dans la conjugaison : ainsi, le futur des verbes comme *bânâh* est *yibnéh*, avec un *ségôl* sous le deuxième radical, tandis que celui des verbes comme *mâṣâ'* est *yimṣâ'* avec *ḳâmêṣ* sous le deuxième radical ; la première personne du singulier du parfait de *bânâh* se forme en changeant le *hê* en *yôd* doux, comme *bânîtî*; celle de *mâṣâ'*, en maintenant le troisième radical sans aucun changement, comme *mâṣâ'tî*. C'est ce qui te démontre l'im-

يقول فى ها בנה وبابه انها الف لينة فى الاصل وما يزيد وضوحا ما بيّنّاه من آزفى ان الهاء عنده من احرف اللين قوله فى باب من א"ה"ו"י فى الخط[1] واعلم ان التهجى بالالف والها اللينتين فى اللغة العبرانية واحد لا فرق بينهما بتّة وبخاصة فى اواخر الكلام والاسماء اذا كان ما قبلهما محركا بالקמץ فقد اعرب عن الها انها من حروف اللين وانها غير الالف فى الاصل وانما اتّفاقهما فى اللفظ اذا كان ما قبلهما محركا بالקמץ وقال فى صدر المقالة الثالثة[2] الافعال التى لامها حرف لين مثل בנה קנה עשה חלה الها لام الفعل، ومن عادة العبرانيين اذا قالوا منها פעלתי ان يقلبوا الها يا ساكنة مكسورة ما قبلها فقالوا בניתי קניתי עשיתי חליתי فبيّن ههنا ان الها لام

[1] D. 11, 11; N. 10, 25. — [2] D. 99, 2; N. 58, 11.

possibilité de soutenir que le *hé* de *bânâh* soit pour *âléf* doux radical. Et on voit encore plus clairement qu'Aboû Zakariyâ, comme nous l'avons exposé plus haut, met le *hé* au nombre des lettres douces, lorsqu'il dit, dans le chapitre des lettres *éhéwî* exprimées : « La prononciation de l'*âléf* et du *hé* doux en hébreu est identique, sans qu'il y ait la moindre différence, et cela surtout à la fin des mots et des noms, lorsque ces lettres sont précédées d'un *ḳâméṣ*. » Il a donc affirmé nettement que le *hé* fait partie des lettres douces, qu'il ne se confond pas avec un *âléf* radical, et qu'il ne concorde avec lui dans la prononciation qu'après un *ḳâméṣ*. Aboû Zakariyâ dit encore au commencement de la troisième section : « Dans les verbes comme *bânâh*, *ḳânâh*, dont le troisième radical est une lettre douce, le *hé* est troisième radical, et les Hébreux, à la première personne du singulier du parfait, changent le *hé* en *yôd* quiescent précédé d'un *ḥirék*, et disent *bânîtî*, *ḳânîtî*. » Le *hé* peut donc être troisième radical. Aboû Zakariyâ

الفعل وقال ايضا فيه[1] والفاعل בונה קונה עושה الها هو لام الفعل
ويقلبونها فى المفعول يا ظاهرة בנוי פדוי עשוי קנוי فبيّن ايضا ههنا
ان الها لام الفعل ومن الدليل على ان الهاء عنده فى هذه الافعال
اصل غير مبدلة من الف قوله فى هذه الافعال[2] واما פעלה فلم
يسقطوا اللام منها لكنهم ابدلوا منها تا فقالوا من בנה בנתה
والاصل בניה ومن ראה ראתה التا مبدلة من الساكن اللين الذى
هو لام الفعل افلا تعلم ان التا انما تبدل من ها لا من الف ومن
الدليل ايضا على ان للهاء عنده موضعا من احرف اللين غير موضع
الالف قوله فى باب אתה[3] ויתא ראשי עם الساكن بين اليا والتا هو
فاء الفعل والالف لام الفعل مبدلة من الها فى الخطّ فانه لو كانت

[1] D. 99, 7; N. 58, 20. — [2] D. 101, 3; N. 62, 5. — [3] N. 69, 20. D. est incomplet, mais N. aussi n'a pas les mots : مبدلة من الها فى الخط.

---

ajoute : «Le participe actif est *bôněh*, *ḳôněh*, dont le troisième radical est un *hê*, qui est changé au participe passif en *yôd* prononcé, comme *bânouy*, *pâdouy.*» Là aussi le *hê* est évidemment troisième radical. Une autre preuve que le *hê*, aux yeux d'Aboû Zakariyâ, est dans ces verbes une lettre radicale et non pas une permutation de l'*âléf*, c'est qu'il dit au sujet de ces verbes : «Dans le parfait, à la troisième personne du féminin singulier, le troisième radical ne tombe pas, mais est remplacé par un *tâw;* on dit de *bânâh bânetâh* pour *bâneyâh*, de *râ'âh râ'ătâh*, où le *tâw* tient lieu de la quiescente douce qui est troisième radical.» Ne sais-tu pas que le *tâw* peut remplacer le *hê*, mais non l'*âléf?* Ce qui peut encore servir à démontrer que le *hê* occupe, pour Aboû Zakariyâ, une place à part parmi les lettres douces, ce sont les passages suivants : 1° Racine *âtâh* : «Dans *wayyêtê'* (*Deutéronome*, XXXIII, 21), la quiescente entre le *yôd* et le *tâw* est le premier radical, et l'*âléf* le troisième, à la place d'un *hê* exprimé.» Or, si le *hê* de

ها בנה وקנה وبابهما عنده مبدلة من الف لقال في الف ויתא انه
جاء على الاصل ولم يكن ليقول فيه انه مبدل من هاء ومن الدليل
ايضا على ان الها في حروف اللين عنده غير الالف قوله في باب דכה
بعد ان ذكر ידכה ישח לב נשבר ונדכה כי דכיתנו[1] واما מדכא
מעונותינו וה׳ חפץ דכאו לא דכאו ואת דכאי רוח יושיע תשב אנוש עד
דכא فاصل اخر من ذوات الالف الا ان قيل ان الالف فيه مبدلة
من الها واستعمل كثيرا معها حتى صار اصلا من ذوات الالف
الا تراه يا هذا يجعل الها في هذا الفعل اصلا والالف داخلا
عليها ثم قال في هذا الباب[2] وانما قلت ان מדכא מעונותינו من ذوات
الالف لانه لو كان من ذوات الها لقال מדכא بסגל على الوجه المعروف
ولو كتب بالالف فلا دليل اقوى من هذا على ان الها عنده من
احرف اللين غير الالف ومثل هذا قوله في باب חבה[3] חבי כמעט

[1] N. 73, 1; l'article manque chez D. — [2] N. 73, 9. — [3] N. 76, 1.

---

*bânâh* et de *ḳânâh* était, à ses yeux, permuté d'un *âléf*, il aurait dit, au sujet de l'*âléf* de *wayêtê'*, que le mot a repris sa forme primitive, et il n'aurait pas dit qu'il est permuté d'un *hê*. 2° Racine *dâkâh* : Après avoir mentionné *yidkéh* (*Ps.* x, 10), *wenidkéh* (*ib.* LI, 19), *dikkîtânou* (*ib.* XLIV, 20), il ajoute : « Mais *medoukkâ'* (*Is.* LIII, 5), *dakke'ô* (*ib.* 10), *doukke'ou* (*Jér.* XLIV, 10), *dakke'ê* (*Ps.* XXXIV, 19), *dakkâ'* (*ib.* XC, 3), appartiennent à une autre racine, à moins qu'on ne soutienne que l'*âléf* y est à la place du *hê*, et que, par suite de son emploi fréquent, il est devenu radical. » Ne vois-tu pas que, dans ce verbe, Aboû Zakariyâ prend le *hê* pour une lettre radicale, à laquelle l'*âléf* se substitue? 3° Même racine : « J'ai affirmé que *medoukkâ'* a un *âléf* radical, parce que, avec *hê*, on dirait régulièrement *medoukké'*, quand même ce serait écrit avec *âléf*. » Il n'y a pas de preuve plus forte que celle-ci. 4° Racine *ḥâbâh*.

רגע ושם חביון עזו وقال أن בצל ידו החביאני הנה הוא נחבא ויתחבא
האדם/מכל המחבאים من هذا الاصل لكن الالف ابدلت من الها
وجرى الاستعمال بها فقد جعل الها اصلا والالف داخلا عليها
ومثل هذا قوله في باب כלה [1] والمعنى الثالث استعمل فيه هذا
الاصل بلغتين بها وبالف لابتدال احداها من الاخرى على ما
اعلمتك فمنهم من قال כליתי רגלי אשר כלתני לא יכלה ממך ويمكن
ان يكون من هذا ואת בניהם כלו בביה فهذا مذهب ذوات الهاء
ومنهم من قال על כן עליכם כלאו שמים מטל והארץ כלאה יבולה
אדני משה כלאם גדר ממכלא צאן ממכלאות צאן לא תכלא רחמיך ממני
وهذا مذهب ذوات الالف فغصل بين ذوات الالف وبين ذوات
الها وقال في باب מלה [2] انه استعمل على مذهب ذوات الالف وعلى

[1] D. 117, 15; N. 82, 31. — [2] D. 119, 23; N. 84, 8.

Il cite d'abord *ḥăbî* (*Is.* xxvi, 20), *ḥébyôn* (*Hab.* iii, 4); puis il dit : « A la même racine appartiennent *héḥbî'ânî* (*Is.* xlix, 2), *neḥbâ'* (I *Sam.* x, 22), *wayyitḥabbê'* (*Genèse*, iii, 8), *hammaḥăbô'îm* (I *Sam.* xxiii, 23); seulement, l'*âléf* a été substitué au *hê* et est devenu d'un usage fréquent. » Il a fait du *hê* la lettre primitive, qu'a remplacée un *âléf*. 5° Racine *kâlâh* : « Dans le troisième sens, cette racine se présente sous deux formes, avec *hê* et *âléf*, parce que ces deux lettres peuvent permuter entre elles, comme je te l'ai enseigné; on rencontre cette racine avec *hê* dans *kâlĕtû* (*Ps.* cxix, 101), *kelîtinî* (I *Sam.* xxv, 33), *yiklĕh* (*Gen.* xxiii, 6), et peut-être aussi dans *kâlou* (I *Sam.* vi, 10), et on la rencontre avec *âléf* dans *kâle'ou* (*Hagg.* i, 10), *kâle'âh* (*ibid.*), *kelâ'êm* (*Nomb.* xi, 28), *mimmiklâ'* (*Habakouk*, iii, 17), *mimmikle'ôt* (*Ps.* lxxviii, 70), *tiklâ'* (*ibid.* xl, 12). » Aboû Zakariyâ distingue donc encore les racines avec *âléf* de celles avec *hê*. 6° Racine *mâlâh* : « Elle est employée avec *âléf* et avec *hê*; le plus rarement avec *hê*, comme dans *mâ-*

مذهب ذوات الها اما على مذهب ذوات الها فمثل מלו תוכך وهو
اقل استعمالا واما على مذهب ذوات الالف وهو اكثر استعمالا فمثل
ומלא ברכת ה׳ מלאו מתני חלחלה فجعل اصل ذوات الها غير اصل
ذوات الالف وكذلك قال فى חטא וקרא[1] وقال فى باب נשא[2] جرى
تصريف هذا الاصل ايضا على ضربين بها وبالف فتصريف الها ונשו
את כלמתם נשוא לשוא עריך נשוא ינשוא אשרי נשוי פשע وتصريف
الالف נשאתי אשא וישא אל נשא ידך وفى كتاب حروف اللين كثير مثل
هذا لم يتفرغ لتعديده كله وقال فى باب من א״ה״ו״י فى اللفظ[3] واما
ما لا يجوز [غيره[4]] ولا يقال سواه وهو اللغة العامة فمثل انقلاب
الف אמר אכל واوا فى יאמר ויאכל وياء ידע וילד واوا فى נולד ונודע
والساكن اللين الذى فى קם ושב واوا فى יקום וישוב والهاء اللينة

[1] D. 132, 9; N. 93, 10. — [2] D. 124, 1; N. 87, 13. — [3] D. 10, 23; N. 10, 3. — [4] Ajouté d'après les mss. de Ḥayyoudj.

---

*lou* (*Ézéchiel*, xxviii, 16); le plus souvent avec *âléf*, comme dans *mâlê'* (*Deutéronome*, xxxiii, 23), *mâle'ou* (*Isaïe*, xxi, 3).» Il a de nouveau mis d'un côté le *hê*, et de l'autre l'*âléf* comme radical. Aboû Zakariyâ a fait le même raisonnement pour *ḥâṭâ'* et *ḳârâ'*. 7° Racine *nâsâ'* : «Cette racine se conjugue aussi de deux manières : avec *hê* dans *wenâsou* (*Éz.* xxxix, 26), *nâsou'* (*Ps.* cxxxix, 20), *nâsô' yinnâsou'* (*Jér.* x, 5), *nesouy* (*Ps.* xxxii, 1); avec *âléf* dans *nâsâ'tî*, *éssâ'*, *wayyissâ'*, *nesâ'* (*Ps.* x, 12).» Il y a de nombreux exemples semblables dans le Livre des lettres douces, mais il ne m'est pas loisible de les énumérer tous. Aboû Zakariyâ a dit dans le chapitre des lettres *éhéwî* prononcées : «L'orthographe est invariable, parce que c'est l'usage commun, lorsque l'*âléf* de *âmar* et de *âkal* se change en *wâw* dans *yô'mar* et *yô'kal*, le *yôd* de *yâda*ᶜ et *yâlad* en *wâw* dans *nôda*ᶜ et *nôlad*, la quiescente douce renfermée dans *ḳâm* et *schâb* en *wâw* dans *yâḳoum* et *yâschoub*, le *hê*

التى فى עשה וראה ياء فى עשיתי וראיתי فقد تكلم على جميع احرف اللين اربعتها وهى الف אכל ويا ידע وواو קם وשב اعنى الواو التى كانت فى الاصل بين القاف والميم وان كان قد قيل انها[1] والها اللينة التى فى עשה ولو ان هذه الها عنده مكتوبة مكان الف لما منعه مانع ان يقول والالف اللينة التى فى עשה וראה التى هى ها فى الخط كما قال[2] وانقلاب واو ראש الذى هو الف فى الخط الفا لينة فى ראשים[3] ومما تندفع به ايضا هذه الظنة عن أز سوى جميع ما تقدم ذكرى له قوله فى كتابه فى التنقيط[4] وحروف اللين فى لغتنا اربعة وهو الالف والواو واليا والها وهذا منه تصريح بكون الهاء عنده من جملة احرف اللين

[1] Il y a ici une lacune; aussi n'avons-nous pas traduit ces cinq mots. Il se trouvait peut-être ceci : Bien qu'il ait été dit que la quiescente douce renfermée dans *ḳâm* était un *âléf*. En effet, Ḥayyoudj cite ailleurs וקאם (*Osée*, x, 14). — [2] D. 11, 4; N. 10, 13. — [3] Le texte arabe de Ḥayyoudj porte : الفا فى ראשים الذى لا يجوز غيره. — [4] D. 179, 12; N. 132, 10.

doux de *ʿâsâh* et *râʾâh* en *yôd* dans *ʿâsîsî* et *râʾîtî*.» Il a donc parlé de toutes les quatre lettres douces, savoir l'*âléf* de *âkal*, le *yôd* de *yâdaʿ*, le *wâw* de *ḳâm* et *schâb*, c'est-à-dire le *wâw* qui se trouvait dans l'origine entre le *ḳôf* et le *mêm*, . . . et le *hê* doux qui est dans *ʿâsâh*. Si, pour Aboû Zakariyâ, ce dernier *hê* était écrit pour un *âléf*, il n'aurait pas manqué de dire : L'*âléf* doux dans *ʿâsâh* et *râʾâh*, pour lequel on écrit un *hê*, aussi bien qu'il dit plus loin : «Le *wâw* de *rôʾsch*, pour lequel on a écrit un *âléf*, se change en *âléf* doux dans *râʾschîm*.» Ce qui dégage définitivement Aboû Zakariyâ de tout soupçon, en dehors de tout ce que je viens de mentionner, ce sont ses paroles dans son Livre de la ponctuation : «Les lettres douces, dans notre langue, sont au nombre de quatre : *âléf*, *wâw*, *yôd* et *hê*.» Il déclare donc nettement qu'à ses yeux le *hê* fait partie des lettres douces.

ثم قال ا‌زٓ فى كتاب حروف اللين عن الهاء[1] الّا انه لا يعرض
لها لين واعتلال فى تصريف الافعال كما يعرض ذلك للالف والواو
واليا

قال المٓر يعنى ان الها لا تلين فى اوائل الافعال ولا فى وسطها كما
تلين الالف والواو واليا فى اوائلها واوساطها والدليل على ذلك قوله
باثر هذا[2] وان قيل ان تصريف הלך قد جاء بلين الها הלך אלך
עמך הלך ילכו اى ان الساكن اللين الذى فى אלך ילכו بعد الالف
واليا هو الها فى הלך فنقول انه قد يمكن ان يكون הלך אלך עמך
הלך ילכו اصلين اعنى ان اصل הלך הלך واصل אלך ילכו ילך وانما
نطق بهما معا لاشتباه الاصلين مع اتّفاق معناهما وهذا القول
اصلحك الله جار على منهاج القياس الصحيح ومطّرد فى جميع اللغة

[1] D. 7, 10; N. 7, 14. — [2] D. 7, 11: N. 7, 16.

---

Aboû Zakariyâ. — Seulement le *hê* n'est jamais doux ni faible dans la conjugaison des verbes, comme le sont l'*âléf*, le *wâw* et le *yôd*.

Commentaire. — Aboû Zakariyâ veut dire que le *hê* n'est jamais doux au commencement ni au milieu des verbes[1], comme le sont l'*âléf*, le *wâw* et le *yôd*. Cela est prouvé par ce qu'il dit ensuite : « Si l'on objecte que *hâlak* se conjugue en faisant du *hê* une lettre douce dans *élêk* (*Juges*, IV, 9), *yêlekou* (*Jér.* XXXVII, 9), c'est-à-dire que la quiescente douce contenue dans ces deux mots après l'*âléf* et le *yôd* est le *hê* du mot *hâlôk*, dont ils sont accompagnés, nous répondrons qu'il y a peut-être là deux racines, *hâlak* racine de *hâlôk*, et *yâlak* racine de *élêk*, *yêlekou*, et qu'on se sert des deux racines, parce qu'elles se ressemblent et qu'en même temps leur sens est identique. » Cette observation, ô mon ami, repose sur un raisonnement sain et est généralement appliquée dans toute la langue.

[1] Dans N., cette observation, faite également par R. Mosé Hakkôhên, n'est pas détachée du corps de l'ouvrage de Hayyoudj.

وقال آز[1] والها اللينة هي الالف اللينة اذا كان ما قبلها محركا بالـקמץ

قال المر قد تعلّق بهذا الفصل ايضا وقيل ان الها ليست عند آز من احرف اللين لقوله ان الها اللينة هي الالف اللينة وانما اراد آز بقوله ان الها اللينة هي الالف اللينة في اللفظ خاصّة لا في الاصل والدليل على ذلك ذكره لهذا المعنى في باب من א"ה"ו"י في اللفظ ودليل اخر قوله في باب من א"ה"ו"י في الخط[2] واعلم ان التهجّئ بالالف والها اللينتين في اللغة العبرانية واحد لا فرق بتة بينهما وبخاصة في اواخر الكلام والاسما اذا كان ما قبلهما محركا بقמץ גדול ولهذا السبب تكتب الالف في ما [كان] الوجه المعروف فيه ان يكتب بها مثل ושנא את בגדי כלאו (ان[3]) اصله ان يكتب بها لانه من משנה פניו

[1] D. 10, 6; N. 9, 24. — [2] D. 11, 11; N. 10, 25. — [3] Ce passage est corrigé d'après l'arabe de Ḥayyoudj.

---

Aboû Zakariyâ. — Le *hê* doux est *l'âléf* doux, quand le *hê* doux est précédé d'un *ḳâméṣ*.

Commentaire. — On s'est attaché également à ce paragraphe pour en conclure qu'Aboû Zakariyâ ne met pas le *hê* au nombre des lettres douces. Cependant Aboû Zakariyâ a seulement voulu dire que le *hê* doux est l'*âléf* doux pour la prononciation et non au point de vue de la racine. Une preuve de cela, c'est qu'il fait une telle observation dans le chapitre des lettres *éhéwî* prononcées, et une autre preuve, ce sont les mots suivants qui se trouvent dans le chapitre des lettres *éhéwî* exprimées : «La prononciation de l'*âléf* et du *hê* doux en hébreu est identique, sans qu'il y ait la moindre différence, et cela surtout à la fin des mots et des noms, lorsque ces lettres sont précédées d'un *ḳâméṣ*. Aussi écrit-on *âléf*, où la forme usitée serait *hê*, par exemple *weschinnâ'* (II *Rois*, xxv, 29), où l'on devrait écrire un *hê*, puisqu'il est de la même racine que *meschannéh* (*Job*, xiv, 20).»

قال آز[1] وقد تكتب الها في موضع الواو في בנה בניתי ראה ראיתי
שתה תשתה כי עשה יעשה לו כנפים وكثير مثلها

قال المر قد يظنّ بآز انه يريد ان هذه الها كتبت في موضع واو
المدّ وان اللام ساقطة ولست ارى ذلك لازما له لان آز قد قال في
المقالة الثالثة من كتاب حروف اللين[2] وقد جاء المصدر بتا مبدلة
من اللام مثل בנות ראות עשות קנות فاذا كان كذلك فالواو اذا
عنده للمدّ وهذا يقود في ראה ראיתי בנה בניתי واصحابهما ان
الها هي لام الفعل وهي مكتوبة مكان واو وهذه الواو هي الها
في בנה الماضي وذلك انه لما توسّط مصدر בנה الماضي واو
مدّ وهي بين النون التي هي عين الفعل وبين الها التي هي لام
الفعل وكان الها لينة ايضا لا يمكن الافصاح به قلبوه واوا

[1] D. 13, 7; N. 11, 20. — [2] D. 101, 9; N. 62, 18.

---

Aboû Zakariyâ. — Le *hê* est quelquefois écrit à la place du *wâw* dans *bânôh* (I *Rois*, viii, 13), *râ'ôh* (*Exode*, iii, 7), *schâtôh* (*Jér.* xlix, 12), *'âsôh* (*Prov.* xxiii, 5) et beaucoup d'autres semblables.

Commentaire. — On soupçonne Aboû Zakariyâ d'avoir voulu dire que ce *hê* est écrit à la place du *wâw* de prolongation, tandis que le troisième radical serait tombé. Je ne pense pas qu'une telle opinion puisse lui être imputée, puisque Aboû Zakariyâ a dit dans la troisième section du Livre des lettres douces : « On rencontre quelquefois l'infinitif avec *tâw* substitué au troisième radical, comme *benôt*, *re'ôt*, *'ăsôt*, *ḳenôt*. » Il en résulte donc que, dans ces exemples, le *wâw* est à ses yeux un *wâw* de prolongation; d'où il suit que, dans *râ'ôh*, *bânôh*, etc., le *hê* est le troisième radical écrit à la place d'un *wâw*, et que ce *wâw* est identique au *hê* du parfait *bânâh*. Car, après avoir placé dans l'intérieur de l'infinitif du parfait *bânâh* un *wâw* de prolongation, savoir entre le second radical *noun* et le troisième radical *hê*, le *hê* doux, n'offrant

لمجاورته واو المد اللين المضموم ما قبله فقوله ان الها فى בנה בניתי كتب فى موضع واو قول حقّ وهو المبدل من لام الفعل وأما واو المدّ فاسقط من الخط كسقوطه فى اكثر المواضع والضمة دالة عليه واما تا עשות ראות وغيرها مثلهما فلما كان حرفا صلدا يمكن الاعتماد عليه بقى على حاله ولم يقلب الا قليلا والدليل على قلبهم الها واوا لمجاورته واو المد كتابتهم بعض هذه المصادر بالواو خاصّة بلا ها ولا شكّ فى ان الواو هى لام الفعل وواو المدّ خفية بينها وبين عين الفعل كما كانت فى בנה בניתי خفية بين النون والها وجاز اسقاط واو المد في هذه المصادر كما اسقطت من المصادر السالمة فان حرف الزيادة اولى بالحذف من الحرف الأصلىّ وهكذا اقول فى

---

plus aucun son perceptible, a été changé en *wâw*, parce qu'il est voisin d'un *wâw* de prolongation doux, précédé par le *ḥôlém*. Lorsque Aboû Zakariyâ soutient que le *hê* dans *bânôh* est écrit à la place d'un *wâw*, il est donc dans le vrai, et il a en vue le *wâw* substitué au troisième radical; quant au *wâw* de prolongation, il a été rayé de l'écriture, comme il l'est presque partout, tandis qu'il est indiqué par le *ḥôlém*. Mais le *tâw* de *'âsôt*, *re'ôt* et d'autres mots semblables est resté immuable, parce que c'est une lettre solide, sur laquelle le mot peut s'appuyer et qu'on change rarement. La preuve qu'on change le *hê* en *wâw* à la suite du voisinage du *wâw* de prolongation, c'est que, parmi ces infinitifs, quelques-uns sont écrits seulement avec *wâw* sans *hê;* le *wâw* est dans ce cas, sans aucun doute, le troisième radical, et le *wâw* de prolongation est à l'état latent entre celui-ci et le second radical, comme dans *bânôh* il était à l'état latent entre le *noun* et le *hê*. On a pu laisser tomber le *wâw* de prolongation dans de tels infinitifs, comme on l'a supprimé dans les infinitifs des verbes sains; en effet, on supprime plus facilement une lettre complémentaire qu'une lettre radicale. J'en dirai

החטי المكتوب بيا بلا الف ان اليا كتبت مكان الالف الذى هو لام الفعل لمجاورته ياء المدّ وسقط ياء المدّ من الخط استخفافا وكذلك ايضا וה׳ חפץ דכאו החלי انه من ذوات الالف على مثال החטי والياء فيه لام الفعل انقلب ياء لمجاورته يا المدّ وسقط ياء المد من الخط وكان يا المد اولى بالحذف من لام الفعل لانه زائد ولام الفعل اصل ولو ان החלי من ذوات الها لكان החלה مثل הצלה فاعلمه وان قال قائل ان الواوات الظاهرة فى هذا الضرب من المصادر المكتوبة بواو بلا ها اعنى בכו תבכה وغيرها هى واوات المد واللامات ساقطة كان ذلك خطأ من قبل انهم لم يكتبوا قط هذه المصادر ذوات الها مלא اعنى بواو وها ومن المحال ان يحذفوا الحرف الاصلى ويجتلبوا حرف الزيادة الى موضع لم يكن قط فيه واما רצוא ושוב بواو لما

---

autant de *haḥăṭî* (*Jér.* xxxii, 35), écrit avec *yôd* sans *âléf* : le *yôd* y est écrit à la place du troisième radical *âléf*, par suite du voisinage d'un *yôd* de prolongation, qui a été supprimé dans l'écriture pour alléger le mot. Il en est de même de *héḥĕlî* (*Is.* liii, 10), qui vient d'un verbe avec *âléf* comme *haḥăṭî*, et où le *yôd* remplace le troisième radical, à cause du voisinage du *yôd* de prolongation qu'on a supprimé dans l'écriture. Or, le *yôd* de prolongation pouvait plus facilement tomber que le troisième radical, parce que le premier *yôd* est complémentaire et que le second est radical. Si *héḥĕlî* était une racine avec *hê*, on aurait dit *héḥĕlâh* comme *hĕʿĕlâh*.

Si l'on prétend que les *wâw* exprimés dans les infinitifs de ce genre, qui sont écrits avec *wâw* sans *hê*, comme *bâkô* (*Lam.* i, 2) et autres, sont des *wâw* de prolongation, et que le troisième radical est tombé, on commet une erreur; en effet, jamais ces infinitifs ne sont écrits avec l'orthographe pleine, c'est-à-dire avec *wâw* et *hê*. Il serait vraiment étrange que la lettre radicale eût été supprimée et qu'on eût introduit une lettre complémentaire à une place qu'elle n'occupe jamais. Quant à *râṣô* (*Éz.* i, 14) avec *wâw*,

ابدلوا من الها الغا فشبهوه السالم وقد قال ازّ في باب אבה من المقالة الثالثة ما اعرب به عن مذهبه في قوله وقد تكتب الها في موضع الواو في בנה בניתי وما يسقط به قول من قال ان الواوات المكتوبة في هذه المصادر هي واوات المدّ واللامات ساقطة وذلك قوله هنالك[1] والمصدر بردّ اللام واوا في اللفظ [هاء في الخط ان شئت او واوا كما في اللفظ] تقول אבה [وאבו او] برد اللام تا אבות فقد بان من هذا تصحيح ما احتجنا له به وان الذين يمدون ايديهم الى كتابه ما يحصل لهم منه تصحّحه ولا تفهّمه

قال ازّ[2] انه لا يكون فعل من الافعال على اقلّ من ثلاثة احرف الا ان نقصت منه بعض اشباهه[3] او حذفت فيقال حينئذ هذا فعل ناقص او محذوف وكان اصله كذا وكذا بدليل وبرهان

[1] D. 107, 24, incorrect; N. 68, 8. Le passage a été complété d'après le texte arabe. — [2] D. 14, 13; N. 12, 23. — [3] Les deux versions portent מאותיותיו, mais le texte arabe de Ḥayyoudj a اشباهه ou شبهاته. Voy. plus loin, p. 356, n. 1.

---

une fois l'*âléf* substitué au *hé*, il est traité comme un verbe sain. Du reste, Aboû Zakariyâ a exposé nettement le sens de ses paroles : «Le *hé* est quelquefois écrit, etc.», et réduit à néant l'opinion d'après laquelle les *wâw* de ces infinitifs seraient des *wâw* de prolongation, tandis que les troisièmes radicaux auraient été supprimés. Car il dit dans la troisième section, à la racine *âbâh* : «A l'infinitif, le troisième radical est tantôt changé en un *wâw* prononcé, qu'on écrit à volonté avec *hé* ou *waw*, *âbôh* et *âbô*, tantôt en un *tâw*, comme *âbôt*.» C'est là une confirmation manifeste de notre argumentation pour Abou Zakariyâ, et ceux qui se sont occupés de son livre, ne l'ont ni bien étudié, ni compris.

Aboû Zakariyâ. — Aucun verbe n'a moins de trois lettres, à moins que l'une de ses lettres n'ait été supprimée ou retranchée; on dit alors que le verbe est défectueux ou incomplet, que telle est sa racine; enfin on ajoute des preuves et une démonstration.

قال المر انما لم يكن فعل على اقل من ثلاثة احرف لكثرة ما يعتور
الافعال من الحذف والنقصان فلو اعتوره ذلك وهو على اقل من
ثلاثة احرف لعَظُمَ الاختلالُ فيه الا ترى ان الافعال المعتلّة قد
يدخلها من الحذف والنقصان ما لا معهما منها غير حرف واحد
ויט ידו יך ויחבשנו ויז מדמה אל הקיר فلو ان هذه الافعال ثنائيّة
لتلفت مع هذا الحرف واما الافعال السالمة فيقال منها קח תן
فيذهب حرف ويبقى حرفان فلو بنى الماضى منها على حرفين لبقى
الامر على حرف واحد وهذا ما لا سبيل الى النطق به والذى
حملهم ايضا على ان جعلوا اقل اصول الفعل ثلاثة احرف وجعلوا
اقل اصول حروف المعانى المنفردة منها على حرفين مثل כי אך
רק גם

---

Commentaire. — Le verbe ne peut déjà avoir moins de trois lettres, à cause des suppressions et des retranchements nombreux qu'il subit, et si ces accidents lui arrivaient sans qu'il eût au moins trois lettres, la racine en serait trop affaiblie. Ne vois-tu pas que les verbes faibles sont envahis par tant de suppressions et de retranchements que, sous leur influence, il ne reste parfois qu'une seule lettre, comme *wayyêṭ* (*Isaïe*, v, 25); *yak* (*Osée*, vi, 1); *wayyiz* (II *Rois*, ix, 33)? Si ces verbes n'avaient été que bilitères, ils auraient disparu entièrement, y compris cette lettre. Pour ce qui est des verbes sains [1], on dit *ḳaḥ*, *tên;* ils perdent une lettre et en gardent deux. Or, si leur parfait n'avait que deux lettres, l'impératif n'en conserverait qu'une, ce que la prononciation n'admet pas. C'est ce qui a engagé les Hébreux à ne jamais donner au verbe moins de trois lettres, non plus qu'aux particules détachées moins de deux lettres, par exemple *kî*, *ak*, *raḳ*, *gam*.

[1] On sait que les anciens grammairiens nomment ainsi également les verbes ayant *noun* ou *lâmed* pour premier radical.

وقال فى باب אחז [1] والفعل الثقيل האחיז יאחיז מאחיז والمفعول מאחז׳ בזהב לכסא מאחזים ومثله היה מעמד במרכבה טבעתי ביון מצולה ואין מעמד الذى هو مفعول העמיד

قال الم الذى اظنّ ان آز لم يذكر فى هذا الباب ואין מעמד اذ ليس هو مفعولا وانما هو اسم للمكان كما تقول מועף وهو مبنىّ بنية مفعول لم يسمّ فاعله على بنية الثقيل وهو على مثال כי משחתם בהם الذى هو اسم ماخوذ من بنية השחת וצרתי עליך מצב שבעה ושבעה מוצקות ורחב מקום המנח هذه كلها اسماء مبنية بنية ما لم يسم فاعله من الثقيل ومثلها מקטר מגש فانه عندى اسم للبخور مأخوذ من بنية הקטר وليس يُشَكّ بصفة لموصوف محذوف فانه لو ارادها [2]

[1] D. 33, 5, a incorrectement מעמיד (II *Chr.* xviii, 34); dans N. 16, 17, le glossateur a supprimé le second exemple, d'accord avec Ibn Djanâḥ. — [2] Le ms. a رادها.

---

Aboû Zakariyâ dit à la racine *âḥaz :* «La forme lourde en est *hé'ĕḥîz*, *ya'ăḥîz*, *ma'ăḥîz;* au participe passif *mâ'ŏḥâz*, *mâ'ŏḥâzîm* (II *Chron.* ix, 18), comme *mâ'ŏmâd* (I *Rois*, xxii, 35) et *mâ'ŏmâd* (*Ps.* lxix, 3), qui est le participe passif de *hé'ĕmîd.*»

Commentaire. — A mon avis, Aboû Zakariyâ n'a pas ajouté ici le second *mâ'ŏmâd* [1], qui n'est pas un participe passif, mais un nom de lieu comme *mou'âf* (*Is.* viii, 23), qui ressemble aussi à un participe passif de la forme lourde et qui est cependant un nom, aussi bien que *moschḥâtâm* (*Lév.* xxii, 25), dérivé de *hoschḥat*, *mouṣṣâb* (*Is.* xxix, 3), *mouṣâḳôt* (*Zach.* iv, 2) et *hammounnâḥ* (*Éz.* xli, 11). Ce sont tous des noms semblables à des passifs de la forme lourde. Il en est de même de *mouḳṭâr mouggâsch* (*Maléachi*, i, 11), que je regarde comme un nom de l'encens, tiré de *hoḳṭar*, et qui ne saurait être pris pour l'épithète d'un objet qualifié sous-entendu. Car s'il en était ainsi, on n'aurait pas ajouté *mouggâsch*, car on sait qu'il n'y a jamais encensement sans offrande.

[1] Voyez *Riḳmâh*, 101, 33 et suiv.

لاستغنى عن ذكر מגש لانه لا شكّ [الا] تكون הקטרה בלא הגשה وكذلك
لا يوجد مع והקטיר והקטירם على كثرتهما فى الكتاب لا והגיש ولا
והגישם اذ فى והקטיר معنى והגיש وكذلك فى והקטירם معنى
והגישם واما מקטר מגש فتفسيره بخور مقرّب كانه قال קטרת מוגשת
ولو ان מקטר مفعول لكان التقدير קטרת מקטרת מוגשת فكان يكون
فى الكلام فضل لا معنى له ومن الاسماء المبنية بنية الثقيل ايضا
وان كان غير مشتقّ והסיר את מראתו والدليل على انه لم يدخل
آز فى هذا المكان غير היה מעמד במרכבה وحده[1] قوله الذى هو
مفعول ولو ادخلهما جميعا لقال الذان هما مفعولان فهو اذا من
زيادة بعض الناظرين فى كتابه غير المحسنين وقال فى باب יסר[2]
والثقيل יסר יסרני יה ויסרתי אתכם כאשר ייסר איש ליסרה אתכם

[1] Le ms. a وهذ. — [2] D. 48, 25; N. 27, 23.

Aussi, malgré le grand nombre des exemples, ne trouve-t-on jamais *wehiggîsch* ni *wehiggîschâm* après *wehiḳṭîr* ou *wehiḳṭîrâm*, parce que le sens des deux premiers est contenu dans les deux derniers. Donc *mouḳṭâr mouggâsch* signifie un encens approché de l'autel, comme s'il y avait *ḳeṭôrét mouggéschét*, tandis que si *mouḳṭâr* était un participe passif, nous aurions l'équivalent de *ḳeṭôrét mouḳṭérét mouggéschét*, ce qui serait un pléonasme qui n'aurait pas de sens. Un autre nom du même paradigme, bien qu'il ne soit pas dérivé d'un verbe, est *mour'âtô* (*Lév.* I, 16). La preuve qu'Abou Zakariyâ n'a cité que *mâʿŏmâd* (I *Rois*, XXII, 35) seul, c'est qu'il ajoute «qui est le participe passif.» S'il avait cité les deux exemples, il aurait dit : qui sont des participes passifs. Le second exemple est donc l'addition d'un lecteur qui, par sa correction, n'a pas amélioré le livre.

Abou Zakariyâ à la racine *yâsar* : «La forme lourde est *yassôr*

הרוב עם שדי יסור ولم يلخص كيفية كون עם שדי יסור من التثقيل والمبتدى بالتشادى محتاج الى تعريفه بذلك فاقول ان יסור مصدر للتثقيل وكان يجب ان يكون مفتوح اليا مثل יסר יסרני יה لكنه جا على مثال החלו הערמות ליסוד الذى هو مصدر للتثقيل وترجمة اللفظ هل مخاصمة ادب ومثل הרוב עם שדי הרוב רב עם ישראל ومثل יסור ايضا فى الفا אפס כי נִאֵץ נאצת كان الوجه فيه נָאֵץ على زنة אם מָאֵן ימאן

المقالة الثانية

انكر قوم على آز اعتقاده افعالا معتلّة العينات وقالوا فيها انها افعال ثنائية وان السواكن المتوسطة فيها للمدّ لا اصل لها وهاولاء

---

*yisseranni* (*Ps.* cxviii, 18), *weyissartî* (*Lév.* xxvi, 28), *yeyassêr* (*Deut.* viii, 5), *leyasserâh* (*Lév.* xxvi, 18), *yissôr* (*Job*, xl, 2). »

Commentaire. — Aboû Zakariyâ n'a pas expliqué comment *yissôr* est de la forme lourde, et celui qui commence avec un homme encore nouveau dans l'étude doit le lui enseigner. Je dirai donc que *yissôr* est un infinitif de la forme lourde qui devrait avoir un *pataḥ* sous le *yôd*, comme *yassôr*, mais qui est devenu semblable à *yissôd* (II *Chr.* xxxi, 7), également un infinitif de la forme lourde. Le sens du passage de Job est donc : Est-il moral de lutter avec Dieu? *Hărôb* est employé ici comme dans *Juges*, xi, 25. Le premier radical de *yissôr* est aussi comme celui de *ni'êṣ* (II *Sam.* xii, 14), où il faudrait *nâ'êṣ*, comme *mâ'ên* (*Ex.* xxii, 16).

DEUXIÈME SECTION.

On a désapprouvé Aboû Zakariyâ d'avoir reconnu des verbes avec une lettre faible comme deuxième radical, et on a soutenu que ce sont des verbes bilitères où les quiescentes intermé-

وفقك الله قوم لا يستحقون الرد عليهم لكن اذكر فى هذا الموضع
ببعض ما استدلّ آزَ على انكار كلامهم فذكره فى صدر هذه المقالة
الثانية كيما احوط غيرهم ان يقع فيما وقعوا هم فيه اما ما استدل
بה آزَ[1] على ان מת הילד فعل ثلاثى معتلّ العين فهو وجدانه מות
וחיים الظاهر العين واستدل على ان קם معتلّ العين بوجدانه קים
דברי הפרים לקים דבר الظاهرى العين واستدل على צדו צעדינו
بوجدانه צידים הוא הצד ציד واستدل على וקץ עליו העיט ב-קיץ
וחרף وعلى דש חטים ב-והשיג לכם דיש وعلى דין לא דנו ב-והיה ה׳ לדין [وعلى
שטו העם ולקטו ב-אני שיט وقاس بهذه الافعال التى ظهر عين الفعل
فى بعض ما استعمل منها على سائر الافعال المعتلة العين التى لم

[1] Voy. D. 57, 17 et suiv.; N. 33, 7 et suiv.

---

diaires, loin d'être radicales, servent de lettres de prolongation. Ces gens, mon ami, ne méritent pas d'être réfutés; mais je n'en veux pas moins rapporter ici quelques passages où Aboû Zakariyâ fait connaître la désapprobation dont il frappe de telles assertions, — il le fait au commencement de cette deuxième section, — et mettre en garde ceux qui pourraient tomber dans la même erreur. Ainsi Aboû Zakariyâ, pour montrer que *mêt* (II *Sam.* XII, 18) est un verbe trilitère, cite *mâwét* (*Prov.* XVIII, 21), où le deuxième radical est apparent; de même pour *ḳâm* il cite *ḳiyyam* (*Esther*, IX, 32), *leḳayyêm* (*Éz.* XIII, 6); pour *ṣâdou* (*Lam.* IV, 18) *ṣayyâdîm* (*Jér.* XVI, 16), *haṣṣâd ṣayid* (*Gen.* XXVII, 33); pour *weḳâṣ* (*Is.* XVIII, 6) *ḳayiṣ* (*Ps.* LXXIV, 17); pour *dâsch* (I *Chron.* XXI, 20) *dayisch* (*Lév.* XXVI, 5); pour *dânou* (*Jér.* V, 28) *ledayyân* (I *Sam.* XXIV, 16); enfin pour *schâṭou* (*Nomb.* XI, 8) *schayiṭ* (*Isaïe*, XXXIII, 21). Aboû Zakariyâ a conclu de ces verbes où le deuxième radical est visible dans quelques exemples, aux autres verbes dont le deuxième radical est faible et n'est jamais sensible, parce que

يظهر فيها عين الفعل ظهورا حسّيا اذ هي كلها من واد واحد والمذهب في تصريف الجميع واحد وقد فرط منا نحن كلام بينت فيه لِمَ كان اقلّ اصول الافعال ثلاثة احرف فهولاء اصلحك الله قوم اما انهم قرأوا كتاب آز ولم يفهموه واما انهم لم يقرأوا وتعاطوا الانكار عليه واى الوجهين كان فيجب ان يرحموا له وان كان هذا الذى اعنى الانكار على العلماء بغير معرفة فاشيا في اهل هذا السقع فاسئل الله يا سيدى اعاذتك من بلواهم وانقاذك من شكواهم

قال آز[1] وآحسب ان اصل מת الماضى والاسم מות بצרי تحت الواو مثل חפץ ויבש اللذان هما اسمان وماضيان فلما سقطت الواو اسقط קמצות الميم وحرّكه بحركة الواو ليدلّ ذلك على اصله وكذلك

[1] D. 50, 2; N. 34, 3. L'observation sur לץ a été supprimée dans N.

les uns et les autres ont une même origine et suivent la même conjugaison. Nous-même, nous avons déjà expliqué plus haut pourquoi les racines des verbes n'ont jamais moins de trois lettres. Les adversaires d'Aboû Zakariyâ ont donc lu son ouvrage sans le comprendre, ou bien ils ne l'ont jamais lu et se sont cependant permis de le désapprouver. Quoi qu'il en soit, il faut leur accorder notre pitié, bien que cet esprit de dénigrement contre les savants, sans qu'on connaisse leurs œuvres, soit répandu parmi les gens de notre contrée. Je prie Dieu de t'épargner ce malheur et de te sauver de leurs errements.

Aboû Zakariyâ. — «Considère que la racine de *mêt*, employée comme parfait ou comme nom, est *mâwêt* avec *ṣêrê*, comme *ḥâfêṣ*, *yâbêsch*, qui sont également noms et parfaits. Seulement, le *wâw* étant tombé, on a supprimé le *ḳâmêṣ* du *mêm* et on lui a donné la voyelle du *wâw* pour qu'elle rappelât la forme primitive. Il en

القياس فى לץ كان اصله ליץ وكذلك רק وזד وעד وכן כנים אנחנו

فطعن عليه قوم فى قوله ان اصل לץ ליץ وقالوا انما كان يجب ان

يقول ان اصله לוץ بواو كما قيل فى מת ان اصله מות فان יליץ ثقيل

جاء باليا وهو الذى اوهم آز وقالوا ولو استعمل منه الخفيف لكان

ילוץ بواو

قال المر هذا الشكّ غير لازم له وذلك ان قول آز اصل מת מות

ليس حتما على انه يجب [ان يكون بالواو دون ان يكون بالياء מית

كما قال فى לץ ان اصله ליץ من ذوات الياء وقوله اصل לץ ליץ ليس

حتما على انه يجب] ان يكون بالياء دون ان يكون بالواو לוץ كما قال

فى מת ان اصله מות من ذوات الواو [فانه لا يمتاز فى هذه الافعال

المعتلة العين ايّها من ذوات الواو] وايها من ذوات الياء لابتدال

---

est de même pour *lêṣ*, de la racine *lâyêṣ*, pour *rêḳ*, *zêd*, *ʿêd*, *kên*, au pluriel *kênîm* (*Gen.* XLII, 11). »

On lui a fait un reproche d'avoir dit que la racine de *lêṣ* est *lâyêṣ*, en soutenant qu'il aurait dû donner comme racine *lâwêṣ* avec *wâw*, de même que *mâwêt* est donné comme racine de *mêt*; car *yâlîṣ* est une forme lourde avec *yôd*, et c'est ce mot qui aurait égaré Aboû Zakariyâ. On ajoute : Si la forme légère de ce verbe était en usage, elle serait *yâlouṣ* avec *wâw*.

Commentaire. — Cette critique ne peut être imputée à Aboû Zakariyâ. Car, de ce que pour lui la racine de *mêt* est *mâwêt*, il ne ressort pas nécessairement que ce soit avec *wâw*, à l'exclusion de *mâyêt* avec *yôd*, comme l'auteur a donné *lâyêṣ* comme racine de *lêṣ;* et aussi de ce que, pour lui, la racine de *lêṣ* est *lâyêṣ*, il ne ressort pas nécessairement que ce soit avec *yôd*, à l'exclusion de *lâwêṣ* avec *wâw*, comme Aboû Zakariyâ a donné *mâwêt* comme racine de *mêt*. En effet, dans ces verbes dont le second radical est faible, on ne distingue pas s'il est un *wâw* ou un *yôd*, parce que ces deux

احدهما من الاخر وقد صرح عن نفسه بذلك فى اخر صدر هذه
المقالة حيث قال[1] وليس غرضى فى تأليف هذه الافعال اللينة العين
تمييز ذوات الواو من ذوات اليا اذ لا يمتاز ذلك فى جلّها لابتدال
احداهما من الاخرى فى التصريف واحتيازها موضعها فى التفعيل
لكن غرضى تعريف موضع الساكن اللين والتنبيه على انه عين
الفعل واوا كان ذلك الساكن او يا فانى ادرى دراية صحيحة ان
الساكن اللين الذى فى קם هو عين الفعل ولا ادرى دراية
صحيحة ان كان واوا فى الاصل او يا اعنى ان كان اصل קם קום او
קים فسوا اثباتى فى الاصل واوا او يا هذا نصّ قوله فاذ ذلك كذلك
فهو برئ من الذم فى قوله ان اصل לץ ליץ فاعلمه

وقال آز[2] والامر من הקים והשיב وامثالهما بקמצות الها وساكن

[1] D. 69, 25; N. 41, 20. — [2] D. 64, 23; N. 38, 9.

---

lettres permutent entre elles. C'est ce qu'il a, d'ailleurs, affirmé clairement lui-même à la fin de l'introduction de cette section, en disant : «Mon but, en énumérant ces verbes dont le second radical est doux, n'a pas été de distinguer entre ceux qui ont un *wâw* et ceux qui ont un *yôd*, puisque c'est impossible pour le plus grand nombre, à cause de leurs permutations fréquentes dans la conjugaison et parce qu'ils prennent l'un la place de l'autre dans la formation des verbes; mais je me suis proposé de faire connaître la place de la quiescente douce et de montrer qu'elle est le second radical du verbe, *wâw* ou *yôd*. Car je sais de science certaine que la quiescente douce renfermée dans *ḳâm* est le second radical; mais je ne sais pas aussi sûrement si elle est primitivement *wâw* ou *yôd*; en d'autres termes, si la racine de *ḳâm* est *ḳâwam* ou *ḳâyam*, et peu m'importe de fixer l'un ou l'autre.» Voilà ce qu'il dit textuellement; il est donc à l'abri de tout reproche, lorsqu'il dit que la racine de *lêṣ* est *lâyêṣ*.

Abou Zakariyâ. — «L'impératif de *hêḳîm*, *hêschîb*, etc., a sous

مزيد بعدها تقول הקים והקם השיב והשב הכין והכן هكذا في كلها
بـחרק וצרי واما اذا اتصلت فالاطّراد على الـחרק وحده הקימו שמרים
הכינו הארבים הסירו המיתו وربما جاء الامر منها بغيرها مثل שים
לך ארב לין פה בינו בערים כי אם שישו וגילו נירו לכם ניר שיתו
לבכם והלכי על דרך שיחו דינו לבקר فتابع آز اكثر الناظرين في
كتابه على ان هذه البنية اعنى بنية שישו וגילו ונירו لا تكون الا
من الثقيل خاصّة كما زعم آز وانا اقول انه جائز ان تكون ايضا من
الخفيف على سبيل ابتدال الواو بالياء ووجدت في كلام آز ما ينحو
هذا النحو اذ يقول[1] דן דנתי לא ידון רוחי אדון יגרה מדון وقد
حركت الواو وقلبت يا في الاسم מדינים ישלח وزنه משפטים والامر

[1] D. 74, 10; le mot אדון, que l'éditeur a biffé, peut être pour לא דין, à moins que la leçon ne soit conforme à celle qu'Ibn Djanâḥ cite plus loin; N. 44, 30.

---

le *hê* un *ḳâméṣ* suivi d'une quiescente complémentaire. Exemples : *hâḳîm* et *hâḳêm*, *hâschîb* et *hâschêb*, *hâkîn* et *hâkên*. C'est toujours *ḥiréḳ* ou *ṣêrê*. Avec les terminaisons, la règle générale est l'emploi du *ḥiréḳ*, à l'exclusion du *ṣêrê*, comme *hâḳîmou* et *hâkînou* (*Jér.* LI, 12), *hâsîrou*, *hâmîtou*. Parfois on trouve l'impératif de ces verbes sans *hê*, comme *sîm* (*Josué*, VIII, 2), *lîn* (*Juges*, XIX, 9), *bînou* (*Ps.* XCIV, 8), *sîsou wegîlou* (*Isaïe*, LXV, 18), *nîrou* (*Jér.* IV, 3), *schîtou* (*Ps.* XLVIII, 14), *sîḥou* (*Juges*, V, 10), *dînou* (*Jér.* XXI, 12). »

La plupart de ceux qui ont étudié le livre d'Aboû Zakariyâ ont adopté son opinion que ce paradigme, le paradigme de *sîsou*, *gîlou*, *nîrou* ne peut provenir que de la forme lourde. A mon avis, il pourrait bien être aussi de la forme légère, grâce à une permutation du *wâw* en *yôd*. J'ai trouvé d'ailleurs une solution analogue dans les paroles suivantes d'Aboû Zakariyâ, à la racine *doun* : « *Dân*, *dantî*, *yâdôn* (*Gen.* VI, 3), *âdôn*, *mâdôn* (*Prov.* XV, 18). Le *wâw* a été affecté d'une voyelle et changé en *yôd* dans le substantif *midyânîm* (*Prov.* VI, 14), de la forme *mischpâṭîm*, et l'impé-

דִין او דוֹן فقوله الامر דִין او דוֹן [يدلّ] على انهما سوا وان דִין امر من
الخفيف اذ لم يات فى هذا المعنى بثقيل فقد جعل דִין وדוֹן امرا
من الخفيف فهكذا يجب ان يعتقد فى שִׂישׂוּ وגִילוּ وשִׁיתוּ وفى جميع
ما يشابهها انه[1] جائز ان تكون امرا من الخفيف ومن الثقيل اما من
الخفيف على ابتدال الواو من اليا واما من الثقيل فعلى ما ذكره آز
هكذا فى بعض النسخ اعنى والامر דוֹן او דִין ووجدت فى بعضها
والامر דוֹן او דוּן بحלם وبשרק وهذا موافق لاصل آز الا ان سمعت
الرئيس الفاضل والاستاذ الكامل ابا الوليد بن حسداى رّة يعتقد
انه جائز ان يكون שִׂים امرا من الخفيف وישׂים مستقبلا منه ايضا
وكان يجوز هذا فى جميع الافعال المعتلّة العينات على سبيل البدل
وجوّز آز[2] كون הִבּוֹק תִּבּוֹק הארץ והִבּוֹז תִּבּוֹז انفعالا [من] معتلّ العين

[1] Ms. ان. — [2] D. 67, 16 et 153, 13; N. 40, 8 et 106, 19.

---

ratif est *dîn* ou *dôn*.» *Dîn* est donc pour lui, comme *dôn*, un impératif de la forme légère, puisqu'il ne cite dans ce sens aucune forme lourde. *Dîn* et *dôn* sont donc considérés par Aboû Zakariyâ comme des impératifs de la forme légère; il est donc obligé de croire que *sîsou*, *gîlou*, *schîtou*, etc., sont également possibles comme impératifs de la forme légère et de la forme lourde : de la première par la permutation de *wâw* avec *yôd*, de la seconde par le changement qu'a mentionné Aboû Zakariyâ. Cette leçon : «L'impératif est *dîn* ou *dôn*,» se trouve dans un certain nombre d'exemplaires. J'ai trouvé dans d'autres : «L'impératif est *dôn* ou *doun*.» Le passage serait alors d'accord avec le principe posé par Aboû Zakariyâ. Cependant j'ai entendu le chef éminent, le maître parfait Aboû'lwalîd ben Ḥasdây soutenir que non-seulement *sîm* peut être l'impératif de la forme faible, mais que *yâsîm* peut en être le futur et que cette permutation est applicable à tous les verbes dont le deuxième radical est une lettre faible.

Aboû Zakariyâ a prétendu «que *hibbôḳ tibbôḳ* (*Isaïe*, XXIV, 3) et

وكونها انفعالا من ذوات المثلين اولى واحسن على ما جوّزه فيها
هو ايضا فى كتاب ذوات المثلين[1] لانا وجدنا تصريف בקק بواو المد
فى בקקום בקקים ובקתי את עצת יהודה ولم نجد בק יבוק على زنة קם
יקום وكون הבוז תבוז من בזז احسن فى المعنى من كونهما
من בז לדבר فهذه الالفاظ اذًا من ذوات المثلين لا معتلّة
العينات

وقال أزَ[2] גז גזתי כי גז חיש ונעפה ויגז שלוים ويمكن ان يكون من
هذا المعنى אתה גוזי

قال المرَ قد توهّم قوم على أزَ لقوله ويمكن ان يكون من هذا المعنى
אתה גוזי انه عنده من غير هذا الاصل فاقول ان أزَ لم يرد ما

[1] D. 153, 13; N. 106, 19. — [2] D. 73, 5, où se lit מינכין; N. 44, 3, porte מניקר, correction faite probablement par le traducteur.

---

*hibbôz tibbôz* (*ibid.*) peuvent être des *nifal* de racines avec second radical faible.» Mais il vaut mieux les considérer comme des *nifal* de racines géminées, comme l'a permis Aboû Zakariyâ lui-même dans son Livre des racines géminées. En effet, nous trouvons *bâḳaḳ* conjugué avec le *wâw* de prolongation dans *beḳâḳoum bôḳeḳîm* (*Nahoum*, II, 3), *oubaḳḳôtî* (*Jér.* XIX, 7), mais nous n'avons jamais trouvé *bâḳ yâbouḳ*, d'après le paradigme de *ḳâm*, *yâḳoum*. De même, il vaut mieux rattacher *hibbôz tibbôz* à *bâzaz* qu'à *bâz* (*Prov.* XIII, 13). Ces mots proviennent donc de racines géminées et non de racines avec un second radical faible.

Aboû Zakariyâ à la racine *gouz* : « *Gâz*, *gaztî*, *gâz* (*Ps.* XC, 10), *wayyâgoz* (*Nombres*, XI, 31). Il se pourrait que *gôzî* (*Ps.* LXXI, 6) fût employé dans le même sens. »

Commentaire. — Ces derniers mots ont fait supposer qu'Aboû Zakariyâ ne considère pas *gôzî* comme provenant de cette racine. Selon moi, Aboû Zakariyâ n'a pas eu l'intention qu'on lui prête;

ذهب اليه هؤلا القوم انما اراد انه من المعنى والاصل والدليل على
ذلك قوله باثره فى باب[1] גיח יגיח ירדן אל פיהו. ותגח בנחרתיך מגיח
ממקמו ويمكن ان يكون من هذا الاصل אתה גוחי מבטן וגוחי على
زنة גוזי فكما ان גוחי عنده معتل العين كذلك عنده גוזי معتلّ
العين ايضا واما ما هما اعنى גוזי וגוחי من الامثلة فاقول انهما
صفتان ونقول גוז וגוח على زنة טוב הפנה ערף מואב בוש الذى هو
واحد מגבורתם בושים وكان الاصل فيها ان تكون على زنة איום
ונורא واعلم ان هذا المثل فى الصفات اعنى פעול قليلا ما يتعدى
وانما يوجد فى الاكثر غير متعدّ مثل אדום ועירם ועקוב הלב עץ
עבות איום ונורא الا انهم قالوا והצילו גזול מיד עשוק فעשוק متعد الى
גזול وان كان من غير لفظه وانما جاز ذلك لتقارب المعنى فى اللفظتين

[1] D. 73, 8; N. 44, 6, où les trois derniers mots appartiennent au traducteur.

---

il a voulu dire que *gôzî* est identique à *gûz* par le sens et par la racine. Il en donne bien la preuve en disant immédiatement après, à la racine *gî'aḥ* : « *Yâgî'aḥ* (*Job*, XL, 23), *wattâgaḥ* (*Éz.* XXXII, 2), *mêgî'aḥ* (*Juges*, XX, 33). Il se peut que *gôḥî* (*Psaumes*, XXII, 10) soit aussi de cette racine. » Or, *gôḥî* est de la même forme que *gôzî*; si donc pour Aboû Zakariyâ *gôḥî* est d'une racine avec second radical faible, il doit en être de même de *gôzî*. — Pour ce qui concerne les paradigmes de *gôzî* et *gôḥî*, ce sont des qualificatifs, de telle sorte que *gôz* et *gô'aḥ* ressemblent à *ṭôb*, *bôsch* (*Jér.* XLVIII, 39), au pluriel *bôschîm* (*Éz.* XXXII, 30), et la forme primitive de ces qualificatifs est comme celle de *âyôm* (*Hab.* I, 7). Les adjectifs de la forme *pâ'ôl* ont rarement une signification active, et la plupart des exemples ont un sens intransitif. Ainsi *âdôm*, *'ârôm*, *'âḳôb* (*Jér.* XVII, 9), *'âbôt* (*Lév.* XXIII, 40), *âyôm*. Mais dans *Jér.* XXII, 3, *'âschôḳ* (injuste) se rapporte à *gâzoul* (le volé), bien qu'ils appartiennent à des racines différentes, ce qui n'est

ومثل גוזי وגוחי في التعدى [وقال آز] من المعتلة العين[1] וחרה
נחשתה ועצמי חרה חרו יושבי ארץ وقال في كتاب ذوات المثلين عند
ذكره ושכן חררים[2] ويمكن ان يكون منه חרו ישבי ארץ والاصل
فيه التشديد [فطعن عليه قوم في اثباته וחרה נחשתה و]ועצמי
חרה في المعتلة وقالوا انهما مثل הבישה המשגב וחתה בעבור האדמה
חתה والاصل فيهما قالوا التشديد ولعمرى انه لقول غير مدفوع
وانه لمستحب للقياس لكنى اقول ان آز لم يستثن חרו יושבי
ארץ من וחרה נחשתה ועצמי חרה الا بعد نظر واستثبات واعتقاد
منه فيهما ان لا يجوز كونهما الا معتلين والوجه الذى به جوّز חרו

[1] D. 77, 19; N. 46, 23. — [2] D. 159, 15; N, 110, 3.

---

possible que parce que le sens des deux racines est presque le même; en outre *ʿâschôḳ* est employé comme *gôzî* et *gôḥî*.

Aboû Zakariyâ à la racine *ḥour* : « *Weḥârâh* (*Éz.* xxiv, 11), *ḥârâh* (*Job*, xxx, 30), *ḥârou* (*Is.* xxiv, 6). »

Commentaire. — Aboû Zakariyâ, dans son Livre sur les racines géminées, à l'article *ḥârar*, après avoir mentionné *ḥărêrîm* (*Jér.* xvii, 6), ajoute : « Il se pourrait que *ḥârou* fût de la même racine, et que le *rêsch* dût avoir primitivement un *dâgêsch.* » [On a reproché à Aboû Zakariyâ d'avoir maintenu pour *weḥârâh* et[1]] *ḥârâh* comme second radical une lettre faible. Ils disent, au contraire, que *weḥârâh* et *ḥârâh* sont comme *wâḥâttâ* (*Jér.* xlviii, 1) et *ḥattâh* (*ibid.* xiv, 4), et que la forme primitive serait, dans tous deux, avec *dâgêsch.* Par ma vie, cette opinion mérite de ne pas être rejetée, et semble conforme à la règle. Cependant, je ne crois pas qu'Aboû Zakariyâ ait fait une exception pour *ḥârou* par rapport à *weḥârâh* et *ḥârâh*, sans mûre et solide réflexion et sans une conviction réelle que ces deux derniers mots peuvent dériver seulement d'une racine au deuxième radical faible. Le motif pour

[1] Nous complétons ainsi la lacune dans le texte d'Ibn Djanâḥ.

ישבי ארץ من ذوات المثلين هو انه لما وجد أفعالَ الجميع
الماضيةَ من ذوات المثلين غير المعطوفة بعضها מלעל ימי קלו מני
ארג וימי קלו מני רץ מנשרים קלו כי קלו המים ومثل חתו לא ענו
עוד חתו וכשו חתו ויבשו وبعضها מלרע זכו נזיריה רבו משערות
ראשי רכו דבריו משמן דלו עיני למרום وكان חרו ישבי ארץ מלרע لم
يبعد عنده ان يكون من ذوات المثلين وان كان جائزا ايضا كونه
معتلّا مثل נמו שנתם אשר תרו אתה وغيرها واما الوجه الذى
ارى انه لم يجبْه عنده וחרה נחשתה الا معتلا فهو وجدانه فعل
المونث المفرد من ذوات المثلين الذى يدخله الاندغام מלעל مثل
בעבור האדמה חתה כי מרה נפש כל העם الذى هو فعل محض للمونث

---

lequel Aboû Zakariyâ admet que *ḥârou* puisse appartenir à une racine géminée, c'est que ces verbes ont le pluriel de leur parfait, quand il n'est pas précédé d'un *wâw*, tantôt *mille'êl* dans *ḳallou* (*Job*, VII, 6; IX, 25; II *Sam.* I, 23; *Gen.* VIII, 11), *ḥattou* (*Job*, XXXII, 15; *Is.* XXXVII, 27; II *Rois*, XIX, 26), tantôt *millera'*, dans *zakkou* (*Lam.* IV, 7), *rabbou* (*Ps.* LXIX, 5), *rakkou* (*ibid.* LV, 22), *dallou* (*Is.* XXXVIII, 14). Or, *ḥârou* étant *millera'*, Aboû Zakariyâ n'a pas été éloigné de le considérer comme provenant d'une racine géminée, bien qu'il pût également provenir d'une racine au second radical faible, comme *nâmou* (*Ps.* LXXVI, 6), *târou* (*Nombres*, XIII, 32), etc. Quant au motif pour lequel, selon moi, Aboû Zakariyâ n'admet pour *weḥârâh* qu'une racine avec deuxième radical faible, c'est que les verbes géminés sont *mille'êl* au féminin singulier, après qu'a eu lieu l'insertion, comme *ḥattâh* (*Jér.* XIV, 4), *mârâh* (I *Sam.* XXX, 6), qui de même que *ḥattâh* est simplement le féminin du verbe, et où il faudrait primitivement un *dâgêsch*[1] sem-

[1] Voy. ci-dessus, p. 201, l. 8.

مثله واصله التشديد مثل ועקת סדם ועמרה כי רבה ووجد انه هذه
الافعال معطوفة מלרע ורבה עליך ורבה העזובה ורבה משטמה فلما كان
וחרה נחשתה مخالفة لهذه الافعال المعطوفة في الטעם جعله معتلّا
ثم حمل ועצמי חרה محمله اذ هو على زنة ורחל באה وان كان جائزا
في القياس ان يكون من ذوات المثلين ايضا مثل הבישה המשגב
וחתה فانما صار מלעל وهو معطوف لانه في סוף פסוק فهذا ما يمكن
ان يحتجّ به لآز مما لا يدفع بحجة واعلم علّمك الله الخير انه جائز
عندي ان يقال في هذه الالفاظ اعني וחרה נחשתה ועצמי חרה חרו
ישבי ארץ انها معتلة العين وان يقال فيها ايضا انها من ذوات
المثلين وعسى يكون آز قد اعتقد فيها كلّها هذا الاعتقاد واستغنى
عن ذكر تجويز كون וחרה נחשתה ועצמי חרה من ذوات المثلين

---

blable à celui de *râbbâh* (*Gen.* XVIII, 20); ces mêmes verbes sont au contraire *millera'*, lorsqu'ils sont précédés d'un *wâw*, comme *werabbâh* (*Ex.* XXIII, 29; *Is.* VI, 12; *Osée*, IX, 7). Or, *weḥârâh*, malgré son *wâw*, diffère de ces verbes quant à l'accent; aussi Aboû Zakariyâ l'a-t-il regardé comme ayant un deuxième radical faible, puis il a traité *ḥârâh* sans *wâw* de la même façon, par analogie avec *bâ'âh* (*Gen.* XXIX, 9), bien que *ḥârâh* puisse tout aussi bien dériver régulièrement d'une racine géminée. *Weḥârâh* ressemble pour l'accent à *wâḥâttâh* (*Jér.* XLVIII, 9), qui est *mille'él*, malgré son *wâw*, parce qu'il est en pause. Voici les arguments irréfutables qu'on peut apporter en faveur d'Aboû Zakariyâ. Je ne m'oppose cependant pas, mon ami, à ce qu'on dérive *weḥârâh*, *ḥârâh*, *ḥârou*, tous trois de racines au deuxième radical faible, ou bien de racines géminées. Peut-être Aboû Zakariyâ lui-même avait-il la même opinion pour toutes ces formes, et a-t-il cru inutile de mentionner cette possibilité pour *weḥârâh* et *ḥârâh*, après l'avoir re-

بتجويز كون חרו منها اتّكالا منه على فهمنا ذلك عنه الا ما اجريناه نحن فيهما من العلة واحتججنا به لاز سرّ لطيف ومعنى رقيق فافهم

وادخل از[1] עותה وשתי המלכה فى المقالة الثانية مع לעות אדם בריבו وادخله فى المقالة الثالثة[2] مع חטאנו ועוינו والقياس يحتمل للوجهين جميعا فان كان من לעות אדם الذى التاء فيه لام الفعل فوزنه שמרה עברה وان كان من עוינו فالتاء فيه مبدلة من الهاء التى هى لام الفعل ووزنه حينئذ עשתה כלתה לתשועתך נפשי فاعلمه

قال از[3] הפח בחורים انه من חפח נשבר

قال المـ احسن من هذا القول عندى ان يقال انه من יפיחו

[1] D. 86, 15; N. 51, 32. — [2] D. 126, 10; N. 89, 1. — [3] D. 87, 7; N. 52, 6.

---

connue pour *ḥârou*, se fiant à notre intelligence pour saisir sa pensée. Notre déduction et notre raisonnement au sujet de *weḥârâh* et *ḥârâh* n'en sont pas moins ingénieux et pleins de finesse; à toi de le comprendre.

Aboû Zakariyâ a fait entrer *ʿâwetâh* (*Esther*, I, 16) dans la deuxième section, à côté de *leʿawwêt* (*Lam.* III, 36), et il l'a également fait entrer dans la troisième section, à côté de *weʿâwînou* (*Dan.* IX, 5). L'analogie autorise à la fois l'un et l'autre : dans le premier cas, où le *tâw* est le troisième radical, ce serait d'après la forme *schâmerâh*, *ʿâberâh;* dans le second cas, où le *tâw* remplace le troisième radical *hé*, ce serait d'après la forme *ʿâsetâh*, *kâletâh* (*Ps.* CXIX, 81).

Aboû Zakariyâ rattache *hâpêaḥ baḥourîm* (*Isaïe*, XLII, 22) à *happaḥ* (*Ps.* CXXIV, 7).

Commentaire. — A mon avis, il vaudrait mieux le rattacher à *yâpîḥou* (*Prov.* XXIX, 8), dont la traduction arabe est *nafakha*

קריה الذى ترجمته نفخ ومعناه النفى والطرد والباء فى בחורים
عندى زائدة ليست اصلا هو جمع חור פתן وבחורים على زنة על
כן בארים כבדו ה׳ وواحد אורים מאור כשדים فتفسير הפח בחורים
نفخ جميعهم الى الجحرة نفخا وهذا مطابق لما بعده وهو ובבתי
כלאים החבאו والنفخ مستعمل فى لغة العرب ايضا فى معنى النفى
والطرد

المقالة الثالثة

ذكر اً الافعال المستقبلة الخفيفة المحذوفة مثل ויבז ויקן ויזר על
פני המים וימץ טל ויפן כה وادخل معها ותכה מכעש עיני ותלך ותתע
ثم ذكر الافعال المستقبلة الثقيلة المحذوفة مثل ויפן זנב אל זנב
וירב בבת יהודה ויפר את עמו מאד ויגל את ישראל [1]

[1] D. 99 et suiv.; N. 60 et suiv.

---

«souffler», et dont le sens est «renier» et «repousser.» Le *bêt* de *baḥourîm* serait alors préfixe et point radical. Ce serait alors le pluriel de *ḥour* (*Isaïe*, xi, 8), et *baḥourîm* ressemblerait à *bâ'ourîm* (*ibid.* xxiv, 15), dont le singulier est contenu dans *mê'our kasdîm* (*Gen.* xi, 31). *Hâpê'aḥ baḥourîm* signifierait donc : Il les a poussés tous dans la tanière; ce qui concorde avec la phrase suivante : Et ils ont été enfermés dans les prisons. *Nafakha* est, en effet, employé dans la langue arabe avec le sens de «renier» et «repousser.»

TROISIÈME SECTION.

Aboû Zakariyâ a mentionné les futurs apocopés des verbes de la forme légère : *wayyibén*, *wayyiḳén* (*Gen.* xxxiii, 19), *wayyizér* (*Ex.* xxxii, 20), *wayyiméṣ* (*Juges*, vi, 38), *wayyifén* (*Ex.* ii, 12), et il y a joint *wattêkah* (*Job*, xvii, 7), *wattêta'* (*Gen.* xxi, 14), puis il a cité les futurs apocopés des verbes de la forme lourde : *wayyéfén* (*Juges*, xv, 4), *wayyéréb* (*Lam.* ii, 5), *wayyéfér* (*Ps.* cv, 24), *wayyégél* (II *Rois*, xvii, 6).

قال الم فربما لم يعرف المبتدى الفرق بين ותכה מכעש עיני ותתע وبين ויפן זנב واصحابه فظنّ ان لا فرق بين المستقبل المحذون الخفيف وبين المستقبل المحذوف الثقيل لاشتباه النطق بهما فليعلم ان الفرق بينهما ان حرف الاستقبال من ותכה ותתע ותכל ותלה ארץ מצרים ונפן ונעל אל תפן ואפן וארד وما اشبهها محرك بצרי الا القليل ايضا وحرف الاستقبال من ויפן זנב وما اشبهها محرك بסגל

ومثّل از[1] מאויים מאויי רשע بממתקים وמרבדים ووجدنا מאויי רשע في مصحف صحيح شاميّ بקמצות الواو وكذلك وجدناه ايضا في مصحف اخر صحيح فاذا كان كذلك فهو مخفف فاعلمه

[1] D. 108, 8; N. 68, 23.

---

Commentaire. — Plus d'un commençant n'aura pas pu distinguer *wattêkah*, *wattêta*ʿ de *wayyéfén*, et se sera imaginé, induit en erreur par la ressemblance de la prononciation, qu'il n'y a aucune différence entre les futurs apocopés de la forme légère et ceux de la forme lourde. Que le commençant apprenne donc à faire cette distinction : le préfixe du futur de *wattêkah*, *wattêta*ʿ, *wattêkél* (*Ex.* xxxix, 32), *wattêlah* (*Gen.* xlvii, 13), *wannéfén* (*Deut.* iii, 1), *têfén* (*Nomb.* xvi, 15), *wâʾéfén* (*Deut.* ix, 15), etc. est, à part des exceptions peu nombreuses, vocalisé avec un *ṣêrê*, tandis que le préfixe d'un futur comme *wayyéfén* a pour voyelle *ségôl*.

Aboû Zakariyâ compare *maʾăwayyîm*, d'où dérive *maʾăwayyê* (*Ps.* cxl, 9), à *mamtakkîm* (*Cant.* v, 16) et *marbaddîm* (*Prov.* vii, 16). Mais nous avons trouvé *maʾăwâyê* dans un exemplaire correct écrit en Palestine, avec *ḳâmêṣ* sous le *wâw*, et nous avons trouvé la même leçon dans un autre exemplaire correct; le *yôd* serait alors sans *dâgêsch*[1].

[1] Voy. *Minḥat Schaï* sur *Ps.* cxl, 9.

אלה[1] وجوّز آز في אלי כבתולה ان يكون ناقص الفاء والمبتدى يحتاج الى التمثيل فاعلم انه اراد به ان يكون من יאל على زنة צאי من יצא רדי من ירד שבי من ישב

אנה قال[2] ومن هذا الاصل כי תאנה הוא מבקש

قال المر هذا القول يحتاج الى تلخيص وذلك ان حقيقة اللفظة ان تكون תאנה بقמצות التاء واسكان الالف على زنة בתרמה לאמר الذى هو من רמה ومن عادة العبرانيين ان يقلبوا الـקמצות من الحرف الذى هو فيه الى الذى يليه اذا كان حلقيا ففارقوا في תאנה عادتهم وقلبوا القמץ الى الחלם كما صنعوا في ופעלו לא יתן לו الذى كان يجب ان يكون مثل והגיתי בכל פעלך وكما صنعوا في ותארו מבני אדם

[1] D. 109, 1; N. 69, 3. — [2] D. 108, 14; N. 68, 31.

---

Aboû Zakariyâ, à la racine *âlâh*, dit que *ĕlî* (*Joël*, I, 8) pourrait avoir perdu son premier radical. Mais le commençant a besoin qu'on lui fournisse des exemples; sache donc qu'il a dérivé *ĕlî* de *yâ'al*, comme *ṣe'î* de *yâṣâ'*, *redî* de *yârad*, *schebî* de *yâschab*[1].

Aboû Zakariyâ, à la racine *ânâh*, dit : De cette racine est *tô'ănâh* (*Juges*, XIV, 4).

Commentaire. — Cette assertion a besoin d'être expliquée. En effet, la véritable prononciation serait *to'nâh* avec un *ḳâmêṣ* sous le *tâw* et l'*âléf* sans voyelle, comme *betormâh* (*Juges*, IX, 31), de la racine *râmâh*. Les Hébreux reportent le plus souvent le *ḳâmêṣ* de la lettre où il se trouve sur celle qui la suit, si celle-là est une gutturale. Ils ont formé *tô'ănâh* contrairement à cette habitude, et ils ont changé le *ḳâmêṣ* en *ḥôlém*, comme dans *pô'ălô* (*Jér.* XXII, 13), qui devrait être vocalisé comme *pâ'ŏlékâ* (*Ps.* LXXVII, 13), et encore dans *tô'ărô* (*Is.* LII, 14)[2].

[1] Voy. *Kitâb al-ouṣoûl*, 64, 24 et suiv. — [2] *Riḳmâh*, 101, l. 38.

בנה. وقد اعترض على آزَ فى قوله[1] ان وزن בנין וקנין ועגין ומנין
פעלע وقيل بل وزنها פעלן وكلا الوجهين جائزان فيه عندى الا
انى الى قول آزَ فيها اميلُ لانها عندى متضاعفة العينات مثل
הגיגי وانما نبهتك على هذا لانه غير ممتنع فى القياس

وقال فى باب הגה[2] ويقال انّ הגיגי من هذا الاصل والجيم الثانية عين
الفعل مكررة على مذهب קנין ובנין

قال المـ وقد قيل ان הגיגי من ذوات المثلين ومن استحسن ذلك
فلانه مثل זנוני זונה واعلم ان وزن זנוני זונה من الפעל פעועלי واللام
ناقصة منه وكان الاصل فيه זנוניי كما نقصت من הגיגי الذى وزنه
פעיעלי وكان الاصل فيه הגיגיי فالياء فى הגיגי الذى بين الجيمين على

[1] N. 70, 28. — [2] N. 73, 35.

Racine *bânâh*. — On a contredit l'opinion d'Aboû Zakariyâ que le paradigme de *binyân*, *ḳinyân*, *ʿinyân*, *minyân* est *piʿlâʿ*, et on a ajouté : « Non, il n'en est pas ainsi; le paradigme est *piʿlân*. » Cependant, les deux explications me paraissent admissibles, bien que j'incline vers l'opinion d'Aboû Zakariyâ; car, selon moi, le deuxième radical a été redoublé, comme dans *hăgîgî* (*Ps.* v, 2). Je ne t'ai fait part de l'objection que parce qu'elle n'est pas repoussée par l'analogie.

Aboû Zakariyâ à la racine *hâgâh* : « On dit que *hăgîgî* est de cette racine et que le second *gimél* est le deuxième radical, répété comme dans *ḳinyân* et *binyân*. »

Commentaire. — On a prétendu aussi que *hăgîgî* est d'une racine géminée, en s'appuyant sur ce que ce mot est semblable à *zenouné* (*Nahum*, III, 4). Sache que le paradigme de *zenouné* est *peʿouʿălê*; le troisième radical est tombé, et la forme véritable serait *zenouneyê*, de même que *hăgîgî* a pour paradigme *peʿîʿălî* et est mis à la place de *hăgîgeyî*. D'après cette méthode, le *yôd* placé entre les deux *gimél* de *hăgîgî* est donc, comme le *wâw*

هذا المذهب للمدّ وكذلك هى واو זנוני واما على مذهب ابى زכريا وقد مال اليه قوم فيهما لاما الفعلين واختيارى فيهما ما ذكرته لك لسكونهما ولم يتحركا بتحريك يا בנין וקנין ولا جرى فى تضعيفهم العين قبل دخول اللام فقد ضاعفوا الفاء قبل ذكر اللام فى יעערו فافهم

המה قال فى هذا الباب [1] احسب ان הומיה (בוכיה) نُسب الى הומה وكذلك בוכיה الى בוכה

قال المؤ وقد تحتمل هاتان اللفظتان وجها اخر هو اليق بهما وذلك ان اقول ان وزن הומיה ובוכיה פועלה على وزن הנני יוסף להפליא فلما اجتمع فى הומיה ובוכיה يا ان احداهما ساكنة ادغموا الساكنة فى المتحركة منهما قلتُ لا سبيل الى النطق به على الكمال

[1] N. 74, 31. Les mss. de Ḥayyoudj portent : احسب הומיה نسبة.

de *zenouné*, une lettre de prolongation. D'après la méthode d'Aboû Zakariyâ, à laquelle il ne manque pas d'adhérents, le *yôd* et le *wâw* sont tous deux des troisièmes radicaux. Je n'en persiste pas moins dans mon opinion, parce que ces deux lettres sont quiescentes et ne sont pas vocalisées comme le *yôd* de *binyân* et *ḳinyân*. De plus, on n'a pas l'habitude de redoubler le deuxième radical avant d'avoir placé le troisième; on le fait bien pour le premier radical dans *ye'ô'érou* (*Isaïe*, xv, 5).

Aboû Zakariyâ, à la racine *hâmâh*, dit : « Regarde *hômiyyâh* (*Is.* xxii, 2) comme adjectif relatif de *hômâh* (I *Rois*, i, 41), de même que *bôkiyyâh* (*Lam.* i, 16) de *bôkâh*. »

Commentaire. — Ces deux mots admettent une explication différente qui leur convient mieux : à mon sens, le paradigme de *hômiyyâh* et *bôkiyyâh* est *pô'ilâh*, comme *yôsîf* (*Is.* xxix, 14). Seulement, comme dans *hômiyyâh* et *bôkiyyâh* se rencontrent deux *yôd*, dont l'un est quiescent, on a inséré le *yôd* quiescent dans le *yôd* vocalisé. J'ajoute : Il n'y a pas moyen de prononcer ces mots,

والسلامة لاجتماع ساكنين لينين فى اخر كلّ واحد منهما اعنى
اليا الساكنة المزيدة والها الساكنة التى هى لام الفعل وانما
جاز ذلك فى المونث لتحريك اللام فيه اذ امتثلوا فيهما اعنى فى
הומיה وבוכיה فعلهم فى עניה שביה اللذان وزنهما פעילה فادغموا
الساكنة فى لام الفعل وهى الياء المتحركة ولا يتمكن مثل هذا فى
المذكر لسكون لام الفعل فيه واما على الاعلال فى القياس ان يقال فى
مذكر הומיה وבוכיה הומי وבוכי פועיל على زنة הנני יוסיף להפליא
بقلب لام الفعل يا لمجاورته لياء المدّ وبحذف ياء المدّ من الخطّ
كما صنعوا فى ענִי ונקי الذان وزنهما פעיל بقلب اللام يا وباسقاط
ياء المدّ

חיה قال آز فى هذا الباب[1] واعلم ان واحد העודם חיים כי אין נבות

[1] N. 77, 16. Les exemples n'y sont pas les mêmes.

---

lorsqu'on laisse la forme complète et saine, parce qu'il y aurait réunion des deux quiescentes douces à la fin de chacun de ces deux mots : ces deux quiescentes seraient le *yôd* complémentaire et le *hê* troisième radical. Cette formation n'est possible qu'au féminin, où le troisième radical est vocalisé; on traite *hômiyyâh* et *bôkiyyâh* comme *ʿăniyyâh* (*Is.* x, 30), *schebiyyâh* (*ibid.* LII, 2); dont le paradigme est *peʿîlâh*, et on insère la quiescente dans le troisième radical, dans le *yôd* vocalisé; cette formation est, au contraire, impossible au masculin, parce que le troisième radical y est quiescent. Mais si l'on a recours à une forme affaiblie, il faudra dire au masculin de *hômiyyâh* et *bôkiyyâh*, *hômî* et *bôkî*, paradigme *pôʿîl*, comme *yôsîf*, avec un changement du troisième radical en *yôd*, parce qu'il devrait être suivi d'un *yôd* de prolongation, qui a été supprimé, comme dans *ʿânî*, *nâḳî*, dont le paradigme est *pâʿîl*, où le troisième radical a été changé en *yôd* et où le *yôd* de prolongation est tombé.

Aboû Zakariyâ dit à la racine *ḥâyâh* : « Le singulier de *ḥayyîm*

חי כי מת وواحد מות וחיים חי פרעה ويجب ان تعلم ايضا ان חיים
كامل لتشديد الياء وان נפש חיה كامل لتشديد الياء ثم قال في
هذا الباب [1] واما جمع אדם חי והחי יתן אל לבו تخفيف ناقص على
الوجه المعروف في النوع اللين اللام تقول חַיים כי חיות הנה مخفّفا ناقصا
فشكّك عليه قوم في قوله واما جمع אדם חי והחי יתן אל לבו تخفيف
تقول חיים وتوهّه مضادِدًا لقوله ان واحد העודם חיים כי אין נבות חי
وليس الامر كذلك بل هو تائد لاصله فيه وذلك ان העודם חיים
عنده كامل جاء على الاصل باشتداد الياء كما قد ذكر في هذا
الباب وكان الوجه فيه ان كان من هذا الاصل كما زعم ان ياتى

[1] N. 78, 6, est évidemment changé par le traducteur. Les mss. de Ḥayyoudj ajoutent à la fin de cette citation : واحدها חיה خفيفا ناقصا.

---

«vivants» (*Ex.* IV, 18) est *ḥay* (I *Rois*, XXI, 15), et le singulier de *ḥayyîm* «vie» (*Prov.* XVIII, 21) est *ḥê far'ôh* (*Gen.* XLII, 15). — Il faut remarquer que *ḥayyîm* est complet, parce que le *yôd* a un *dâgêsch*, comme *ḥayyâh* (*Gen.* I, 20) est complet pour le même motif.» Puis Aboû Zakariyâ ajoute, dans le même paragraphe : «Le pluriel de *ḥay* «vivant» (*Lam.* III, 39) et de *haḥay* (*Eccl.* VII, 2) est privé du *dâgêsch* et défectueux d'après la règle usitée pour les racines dont le troisième radical est une lettre douce; on dit *ḥâyîm*, et de là *ḥâyôt* (*Ex.* I, 19), qui est défectueux et sans *dâgêsch*.»

Commentaire. — On a soulevé des difficultés à propos de ce qu'Aboû Zakariyâ a dit : «Le pluriel de *ḥay* et de *haḥay* est privé du *dâgêsch* et défectueux, on dit *ḥâyîm*,» et on a prétendu que cette assertion contredit ses autres paroles : «Le singulier de *ḥayyîm* est *ḥay*.» On s'est trompé; Aboû Zakariyâ suit son principe. Pour lui, *ḥayyîm* est complet et représente bien la racine *ḥâyâh*, parce que le *yôd* a un *dâgêsch*, comme il l'a remarqué dans ce paragraphe. La règle, il est vrai, aurait voulu, si ce mot provient de la racine qu'il suppose, une forme défectueuse d'après l'usage

ناقصا على عادتهم فى صفات هذه الافعال المعتلة اللام وفى فاعليها
كما قالوا שקים בלים وغيره وانه لما اعتقد ايضا انّ כי אין נבות חי
من חיה قال فيه انه ناقص وهو يرى ان اصله חיה على زنة רוה דוה
واما قوله واما جمع אדם חי והחי יתן אל לבו خفيف ناقص على الوجه
المعروف فهو قياس منه على اطراد الباب كما ذكرت لك فى בלים واما
העודם חיים فهو عنده شاذّ عن الباب وان كان جاريا على الاصل
فرب شاذ عن الاطراد جار على اصله فهذا ما ذهب اليه اذ فى
قوله ان واحد העודם חיים כי אין נבות חי وفى قوله ان جمع אדם חי
חַיים خفيف وذلك بين جدّا وقد كنت ذكرت فى كتاب المستلحق ان
الاحسن عندى ان يكون כל ימי אדם אשר חי וחי בהם ואם בת היא
וחיה من ذوات المثلين فكذلك اقول فى هذه الكلمات اعنى העודם

---

adopté pour les adjectifs et les participes de ces verbes au troisième radical faible, comme *bâlîm* (*Jos.* IX, 4) et tant d'autres. Comme Aboû Zakariyâ a regardé aussi *ḥay* (I *Rois*, XXI, 15) comme dérivé de *ḥâyâh*, il a dit que c'est une forme défectueuse, en pensant qu'à l'origine c'était *ḥâyéh* sur le même pied que *râwéh* et *dâwéh*. Donc, lorsqu'il dit : «Le pluriel de *ḥay* et de *haḥay* est privé du *dâgêsch* et défectueux d'après la règle usitée,» c'est qu'en effet telle est la règle généralement appliquée pour cette catégorie de mots, comme je l'ai dit pour *bâlîm*. Mais *ḥayyîm* (*Ex.* IV, 18) est, aux yeux d'Aboû Zakariyâ, une exception, bien que conforme à la racine; car, bien souvent, ce qui s'écarte de l'usage général devient conforme à la racine[1]. C'est là ce qu'Aboû Zakariyâ a voulu dire, et cela est très-clair. J'ai déjà exprimé dans le *Moustalḥiḳ* l'opinion que *ḥay* (*Gen.* V, 5), *wâḥay* (*Lév.* XVIII, 5), *wâḥâyâh* (*Ex.* I, 16) proviennent d'une racine géminée. Je dirai de même

[1] En d'autres termes : *ḥayyîm*, bien que ce soit une forme irrégulière, représente mieux la racine *ḥâyâh*, parce que le troisième radical *hê* y est représenté par le *dâgêsch*, que la forme usitée *ḥâyîm*, où le *hê* a disparu sans laisser de trace.

חיים כי אין נבות חי מות וחיים ان الاصوب عندى ان تكون من ذوات المثلين[1] وقد ادخلها ايضا ازَ فى ذوات المثلين[2]

חרה قال فى هذا الباب عند ذكره ויחר אף ה' ויחר עלי אפו[2] ويمكن ان يكون אל תתחר במרעים من هذا المعنى ويكون اصله תתחרה مثل תתגרה ويمكن ان يكون من איך תתחרה את הסוסים כי אתה מתחרה בארז وهذا اصل من اربعة احرف תחרה فان كان منه فهو ناقص الحرف الرابع

قال المر هذا مما فاتنا تشكيكه عليه ايضا فى كتابنا فى المستلحق وذلك ان איך תתחרה את הסוסים מתחרה בארז على بنية الثقيل مثل ידשנה סלה والتا من كل واحد منهما مفتوحة مثل دال ידשנה ولولا كان الحاء فيهما لكانا مشددين مثل ידשנה واما אל תתחר فهو

[1] Ci-dessus, p. 142. — [2] D. 157, 3; N. 108, 28. — [3] D. 112, 24; N. 79, 19.

---

pour ces mots *ḥayyîm*, *ḥay*, *weḥayyîm*, qu'il est plus juste de les rattacher à une racine géminée; du reste, Aboû Zakariyâ lui-même les a aussi cités dans le Livre des racines géminées.

Aboû Zakariyâ dit à la racine *ḥârâh*, après avoir cité *wayyiḥar* et *wayyaḥar* (*Job*, xix, 11) : «Il se pourrait que *tittḥar* (*Ps.* xxxvii, 1) ait le même sens et qu'il soit pour *tithḥârêh*, comme *titgârêh;* ou bien qu'il ait le même sens que *tetaḥărêh* (*Jér.* xii, 5) et *metaḥărêh* (*Jér.* xxii, 15), dont la racine est le quadrilitère *taḥrâh*. S'il en est ainsi, la quatrième lettre est omise dans *titḥar*.»

Commentaire. — C'est là une affirmation que j'ai oublié de combattre dans mon *Moustalḥiḳ*. En effet, *tetaḥărêh* et *metaḥărêh* sont de la forme lourde, comme *yedaschschenêh* (*Ps.* xx, 4); dans chacun d'eux, le *tâw* a un *pataḥ* comme le *dâlêt* de *yedaschschenêh*, et n'était le *ḥêt*, ils auraient, eux aussi, un *dâgêsch*[1]. Mais *titḥar* a une forme tout à fait différente, celle de *titgâr* (*Deut.* ii, 19); il

[1] Voyez cependant *Riḳmâh*, 81, 1.

على خلاف بنيتها اعنى انه على بنية ואל תתגר כם فهو اذًا افتعال
من חרה مثل תתגר من גרה وليس من תחרה اصلا فان قال [قائل] فما
يبعد ان يكون אל תתחר من מתחרה בארז كما قال آز ويكون אל תתחר
خفيفا وמתחרה ثقيلا قلنا هذا ما لا يجوز فى مذهب آز لانه
قد حكم على اصله انه من اربعة احرف اعنى תחרה وقال فى صدر
المقالة الاولى[1] ان كل فعل على خلاف بنية פעל فهو ثقيل فذلك اذا
من آز وهم

ידה قال فى هذا الباب[2] واعلم ان ידו גורל ليس من هذا الاصل
اذ لم يقولوا ידו بكسر الياء على الوجه الصحيح المعروف وادخله فى
كتاب ذوات المثلين فى باب اليا[3] وشاهدتّ بعض الشيوخ المتقدمين
فى علم اللغة اعنى ר' יצחק בן ר' שאול ז״ה يجوّز كونه من ידה وكان

[1] D. 14, 18; N. 12, 29. — [2] D. 114, 15; N. 80, 27. — [3] D. 160, 16; N. 110, 27.

---

est un *hitpaël* de *ḥârâh*, comme *titgâr* de *gârâh*, mais il ne dérive nullement de *taḥrâh*. Si l'on demande pourquoi *titḥar* ne peut pas venir de *metaḥărêh*, comme l'a soutenu Aboû Zakariyâ, et être la forme légère, tandis que *metaḥărêh* serait la forme lourde, nous répondrons : C'est ce que les théories d'Aboû Zakariyâ ne permettent pas. Il a jugé que la racine de *metaḥărêh* est le quadrilitère *taḥrâh;* or, il a dit, dans l'introduction de la première section : « Tout verbe qui n'est pas d'une racine trilitère est à la forme lourde. » Aboû Zakariyâ a donc commis une erreur.

Aboû Zakariyâ dit à la racine *yâdâh :* « *Yaddou* (*Joël*, IV, 3) n'est pas de cette racine, puisqu'on ne dit pas *yiddou* avec *ḥirèḳ*, d'après la formation régulière. » Aussi Aboû Zakariyâ l'a-t-il placé, dans le Livre des lettres géminées, à la lettre *yôd*.

J'étais présent quand un des docteurs les plus versés dans la connaissance de la langue, Isaac fils de Saül, soutenait qu'il se pourrait que *yaddou* vînt de *yâdâh;* le *yôd* de *yaddou*, avec sa voca-

يزعم انّ ياء ידו بتحريك الياء ياءان مثل ולא ייחל قال[1] فاسقطوا ياء الاستقبال استخفافا واستثقالا لتحريك الياءين وقد يمكن ان يكون الامر فيه كما قال والله اعلم

ירה قال فى هذا الباب[2] להורת ביום הטמא وليس يبعد من هذا المعنى הרו והגו

قال المؤ ارى ان ابيّن لك هاتين اللفظتين اعنى הרו והגו لما فيهما من الاستغلاق فاقول ان הרו وהורות بمنزلة ראה وראות فالواو فى הרו لام الفعل مثله فى ראה وان كان الواو فى ראה هاء فى الخطّ واما הגו فمحمول على لفظ הרו لانه من הגה והגיתי בכל פעלך فكان يجب

[1] Peut-être faudrait-il lire : أن الاصل ידו بتحريك الياءين. — [2] D. 116, 11; N. 81, 32.

lisation, remplacerait deux *yôd* comme ceux de *yeyaḥêl* (*Micha*, v, 6)[1]. On a laissé tomber, ajoutait-il, le *yôd* du futur pour alléger la forme et pour éviter la lourdeur de deux *yôd* vocalisés. Il se pourrait qu'il en fût ainsi; Dieu le sait.

Aboû Zakariyâ, à la racine *yârâh*, cite *lehôrôt* (*Lév.* xiv, 57), et ajoute : « C'est dans un sens analogue qu'on trouve *hôrô wehôgô* (*Is.* lix, 13). »

Commentaire. — Je veux t'expliquer ces deux mots, à cause de leur obscurité : *hôrô* et *hôrôt* ont entre eux le même rapport que *râ'ôh* et *râ'ôt* (*Is.* xlii, 20). Le *wâw* est troisième radical dans *hôrô*, comme dans *râ'ôh*, où il a été remplacé dans l'écriture par un *hé*. Quant à *hôgô*, il a été formé sur le modèle de *hôrô*, car il dérive de *hâgâh*, *wehâgîtî* (*Ps.* lxxvii, 13), et il aurait dû être *hâgôh*, comme *hârôh* (*Job*, xv, 35); seulement, on l'a rendu semblable à *hôrô*, à cause du voisinage, de même que l'on a dit

[1] *Yaddou* serait donc pour *yeyaddou*. Voyez ci-dessus, p. 27. Voy. aussi *Kitâb al-ouṣoûl*, 276, 6-8.

ان تكون הגה على زنة הרה עמל فحمل على لفظ הרו للمجاورة كما قيل
את מוצאך ואת מבאך فحمل מבאך على لفظ מוצאך

ذوات المثلين

قال فى الانفعال بعد ذكره امثلة منه [1] وفى هذا الانفعال ما يشبه
الانفعال اللين العين فابصرْه عند الاتّصال تجد الفرق بينهما

قال المـ يريد ان נגול ונגוז ונזול على زنة נכון נמוט فاذا وصلتها
قلت כן נגוזו ועבר ונגלו כספר השמים והרים נזלו بالتشديد وقلت
נכונו ללצים שפטים כל נמוטו פעמי بالتخفيف فظهر الفرق بينهما
وان יגוז ויגול ויזול على زنة לא יכון אדם ברשע לא ימוט فاذا وصلته

[1] D. 151, 18; N. 105, 4.

---

*ét môṣâ'ăkâ we'ét môbâ'ékâ* (II *Sam.* III, 25), où aussi le dernier mot a été modelé pour la prononciation [1] sur le premier.

RACINES GÉMINÉES.

Abou Zakariyâ, après avoir mentionné plusieurs paradigmes du *nifal* dans les racines géminées, poursuit : « Parmi ces *nifal*, il y en a qui ressemblent à ceux des racines au deuxième radical doux; mais considère-les avec un suffixe et tu verras la différence. »

Commentaire. — Abou Zakariyâ veut dire : *Nâgôl*, *nâgôz*, *nâzôl* sont d'après le paradigme de *nâkôn* et de *nâmôṭ*; mais, lorsqu'on y ajoute un suffixe, on a *nâgôzzou* (*Nahum*, I, 12), *nâgôllou* (*Is.* XXXIV, 4), *nâzôllou* (*ibid.* LXIV, 2) avec *dâgêsch*, et *nâkônou* (*Prov.* XVII, 29), *nâmôṭou* (*Ps.* XVII, 5) sans *dâgêsch*; la différence devient évidente. De même *yiggôz*, *yiggôl*, *yizzôl* ressemblent à *yikkôn* (*Prov.* XII, 3), *yimmôṭ* (*Is.* XLI, 7); ajoute-t-on un suffixe,

[1] En effet, le *Ketîb* donne exactement מבואך *mebô'ăkâ*.

قلت יגוזו יגולו יזולו بالتشديد وقلت ויכנו מחשבתיך ימוטו עליהם
גחלים بالتخفيف فظهر الفرق بينهما [وان] הגול והגוז והזול على زنة הכון
לקראת אלהיך המול فاذا وصل قلت הגוזו והגולו והזולו بالتشديد
وقلت המלו לה' והכונו بالتخفيف فظهر الفرق بينهما

כתת قال في هذا الباب[1] واما ויכתום فليس من هذا الاصل

قال المـ هذه الكلمة بعيدة الغور خفية الظهور وقد كان يلزم از
شرح اصلها فلم يفعل فها انا مورد عليك ما عندى فيها فاقول انّ
ויכתום يحتمل ان يكون عندى فعلا سالما او فعلا فاؤها ياء فان كان
سالما فهو من ذوات النون وكان اصله ויכיתום على زنة ויפילום
فحذفوا الياء استخفافا كما حذفوها من וידרכו את לשונם الذى هو
من הדריך بدلالة فتح الياء وكما حذفوها من וידבקו פלשתים וידבקו

[1] D. 161, 21; N. 111, 14.

---

on a, d'un côté, *yiggôzzou*, *yiggôllou*, *yizzôllou* avec *dâgêsch*; de l'autre, *weyikkônou* (*Prov.* XVI, 3), *yimmôṭou* (*Ps.* CXL, 11) sans *dâgêsch*. Enfin *higgôl*, *higgôz*, *hizzôl* sont formés comme *hikkôn* (*Amos*, IV, 12), *himmôl*; dès qu'il y a suffixe, on distingue entre *higgôzzou*, *higgôllou*, *hizzôllou* avec *dâgêsch*, et *himmôlou* (*Jér.* IV, 4), *hikkônou* sans *dâgêsch*.

Abou Zakariyâ dit à la racine *kâtat* : *Wayyakketoum* (*Nomb.* XIV, 45) n'est pas de cette racine.

Commentaire. — La dérivation de ce mot est difficile et obscure, et Aboû Zakariyâ aurait dû en expliquer l'origine, ce qu'il n'a pas fait: je vais donc t'exposer mon sentiment à ce sujet. La racine de *wayyakketoum* peut être un verbe sain ou un verbe ayant *yôd* pour premier radical. Dans le premier cas, le verbe serait *nâkat* et la forme primitive serait *wayyakkîtoum*, d'après *wayyappîloum*; le *yôd* aurait été supprimé pour l'allégement, comme dans *wayyadrekou* (*Jér.* IX, 2) un *hifîl*, comme l'indique le *pataḥ* du

גם המה אחריהם במלחמה اللذان هما من הדביק بتلك الدلالة نفسها
وكما حذفوها من יעשרנו המלך الذى هو من העשרתי את אברם
ومن قال فيه انه من الخفيف فقد فارق الصواب لان خفيف هذا
المعنى لا يتعدّى كما تراهم يقولون אך עשרתי وان كان ויכתום من فعل
فاءه ياء ففيه وجهان من القياس احدهما ان يكون الاصل فيه
וייכתום فامثلوا فيه فعلهم فى ויישרם ויבשהו والاخر ان يكون
الاصل فيه ויכיתום مثل ויציקם לפני ה׳ فحذفوا الياء استخفافا وقد
ذهب قوم من اصحاب القياس الى انّ هذه الالفاظ غير مخفّفة لكنها
مأخوذة من הפעל مثل את בריתי הפר והצר לך ويجعلون הפעל نوعا
من الافعال الماضية وربما كان ذلك الّا انى فيها الى مذهب الحذف

---

*yôd;* dans *wayyadbekou* (I *Sam.* XXXI, 2, et XIV, 22), également un *hifîl* pour le même motif, et dans *yaʿscherénnou* (I *Sam.* XVII, 25), qui est de la même forme que *héʿëschartî* (*Gen.* XIV, 23). Quiconque prétend que *yaʿscherénnou* est de la forme légère, se trompe, car la forme légère n'est jamais employée activement dans ce sens, comme on le voit par *ʿâschartî* (*Osée*, XII, 9). Si, d'un autre côté, *wayyakketoum* vient d'un verbe ayant *yôd* pour premier radical, l'analogie autorise deux explications : la forme primitive est *wayyeyakketoum*, qui a été traitée comme *wayyaschscherêm* (II *Chr.* XXXII, 30) et *wayyabbeschêhou* (*Nahum*, I, 4); ou bien, elle est *wayyakkîtoum*, d'après *wayyaṣṣîḳoum* (*Jos.* VII, 23), et le *yôd* a été retranché pour l'allégement[1]. Quelques partisans outrés de l'analogie ont pensé que ces mots n'ont pas été allégés, mais qu'ils sont tirés d'une forme *hifal*, comme *hêfar* (*Gen.* XVII, 14), *hêṣar* (*Deut.* XXVIII, 52); ils adoptent alors un parfait de la forme *hifal*. Peut-être ont-ils raison; mais je n'en incline pas moins vers l'opinion qu'il y a suppression et allégement, parce que je ne trouve

[1] Voy. *Kitâb al-ouṣoûl*, 436, l. 12 et suiv.

والتخفيف اميل لانى لم اجد הפעל الا قليلا مثل הפר והצר
فحمله على الشذوذ اولى من جعله اصلا فى ابنية الافعال

قد اكملت لك شرح ما اردت شرحه اكمل الله لك آمالك وبلغت
الغاية الذى رميت اليها بلّغك الله مناك وبقى لك علىّ الوفا بما
تضمّنت الابانة عنه من العلّة الموجبة لانفتاح واو ואמתתהו [وهذا]
حين ابتدى بذلك اعلم انّ العبرانيين يجيزون استعمال الفعل
المستقبل مكان الماضى كان ذلك الفعل المستقبل معطوفا او غير
معطوف اما استعمالهم الفعل المستقبل غير المعطوف مكان الماضى
فهو فى كلامهم اكثر من ان نحتاج الى الاذكار به مثل תהמת
יכסימו תבלעמו ארץ שמעו עמים ירגזון אילי מואב יאחזמו רעד ואמר
אעלה אתכם מעני מצרים [1] وهو كثير جدّا واما استعمالهم الفعل

[1] Dans ce passage (*Ex.* III, 17), אעלה est un vrai futur; il faut le remplacer par ויאמר אעלה אתכם ממצרים (*Juges*, II, 1).

---

que peu d'exemples du *hifal*, comme *hêfar* et *hêṣar*, et que j'aime mieux les classer parmi les exceptions que d'en faire une classe à part de formes verbales.

J'ai mené à bonne fin le commentaire que je m'étais proposé de te donner; puisse Dieu mener à bonne fin tes espérances! J'ai atteint le but que je m'étais fixé; puisse Dieu te faire atteindre ce que tu souhaites! Il me reste maintenant à te payer la dette que j'ai contractée (p. 278), et à t'exposer la cause du *pataḥ* sous le *wâw* de *wa'ămôtetêhou* (II *Sam.* I, 10). Le moment en est venu.

Les Hébreux autorisent l'emploi du futur à la place du parfait, que ce futur soit précédé ou non du *wâw*. Les exemples où il est ainsi employé sans *wâw* sont trop nombreux pour que nous ayons besoin de les rappeler; citons seulement *yekasyoumou* (*Ex.* XV, 5), *tiblâ'êmô* (*ibid.* 12), *yirgâzoun* (*ibid.* 14), *yô'ḥăzêmô* (*ibid.* 15), *a'ălêh* (*Juges*, II, 1), etc. Les exemples où le futur est em-

المستقبل المعطوف مكان الماضى فهو ايضا كثير مثل ואעידה לי עדים
الذى هو مكان الماضى ואסיר גבולת עמים ואוריד כאביר יושבים
ومثل הראשנות מאז הגדתי ומפי יצאו ואשמיעם الى قوله يقول יצאו
ثم قال بعده מדעתי כי קשה אתה וגיד ברזל ערפך ומצחך נחושה
فقال ואגיד לך بالקמץ على حقّ الفعل الماضى وقال השמעתיך ومثل
ואדרכם באפי וארמסם בחמתי ויז נצחם ואביט ואין עזר ואשתומם
ואבוס עמים באפי ואוריד לארץ נצחם אתן לך מלך באפי ואקח בעברתי
التى هى كلّها افعال مستقبلة فى مكان افعال ماضية فان كانت حركة
حرف الاستقبال שבא ופתח لم يمكن اللسانَ تحريكُ واو العطف
بשבא مع الשבא والפתח اللذان بعده فحرِّك بالפתח مثل واو
ואמתתהו الذى هو فعل مستقبل فى موضع الماضى ولو انه فعل
ماض لحرِّك الواو بالקמץ مثل واو ואעמד עליו ואמתתהו ואבא היום
ואגיד לך على شرط كل واو تقع على فعل ماض يكون فيه من حروف

---

ployé avec *wâw* à la place du parfait sont également nombreux : comme *we'â'îdâh* (*Is.* VIII, 2); *we'âsîr* (*ibid.* x, 13), *we'ôrîd* (*ibid.*); comme *we'aschmî'êm* (*ibid.* XLVIII, 3), précédé du parfait *yâṣe'ou* et suivi de *midda'tî*, etc. (*ibid.* 4), jusqu'à *wâ'aggîd*, où le *wâw* a *ḳâmêṣ*, ainsi que l'exige le parfait, et *hischma'tîkâ* (*ibid.* 5); comme *we'édrekêm* (*ibid.* LXIII, 3), *we'érmesêm* (*ibid.*), *weyêz* (*ibid.*), *we'abbîṭ* (*ibid.* 5), *we'éschtômêm* (*ibid.*), *we'âbous* (*ibid.* 6), *we'ôrîd* (*ibid.*); comme *we'éḳaḥ* (*Osée*, XIII, 11). Tous ces futurs remplacent des parfaits. Lorsque le préfixe du futur a *schebâ'* et *pataḥ*, il est impossible de prononcer le *wâw* qui le précède avec *schebâ'*, et il reçoit comme voyelle un *pataḥ*; ainsi *wa'ămôtetêhou* (II *Sam.* I, 10), qui est un futur mis à la place du parfait, et qui, s'il était un parfait, aurait *ḳâmêṣ* sous le *wâw*, comme dans *wâ'é'ĕmôd* (*ibid.*), *wâ'âbô'* (*Gen.* XXIV, 42), *wâ'aggîd* (*Is.* XLVIII, 5), d'après la règle commune à tout *wâw* précédant un parfait avec le préfixe du futur

الاستقبال الف والקמצות فى مثل هذه الواو هو الفرق بين الماضى
والمستقبل كما تراهم قالوا בטרם תבוא וָאברכהו בְּקמצות الواو لانه ماض
כי אחד קראתיו וַאברכהו וְארבהו بفتح الواو لانه مستقبل فى موضع
الماضى مثل וְארבהו וָאכלם וָאמחצם קמץ لانه ماض ויחר אפי בהם
וַאכלם פתח لانه مستقبل محض וָאקוה לנוד ואין קמץ لانه ماض
וַאקוה שמך כי טוב פתח لانه مستقبل فهذه الواوات المفتوحة كلها
كان الاصل فيها בְּשבא مثل الواوات المتقدم ذكرها اعنى واوات
וְאעידה לי וְאסיר גבולת עמים וְאוריד כאביר وغيرها مثلها لكن
هكذا هو السبيل فى اللغة العبرانيّة انّ واو العطف الשבאيّة التى
يراد بها الاستقبال اذا كان بعدها שבא وפתח مع الف الاستقبال
حُرِّكَتْ مكان الשבא بالפתח اذ لا استطاعة فى اللسان على اظهار الשבא
التى تحت الواو مع الשבא والפתח بعده مثل واو וַאמתתהו וַאברכהו

---

*âléf.* Ce *ḳâméṣ* distingue précisément le parfait du futur : ainsi *wâ'ăbârăkêhou* (*Gen.* xxvii, 33) a *ḳâméṣ* sous le *wâw*, parce qu'il est un parfait, tandis que *wa'ăbârekêhou* (*Is.* li, 2) a *pataḥ* sous le *wâw*, parce que, comme *we'arbêhou*, qui le suit, il est un futur à la place du parfait; de même *wâ'ăkallêm* (II *Sam.* xxii, 39) a *ḳâméṣ* comme parfait, et *wa'ăkallêm* (*Ex.* xxxii, 10) a *pataḥ* comme simple futur; enfin *wâ'ăḳawwéh* (*Ps.* lxix, 21) a *ḳâméṣ* comme parfait, *wa'ăḳawwéh* (*ibid.* lii, 11) a *pataḥ* en sa qualité de futur. Tous ces *wâw* qui ont *pataḥ* avaient à l'origine *schebâ'*, comme ceux de *we'â'îdâh*, *we'âsîr*, *we'ôrîd* et autres que nous avons mentionnés plus haut. Mais il est d'usage en hébreu de substituer un *pataḥ* au *schebâ'* sous le *wâw* de la copule, toutes les fois qu'il exprime le futur et qu'il est suivi de l'*âléf* préfixe ayant *schebâ'* et *pataḥ*, puisqu'il n'est pas possible de faire entendre le *schebâ'* sous le *wâw*, en même temps que le *schebâ'* et *pataḥ* qui vient après; il

וארבהו  ויחר אפי בהם וַאכלם  וַאקוה שמך وما كان من الـواوات
الواقعة على الف محركة בְשבא وפתח وكان معنى ذلك الفعل الماضى
فذلك الواو محرك بالקמץ مثل واو בטרם תבוא וָאברכהו  וָאכלם
ואמחצם .וָאקוה לנוד ואין وهذه الواوات المفتوحة التى بعدها الف
בְשבא وפתח التى كان واجبها ان تكون בְשבא هى فى الكتاب كثير
جدّا ومنها וַאשכרם בחמתי الواو مفتوحة لان حقّها ان تكون
בְשבא مثل سائر واوات جميع المعنى  واما اعتلال صاحب كتاب
المصوّتات فى انفتاح واو ואמתתהו بكذب القائل اذ كان لا يقتل هو
שאול بل שאול قتل نفسه فهو ضرب من هذيان المبرسمين وانى
لاعجب منه كيف لم يهتد الى ما ذكرناه نحن فيه على انه قد جعل
الفرق بين ואברכהו بالקמץ وبين ואברכהו بالפתח وبين ואכלם
ואמחצם وبين ואכלם وبين ואקוה לנוד وبين ואקוה שמך כי טוב

---

en est de même du *wâw* de *wa'ămôtetêhou*, *wa'ăbârekêhou*, *wa'ăkallêm*, *wa'ăḳawwéh*. Les *wâw* qui précèdent un *âléf* pourvu d'un *schebâ'* et *pataḥ*, dans les verbes qui ont le sens du parfait, ont *ḳâméṣ* pour voyelle, comme *wâ'ăbârăkêhou*, *wâ'ăkallêm*, *wâ'ăḳawwéh*. Les exemples où le *wâw* a *pataḥ* au lieu de *schebâ'* lorsqu'il est suivi d'un *âléf* avec *schebâ'* et *pataḥ* sont très-fréquents dans l'Écriture : on peut encore citer *wa'äschakrêm* (*Is.* LXIII, 6), qui a un *pataḥ* et qui devrait avoir un *schebâ'* comme tous les autres *wâw* de ce passage. — Cependant, l'auteur du Livre des sons a expliqué le *pataḥ* du *wâw* dans *wa'ămôtetêhou* par le mensonge de celui qui prétendait avoir tué Saül, tandis que Saül s'était tué lui-même. C'est là une aberration digne d'un pulmonaire. Pour moi, je m'étonne qu'il n'ait pas été conduit à la théorie que nous avons mentionnée, lui qui avait si bien établi la division entre *wa'ăbârekêhou*, *wa'ăkallêm*, *wa'ăḳawwéh* et *wâ'ăbârăkêhou*, *wâ'ăkallêm*, *wâ'ăḳawwéh*, entre le parfait et le futur. Seulement, il ignorait

والماضى والمستقبل لكنه لم يعلم ان حقيقة هذه الواوات المفتوحة
ان تكون بשבא مثل واو וְאעידה לי וְאוריד לארץ ولقد عظم على
بعض الناس كون ואמתתהו مستقبلا لوقوعه بين فعلين ماضيين
اعنى ואעמד עליו ואקח הנזר وجعل يماحكنى فيه حتى
اقتطعناه بكثرة الشهود من الكتاب واعلم ان العلّة فى انفتاح واو
ואכסך مثلها فى انفتاح واو ואמתתהו وذلك ان الاصل فيها ان
تكون بשבא لانها فى فعل مستقبل فى موضع الماضى ولذلك خالفت
واوات هذه الפרשה פתוחות وكان سائر واواتها קמץ لانها فى افعال
ماضية واما ואכסך [فهو] فعل مستقبل عرض لواوه ما عرض لواو
ואמתתהו والמסורת ל' פתח בעניינא . وما اظنّ ترك صاحب كتاب
المصوّتات لذكره الّا ان علته لا تجدُ له فيه

---

que ces *wâw* avec *pataḥ* auraient dû avoir *schebâ'* comme *we'â'îdâh*, *we'ôrîd* (*Is.* LXIII, 6). Il a paru difficile à quelqu'un d'admettre que *wa'ămôtetêhou* soit un futur, à cause des deux parfaits entre lesquels il se trouve, *wâ'é'ĕmôd* et *wâ'éḳḳaḥ*. Mon contradicteur me fit ainsi la guerre jusqu'à ce qu'il fût vaincu par de nombreuses citations empruntées à l'Écriture. Sache que le *pataḥ* sous le *wâw* de *wa'ăkassêk* (*Éz.* XVI, 10) provient de la même cause que le *pataḥ* sous le *wâw* de *wa'ămôtetêhou*, du *schebâ'* qui devrait indiquer le futur remplaçant le parfait; aussi ce *wâw* a-t-il seul *pataḥ*, tandis que tous les autres *wâw* de cette *parschâh* ont *ḳâmêṣ*, parce qu'ils expriment des parfaits; mais *wa'ăkassêk* est un futur, dont le *wâw* a été traité comme celui de *wa'ămôtetêhou*; la *Mâsôre* dit : «Il n'y a dans le passage aucun autre *pataḥ*.» Je ne m'explique l'omission de *wa'ăkassêk* dans le Livre des sons que par l'impossibilité de donner ici la même raison que pour *wa'ămôtetêhou*.

عم

# كتاب التسوية

على ما انكر بغير معرفة بعض ما وقع فى كتاب المستلحق على وجه الصواب تصنيف ابى الوليد مروان بن جناح واضع كتاب المستلحق رحمه الله

اعاذنا الله وايّاكم يا معشر الاحبّة من نكر الباطل وعصمنا من قبح الزلل وجعلنا من الآخذين بالحقّ والراغبين فيه والفائزين به انى آمننى الله فَقْدكم لم تزل المناظرة جارية بين اهل العلم والمذاكرة مستعملة بين ذوى الفهم رغبة فى تلقيح القرائح وحرصا على تأليف القرائن وتنتيج النتائج واظهار الفوائد لا شرها

---

## IV.

### KITÂB AT-TASWIYA.

Livre intitulé : Le redressement, en réponse aux objections soulevées par ignorance contre certains points traités dans le *Moustalḥiḳ*, par Aboû 'l-Walîd Marwân Ibn Djanâḥ, l'auteur du *Moustalḥiḳ*.

Puisse, ô mes amis, Dieu nous servir à moi et à vous de refuge contre les opinions fausses et nous défendre contre la honte des erreurs; puisse-t-il nous ranger au nombre de ceux qui s'éprennent de la vérité, la recherchent et la conquièrent! Puisse Dieu me protéger pour que je n'aie jamais à vous regretter!

Les savants se sont sans cesse consacrés à la discussion, et, doués d'intelligence, ils se sont toujours livrés à la controverse, parce qu'ils voulaient avant tout féconder les intelligences, et qu'ils s'appliquaient à réunir les prémisses, à en tirer les conclusions

الى عناد ولا كلبا الى لجاج بل باستعمال النصفة بينهم والاذعان
الى الحقّ والإقرار به وما كان سرور الغالب منهم باعظم من سرور
المغلوب اذ انّما كان قصد الجميع الى الاشراف على الحقّ والوقوف على
الصواب واثارة ما خفى عليهم منه فكانت علومهم بذلك تنمو
وحلومهم معه تزكو فمن الواجب علينا يأيتها العصابة الكريمة اعنى
عصابة الادب والطلب الاقتداء بهم والاقتفاء على اثرهم والتأسّى
بمذهبهم والعمل بما قال الحكيم משפט נבחרה לנו נדעה בינינו מה
טוב واسئل الله توفيقنا وتسديدنا بمنّه جمعنى ادام الله كرامتكم
مذ ايّام مجلس مع بعض من ينتاب سقعنا هذا عند صديقنا
وحبيبنا ابى سليمان بن طراقة حفظه الله فزعم ان قوما من اهل
ناحيته أَنكروا على اشياء ممّا اثبتُّها فى المستلحق وانهم ارادوا ان

---

et à en montrer les applications, sans esprit de dispute ni ardeur de contradiction. Ils pratiquaient, au contraire, la justice les uns envers les autres, ils se soumettaient à la vérité et la soutenaient, sans que la joie du vainqueur fût plus vive que celle du vaincu; car leur unique ambition à tous était de découvrir et de connaître le vrai et le juste, en dissipant toutes les obscurités. C'est ainsi que, chez eux, les sciences grandissaient et que les intelligences s'épuraient. Notre devoir à nous, ô société d'élite, société vouée aux lettres et à l'étude, est donc d'imiter ces hommes, de marcher sur leurs traces, de nous conformer à leur doctrine et d'agir selon la parole du sage : « Choisissons-nous ce qui est juste et reconnaissons entre nous ce qui est bon » (*Job*, XXXIV, 4). Puisse Dieu nous accorder son appui et nous diriger par sa grâce !

Je me suis rencontré il y a quelque temps déjà, chez notre cher ami Aboû Solaimân ben Ṭarâḳa, avec un de ceux qui visitent parfois cette contrée. Il a prétendu que dans son pays on aurait contesté plusieurs des points que j'ai établis dans le *Moustalḥiḳ* et

يضمّنوها كتابا لولا جميل صنع الله وحسن دفاعه بى فلما كشفته
عنها زعم انه ليس فى حفظه منها الا الغاظ قليلة ذكرها يومئذ
وذكر قولهم فيها وارانى استحسانه له وتفضيله اياه على قولى فلما
اردت الادلّة بالحجّ لاصدّه عن غلطهم ابى الا العناد فرأيت ان ترك
هذا الامر سدى قبيح شنيع علىّ عن أوجُهٍ منها الا اترك القوم
على غلطهم ومنها الا يغلط بمثل غلطهم من سمع مقالهم من الاغمار
فان هذا الفنّ من فنون العلم اعنى التصريف والتفعيل عويص
جدّا على الراسخين فيه الناشين عليه لا سيما على المتصوّرين فيه
من غير مقدّمات تعينهم عليه لا سيما وتسهل لهم السبيل اليه
وملاك الامر فيه معما ذكرنا حسن القياس وقلّ من يرزقه

---

qu'on aurait voulu réunir dans un livre ces objections, si Dieu ne m'avait favorisé et épargné. Puis, lorsque j'ai insisté pour avoir des éclaircissements, il a prétendu se rappeler seulement quelques observations qu'il m'a fait connaître en propres termes, en me montrant son approbation pour elles et la préférence qu'il leur donnait sur mon opinion. Lorsque j'ai ensuite demandé une démonstration en règle pour le détourner de l'erreur de ses compatriotes, il n'a montré que de l'obstination. J'ai cru alors qu'abandonner cette affaire, sans me défendre, serait honteux et blâmable pour plusieurs raisons. D'abord, je ne devais ni laisser ces gens dans leur erreur, ni tolérer que leur parole fît des prosélytes parmi les ignorants. Car cette science particulière, c'est-à-dire la conjugaison et la formation des verbes, est fort obscure pour les hommes d'une instruction solide, qui y ont voué leur vie, à plus forte raison pour ceux qui s'en forment une opinion sans y être préparés par des connaissances premières qui les y préparent, et surtout leur en facilitent la route. Mais on ne peut en prendre possession, en dehors de ce que nous avons déjà mentionné, que par un bon raisonnement, ce dont peu de personnes sont favo-

ومنها من انفى الظنّة عن فهمى وان كنت لا ازعم انّى سليم من
الوهم حريز من الغلط لا سيما عند ما اتّصل بى عنه افتخاره بظهوره
علىَّ فى ذلك المجلس ومنها لاسوّى عليهم فعلهم واقبح صنعهم اذ
تعاطوا فنّا لا يحسنونه واقدموا على امرٍ لا قِبَلَ لهم به وهذه ثمرة
الجهل ونتيجة الحسد فخاطبته موردا عليه جميع مجلسنا ومقتصّا كل
ما خاطبنى به وما جاوبته عنه حينئذ حرفا حرفا وتحرّيتُ ان لا
يقع لى شىء من التحريف او التبديل ثم تلّيت ذلك بجواب كل
ما لم اجاوبه عنه يومئذ من بقية الاشياء المنكرة علىّ بزعمه وكنت
قد حلفته فى ذلك المجلس ليسعى فى تضمين ما انكروه كتابا
ويرسل به الىَّ والتزم لى ذلك فلما وصل اليه كتابى صرفه يوما اخر

risées. Puis, il y en a parmi ces hommes auxquels je conteste tout jugement sur mon intelligence, bien que je ne prétende pas être infaillible ni être à l'abri de toute erreur; mais on s'était en outre vanté, d'après des nouvelles qui me sont parvenues, d'avoir remporté la victoire sur moi dans cette séance. Je devais, en second lieu, leur rendre l'équivalent de ce qu'ils m'avaient fait et flétrir leurs agissements; car ils touchaient à une science où ils ne pouvaient rien faire de bon et s'attaquaient à des questions pour lesquelles ils n'étaient pas préparés. C'est là le fruit de l'ignorance et le résultat de l'envie.

Je remis à mon adversaire un compte rendu de toute notre séance, où je relatai littéralement ses objections et mes réponses, en faisant des efforts pour qu'on ne pût me reprocher ni altération, ni substitution. Puis, à la suite, je répondis aux autres critiques qu'il avait cru devoir m'adresser alors, et que, le jour de la séance, j'avais laissées sans réplique. Je l'avais adjuré ce jour-là de réunir rapidement toutes les critiques dans un écrit qui me serait envoyé. L'engagement en avait été pris, et lorsque mon mémoire lui parvint, il remit la réponse à un autre jour, prétendant n'en

وزعم انه لم يقراه جافيا لى ومغتبيا لى بصرفه الا انه اعتذر من
ذلك بان قال انه يؤخّر من تحمل هذا الردّ وجاهدنى فى كتابه الىّ
بالانكار لايراده شيئا من حججهم علىّ قال انما ذكرت لك الفاظا مجردة
وما اشكّ فى قراأته للكتاب فلما اشرف منه على ما لا حيلة فى دفعه لجاء
الى الانكار فمثله مثل من قيل فيه אמר רבא האלהים אמרה וגמירנא
ליה מיניה ואלא מאי טעמא הדר ביה משום קושיא [1] فعلم الله وكفى به
رب المجلس مصدّقا فى كتابى انى لم اذكر عنه فى كتابى الا ما اورده
علىّ وما جاوبته انا به وكفى برب المجلس مصدّقا او مكذّبا لى وكان
مما اراد ان يسكتنى به قوله فى كتابه الا ان ترد على هذه الالفاظ
اليسيرة حتى ياتيك جميع ردهم وكان به اولى كانه اراد يتهددنى

[1] Voir Talmud de Babylone, *Makkôt*, 15 *a*.

---

avoir encore rien lu. Ces lenteurs trahissaient une nonchalance injurieuse à mon égard, bien qu'il s'excusât, en disant qu'il reculait devant l'envoi de la réfutation, et en m'affirmant dans sa lettre qu'il ne m'avait encore rien fait connaître des véritables arguments. «Je n'ai, dit-il, cité que de simples observations.» Je ne doutai plus, dès lors, qu'il n'eût lu mon mémoire, et que, ne voyant aucun moyen de l'attaquer, il n'eût eu recours à cette négation. C'est bien d'un tel personnage que Râbâ' a dit : «Par Dieu, il l'a dit et je l'ai appris de lui, mais pourquoi en est-il revenu? pour une difficulté qu'on a soulevée.» Dieu le sait, et le président de la séance, dont le témoignage approbatif ou négatif ne sera contesté par personne, témoignera de la complète véracité de mon mémoire et confirmera que je n'y rapporte que les critiques qui m'ont été adressées et les réponses que j'y ai faites.

Parmi les moyens mis en œuvre pour me faire garder le silence, il y avait ces mots dans la lettre de mon adversaire : «Mieux vaut remettre ta réplique sur ces quelques observations pour le moment où t'arrivera leur réfutation tout entière.» Il voulait donc me

بالرد فانا اعزكم الله ممن لا يرى لذلك وجها بل ارى ان اردّ على
هذه الالفاظ حسب ما نقله عنهم فان اقرّ القوم بما نقله عنهم
فذاك وان انكروه واتوا بحجج اخر فاما ان اردّ ايضا عليها واما ان اقرّ
بصحتها ولعمرى ان فى حضّه لى على ترك الردّ على هذه الالفاظ اليسيرة
حتى يردنى جميع ردهم لَنقضٌ لقوله انه لم يورد علىّ شيئا من حججهم
لان فى قوة كلامه الاقرار بوجوب الردّ على هذه الالفاظ اليسيرة الا
ان تركه اولى واذا اقر بوجوب الردّ فقد اقر بايراد حججهم وهذا خط
يده مرتهن عندى واما جواب تهديده لى فهو كما قال الشاعر

فلا تُوعِدَنّى اننى ان تلاقنى — معى مشرفىٌّ فى مضاربه قضمُ

وهذا حين ابتدئ بجميع ما كنت ضمّنته كتابى اليه ذكرت انا

---

faire peur avec cette réfutation! Pour mon compte, je ne vois à un tel retard aucun avantage, et j'aime mieux répondre aux observations qu'il a rapportées au nom de ces gens; s'ils les confirment, c'est bien; s'ils lui donnent un démenti et font valoir d'autres arguments et objections, ou j'y répliquerai de nouveau, ou j'en reconnaîtrai la justesse. Mais par ma vie, en m'excitant à remettre la réplique sur ces quelques observations pour le moment où arrivera la réfutation tout entière, il s'est mis en contradiction avec lui-même, puisqu'il avait soutenu «n'avoir encore fait connaître aucun véritable argument.» Car, dans les premiers mots, se trouve forcément l'affirmation que ces quelques observations demandent une réplique, seulement qu'il vaut mieux la remettre; en affirmant la nécessité d'une réplique, on a affirmé que des critiques avaient été faites. La lettre est de l'écriture authentique de notre adversaire. Quant à ses menaces, j'y réponds par le vers du poëte:

Ne me menace point! Certes, en cas de rencontre, j'ai avec moi une épée dont les coups mettent tout en pièces.

Je commence donc par tout ce que renfermait la lettre que je lui adressais.

فى صدر المستلحق[1] ان من الانفعال ما يتعدّى الى مفعول مثل ואת
כל ונכחת ومثل אשר נשברתי את לבם הזונה ومثل ישראל לא תנשני
ومثل החלצו מאתכם אנשים بشروح انا مستغن عن اعادتها هنا
واستظهرت بقول از رה[2] فى הן איים כדק יטול انه انفعال من فعل معتل
العين فقلت[3] اذا كان انفعالا على ما ذكره آز فهو متعدّ الى איים
فاخبرنى فى ذلك المجلس عن اولائك القوم ان יטול غير متعد وان
معناه كالرهج المرتفع فلما صررته على ذلك قيّدت قوله فيه بالكتاب
فقال لى وما اربك الى تقييد قولى فقلت له انى اريد ان تكون هذه
الاشياء محفوظة فى نفسى ثم قلت له ان יטול ليس تفسيره يرتفع
بل تفسيره يرمى على مذهب آز واستقريت له جميع ما حضرنى فى

[1] Ci-dessus, p. 6. — [2] D. 78, 14; N. 47, 3. — [3] P. 7.

---

Dans l'Introduction du *Moustalḥiḳ*, j'ai cité quelques exemples de *nifal* suivis d'un régime direct, comme *wenôkâḥat* (*Gen.* xx, 16), *nischbartî* (*Éz.* vi, 9), *tinnâschênî* (*Is.* xliv, 21), *hêḥâleṣou* (*Nomb.* xxxi, 3), en les accompagnant d'explications qu'il est superflu de répéter ici. Je me suis prévalu de l'opinion d'Aboû Zakariyâ lui-même, qui prend *yiṭṭôl* (*Is.* xl, 15) pour le *nifal* d'un verbe au second radical faible; j'ajoutais : Si *yiṭṭôl* est un *nifal*, comme Aboû Zakariyâ le dit, ce *nifal* a *iyyîm* pour complément direct. Mon contradicteur dans cette réunion me rapporta, au nom de ces gens, qu'à leur avis *yiṭṭôl* est intransitif, et que le sens du verset est : (Les îles sont) comme la poussière qui se lève. Après l'avoir contraint à s'expliquer, j'inscrivis son opinion, et sur sa demande : Quelle nécessité j'éprouvais de noter ses paroles, je lui répondis que je voulais conserver par devers moi de pareilles choses. Puis je lui dis : Selon Aboû Zakariyâ, *yiṭṭôl* n'a jamais le sens de se lever, mais celui de lancer; en même temps, je lui recherchai tous les passages que je me rappelai sur le moment, où cette ra-

الوقت من هذه اللغة مثل וה' הטיל רוח גדולה אל הים שאוני והטילוני ויטילו את הכלים وغير ذلك مما تفسير الجميع رمى وطرح لا ارتفاع وقلت له ان المعنى فى ذلك انه يقذفهم ويرميهم رميا كالهباء او الرهج ان شئت والا ترى ان أزٓ قد اجاز ايضا فى יטול ان يكون من اصل اخر اعنى נטל فيكون معناه حينئذ انه يحتملهم احتمال الهباء استخفافا واحتقارا لهم فهو فى كلا الوجهين متعد الى איים وفيه ضمير راجع الى ה' المتقدم الذكر فلما حصحص الحق تلجلج لسانه واضطرب كلامه وقال فانهم لم يقولوا كالرهج المرتفع بل كالرهج المرتمى فيا ليت شعرى ما هذا القنص الذى يرتميه الرهج أغزال هو ام شاة ولما بلغ من الانقطاع هنا كففت عنه وسكتّ ثم انى ذكرت فى المستلحق[1] قول أزٓ فى והסנה איננו אכל وفى אם תראה אתי

[1] Ci-dessus, p. 15-17.

---

cine se rencontre, tels que *hêṭîl* (*Jonas*, 1, 4), *waḥăṭîlounî* (*ibid.* 12), *wayyâṭîlou* (*ibid.* 5), etc. qui tous signifient jeter, lancer, et non pas se lever. Le sens du verset est donc, ajoutai-je, il les atteindra et les jettera comme des atomes, ou plutôt, si tu veux, comme la poussière. Du reste, Aboû Zakariyâ a admis pour *yiṭṭôl* la possibilité d'une autre racine, savoir *nâṭal*, et alors le verset signifierait : il les enlèvera, comme on enlève les atomes, tant il méprise les habitants des îles et tant il en fait peu de cas. Mais d'après l'une et l'autre de ces deux explications, *yiṭṭôl* a toujours pour complément direct *iyyîm*, et renferme un pronom qui se rapporte à Dieu mentionné précédemment. Lorsque la vérité fut manifeste, mon interlocuteur s'embarrassa et sa parole devint hésitante. « Ce n'est pas, dit-il, comme la poussière qui se lève, mais comme la poussière qui est lancée. » Je voudrais bien savoir quel est ce gibier sur lequel la poussière sert de projectile, une gazelle ou une brebis! Après lui avoir ainsi coupé la parole, je l'ai laissé et je me suis tu.

J'ai rapporté dans le *Moustalḥiḳ* ce que dit Aboû Zakariyâ au

לקח وفى ורגל מועדת وفى כהם יוקשים בני האדם انهم פעולים جاءت على مثال פועלים وانه لا يذكر لها خامسا فى شى من المקרא وقلت انا انى اذكر لفظة خامسة جاءت ايضا على لفظ פֻעַל وهى فى معنى פעול وتلك اللفظة هى מה נעשה לנער היולד فانه بمعنى הילוד مثل הילוד החי وجوّزت فى هذه الكلمات ان تكون ايضا صفات على زنة ידי אמן לב הותל הטהו فاخبرنى عنهم ان לנער היולד عندهم ما لم يسم فاعله مثل אשר ילד לו במצרים وان معناه الاستقبال وان كان ماضيا فقلت له ان مثل هذا لا يكون الا فى ما كانت فيه واو العطف مثل ושפך דמם כעפר ולקח מהם קללה וסגרו עלֹ מסגר ואשר בארץ لان واو العطف اذا دخلت على الافعال الماضية قد تردّها مستقبلة والهاء التى للمعرفة تمتنع من ذلك اصلا فراجعنى قائلا قد قيل

sujet de *oukkâl* (*Exode*, III, 2), de *loukkâḥ* (II *Rois*, II, 10), de *mouʿâdét* (*Prov.* XXV, 19) et de *youkâschîm* (*Ecclés.* IX, 12), des *peʿoulîm*, se montrant sous le paradigme *pouʿâlîm*, et à côté desquels Abôû Zakariyâ ne se rappelle pas de cinquième exemple dans l'Écriture. Puis j'ai dit que j'avais cependant trouvé un cinquième mot, *hayyoullâd* (*Juges*, XIII, 8), qui est un *pâʿoul* sous la forme du *pouʿal*; car, au fond, il a le sens de *hayyâloud*, comme I *Rois*, III, 26. J'ai aussi admis pour tous ces mots la possibilité qu'ils soient des qualificatifs de la forme *ommân*[1] (*Cantique*, VII, 2), *houtal* (*Isaïe*, XLIV, 20). Mon adversaire m'a annoncé que, selon l'avis de son monde, *hayyoullâd* est un passif, comme *youllad* (*Genèse*, XLVI, 27), ayant le sens d'un futur, tout en étant au parfait. Je lui objectai : Ceci n'est possible que lorsque le verbe est précédé de la conjonction *wâw*, comme *weschouppak* (*Zeph.* I, 17), *weloukkaḥ* (*Jér.* XXIX, 22), *wesouggerou* (*Is.* XXIV, 22), *weʾouschschar* (*Ps.* XLI, 3), parce que la conjonction *wâw*, placée devant un parfait, lui donne le sens du futur; mais, dans *hayyoullâd*, le *hê* de l'article ne saurait

[1] Voy. *Rikmâh*, 62, 10 et 14. L'auteur ne distingue pas entre *ḥôlem* et *ḳâmèṣ ḥâṭouf*.

ולארץ לא יכפר לדם אשר שפך בה ولم يهرق الدم بعد وهى بلا واو
فراددته وقلت ان قوله אשר שפך בה انما وقع على ما تقدم من قوله
ולא תקחו כפר לנפש רצח אשר הוא רשע למות כי מות יומת فلم يسم
רצח الا انه قد هراق الدم فلذلك قيل אשר שפך בה فابى الانصاف
واعلموا يا معشر الاخوان ان מ' שמואל الחזן اخبرنى عن هذا
الرجل انه جرى له معه فى הנער היולד مثل ما اخبرتكم به عنه
من ان القوم انكروا قولى فيه وانهم جعلوه ما لم يسم فاعله ماضيا
فمن شاء فليس له وفى هذا تكذيب لقوله انه لم يورد على شيئا من
حججهم وانه انما ذكر لى الغاظا مجردة وقلت فى المستلحق[1] ان פשטה
ועֹרה וחגרה مصادر امر بها جماعة المؤنث فان المصادر يؤمر بها

[1] Ci-dessus, p. 100.

---

jamais produire le même effet. Mon interlocuteur revint à la charge en me citant *schouppak* (*Nomb.* xxxv, 33), qui est sans *wâw*, et où cependant il s'agit du sang qui n'est pas encore versé. Je répliquai : Le mot *schouppak* se rapporte seulement à ce qui précède : Vous ne prendrez pas de rançon pour la personne d'un assassin, qui est un criminel méritant la mort; donc il mourra. On nomme assassin celui-là seulement qui a déjà versé le sang, et c'est à lui que se rapportent les mots : Pour le sang qui a été versé (*schouppak*). Mon adversaire refusa de céder. Sachez, mes amis, que Mar Samuel, le Ḥâzân, m'a raconté que cet homme a eu avec lui, au sujet de *hayyoullâd*, la même aventure que celle dont je viens de vous parler; que ce monde avait repoussé mon interprétation, en soutenant que ce mot était le parfait d'un passif. Quoi qu'il en soit, n'y a-t-il pas là un démenti à ce qu'il affirmait, cet homme, de ne m'avoir exposé aucun argument et de ne m'avoir rapporté que de simples observations?

J'ai dit dans le *Moustalḥiḳ* que *peschôṭâh*, *ʿórâh* et *ḥăgôrâh* (*Is.* xxxii, 11) sont des infinitifs employés pour l'impératif féminin

الواحد والجميع والمذكر والمؤنث فقال لى عنهم ان هذه الكلمات
عندهم امر لجماعة المؤنث جاء على لغظ امر الواحد المذكر كما أُمر
الواحد المؤنث على لغظ امر الواحد المذكر فى قولهم עמד פתח האהל
وفى قولهم הבה נא אבוא אליך فقلت له ويحك ان עמד פ׳ ה׳ مصدر
امر به الواحد المؤنث فقال لى هذا لا يجوز لانهم يأبون ان تكون
مصادر الافعال للخفيفة الا على وزن פעול بְקמצות الفاء مثل אמור
להם שמור את יום השבת فقلت له فما تقول فى ויכלת עמד أأمر هو ام
مصدر فخجل خجلا مستدها الا انه تشجّع تشجع النجد المنهزم عند
كروره كرة فيها فيشوشة ورخاوة وقال انه وان كان هذا مصدرا
فلا مانع من كون עמד פתח האהל امرا مثل הבה נא אבוא אליך

---

du pluriel, car l'infinitif peut remplacer l'impératif au singulier comme au pluriel, au masculin comme au féminin. Mon adversaire me fit remarquer que les hommes de son pays considèrent ces mots d'Isaïe comme des impératifs au masculin singulier, remplaçant l'impératif féminin pluriel, de même qu'à l'impératif on emploie également le singulier masculin pour le singulier féminin, comme *ʿămôd* (*Juges*, IV, 20), *hâbâh* (*Gen.* XXXVIII, 16). — Mais *ʿămôd*, dis-je, est aussi un infinitif, tenant lieu d'un impératif féminin singulier! — C'est impossible, reprit-il, car mes compatriotes se refusent à admettre, pour l'infinitif du verbe à la forme légère, d'autre type que celui de *pâʿôl*, avec *ḳâmèṣ* au premier radical, comme *âmôr* (*Nomb.* VI, 23), *schâmôr* (*Deut.* V, 12). — Et que diras-tu, répliquai-je, de *ʿămôd* (*Exode*, XVIII, 23); est-ce un impératif ou un infinitif? Il rougit, surpris; mais aussitôt il reprit courage, comme un homme téméraire qui, mis en fuite, tente une nouvelle attaque où il montre son impuissance et sa faiblesse. Il dit : Si *ʿămôd* (*Ex.* XVIII, 21) est un infinitif, cela n'empêche pas que *ʿămôd* (*Jug.* IV, 20) soit un impératif, comme

[وقلت له ان فى הבה נא אבוא אליך] معنى غير الذى ذهب القوم
اليه ولولا ما ارى من عنادك لعرّفتك بما كان يسقط[1] هذا الظنّ عنك
لو انصفت لكن لست اعرفك به فى هذا المجلس[2] ولما ذكرت فى
المستلحق[3] قول أز فى תאהבו פתי ان اصل תְּאֱהֲבוּ بسגל تحت التاء
وשבא تحت الالف مثل יֶאְשְׁמוּ قلت هناك ان قوله فيه جائز
وجائز ايضا عندى ان يكون فعلا ثقيلا على زنة תאחרו אתי على ان
يكون الצרי فيه مكان الפתח فقال هذا القائل ان القوم ينكرون
ذلك ويحتجون عليك بقول أز فى باب יחם حيث يقول[4] واعلم انى لم
اجد المستقبل من الفعل الثقيل الذى هو على زنة פִּעֵל او פִּעַל او
פֵּעֵל او פֵּעַל مشدّد العين او غير مشدّد الا مفتوح الفاء [ابدا] او

[1] Le ms. O. a وسقوط; mais il faut سقوط ou يسقط, comme le ms. P. — [2] Voy. p. 357. — [3] Ci-dessus, p. 14-15. — [4] D. 43, 23, incorrect; N. 24, 20. Le passage est corrigé d'après l'original arabe de Ḥayyoudj.

---

*hâbâh.* — [Je répliquai : *Hâbâh*] a un sens différent de celui qu'on lui attribue; si je ne voyais pas ton obstination, je te ferais connaître des arguments qui, si tu avais le sentiment de la justice, te feraient abandonner ton opinion. Mais je ne suis pas disposé à te les enseigner dans cette séance.

J'ai donné dans le *Moustalḥiḳ* l'avis d'Aboû Zakariyâ sur *te'ĕhăbou* (*Prov.* I, 22), que ce mot est pour *té'hăbou* avec *ségôl* sous le *tâw* et *schebâ'* sous l'*âléf*, comme *yé'schâmou* (*Ps.* XXXIV, 23). Puis j'ai ajouté : « C'est possible. Cependant, à mon avis, il se pourrait aussi que ce fût une forme lourde, comme *te'aḥărou* (*Gen.* XXIV, 56), de manière que le *ṣêrê* remplaçât le *pataḥ*. » Mon interlocuteur dit : Mes partisans nient cette possibilité en s'appuyant contre toi sur ces paroles d'Aboû Zakariyâ au paragraphe *yâḥam* : « Sache que, pour la forme lourde du verbe, qu'elle suive le type *piêl*, *pial*, *pêêl* ou *pêal*, que le second radical ait un *dâgêsch* ou qu'il n'en ait pas, nous n'avons jamais trouvé au futur le premier

مضموم [الفاء] بקמץ גדול فى الغير مشدد العين فلذلك قلت ان ויחמו
ויחמנה فعل خفيف فقالوا فكان يجب ان يكون תאהבו مفتوح
الالف لو انه ثقيل كما زعمت فلما سمعته يذكر باب יחם وثبت وثوب
الارقم لتيقّنى سقوطه فيه وقلت له وهل فهمتم ما قاله از فى آخر
ذلك الباب فاجابنى مصنّا اجلْ فقلت له فما معنى قوله فلذلك
قلت ان ויחמו ויחמנה فعل خفيف لان الياء الشديدة التى هى فاء
الفعل ليست مفتوحة ولا مضمومة بקמץ גדול اىّ ياء ויחמו اراد
فقال لى اراد ياء ויחמו فاجبته قائلا وعلى اىّ وجه اراد ذلك وهو
يقول ان وزنه ויפעלו قال انما ذلك لان اصله וייחמו بשבא تحت
الياء الاولى وبחרק تحت الياء الثانية على وزن ויפעלו فلما سمعت

---

radical autrement ponctué qu'avec *pataḥ*, ou avec *ḳâméṣ* long sans *dâgêsch* au second radical. C'est pourquoi j'ai soutenu que *wayyéḥĕmou* (*Genèse*, xxx, 39) et *wayyêḥamnâh* (*ibid.* 38) viennent d'une forme légère.» Si donc, poursuivit-il en leur nom, *te'êhâbou* était une forme lourde, comme tu le prétends, l'*âléf* de *te'êhâbou* devrait être pourvu d'un *pataḥ*. — En l'entendant citer le paragraphe *yâḥam*, je me suis élancé comme un serpent, convaincu que j'étais qu'il était dans l'erreur pour ce passage. Vous avez donc compris, dis-je, ce qu'Aboû Zakariyâ affirme à la fin de ce paragraphe? — Oui! répondit-il, bouillonnant de colère. — Mais quel est donc le sens de ces paroles d'Aboû Zakariyâ : « C'est pourquoi j'ai soutenu que *wayyéḥĕmou* et *wayyêḥamnâh* viennent d'une forme légère, parce que le *yôd*, pourvu du *dâgêsch*, et qui est le premier radical, n'a ni *pataḥ* ni *ḳâméṣ* long?» De quel *yôd* dans *wayyéḥĕmou* Aboû Zakariyâ a-t-il voulu parler? — Du *yôd* de *wayyéḥĕmou*, répondit-il. — Mais, repris-je, comment Aboû Zakariyâ l'a-t-il entendu, lorsqu'il dit que *wayyéḥĕmou* est de la forme du pluriel de la 3e personne? — Que la forme primitive serait *wayyeyiḥemou*, avec *schebâ'* sous le premier *yôd* et *ḥiréḳ* sous le second *yôd*, paradigme *wayyif'â-*

هذا منه سمعت شيئًا لم اظن احدا يقوله وهو باق على طباعه اعنى ان يكون וייחמו بِשבא تحت الياء الاولى وبِחרק تحت الياء الثانية وهى عنده على زنة ויפעלו وعلم الله لقد حسست له فسدرت وتصببت عرقا وخامرتنى غشية تقارب غشية المصروعين فلما تسرت عنى تلك الغشية رفعت راسى له وقلت له يا فديتك ان וייחמו الذى بياءين ليس وزنه ויפעלו فلم يابه الى قولى بل قال فاكتبهما وقطّعهما فبدرت الى ذلك وكتبت الكلمتين احداها تحت الاخرى واخرجت من كل شبهة[1] من شبه احداها خطّا الى ما يوازيه من شبه الكلمة الاخرى لاريه اختلاف الحركات فلأيًا ما ابه لذلك الا انه أُتى بآبدة وقال انما ذلك من اجل الحاء[2] فلما آل الامر الى هذا سكت حياء من مقامه فهذا جميع ما جاوبته عنه فى ذلك المجلس واما

[1] Sur شبهة, voy. ci-dessus, p. 307, n. 3. — [2] Ce mot manque dans O.

---

*lou.* — Je venais là d'entendre une opinion dont je n'aurais cru capable aucun homme sensé, qu'il pût exister une forme *wayyeyiḥămou* d'un paradigme *wayyif'ălou!* Aussi, Dieu le sait, fus-je pris de pitié pour lui ; je me sentis abattu, je suai à grosses gouttes et je tombai en syncope comme un épileptique. Lorsque je revins à moi, je relevai la tête et lui dis : O mon ami, *wayyeyiḥămou* avec deux *yôd* ne pourrait pas avoir pour type *wayyif'alou!* Sans faire attention, il m'engagea à écrire les deux mots et à les décomposer. Je m'empressai de le faire ; j'écrivis les deux mots l'un sous l'autre, je tirai de chaque lettre de l'un des deux mots une ligne vers la lettre qui lui répondait dans l'autre, et je fis ainsi voir la différence entre les voyelles. Mon interlocuteur ne prêtait que difficilement attention à ce que je faisais, excepté au moment où sa ruine était consommée, il dit : Ceci provient seulement du *ḥêt.* — Arrivé à ce point, il se tut de honte.

Ceci forme l'ensemble des réponses que je lui ai faites dans

غير ذلك مما اخبرني بانكارهم له عليّ وعرفني باحتجاجهم فيه فلم
اجاوبه عنه هناك اصلا مدافعة مني لعناده وبالله قسما برا لقد
رامني مجاوبته فابيت وقلت له لا يحضرني الان جواب حتى ارويه
ورب المجلس شاهد فكيف جاهد في قوله انه انما اورد عليّ الفاظا
مجردة لقد جاء شيئا نكرا [1] وهذا ابتداء جوابي على تلك المسائل
التي لم اجاوبه حينئذ عنها من ذلك قوله عنهم הבה נא אבוא
אליך انه امر الى مؤنث جاء على لفظ الامر للمذكر فاقول ان ليس
الامر كذلك فانه لو ذهب الامر الى مؤنث لقال הבי كقوله הבי
המטפחת אשר עליך ولكن הבה נא אבוא אליך من الافعال التي لم يختصّ
بها المأمور دون نفسه وهي افعال للمؤامرة اعني ان المراد بها [2] ان
يكون اتيان الفعل من الامر مأمورا جميعا وهذا الفعل قد يقع

[1] *Coran*, XVIII, 73. — [2] O. ajoute, comme explication, le mot arabe أَلَّا.

cette réunion. Je ne répondis pas ce jour-là aux autres critiques suivies d'arguments dont mon interlocuteur me fit part; son obstination m'inspirait de la répugnance. Je le jure en toute sincérité par Dieu, je refusai de céder quand il me demanda de répondre, en lui disant, devant le président de la réunion : Ma réponse n'est pas prête en ce moment, et je veux y réfléchir. Mais comment persiste-t-il à soutenir qu'il ne m'a rapporté que de simples observations? C'est là, certes, un mensonge! Je commence donc ma réponse aux questions auxquelles je n'avais pas répondu alors.

Mon interlocuteur dit que ses compatriotes considèrent *hâbâh* (*Gen.* XXXVIII, 16) comme un impératif masculin employé pour l'impératif féminin. Il n'en est rien, car pour l'impératif féminin on se servirait de *hâbî* (*Ruth*, III, 15). Mais *hâbâh* fait partie de verbes par lesquels on ne s'adresse pas plus à un autre qui reçoit l'ordre qu'à soi-même, verbes exprimant la résolution et qui ont pour unique but d'engager à l'action d'une manière générale. Ces verbes gardent alors la même forme pour le masculin et le

بلغظ واحد للذكر والانثى والواحد والجميع كما تراهم قالوا הבה
נתחכמה הבה נא אבוא אליך לכה נא אנסכה בשמחה קומה ונעלה עליהם
وهذا خطاب للجميع والمذهب فى جميع ذلك مذهب العرب فى
قولهم سِر بنا وقُم بنا وافعل بنا الا ترى ان الفعل لا يختصّ به
المامور دون الآمر فمعنى הבה נא אבוא אליך اجمع بنا على هذا الامر
وائت بنا وعندى ايضا فى هذه الافعال مجاز اخر ان اقول انه وان
كانت على لفظ الامر فانها مصادر امر بها الواحد والجميع والمذكر
والمؤنث كما قال אל תירא מרדה מצרימה الا ترى ان רדה هنا مصدر
وهو على لفظ רדה אלי אל תעמד الذى هو امر ومثله אשר תנה וגו׳
فانه مصدر وهو على لفظ תנה את נשי الذى هو امر وللمصادر امثلة
كثيرة افرد لها بابا فى الديوان الذى ازمعت تاليفه فى اللغة بحول

féminin, pour le singulier et le pluriel. Voyez *hâbâh*, *Exode*, I, 10; et le même mot, *Gen.* XXXVIII, 16; *lekâh*, *Ecclésiaste*, II, 1; *ḳoumâh*, *Juges*, XVIII, 9. Ils expriment un appel général et sont employés comme les mots arabes *sir binâ*, *ḳoum binâ*, *af'al binâ*, où le verbe ne s'adresse pas plus à celui qui reçoit l'ordre qu'à celui qui le donne. Le sens de *hâbâh* (*Gen.* XXXVIII, 16) est donc: Réunissons-nous pour cette affaire! allons!

J'admets pour ces verbes encore la possibilité d'y voir des infinitifs ayant la forme d'impératifs et employés pour donner des ordres au singulier et au pluriel, au masculin et au féminin. Ainsi *redâh* dans *mêredâh* (*Gen.* XLVI, 3), où il est infinitif, a la même forme que *redâh* (*ibid.* XLV, 9), où il est impératif; *tenâh* (*Ps.* VIII, 2) est infinitif avec la même prononciation que *tenâh* (*Gen.* XXX, 26), où il est impératif. C'est que les infinitifs se présentent sous un grand nombre de types, auxquels je consacrerai un chapitre particulier[1] dans le livre sur le langage que je suis décidé à composer avec l'aide de Dieu.

[1] Voy. *Riḳmâh*, 88, 24; 91, 34.

الله واما ما احتجوا علىّ به بزعمه من قول آز[1] ان فاء الفعل من פעל
او פעל او פעל او פעל لم يجده فى المستقبل الا مفتوحا او
مضموما يقضى منه انه لو كان תאהבו פתי ثقيلا لكان الالف منه
مفتوحا فليس ذلك بلازم لى لانه لم اقل ان الصرי تحت الف
תאהבו هو الصרי الذى تحت אהב الثقيل الماخوذ منه קראתי
למאהבי بل قد قلت[2] ان كان يجب ان يكون תאהבו بفتح الالف
وان هذا الצרי فيه مكان الפתח على ما عهدنا الحركات يعتور بعضها
بعضا ألم يروني قلت وجائز ايضا عندى فيه ان يكون فعلا ثقيلا
على زنة אל תאחרו אתי أليس فى قوة هذا الكلام ان الواجب كان
ان يكون תאהבו بفتح الالف على زنة אל תאחרו אתי فما كفى انهم لم

[1] Voy. ci-dessus, p. 354. — [2] Ci-dessus, p. 15.

---

Mes adversaires, à ce que prétend mon interlocuteur, ont tiré un argument contre moi de la règle posée par Aboû Zakariyâ : «Pour la forme lourde du verbe, qu'elle suive le type de *pi'ël* ou *pi'al*, ou *pé'ël* ou *pé'al*, nous n'avons jamais trouvé de futur où le premier radical ait été autrement ponctué qu'avec *pataḥ* ou *ḳâmėṣ.*» Ils en ont conclu que *te'ĕhăbou* (*Prov.* I, 22) devrait avoir *pataḥ* sous l'*âléf*, s'il appartenait à une forme lourde. Cet argument ne s'applique pas à moi, qui n'ai jamais dit que le *ṣêrê* placé sous l'*âléf* de *te'ĕhăbou* fût de la même nature que cette voyelle sous la forme lourde *éhâb* (*Prov.* VIII, 17), d'où vient *lame'ahăbay* (*Lament.* I, 19). Bien au contraire, j'ai dit que l'*âléf* de *te'ĕhăbou* aurait dû être affecté d'un *pataḥ*, et que le *ṣêrê* en tenait lieu, d'après ce que nous savons de la permutation des voyelles les unes avec les autres. Déjà j'avais affirmé : «Qu'à mon avis, il se pourrait que ce mot fût une forme lourde comme *te'aḥărou* (*Gen.* XXIV, 56),» paroles qui renferment virtuellement la pensée qu'il aurait fallu *te'ahăbou*, sur le type de *te'aḥărou;* mais non-seulement ils

يابهوا الى هذا الا انهم لم يشعروا بما هو ابين منه وهو قولى هناك
وان يكون الצרי فيه مكان الפתח اما ترون قولى وان يكون الצרי فيه
مكان الفتح انه مكان قولى ان واجبه كان ان يكون תאהבו بفتح
الالف فهذا بيّن وفى هذه المسألة ايضا قول اخر ظريف لمن اراد
التعلق به وان كنت انا ليس من يضطر اليه وهو ان يقال ان ازلم
يمنع كون فاء الفعل المستقبل الماخوذ من التثقيل الذى على زنة פעל
او פעל او פעל او פעל على حركة فاء فعله الماضى منعا باتّا بل جوز
ذلك فيه وذلك قوله فى باب ישר [1] واما וישרנה הפרות فيحتمل وجهين
اذ هو مشدد الشين اما ان يكون فعلا خفيفا اندغمت الياء التى هى
فاء الفعل فى الشين فاشتدت لذلك على مذهب כי אצק מים על צמא
בטרם אצרך واما ان يكون فعلا ثقيلا على بنية ויפעלנה ولذلك

[1] D. 56, 14; N. 32, 4. Les mots ajoutés proviennent des mss. de Ḥayyoudj.

n'ont prêté aucune attention à ces mots, ils ne se sont pas aperçus davantage des paroles bien plus claires que j'y ai ajoutées : «De manière que le *ṣêrê* remplaçât le *pataḥ*.» Ces derniers mots ne sont-ils pas évidemment l'équivalent de ceci : il aurait fallu *te'ahăbou* avec *pataḥ* sous l'*âléf*?

Pour celui qui veut serrer de plus près cette question, il y a encore une autre observation intéressante à faire, et je la ferai, bien que je n'y sois pas forcé. La défense de laisser, dans la forme lourde des types *pi'êl*, *pi'al*, *pê'êl* ou *pê'al*, au premier radical du futur, la même voyelle qu'il a au parfait, n'est pas maintenue rigoureusement par Aboû Zakariyâ lui-même. Aboû Zakariyâ admet, au contraire, cette possibilité. Voici ses paroles au paragraphe *yâschar* : «*Wayyischscharnâh* (I *Sam.* VI, 12), avec *dâgêsch* dans le *schîn*, admet deux analyses : ou bien c'est une forme légère, où le premier radical *yôd* a été inséré dans le *schîn* qui, par suite, a reçu un *dâgêsch*, d'après le procédé suivi pour *éṣṣoḳ* (*Isaïe*, XLIV, 3), *eṣṣorkâ* (*Jérémie*, I, 5); ou bien c'est une forme

اشتدّت الشين وياء الاستقبال [مندغمة] فى الياء التى هى فاء الفعل
وتكون شديدة [ايضا] لذلك والمعنى الاول اقوى لانّا لم نجد ויפעלנה
[من الفعل الثقيل] بكسر الفاء بل بفتحها الا ترون انه قد جوّز فى
וישרנה كونه مستقبلا من الثقيل وان لم يكن فاء الفعل منه
مفتوحا ولا مضموما بקמץ גדול بل فاؤه فى استقباله محرّك بحركة
فائه فى ماضيه اعنى الكسر فاذ ذلك كذلك فليس احتجاجهم مما
قاله آز فى باب יחם بلازم قاطع لانه قد جوّز بعد ذلك غير هذا
وجاز من ذلك ان يقال فى תאהבו פתי ان الצרי الذى تحت الالف هو
الצרי الذى تحت الف אהב الماضى الثقيل الا انى انا مستغن عن
هذه الحجة وان كنت قاطعا بقولى ان الצרי فى תאהבו مكان الفتح
لكن انما عرفتكم بهذا لاسوى عليهم فعلهم فى قلة استثباتهم وقلة

---

lourde du paradigme *wayyefa<sup></sup>*

lourde du paradigme *wayyefaʿalnâh*, qui exige un *dâgêsch* daus le *schîn*, tandis que le *yôd* du futur a été inséré dans le *yôd* premier radical, pourvu d'un *dâgêsch* pour cette raison. Cependant, la première analyse est plus solide, parce que ce premier paradigme ne se rencontre jamais avec *ḥirék* pour le premier radical, mais avec *pataḥ*.» Aboû Zakariyâ a donc, comme vous voyez, reconnu que *wayyischscharnâh* peut être un futur de la forme lourde, bien que le premier radical n'ait ni *pataḥ*, ni grand *ḳâmés*, mais *ḥiréḳ*, c'est-à-dire la même voyelle au futur que ce radical a au parfait. Il s'ensuit que les preuves tirées par mes adversaires des paroles d'Aboû Zakariyâ, au paragraphe *yâḥam*, n'ont rien d'absolu ni de concluant, puisqu'il cite plus loin une autre opinion comme acceptable. Il serait donc aussi permis de considérer le *ṣêré* placé sous l'*âléf* de *te'êhâbou* comme étant de la même nature que la voyelle qui se trouve au parfait de la forme lourde *êhâb;* mais je puis me passer de cette explication, et d'ailleurs j'ai nettement déclaré que le *ṣêré*, dans ce mot, remplace un *pataḥ*. Je ne vous ai parlé de ceci que pour apprécier équitablement leur ma-

تفهمهم ولاعرفهم ان مثلهم مثل من يسر باجرائه فى الخلا واما ما
عجز عنه هذا الرجل المتنام[1] من معرفة معنى قول آز فى باب יחם
لان الياء الشديدة التى هى فاء الفعل ليست مفتوحة ولا مضمومة
بقמץ גדול فليست بى ضرورة الى تبيينه اذ لم اقصد فى هذا الكتاب
الا الى توقيفكم على شرح ما نوقضت فيه مما اودعته كتاب المستلحق
وان ذلك بين من كلامى فى هذا الكتاب لمن اعتبره وذكرت فى
المستلحق[2] ان ויירב בנחל من וארב לו וקם עליו وقلت ان اصله ויארב
على زنة ויגרש ויברך فاسقطوا الالف ونقلوا حركته الى الياء لتدل
عليها وجوزت ايضا فيه ان يكون من قسم اخر من الثقيل فى هذا

[1] La 8e forme manque dans les lexiques. — [2] Ci-dessus, p. 23.

---

nière d'agir, et pour vous montrer combien ils savent peu appuyer leurs opinions, et comme ils comprennent mal les questions. Je veux aussi leur démontrer qu'ils ressemblent à des hommes qui se réjouissent de se promener dans le désert. Si cet homme endormi a été incapable de saisir le sens du passage d'Aboû Zakariyâ lorsqu'il dit, au paragraphe *yâḥam* : « Parce que le *yôd*, pourvu de *dâgêsch*, étant premier radical, n'a (dans *wayyéḥĕmou*) ni *pataḥ* ni grand *ḳâméṣ*, » ce n'est pas mon affaire de le lui expliquer. Je me suis proposé, dans ce traité, seulement de vous arrêter aux points de mon *Moustalḥiḳ* pour lesquels j'ai été contredit et de vous en donner l'explication, bien que mes paroles dans ce livre soient claires pour quiconque les lit attentivement.

J'ai soutenu dans le *Moustalḥiḳ* que *wayyâréb* (I *Sam.* xv, 5) est de la même racine que *we'ârab* (*Deut.* xix, 11). J'y ai dit : « C'était à l'origine *wayye'âréb*, sur le modèle de *wayyegârésch*, *wayyebârék;* seulement, l'*âléf* une fois tombé, on a, pour rappeler cette lettre, reporté sa voyelle au *yôd.* » J'admets ensuite une seconde analyse : « Ce mot pourrait aussi provenir d'une autre division de la forme lourde, de manière à ce que ce fût à l'origine

الاصل وان يكون اصله ויארב على زنة ויאמן העם فالانوا الالف كما
فعلوا فى ויאצל מן הרוח واسقطوها من الخط ثم قلت انه قد يكون
ايضا على قياس اخر مثل וירב העם الذى هو معتل العين فانكر
القوم بزعمه كونه من וארב لו بلا حجة ياتون بها وقالوا انه من
מריבה لان اللغة تستعمل كثيرا لغة ריב فى الحرب واحضرنى اكثر
ما زعم انه سمعهم يستشهدون به من جزايات هذه اللغة معنى
الحرب كانى لست القائل انه من וירב העם على قياس اخر او كانى لم
اسمع قط لغة מריבה فى الحرب دون أن يبطلوا جواز كونه من ארב
الا بقولهم الالف لم تثبت فى الخط كثبات الف ויאצל وهذا مما لا
يجب ان يحتج به لان السواكن اللينة جائز اسقاطها من الخط

---

*wayya'ărêb*, comme *wayya'ămên* (*Exode*, IV, 31); seulement, une fois l'*âléf* adouci, comme dans *wayyâ'ṣél* (*Nomb.* XI, 25), on a cessé même de l'écrire. » J'ajoutai enfin que, d'après une analyse différente, notre mot pourrait bien, comme *wayyârêb* (*Exode*, XVII, 2), venir d'une racine au second radical faible. — Mes adversaires, d'après leur représentant, nient, sans aucune preuve, la dérivation de *we'ârab;* ils affirment que *wayyârêb* a la même racine que *merîbâh*, parce que l'emploi de la racine *rîb* dans le sens de faire la guerre est fréquent; mon interlocuteur me cite ensuite, pour démontrer la possibilité de ce sens, des exemples qu'il prétend avoir entendu produire à ses compatriotes, comme si je n'avais pas dit moi-même que, d'après une autre analyse, notre mot pourrait avoir la même origine que *wayyârêb* (*Exode*, XVII, 2), ou comme si je n'avais jamais entendu la racine *rîb* dans le sens de faire la guerre. Seulement, ils n'ont pas démontré l'impossibilité de l'analyse par *ârab*. Ils ont bien dit que l'*âléf* n'avait pas été maintenu dans *wayyârêb*, comme il l'a été dans *wayyâ'ṣél;* c'est ce qu'il est superflu de prouver; car on peut négliger, dans l'écriture, les lettres quiescentes douces; comparez

وكما اسقطوا الالف من ולא יהל שם الذى اصله יאהל والف فى אזין
עד תבונותיכם الذى اصله אאזין ومن כי מבית הסורים الذى اصله
האסורים ومن במסרת הברית الذى اصله במאסרת وهذا معروف
لا يحتاج الى عضد ثم اقول ان لكونه من וארב مزيّة ليست بخفية
عند كل ذى فهم على كونه من מריבה لان بكونه من מריבה لم
يفدنا اكثر من وقوع الحرب التى قد علمنا بكونها ووقوعها لا محالة من
غير قوله וירב בנחל فلم تكن بنا الى تعريفنا بها لا سيما الى التخصيص
مكانها اعنى قوله בנחל واما بكونه من ארב فقد افادنا معنى لم نكن
نعرفه لولا ذكر الكتاب له وهو التكمين دلالته على الحرب لان التكمين
لا يكون الا فى القتال ولذلك صلح ان يعرفنا بموضعه اعنى بموضع
التكمين وهو בנחל فهذا مدافع اصلا واجتلبت فى المستلحق[1] قول

[1] Ci-dessus, p. 27 et suiv. Le ms. porte المستقبل.

---

*yahêl* (*Is.* XIII, 20) pour *ya'hêl;* *âzîn* (*Job*, XXXII, 11) pour *a'zîn;* *hâsourîm* (*Eccl.* IV, 14) pour *hâ'äsourîm;* *bemâsôrét* (*Éz.* XX, 37) pour *bema'sôrét.* Ce sont là des choses connues qui n'ont pas besoin d'être appuyées. Mais je dois ajouter que tout homme intelligent reconnaîtra l'avantage qu'il y a d'adopter plutôt pour *wayyâréb* la racine *ârab* que celle de *merîbâh.* Avec cette dernière dérivation, ce mot ne nous apprendrait rien de plus que l'explosion de la guerre, ce que nous savions déjà parfaitement, sans qu'on eût besoin d'ajouter quoi que ce soit. Cette addition était donc superflue, et surtout celle de *bannâḥal*, dans la vallée. Mais en adoptant, comme origine, la racine *ârab*, l'Écriture nous renseigne sur une circonstance qu'autrement nous ne connaîtrions pas, savoir, sur l'embuscade qui est un acte de guerre; car on ne se met en embuscade que pour se battre, et il convenait, dès lors, de désigner l'endroit où cette embuscade avait lieu, c'est-à-dire dans la vallée. C'est là une argumentation décisive.

J'ai cité, dans le *Moustalḥiḳ*, l'opinion d'Aboû Zakariyâ que

آز ויחל עוד اذ قال فيه ان اصله וייחל עוד فادغمت الياء الاولى
فى الثانية فاشتدت كما صنع فى ויבשהו وفى וישרם למטה מערבה
فقلت هناك ان كون ויחל עוד من غير هذا الاصل جائز عنيت
من ויחילו עד בוש على ما قرنته به فى غير ذلك المكان من الكتاب الا
انى قلت فيه انه ان لم يكن بدّ من ان يجعل من هذا الاصل
عنيت יחל فكونه انفعالا احسن مثل וייחל עוד الا انهم استثقلوا فى
هذا الموضع اظهار ياءين شديدتين فاسقطوا احداها اما ان تكون
ياء الاستقبال فى هذا الموضع واما ان تكون الياء التى هى فاء الفعل
ومثله قلت على هذا المذهب ונבל כעלה כלנו فانه مشتق من כנבל
עלה מגפן وان الاصل فيه וננבל כעלה فاسقطوا احدى النونين
استثقالا لهما فاخبرنى هذا الرجل عن قومه انهم لم يجوّزوا شيئا

---

*wayyâḥél* (*Gen.* VIII, 10) est pour *wayyeyâḥél*, que le premier *yôd* a été inséré dans le second qui, par suite, a reçu un *dâgésch*, comme on l'a fait dans *wayyabbeschêhou* (*Nah.* I, 4) et *wayyascherêm* (II *Chron.* XXXII, 30). J'ai fait observer, au même endroit, que *wayyâḥél* pouvait être d'une autre racine, celle de *wayyâḥîlou* (*Juges*, III, 25), à laquelle je l'ai rattaché ailleurs (rac. *ḥôl*). Cependant j'ai ajouté : « S'il faut absolument placer *wayyâḥél* dans la racine *yâḥal*, je préférerais le prendre pour un *nifal* aussi bien que *wayyiyâḥél* (*Gen.* VIII, 12); seulement le *yôd* du futur ou le *yôd* du premier radical[1] aurait été retranché dans celui-là, parce qu'on n'aime pas la rencontre de deux *yôd* pourvus de *dâgêsch.* » Je continuai : « Un cas semblable se trouve *Is.* LXIV, 5, où *wannâbél*, de la même racine que *kinbôl* (*ibid.* XXXIV, 4), est pour *wanninnâbél* et a perdu l'un des deux *noun*, à cause de la difficulté qu'on éprouvait à les prononcer (tous deux pourvus de *dâgêsch*). » Cet homme m'informe, au nom de ses compatriotes, qu'ils n'admettent rien

[1] Ci-dessus, p. 27, l. 13, l'auteur se décide pour le *yôd* du futur.

من ذلك وقالوا انا لم نشاهدهم يسقطون حرف الاستقبال من الفعل
الا عند اجتماع الفين مثل ואחללך מהר אלהים ואבדך فان الالف
فى ואבדך فاء الفعل والف الاستقبال ساقطة فاقول انّا معشر اهل
القياس لا فرق عندنا بين اجتماع الفين وبين اجتماع نونين او
ياءين فان العلة التى لها اسقطت احدى الالفين جارية فى النونين
او الياءين وتلك العلة هى استثقالهم لاجتماع المثلين ولا سيما ان
كانا شديدين وقد اسقطوا الف ואעשיר ونقلوا حركتها الى الواو
وكان اصله ואעשיר مثل ואחריב בכף פעמי[1] فان احتجّوا بثبات
الالف فى الخط فليس ثباتها فيه مفيدا شيًا اذ العمل على ما ينطق
به لا على ما يكتب فقد نجد احرفا كثيرة من حروف اللين زائدة

[1] Voy. D. 37, 2-7; N. 19, 4-10.

---

de semblable; ils disent : «Nous n'avons jamais vu de verbe dans lequel on retranche le préfixe du futur, excepté dans le cas où se rencontrent deux *âléf*, comme dans *wâ'abbédkâ* (*Éz.* xxviii, 16), où l'*âléf* du premier radical a été conservé et où l'*âléf* du futur a été retranché.» Eh bien, pour nous qui sommes partisans de l'analogie, il n'y a aucune différence entre la rencontre de deux *âléf*, de deux *noun* ou de deux *yôd*, puisque la raison qui fait supprimer l'un des deux *âléf* est applicable à deux *noun* et à deux *yôd*. Cette raison consiste dans la difficulté de prononcer de suite deux lettres semblables, surtout si toutes deux elles sont pourvues de *dâgêsch*. Ainsi, dans *wâ'ᶜschîr* (*Zach.* xi, 5), l'*âléf* ayant été retranché, on en a reporté la voyelle au *wâw*, car la forme primitive était *wa'aᶜschîr*, sur le type de *we'aḥrîb* (*Isaïe*, xxxvii, 25). On a bien, il est vrai, maintenu l'*âléf* dans l'écriture, mais cela ne prouve rien; ce maintien est sans importance, car on se guide d'après la prononciation et non pas d'après l'écriture. Il se trouve à bien des endroits un grand nombre de lettres douces redon-

فى مواضع لا اصل لها فيها وقد كان يجوز لسامع ואעשיר على الانفراد
ان يتوهم حركة الواو غير منقولة فليست اذًا الالف المكتوبة فيه
مفيدة شيئًا لمن سمعه دون ان يراه وقد اسقطوا الف المتكلم فى
ואבדך من الخط مع سقوطه من اللفظ ولا دليل عليها فى اللفظ اصلا
واسقطوها من ואענה את זרע דוד من اللفظ وابقوها فى الخط واما
قول اَزَ[1] ان الف المتكلم فى ואבדך ثابتة فى اللفظ وهو الساكن اللين
الذى بين الواو والالف فى ואחללך ولا هى باعظم من المدّة التى
بين الواو والالف ايضا من ואתנך לאפר وتلك المدة ليست بدلالة
على حرف لين وانما تولدت من اجل امتناع الالف من الشدة فان
احتج محتج بקמצות الواو فان ذلك القמצות ليس لوقوعه على ساكن

[1] D. 30, 16; N. 14, 29.

---

dantes qui n'ont aucune raison d'être. D'un autre côté, celui qui entend le mot *wa'ʿschîr* hors du contexte peut s'imaginer que la voyelle du *wâw* n'est pas reportée d'une autre lettre; l'*âléf* écrit reste donc sans utilité pour celui qui l'entend sans le voir. Du reste, dans *wâ'abbédkâ*, l'*âléf* du futur n'est ni écrit ni prononcé, et rien dans la prononciation ne l'indique. Dans *wa'ʿannéh* (I *Rois*, xi, 39), l'*âléf* n'est pas non plus prononcé, mais il est maintenu dans l'écriture. Aboû Zakariyâ a beau affirmer que l'*âléf* de la première personne, dans *wâ'abbédkâ*, est conservé dans la prononciation et représenté par la lettre quiescente douce, telle qu'elle se trouve aussi entre le *wâw* et l'*âléf* (au même verset, *Éz.* xxviii, 16) dans *wâ'ăḥallélkâ*, cette prolongation n'a pas plus d'importance que celle qui se rencontre entre l'*âléf* et le *wâw* du mot *wâ'étténkâ* (*ibid.* 18), où elle n'a aucun rapport avec une lettre douce, mais provient seulement de ce que l'*âléf* se refuse à récevoir un *dâgêsch*. Si on allègue le *ḳâméṣ* du *wâw*, il ne prouve rien, car il ne provient pas d'une quiescente douce qui suit, mais

لين وانما هو لدلالة على الماضى لان الקמץ فى هذه الافعال المعطوفة
هو الفرق بين الماضى والمستقبل منها على ما هو بيّن فى ايضاع
السופרים فان قيل لم استثقلوا الف ואענה والف ואעשיר وهم
يظهرونه فى امثالهما من افعال اخر فانهم ما يستثقلون فى مكان ما
كثر استعمالهم له فى مواضع اخر وهذا بين عند من تفقده
وانكروا ايضا بزعمهم كون ונבל כעלה من כנבל עלה واعتلّوا فى ذلك
بسقوط حرف الاستقبال فى ואענה ואעשיר وفى ואבדך وقد اخبرت فى
رسالة التقريب عن[1] מ' יצחק בן מ' שאול شيخنا رآ انى شاهدته
يقول فى ידו גורל ان اصله יידו بياءين فاسقطوا الاولى التى هى حرف

[1] Ci-dessus, p. 333, l. 11, et 334, note.

---

de ce que le verbe a un sens de parfait. Le *ḳâméṣ*, dans ces verbes pourvus du *wâw*, forme la distinction entre le parfait et le futur, comme cela ressort avec évidence des règles des *scribes*[1]. Si l'on demande pourquoi on a éprouvé des difficultés pour prononcer l'*âléf* de *wa'ʿannéh* et celui de *wâ'ʿeschîr*, tandis qu'on prononce bien l'*âléf* dans des formes analogues d'autres verbes, nous répondrons qu'il est évident pour tous ceux qui veulent se rendre un compte exact de ce qui a lieu, qu'à un endroit on considère comme difficile la prononciation qu'ailleurs on pratique communément.

D'après ce que prétend mon contradicteur, ses compatriotes nient aussi que *wannâbél* (*Is.* LXIV, 5) soit de la même racine que *kinbôl* (*ibid.* XXXIV, 4); ils donnent à cette occasion la raison pour laquelle le préfixe du futur a été supprimé dans *wa'ʿannéh*, *wa'ʿeschîr* et dans *wâ'abbédkâ*. J'ai déjà raconté dans mon traité *At-taḳrîb* que j'étais présent lorsque feu notre maître Mar Isaac ben Mar Saül expliquait le mot *yaddou* (*Joël*, IV, 3) par un *yeyaddou* primitif avec deux *yôd* dont le premier, le préfixe du futur, aurait

[1] Voy. ci-dessus, p. 338 et suiv.

الاستقبال ورايناه يقول فى סדר האזינו ان الوجه فى יצב גבלות עמים ייצב
بياءين ولما اخبرنى ذلك الرجل من قومه بانكارهم كون ונבל כעלה من
כנבל עלה وطالبته عن اصله قال انه معتل فلا محالة انه عنده
مثل ונשב אתו وهذا لعمرى مما ينكره العقل وينافره القياس فان
اخراج ונבל عن כנבל עלה وحمله الى اصل غير معهود ولا موجود
ظلم وقلت فى ذلك الكتاب[1] על בשר אדם לא ייסך انه مثل לא ייעף
ולא ייגע وجوّزت ايضا فيه كونه ما لم يسم فاعله معتل العين
مثل ויסך وقرنت به ויישם בארון وقلت ان الكسرة فيهما مكان الضمة
وان כן משחת מאיש מראהו مثلهما وان الوجه فيه ان يكون משחת

[1] Ci-dessus, p. 31 et suiv.

---

été retranché. Nous l'avons vu de même affirmer que, dans la section de *Ha'ăzînou*, *yaṣṣêb* (*Deutéron.* XXXII, 8) est pour *yeyaṣṣêb*, avec deux *yôd*. Quand donc mon adversaire m'eut communiqué l'opinion de son monde, que *wannâbél* n'a pas la même racine que *kinbôl*, et que je lui eus demandé de quelle racine ils dérivaient ce mot, il me répondit : D'un verbe qui a un radical faible. Sans doute, il pensait au type *wannâschéb* (*Gen.* XLIII, 21). Mais, par ma vie, la raison répugne à une semblable analyse, et l'analogie grammaticale se refuse de l'admettre; car, détacher *wannâbél* de *kinbôl* et le rattacher à une racine inconnue et introuvable est une faute grave.

J'ai affirmé dans mon traité (du *Moustalḥiḳ*) que *yîsâk* (*Exode*, XXX, 32) est formé d'après le modèle de *yîʿaf* et *yîgâʿ* (*Isaïe*, XL, 28). Puis, j'ai admis aussi qu'il pût être le passif d'un verbe au second radical faible, comme *wayyâsék* (II *Sam.* XII, 20), en le comparant à *wayyîsém* (*Gen.* L, 26). J'ajoutais que, dans *yîsâk*, comme dans *wayyîsém*, le *ḥiréḳ* remplace un *schouréḳ*, et qu'il en est de même de *mischḥat* (*Isaïe*, LII, 14), qui doit être expliqué par *mouschḥat*, type *mouschkab* (II *Rois*, IV, 32). Enfin, je déclarais qu'Aboû Zakariyâ

على زنة משכב על מטתו وان آز لم يصبْ فى انكاره كون ויישם בארון
مثل ויושם לפניו فقال الرجل ان القوم لا يأبون الى تقليد آز فى
ויישם בארון ولا يجوّزون ما جوزته فى לא ייסך من كونه مكان יוסך
اعتمادا على قول آز فى ויישם ان كل فعل لم يسم فاعله لا بد له فيه
من الضم واعتلوا بهذه العلة ايضا فى כן משחת מאיש מראהו
فقالوا انه صفة فانا يا معشر اهل النظر ممن لا يقلد آز ولا غيره فى
شىء يقوم لى الدليل على خلاف قوله فيه فان كون לא ייסך بمعنى לא
יוסך حسن جدا لائق وكذلك اقول فى ויישם בארון ان كونه ما
لم يسم فاعله خير من كونه فعلا ذاتيا على زنة ויצק דם המכה افلا
ترون ان المعنى لا يقوم الا بكونه ما لم يسم فاعله واعتلال آز بان
ما لم يسم فاعله لا يكون الا مضموما ليس بقاطع اعتبار الحركات

---

n'a pas frappé juste en niant l'égalité entre *wayyîsém* et *wayyousâm* (*Gen.* XXIV, 33). Mon interlocuteur me dit que, chez lui, on ne refuse pas de suivre Aboû Zakariyâ au sujet de *wayyîsém*, mais qu'on n'admet pas, comme je l'ai fait, que *yîsâk* soit pour *yousak*. On s'appuie sur les paroles d'Aboû Zakariyâ à l'occasion de *wayyîsém*, que tout verbe au passif doit nécessairement avoir pour voyelle un *ḳâmés* ou un *schouréḳ*. Aussi, pour la même raison, prennent-ils *mischḥat* pour un qualificatif.

Pour ma part, mes amis, je ne suis aveuglément ni Aboû Zakariyâ ni aucun autre, dès que le contraire de leur opinion m'est démontré. Il est bon, il convient que *yîsâk* ait le sens de *yousak*; il vaut également mieux que *wayyîsém* soit un passif qu'un verbe neutre[1] du type *wayyiṣéḳ* (I *Rois*, XXII, 35), car le passif seul s'adapte au sens; l'argument d'Aboû Zakariyâ, que la voie passive doit toujours se présenter avec *ḳâmés* ou *schouréḳ*, ne peut pas empêcher les voyelles de permuter entre elles, comme je l'ai souvent

[1] ذاتى doit signifier : qui se concentre en lui-même.

بعضها بعضا على ما قد بينت كثيرا من ذلك فى كتاب المستلحق
وابيّنه ايضا بحول الله فى الكتاب الذى استأنف تأليفه فى اللغة لا
سيما انا قد وجدنا כי מאתנן זונה קבצה ועד אתנן זונה ישובו الذى
لا يجوز ان يقال فيه اعنى فى קבצה الا انه ما لم يسم فاعله وان
الكسر فيه مكان الضم وقوله קבצה هو واقع على الפסילים والאתננים
والעצבים المذكورة فى الפסוק واخبر عنها بلفظ الواحد المؤنّث لانهم
يخبرون كثيرا ما[1] عن جمع المؤنث وعن جمع ما لا يعقل بما يخبر به
عن الواحد المؤنث كما قالوا חכמות בחוץ תרנה וגו׳ בראש המיות תקרא
ועיניו קמה כי קמה על בבל מחשבות ה׳ וחטאותינו ענתה בנו לא תמעד
אשריו בנות צעדה עלי שור חכמות שרותיה תעננה אף היא תשיב
אמריה לה وسترون كثيرا من هذا ان اعان الله فى الكتاب الذى
اؤلّفه فكانه قال כי מאתנן זונה קבצו على زنة ובתולתיו לא הוללו كما قال

[1] Le verbe ne se trouve que dans le ms. P.

---

exposé dans le *Moustalḥiḳ*, et comme je l'expliquerai encore, avec l'aide de Dieu, dans le livre sur la langue hébraïque dont je vais commencer la rédaction[1]. Mais voici un exemple frappant : *ḳibbâṣâh* (*Michée*, I, 7) ne peut être qu'un passif, avec un *ḥiréḳ* à la place du *schouréḳ;* car *ḳibbâṣâh* a pour sujet les sculptures, les dons de prostitution et les idoles, mentionnés dans le verset. Si pourtant le verbe est au féminin singulier, c'est que l'énonciatif se met souvent au féminin singulier, alors que le sujet est au pluriel féminin, et qu'il exprime des objets inanimés au pluriel[2]. Comparez *tiḳrâ'* (*Prov.* I, 21), ayant pour sujet *ḥokmôt* (*ibid.* 20); *we'ênâw ḳâmâh* (I *Sam.* IV, 15); puis *Jérémie*, LI, 29; *Isaïe*, LIX, 12; *Ps.* XXXVII, 31; *Gen.* XLIX, 22; *Juges*, V, 29, et d'autres exemples réservés à l'ouvrage que je composerai, si Dieu me vient en aide. A la vérité, *ḳibbâṣâh* est pour *ḳoubbâṣou*, type *houllâlou* (*Ps.* LXXVIII

[1] Voy. *Riḳmâh*, chap. VIII (p. 50-52). — [2] *Ibid.* p. 226, l. 29-33.

ועד אתנן זונה ישובו ولقد اجاد התרגום واصاب في قوله ארי מאגר
זניתא אתכנשו ולבית פלחי טעותא יתמסרון فهل يشك احد في انه
انما قال אתכנשו عن הפסילים והאתננים והעצבים وهي التى يقول
عنها ולבית פלחי טעותא יתמסרון فقد قام البرهان على ان الفعل
الذى لم يسم فاعله لا يمتنع من الكسر وانه فيه سوا للضم فاذ
ذلك كذلك فلا مانع من كون משחת מאיש ما لم يسم فاعله
واعتقاد هذا الراى فيه احسن واليق من اعتقاد الصفة وذلك ان
تقديره على انه ما لم يسم فاعله כן מראהו משחת ממראה איש وتفسيره
كما قلت في المستلحق[1] لما منظره مفسد مغيّر عن مناظر الناس فتتم
الفائدة فيه بكون משחת خبر الابتداء وقوله ממראה איש صلة[2]

[1] Ci-dessus, p. 33, l. 5. — [2] Le mot وقوله est impropre; seulement ממראה איש est, d'après la traduction d'Ibn Djanâḥ, l'équivalent de מאיש. La suppression de l'antécédent dans le rapport d'annexion, lorsqu'il était déjà exprimé dans un rapport précédent, est également usitée en arabe et dans les langues classiques. — On appelle *ṣila* une préposition avec le nom qui en dépend, par rapport au verbe qui la régit.

---

62), de même qu'à la suite, dans le verset de Michée, on lit *yâschoubou.* La version chaldéenne traduit d'une manière heureuse et juste : « Car des dons de prostitution ils ont été réunis (*itkanschou*), et à des temples d'idolâtres ils vont être livrés. » Évidemment, *itkanschou* est dit des sculptures et des dons de prostitution, les mêmes qui « doivent être livrés aux temples des idolâtres. » Il est donc pleinement démontré qu'au passif l'emploi du *ḥiréḳ* n'est point impossible, et qu'il y remplace le *ḳâméṣ* ou le *schouréḳ;* il s'ensuit que rien n'empêche *mischḥat* d'être un passif, ce qui me paraît bien préférable à l'opinion qui veut en faire un qualificatif. *Mischḥat* est donc pour *moschḥat*, et, comme je l'ai dit dans le *Moustalḥiḳ*, le verset signifie : « Lorsque son aspect s'était altéré, et n'était plus celui d'un homme. » De cette façon seulement, le sens est complet, *mischḥat* étant l'énonciatif de l'inchoatif, *mim-*

למשחת وفيه تمام للخبر واذا كان صفةً الكلام ناقصٌ لسقوط خبر
الابتداء اذ لا يجوز ان يكون تقديره على مذهبهم الا على حسب
تقديرنا نحن له ايضا فهذا اسعدكم الله سعادة اوليائه واهل
طاعته من رقيق المعانى التى لا يحصل عليها الا من شدّ حيازيمه
وجهد ذهنه واتعب فكره وكنت ادخلت مع هذه الكلمات
المكسورة التى كسرها عندى مكان الضم ופתחו שעריך תמיד יומם
ולילה לא יסגרו وقلت فيه انه ما لم يسم فاعله مثل ופתחו بالضم
ثم اتّجه لى فيه وجه اخر دون ان يكون اصله بالضم فاردت ان
افرده به وان كان معنى الضم فيه مقدما مفضلا فاسقطته من النسخ
وحسبك ان نسخ المستلحق بسرقسطة كثيرة جدا ولا يوجد فى

---

*mar'êh ish* remplissant les fonctions d'un *ṣila* par rapport à *mischḥat* et terminant ainsi l'énonciatif; mais si *mischḥat* était un qualificatif, la proposition serait incomplète, puisqu'elle manquerait d'énonciatif, la construction du verset ne pouvant pas différer d'après l'autre interprétation de ce qu'elle est d'après la nôtre. Voici, mes amis, que Dieu vous accorde le bonheur qu'il réserve à ses fidèles croyants, des raisonnements délicats, qu'on ne saisit qu'en déployant de la persévérance, de l'application et de la réflexion.

J'avais joint à ces mots, dans lesquels le *ḥirék* remplace le *schourék*, *oufittehou* (*Isaïe*, LX, 11)[1], que je considérais comme un passif pour *oufouttehou*. Je trouvai plus tard une autre analyse, sans qu'on eût à recourir au *schourék* comme voyelle primitive, et j'avais l'intention de l'exposer séparément, tout en considérant la première comme préférable et meilleure. L'exemple a donc été supprimé dans les copies du *Moustalḥiḳ*, et quelque nombreuses qu'elles soient à Saragosse, il ne se trouve dans aucune. Mais je

[1] Voy. *Riḳmâh*, 51, 26-27.

احداها وكان اسقاطى له من الديوان بعد خروج نسخته الى
ناحية هولاء القوم فكان ايضا من جملته ما اعترضوا فيه واتوا به
بالعجب العجيب وذلك انهم قالوا بزعم هذا الرجل انه معطوف
على ובנו בני נכר חומתיך فلا محالة ان تقديره عندهم ופתחו בני נכר
שעריך תמיד יומם ולילה לא יסגרו فما ادرى كيف يسوغ لهم فيه
هذا التقدير أما علموا انه ان كان فتح בני נכר للשערים دائمًا يوما
بعد يوم وليلة بعد ليلة انه يبعد معنى לא יסגרו اذ لم يمكن
يكون فتحهم لها اليوم الا بعد تقدم اغلاقهم لها اليوم وهو
قد قال לא יסגרו فهذا خلف لا يمكن وان كانوا انما ارادوا ان فتح
בני נכר للשערים لا يكون الا مرة واحدة فقط الا انها تبقى دائمًا

---

ne l'ai retranché de mon livre qu'après qu'il était déjà parti pour la contrée de ces gens.

Leurs objections se portèrent donc aussi sur l'interprétation du verset *Is.* LX, 11, sur lequel ils ont débité des choses bien étonnantes. D'après ce que nous rapporte notre contradicteur, ils rattachent ce verset au verset 10, où il est dit : Et ces fils d'étrangers bâtiront tes murs, de sorte que, pour eux, le sens du verset 11 serait sans aucun doute : Et les fils d'étrangers ouvriront constamment tes portes; jour et nuit elles ne seront pas fermées. Je me demande comment ils ont pu admettre une semblable exégèse. Ne savaient-ils pas que, dans le cas où les étrangers ouvriraient les portes constamment, un jour après l'autre et une nuit après l'autre, les mots : elles ne seront pas fermées n'auraient aucun sens, puisqu'ils ne pourraient les ouvrir un jour qu'après les avoir déjà fermées le même jour? Or il dit : Elles ne seront pas fermées. S'ils voulaient nous faire entendre que les étrangers ne devaient les ouvrir qu'une fois, mais pour toujours, je voudrais bien qu'ils nous fissent connaître celui qui avait fermé d'abord

فليخبرونا المغلق لها اولا حتى يجيء בני נכר فيفتحوها لان الفتح
والاغلاق لا بدّ من لزوم احدها الباب ضرورة لان ذلك من تقابل
الاضداد التى لا وسائط لها فيجب من هذا ألّا يكون فتح בני נכר
للשערים إلا بعد ان كانت مغلوقة اذ لا بدّ من لزوم احدى هاتين
الحالتين لها وليخبرونا ايضا اية رفيعة لنا فى ان يفتحها בני נכר
مرة واحدة فى الدهر ولعمرى ان هذا تأويل لا يستحسنه من
يفهم شيئا من البرهان ولكن القول المرضىّ فيه ان يكون تقديره
ופתחו שעריך תמיד فعلا لم يسم فاعله على زنة וסגרו על מסגר فجاء
بالكسر كما ذكرت لك فى غيره ايضا والمعنى انها تبقى دائما مفتوحة
ولا تغلق وليس معنى قولى مفتوحة انها تفتح بعد اغلاقها وانما
المعنى انها لا تغلق فهى تبقى مفتوحة واما الوجه الثانى الذى

---

les portes, pour que les étrangers eussent à les ouvrir! Il faut bien qu'une porte soit ouverte ou fermée, puisque ce sont des contraires entre lesquels il n'y a point de milieu; les étrangers peuvent seulement ouvrir les portes après qu'elles ont été closes; il est indispensable qu'une porte soit dans l'un ou dans l'autre de ces deux états. Je voudrais aussi être renseigné sur le genre d'avantage que nous aurions tiré de ce qu'une fois, pour toujours, les portes auraient été ouvertes par les étrangers! C'est là, par ma vie, une interprétation qu'aucun homme raisonnable n'approuvera. L'opinion acceptable est donc de donner à *oufittehou* la valeur d'un passif, comme *wesouggerou* (*Is.* XXIV, 22), et d'expliquer le *hirék* comme dans les autres exemples déjà mentionnés. Le sens du verset est alors : les portes resteront constamment ouvertes et ne seront pas fermées; ceci ne veut pas dire qu'on les ait ouvertes après qu'elles avaient été fermées, mais qu'on ne les fermait pas, qu'elles ne cessaient pas d'être ouvertes. — Quant à la seconde analyse, d'après laquelle j'expliquais *oufittehou* sans adopter le *schou-*

كان اتّجه لى فى ופתחו שעריך תמיד فى غير معنى الضم فلست ارى
ذكره فى كتابى اذ المعنى الذى كنت اذهبت انا اليه اولا اعنى
كونه ما لم يسم فاعله فاضل مختار وسأجعل له موضعا فى الكتاب
المستأنف التاليف ان قضى الله وقلت فى كتاب المستلحق[1] ان למען
הביט על מעוריהם معتل العين مثل פשטה וערה الذى على وزن
רעה התרועה وقلت فى מעוריהם انه جمع מעור على زنة מקור ומלון
فلم يجوّز القوم بزعم هذا الناقل كونه معتل العين مثل פשטה
וערה بل قال عنهم انه معتل اللام من ערו ערו وتفسيره مكشوفيهم
وان اصله تشديد الراء لانه ثقيل فيا ليت شعرى ما الذى
ادخلهم فى هذا المزاق اليبس اضافة מעוריהם الى פשטה [וערה]

[1] Ci-dessus, p. 100.

---

*rék*, je ne crois pas devoir la rapporter dans mon livre, puisque je considère le sens que j'avais préconisé d'abord, de prendre *oufittehou* pour un passif, comme meilleur et préférable. Mais j'assignerai à cette autre explication une place dans le livre que je suis en train de rédiger, s'il plaît à Dieu[1].

J'ai dit dans le *Moustalḥiḳ*, que *meʿôrêhém* (*Habak.* II, 15) est dérivé d'une racine au second radical faible, de même que *weʿôrâh* (*Isaïe*, XXXII, 11), ayant pour type *rôʿâh* (*ibid.* XXIV, 19); j'ajoutais : « *Meʿôrêhém* est le pluriel de *mâʿôr* = *mâḳôr*, *mâlôn*. » Mes adversaires, d'après ce que prétend leur rapporteur, ne veulent pas admettre que ce mot soit, comme *ʿôrâh*, dérivé d'une racine au second radical faible, mais soutiennent que *meʿôrêhém* vient d'une racine au troisième radical faible, comme *ʿârou* (*Ps.* CXXXVII, 7), signifie : Ceux qui sont à découvert parmi eux, et devrait avoir un *dâgêsch* dans le *rêsch*, parce qu'il vient d'une forme lourde. Je voudrais bien savoir ce qui les a engagés dans

[1] Cette explication a été donnée par l'auteur à la fin de la première partie du *Kitâb at-taschwîr*. Voy. *Kitâb al-ouṣoûl*, 593, 35 et notre *Introduction*.

والقول بان מעוריהם وان كان تفسيره كشفا فانه كناية عن عوراتهم
اولى الا يرون الكتاب يقول הוי משקה רעהו מספח חמתך ואף שכר
למען הביט על מעוריהם الا يرونه يجعل الاسكار سببا الى انكشاف
العورات ولذلك ما تواعد فى العقوبة مثل هذه النازلة اذ قال שתה
גם אתה והערל اشرب انت ايضا وابدِ ذلك اى عورتك فاىّ معنى
لقولهم مكشوفيهم واىّ المكشوفين يعنون ان ترك طريق النهج
وركوب الاساليب المخوفة فيها الاراقيق لغير صواب وانكروا علىّ برعمه
قولى فى על סוס ננוס وفى רחצו הזכו ومن لم يقنع بما قام عليهما من
البرهان فى كتاب المستلحق [1] وفى رسالة التنبيه [2] فميؤوس من اقناعه
فليسكت عنه وادخلت צליל לחם שערים فى حيز תצלינה שתי

[1] P. 90 et 129. — [2] P. 257.

---

cette lutte! Ne vaut-il pas mieux mettre *meʿôrêhém* en rapport avec *ʿôrâh*, et, quand même on donnerait à cette racine le sens de découvrir, regarder ce mot comme désignant leurs parties honteuses? Que ne voient-ils le sens du verset entier, où il est dit: Malheur à celui qui enivrera son prochain... pour lui faire découvrir ses parties honteuses? C'est donc en excitant à l'ivresse qu'il a produit cet effet; aussi le châtiment, dont il est menacé, est de subir à son tour un sort analogue. Bois aussi toi, dit le prophète, et montre également tes parties! Mais que peut signifier la version : Ceux qui sont à découvert parmi eux? De qui prétend-on parler? Certes, abandonner la route frayée pour chevaucher dans des sentiers où les serpents sont à craindre, ce n'est pas prendre le bon chemin.

Mes contradicteurs, toujours d'après la même source, rejettent mon explication de *nânous* (*Is.* xxx, 16) et celle de *hizzakkou* (*ibid.* I, 16). Pour ceux auxquels mes démonstrations, faites sur ces deux mots dans le *Moustalḥiḳ* et dans le *Tanbîh*, n'ont pas suffi, il faut désespérer de les contenter, et nous pouvons passer outre.

J'ai rattaché *ṣelîl* (*Juges*, VII, 13) à *teṣillénâh* (I *Sam.* III, 11),

אזניו وفسرت فيه صليل خبز الشعير اى طنينه ودويّه فتعللوا
علىّ بزعمه وقالوا كيف هو طنين خبز الشعير وما الفرق بينه وبين
طنين خبز القمح وليس من التعسّف والظلم اكثر من هذا كانى
اذا اردت ان افرق بين الطنينين وانما المعنى ان الحالم حكى انه راى
خبز الشعير متدحرجا متقلبا فى العسكر الى ان وصل الى خباء
من الاخبية فقلبه وكان لفعله ذاك طنين ودوى فان طالبنا مطالب
بتبيين كيفية هذا الطنين فقد شغب وتعسف لان الحالم لم يدر
ان يضيف الطنين وانما اخبر بطنينٍ هدّه من تدحرج لذلك الخبز
وقلبه للخباء فقط ثم انهم انكروا بزعمه كونه طنينا واشتقاقه من
תצלינה وقالوا وعسى ان يكون معنى اخر غير الطنين لا نعرفه نحن
كانه اسم شىء ما مصنوع من ذلك الخبز ويكون التدحرج مجلبا الى

---

et je l'ai expliqué par le craquement (en arabe *ṣalîloun*) et le bruit causés par le pain d'orge. D'après mon interlocuteur, ses compatriotes m'ont cherché querelle à ce sujet, en disant : Mais quelle sorte de bruit fait donc un pain d'orge, et comment distinguer entre ce bruit et le bruit que produirait un pain de froment? Il n'y a pas de plus coupable chicane, comme si j'avais voulu établir une différence entre ces deux espèces de bruits ! Le sens du verset est : Le rêveur raconte qu'il a vu un pain d'orge rouler en bas et faire le tour du camp, jusqu'au moment où, arrivé à l'une des tentes, il la renversa; ce mouvement produisit un bruit, un craquement. Si quelqu'un me demande de lui expliquer quelle en était la nature, il fait fausse route et s'engage dans une mauvaise voie, car le rêveur ne savait pas distinguer le bruit; il dit seulement qu'il a été effrayé par un bruit lorsque ce pain, en roulant en bas, renversait une tente. Mes adversaires attribuent à *ṣalîl* un autre sens que celui de bruit, sens que nous ne reconnaissons pas. Ils le prennent pour le nom d'un corps fabriqué avec ce pain

ذلك الشيخ فهذا انقطاع فاحش هذا ادام الله لى اخاءكم ووصل
حبلكم جواب جميع ما زعم انه فى حفظه مما اعترض علىّ فيه فكيف
اكون آنسه وعلم الله انى لم اقصد تجهيل القوم فليس فى خلقى
ولا فى سجيتى ولقد اردت السكوت عنهم وانما تحركت الى هذا
للوجوه التى ذكرتها فى صدر كتابى هذا فان زادونى خطابا زدتهم
بيانا فقد اعددنا لكل مقام مقالا ولكل كلام جوابا والله المعين

ان عادت العقرب عدنا لها     وكانت النعل لها حاضره [1]

تم
كتاب التسوية

[1] Sur un bout de papier, on a ajouté au ms. O la version hébraïque suivante de ce vers :

ואם ישוב לנושכי שפיפון     נעלי להדוק אותו מזומן

---

et auquel on aurait attribué le tournoiement. Voilà une solution absurde !

Voilà, puisse Dieu faire durer notre amitié fraternelle et le lien solide qui nous unit, voilà comment j'ai répondu à l'ensemble des objections que mon adversaire prétend avoir gardées dans sa mémoire. Comment après cela aurais-je pu le bien traiter ? Dieu sait que je n'avais pas pour but de démontrer l'ignorance de tout ce monde ; ce n'est ni dans mon caractère, ni dans ma nature. Je voulais même, pendant quelque temps, me renfermer dans un silence complet, et je n'ai été poussé à faire ce que j'ai fait que par les raisons que j'ai exposées au commencement de ce travail. Si l'on renouvelle l'attaque, je donnerai de nouvelles explications ; sur toutes les questions, je suis prêt à parler ; sur toutes les objections, à répondre, Dieu aidant.

Si le scorpion revient à la charge contre nous, nous reviendrons à la charge contre lui et nous lui ferons sentir notre chaussure.

# ADDITIONS ET CORRECTIONS.

P. 1, l. 1. Le titre complet est ainsi conçu dans le manuscrit : كتاب المستلحق فى افعال ذوات حروف اللين وذوات المثلين على ما ثبت فى كتابَىْ ابى زكريا حيوج رضى الله عنه ممّا جمعه مرون بن جناح القرطبى נ״ע (נשמתו עדן). «Livre intitulé l'Annotateur sur les verbes aux lettres douces et aux lettres géminées, tels qu'ils ont été établis dans les deux ouvrages d'Abou Zakariyâ Ḥayyoudj, livre dont l'auteur est Marwân ben Djanâḥ, de Cordoue (que son âme soit au Paradis).» — L. 3 : اعوام.

P. 2, l. 1-2. Les mots ajoutés par conjecture entre parenthèses doivent être remplacés par les suivants qui se lisent dans le ms. : فانه تضمّن فى صدرَىْ كتابَيْه اعنى كتاب حروف اللين وكتاب ذوات المثلين.

P. 3, l. 4 : لحقوقا.

P. 4, l. 5 : Il faut lire, à la place des mots ajoutés : وافلاطون وكلاهما لنا صديق الّا أن الحقّ. C'est ainsi que nous avons traduit, en suivant R. Zeraḥyâ Hallévi.

P. 5, l. 4 : ms. زيادة ; mieux : جائزة زيادته ; — l. 6 : واعلم ; — l. 7 : بل.

P. 6, l. 3 : كثرته ; — l. 7 : فاعدّت.

P. 7, l. 2 : فقن ; — l. 4 : תגשני ; — traduction, l. 5 : qui, dans ce cas, a pour.....

P. 8, l. 3. Le ms. porte מגזאה.

P. 13, l. 6 : ومنقضّ.

P. 14, l. 5 : تضمّنت.

P. 16, l. 9 : مقام, pour مكان ; — l. 10 : אלכה ; — *ibid.* مقام.

P. 20, l. 8 : ينذكر ; — *ibid.* le ms. porte : פעול ופעל.

P. 21, l. 6 : خشوا ; — l. 7 : وفعلوا ; — l. 8, l. وليس هاه ; — l. 10 : בעבור.

P. 24, l. 8 : لان est ajouté à la marge du ms.

P. 28, l. 1 : نون, pour على ; — traduction, l. 1 : le *ḳâméṣ* a été maintenu sur le *noûn* radical, comme il devait l'être dans..... ; — l. 2 : קמוץ ; — *ibid.* يجب يكون (Ibn Djanâḥ omet la conjonction ان) ; — l. 7 : اوقفناه.

P. 29, l. 8 : هذا.

P. 31, l. 2 : biffez وهم.

P. 33, l. 1. Les mots placés entre parenthèses se lisent dans le ms. ; seulement, فان, pour لان ; — l. 5 : مغيّر.

P. 35, l. 7 : الحلقي على المعهود.

P. 36, l. 1 : اشبههما ; — l. 10 : تدلّك على ان.

P. 38, l. 9 : واحدا.

P. 39, l. 1. Le ms. a les mots mis entre parenthèses. — *Ibid.* منعه, pour معناه ; — l. 4 : ان الاصل فيه ; — *ibid.* الياء وجاء sont dans le ms.

P. 40, l. 1. Ailleurs, il est dit que יצב est pour ייצב, comme ידו pour יידו.

P. 41, l. 6 : ויצקו.

P. 42, note 4. L'original arabe est d'accord avec D.

P. 44, l. 4 et 6 : le ms. porte מגזאה, comme p. 8, l. 3 ; — l. 6 : رامه ; — l. 8 : لا سيما, pour لازما.

P. 45, l. 9. Vers. hébr. וכמוהם הרבה מאד, comme si le traducteur avait lu ومثل ذلك كثير جدّا.

P. 46, l. 4. La version hébr. ajoute après بياء, ולרבים יראׄ את ה׳. Il faudrait, dans la traduction, l. 5 : pluriel de *yerô'* (*Prov.*, III, 7), et qui, etc.

P. 47, l. 8 : ان, pour من.

P. 48, l. 10 : ברכי.

P. 52, l. 3. Vers. hébr. à la fin : בִּרְקִי ; — l. 8. Le mot mis entre parenthèses est à remplacer par بلين ; et, dans la traduction, l. 14, il faut lire «adoucissement», pour «omission». — Note 1, il faut mettre «certainement», pour «probablement», car l'original arabe est d'accord avec le texte d'Ibn Djanâḥ.

P. 53, l. 1. وتفسيره.

P. 56, note 1. Voy. Introduction, p. CXX.

P. 60, l. 2 : יבין est dans le ms.

P. 61, l. 5. Voir *Riḳmâh*, p. 174, l. 11-19; voici le passage qu'on lit à ce sujet dans le *Riḳmâh*, à la fin du chap. xxv: وقد يزيدون فى الخط ما لا يظهرونه فى اللفظ مثل كل כתיב ולא קרי مما ذكر فى המסורת اعنى مثل كتابتهم אם فى اربع مواضع من الكتاب ولا يقرا ومثل كتابتهم יא فى موضع واحد ولا يقرا وكتابتهم את فى موضع واحد ولا يقرا ومثل كتابتهم חמש فى موضع واحد ولا يقرا وذلك فى יחזקאל فى الפסוק الذى اوله ואלה מדותיה ومثل كتابتهم ידרך زيادة فى قوله ידרך הדורך קשתו وعنها قيل فى المסורת חד מן ה׳ מילין דכתיבין ולא קריין ثم عددت واحدة واحدة ومثل كتابتهم ואוריד כאביר יושבים כל הבאיש ונאשאר بالفات زائدات فى وسط الكلمات ومثل كتابتهم ההלכוא אתו ולא אבוא שמוע بالفٍ اخر كل واحد منهما وقد كنت غنيا عن ذكر مثل هذه الزيادات اذ ليست فى اللفظ ومجزاى انا ماكان فى اللفظ لا فى الخط فقط لكن لما اشار ابو زكريا الى هاتين اللفظتين اعنى فى ההלכוא אתו ולא אבוא שמוע الى معنًى لا ارتضيه رايت ان انبّه عليه ولم يحسن ذلك الّا بذكر هذه الزيادات قال ابو زكريا فيهما انهما جريا بزيادة الالف مجرى لغة العرب وهذا قول غير محرّر لان الالف التى بعد واو الجماعة فى لغة العرب ليست بمتحققة فى تلك الافعال التى وقعت فيها ولا ذلك فى اول لغتهم ولا هو مما بنوا كلامهم عليه وانما كتّابهم الحدث اثبتوها هناك للفصل بين تلك الواو وبين واو النسق اذ خشوا ان تشتبه بها وكذلك يعرّفها النحويون بالف الفصل مثلا اقوليا (?) وهم ثبتوا كفروا وردوا بالف بعد الواو بعد كل واحد منهما خوفا من ان يغلط القارئ ويظن ان الفعلَ الواحدَ ويقرا كفر ووردو على العطف فلما خشوا هذا الاشتباه فى الواو المفصولة مما قبلها فى خطهم وزادوا بعدها الفا للفصل على ما ذكرت راوا ان يزيدوها ايضا بعد الواوات الموصولات بما قبلها وان لم يكن هناك لبس ليكون تفسيرها الواو فى جميع المواضع واحدا فاذ ذلك كذلك فليس قول ابى زكريا فيها انها تجرى مجرى لغة العرب بحق اذ ليس ذلك بلازم للغتهم ولا بمستعمل فيها قديما وانما الكتّاب الحدث

زادوها هناك كما زادوا الواو فى عمرو بفتح العين وسكون الميم فى حال الرفع والخفض لئلا يشتبه بعمر بضم العين وفتح الميم الا انهم اذا صاروا الى حال النصب اسقطوا منه الواو لسقوط تلك الشبهة لانه مصروف وعمر غير مصروف. La partie massorétique de ce passage a été déjà donnée, *Manuel du lecteur*, p. 233. — Pour l'explication de l'*âléf* à la fin des deux pluriels du parfait, Ibn Djanâḥ repousse l'analogie du verbe arabe, invoquée par Ḥayyoudj, en démontrant qu'en arabe même cette lettre n'a été ajoutée à la fin du pluriel du parfait que bien tard par des copistes qui voulaient ainsi établir une séparation entre le *wâw* se trouvant à la fin de cette forme et le mot suivant, afin qu'on ne le lût pas avec ce mot, en le prenant pour le *wâw* conjonctif. Ainsi, كفرو وردو aurait pu être confondu avec كفر ووردو. Il est vrai que cette confusion n'était à craindre que dans les cas, comme كفرو, où le *wâw* est détaché de la lettre précédente; mais on a voulu établir la même orthographe pour tous les pluriels. — Les mots اقوليا مثلا ne sont pas clairs : faut-il traduire «comme forme vulgaire» ?

P. 64, l. 10. Après الاول, la vers. hébr. ajoute : כבנין אצל ההרם.

P. 67, l. 2-3. Les six derniers mots du paragraphe sont traduits à la marge en hébreu : והואלתי להכיח לך מעצב ויגיעת מחשבה. — Note 1, ajoutez : « elle existe également dans l'original arabe».

P. 70, note 1. Cependant ces infinitifs, précédés de *lâmèd*, répondent à des futurs arabes. Voy. Introduction, p. XLVII, note.

P. 71, l. 1 : وانكر.

P. 72, l. 6. Le ms. a ليس, pour لم.

P. 77, l. 2 : الجراح.

P. 83, l. 2 : peut-être استغنى (?). — L. 4 : بالمعتلة العين.

P. 90, l. 1 : لا سيما, pour لازما.

P. 93, l. 6. Après يعنى, il faut ajouter : به الملك الذى شانه ان يمسح بالدهن يعنى. — Dans la traduction, l. 8, après «c'est-à-dire», mettez «le roi qui habituellement est oint avec l'huile, etc.».

P. 96, l. 10 : يصلح.

P. 97, l. 12. Le ms. porte ici et p. 98, l. 4, בעפעפי; cette leçon se trouve également dans la version hébraïque et dans le *Kitâb al-ouṣoûl*, col. 511, l. 17. L'auteur avait donc en vue *Job*, III, 9; et le mot ועיניו, qu'on lit dans notre texte, provient d'une confusion entre le passage que nous venons de citer et *ibid.* XLI, 10.

P. 98, l. 3 : בעופפי ; — l. 6 : ms. من هنا; mais vers. hébr. בזה.

P. 101, l. 3 : يسنِدهما, pour يسند عيهما ; version hébraïque : יסמכו ; — l. 9 : الاعزاء, pour الازاء.

P. 102, l. 12 : وأفضع. Ibn Djanâḥ emploie également la racine فضع, pour فظع, plus loin, p. 135, l. 8.

P. 106, l. 6. Après هنا, ajoutez : المعنى من اضمار היא حتى يكون التقدير على هنا. — Dans la traduction, l. 8, il faut lire: «peu acceptable; et, pour maintenir ce sens, il faudrait nécessairement suppléer le mot *hî'*, de manière que la phrase eût la valeur de *hî' ḳâ'âh.*»

P. 109, l. 10 : في הארדש. Telle est également la leçon de l'original arabe de Ḥayyoudj.

P. 113, l. 12 : مصدرا; pour معدا, et p. 114, traduction, l. 1 : «pourrait être l'infinitif de la forme légère».

P. 117, l. 3 : هما, pour هو.

P. 118, l. 1 : خاصّة, pour كانه; — traduction, l. 2 : «rattache particulièrement»; — l. 7 : أم, pour لا.

P. 123, l. 11. Les trois mots biffés doivent être remplacés par في قوله ; vers. hébr. באמרו.

P. 124, l. 6. Après אתו, ajoutez : فالمفعول به ههنا ايضا هو אתו, ce qui se trouve aussi dans la version hébraïque. — Note 1 : Dans le ms. on voit qu'il y avait d'abord אלבאאין, qu'on a corrigé ensuite en אלכאפין.

P. 125, l. 3 : والخطا; — l. 4 : يوازيانها «qui lui correspondent»; — l. 7, voy. *Kitâb al-ouṣoûl*, col. 481, l. 16.

P. 128, l. 4 : انثى; — l. 5 : الאמירה; — l. 9 : כאשר.

P. 129, l. 3 : وقول איוב; — l. 4. Après גבר, on lit, dans le ms. de Saint-Pétersbourg, cité Introduction, p. LIX, l. 14 : نوع اخر غير ותהר ותלד اعنى ان הרה גבר. — Note 1 : Cf. aussi *Riḳmâh*, p. 185.

P. 131, traduction, l. 5 : *hizdakkou.*

P. 133, l. 10 : عن, pour من.

P. 135, l. 8. Voy. ci-dessus, Addit. p. 102, l. 12.

P. 139, l. 7. Le texte arabe et la version hébraïque portent מן, à la place de אל; — l. 11. Après فى, ajoutez : المثل الاول ان يكون مشدّدا على واجب هذا الضرب من الافتعال فلا بدّ اذا للمثل الثانى من الظهور كما ظهر فى התהללו בשם קדשו والوجه فى. Dans la traduction, l. 13, et p. 140, l. 1 : «. . . apparentes»; car la première lettre devant avoir *dâgêsch*, comme l'exige cette forme du *hitpaël*, la seconde doit nécessairement reparaître, comme elle se montre dans *hithallelou* (*Psaumes*, cv, 3), où, dans le premier *lâméd*, le *dâgêsch* n'a été supprimé que pour alléger le mot, comme dans *behithanenô* (*Gen.* XLII, 21), tandis que ce *dâgêsch* est maintenu dans *yithallâlou* (*Jér.* IV, 2);» — l. 12 : الاول.

P. 140, l. 11 : المتقشفين.

P. 141, l. 3. Après هذا, ajoutez : مستعمل فى غير لغتنا وقد فعل مثل هذا. — Traduction, l. 5 : «Je leur montre donc que ces procédés sont employés dans d'autres langues que l'hébreu. R., etc.»

P. 143, l. 5. Voy. aussi, p. 186, l. 11 et suiv. — l. 10 : נלאית; — l. 11 : وادراجا.

P. 144, l. 8 : الذى.

P. 148, l. 11 : واشباهها.

P. 151, l. 9 : يشاحون.

P. 152, l. 2 : أنّه.

P. 153, trad., l. 11 : Un tel embarras.

P. 154, l. 2 : ببعضها; — *ibid.* موقّفاك; — l. 9 : هذه, pour هذا.

P. 158, l. 5 : والمنبه.

P. 161, l. 3 : ומרוחים وفى על המבוע الاصل فيهما ומנדוחים על המנבוע. — Traduction, l. 4, ajoutez : «dont les formes primitives sont *mandouḥîm* et *manbou'a*».

P. 162, 9. Voy. *Ouṣoûl*, col. 536, l. 18-20.

P. 165, l. 5 : التوخّى, pour التوكّى. La même correction doit être faite dans le *Kitâb al-ouṣoûl* (col. 599, l. 32), d'accord avec les deux mss. du Lexique (voy. *ibid.* note 44).

P. 167, l. 6. Voy. *Riḳmâh*, p. 230, l. 1-5.

P. 168, l. 1. Le ms. et la version hébraïque citent : השמידם אותם (*Jos.* xi, 14).

P. 169, 3. L'auteur s'arrête à cette dernière opinion, *Riḳmâh*, p. 143, l. 27 et suiv.

P. 174, l. 1. Ajoutez في, après كان; — l. 6 : وأصله; — l. 9 : فعلوا.

P. 175, l. 1 : اذ; — *ibid.* كما ان; — l. 2 : من, pour على; — l. 8 : הנחה.

P. 176, l. 11 : أنّ.

P. 183, l. 5 : גם.

P. 185, l. 5 : من הָהֵל.

P. 187, l. 1 : حظيت.

P. 192, trad., l. 9 : Cependant, pour suivre le raisonnement d'A. Z., il aurait fallu dire que, etc.

P. 193, l. 8. Les mots mis entre parenthèses doivent être remplacés par ceux-ci : القاف فترك استخفافا كما ترك تشديد.

P. 195, l. 1. Après الباب, ajoutez والثقيل.

P. 204, l. 5 : وربّما.

P. 205, l. 4 : الذى.

P. 213, trad., l. 3 : étaient à l'ombre.

P. 216, l. 4 : يجوز.

P. 218, l. 4 : התגלגלו.

P. 219, l. 10. L'arabe porte פן תקע; la version hébraïque, ותקע.

P. 224, l. 10 : المتضاعف.

P. 236, l. 6 : כמשקק, et מחלל.

P. 237, l. 6 : Une autre explication se lit *Ouṣoûl*, col. 742, l. 29-32; — l. 11 : حاسّة.

P. 239, l. 5 : زقاق.

P. 240, l. 2 : الوجوه ; — l. 4. Le texte et la traduction suivent la leçon de la version hébraïque; mais le ms. de l'original arabe porte יללה, ce qui est moins bien; — trad., l. 17 : 15 pour 16.

P. 242, l. 2 : تكون ; — l. 5 : וכלכלתי.

P. 243, note 1. Biffez الذان ; peut-être faut-il mettre tout simplement dans le texte اليها pour اليهما.

P. 245, l. 16 de la trad. : «et jusqu'à».

P. 247, l. 6. Il faut lire, avec le ms. نفوس, au lieu de نظم, et traduire : «... que les réunions de nos amis... sont désireuses d'avoir ce livre».

P. 249, l. 1. Mieux vaut الفخر, bien que le point sur le *kâf* paraisse effacé; — l. 4. Supprimer les parenthèses; ici, et l. 8, les mots se lisent dans le ms.

P. 250, l. 3. Le ms. porte מאם, pour מאן.

P. 251, l. 5 : مجزاه. Voy. p. 8, l. 3 ; p. 44, l. 4 et 6.

P. 254, l. 1 : ويثقفهمونه ; — l. 2 : التوبيخ. — Trad. l. 3 : «... et de réprimander».

P. 256, l. 3. Le mot أن n'est pas dans le ms. Cette conjonction est très-souvent omise devant l'imparfait, lorsqu'il est précédé de يجب, يمكن, يجوز, et d'autres verbes auxiliaires de cette nature. Nous l'avons quelquefois suppléée à tort.

P. 262, l. 3 : الذى ; — l. 7 : كاتّصاله.

P. 275, l. 7 de la trad. Remplacez le mot «grammairiens» par celui de «scribes».

P. 278, l. 12 : عرض. — Trad., l. 4 : contiennent au milieu. Ibn Djanâḥ ne compte pas le *schewâ'* et *ḳâmèṣ*, parce qu'il considère le *ḳâmèṣ* qui précède cette voyelle composée comme un *ḳâmèṣ* long qui renferme une quiescente. Voy. *Riḳmâh*, p. 101.

P. 282, l. 8 : اشبعها.

P. 290, l. 4 : اذ.

P. 294, trad. l. 6 : «n'est ici». Voy. p. 304, l. 8. Le raisonnement un peu diffus d'Ibn Djanâḥ se résume ainsi : *bânôh*, avec *hê*, présente une orthographe irrégulière; il devrait y avoir un *wâw*, comme cela a lieu, en effet, dans *bâkô* (*Lam.* 1, 2). Mais ni le *wâw*, lorsqu'il est écrit, ni le *hê*, quand il le remplace, ne sont des lettres de prolongation du *ḥôlém;* ils représentent le *hê* du troisième radical, qui s'est changé, effectivement ou virtuellement, en *wâw*, dans l'infinitif, comme il est devenu *yôd* dans le parfait. Cf. aussi p. 334, l. 8.

P. 300, l. 6 : נשוי פשע.

P. 301, note 3 : فى غيره.

P. 306, l. 1 : הֶחטי.

P. 307, note 3. Voici un troisième exemple : *Riḳmâh*, p. 141, l. 23 est ainsi cité par Moïse ebn Ezra : ما خصّ عليه الاوّلون من الافصاح بالشبهات المتشابهة. فى الاتّصال فى קרית שמע مثل על לבבך עשב בשדך...

P. 318, l. 9 : هنا.

# TABLE ALPHABÉTIQUE

## DES RACINES

### EXPLIQUÉES DANS LES OPUSCULES D'ABOU 'L-WALÎD.

---

# TABLE

## DES PASSAGES DE LA BIBLE

### EXPLIQUÉS DANS LES OPUSCULES D'ABOU'L-WALÎD.

# TABLE DES MATIÈRES.

## INTRODUCTION.

la grammaire dans l'hébreu et l'arabe n'est pas le même. — Les
points qui distinguent la phonétique hébraïque de celle des
Arabes, d'après Ḥayyoudj et Ibn Djanâḥ. — Opinion de R. Iehouda
Ḥallévi à ce sujet. — Pourquoi la poésie biblique ne connaît
pas la prosodie des Arabes. — Importance de la grammaire
d'Abou 'l-Walîd. — Certaines erreurs dans ses lois de prononciation. — Analyse rigoureuse des mots et des propositions. —
Les figures oratoires : 1° l'ellipse; 2° le pléonasme; 3° la substitution d'un mot à un autre; 4° les mots irréguliers; 5° la transposition, et 6° l'interversion. — Abou 'l-Walîd ne se laisse pas
enchaîner par l'accentuation. — Méthode de son dictionnaire. —
Il profite du targoum et de l'arabe. — Les commentaires de
R. Scherîrâ et de R. Hayyâ. — Le premier a expliqué les mots
difficiles du traité de Sabbat. — Un certain nombre d'articles du
dictionnaire, relatifs aux particules et à d'autres racines, sont

## OPUSCULES D'ABOU 'L-WALÎD.

www.ingramcontent.com/pod-product-compliance
Lightning Source LLC
Chambersburg PA
CBHW061025030726
47504CB00002B/253
* 9 7 8 2 0 1 2 7 6 0 5 1 6 *